국제지적재산권법

이 도서의 국립중앙도서관 출판예정도서목록(CIP)은
서지정보유통지원시스템 홈페이지(http://seoji.nl.go.kr)와
국가자료공동목록시스템(http://www.nl.go.kr/kolisnet)에서 이용하실 수 있습니다.
CIP제어번호: CIP2017010362(양장) CIP2017010363(학생판)

국제지적재산권법

| 개 정 판 |

International Intellectual Property Law

최경수 지음

한울
아카데미

　초판이 나온 지 벌써 15년이 넘었다. 필자는 그간 이 분야 연구자들에게 빚을 졌다. 초판에는 사실 관계가 맞지 않고, 서술에 오류가 있는 내용이 곳곳에 남아 있는 데다, 한국에서 아직까지 국제지적재산권 분야에 새로운 저술이 나오지 않았다는 사실이 필자에게 더욱 부담으로 다가왔다. 이 개정판은 그동안의 빚을 덜어내고자 하는 소망을 담았다.

　1990년대 중반 이후 세계 곳곳에서 국제지적재산권에 관해 깊이 있는 연구 결과가 나왔다. 1994년 TRIPS협정 체결이 연구의 촉매제로 작용했다. WTO 패널 보고서도 TRIPS협정과 관련 조약을 해석하면서 연구의 지평을 넓히는 데 한몫을 하고 있다. 이 개정판에서는 그간의 학문적 성과를 최대한 담고자 했다.

　이 개정판은 파리협약과 베른협약, 그리고 TRIPS협정을 다룬다. 아울러 이들 조약과 관련 있는 조약들을 부분적으로 설명한다. 파리협약과 베른협약은 130년 이상 된 '낡은' 조약이긴 하지만 아직도 '살아 숨쉬고' 있고, 더구나 그 실체 규정이 TRIPS협정의 일부이기도 하다. TRIPS협정 전체를 관통하는 원칙과 기준을 살피려면 파리협약과 베른협약을 먼저 분석할 수밖에 없는 것이다.

　한국도 2000년대 중반 이후 다수의 FTA를 체결해왔다. 독자들은 FTA에서 지적재산권이 어떤 비중을 차지하는지, 그리고 그 내용이 무엇인지 관심이 크겠지만, 이 개정판에서는 이에 관해 다루지 않는다. 그 이유는 개별 FTA마다 규정 형식과 내용이 천차만별이어서 일괄적으로 서술하기 어렵기 때문이다. 그럼에도 FTA 지적재산권 장절을 파악하기 위해서는 무엇보다 이상의 3개 조약에 대한 이해와 검토가 선행되어야 한다. 대부분의 FTA 협상에서 지적재산권은 주요 의제 중 하나였고, 협상 과정에서 당사자들은 이상의 3개 조약을 모두 지켜야 하는 '기존 규범'으로 받아들였다. 이에 따라 이들 조약상의 기본 원칙과 기준은 그대로 FTA에 반영되었던 것이다.

　'국제지적재산권법'은 관련 조약들을 편의상 총칭하는 것이다. 조약은 국제법 주체로서 국가들 간에 협상하여 합의한 결과를 한데 모은 것인데, 조약의 체결 과정과 발효, 조약의 내용에 관해서는 기본 원칙과 기준이 존재한다. 조약에 대한 기본적인 지식이 있어야만 관련 조약에 깊이 있게 접근할 수 있다. 필자는 독자들에게, 적어도 제3부 이하 개별 조약에 들어가기에 앞서 제2부 제1장 '조약의 이해'를 읽기를 권한다.

개정판을 내면서 각별히 두 분 스승님의 은덕이 떠오른다. 학문에 정진하는 자세가 어떤 것인지, 학문의 길이 무엇인지 일깨워주신 고 박재섭 교수님과 멀리서 세상을 넓게 보라고, 세상의 길을 가르쳐주신 고 박춘호 교수님께 이 책을 드리고 싶다.

이 개정판은 여러 분들의 격려와 성원에 힘입어 나올 수 있었다. 특히, 어려운 출판 환경을 무릅쓰고 기꺼이 개정판을 권고하신 한울엠플러스(주)의 김종수 사장과 윤순현 차장, 어려운 문장과 복잡한 내용의 원고를 정성 들여 편집해준 배유진 팀장에게 감사하는 마음을 전한다. 또한 그간 30년 가까이 필자를 길러주고 보살펴준 한국저작권위원회를 비롯해 위원회 전·현직 임직원들께 머리 숙여 고맙다는 인사를 드린다.

2017년 4월
최경수

지적재산권은 산업기술과 정보통신의 비약적 발전으로 그 영역이 확대되고 있고, 그에 맞추어 이론적인 깊이도 다듬어져왔다. 그러나 법률은 사회의 성장 속도에 맞출 만큼의 신속한 대응을 할 수 없는 속성이 있다. 법률 제정을 둘러싼 제반 요소상의 제약으로 말미암아 산업계의 요구를 충족할 수 없는 것이 현실이다.

이렇듯 복잡한 양상을 띠면서 전개되는 지적재산권에 관한 학문은 아직도 다른 법률 분야에 비하여 후진적인 상태에 머물러 있다고 할 수 있다. 이는 지적재산권에 관련된 개별 사안에 대한 법률적 해결이 존재하지 않거나 존재하더라도 불완전한 예가 부단히 발생하고 있음을 볼 때에도 분명하다. 지적재산권에 관한 후진적 상황은 우리나라만의 사정은 아니고 국제적으로도 마찬가지라고 할 수 있다. 이러한 예로, 지적재산권의 국제적 측면에 대한 분석의 미흡함을 들 수 있다. 우리는 지적재산권 보호에 관한 협약을 많이 언급하고 있으나 실제로 협약의 의미와 효과가 무엇인지, 즉 구체적으로 말해서, 첫째, 협약을 왜 체결하는지, 둘째, 국가가 이미 체결된 협약에 대하여 어떠한 국제 의무를 부담하는지, 셋째, 협약은 어떻게 해석하는지, 넷째, 협약의 적용을 둘러싼 분쟁은 어떻게 해결하는지 등 복잡한 문제를 충분히 이해하지 못하고 있다고 할 수 있다. 우리가 국제협약들을 자주 언급하면서도 위 첫째의 경우를 제외하고는 거의 논의가 없었다.

지적재산권에 대한 국제사법 또는 섭외사법적 접근은 상당수 시도된 바 있으나 국제법의 측면에서 살펴본 논문은 찾아보기 어렵다. 국제법 측면에서 본 지적재산권이란 주로 국제협약을 중심으로 논의를 전개하는 것이다. 지적재산권에 관한 국제협약은 협약 체결에서부터 협약 규정의 해석과 적용에 관한 분쟁에 이르기까지 다른 종류의 협약과 각별히 구별할 필요는 없다. 따라서 협약에 대한 일반적인 지식을 가지고 지적재산권 관련 국제협약을 분석할 수 있음은 물론이다. 그러나 지적재산권에 관한 국제협약을 별도로 검토하여야 하는 이유는, 첫째, 지적재산권에 관한 협약에는 다른 국제협약과 비교해 특징적인 내용을 적지 않게 포함하고 있고, 둘째, 이들 협약은 국내법의 개정과 제정에 적지 않은 지침을 제공하고 있기 때문이다.

필자는 지적재산권에 관한 용어가 혼란스럽게 쓰이고 있다는 것에 주목하고 있다. 언어가 그 시대의 사상과 가치를 담고 있다고 한다면 이는 중대한 문제로 인식하지 않을 수 없다. 용어의 혼란은 학생들의 혼란이고, 이것은 곧 장래에 대한 불안이기 때문이다. 공식 번역문도 각기 같은 용어를 달리 표현하는 예가 비일비재하다. 여기서는 필자의 호오(好惡)를 떠나서 관행을 따라 쓰기로 했다. '공업소유권'은 '산업재산권'으로, '지적소유권'은 일률적으로 '지적재산권'으로 통일했다. 조약의 공식 번역문이 존재하는 경우에는 가급적 이를 존중해 사용하고자 했으나 파리협약은 필자가 새로이 번역했다. TRIPS협정도 새로운 번역문을 만들어 사용했다. 베른협약은 공식 번역문을 위주로 하되, 필요한 경우 대괄호(【 】)를 써서 공식 번역문의 권위를 훼손하지 않도록 했다.

이 책이 우리 지적재산권에 대한 이해를 높이는 데에도 쓸모가 있었으면 한다. 이러한 목적으로 국내 법률을 많이 인용하였다. 인용 법률은 1998.9.23 개정 특허법(법률 제5576호), 1997.8.22 개정 상표법(법률 제5355호), 1997.8.22 개정 의장법(법률 제5354호), 1998.12.28 개정 반도체집적회로의배치설계에관한법률(법률 제5599호), 2000.1.22 개정 저작권법(법률 제6134호), 1998.12.31 부정경쟁방지및영업비밀보호에관한법률(법률 제5621호) 등이다.

원고 작성에 5년 이상의 기간을 투자하였다. 그럼에도 부족한 점이 많다. 앞으로 독자 여러분의 채찍으로 책의 내용을 더욱 다듬고 싶다. 이 책의 출간에 처음부터 관심을 보여주신 도서출판 한울의 김종수 사장님과 기획과 편집을 맡아 말끔하게 처리해주신 관계자들께 감사의 뜻을 전한다.

2001년 5월
최경수

차례

일러두기

1. 이 책 곳곳에서는 조약 규정을 인용하면서, 해당 조약문을 번역하여 실었다. 번역문은 한국어 공식 번역본(관보 게재)을 활용하지 않고, 필자가 독자적으로 작성한 것이다. 공식 번역본은 시대에 따라, 그리고 번역자에 따라 같은 용어와 표현을 달리 사용하고 있어서, 이 책에서 받아들일 수 없었다.

2. 이 책은 주로 파리협약과 베른협약, 그리고 TRIPS협정을 다뤘다. 이들 조약과 관련된 국제적 동향과 WTO 패널 보고서도 함께 검토했다. 이들 조약 체결 후에 등장한 조약은 대부분 검토 대상에서 빠졌다. 이런 조약에는 1994년 상표법조약, 2000년 특허법조약 및 2006년 싱가포르조약, 그리고 1996년 WIPO 저작권조약, WIPO 실연·음반조약, 2012년 베이징조약, 2013년 마라케시조약 등이 있다.

3. 파리협약과 베른협약은 프랑스어로 된 조약문이 정본이거나 해석상 우선한다. (파리협약은 프랑스어본이 정본이고, 베른협약은 프랑스어본과 영어본이 모두 정본이지만 해석상 프랑스어본이 우선한다.) 그럼에도 불구하고, 필자는 편의상 이들 협약의 영어본을 기본으로 하여 검토하고, 필요한 경우 프랑스어본 조약문도 살펴보는 방식으로 이 책을 집필했다. 부록에는 영어본으로 된 파리협약과 베른협약 실체 규정을, 그리고 TRIPS협정 전문을 수록했다.

4. 이 책에서 참고한 인터넷 문헌이나 자료는 모두 2016년 2월부터 11월 사이에 접근하여 얻은 것이다. 해당 각주에 별도로 접속 시점을 기재하지 않았다.

5. 인용문 안의 대괄호([ ])는 원문에 있는 단어나 구절을 그대로 넣은 것이 아니라, 읽기 편하도록 문맥에 맞게 바꾼 것이다.

제1부 지적재산권 개설

국제지적재산권법
개정판

제1장 지적재산권의 개념 및 종류

지적재산권[intellectual property (rights)]은 여러 부류의 권리를 총칭하는 말이다. 일반적으로 지적재산권은 지적 창작물(intellectual creation)을 보호하기 위한 사회적·법적 장치라고 본다.[1] 이런 창작물은 고유의 지적 창작물이라 할 수 있는 특허, 산업디자인,[2] 저작물 등이 있는가 하면, 기업의 영업표지 또는 특정 상품이나 서비스의 식별표지로서 상호, 상표, 서비스표, 지리적 표시 등이 있다.[3]

이런 지적재산권은 크게 산업재산권(industrial property)과 저작권(copyright)으로 나뉜다.[4] 산업재산권에는 특허와 실용신안, 상표와 상호, 지리적 표시, 그리고 산업디자인, 영업비밀 등이 있고[5] 저작권에는 좁은 의미의 저작권과 저작인접권이 있다.[6]

---

1) 경제적인 관점에서 보면 지적 재화에 대한 재산권(property rights in intellectual goods)이라고 할 수 있다. William M. Landes and Richard A. Posner, *The Economic Structure of Intellectual Property Law* (The Belknap Press of Harvard University Press, 2003), p.11.

2) 산업디자인 보호에 관한 법률로 디자인보호법이 있다. 2004년 개정으로, 종전 '의장' 대신에 '디자인'이라는 용어를 사용하면서 법률 제목도 '의장법'에서 '디자인보호법'으로 변경했다. 디자인은 디자인보호법뿐만 아니라 저작권법에 의해서도 보호(중복보호)되므로, 여기서는 디자인 보호법에 의한 보호대상에 대해서는, 특별한 이유가 없으면 '산업디자인'이라는 용어를 사용하기로 한다.

3) 엄밀하게 말해서 식별표지(identifier)를 지적 창작물이라 하기는 어렵지만, 이 또한 지적재산권의 범주에서 다루는 것이 일반적이기 때문에 획일적으로 설명하는 것은 곤란하다.

4) 프랑스에서는 지적재산권을 산업재산권(propriété industrielle)과 문학·예술재산권(propriété littéraire et artistique)으로 나눈다. 대비되는 2개의 권리를 축으로 지적재산권을 바라보고 있다는 점에서 의미 있는 기준을 제시하고 있다 하겠다.

5) 산업재산권이라는 말도 종전에는 공업소유권이라 하다가 최근 통일되었다. 이 용어도 주의를 요한다. 산업(industry)은 제조업만이 아니고, 농업과 광업과 같은 1차 산업을 포함하며, 부정경쟁과 같이 산업과 아무런 관련이 없는 분야도 포괄하는 넓은 의미로 사용되고 있기 때문이다. Bodenhausen, p.20.

6) '정보(information)'의 측면에서 지적재산권을 바라보는 시각도 있다. 이에 따르면, 특허와 실용실안은 새로운 실용적인 기술 정보(technical information)를 보호하는 것이고, 상표는 상징

1. '지적재산권'은 프랑스어 표현인 'propriété intellectuelle', 그 영어 표현인 'intellectual pro-perty (rights)'에서 온 용어이다. 종전에는 무체재산권 또는 지적소유권이라 하여 민법상 물권과 구별하는 의미로 사용하기도 했다. 무체재산권은 주로 민법 교과서에서 사용해온 용어로서, 독일어 'Immaterialgüterrecht' 표현을 번역한 것이다. 지적재산권은 1963년 일본 법령에서 사용한 이후 그곳에서 줄곧 쓰이고 있고(특허청, "「지식재산권」 용어 통일 필요성", 2005.5. 참조), 우리도 나중에 이를 받아들여 계속 사용해왔다. 1990년 2월 특허청은 종전에 사용하던 '지적소유권'과 '공업소유권'이라는 용어를 각기 '지적재산권'과 '산업재산권'으로 부르기로 했다 한다[정진섭·황희철, 『국제지적재산권법』(육법사, 1995), 5쪽 참조].

그러다가 1998년 4월 28일 '특허행정정책자문회의'에서 '지식재산권'이 바람직하다는 의견 제시에 따라 특허청을 중심으로 지식재산권이라는 용어를 사용하기로 했다(특허청 보도자료, '지적재산권을 지식재산권으로 용어 변경', 1998.6.25). 2006년 이후 여러 법령에서 점차 지식재산권을 사용하는 사례가 증가하면서 급기야 2011년 지식재산기본법을 제정한 이래 국내 법령에서는 지식재산권으로 통용하고 있다. 최근 민법 교과서조차 '지식재산권'이라는 표현을 즐겨 사용하기 시작했다.

특허청은 1998년 보도자료에서 첫째, 지적재산권에서 '지적'이라는 용어가 일본식 표현이고, 둘째, 형용사적 표현으로 구성되었다면서 "기관의 명칭으로는 부적절하다는 의견이 청내·외에서 수 차례 개진"되었다고 한다. 특허청은 또한 2005년 자료에서 지식재산권은 지식기반경제에 적합하고 새로운 형태의 지식 창작물을 포괄할 수 있으며, 심지어 정통 한자식 표현에 맞는 용어라고 하면서 용어 통일의 필요성을 강조하고 있다. 필자는 그 어느 것 하나에 동의하기 어렵다. 단어나 용어는 정확한 뜻을 전달해야 하는 한편, 사회 구성원이 자연스럽게 그 단어나 용어를 같은 의미로 이해해야 한다. 지적재산권은 '지식'을 보호하는 것이 아니라 '지적인 것'을 보호하고자 만들어진 권리 체계이다. 참고로, 한자는 중국이나 일본에서 오랜 기간 동안 자신의 환경에 맞춰 독자적으로 사용하고 있고 같은 글자를 다른 의미로 사용하는 예도 무척 많다. 무엇을 정통이라 할 수 있을까. 게다가 중국에서는 '知識產權'이라 하고 있고 대만에서는 '知慧財產(權)'이라 하고 있다. 서양어를 어떻게 번역하더라도 그 정확한 뜻을 전달하는 것은 불가능할지도 모른다.

2. 산업재산권 또한 프랑스 표현인 'propriété intellectuelle', 그 영어 표현인 'industrial property (rights)'를 번역한 것이다. 산업재산권이란 용어 또한 정확한 내용을 전달하는 데 한계가 있다. 산업은 제조업에 가까운 어감을 가지고 있어서(1980년대까지는 공업소유권이란 표현을 사용했다) 농업이나 상업을 포괄한다고 말하기 어렵기 때문이다. 오늘날에는 부정경쟁 행위, 영업비밀까지 산업재산권의 범주에 넣어 연구자의 혼란을 가중시키고 있다. 그럼에도 농업을 포함하는 넓은 의미의 산업과 거기에 상업에서 발생하는 창작물이나 식별표시를 보호하기 위한 것이라는 점을 고려한다면 산업재산권이 그 뜻에 가장 가까운 용어라 할 수 있다.

1967년 세계지적재산권기구 설립협약에서는 지적재산권을 정의하여 "문학, 예술 및 학술 저작물, 실연 예술가의 실연, 음반 및 방송, 인간의 노력에 의한 모든 분야의 발명, 과학적 발견, 산업디자인, 상표, 서비스표, 상호 및 그 밖의 명칭, 부정경쟁에 대한 보호에 관련된 권리와 산업, 문학 또는 예술 분야의

정보(symbolic information)를 보호하는 것이며, 저작권은 독창적인 표현 정보(expressive information)를 보호하는 것이다. Paul Goldstein, *Copyright, Patent, Trademark and Related State Doctrines, Cases and Materials on the Law of Intellectual Property*, rev 3rd ed. (Foundation Press, 1993), p.1.

지적 활동에서 발생하는 그 밖의 모든 권리를 포함한다"고 하고 있다.[7] 이 정의는 산업재산권법과 저작권법상의 보호대상을 세부적으로 나열한 데 지나지 않으며, 일부 대상은 어느 국제 조약으로도 보호하지 않는다. 예를 들어, 과학적 발견이 그러하다.[8]

지적재산권은 —창작유인론에 근거해서 설명한다면— 이런 지적 창작물의 보호를 위해서 일정한 인격적·재산적 권리를 부여함으로써 그간의 창작적 노력 또는 투자에 대한 보상을 해주고 그 결과 지적 창작물의 확대재생산을 가능하도록 하는 데 목적이 있다. 식별표지의 보호는 약간 다른 정책적 고려가 작용한다. 그것은 상품이나 서비스 또는 그 제조자나 사업자에 대한 오인이나 혼동을 막음으로써 시장의 질서를 정연한 경쟁 속에서 움직이도록 하는 데 목적을 두고 있다.[9]

---

7) Art. 2 (viii): "'intellectual property' shall include the rights relating to:
   - literary, artistic and scientific works,
   - performances of performing artists, phonograms, and broadcasts,
   - inventions in all fields of human endeavor,
   - scientific discoveries,
   - industrial designs,
   - trademarks, service marks, and commercial names and designations,
   - protection against unfair competition,
   and all other rights resulting from intellectual activity in the industrial, scientific, literary or artistic fields."

8) 1978년 과학적 발견의 국제 기록에 관한 제네바 조약(Geneva Treaty on the International Recording of Scientific Discoveries) 제1조 제1항 (i)에 의하면, 과학적 발견이란 "아직까지 알려지지 않았거나 증명할 수 없었던 물질 세계의 현상, 본성 또는 법칙의 확인"이라고 정의하고 있다. 발명은 자연의 본성이나 법칙에 의존하기는 하지만 이런 본성이나 법칙을 확인하는 데 그치는 것이 아니고 이를 이용하여 적극적으로 산업상 이용할 수 있는 물건을 만들거나 방법을 찾는 것이다. 발명은 발견과 동시에 이루어질 수도 있고 그렇지 않을 수도 있다.

9) 부정경쟁에 대한 보호는 식별표지에 대한 보호는 아니지만, 정책적 목표는 동일하다.

1. 특허

1) 특허의 개념

과학과 기술의 발전은 인간의 창작 활동에 크게 의존한다. 근대에 접어들면서 합리주의의 발달은 학문과 과학의 수준을 한 단계 끌어올렸다. 특히 자연과학의 역할은 지대했다. 과학자들은 실험을 통해서 자연법칙을 발견해내고 이런 자연법칙을 이용하여 새로운 기술을 만들어냈다. 기술은 인간의 경제생활의 효율성을 높이고 생활 전반의 편리성을 증대시켰다. 이것은 오로지 자연법칙을 이용한 창작, 즉 발명의 양산으로 가능했다. 이런 발명에 대해서 일정한 기간 동안 배타적이고 독점적인 재산권, 즉 특허(권)를 부여함으로써 발명의 유인을 제공할 필요가 있다. 특허 제도는 바로 이런 목적에서 출발하고 있다. 특허 제도는 또한 동일 분야에 대한 중복 투자를 억제하는 부수적인 효과도 얻을 수 있다.

그런가 하면, 특허의 독점적인 성격은 사회 전체의 이익과 부합하지 않는 측면도 있다. 경제적으로 보면, 독점 가격으로 인해 소비자 후생이 감소하고 자원의 효율적 배분을 왜곡하기도 한다. 이런 독점의 폐해를 막기 위해서 특허의 독점적 지위를 일정 기간만 인정하고, 발명의 내용을 일반 공중에게 공개하도록 할 필요가 있다. 특허 발명의 공개는 발명 지식을 사회적으로 축적·확산하고 이런 과정을 거쳐 기술이 발전하도록 하는 데 긴요한 역할을 한다. 즉, 특허 제도는 발명자에게 독점적 권리를 부여함으로써 발명의 유인을 제공하는 한편, 발명자는 그 대가로 발명을 공개할 의무를 부담하고 그에 따라 사회 전체가 발명의 기술적 진보를 활용하는 순환 구조를 만드는 데 목적이 있다 할 수 있다.

특허(patent)란 발명을 기술한 문서로서 이에 의하여 일정한 법적 효과가 부여되는 것이라고 간단하게 정의할 수 있다. 통상적으로 특허권을 줄여 특허라고 표현하기도 한다. 특허에 의하여 특허권자는 해당 발명을 독점적이고 배타적으로 이용(실시)할 수 있다. 여기서 발명이란 기술 분야의 특정 문제에 대한 해결책이라 할 수 있다.

발명에는 여러 가지가 있다. 물건에 관한 발명일 수도 있고 방법에 관한 발명일 수도 있다. 물건 발명은 다시 일정한 형태를 갖춘 물품 발명과 그렇지 않은 물질 발명으로 나눌 수 있다. 이런 발명은 기술 분야를 가리지 않고 특허를 받을 수 있다. 그렇다고 하여 모든 분야의 기술이 특허를 받을 수 있는 것은 아니다. 자연 물질의 발견이나 과학적 이론은 내재적으로 발명의 범주에 속하지 않는다. 또한 인간이나 동물을 치료하거나 진단하는 방법도 특허를 받을 수 없다. 국가에 따라서는 미생물 이외의 동식물 발명이나 본질적으로 생물학적 방법의 발명은 보호대상에서 배제한다.[10]

위와 같은 소극적인 요건에 해당하지 않는 발명은 특허를 받을 수 있다. 특허를 받을 수 있는 발명은 일반적으로 세 가지 요건을 갖춰야 한다. 즉, 신규의 (new) 비자명한(non-obvious) 발명으로서 산업상 이용 가능하여야(useful) 한다. 먼저, 신규성(novelty)은 이미 알려진 기술(선행 기술, prior art)에 의하여 판단한다. 선행 기술로 특정 문제에 대한 해결책을 기대할 수 있다면 해당 발명은 신규성이 없는 것이다. 선행 기술은 구두로든 문서로든 알려질 수 있고 공개적으로 발명을 전시하거나 판매하는 방법으로도 알려질 수 있다. 문서에 의한 공개는 발행되거나 출원 공개된 특허문헌과 학술 문헌에 의한 공개 등을 포함한다.

둘째, 비자명성이란 해당 기술 분야에서 통상의 지식(ordinary skill in the art)을 가지고 있는 사람에게 자명하지 않은 것을 지칭하는 것으로, 진보성이라고도 한다. 진보성과 신규성은 다른 것이다. 발명과 선행 기술 간에 차이가 있으면 신규성이 있는 것이지만 진보성은 눈에 띄는 진보적 보폭(inventive step)이 존재해야 한다. 또한 그런 진보는 발명에 필수적인 것이어야 한다. 출원 발명의 청구범위와 기존의 선행 기술을 각기 비교하기보다는 기존 선행 기술을 종합적으로 관찰한 연후에 자명한 것인지 판단하는 것이다.[11]

셋째, 산업상 이용 가능성(industrial applicability)은 유용성(usefulness, utility)이라고도 하는데, 이론적인 데 그치지 않고 실용적인 것을 말한다. 제품 자체의 발명일 수도 있고, 제품을 생산하는 방법에 관한 발명일 수도 있다. 산업상 이용 가능성이란 표현에는 제품을 생산한다는 것 또는 방법을 이용한다는 것을 내포하고 있다.

특허는 출원에서부터 등록에 이르기까지 일정한 절차를 거쳐 부여된다. 국

---

10) TRIPS협정 제27조 제3항 참조. 이에 관해서는, 제5부 제7장 2. 2) (2) 제27조 제3항 참조.
11) WIPO(Handbook), pp. 20~21.

가기관이 이런 절차에 개입한다. 출원인이 국가기관에 특허 출원을 하면 이 기관은 방식 심사와 실질 심사를 거쳐 특허를 부여한다. 특허 제도는 국가마다 처한 상황과 법제적 전통에 따라 다르다. 그럼에도 특허 출원에서는 세 가지를 기본적으로 요구한다. 첫째, 출원은 하나의 발명 또는 발명의 단일성(unity of invention)이 인정되는 일련의 발명에 한한다. 둘째, 발명의 설명은 해당 분야 기술에 통상적인 지식을 가지고 있는 사람이 이해하고 실시할 수 있을 만큼 충분하게 발명을 공개하는 것이어야 한다. 셋째, 청구범위(claims)를 담아야 한다. 청구범위는 분명하고 간명해야 하며 설명을 통해 뒷받침을 받아야 한다. 청구범위는 특허 보호의 범위를 정하는 기초가 된다.[12]

넓은 의미의 발명에는 실용신안(utility model)을 포함한다. 상당수의 국가들은 실용신안을 발명과 구별하여 별도의 보호 체계를 마련하기도 한다. 실용신안도 특정 기술에 대한 해결책으로서 발명과 같지만 일정한 종류의 발명에 한정하여 쓰이는 말이다. 물건 발명 중 물품에 관한 발명에 국한하며 특허 발명과 같은 높은 수준의 진보성을 갖추지 않아도 된다.[13] 보호기간도 특허 발명에 비해 짧은 것이 보통이다. 출원, 등록 및 유지 비용도 특허 발명에 비하여 저렴하고, 절차도 상대적으로 짧고 간단하다.[14][15]

2) 특허 보호의 역사

지적재산권 제도는 고대 그리스로 거슬러 올라간다고도 하지만(상표의 경우) 유럽에서 상업혁명과 산업혁명이 열매를 맺고 국내적으로나 국제적으로 문물의 교류와 교역이 증가하면서 본격적으로 발전했다고 할 수 있다. 지적재산권은 특허를 시작으로 저작권, 상표 등으로 확대되었다. 최초의 법령으로

---

12) WIPO(Handbook), p.22.

13) 소발명(petty patent)이라고도 한다.

14) 우리 실용신안법에서는 고안을 "자연법칙을 이용한 기술적 사상의 창작"이라 정의하고, 실용신안 등록 대상으로 "산업상 이용할 수 있는 물품의 형상·구조 또는 조합에 관한 고안"으로 특정하고 있다. 제2조 1호 및 제4조 제1항 참조. 특허법상 발명은 "자연법칙을 이용한 기술적 사상의 창작으로서 고도한 것"으로 실용신안법상 고안과 구별된다.

15) 실용신안은 실용 특허(utility patent)와는 다른 의미이다. 미국 특허법에서는 특허를 실용 특허, 디자인 특허(design patent), 식물 특허(plant patent) 등으로 나누고 있다. 미국 법상 실용 특허는 우리 법상 특허와 실용신안을 모두 포함하는 개념이다.

특허법은 1474년 베네치아 특허법을, 저작권법은 1710년 영국의 앤여왕법을, 상표법은 1857년 프랑스 상표법을 들고 있는 것은 지적재산권의 역사를 함축적으로 보여준다.

특허의 역사는 3기로 나눌 수 있다. 제1기는 15세기에서 18세기 사이의 기간으로, 국왕이 특권을 부여하는 시기이다. 제2기는 1790년부터 1883년 사이로, 국내적으로 특허 제도가 정립되던 시기이다. 제3기는 1883년 파리협약이 체결된 때로부터 오늘날까지로서, 특허의 국제화 시기이다.[16]

제1기는 중세의 질서가 한편으로는 견고히 유지되면서 다른 한편으로는 그 모순이 점차 현실적으로 부각되던 시기이다. 군주의 권한은 점차 증대하여 군주제가 보편적인 정치 질서로 자리 잡기 시작하던 시기와 맥을 같이하고 있다. 당시 군주들은 영주나 길드 조직에게, 그리고 후반에 중세 제도가 무너지면서 개별 상공인과 수공업자에게 각종 특권을 부여하면서 자신의 지위를 공고히 했다. 이런 특권으로 대표적인 것이 특정 길드에 대한 제조와 무역의 독점을 인정한 것이다. 점차 군주들은 신민들(subjects)에게 과세를 면제해주고, 무이자 융자를 해주는가 하면 심지어 작위도 부여하고, 통행세 징수 권한을 부여하기도 했다. 16세기 이후 중상주의가 왕권 강화와 연결되면서 국내산업의 육성과 진흥이 중요한 관심사로 등장했다.[17] 국왕은 새로운 기술을 발명하거나 외국에서 알려진 발명을 국내에 도입하는 사람에게는 무차별적으로 특권을 부여했다. 이것은 새로운 기술이 수출을 늘리고 수입을 줄일 것이라고 보았기 때문이다.

이런 국왕의 관심사를 반영한 최초의 법령이 1474년의 베네치아의 특허법이었다. 베네치아는 당시 유럽의 상공업과 무역, 기술발전을 주도했던 곳이다. 이 법은 발명자에게 10년 동안 독점적인 권리를 부여하고, 권리 침해자는 일정액을 발명자에게 지급하는 한편, 침해 기기는 폐기될 수 있도록 했다. 발명자에게 일정 기간 배타적 권리를 부여하는 특허법상의 원리가 자리 잡기 시작한 것이다.[18]

---

16) WIPO, p.17.

17) 중상주의는 무엇보다도 국가의 이익이 우선하는 경제 정책을 집행하는 것이다. 국가가 강해지려면 수출을 많이 하고, 무역 흑자를 통해서 금과 은을 국내에 많이 유입함으로써 국가를 부강하게 하여야 한다는 것이다. 이를 위해서는 국내 생산에 도움을 주는 외국의 기술을 도입하고 외국 기술자를 국내에 초청하여 정착하도록 하는 정책도 마다하지 않았다.

영국의 특허 발달의 역사는 보다 구체적이다. 영국에서는 14세기 경 새로운 기술을 도입하고 새로운 산업에 진출한 사람들에게 특권을 부여했다. 이런 특권적 보호는 새로운 기술을 갈고 다듬어 이를 다른 사람에게 훈련시킬 수 있을 정도로 충분한 기간 동안 이용할 수 있는 권리를 부여하는 형태를 띠었다. 이런 일시적인 권리는 일부 특허장(Letters Patent)을 수여함으로써 인정되었다.[19] 특허장은 권리 부여를 공중에 공지하는 기능도 부가적으로 수행했다. 국왕은 수입을 늘리기 위한 목적으로 특허장을 남용했다. 의회는 이에 대한 불만이 높았다. 결국 특허 제도는 법률 심사의 대상이 되었다. 이런 남용은 1623년 독점법(Statute of Monopolies)이 제정되면서 모든 독점을 일정한 경우를 제외하고는 금지시켰다. 그 예외로서 살아남은 것이 특허이다. 이 법에 의하면, "14년 이내의 기간 동안 영국에서 새로운 물품의 실시 또는 제조에 대한 특허장은 그 물품의 최초의 진정한 발명자에게 부여되고, 그런 특허장 부여 시 다른 사람은 이를 이용할 수 없다"고 선언했다.[20] 1711년에는 특허명세서가 등장했다. 1760년 이후 영국은 산업혁명과 관련 직접 관련이 있는 특허가 상당수 부여되었다.[21]

상대적으로 산업화가 더뎠던 대륙에서는 특허가 무척 늦게 출발했다. 프랑스에서는 생산과 교역에 장애가 되는 것은 불신하는 경향마저 보였다. 또한

---

18) WIPO, p.17. "이 시에서 종전에 만들어진 적이 없는, 새롭고 독창적인 장치를 만든 사람은 그것이 완성되어 사용될 수 있는 경우 우리 관청에 통지하여야 한다. 다른 사람이 저자의 동의와 허락이 없이 우리 영토 내에서 이와 같거나 유사한 형태의 다른 장치를 만드는 것은 10년 동안 금지된다. 그리고 누구든지 그것을 만드는 경우 … 저자이자 발명자에게 100두카트를 지급해야 하고 해당 장치는 즉시 폐기된다."(의역) Dinwoodie et al., p.413.

19) 1615년 입스위치 직물공(Clothworkers of Ipswich) 사건에서 영국 법원은 당시 특허의 독점적 성격을 적절히 설명하고 있다. "어느 누구든지 자신의 인생을 걸고 자신의 재산을 소진하면서 새로운 기술과 새로운 교역을 도입했다거나 새로운 발견을 한 경우 국왕은 그 비용과 노고에 대한 보상으로 그에게만 일정한 기간 그런 기술과 교역을 스스로 이용하거나 거래할 수 있도록 특허장을 부여할 수 있다. 왜냐하면 영국의 인민은 이를 이용할 수 있는 지식과 재능이 없기 때문이다. 특허가 만료하면 국왕은 이에 관한 새로운 특허장을 부여할 수 없다." WIPO, p.18.

20) 14년은 도제 2대를 양성할 수 있는 기간으로 선택되었다 한다. Erich Kaufer, *The Economics of the Patent System* (Harwood Academic Publishers, 1989), pp.2~10, in Dinwoodie et al., p.415.

21) WIPO, p.18; Frank H. Foster and Robert L. Shook, *Patents, Copyrights & Trademarks* (John Wiley & Sons, 1989), pp.5~8.

특허장을 가지고 있는 사람들의 사회에 대한 기여도도 낮았다. 많은 특허 신청도 거절되었다. 1762년 칙령에 의하면, 발명자가 자신의 발명을 1년 내에 실시하지 않으면 그런 권리를 잃도록 했다.[22]

제2기는 각국이 특허법을 제정하면서 시작한다. 미국은 독립 후 각 주마다 영국 독점법의 영향을 받은 특허 제도를 운영하고 있었다. 1787년에 이르러 연방 헌법은 연방 의회에 "학문과 실용기술의 발전을 장려하기 위하여 저작자와 발명자에게 자신의 저술과 발견에 대하여 일정 기간 배타적인 권리를 부여할 수 있는 권한"을 부여했고, 이에 연방 의회는 1790년 연방 특허법을 제정했다. 이에 의하면, 신규의 유용한(new and useful) 발명만이 특허를 받을 수 있었다.

프랑스는 프랑스 혁명이 한창이던 1791년 특허법을 제정했다. 이 법 제1조는 "산업상 어떠한 발견이나 새로운 발명은 창작자의 재산이다. 따라서 법은 다음에 정하는 조건과 시간에 따라 그 재산을 온전하고 완전하게 행사할 수 있도록 보장한다"고 했다. 자연법 사상에 입각한 특허권을 도입한 것이다. 그러나 이 법률은 중상주의 색채를 탈피하지는 못했다. 이에 의하면, 외국의 기술을 프랑스에 도입한 사람도 진정한 발명자와 마찬가지로 취급되었으며, 프랑스에서 특허를 취득한 후에 외국에서 같은 특허를 받을 경우 프랑스의 특허는 소멸되었다. 특허를 재산권으로 보고 있는 제1조와는 거리가 있는 것이었다. 프랑스의 특허법은 프랑스 혁명을 계기로 유럽 대륙 거의 모든 국가에 전수되었다.[23]

산업혁명이 유럽 전역으로 확산되면서 특허 건수도 급격히 증가했다. 1815년에서 1820년 사이 100건이 넘는 특허를 받은 국가는 영국과 프랑스, 미국에 지나지 않던 것이 1850년에서 1854년 사이에 이들 국가의 특허 건수는 각기 1000건을 넘었다.[24] 이 기간 동안 양적인 증가 외에, 질적인 변화도 일어났다. 즉, 외국의 기술을 수입하는 사람은 더 이상 발명자로 간주되지 않았다. 신규성의 개념이 발전했고 방식의 재정립, 간이화가 추진되었다. 1836년에는 미국을 제외한 거의 모든 국가에서 실질 심사(substantive examination) 제도가 도입

---

22) WIPO, p. 18.

23) WIPO, pp. 18~19.

24) WIPO, p. 19. 1800년대 말에는 미국에서 약 1만 건, 벨기에, 프랑스, 독일, 영국에서 수천 건의 특허가 부여되었다. Ladas, Vol. I, p. 284.

되었다. 특허 등록 제도가 보편화되었다. 외국인도 자국 이외에서 특허를 받을 수 있었으나 동일한 발명에 대하여 여러 나라에서 특허를 받는 예는 매우 드물었다. 그런 필요성도 적었을 뿐만 아니라 절차의 복잡성도 한몫을 했다.[25]

제3기는 특허의 국제적 보호 노력과 맥을 같이한다. 국제 교역의 증가는 각국으로 하여금 특허의 국제적 보호에 관심을 갖게 했다. 1873년부터 몇 차례에 걸친 국제회의 결과 1883년 파리협약이 탄생했다. 파리협약은 어느 한 국가에서 나온 발명에 대하여 다른 국가에서도 보다 간편하고 효과적으로 보호를 받는 방안을 마련하는 것을 기본적인 목적으로 삼았다.

세계 각국은 자국의 제도를 정비하고 국제적 보호를 위한 노력도 계속했다. 1873년 11개국으로 출발한 이래 1900년 브뤼셀 추가의정서에 23개국이 동맹국으로 참여했고, 1911년 워싱턴 의정서에는 39개국이 참여했다.[26] 협약 체결에 적극적으로 참여했던 네덜란드와 스위스가 협약 체결 후 국내법을 제정하거나 시행한 것도 국제적 조화를 위한 과정으로 이해할 수 있다. 그러나 특허 제도에 대한 반감이 수그러들기는 했으나 국제규범의 조화와 통일[27]은 매우 더디게 진행되었다. 1891년부터 1934년까지 파리협약 개정회의를 보더라도 각국은 자국에 맞는 특허 제도를 고집하면서 자국의 특허법을 바꾸는 데에는 매우 소극적이었던 것이다.[28]

---

25) WIPO, p.19.

26) 연도별 동맹국 수는 파악하기 매우 어렵다. 합병되는 국가도 있고 분리되는 국가도 있는가 하면, 일부 국가는 동맹에서 탈퇴하거나 재가입하기도 하는가 하면, 국가마다 구속을 받는 의정서가 다르기도 하기 때문이다. 다만, 1883년부터 지난 100년 동안 각 의정서의 구속을 받는 동맹국 수는 다음과 같다. 17개국(1883년 협약), 23개국(1900년 브뤼셀 추가의정서), 39개국(1911년 워싱턴 의정서), 37개국(1925년 헤이그 의정서), 49개국(1934년 런던 의정서), 53개국(1958년 리스본 의정서), 70개국(1967년 스톡홀름 의정서 실체 규정과 관리 규정 전부), 10개국(1967년 스톡홀름 의정서 관리 규정). WIPO, *Paris Convention Centenary*, 1983, pp.115~117.

27) 이 책 곳곳에서 '조화' 또는 '조화와 통일'이라는 표현이 자주 등장한다. 조화는 지적재산권의 속지성을 기반으로 한, 국제적 보호를 위한 규범 제정을 염두에 둔 것이라면, 통일은 하나의 규범으로 지적재산권의 국제적 보호를 꾀하는 것이라 할 수 있다. 파리협약 체결을 위해 노력할 당시 일부에서는 통일법(uniform legislation)을 주창하기도 했으나 그것은 희망에 지나지 않았다. 통일 특허법이나 통일 저작권법이 존재하지 않는 마당에 '지적재산권의 통일'은 궁극의 목표, 그러나 이뤄지기는 어려운 목표라 할 수 있다. 다만, 특허와 상표 등의 출원과 등록 절차 분야에서는 통일 노력이 상당한 정도로 결실을 보고 있다.

28) Ladas, Vol.I, p.284.

제2차 세계대전 이후 특허 제도의 국제적 조화와 통일에 대해서도 관심이 다시 높아졌다. 국제 교역이 급증하고 새로운 기술이 쏟아지면서 자국 심사 제도의 문제점을 개선하고 국제적인 공조 체제를 갖추는 것이 매우 중요해졌 다. 동일한 발명에 대해서 각국이 별도로 검색한다는 것은 엄청난 비용의 낭 비를 초래했으며 심사 기간의 장기화는 새로운 기술의 도용에 대한 불안감을 가중시키는 결과를 가져왔기 때문이었다.29) 그러나 특허의 국제적 조화와 통 일은 속지주의 원칙이 지배하는 한 여전히 한계가 있다. 하나의 발명에 대해 국 제 특허를 부여하고 이를 국제적으로 효력을 가지도록 할 수는 없기 때문이 다. 이런 점에서 절차적 통일을 위한 다각도의 노력에 주목할 필요가 있다.

유럽평의회(Council of Europe)30)는 출원 방식의 통일을 위하여 1953년 12 월 11일 특허 출원 방식에 관한 협약(Convention Relating to the Formalities Re- quired for Patent Applications) 체결을 주도한 바 있고, EEC는 1962년 당시 EEC 6개국에 대한 '국제 특허'를 염두에 둔 협약 초안을 제정한 뒤 10여 년의 노력 끝에 1974년 유럽특허협약(European Patent Convention)과 1975년 공동체특허 협약(Community Patent Convention)을 체결했다.31)

1970년 특허협력조약(Patent Cooperation Treaty: PCT) 체결로 특허 절차 분 야의 조화와 통일이 한 단계 매듭지어졌다. 특허협력조약은 출원인이 보호를 원하는 모든 국가에 특허 출원하고 각국마다 독자적인 심사를 거쳐 특허 등록 을 하는 등의 중복적인 절차를 최소화하는 데 목적을 두고 있다. 이에 따라, 이 조약은 하나의 국제 출원으로, 출원서에서 지정한 여러 국가에서 출원하는 효 과를 부여하고 있다.

1994년 TRIPS협정은 특허의 국제적 보호를 위한 획기적인 전기를 마련했 다. 보호대상을 특정하고, 모든 분야의 기술이 차별 없이 특허를 받을 수 있도 록 하는 등 국제적 보호수준을 크게 끌어올렸다. 특허 제도가 정비되지 않은

---

29) Ladas, Vol.I, pp.284~285.

30) 유럽평의회는 인권, 민주주의 및 법의 지배를 기치로 걸고 1949년 런던조약에 의해 탄생한 국 제기구로서 2015년 현재 유럽연합 28개 회원국을 포함한 47개국을 회원국으로 하고 있다. 유 럽연합과는 다른 기구이다. http://www.coe.int/web/portal/home 참조.

31) 유럽특허협약은 유럽특허청(European Patent Office: EPC)에 하나의 특허 출원을 하고 이것 이 절차를 거쳐 등록되면 모든 지정국의 국내 특허와 같은 법적 효과를 가지도록 하고 있고, 공동체특허협약은 하나의 출원으로 단일 공동체 특허(single community patent)를 받을 수 있도록 하고 있다. 후자 조약은 2015년 말까지 아직 효력이 생기지 않았다.

개발도상국에게는 혁명적인 제도 변화를 가져다주었다. 이것은 지적재산권과 무역을 연계하는 기발한 착상으로 TRIPS협정이 WTO 규범 체계의 일부가 되었고, 이에 따라 WTO 회원국이라면 TRIPS협정상의 의무를 이행해야 했기 때문이다.

2. 상표

1) 상표의 개념

소비자는 일상적으로 생존과 생활을 위하여 상품(재화)을 소비한다. 소비자가 상품을 선택하는 기준은 상품의 품질일 수도 있고 가격일 수도 있다. 소비자가 품질을 확인하고 그에 걸맞는 가격을 인지한 연후에 상품을 선택할 수도 있다. 그러나 품질이나 가격 못지않게 표장(mark)도 선택 기준이 된다. 소비자는 상품 포장에 담겨 있는 표장을 보고 그 상품을 선택할 수도 있기 때문이다. 많은 경우 품질이나 가격 보다는 표장이 오히려 중요한 기준으로 작용하기도 한다. 소비자는 표장을 통해서 특정 기업이나 특정 상품을 연상하면서 소비 만족을 얻을 수도 있고, 굳이 특정 상품을 소비한 적이 없다 하더라도 상표가 가지는 신용을 믿고 선택할 수도 있는 것이다.

표장은 생산자에게도 필요하다. 생산자는 표장을 통해서 소비자에게 그 상품이 다른 상품과 다르다는 것, 그 품질이나 가격이 다른 상품에 비하여 좋다는 것을 인식시켜줘야 한다. 소비자는 이런 인식을 통해서 그 상품을 구매하게 되고, 생산자는 이 과정에서 소비자에게 생산자 자신과 상품에 대한 신뢰 또는 신용을 얻게 된다.

특정 상품의 표장, 즉 상표(trademark)는 어느 기업의 상품을 다른 기업의 상품과 구별(식별)하는 표지 내지 기호(sign)를 말한다.[32] 상표는 이른바 식별력 (distinctiveness or distinctive character)을 기본적인 특징으로 한다. 식별력이 없

---

[32] WIPO Model Law for Developing Countries on Marks, Trade Names and Acts of Unfair Competition of 1967 참조. 우리 상표법 제2조 1호: "'상표'란 자기의 상품(지리적 표시가 사용되는 상품의 경우를 제외하고는 서비스 또는 서비스의 제공에 관련된 물건을 포함한다. 이하 같다)과 타인의 상품을 식별하기 위하여 사용하는 표장을 말한다."

으면 상표의 등록 요건 내지 보호 요건을 갖추지 못한 것이다.

이런 상표는 다음 두 가지로 주요 기능을 가지고 있다. 첫째는 식별 기능 (distinguishing function)이다. 식별력이 상표의 기본 특징이면서 기능으로도 역할을 한다. 식별 기능이란 상품에 상표를 표시함으로써 자신의 상품과 타인의 상품을 식별하는 기능을 말한다. 둘째는 출처표시 기능(origin function)이다. 이것은 특정 상표를 붙인 상품이 특정 기업에서 나온다는 사실(생산 또는 유통의 출처)을 확인시켜주는 것이다. 출처표시가 소비자에게 실제 누가 상품을 생산하고 유통하는지를 알려주는 것은 아니다. 소비자는 생산자의 이름이나 지리적 위치까지 알 필요는 없지만, 특정 상표를 붙인 상품의 생산자가 존재한다는 사실, 그리고 그 생산자가 그 상품에 책임을 진다는 사실을 신뢰할 수 있으면 그것으로 출처표시 기능은 다한 것이라 할 수 있다.[33] 상표에 의한 출처표시는 상품 간의 식별을 가능하게 한다. 이런 점에서 식별 기능은 출처표시 기능에서 파생한 것이라 할 수 있다. 실제로 이들 두 기능의 구별은 개념적인 것이고 실제로는 동시에 작용한다고 할 수 있을 것이다.

이와 같은 두 가지 기본적인 기능에 덧붙여 다른 부수적인 기능을 수행한다. 즉, 상표는 소비자가 특정 상표가 붙은 상품의 품질을 믿고 상품을 구매하도록 동기를 유발하는 기능(품질보증 기능, quality or guarantee function), 생산자가 상표를 통해서 소비자에게 다가감으로써 소비자로 하여금 특정 상표를 연상하도록 하는 기능(광고선전 기능, advertising function)을 한다.

상표는 전통적으로 상품에 붙이는 표지를 의미했다. 경제가 성숙하면서 서비스 산업이 국민 경제에 차지하는 비중이 점차 커지면서, 더 나아가 국제무역에서 서비스 교역이 지속적으로 늘면서 서비스 표지 또한 상표 못지않게 중요해졌다. 오늘날 각국은 서비스의 표지도 상표와 마찬가지로, 그 보호의 필요성이 분명하고, 식별 기능과 출처표시 기능을 그 본질적인 기능으로 하고 있다는 데 주목하여 서비스표(service mark)라는 이름으로 보호하고 있다.[34] 세계 각국이 서비스표에 대해 상표와 같은 기준으로 등록을 받고 보호하는 것은

---

33) 여기서 출처란 말은 지리적 표시에서 말하는 출처를 의미하는 것이 아니다. 특정 기업이 특정 상품의 생산이나 판매를 맡고 있다는 의미에 지나지 않는다.

34) 서비스표의 등장으로 상표는 서비스표를 포함하는 넓은 의미로 쓰기도 하고, 상품의 표지를 뜻하는 좁은 의미로 쓰기도 한다. 이하에서는 좁은 의미와 넓은 의미의 상표를 모두 구분 없이 사용하기로 한다. 문맥상으로 구분이 가능할 것이기 때문이다.

TRIPS협정에 기인한 바가 크다.[35]

상표는 식별표지로서 그 종류나 범주(type or category)가 다양하다.[36] 식별표지로 사용될 수 있다면 모두 상표가 될 수 있다. 그런 예로는 문자나 숫자, 단어, 도안 또는 무늬(device), 이들의 결합(로고나 레이블), 이들에 색깔을 넣은 것(색채 표장), 입체 표장, 소리 표장, 냄새 표장 등이 있다. 국가에 따라서는 상표 등록 요건을 제한하기도 한다. 많은 국가들에서는 등록부에 기재하고 공보에 발행하기 위하여 시각적으로 재현할 수 있을 것(represented graphically)을 요구한다. 소리 표장이나 냄새 표장에 대해서는 상표 등록을 부정하기도 한다.[37]

상표의 등록 또는 보호의 요건으로는 절대적인 요건(absolute ground)과 상대적인 요건(relative ground)이 있다.[38] 절대적인 요건으로는 첫째, 식별력(distinctiveness)을 결여하고 있는지, 둘째, 공서양속(public order or morality)에 반하거나 기망하는 성격을 가지고 있는지 여부를 꼽는다.[39] 식별력의 관점에서 등록을 받을 수 없는 예로는, 보통 명칭(generic term), 기술적 표지(descriptive sign), 지리적 이름(geographical name),[40] 간단한 문자나 숫자, 이름이나 성 등이 있다. 더 나아가 국가나 국장, 국제기구의 기나 문장, 주지 상표 등도 등록 거절 등의 절대적인 요건에 속한다.

상대적인 요건으로는 제3자의 이익을 침해하는 경우이다.[41] 선출원 상표나 선등록 상표가 존재하는 경우가 대표적인 사례에 해당한다. 상표가 기존 디자

---

35) 협정 제15조 제1항에 의하면, "어느 사업자의 상품이나 서비스를 다른 사업자의 상품 또는 서비스와 구별될 수 있도록 하는 표지 또는 표지의 결합은 상표가 될 수 있다"고 하여 넓은 의미의 상표를 정의하고 있다. 상표와 서비스표에 관한 파리협약 및 TRIPS협정 규정에 관해서는, 각기 제3부 제5장 6. 서비스표 및 단체표장, 제5부 제4장 2. 2) 서비스표 참조.

36) WIPO(Handbook), p.70.

37) WIPO(Handbook), pp.70~71.

38) 절대적 요건이란 상표 자체의 속성상 등록이나 보호를 받을 수 없는 사유에 해당하는 경우를, 상대적 요건이란 상표의 속성에서 기인하는 사유가 아닌, 제3자와의 관계로 인해 상표 등록이나 보호를 받을 수 없는 사유에 해당하는 경우를 지칭하는 표현이다.

39) 파리협약 제6조의5 B절 제2항과 제3항도 이 점을 확인하고 있다. 즉, "식별력이 없거나" "도덕이나 공공질서에 반하는 경우, 특히 공중을 기망하는 경우"에는 등록을 거절하거나 무효화할 수 있도록 하고 있다.

40) 지리적 이름 중 지리적 표시는 법적 보호를 받는다. 우리 상표법에서처럼 '지리적 표시 단체표장'으로 등록하여 보호를 받을 수도 있다.

41) 파리협약 제6조의5 B절 제1항은 상표가 "제3자가 취득한 권리를 침해하는 경우" 등록 거절 또는 무효화될 수 있다고 하고 있다.

인권이나 저작권 등을 침해하는 경우도 상대적 등록 거절 사유에 속한다.

상표와 구별되는 개념으로 상호(trade name)가 있다. 상호는 특정 기업을 식별하는 이름을 말한다. 상호는 해당 기업이 내놓은 상품이나 서비스를 직접 드러내지 않더라도 그 상호가 시장에서 가지는 신용과 명성을 상징한다. 상표가 상품이나 서비스의 식별표지라면 상호는 기업의 식별표지라 하겠다. 상표는 생산자나 상인의 상품이나 서비스를 식별하도록 함으로써 소비자에게 그 생산자나 상인을 연상시키는 역할을 하지만, 상호는 상품이나 서비스와는 유리된 채 단지 기업의 식별표지로서만 의미가 있을 뿐이다. 그러나 이런 식별 기능은 소비자에게 유용한 정보를 제공한다는 점에서 상표와 동일하다 하겠다. 상호는 자연인의 성명이나 기타 명칭으로 표시하여야 하므로, 기호나 상징도 사용할 수 있는 상표와는 구별된다. 국가에 따라서는 일정한 요건을 갖춘 상호에 대해서 상표와 서비스표에 의한 보호를 해주기도 한다.

상호는 각국마다 보호 방법을 달리하고 있다. 민법이나 상법, 회사법 또는 상호에 관한 특별법 등이 상호 보호를 위한 법률이며, 부정경쟁방지법도 상호의 보호에 일조를 하기도 한다. 상호는 등록이나 등기를 요하는 것이 보통이며, 이를 전후하여 법적 보호에 적지 않은 차이가 있다.

2) 상표 보호의 역사

넓은 의미로 상표는 고대에도 존재했다. 3000년 전 인도 장인들은 자신이 만든 예술품에 서명을 하여 페르시아로 보냈다. 2000년 전 지중해 지역에까지 퍼진 중국 제품도 표장을 달고 있었다. 고대 로마에서도 도자기류에 부착한 포르티스(Fortis) 표장은 위조품까지 등장할 정도로 유명했다. 중세에 교역이 확대되면서 상인과 제조업자를 구별하는 상징이 광범위하게 사용되었다.[42]

중세에는 길드 표장(guild mark)이나 장인 표장(master craftman's mark) 등이 사용되었다. 이런 표장은 재료에 새기는 각인이나 귀금속에 부착하는 인증(hallmark)의 형태였다. 장인은 표장을 부착한 제품이 자신의 책임하에 생산된 것임을 확인하고자 했다. 그때까지만 해도 표장 부착이 비록 강제적으로 시행

---

42) WIPO(TM), p.9. 상표를 상징하는 브랜드(brand)라는 말은 다림질로 가축에 표장을 새기는 데서 유래한 것이다.

되기는 했으나 고객을 유인하는 역할을 한 것 같지는 않았다. 다른 길드에 속한 표장을 사용하는 것은 금지되었다. 신성로마제국 카를 5세는 1544년 칙령으로 다른 표장을 사용하면 무역을 할 수 없고 오른손을 절단하는 형벌을 내렸으며, 1564년에는 금장 의류(gold cloth)상의 표장을 위조할 경우 사형에 처하기까지 했다. 그러나 당시만 하더라도 상표의 경제적 가치는 일부 상품에 국한하는 제한적인 것이었다. 대부분의 상품은 같은 지역 내에서 생산되고 소비되었기 때문이다.[43]

근대 이후 제조업이 발달하고 교역이 활발해지면서 근대적인 의미의 상표가 등장했다.[44] 특히 산업혁명 이후 상품의 대량 생산과 교역량의 급증, 그리고 이에 수반하는 유통 경로의 확대는 상품 식별 필요성을 한층 높였다. 칼, 시계, 맥주 등과 같은 일반 명사로는 소비자의 오인이나 혼동을 유발할 수 있었다. 따라서 이에 추가하여 해당 상품에 고유한 이름, 즉 상표가 필요해졌다. 다양한 상품이 개발되고 상표의 부착이 점차 늘면서 위조 상품과 위조 상표도 함께 증가했다. 그러나 당시만 하더라도 상표를 법적으로 보호하는 장치는 존재하지 않았다. 상표나 상품의 위조에 대하여 불법행위법을 적용할 수 없었고, 상관행에 어긋나는 것으로 받아들이지도 않았다. 위조품의 범람은 각국 정부로 하여금 유명 상표의 보호 필요성을 인식하는 계기를 마련했다.[45]

유럽 대륙에서는 프랑스가 상표의 보호에 가장 앞선 나라였다. 프랑스는 1857년 상표법을 제정하여 상표 등록 제도를 도입했다. 이 법은 사용에 근거한 등록뿐만 아니라 심사에 기반을 둔 등록을 받아들였다. 이 법은 제정 후 100년 이상 시행되면서 유럽 각국에 영향을 미쳤다. 독일이나 이탈리아는 정치적인 통합이 19세기 중반 이후 들어 이루어졌기 때문에 상표법 제정은 더욱 늦었다.[46] 19세기 종반에 접어들면서 대부분의 유럽 국가가 상표를 국내법으로 보호했다.

---

43) WIPO, p.21.

44) 길드가 국가의 제도로서 법적 뒷받침을 상실한 것은 18세기 이후이다. 프랑스는 1791년 법에 의하여 정식으로 길드를 폐지했으며, 영국에서 길드에 대한 특혜는 1835년 사라졌다. WIPO, p.21.

45) WIPO, pp.21~22.

46) 독일 통합 직후인 1874년 당시 프러시아는 상표법을 제정하여 회화적 표장(pictorial mark)만을 보호했다. 1896년 새로운 상표법을 제정했다.

19세기 중반 이후 영국에서는 위조 상품에 대한 규제를 시작했다. 법원은 사칭통용(passing-off)의 법리에 의하여,[47] 상표에 기반을 두고 쌓아온 명성을 해치는 행위를 금지하는 권한을 상표 사용자에게 부여했다. 상표법은 1862년 제정되었다.[48] 1938년 상표법은 사용 의사(intent-to-use)에 기반을 둔 등록을 허용하고, 심사 제도를 마련하고 출원 공개 제도를 도입했다. 미국도 영국의 법제를 받아들여 보통법상 사칭통용을 금했고, 1870년에는 연방 상표법을 제정했다. 이 법은 나중에 위헌 판결을 받아 여러 차례 개정을 거듭하다 종전 후 급속한 경제 성장에 대응한 새로운 상표법이 필요해지면서 1946년 랜험법(Lanham Act)으로 알려진 상표법이 제정되어 오늘에 이르고 있다. 이 법은 사용주의에 더욱 충실하여, 사용 의사가 아니라 실제 사용을 등록의 요건으로 했다.

영국에서 상표법 제정 과정은 상표법의 목적이 변화하는 모습을 보여주고 있다. 초기 보통법상 상표 보호는 다른 사람과 관련된 표장의 허위 표시(misrepresentation)를 규율하고 소비자를 보호하는 데 목적을 두었다. 즉, 상표는 상품에 대한 정보를 제공하는 것이니만큼 이에 대한 허위 표시는 불법행위로 보고 이를 금지하고자 했던 것이다. 상표 보호는 정보에 기반을 둔(communication-based) 보호였던 것이다. 1862년 상표법 제정을 둘러싸고 상표를 재산으로 인정할 것인가에 대한 찬반 논쟁을 거쳐 사기 목적의 허위 표시에 대한 형사 제재를 규정하는 것으로 봉합했으나, 1875년 상표법은 등록 상표의 양도를 인정하는 등 상표의 재산적 성격을 분명히 드러냈다. 비로소 재산권에 기반을 둔(property-based) 상표 보호를 지향하기 시작한 것이다.[49]

---

47) 사칭통용(詐稱通用)은 불문법 국가인 영국에서 보통법(common law)상 인정되는 불법행위 중 하나이다. 이 법리는 어느 거래자가 다른 거래자의 신용 또는 영업권을 해치는 허위 표시를 방지하기 위한 것이다. 사칭통용이 되기 위해서는 신용 또는 영업권(goodwill)의 존재, 허위 표시(misrepresentation), 그리고 손해(damage)의 발생 등 세 가지 요건을 갖춰야 한다. 사칭통용 법리는 16세기까지 거슬러 올라가지만 19세기와 20세기에 이론적으로 정비되었다. 사칭통용의 법리는 성문 상표법(1875년 상표법과 1905년 개정 상표법 등)이 등록 상표 보호를 위해 등장하면서 사칭통용 법리는 주로 미등록 상표(등록 상표에도 적용되는 경우가 있다), 상호, 나중에는 유명인의 성명을 보호하는 법적 장치로 자리 잡아 왔다. Christopher Wadlow, *The Law of Passing-off*, 2nd ed. (Sweet & Maxwell, 1995), pp. 1~3, 13~31.

48) 이 법(Merchandise Marks Act)은 기만적인 표시를 방지하기 위한 제한적인 목적을 가지고 있었고, 1905년 상표법에서 심사 제도를 도입했다.

49) Lionel Bently, "From communication to thing: historical aspects of the conceptualisation of trade marks as property," in Graeme B. Dinwoodie and Mark D. Janis (eds.), *Trademark*

초기 상표법 역사를 보면 선사용(first-to-use)에 근거하여 상표권이 발생하는 제도를 마련한 국가도 있었으나,[50] 이제 대부분의 국가들은 등록 제도를 받아들이면서 선출원(first-to-file)을 거쳐 등록을 해야만 권리가 발생하도록 하고 있다. 이들 국가에서 비록 선출원 제도를 받아들이고 있지만 사용주의적 요소[51]가 완전히 사라진 것은 아니다. 일부 국가에서는 출원시 상표 사용이나 사용의사를 요구하는가 하면, 많은 국가에서는 미등록 상표를 보호하고 있는 것이다.[52][53]

상표 등록 제도는 처음부터 권리의 발생을 염두에 둔 것은 아니었다. 상표는 사회적 효용 측면에서 특허와는 달랐으며, 그에 따라 독점적 권리를 부여하

Law and Theory: A Handbook of Contemporary Research (Edward Elgar Publishing, 2008), pp.3~41. 1905년 상표법에서 비로소 등록 상표에 대해 배타적인 권리를 부여했다. Ladas, Vol.II, p.1055.

50) 1893년 네덜란드 상표법이 그러했다. Tsoutsanis, p.15. 이런 제도하에서는 상표 등록은 권리의 선언적 효과나 추정적 효과를 부여할 뿐이었다. 프랑스는 1957년 새로운 상표법 제정 전까지 100년간 사용에 의해 상표권을 취득하는 제도를 고수했다. Ladas, Vol.II, p.1054, 1061.

51) 사용주의라는 표현은 여러 의미를 담고 있다. 첫째, 선사용(first-to-use)으로 권리가 발생하는 경우를 상정하는 의미로 쓸 수도 있고, 둘째, 사용 또는 사용 의사를 출원 시 요구하는 경우를 염두에 두고 쓸 수도 있고, 셋째, 미등록 상표를 보호하는 제도를 가리키는 의미로 볼 수도 있다. 등록주의와 대비되는 의미로 사용주의를 사용한다면[우종균, 「상표법상 사용주의와 등록주의의 기원」, ≪지식재산21≫(2002년 9월), 116~127쪽 참조] 그것은 첫째의 의미라 할 수 있다. 이런 의미의 사용주의 제도를 가지고 있는 국가는 거의 존재하지 않는 반면, 둘째와 셋째 의미의 제도를 가지고 있는 국가들이 적지 않다. Summary of Replies to the Questionnaire on Trademark Law and Practice (SCT/11/6), WIPO Doc. SCT/14/5, February 14, 2005, pp.39~47, 126~135 참조. 이런 점에서 '사용주의적 요소'를 반영한 제도를 가지고 있는 국가들이 있다고 하는 것이 적절하다. 즉, 미등록 상표를 보호하는, 이른바 보통법상의 상표(common law trademark) 보호 제도를 가지고 있다거나 등록 출원 시 실제 사용이나 사용 의사를 요구하는 국가들이 있는 것이다. 이하에서는 편의상 '사용주의'라 할 때에 문맥에 따라, 두 번째나 세 번째 의미로 쓰기로 한다.

52) 예를 들어, 미국에서는 등록뿐만 아니라 사용만으로도 상표 보호를 받을 수 있다. 연방법에 의한 상표 등록은 전국적으로 통지를 의제하는 효과(constructive notice)가 생기고(15 U.S.C. §1072), 상표권자는 연방법원에 소송을 제기할 수 있으며(15 U.S.C. §1121), 손해배상의 특칙(3배 배상) 적용을 받을 수 있다(15 U.S.C. §1117). 등록 상표는 5년의 기간이 경과하면 최종적으로 해당 권리가 확정된다(15 U.S.C. §1065). 반면, 사용에 의한 상표 보호는 보통법상의 보호로서 지역적 제한을 받는다.

53) TRIPS협정 제16조 제1항은 사용주의를 감안하여 규정하고 있다. 즉, 제3문에 의하면, "[등록 상표권은] … 회원국으로 하여금 사용에 근거하여 권리를 부여하도록 할 가능성에 영향을 미치지 아니한다."

는 데 주저했기 때문이다. 이것은 첫째, 상표는 단지 기업의 상품이나 영업의 표지로서 가치만을 가지는 것으로, 상표에 대한 권리는 상표의 사용에 궁극적인 목적을 가진다는 것이었다. 둘째, 상표는 지적 창작이 아닌 상품이나 서비스의 표지에 지나지 않는 것으로, 상표의 공개로 인하여 사회가 얻는 이익이 없다고 본 것이다.[54] 그럼에도, 파리협약이 등록 제도를 염두에 둔 규정을 다수 채택하면서, 특히 우선권 제도를 협약의 핵심 내용으로 반영하면서 각국으로 하여금 사용주의를 포기하거나 사용주의적 요소를 완화하는 입법 정책을 가속화했다.

1970년대 들어 국제무역이 더욱 활발해지고 기술이 발전하면서 위조 상품 (counterfeit goods)이 국제무역에 심각한 왜곡을 가져온다는 사실을 직시하고 이를 국제무역 규범에 편입시키려는 움직임이 본격화되었다. 1977년 도쿄 라운드 이후 우루과이 라운드를 거치면서 위조 상품의 방지뿐만 아니라 상표의 보호수준을 전반적으로 끌어올리려는 선진국의 노력이 1994년 TRIPS협정으로 결실을 보았다.

3. 산업디자인

1) 산업디자인의 개념

디자인은 인간의 시각에 호소하여 미감을 자극하는 창작물이다. 평면적일 수도 있고 입체적일 수도 있다. 디자인은 각국마다 바라보는 시각이 다양하다. 그에 따라 개념도 다르고 법적 보호 방법도 각양각색이다. 넓게 보면 디자인은 저작권법상의 디자인과 산업재산권법상의 산업디자인으로 나눌 수 있다. 저작권법상 디자인은 미술저작물의 일종이다. 미술저작물에는 조각이나 회화, 부조와 같은 순수미술에 속하는 것이 있는가 하면, 산업적으로 대량 이용되는 것을 염두에 둔 응용미술저작물(work of applied art)도 있다. 산업재산권법상 산업디자인은 제품에 응용되는 특징적인 문양(pattern), 장식(ornament), 모양(shape), 형상(configuration) 등으로서 시각적인 외관을 그 제품에 넣은 것

---

54) Ladas, Vol.II, p.1054.

이다.[55] 산업디자인 보호는 자본주의 시장에서 중요한 역할을 한다. 생산자는 디자인으로 제품의 경쟁력을 높이고 시장지배력을 키울 수 있다. 소비자는 제품을 선택할 때 디자인에 큰 비중을 두기도 한다. 특히 흡사한 기능을 하는 제품이라면 더욱 그러할 것이다.

산업디자인은 단순히 인간의 시각에 호소하기도 하지만 제품의 기능을 효율적으로 작동하도록 하는 역할도 한다. 이런 양면성으로 인해 디자인 보호를 위해 각별한 입법적 고민을 하기도 한다. 즉, 시각에 호소하는 창작적이거나 독창적인 요소는 보호하는 한편, 단순히 기술적이고 기능적인 요소를 배제해야 하기 때문이다.[56]

산업디자인은 산업적으로나 실용적으로 이용되는 것으로서, 그것이 평면인지 입체인지, 아니면 등록 디자인인지 아닌지 등에 따라 국가마다 보호 방법이 다기다양하다. 특허의 대상이 되는가 하면,[57] 특별법에 의한 보호대상이 될 수도 있다. 특별법도 특허법적 보호를 하는 사례도 있고,[58] 특허법적 접근과 저작권법적 접근을 모두 포괄하는 사례도 있다.[59] 각국의 입법 태도는 특허 특별법과 저작권법과의 관계에서도 차이를 보이고 있다. 이들 법률 모두가 산업디자인을 보호하는가 하면(중복적 보호), 어느 한 법률에 의존하여 보호하기도 한다(선택적 보호). 양자의 접근법은 다른 결과를 낳는다. 창작자가 어느 법률에 의해서든 자신의 디자인을 보호를 받는다면 그것은 중복적 보호를 받는 것이고, 어느 법률 중 하나를 선택할 경우 다른 법률에 의한 보호를 받지 못한다면 선택적 보호를 받는 것이다. 각국의 입법 정책적 판단이 산업재산권 보호에 크게 작용하는 것이다.[60]

---

55) *WIPO Glossary of Terms of the Law of Copyright and Neighboring Rights*, 1980, 참조.

56) TRIPS협정 제25조 제1항 2문에 의하면, 회원국은 산업디자인의 보호가 기술적이거나 기능적인 고려에 따른 디자인에는 미치지 아니한다고 규정할 수 있다.

57) 미국 특허법은 디자인 특허(design patent)를 보호대상의 하나로 하고 있다.

58) 우리 디자인보호법이 이에 해당한다.

59) 유럽공동체 디자인 규칙이 이에 해당한다. 이 규칙은 미등록 공동체 디자인권에 대해서는 저작권에 준하는 보호를, 등록 공동체 디자인에 대해서는 특허법적 보호를 한다. COUNCIL REGULATION (EC) No 6/2002 of 12 December 2001 on Community designs amended by Council Regulation No 1891/2006 of 18 December 2006 amending Regulations (EC) No 6/2002 and (EC) No 40/94 to give effect to the accession of the European Community to the Geneva Act of the Hague Agreement concerning the international registration of industrial designs 참조.

각국의 입법례를 볼 때―저작권법 측면을 고려하지 않는다면―산업디자인은 다음과 같은 공통 요소를 부분적으로나마 추출할 수 있다. 먼저, 산업디자인은 산업상 이용할 수 있어야 한다. 많은 국가에서는 산업상 이용 가능성을 보호나 등록의 요건으로 하고 있다. 이 점은 저작권법에서 바라보는 디자인 보호의 관점과 다른 것이다. 저작권법은 디자인의 독창성에 주목할 뿐 산업상 이용 가능성은 고려 요소가 아니다. 둘째, 산업디자인은 신규성이나 독창성을 가져야 한다. 산업디자인을 보호하는 대부분의 국가들은 신규성(novelty)이나 독창성을, 경우에 따라서는 양자를 모두 요구하기도 한다. 특히 신규성은 등록주의 국가에서 반드시 요구된다. 일부 국가에서는 절대적 신규성을, 다른 일부 국가에서는 제한적 신규성을 요건으로 삼는다. 전자 국가들은 세계 어디에서든 기왕에 공개된 디자인에 대해서는 신규성을 부정하여 등록을 거절한다. 반면 후자 국가들은 일정 기간을 정하여 그 기간 내에 발행된 디자인과, 또는 국내에서 공개된 디자인과의 동일하거나 유사한지 등을 검토한 후 신규성 여부를 판단한다.[61]

국제규범상 디자인이라 할 때에는 산업디자인을 가리키는 것이 보통이다.[62] 이하에서는 순수 미술에 속하는 디자인은 저작권법의 측면에서, 산업디자인은 특별법을 포함하는 의미의 산업재산권법과 저작권법의 측면에서 다루기로 한다.

2) 산업디자인 보호의 역사

산업디자인은 산업혁명의 산물이다. 18세기부터 19세기 사이 진행된 산업혁명은 직물 분야를 중심으로 제조업에 혁신을 가져왔다. 산업혁명은 종전에 사람에 의존하던 것을 기계로 대신하게 되면서 대량생산을 가능하게 하고, 이

---

60) WIPO(Handbook), p.118.

61) WIPO(Handbook), p.115.

62) 파리협약은 산업디자인을, 베른협약은 응용미술저작물과 산업디자인을 보호대상으로 삼고 있다. 파리협약과 베른협약 프랑스어본에서는 모두 'dessin et modèle industriel'이라고 하는 반면, 파리협약과 베른협약 영어본에서는 각기 'industrial design', 'industrial design and model'이라고 하고 있다. 프랑스어본에서 'dessin'은 평면 디자인을, 'modèle'은 입체 디자인을 염두에 둔 것이다. 한편, 베른협약은 응용미술저작물과 산업디자인 보호를 동맹국의 법률에 맡기고 있다.

런 기술 혁신에 힘입어 여러 제조업자가 같은 종류의 제품을 시장에 내놓을 수 있게 되었다. 제조업자는 소비자의 구매 의욕을 당기기 위해 제품 디자인을 새롭게, 독창적으로 만들기 시작했다. 각국의 디자인 보호 움직임은 이런 배경하에서 출발한다.

영국에서 디자인은 처음에는 저작물의 하나로 보호했다. 세계 최초의 성문 저작권법인 1710년 앤여왕법은 1734년 미술저작물에까지 확대 적용되었는데, 1787년 디자인에 관한 특별법이 새로 제정되었다. 이 법은 디자인에 대한 저작권 보호를 제한적으로 인정했다. 이 법은 2개월이라는 한정된 기간 동안 '린넨, 면, 캘리코 및 모슬린의 날염과 디자인' 분야에 종사하는 사람들에게 전속적인 복제권(right of reprinting)을 부여했다. 즉, 저작권에 의하여 디자인과 날염 기술을 장려하기 위한 법이었다. 이 법은 이후 다른 법에 의하여 대체되면서도 그 저작권 보호라는 기본 골격은 그대로 유지했다. 보호기간을 3개월로 연장하고, 보호대상에 모직류와 견직류도 포함시켰다. 그러나 기본적으로 복제 방지라는 저작권법상의 원칙은 그대로 지켜졌다. 등록은 물론 보호 요건도 아니었다. 1839년 디자인법이 제정되면서 디자인 보호는 일대 전기를 마련했다. 보호대상으로 물품의 디자인이나 날염과 같이 종전부터 대상으로 삼은 것뿐만 아니라, 음각이나 양각으로 물품에 새기는 장식(ornamentation)과 물품의 모양이나 형상도 보호대상으로 추가했다. 평면 디자인과 입체 디자인 모두가 이 법에 의한 보호를 받게 된 것이다. 또한 등록을 디자인 보호의 요건으로 삼았다. 등록 디자인은 1년(금속 물품의 경우 3년) 동안 보호를 받았다. 종전과 마찬가지로 신규성과 독창성을 모두 갖춘 디자인만 보호했다. 그 후 수 차례 새로운 법이 제정되면서 저작권의 성격을 점차 벗어났다. 독창성 요건을 없애고, 등록을 둘러싼 이의 신청이나 등록 무효 절차를 마련했다. 보호기간은 점차 늘어났다.[63]

프랑스 혁명 기간 중에 제정된 1793년 프랑스 저작권법은 여러 종류의 디자인을 보호하는 규정을 두었다. 그러나 이 법은 '문학·예술 재산권(propriété littéraire and artistique)'을 보호하기 위한 것이어서 산업디자인의 보호에 충실히 작용하지 못했다. 1806년 나폴레옹은 리옹을 방문하던 길에 그곳 제조업자

---

63) Hugh Laddie, Peter Prescott and Mary Vitoria, *The Modern Law of Copyright and Designs*, 2nd ed. (Butterworths, 1995), Vol. 2, pp. 1045~1057; Ladas, Vol. II, p. 829.

들의 불만을 청취했다. 이들은 저작권법이 자신들의 산업을 충분히 보호하지 못하고 있다고 했다. 나폴레옹은 이들의 건의를 받아 들여 같은 해 '제조업자의 디자인(dessins de fabricants)'을 보호하기 위한 특별법을 제정했다. 이 법은 창작과 소유의 증거를 위하여 디자인을 등록하도록 요구했다.[64] 프랑스 법원은 이 법에 근거하여 산업디자인과 미술 디자인을 구별하는 태도를 보였으며 이것이 산업디자인과 미술저작물을 구별하는 계기가 되었다. 그 후 산업디자인의 보호는 신규성을 요구하면서 점차 특허적인 것으로 성격을 뚜렷이 했다. 이런 프랑스의 법제도는 다른 나라에도 그대로 영향을 미쳤다.

산업디자인은 일찍부터 국제적인 보호대상으로 등장했다. 1883년 파리협약에서 이미 보호대상으로 자리 잡았다. 그 후 여러 차례 개정회의에서도 산업디자인을 보호하기 위해 실체 규정을 개정한 바 있다. 한편, 베른협약도 산업적인 이용을 전제로 한 응용미술저작물(work of applied art)을 1848년 브뤼셀 회의에서 보호대상으로 추가 예시했다. 산업상의 이용 여부를 불문하고 응용미술저작물로서 산업디자인을 보호하도록 한 것이다.

1994년 TRIPS협정은 모든 지적재산권을 망라하여 규정하고 있는 만큼 산업디자인도 물론 보호대상으로 넣고, 그에 대한 권리며 보호기간을 각 회원국에 강제하고 있다. 그럼에도 각국의 제도상의 현저한 차이를 극복할 정도로 보호의 기준을 정립하지는 못하고 있다. 산업디자인의 국제적 보호에 여전히 적지 않은 장애가 존재하는 셈이다.

4. 저작권

1) 저작권의 개념

저작권은 문학, 예술 및 학술 분야의 저작물을 보호하기 위한 권리이다. 전통적으로 특허권이 과학과 기술 분야의 창작물에 대하여 부여되는 권리인 반면, 저작권은 문화와 예술 분야의 창작물에 대하여 부여되는 권리라고 보아왔다. 이런 전통적 구분에 따라 특허권은 궁극적으로 산업 발전에 기여하기 위

---

64) Ladas, Vol. II, pp.829~830.

한 것이라면, 저작권은 문화와 예술의 발달을 꾀하는 것이라 보았던 것이다. 이런 권리의 본질과 목적에 따른 구별은 연혁적으로는 타당하다 할 수 있으나, 통신기술과 정보산업의 발달로 인해 상당히 무너지고 있다. 다만, 이런 연혁적인 배경은 저작권을 이해하는 데 적지 않은 도움이 되는 것도 사실이다.

저작권의 보호대상으로서 저작물은 인간의 아이디어(생각)를 독창적으로 표현한 그 무엇이든 해당된다. 시나 소설 등 어문저작물, 작사나 작곡 등 음악저작물, 회화나 조각, 서예, 디자인 등 미술저작물, 연극저작물, 영상저작물, 지도, 설계도, 모형 등 도형저작물, 건축저작물, 사진저작물, 컴퓨터 프로그램, 데이터베이스 등이 모두 저작권에 의하여 보호된다. 어문저작물이 언어를 가지고 표현된다면, 음악저작물은 소리와 악보로 표현된다. 각 저작물마다 표현형식이 다양한 것이다. 인간의 시각, 청각 등을 통해서 감지할 수 있는 것은 모두 저작물이라 할 수 있다.

저작권법상 보호대상인 저작물은 크게 두 가지 요건을 충족하여야 한다. 첫째, 독창성(originality)을 가져야 한다. 독창성의 판단은 국가마다 다소 차이가 있으나, 일반적으로 다른 사람의 것과 구별되는 저작자 개인의 독자적인 표현이 존재하는가 여부에 달렸다 할 수 있다. 엄격한 독창성을 요구하지는 않는다. 둘째, 다른 사람이 지각할 수 있도록 외견상 표현되어야 한다. 표현 형식은 문자나 숫자일 수도 있고,[65] 악보나 소리일 수도 있으며 영상일 수도 있다. 즉, 저작물이란 아이디어의 표현(expression of ideas)인 것이다. 누가 하더라도 같은 표현밖에 나오지 않는 것은 저작물이 아니고, 생각이 외부적으로 구현되지 않은 것은 저작권에 의하여 보호되지 않는다.[66]

저작자는 이런 저작물에 대하여 인격권과 재산권을 가진다. 인격권은 저작물이 저작자의 아이디어를 체화한 것이라는 점에 주목하고 있다. 1886년 유럽 국가들이 주도한 베른협약은 대륙법계의 전통에 따라 인격권을 저작자의 권리로서 인정하고 있다. 이에는 저작자임을 주장할 권리와 저작물의 동일성을 유지할 권리가 있다.[67]

---

65) 숫자로 표현한 저작물의 대표적인 예로는 컴퓨터 프로그램을 들 수 있다.

66) TRIPS협정 제9조 제2항은 이 점을 분명히 하고 있다. "저작권 보호는 표현에는 적용되나, 사상, 절차, 운용 방법 또는 수학적 개념 그 자체에는 적용되지 아니한다."

67) 우리 저작권법상의 표현을 빌면, 성명표시권(right to claim authorship, right of paternity)과 동일성유지권(right of integrity)이다. 우리 법에는 이외에도 공표권도 존재한다.

재산권은 특허권과는 달리, 실시권의 개념이 존재하지 않는다. 개별 이용 형태에 따라 권리를 하나하나 부여하는 방식이다. 어느 국가도 이용권(right of utilization, right of use)의 개념을 도입하지 않고 있다. 국가마다 부여하는 권리의 종류며 내용이 크게 다르다. 대부분의 국가에서 공통적으로 볼 수 있는 권리로는, 복제권(right of reproduction), 배포권(right of distribution), 전시권(right of display)과 같은 유형적 이용에 관한 권리가 있고, 공연권(right of performance), 방송권(right of broadcasting), 유선송신권(right of cable transmission), 이용제공권(right of making available) 등 무형적 이용에 관한 권리가 있다. 그 외에도 번역권(right of translation)이나 각색권(right of adaptation)과 같은 권리도 있다.

저작권법은 저작권뿐만 아니라 저작인접권(rights neighboring on copyright, neigboring rights)이라 하여, 저작물을 일반 공중이 접근할 수 있도록 매개하는 사람들에 대해서도 저작권에 상당한 권리를 부여하고 있다. 이런 권리를 가지는 사람에는 실연자, 음반제작자, 방송사업자 등이 있다. 일반 공중이 직접 저작물을 접하는 예는 많지 않다. 대개의 경우 매개 역할을 하는 사람들이 필요하다. 이들은 이를 위해서 상당한 노력과 시간, 자본과 인력을 동원한다. 법에서 이들에게 일정한 권리를 부여하는 이유는 이들의 노력이 없이는 저작물의 유통도 제한될 수밖에 없고, 따라서 문화의 발전을 기약하기도 어렵다는 점 때문이다.

2) 저작권 보호의 역사

저작권 사상이 유럽에서 싹트기 시작한 계기는 15세기 인쇄술의 발명이다. 인쇄술이 발달하면서 각국 정부의 관심은 언론의 검열과 함께 인쇄업의 독점에 있었다. 저작권 개념은 바로 인쇄업의 독점을 부여하기 위한 장치로 원용되었던 것이다. 각국마다 인쇄업의 독점을 확보해주기 위한 여러 장치가 개발되었다. 특히 독일에서는 등록제도를 이용한 독점적 지위를 보장했는바, 아직도 일부 국가에서 이른바 방식주의를 채택하고 있는 것도 이 제도의 영향이라고 할 수 있다.

근대적인 의미의 저작권법은 영국에서 먼저 나왔다. 1710년 영국은 앤여왕법(Statute of Anne)을 제정했다. 이 법은 세 가지 기본 원칙을 담고 있는 바, 첫째, 인쇄되지 않은 저작물(서적 그 밖의 저술)의 저작자는 발행일로부터 14년간 인쇄에 대하여 독점적인 권리를 가지며, 저작자가 이 권리를 비록 다른 사람에게 양도했다 하더라도 저작자가 생존하는 경우 14년 후 다시 반환받을 수 있도록 했다. 둘째, 침해자는 몰수 또는 벌금의 제재를 받으며, 셋째, 서적 제목이 등록되지 않으면 소송을 제기할 수 없도록 했다. 이 법 제정 목적은 출판업자와 인쇄업자의 보호에 있었던 것임은 물론이지만, 이 법이 가지는 의미는 각별하다. 즉, 이 법은 저작자의 법적인 권리를 인정했고 저작물과 저작물을 담은 유체물에 대한 권리를 구별했던 것이다. 저작권이 저작자가 창작한 저작물을 보호하는 데 기본 목적이 있다는 사상적 뿌리를 가지고 있는 것이다.[68]

프랑스 혁명은 각종 구제도의 타파를 목적으로 했다. 혁명 운동가들은 그중 출판업자의 특혜도 폐지하면서 새로운 저작권 제도를 도입했다. 혁명 의회는 1791년과 1793년 두 차례에 걸쳐 저작권에 관한 법령을 통과시켰다. 1791년 법령에서는 저작자 생존기간과 사후 5년간 저작자에게 공연권을 부여했고, 1793년에는 보호기간을 사후 10년으로 늘리고 복제권을 추가적으로 부여했다. 여기서 영국의 접근법과 차이를 보이고 있음을 발견할 수 있다. 이런 권리는 저작자의 권리(droit d'auteur)이며, 저작물의 발행이나 등록을 보호 여부와 연계하지 않고, 또한 보호기간도 저작자의 사망을 기준으로 삼은 것이다.[69]

독일의 철학자들이 저작권 사상 보급에 기여한 점도 빼놓을 수는 없다. 특히 칸트는 저작권을 재산권의 측면에서만 바라볼 것이 아니고, 저작물은 저작자의 인격을 반영한 것이고 이는 자연적 정의에 합당한 것이라는 점을 강조했다. 이런 철학적 배경은 유럽 대륙의 인격권 사상 보급에 큰 영향을 미쳤다.[70]

이런 저작권 사상의 보급은 유럽 각국 간에 교통이 빈번해지고 문화 교류가 활발해지면서 촉발되었다고 할 수 있다. 이 과정에서 유럽의 문학가, 철학자 등이 자신의 창작에 대한 대가를 받을 수 있는 이론적인 토대를 마련하고자 했고 이들의 노력으로 저작권이 지적 재산(propriété intellectuelle, intellectual property)으로 인식되기 시작했다. 또한 18세기 후반 프랑스 혁명도 저작권의 발전에 기여했다. 특히 인권 사상은 저작권에 영향을 주어, 저작권을 저작자의 사적인 권리로서 파악할 수 있는 전기를 마련해주었다.

---

68) Stephen Stewart, *International Copyright and Neighbouring Rights*, 2nd ed. (Butterworths, 1992), pp. 21~22.

69) WIPO, p. 24.

70) WIPO, pp. 24~25.

19세기 들어와서 저작물의 국제적 유통이 보다 활발해지고, 저작물 특히 서적의 밀무역이 성행하면서 유럽 각국은 양자협정을 체결하여, 자국민의 저작물이 외국에서 보호되는 정도로 상대방 국민의 저작물을 보호하기 시작했다. 다시 말해서 상호주의에 의하여 제한되는 내국민대우를 협정으로 인정한 것이다. 1886년 베른협약이 체결될 때까지 유럽에는 이런 양자협정이 100건 이상 존재했다.[71]

그러나 양자협정에 의한 저작권의 국제적 보호는 저작자의 처지에서 보면 매우 불편한 제도로 인식되었다. 자신의 저작물이 외국에서 보호되는 여부를 확인하기 위해 해당 외국의 국내법을 이해해야만 하는 양자적인 보호 방식은 결국 다자협약에 의하여 대체될 수밖에 없는 상황에 놓였다고 할 수 있다. 이런 배경 속에서 1886년의 베른협약이 탄생했다.

베른협약은 20세기 중반까지는 주로 유럽 국가들을 위한 다자조약이었다.[72] 물론 당시는 아시아·아프리카 국가들이 대부분 독립을 하지 않은 데도 원인이 있겠으나, 근본적으로는 베른협약상의 무방식주의와 과중한 저작권 보호 규정으로 인해 아메리카 국가들 및 다른 일부 독립국가들의 참여를 봉쇄한 데 있었다. 저작권이 국제사회에서 보다 효과적으로 보호되기 위해서는 베른협약 가입에 따른 부담을 줄일 필요가 있었다. 세계저작권협약(Universal Copyright Convention: UCC)은 이런 배경하에서 1952년 체결되었다. 이 협약은 아메리카 국가들의 방식주의와 베른협약상의 무방식주의를 절충하고, 보호대상 및 권리의 종류, 내용 등을 완화함으로써 당사국의 수를 늘려 저작권의 국제적 보호를 공간적으로나마 확대시켜보려고 했다.

여러 국제협약이 저작권의 국제적 보호를 위한 장치로서 당사자들을 구속하고 있으나 그 어느 것도 각국마다 다른 저작권법과 제도를 운영하는 것까지 방해하는 것은 아니다. 국제사회가 하나의 국가와 같이 통합되지 않는 한 저작권법의 통일은 (저작권 보호라는 측면에서는 불편할지 몰라도) 필요하지도 않다. 이 점에서 각국의 저작권 제도를 영미법계와 대륙법계로 나누어 간단히 짚어보는 것이 좋을 듯하다. 영미법계와 대륙법계의 특징적인 차이점은, 첫째

---

71) György Boytha, "Some Private International Law Aspects of the Protection of Authors' Rights," *Copyright* (October 1988), p.401.

72) 1952년 세계저작권협약이 체결될 무렵 유럽 국가들을 제외하고는 12개국만이 베른협약에 참여하고 있었다.

로 저작권을 재산적인 측면만을 인정하느냐 아니면 인격적인 측면까지 함께 인정하느냐 하는 것이고, 둘째로는 독창성의 개념을 어떻게 파악하느냐 하는 것이다.

첫 번째 차이점은 용어에서부터 볼 수 있다. 영국과 미국에서는 저작권을 'copyright'[73]라고 하는 반면, 프랑스와 독일에서는 각각 'droit d'auteur', 'Urheberrecht'라고 한다. 또한 저작자를 정의하면서 영미법계에서는 저작자를 개인뿐만 아니라 단체도 포함시키는 반면, 대륙법계에서는 저작자를 정의하기를 '저작물을 창작한 사람'이라고 하여 원칙적으로 자연인만을 저작자로 한정하고 있다.[74] 두 번째 차이점은 저작권 보호대상조차 달리 규정한 데서 뚜렷이 나타난다. 대륙법계에서는 독창성을 영미법계보다 엄격히 해석하는 경향이다. 따라서 영국이나 미국에서 저작물로 보는 방송물(영국)과 음반(영국과 미국)을 저작인접권의 대상으로 따로 설정한다.

저작인접권의 보호 필요성과 배경, 그리고 저작인접권의 본질은 저작권과 같지는 않다. 저작인접권은 저작권에 비하여 그 발달의 역사도 일천하다. 굳이 그 사상의 뿌리를 캐본다면, 19세기 말 이후 녹음기술이 발명되고 라디오와 영화 및 텔레비전 매체가 등장하면서 저작물의 전달에 매개 역할을 한 사람이나 물건, 특히 실연자에 대하여 일정한 법적 지위를 부여할 필요성에서 비롯되었다고 할 수 있다. 일반 공중은 새로운 매체가 등장하기 전에는 인쇄물과 실연자의 공연에 의해서만 저작물을 접할 수밖에 없었다. 라디오 등 새로운 매체의 등장은 저작물의 새로운 이용 형태가 추가적으로 생기는 것이었다. 사람들은 특히 음악이나 연극 저작물의 경우 이제 직접 실연자를 대면하지 않고서도 향유할 수 있게 된 것이다. 이는 곧 실연자의 경제적 처지에 직접적으로 부정적인 영향을 미치면서, 국제기구(정부 간 또는 비정부 간 국제기구)를 중심으로 실연자의 보호를 위한 노력을 시작하게 된다. 이런 노력의 결실이 1961년 로마협약이다.

각국이 저작인접권을 국내적으로 보호하려는 노력은 국제적인 보호의 경우보다 오히려 더딘 진전을 보여왔다. 이를 뒤집어 말하면 1961년 로마협약이

---

73) 우리말로 굳이 번역한다면 판권이라고 할 수 있다.

74) 이런 구별은 점차 퇴색하는 듯이 보인다. 1988년 영국 저작권법에서는 저작자의 인격권을 인정하고 있으며(제1편 제4장), 1991년 프랑스 저작권법(1957년 저작권법도 마찬가지이다)에서는 단체도 저작자가 될 수 있도록 하고 있기(제2편 제1장) 때문이다.

오히려 각국의 국내법 제정에 적지 않을 영향을 미쳤음을 의미한다. 로마협약이 체결될 당시만 하더라도 국내법으로 저작인접권을 보호한 국가는 극히 소수에 지나지 않았다. 저작인접권 보호의 입법례로서 등장하는 오스트리아의 저작권법과 이탈리아의 저작권법은 각기 1936년과 1941년으로 알려지고 있는 점에 비추어 보면 저간의 사정을 쉽게 짐작할 수 있다.

저작인접권 사상의 기본은 저작자과 일반 공중 사이에 매개하여 저작물을 전달, 유통시키는 역할을 한 사람에 대하여 일정한, 제한된 권리를 부여함으로써 저작물의 보급을 촉진하는 데 있다고 하겠다. 실연자나 음반제작자, 방송사업자의 경우는 물론이고 일부 국가에서 인정하는 특정 출판물, 사진저작물에 해당되지 아니하는 사진, 비디오그램 등의 제작자 등은 모두 보다 많은 공중에게 저작물을 전달·보급하는 기능을 수행하는 사람들이고, 저작권법은 이들 매개자를 보호하는 것이다.

5. 지리적 표시

1) 지리적 표시의 개념

지리적 표시(geographical indication)는 보호의 역사도 짧을 뿐만 아니라 국가마다 다양한 제도를 가지고 있어서 이를 일률적으로 정의하는 것도, 제도의 성격이나 특징, 내용을 설명하는 것도 어렵다. 일반적으로 지리적 표시란 그저 어느 국가나 지역, 특정 장소를 지칭하는 이름이라고 이해할 수 있다.[75] 그러나 이것으로는 지리적 표시를 법적 보호대상으로 끌어오기에는 부족하다.

---

75) WTO는 국가마다 보호대상으로서 지리적 표시를 표현하는 용어도 각기 다르고, 보호의 형태며 보호를 위한 절차도 다양한 만큼 이들에 공통적으로 적용할 수 있는 용어의 하나로 '지리적 원산지 표시(indications of geographical origin: IGOs)'를 제안하기도 한다. Review under Article 24.2 of the Application of the Provisions of the Section of the TRIPS Agreement on Geographical Indications, Summary of the Responses to the Checklist of Questions (IP/C/13 and ADD.1), Note by the Secretariat, WTO Doc. IP/C/W/253/Rev.1, 24 November 2003, p.6. 이 문서에서는 각국마다 사용하는 다양한 용어를 예시하고 있다. IP/C/W/253/Rev.1, op. cit., pp.83~87. 이하에서는 달리 표시하지 않는 한, 관행적으로 굳어진 넓은 의미의 지리적 표시라는 용어를 쓰기로 한다.

지리적 표시 보호는 그 표시가 부착된 상품이나 서비스가 어느 국가나 지역의 지리적 표시와 결합되어 품질 등 특징이 발현되거나 이에 따라 상업적인 가치를 부여할 수 있을 때 비로소 인정될 수 있는 것이다.

지리적 표시는 지리적 이름(geographical name)에 그칠 수도 있고, 지리적 이름을 상징하는 기호나 표지로 넓혀 정의할 수도 있다. 그 어느 것이든 법률이나 조약에 근거해야 한다.[76] 각국의 법률상 지리적 표시에 관한 용어가 다양하고 그에 따른 정의도 각양각색이어서, 국제적 표준으로 자리 잡은 국제 조약상의 용어를 중심으로 개념을 살펴볼 수밖에 없다. 먼저 파리협약에 의하면, 출처표시(indication of source)와 원산지명칭(appellation of origin)을 협약상의 보호대상으로 설정하고 있다. 협약상 별도의 정의는 존재하지 않는다. 관용적으로나 강학상으로, 전자는 어느 국가, 지역 또는 특정 장소에서 기원하는 상품이나 서비스를 가리키는 표현이나 기호를 의미하고, 후자는 어떤 상품[77]이나 서비스[78]의 품질이나 특징이 어느 국가, 지역 또는 특정 지방의 지리적 환경에 전적으로 기인하는 경우 그 지리적 이름을 의미한다.[79] 전자의 정의는 마드리드협정(출처표시)에서 일부 공통점이 발견된다. 이 협정에서는 "이 협정이 적용되는 국가 또는 그 안에 위치하는 장소를 직접적으로나 간접적으로 원산국 또는 원산지로 표시하는" 방법으로 허위로 표시하거나 오인을 유발하는 표시를 규제하고 있다.[80] 후자의 정의는 리스본협정상의 정의와 일치한다.[81]

---

76) 유명한 지리적 이름으로는 샹파뉴(Champagne), 코냑(Cognac), 로크포르(Roquefort), 키안티(Chianti), 필센(Pilsen), 포르투(Porto), 아바나(Havana), 테킬라(Tequila), 다즐링(Darjeeling) 등이 있고, 기호나 상징의 예로는 스위스의 마테호른(Mattehorn), 파리의 에펠탑(Eiffel Tower), 뉴욕의 자유의 여신상, 서울의 남대문, I♥NY 등을 들 수 있다.

77) 조약마다 표현에 일부 차이는 있다. 마드리드협정과 리스본협정 프랑스어본에서는 모두 제품(produit)이라고 하고 있으나 영어본에서는 각기 상품(good)과 제품(produit)으로 쓰고 있다. TRIPS협정 영어본에서는 상품(good)이라고 하고, 프랑스어본에서는 제품(produit)이라고 하고 있다. 양자 간의 차이는 없을 듯하다.

78) 아직까지 서비스의 지리적 표시 보호에 관한 다자조약은 존재하지 않는다.

79) WIPO(Handbook), p.120. 출처표시는 "made in OO"와 같이 하는 것이 보통이다.

80) 마드리드협정(출처표시) 제1조 제1항. "이 협정이 적용되는 국가 또는 그 안에 위치하는 장소를 직접적으로나 간접적으로 원산국 또는 원산지로 표시하는 방법으로 허위 또는 오인 표시를 부착한 모든 상품은 위 어느 국가에 수입 시 압류되어야 한다." ("All goods bearing a false or deceptive indication by which one of the countries to which this Agreement applies, or a place situated therein, is directly or indirectly indicated as being the country or place of origin shall be seized on importation into any of the said countries.")

원산지명칭은 어떤 상품이 특정 지역에서 나온다는 사실만이 아니라 그 지역의 토양, 기후, 재배 방법 등과 같은 지리적 환경에 의해 그 품질 등이 결정된다는 것, 그런 상품과 지역 간의 연결(link) 관계가 필요하다는 것을 핵심적인 요소로 한다.[82]

이렇게 이해할 때 출처표시와 원산지명칭은 다르다는 것을 알 수 있다. 출처표시는 원산지명칭보다 넓은 개념으로 후자를 포함한다. 출처표시는 단지 지리적인 이름과 기호나 상징을 아우르는 반면, 원산지명칭은 지리적인 이름만을 의미하고 그것도 어떤 상품의 품질 등과 그 이름이 연결되는 경우에 한하여 인정되는 개념인 것이다.[83]

TRIPS협정에서는 또 다른 용어로서 지리적 표시(geographical indication)에 관하여 언급하고 있다. 여기서 말하는 지리적 표시란 "회원국의 영토 또는 영토 내의 지역이나 지방에서 기원하는 상품의 특정 품질, 명성 또는 그 밖의 특성이 본질적으로 그 지리적 출처에서 비롯되는 경우 그 상품을 식별하는 표시이다"라고 하고 있다.[84] 이 정의에 의하면, 단순한 출처(원산지) 표시는 지리적 표시로서 인정되지 않으며, 상품의 품질이 그 지역, 지방에서 기원해야 한다. 이것은 파리협약상 원산지명칭과 본질적으로 같다고 할 수 있다.[85][86]

---

81) 리스본협정 제2조: "이 협정에서 '원산지명칭'이란 어느 국가, 지역 또는 지방의 지리적 이름으로서 그곳에서 기원하는 제품의 품질이나 특징이 전적으로 또는 본질적으로 그곳의 자연적 및 인위적 요인을 포함하는 지리적 환경에 의하는 경우 그곳을 지칭하기 위한 것을 의미한다." ("In this Agreement, 'appellation of origin' means the geographical denomination of a country, region, or locality, which serves to designate a product originating therein, the quality or characteristics of which are due exclusively or essentially to the geographical environment, including natural and human factors.")

82) WIPO(Handbook), pp.120~121.

83) 국제사무국(BIRPI)은 양자 간의 차이점에 주목하여, 1958년 리스본 회의에서 파리협약 제1조 제2항의 지적재산권 정의 규정을 '출처표시 또는 원산지명칭' 대신에 '출처표시 및 원산지명칭'으로 개정하는 방안을 제시한 적이 있다. 이것은 두 가지 개념이 다르며, 이 다른 두 가지 모두에 산업재산권 보호를 하자는 취지에서 나온 것이다. 국제사무국은 출처표시는 해당 상품의 지리적 원산지와 관련하여 소비자 보호에 목적이 있다면, 원산지명칭은 제3자에 의한 부정이용을 막기 위한 제조업자 보호에 목적이 있다는 것이다. Ladas, Vol.Ⅲ, pp.1574~1575.

84) 1992년 7월 14일 농산물 및 식료품에 대한 지리적 표시 및 원산지 표시의 보호에 관한 유럽 이사회규칙 제2081/92호(EC Council Regulation No.2081/92 of July 14, 1992, on the Protection of Geographical Indications of Origin for Agricultural Products and Foodstuffs)도 TRIPS협정 규정과 마찬가지로, 같은 용어를 사용하면서 동일한 정의 규정을 두고 있다.

85) 약간의 차이도 있다. 이에 관해서는, 제5부 제5장 2. 정의 참조.

지리적 표시는 두 가지 방법으로 보호된다. 첫째는 지리적 표시 상품이나 서비스의 사용을 허락하거나 금지하는 권리를 부여하는 것이다. 어느 지역에서 기원하는 상품이나 일정한 품질 기준을 만족하는 상품에 대해서 해당 지리적 표시를 사용하도록 허락하는 한편, 그렇지 못한 상품이나 서비스에 대해서는 그 표시의 사용을 금지하는 것이다. 둘째로는 지리적 표시가 보통 명칭이 되지 않도록 하는 것이다. 지리적 표시가 관용적으로 사용하는 표현이 되면 이는 더 이상 보호를 받지 못한다. 지리적 표시가 보통 명칭이 되었느냐 여부는 아직 이에 관한 국제 조약이 존재하지 않는 상황에서, 국내법에 의하여 결정된다. 어느 지리적 표시는 특정 국가에서는 보호를 받는가 하면, 다른 국가에서는 보호를 받지 못하는 것도 이 때문이다. 대표적인 예로서 샹파뉴(샴페인, Champagne)가 있다. 샹파뉴는 프랑스에서는 지리적 표시로서 보호가 되지만 미국에서는 보통 명칭이 되었기 때문에 보호되지 않는다.[87]

지리적 표시는 상표와는 다르다. 지리적 표시가 거래상 사용되는 상징이라는 점에서 상표와 같은 성격을 가지고 있다고 할 수 있다. 그러나 후자는 특정 상품을 제공하는 어떤 기업을 다른 기업과 식별하는 기능을 하는 반면, 전자는 어떤 상품을 생산하는 지리적 지역을 식별하는 기능을 한다. 전자는 그 지역 안에 있는 복수의 기업을 염두에 둔 것이다. 하나의 기업이 다른 기업의 지리적 표시 사용을 금지할 수도 없고, 이런 점에서 지리적 표시의 소유자가 존재하지 않는다고 말할 수도 있다. 그 지역 기업은 해당 지리적 표시를 사용할 수 있는 권리를 가질 뿐이다.[88]

2) 보호의 역사 및 보호 방법

지리적 표시를 보호하기 위한 움직임은 프랑스에서 출발했다. 1919년 프랑스 법은 원산지명칭(appellation of origin)을 일정한 조건하에서 보호했다. 이에 의하면 원산지명칭이란 어느 국가나 지역 또는 지방의 이름으로서 그곳에서

---

86) 앞에서 말한 지리적 이름 중 다음은 리스본협정 시스템에 따라 보호를 받는다. 샹파뉴(와인), 코냑(와인증류주), 로크포르(치즈), 키안티(와인), 필센(맥주), 포르투(강화와인), 아바나(담배), 테킬라(증류주).

87) WIPO(Handbook), pp.121~122.

88) WIPO(Handbook), p.121.

기원하는 제품의 품질이나 특징이 그곳의 자연적·인위적 요인을 포함하는 지리적 환경에 의하는 경우 그곳의 이름으로 된 것을 말한다. 이런 특별한 보호를 받는 제품은 그곳에서 기원한 것으로, 그 품질이 그곳에서 기인한다는 것이다. 즉, 원산지명칭은 해당 제품과 원산지 간의 관계에서 비롯된 것이다. 특정 제품이 일정한 품질을 유지하기 위해서 관계 당국에 감독 권한도 부여했다. 이런 품질 기준에 도달할 경우에만 원산지명칭에 의해서 보호해주는 것이다. 당시 지리적 표시는 와인과 증류주에 한정했으나 나중에는 유제품과 육류, 식물류로 확대되었다. 이런 프랑스의 접근 방식은 유럽 여러 나라에 영향을 미쳤다.[89]

지리적 표시를 보호하는 방법은 국가마다 천차만별이지만 크게 나누면 세 가지로 분류할 수 있다. 제도의 다양성으로 인해 일관된 흐름으로 연혁을 설명하기는 곤란하다. 첫째는 독자적인 제도로 지리적 표시를 보호하는 것이고, 둘째는 상표법 등에 의한 단체표장이나 증명표장을 통해 지리적 표시를 보호하는 것이고, 셋째는 부정경쟁방지법에 의해 보호하는 것이다.[90]

첫째, 독자적인 제도(sui generis system)는 프랑스를 중심으로 발달해온 것으로, 이제는 유럽연합이 채택하고 있는 방법이다. 유럽연합은 1980년부터 광천수[91]를 시작으로 증류주,[92] 와인[93] 등으로 지리적 표시 제품을 보호해왔

---

89) WIPO, p.234; WIPO(Handbook), p.122.

90) 우리나라는 여러 법률을 통해 지리적 표시를 보호하고 있는바, 이들 세 가지 방법을 모두 동원하고 있다. 특이한 입법례라 하지 않을 수 없다. 1999년 농수산물품질관리법(법률 제5667호, 1999.1.21)을 제정하여 독자적인 원산지 표시 보호 제도를 만들었다. 2010년에는 농수산물의 원산지 표시에 관한 법률(법률 제10022호, 2010.2.4)도 제정했다. 이 법은 "농산물·수산물이나 그 가공품 등에 대하여 적정하고 합리적인 원산지 표시를 하도록 하여 소비자의 알 권리를 보장하고, 공정한 거래를 유도함으로써 생산자와 소비자를 보호하는 것을 목적으로" 하는 규제법으로 위 농수산물품질관리법과는 다르다. 상표법상에 의한 원산지 표시 보호는 '지리적 표시 단체표장' 제도와 '지리적 표시 증명표장' 제도 도입이다. 이를 위해 각기 2004년과 2011년 상표법을 개정했다. 끝으로 부정경쟁방지법에 의한 보호도 존재한다. 부정경쟁방지 및 영업비밀보호에 관한 법률 제2조 1호 라목과 마목에서는 각기 "상품이나 그 광고에 의하여 또는 공중이 알 수 있는 방법으로 거래상의 서류 또는 통신에 거짓의 원산지의 표지를 하거나 이러한 표지를 한 상품을 판매·반포 또는 수입·수출하여 원산지를 오인하게 하는 행위"와 "상품이나 그 광고에 의하여 또는 공중이 알 수 있는 방법으로 거래상의 서류 또는 통신에 그 상품이 생산·제조 또는 가공된 지역 외의 곳에서 생산 또는 가공된 듯이 오인하게 하는 표지를 하거나 이러한 표지를 한 상품을 판매·반포 또는 수입·수출하는 행위"를 부정경쟁 행위의 일종으로 하고 있다. 1961년 제정 부정경쟁방지법(법률 제911호, 1961.12.30)상에도 같은 내용의 규정이 있었다.

다. 대표적으로는 1992년 농산물과 식품에 관한 원산지 표시 제도가 있다.[94] 이에 의하면, '보호되는 원산지명칭(Protected Designation of Origin: PDO)'과 '보호되는 지리적 표시(Protected Geographical Indication: PGI)' 두 가지 종류가 있는데, 어떤 제품이 이런 보호를 받기 위해서는 그 제품이 표시하는 지역과의 밀접한 관련성을 가지고 있어야 한다. PDO 제품이 되기 위해서는 그 품질이나 성격이 전적으로나 본질적으로 원산지의 지리적 환경에 기인해야 하고 그 지리적 환경은 기후, 토양의 질, 지방 노하우와 같은 자연적·인위적 요인을 포함한다. 또한 원재료와 최종 제품의 생산과 가공이 정해진 지역에서 이뤄져야 한다. 즉, 제품의 특징과 지리적 원산지 간에는 객관적이고 긴밀한 연결 관계가 존재해야 하는 것이다. PGI 제품의 경우에는 요건이 완화된다. 생산 단계 중 어느 하나라도 정해진 지역에서 이뤄지는 것으로 족하고, 제품과 지역 간의 관계가 긴밀하지 않더라도 무방하다. 제품의 품질이나 명성 또는 그 밖의 특성이 그 지역에서 기인한 것이라면 PGI 보호를 받을 수 있다.[95]

둘째로는 단체표장(collective mark) 또는 증명표장(certification mark)의 방법으로 지리적 표시를 보호하는 것이다.[96] 이런 표장은 상표법 등에 의해 등록

91) Council Directive 80/777/EEC of 15 July 1980 on the approximation of the laws of the Member States relating to the exploitation and marketing of natural mineral waters; Directive 96/70/EC of the European Parliament and of the Council of 28 October 1996 amending Council Directive 80/777/EEC on the approximation of the laws of the Member States relating to the exploitation and marketing of natural mineral waters.

92) Council Regulation (EEC) No.1576/89 of 29 May 1989 laying down general rules on the definition, description and presentation of spirit drinks.

93) Council Regulation (EC) No.1493/1999 of 17 May 1999 on the common organization of the market in wine; Commission Regulation (EC) No.753/2002 of 29 April 2002 laying down certain rules for applying Council Regulation (EC) No 1493/1999 as regards the description, designation, presentation and protection of certain wine sector products.

94) Council Regulation (EEC) No.2081/92 of 14 July 1992 on the protection of geographical indications and designations of origin for agricultural products and foodstuffs; Council Regulation (EC) No.510/2006 of 20 March 2006 on the protection of geographical indications and designations of origin for agricultural products and foodstuffs.

95) European Commission Directorate-General for Agriculture Food Quality Policy in the European Union, *Protection of Geographical Indications, Designations of Origin and Certificates of Specific Character for Agricultural Products and Foodstuffs*, Working Document of the Commission Services, Guide to Community Regulations, 2nd ed., August 2004, pp.6~7.

을 하고 그에 따라 일정한 권리를 부여받는 것이다. 단체표장은 상품이나 서비스의 원산지 표시 기능을 가지고 있다는 점에서 지리적 표시를 보호하기에 적절한 수단이 된다. 기술적인(descriptive) 지리적 이름 그 자체로는 개별 상표로 등록할 수 없지만 지리적 표시 보호를 위해 단체표장으로 등록을 허용하는 것이다. 단체표장에 대한 권리는 협회나 조합(collective)이 가지며 그 협회나 조합은 회원으로 하여금 해당 표장을 사용하도록 허락할 수 있고 제3자의 무단 사용을 금지할 수 있다. 회원은 일정한 품질 기준을 충족해야만 해당 표장을 사용할 수 있다. 제3자가 기존에 해당 지리적 이름을 사용하고 있는 경우에는 기득권이 인정된다. 협회나 조합은 단체표장에 관한 규칙을 제정하여 단체표장 제품의 지리적 영역, 제품의 생산 기준 등을 정할 수 있다.[97]

　일부 국가에서는 단체표장에 대해 엄격한 사용 요건을 부과하기도 한다. 또한 법령에 위반하거나 공중의 오인을 야기하는 경우에도 등록을 취소하기도 한다. 단체표장이 보통 명칭으로 된 경우 그 보호는 지속되지 않는다.[98]

　한편 증명표장(certification mark or guarantee mark)도 단체표장과 마찬가지로, 지리적 표시 기능을 가지고 있다. 증명표장은 단체가 아닌 증명 기관이 권리자가 된다. 주로 지방자치단체나 상품의 생산과 유통에 간여하지 않는 중립적인 기관이 이런 증명 기관이 된다. 증명표장은 누구든지 일정한 기준을 충족하면 사용할 수 있다. 단체표장이 폐쇄적인 반면 증명표장은 개방적인 것이다.[99][100]

　셋째로는 부정경쟁방지법에 의해 보호하는 것이다. 특정 지역에서 기원하지 않은 상품이나 서비스에 대한 지리적 표시 사용은 소비자의 오인을 유발하고 따라서 소비자를 기망할 수 있다. 이런 사용은 해당 지리적 표시를 사용할

---

96) 파리협약 제7조의2에서도 단체표장의 출원과 보호에 관한 규정을 두고 있다. 이에 관해서는, 제3부 제5장 6. 2) 단체표장 참조.

97) WIPO, pp.234~235; The Definition of Geographical Indications, Document prepared by the Secretariat, WIPO Doc. SCT/9/4, October 1, 2002, pp.9~10.

98) Ibid.

99) SCT/9/4, op. cit., pp.9~12.

100) 특별한 종류의 증명표장으로는 1983년 프랑스 농산물 라벨에 관한 명령(Decree Relating to Agricultural Labels)을 들 수 있다. 이것은 식품이나 종자가 특정한 품질을 가지고 있고 동종 제품의 품질보다 높을 경우에 부여한다. 원산지명칭에 의하여 보호되는 제품은 이 제도의 적용에서 제외된다. WIPO, pp.235~236.

권한이 있는 생산자나 제조업자의 명성이나 신용(goodwill)을 해치기도 한다. 넓은 의미의 부정경쟁방지법은 이런 행위를 규제하기 위한 제도이다. 이런 제도는 법률 제정을 통해서도 판례에 의해서도 시행할 수 있다.[101] 이들 제도는 공통적으로 해당 지리적 표시가 일정한 명성이나 신용을 획득할 것을 요구한다. 잠재적 구매자가 해당 상품이나 서비스와 특정 원산지와의 관련성을 인식해야 하는 것이다. 또한 지리적 표시의 사용이 진정한 원산지의 오인을 야기함으로써 소비자를 기망하여야 한다. 손해의 입증책임, 명성의 정도, 지리적 표시 보호를 위한 일정 기간 사용 요건 등에 관해서도 국가마다 달리 판단하기도 한다. 지리적 표시가 보통 명칭으로 되면 더 이상 보호를 받지 못하기도 한다.[102]

지리적 표시는 오히려 국제적인 보호 움직임에 따라 국내법이 영향을 받았다 하여도 과언이 아니다. 1883년 파리협약은 지리적 표시에 관하여 먼저 보호대상으로 출처표시와 원산지명칭을 포함시키면서 제10조에서, 제9조상의 상표 및 상호의 침해에 대한 구제 방법으로서 압류 등에 관한 규정을 출처표시나 원산지명칭 침해에 대해서도 원용하고 있다. 다시 말해서, 특정 지역이나 지방에서 기원하지 아니한 허위의 출처를 직접적으로나 간접적으로 표시하는 것은 압류 등의 제재를 받도록 한 것이다.[103]

1891년에는 파리협약의 특별협정으로 마드리드협정(출처표시)이 체결되었다. 이 협정은 허위의 출처표시와 오인을 유발하는 출처표시를 금지하기 위한 조약이다. 이에 의하면, 각 당사국은 어느 출처표시가 직접적으로나 간접적으로 허위이거나 오인을 유발하는 경우 해당 상품을 압류하거나 기타 수입 금지 조치를 취할 수 있다. 이 협정은 1958년 파리협약이 개정되면서 그 의의를 대부분 상실했다. 파리협약이 리스본에서 개정되면서 동시에 리스본협정이 체결되었다. 이 협정은 원산지명칭을 보호하기 위한 조약으로서, 국제 등록을 전제로 모든 원산지명칭의 사용을 금지하는 데 목적이 있다.[104]

---

101) 영미법계 국가들은 이른바 사칭통용(passing-off) 소송을 통해 지리적 표시를 보호한다.

102) WIPO, pp.236~237; WIPO(Handbook), p.124.

103) 이에 관해서는, 제3부 제7장 2. 출처표시 등의 보호 참조.

104) 이에 관해서는, 제5부 제5장 글상자 3 참조.

6. 부정경쟁에 대한 보호

1) 부정경쟁의 개념

지적재산권 보호의 원리는 그대로 부정경쟁에 대한 보호(protection against unfair competition)의 원리와 통한다. 다른 사람의 특허 발명이나 상표, 저작물을 무단으로 사용하는 것은 모두 경쟁자들 간의 공정한 상관행(fair business practice) 또는 정직한 상관행(honest business practice)을 거스르는 행위이다. 허위의 지리적 표시나 오인을 유발하는 지리적 표시도 부정경쟁의 일종이라 할 수 있다. 따라서 크게 보면 부정경쟁의 방지는 모두 지적재산권 보호라는 큰 틀에서 움직인다 하여도 과언이 아니다. 그러나 각 지적재산권은 권리 발생에서부터 효력에 이르기까지 일부 약점을 안고 있다. 상표나 발명은 등록하여야 보호를 해주는 것이 보통이므로, 미등록 상표나 발명은 상표법이나 특허법에 의해서 충분히 보호되지 않는다.[105] 이런 점에서 이들 상표, 발명 등에 대한 무임승차를 부정한 상관행으로 규정하고, 이에 대해 규율하고자 부정경쟁방지법이 탄생했다. 특허권이나 상표권이 산업재산권 보호를 위한 기본 법률이라 한다면 부정경쟁방지법은 보충적인 법률이라 할 수 있는 것이다.[106]

각국마다 부정경쟁을 보는 시각이 다르고, 따라서 입법 정책도 매우 다양하다. 이런 점에서 부정경쟁을 정의하는 것은 불가능하다고 할 수도 있다. 그렇다고 하여 일반화된 정의조차 못한다는 것은 아니다. 파리협약은 이 점에서 지침을 제공한다. 파리협약에 의하면, 부정경쟁이란 정직한 관행(honest practice)에 반하는 경쟁행위라 할 수 있다. 협약에서는 이 중 크게 세 가지 점에 주목하고 있다(제10조의2 제3항). 첫째는 혼동(confusion)을 야기하는 행위이다. "어떠한 방법으로든지 경쟁업자의 영업소, 상품 또는 산업상이나 상업상의 활

---

105) WIPO(Unfair Competition), p.10.

106) 부정경쟁(unfair competition)과 흡사한 듯 보이는 표현으로 제한적 영업 관행(restrictive business practices)이 있다. 경제학에서 시장경제의 이상적인 형태로 완전 경쟁시장을 든다. 이 시장에서는 시장 주체들 간에 한없는 경쟁을 하다 보면 희소한 자원의 최적 배분이라는 목표에 도달할 수 있다고 한다. 경쟁은 시장경제의 기본 전제인 것이다. 이런 경쟁을 제한하는 방법에는 두 가지가 있다. 하나는 시장 진입을 막거나 독과점을 유지함으로써 경쟁을 제한하는 방법이고, 다른 하나는 공정한 경쟁을 거스르는 무임승차의 방법이 있다. 각국은 전자의 경우 독점규제법의 영역에서, 후자의 경우는 부정경쟁방지법의 영역에서 규율하고 있다.

동과 혼동을 야기하는 모든 행위"가 그것으로, 표장이나 상징, 레이블, 슬로건, 포장 등을 통해서 경쟁업자의 영업이나 상품과 혼동을 일으키는 행위를 말한다.[107]

둘째는 허위의 주장으로 경쟁업자의 신용을 해치는(신용훼손, discrediting) 행위이다. 이것은 "경쟁업자의 영업소, 상품 또는 산업상이나 상업상의 활동의 신용을 해치는 거래 과정에서의 허위 주장"을 말한다. 신용훼손 행위는 소비자에게 부정확한 정보를 제공함으로써 소비자를 유인한다는 점에서는 오인 야기 행위와 같지만, 자신의 상품 등에 대한 허위 주장이 아니라 경쟁업자에 대한 허위의 주장이라는 점에서는 다르다.[108]

셋째는 오인을 야기하는(misleading) 행위이다. 즉, "표시나 주장을 통하여 상품의 성격, 제조 공정, 특징, 용도 적합성 또는 수량에 관하여 공중이 오인할 우려가 있는 경우 그 표시나 주장"이 그것이다. 오인을 야기하는 행위란 경쟁업자 간의 상품이나 서비스에 대해 착각을 일으키게 하는 것이라 할 수 있다. 오인 야기 행위에는 허위의 표시나 주장뿐만 아니라 소비자가 착각하게 할 수 있는 표시나 주장을 포함한다. 이런 주장이나 행위를 금지하는 것은 소비자가 부정확한 정보에 의하여 착각하게 되면 결국에는 소비자뿐만 아니라 정직한 경쟁업자에게도 피해를 입히기 때문이다.[109] 파리협약은 단지 오인 야기 행위뿐만 아니라 오인을 야기할 우려가 있는(liable to mislead the public) 표시나 주장 또한 부정경쟁 행위의 유형에 넣고 있다.

일부 국가에서는 혼동 및 오인 야기 행위와 신용훼손 행위 이외에도 부정경쟁 행위의 유형으로 몇 가지를 더 추가하기도 한다. 영업비밀과 비교 광고, 희석화(dilution), 부정이용(misappropriation) 등이 그것이다. 특히 영업비밀은 산업이 고도화하고 기술 경쟁이 격화하면서 각국의 관심을 끌게 되었다.

영업비밀은 산업재산권이 가지는 한계에서 비롯된 것이다. 특허의 경우 보호대상이 기술 분야에 한정되어 있어서 영업상의 혁신을 보호하지는 못한다. 보호한다 하더라도 그 대상이 제한적이다. 게다가 기술적인 정보는 산업상으로나 상업상으로 경제적 가치를 가지는 경우가 적지 않음에도 특허성(신규성

---

107) WIPO(Unfair Competition), pp. 27~28.

108) WIPO(Unfair Competition), pp. 44~46.

109) WIPO(Unfair Competition), pp. 37~39.

또는 진보성)이 결여되는 경우가 많다. 비록 특허 출원 중인 경우라 하더라도 해당 정보가 일반에 공개되지 아니한 경우 제3자에 의한 무단 공개나 이용의 위험에 노출되기도 한다. 이런 영업비밀의 무단 이용은 결국 경쟁적 우위를 해친다.[110]

영업비밀은 각국마다 방법을 달리하여 보호한다. 특별법의 형태로 영업비밀을 보호하는가 하면, 부정경쟁방지법의 일부로서 영업비밀에 관하여 규정하기도 하고, 불법행위법의 일부로 수용하기도 한다. 일부 국가에서는 형법으로 영업비밀 공개에 대해 처벌하기도 한다. 이 외에도 보완적으로, 근로계약법이나 기타 계약법에 규정을 두어 영업비밀을 보호하는 경우도 있다.[111]

영업비밀은 크게 산업상의 비밀과 상업상의 비밀로 나눌 수 있다. 산업상 또는 제조업상의 비밀이란 생산 방법, 화학 공식, 청사진 등이 해당된다. 이런 것들은 대개 특허 발명인 경우가 많다. 상업상의 비밀이란 판매나 유통 방법, 계약서 양식, 영업 스케줄, 소비자 정보, 광고 전략, 공급자 목록 등 헤아릴 수 없이 많다.[112]

2) 부정경쟁방지법의 역사

부정경쟁방지법(형식적인 법률이 아닌 실질적 의미의 부정경쟁방지법)은 다른 분야와 달리 역사가 일천하고, 부정경쟁 행위를 규제하는 방법도 달라 획일적으로 설명하기 어렵다. 성문법으로 규율하는 국가도 있고, 판례법으로 해결하는 국가도 있다. 접근법도 각기 다르다. 민법의 일부로 규율하는가 하면, 독자적인 법률로 규율하기도 한다. 그만큼 국제적 보호를 위한 방안을 찾는 것도 어려울 수밖에 없다.

부정경쟁방지법의 개념이 처음 등장한 것은 프랑스에서 1850년경으로 알려져 있다. 프랑스 법원은 민법상 불법행위의 일종으로, 부정경쟁 행위에 대해서 손해배상 의무를 부과했다. 소비자 보호를 목적으로 한 법률은 1905년에 등장했다. 이와는 달리 독일에서는 민법에 의한 접근법을 배제하고 1909년 부

---

110) WIPO(Unfair Competition), p. 49.

111) WIPO(Unfair Competition), pp. 49~50.

112) WIPO(Unfair Competition), p. 50.

정경쟁방지법을 제정했다. 이 법률은 부정직한 상관행과 기망적인 상관행에 관한 일반 규정을 두는 한편, 영업비밀 보호에 관한 규정도 마련했다. 이 법률은 생산자(경쟁업자) 보호와 소비자 보호라는 목적에 맞춰 부정경행 행위를 규제하기 위한 포괄 입법으로 의의가 크다.[113]

한편, 영국은 보통법과 형평법에 의한 접근법을 취해왔다. 1824년부터 불법행위의 일종인 사칭통용(passing-off)의 법리가 경쟁업자의 보호를 위한 장치로 발전했다. 허위 표시나 신뢰 위반이 그 근거로 작용했다. 오인을 야기하는 행위로부터 소비자를 보호하기 위한 법규정은 1862년 도입되었다. 미국도 영국의 판례를 수용해오다가 1914년 연방무역위원회(Federal Trade commission)가 부정경쟁 행위에 대한 권한을 가지면서, 그리고 1946년 상표법에서 허위 표시를 금지하는 규정을 마련하면서 독자적인 영역을 구축해갔다.[114]

각국의 판례와 입법례가 다양하고 그만큼 부정경쟁의 규율 방법이 각기 다르다 보니 이에 관한 국제규범을 만드는 것 또한 용이한 것이 아니었다. 파리협약에서 부정경쟁방지에 관한 규정은 1900년 브뤼셀 회의에서 처음 등장했다. 당시 추가의정서에서는 단지 부정경쟁 행위의 보호만을 천명했다. 1925년 헤이그 의정서에서 부정경쟁 행위의 유형 두 가지를 명시했다. 혼동을 야기하는 행위와 경쟁업자의 신용을 해치는 허위의 주장이 그것이다. 1958년 리스본 의정서에서 오인을 야기하는 표시나 주장을 추가하고, 이들 세 가지 부정경쟁 행위 각각에 대해 '효과적인 보호'를 천명하고 '충분한 법적 구제' 의무를 부과했다.

한편, 영업비밀은 19세기 초반부터 영국과 미국에서 부정이용 측면에서 판례로 보호하기 시작했다.[115] 유럽 대륙에서는 주로 넓은 의미의 부정경쟁방지법의 범주에서 보호해왔다. 국가마다 다양한 입법례와 관행을 축적해왔던 것이다.[116] 국제적 보호를 공식화한 것은 1994년 TRIPS협정이다. 이 협정은

---

113) WIPO(unfair competition), pp.15~16.

114) WIPO(unfair competition), pp.16~17.

115) *Newberry v. James*, 35 Eng. Rep.1011, 1013 (Ct. Ch. 1817); *Vickey v. Welch*, 36 Mass. 523, 527 (1837). Mark A. Lemley, "The Surprising Virtues of Treating Trade Secrets as IP Rights"에서 재인용. https://web.stanford.edu/dept/law/ipsc/pdf/lemley-mark.pdf 참조.

116) François Dessemontet, "Protection of Trade Secrets and Confidential Information," in Correa & Yusuf, pp.276~279.

지적재산권의 범주의 하나로 미공개정보(undisclosed information)를 포함시키고, 파리협약상의 부정경쟁방지에 관한 규정과 연계시킴으로써 영업비밀의 국제적 보호의 새 장을 열었다.

7. 집적회로 배치설계

집적회로 배치설계(layout-design of integrated circuits)는 반도체 기술의 발달과 더불어 등장한 개념이다. 따라서 그 개념도 신선하다. 이것은 전기적 기능을 아주 작은 공간에 구현하기 위한 회로 설계이다. 배치설계란 반도체 집적회로를 제조하기 위하여 각종 회로소자 및 그들을 연결하는 도선을 평면적 또는 입체적으로 배치한 설계를 말한다. 또한 반도체 집적회로란 반도체소자 또는 절연재료의 표면이나 반도체 재료의 내부에 1개 이상의 능동소자를 포함한 회로소자들과 그들을 연결하는 도선이 분리될 수 없는 상태로 동시에 형성되어 전자회로의 기능을 가지도록 제도된 중간 또는 최종단계의 제품을 말한다.[117)

집적회로는 자동차, 선박, 항공기나 각종 가전 제품, 컴퓨터 제품, 오디오·비디오 제품, 전자 제어 장치 등 일상 생활의 편의와 산업 각 분야의 효율성 제고에 크게 기여하면서 각광을 받게 되었다. 집적회로 배치설계를 제작하기 위해서는 막대한 인력과 자본이 들어간다. 반면 그 복제는 무척 쉽고 비용도 아주 적게 들기 때문에 무단 복제를 적절히 제어하지 않고서는 이 분야 기술의 발전을 담보할 수 없게 된다.

배치설계의 보호는 전기회로의 집적 기술이 발전하면서 문제되기 시작했다. 따라서 그 보호의 역사란 매우 짧다. 1984년 미국의 반도체칩보호법(Semiconductor Chip Protection Act)이 이 분야의 최초 법률이었다. 국제적으로는 미국 등 기술 선진국이 주축이 되어 1989년 5월 워싱턴조약이 체결되었으나, 이 조약은 당시 최대 반도체 생산국이던 미국과 일본이 참가를 거부하면서 그 의미가 퇴색했다. 당시 미국은 워싱턴조약이 ① 광범위한 강제실시권을 인정하고 있다는 점, ② 불법 반도체칩을 담은 상품의 수입과 배포에 대하여 적절히

---

117) 워싱턴조약 제2조 및 반도체 집적회로의 배치설계에 관한 법률 제2조 참조.

대응하지 못하고 있다는 점, ③ 선의의 침해자가 침해의 통지를 받은 뒤에도 합리적인 사용료의 지급 의무가 없다는 점, ④ 보호기간이 8년으로 짧다는 점, ⑤ 분쟁 해결 절차를 WIPO 총회에 의존함으로써 정치적으로 변질되었다는 점 등을 들어 반대했다.[118] 1994년 TRIPS협정은 기술 선진국의 불만을 상당한 정도 누그러뜨렸다. 이들의 주장이 상당수 반영되었기 때문이다. 워싱턴조약의 의미도 되살아난 셈이다.

---

118) U.S., Japan Refuse to Sign WIPO Treaty on Protection of Semiconductor Chips, 38 *Patent, Trademark & Copyright Journal*, No.933 (June 1, 1989), pp.123~124; Chisum et al., p.751 and note 268에서 재인용.

제2장 지적재산권의 경제적 측면

1. 후원 제도와 지적재산권 제도

지적 창작물은 인간의 정신 활동의 산물이며 그 확대재생산을 통해 인류의 문화와 산업 발전에 기여한다. 문화 생활은 사람의 정신을 살찌우며 산업 활동은 경제 발전의 기초가 된다. 역사 이래 후원 제도(patronage)는 이런 문화와 산업의 유지와 발전을 위해 널리 활용되었다. 동서양을 막론하고, 농업과 목축에 전념했던 시기에는 오늘날과 같은 산업 발전이란 생각할 수 없었다. 따라서 산업혁명 이전에는 후원 제도가 문화 분야에 집중되었다. 학문과 문화·예술의 비약적 발전을 가져온 이탈리아 르네상스는 후원 제도에 힘입었다 할수 있다. 한편, 17세기 이후 과학혁명과 그에 이은 산업혁명도 후원 제도에 의탁하여 이뤄낸 것이다.[1]

과학기술과 산업, 그리고 문화와 예술의 발전을 지적재산권 제도에 의탁하는 것도 생각할 수 있다. 지적재산권 제도란 창작 활동에 종사하는 사람들의 명예와 명성을 존중하고 그들의 창작물에 대한 경제적 가치를 인정함으로써 그들로 하여금 창작 활동에 몰두하여 더 나은 창작물을 만들어낼 수 있도록 길을 열어주는 법적·제도적 장치라고 할 수 있다. 이런 지적재산권 제도는 오늘날의 시장경제의 원리에 그대로 부합한다. 시장에서 경쟁력 있는 상품이나 서비스가 우위를 차지하듯이 더욱 실용적이고 효용이 높은 창작물이 시장을 지배할 수 있는 것이다. 시장가치가 높은 창작물을 만든 사람은 더욱 창작 활동에 매진할 것이고, 이것은 결국 우수한 인력의 시장 진입을 촉진할 것이다.

지적재산권 보호대상이라 일컫는 지식과 정보는 공공재[2]적 성격을 가지고

---

1) 르네상스는 14~17세기에 발생한 것으로, 인간의 모습과 자연 현상을 인간의 이성을 통해 탐구하려는 사회·문화 운동이라고 할 수 있다. 유럽이 종교 중심에서 인간 중심으로, 중세에서 근대로 가는 전환점을 제공했다. 르네상스는 문화와 예술, 종교와 철학, 과학 분야 모두에 걸쳐 일어난 것으로, 이 중 과학 분야의 업적이 17세기 이후 과학혁명으로 이어진다.

있어서, 공공재가 야기하는 시장 실패(market failure) 가능성을 안고 있다. 시장 실패를 제거하거나 줄이기 위한 정책 수단으로 후원 제도나 지적재산권 제도가 활용된다. 후원 제도는 일방적으로 후원자의 시혜에 전적으로 의지하는 제도이다.[3][4] 후원자와 수혜자 간의 신뢰와 수혜자의 능력에 따라 그 성과가 나타난다. 반면, 지적재산권 제도는 법률에 의해 만들어진 것이다. 입법자의 의지에 따라 제정된 법률의 내용에 따라 제도의 성공 여부가 판가름 난다. 또한 전자는 주로 일반적 성격의 지식(예를 들어 수학이나 과학) 생산에 주로 활용되는가 하면, 후자는 특정 분야의 지식의 창출에 주안을 두고 있다.[5]

후원 제도는 인류 역사와 함께했을 만큼 오랜 역사를 가지고 있다. 후원 제도가 각광을 받은 것은 아무래도 후기 르네상스 시대였다. 당시 국왕을 비롯하여 유력 귀족은 문화예술, 과학기술 등 다양한 방면에서 후원을 아끼지 않았다.[6] 반면, 지적재산권 제도는 르네상스가 한창이던 15세기 후반 등장했다.

---

2) 공공재(public goods)란 한 사람이 사용한다 해서 다른 사람이 사용할 수 없는 것은 아니라는 속성(비배제성, non-excludable)과 한 사람이 사용한다 해서 다른 사람의 사용을 줄이게 되는 것도 아니라는 속성(비경합성, non-rivalrous)을 가지고 있다. 순수한 공공재는 많지 않다. 국방이나 한산한 무료 도로를 예로 든다. 이런 공공재는 항상 무임승차의 문제를 가져온다. 즉, 소비자는 아무런 대가를 치루지 않고서도 해당 재화를 이용할 수 있는 여지를 준다. N. Gregory Mankiw, *Principles of Economics*, 6th ed. (Cengage Learning, 2011), pp.218~220. 완전경쟁 시장은 자원의 효율을 극대화하여 사회 후생을 극대화하는 것을 상정한다. 그러나 공공재는 자원의 효과적인 분배를 왜곡하는 현상(시장 실패)을 야기한다. 시장 실패는 독점이나 외부효과(externalities) 등에 의해서도 생긴다.

3) 경제학에서 말하는 보조금(subsidy) 정책도 후원 제도의 하나이다. 보조금은 시장 원리가 제대로 작동하지 않는 경우에 활용되는, 잠정적인 성격을 가진다고 할 수 있다. 그러나 완전경쟁 시장은 이론적으로만 존재하는 것이므로 보조금 정책은 항시적인 정책 수단이라고 할 수 있다. 보조금 정책은 수출산업이나 유치산업 지원, 교육이나 문화 또는 과학기술 발전, 저소득 계층 지원, 환경 보호 등 광범위한 분야에 걸쳐 활용된다. 지적재산권과 관련한 보조금 정책으로는, 예를 들어, 발명이나 창작 대회를 통한 상금 지급, 문화예술인을 위한 창작 기금 제공, 창작 활동을 위한 시설 제공, R&D 지원 등이 있다.

4) 일부에서는 후원 제도와 별도로 조달 정책(procurement)을 언급하고 있다. 지적 창작물 생산을 위해 정부가 계약을 체결하고 그 결과물에 대해 정부가 개방 여부를 결정하는 경우를 말한다. 군사적 목적의 연구뿐만 아니라 연구 결과 개방을 전제로 한 R&D 모두를 예시하고 있다. Mitchel B. Wallerstein, Mary Ellen Mogee and Roberta A. Schoen (eds.), *Global Dimensions of Intellectual Property Rights in Science and Technology* (National Academy Press, 1993), p.29. 이것은 후원 제도의 하나로 보아 무방하다. 모두 경제학에서 볼 때에는 보조금 정책이기 때문이다.

5) Mankiw, op. cit., p.221.

근대적 의미의 특허 제도로 일컬어지는 베네치아 특허법이 1474년 제정된 것이다. 15세기 후반에는 아직 중세의 흔적이 곳곳에 남아 있었고, 자국 산업 보호를 정책의 근본적인 목표로 삼았다.[7] 따라서 당시 특허 제도는—적어도 16세기까지는—발명자에게 특허에 의한 독점 혜택을 부여하는 대신에 해당 발명을 국내에 도입하자는 취지에서 마련되었다. 다시 말해서 특허 제도는 새로운 발명을 장려하기보다는 외국의 기술이나 기술자를 수입하여 국내 산업을 육성하는 데 목적을 두었던 것이다.[8]

2. 지적재산권과 경제 발전

지적재산권은 경제와 밀접한 관계를 가지고 있다. 지적재산권은 기업의 경쟁력 유지·강화를 위해 중요한 수단일 뿐만 아니라 지적재산권에 바탕을 둔

---

6) 후원 제도는 크게 두 가지 동기에서 나왔다. 하나는 실용적인 동기이다. 당시 유력 인사들은 새로운 과학(물리학이나 수학, 천문학 등)과 응용 기술이나 과학(의학 등)에 관심이 높았다. 이들은 피후원자들의 지식과 실험 결과가 궁극적으로 자신의 영역을 방어하고 보호하는 데 결정적인 역할을 한다고 보았다. 다른 하나는 과시적인 동기이다. 당시 국왕 등은 국제적인 명성이 있는 과학자나 문화예술인들을 주위에 둠으로써 자신의 권위나 명성, 대중적 이미지가 높아진다고 믿었다. 이런 두 가지 동기는 각기 '재산적 기술(proprietary technology)'과 '공개 과학(open science)'의 등장을 상징하는 것이었다. Paul A. David, "The Historical Origins of 'Open Science': An Essay on Patronage, Reputation and Common Agency Contracting in the Scientific Revolution," *Capitalism and Society*, Vol.3, Iss.2, Article 5 (2008), pp.34~39. 어떤 학자는 르네상스 건축에서 후원이 차지했던 역할을 설득력 있게 설명한다: "후원자들에게 예술은 그들의 심미적 감각을 표출하는 것이 아니었다. 자신의 성취, 지위, 정치적 야망, 상업적 위업, 종교적 믿음이나 시민적 긍지를 나타내는 최우선 도구였던 것이다. 정부나 길드, 개인이 의뢰한 웅대한 궁전이나 화려한 장식은 부나 권력을 과시하기 위한 목적이었다. 건축물은 무엇보다도 가시적이고 영원하며 비싼 것이었다. 그들은 건축물이 선전용으로 가치가 있는 것으로 이해했다." Mary Hollingsworth, "Patronage and Innovation in Architecture," in G. Barba Navaretti et al. (eds.), *Creation and Transfer of Knowledge: Institutions and Incentives* (Springer Verlag, 1998), pp.13~14. David, op. cit., p.37에서 재인용.

7) 16세기 이후 각국은 국부(national wealth)를 증대시키기 위하여 중상주의(mercantilism)를 지향했다. 국내자원을 극대화하고 국내시장을 보호하는 정책 목표를 가지고 있었다. 이에 따라 농업이나 제조업을 통해 국내 생산을 확대하고, 수입은 최대한 억제하면서도 불가피한 경우에는 물물교환의 방식을 선호하고, 금은과 같은 통화의 수출은 금지하는 등의 정책을 폈다. 전쟁이나 식민지 개척도 중상주의 정책의 일환이었다.

8) David, op. cit., p.18.

재화나 서비스는 국민경제의 부가가치 창출에 크게 기여한다. 국제무역과 해외 투자를 증대시키는 역할도 무시할 수 없다. 교과서에서는 원론적으로 다음과 같이 설명한다. 지적재산권은 창작의 유인을 제공하고 이를 통해 혁신(innovation)을 이끌어냄으로써 경제 발전에 기여한다는 것이다. 다시 말해서, 지적재산권 제도는 창작자에게 독점·배타적인 권리를 부여하여 그로 인한 보상 체계를 통해 창작과 혁신이 끊임없이 지속되는 데 역할을 한다는 것이다.9)

국민경제는 자본과 노동, 그리고 자원이 결합하여 국민총생산(GNP) 내지 국내총생산(GDP)을 창출하고 이것이 기업과 가계의 소득으로 연결되는 순환 구조를 가지고 있다. 경제 성장은 국민총생산 증가율 등으로 산출하는데, 여기서 생산성 향상이 중요한 역할을 한다. 생산성은 주어진 자본과 노동, 자원 등을 효율적으로 활용하도록 함으로써 총생산을 끌어올리기 때문이다. 따라서 각국의 경제 성장 전략은 생산성 향상과 이를 위한 기술 혁신에 초점을 맞추고 있다.10) 20세기 후반 이후 기업 간, 국가 간의 기술 경쟁이 심화하면서,

---

9) 특허 제도를 예를 들면 다음과 같이 설명한다. 첫째, 연구개발에는 상당한 인력과 자원이 요구되는 만큼 연구개발의 결과물인 발명에 특허권을 부여하는 것은 창작 활동에 중요한 유인이 된다. 발명이 특허로 보호되지 않는다면 발명자는 경쟁에서 우위를 확보할 수 없지만, 발명자가 특허권을 가지게 되면 경쟁력을 바탕으로 투자비를 회수할 수 있고, 이를 다시 연구개발에 재투자할 수 있다. 둘째, 일정 기간 배타적인 권리를 부여하게 되면 위험이 높은 연구개발에 투자할 수 있게 되어 혁신이 촉진된다. 셋째, 특허 제도는 발명자에게 배타적인 권리를 부여하는 대신, 비록 특허권 존속기간 내에 있다 하더라도 특허 정보를 공개함으로써 그 정보에 담긴 지식이나 기술을 널리 전파하게 되고, 존속기간이 지나면 그 지식이나 기술은 누구든지 자유롭게 이용함으로써 기술 발전에 기여하게 된다. WIPO, pp.50~51. WIPO에서 발간된 다른 자료에서도, 다소 가볍게 다루고 있지만, 유사한 논리를 전개한다: "저작물이 전 세계 구석구석 모든 사람들에게 보다 쉽게 이용될 수 있게 되면서 저작자들은 더 이상 부유한 후원자에 의존할 필요가 없다. 저작자들은 이제 자신의 생활을 위해 저작물의 복제물이 사용되는 방법에 대해 통제할 필요가 있다. 이런 통제가 없다면 자신의 예술품으로부터 충분한 금전을 얻을 수 없고 다른 직업을 찾아봐야 한다. 이렇게 되면 저작자들은 새로운 저작물을 창작하는 데 적은 시간을 들일 것이고 우리 모두는 향유할 저작물이 적어지게 된다. 많은 국가들이 재능 있는 저작자들이 창작활동을 계속하도록 장려하고 가능하게 하기 위해서 이들에게 자신의 저작물을 통제할 수 있는 특별한 권리를 부여하고 있다. 이러한 권리를 저작권이라고 한다." WIPO, *The Arts and Copyright*, 2007, p.15.

10) 18세기와 19세기 경제학자들, 특히 스미스(Adam Smith), 리카르도(David Ricardo)와 밀(John Stuart Mill)은 특허 제도가 "국가가 발명을 장려하는 데 가장 효과적인 방법"이라 설파했다. 이들은 발명자가 시장에서 발명에 대한 보상을 받으면, 정부는 굳이 발명 장려를 위해 비용을 들일 필요도 없기 때문에, 그것이 시장경제의 원리에 합당하다고 보았다. WIPO, p.49. 이들의 학문적 성과는 19세기 이후 각국의 지적재산권 제도 마련에 적지 않은 영향을 미쳤다.

민간 부문이나 정부 부문 가릴 것 없이, 기술 혁신에 대한 관심이 더욱 커지고, 그리고 이를 위한 연구개발 투자를 확대해왔다.

그렇다면 지적재산권 제도, 특히 보호 제도가 혁신을 가져오는지 경험론적 접근법에 입각해 검증할 필요가 있다.[11][12] 아직은 초기 단계의 연구에 머물러 있어서 지적재산권의 경제적 측면에 관한 '기본원리(principles)'조차 정립되지 않았다. 더욱이 지적재산권은 다양한 권리를 포괄하고 있고, 권리의 속성이나 보호대상, 보호 방법 등도 각기 달라 일률적인 해답이나 결론을 도출하는 것도 쉽지 않다. 개괄적으로 다음 몇 가지에 주목할 필요는 있다.

첫째, 지적재산권 보호수준은 한 국가의 경제 수준과 일정한 관계 속에 있다. 각국의 지적재산권 제도는 경제 발전 수준에 따라 크게 차이가 나는데, 경제 선진국은 개발도상국에 비해 지적재산권 보호수준이 높은 것으로 밝혀지고 있다.[13] 1인당 국민총생산과 특허권 보호수준은 강한 정의 상관관계(positive correlation)가 존재한다는 연구 결과도 이 점을 말해준다(그림 1 참조).[14] 특허법의 시행이 높은 수준의 경제 발전과 자유를 누리는 국가에서는 혁신을 자

---

11) 지적재산권과 관련된 경제적 분석은 1970년대부터 본격 진행되었다. 미국 경제학자들이 주도한 연구 분석을 통해 지적재산권 보호 강화를 위한 이론적 배경을 제공해주고 더 나아가 법률 제·개정으로 이어졌다. William M. Landes and Richard A. Posner, *The Economic Structure of Intellectual Property Law* (The Belknap Press of Harvard University Press, 2003), p.2.

12) 지적재산권 제도가 혁신에 긍정적인 효과를 가져다준다는 실증 연구도 나오고 있다. 특히 특허 제도는 제약과 화학 산업에 아주 효과적이라는 점도 지적되고 있다. 그러나 특허 제도의 제한으로 인한 혁신도 무시할 수 없고, 미국 반도체 산업의 경우 강력한 특허 제도가 기업의 혁신을 가져다주지 않는다는 연구 결과도 있다. 지적재산권 제도가 모든 국가나 사회에, 모든 산업 분야에 혁신을 가져다주고 공통적인 해답을 이끌어내지는 않는다는 것이다. Report on the International Patent System, prepared by the Secretariat, WIPO Doc. SCP/12/3 Rev., June 20, 2008, pp.9~10.

13) Keith E. Maskus, "Intellectual Property Rights and Economic Development," 32 *Case W. Res. J. Int'l L.* (2000), pp.476~478. 이 연구는 대상 기간을 바꾸고 국가를 일부 변경했으나, 종전의 연구[Juan Carlos Ginarte and Walter G. Park, "Determinants of Patent Rights: A Cross-National Study," 26 *Research Policy* (1997)]와 거의 동일한 결론을 내리고 있다. 이들 연구는 1990년까지의 시계열 분석을 통하여 지적재산권 지수(보호기간, 보호 범위, 국제 조약 가입, 권리의 예외, 집행 등을 고려한 보호수준을 나타낸 지수)와 경제 발전 단계의 상관관계를 분석한 것이다.

14) Keith E. Maskus and Mohan Penubarti, "How trade-related are intellectual property rights?," 39 *J. Int. Econ.* (1995), p.236.

그림 1 • 특허권과 소득의 상관관계

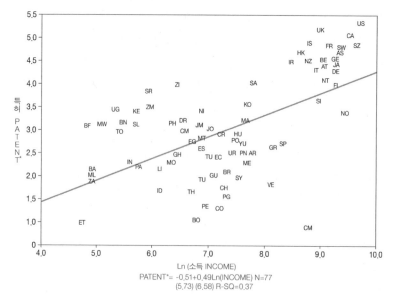

PATENT*= -0.51+0.49Ln(INCOME) N=77
(5.73) (6.58) R-SQ=0.37

자료: Maskus and Penubarti, p.240.

극한다는 연구 결과도 같은 맥락에서 이해할 수 있다.[15]

둘째, 높은 수준의 지적재산권 보호는 항상 경제 발전에 긍정적인 효과만을 가져오는 것은 아니다. 특히 개발도상국의 경우 그러하다. 개발도상국은 기술 개발에 투자할 여력이 없고, 보호해야 할 지적재산권 또한 상대적으로 적다. 경제 수준이 어느 정도에 이르면 모방을 통한 혁신이 오히려 경제 성장에 도움을 준다. 정치적·사회적 환경 측면에서도 교육의 기회와 정보 접근에 대한 욕구가 지적재산권 보호의 필요성보다 높게 마련이다. 단기적으로 볼 때 합법 시장이 불법 시장에 비해 고용률이 높지 않고, 지적재산권에 기인하는 제품과 서비스 가격이 상승하며, 기술이나 정보에 대한 접근에 곤란[16]을 겪게 된다. 개발도상국은 특히 지적재산권을 통해 얻는 지대(rent)의 대부분이 외국 기업

---

15) Qian, Y., "Do national patent laws stimulate domestic innovation in a global patenting environment? a cross-country analysis of pharmaceutical patent protection, 1978-2002," *Review of Economics and Statistics*, 89(3) (2007), pp.436~453. Report on the International Patent System, op. cit., pp.9~10에서 재인용.

16) 특히, 영업비밀에 대한 보호수준이 높은 경우 그러하다.

의 몫으로 돌아간다는 점에 민감한 반응을 보인다.[17]

셋째, 지적재산권과 국제무역 간의 상관관계는 실증적인 뒷받침이 부족하고,[18] 지적재산권이 해외투자에 미치는 영향은 제한적이다.[19] 해외투자는 무엇보다도 기대 수익에서 출발한다. 다국적 기업은 제조업의 예를 들면, 정치적·경제적 안정, 인프라, 시장 접근성 및 규모, 운송 비용, 인적·물적 자원, 정부 규제 등을 종합적으로 판단해 해외 현지 투자를 결정한다.[20] 정부 규제는 조세, 투자 규제, 무역 정책, 경쟁 정책, 지적재산권[21] 등 다양한 분야에 걸쳐 있는 만큼 지적재산권 보호가 해외투자에 미치는 영향은 제한적일 수밖에 없다.

이상의 실증적 분석을 통해 다음과 같은 결론을 도출할 수 있다.[22] 첫째, 지적재산권 보호는 혁신을 가져온다. 대부분의 발명은 개량 발명이고 이런 발명들이 모여 기술 개발과 혁신, 더나아가 경제에 기여하는 것이므로, 선진국이나 개발도상국을 막론하고 이들 발명자나 기업을 보호함으로써 경쟁력을 확보해 줄 필요가 있다. 상표 보호를 통해 해당 상품에 대한 소비자의 신뢰를 확보하

---

17) Maskus, op. cit., pp.489~493.

18) Maskus and Penubarti, op. cit., p.228, 244.

19) 마스쿠스(Maskus)에 의하면, 해외투자는 여러 복합적인 요인이 작용하며 지적재산권은 그중 한 요소에 지나지 않는다고 한다. 다만, 경제 선진국에서, 그리고 불법 복제나 모방에 취약한 제약, 화학, 소프트웨어 산업 분야에서 높은 지적재산권 보호수준은 해외투자에 긍정적인 영향을 준다고 한다. Keith Maskus, "The Role of Intellectual Property Rights in Encouraging Foreign Direct Investment and Technology Transfer," 9 *Duke Journal of Comparative & International Law* (1998), pp.128~129, 131~132. 반면, 최근의 OECD의 연구에 따르면, 지적재산권과 해외투자는 정의 상관관계가 있다고 한다. 특허 지수 1% 증가는 해외투자 2.8% 증가로 이어지고, 상표 지수와 저작권 지수가 1% 증가하면 해외투자는 각각 3.8%와 6.8% 증가한다고 한다. Walter G. Park and Douglas C. Lippoldt, "Technology Transfer and the Economic Implications of the Strengthening of Intellectual Property Rights in Developing Countries," OECD Trade Policy Working Paper No.62 (Jan 25, 2008), p.28; Ricardo H. Cavazos Cepeda, Douglas C. Lippoldt and Jonathan Senft, "Policy Complements to the Strengthening of IPRs in Developing Countries," OECD Trade Policy Working Paper No.104 (Sept 14, 2010), pp.21~22.

20) Maskus, op. cit., p.123, 128.

21) 경제학자들은 지적재산권을 법률에 근거한 규제의 하나로 상정하고 있다.

22) 지적재산권 관련 경제적 분석은 개별 권리에 국한하거나 개별 권리를 중심으로 이뤄졌다. 지적재산권이 여러 권리를 포괄하고 있는 만큼 그 전반을 다루는 작업은 매우 어려운 일이다. Mitchel B. Wallerstein, Mary Ellen Mogee and Roberta A. Schoen (eds.), *Global Dimensions of Intellectual Property Rights in Science and Technology* (National Academy Press, 1993), p.23.

고 이를 통해 기업의 경쟁력을 높여줄 필요도 있다. 저작권 보호에 대해서도 마찬가지로 접근이 가능하다. 즉, 새로운 저작물이 등장하면 그로 인해 발생한 부가가치는 관련 산업 성장에 기여하기 마련이다. 둘째, 지적재산권 제도가 혁신을 유도하고 이는 곧 경제 발전으로 이어질 수 있다는 것은 원칙적으로는 타당하다. 다만, 경제는 여러 요인이 작용하여 성장하는 것이므로 혁신만으로 경제 발전을 설명할 수는 없다. 게다가 혁신은 지적재산권 보호를 통해서만 이뤄지는 것은 아니다. 개별 국가나 사회, 기업이 처한 상황에 따라서 모방이나 복제를 통한 혁신도 얼마든지 존재한다. 셋째, 지적재산권 보호 강화는 원칙적으로 지식이나 기술 습득 기회를 넓혀주고 문화예술의 향유 기회를 넓혀준다. 그러나 지식을 생산하고 보급하는 최적의 제도라고는 말할 수 없다.

지적재산권의 원리가 그러하듯이, 지적재산권 제도는 단지 그 보호에 목적이 있는 것은 아니다. 보호를 통해서 권리자의 이익을 보호하고 이를 통해 경제 성장을 견인하는 한편으로, 지적 창작물에 담긴 지식과 기술, 정보와 문화예술에 대한 접근을 용이하게 하고 지적재산권 보호로 인한 경제적·사회적 비용을 최소화할 수 있는 균형점을 찾는 데 있다. 균형은 지적재산권 제도 전반을 흐르는 지향점으로서 모든 사회는 이를 찾기 위한 노력을 그치지 않고 있다. 그 균형은 각국의 경제 수준에 따라, 개별 지적재산권마다 다른 환경과 특성이 존재하기 때문에 쉽지 않은 목표이다. 지적재산권 제도에 대한 선진국과 개발도상국 간의 갈등, 특히 최소한의 국제적 보호수준을 상향시키고자 하는 선진국의 입장과 지식과 정보에 대한 접근을 보장하고 문화다양성에 대해 강조하는 개발도상국의 주장을 둘러싼 대립도 균형에 대한 시각의 차이에서 비롯된 것이기도 하다. 지적재산권과 경제 발전 간의 상관관계가 실증적으로 뒷받침되면 지적재산권 제도가 지향하는 균형점도 조금씩 드러나게 될 것이다.

한편, 1994년 TRIPS협정으로 말미암아 각국의 지적재산권 제도, 특히 보호제도에 커다란 변화가 생겼다. 각국은 자신의 경제 발전 전략에 따른 지적재산권 정책을 스스로 선택하는 데 제한이 가해진 것이다. 1980년대 중반부터 시작한 우루과이 라운드 협상은 전반적인 다자간 통상 협상으로서 지적재산권은 주요 의제 중 하나였다. 1994년 최종 협상 결과 '무역 관련(trade-related)' 지적재산권 협정(TRIPS협정)이 타결되면서 국제적 지적재산권 보호수준이 획일적으로 상향되었고, 이렇게 정한 최소한의 기준(standard)과 집행(enforcement)

규정은 모든 체약당사자가 준수하도록 했다. 이런 국제적 기준은 선진국보다는 개발도상국의 법제도에 커다란 변화를 가져다주었다.

　TRIPS협정은 선진국과 개발도상국 간의 타협의 산물이었다. 당시 개발도상국은 낮은 수준의 보호를,[23] 선진국은 높은 보호수준을 주장했다. 협상 결과는 개발도상국의 의견을 부분적으로 반영하긴 했으나 대부분 선진국이 의도한 대로 나왔다. 개발도상국은 의류나 농산물과 같이, 보이는 상품에 대한 시장 접근, 관세인하 등의 분야에서 선진국의 양보를 얻어낸 대신, 서비스나 지적재산권 분야에 대해서는 선진국의 주장을 받아들이는 전략적 선택을 했다. 일괄 타결이라는 협상 방식도 그런 결과에 일조했다. 지적재산권만을 놓고 보면, 즉 TRIPS협정 그 자체는 개발도상국에게 매우 불리한 내용을 담고 있다.

---

23) 개발도상국은 협상 초기 지적재산권을 협상 의제로 수용하는 것을 부정하는 태도를 취하기도 했다.

국제지적재산권법
개정판

제2부 지적재산권의 국제적 보호

국제지적재산권법
개정판

제1장 조약의 이해

1. 국제규범 형성

1) 국가 주권의 원리

헌법은 입법권과 행정권 및 사법권을 각기 다른 국가기관에 부여하여 3권 분립의 원리를 실현하고 있다. 국회는 입법권, 즉 법률 제정 권한을 부여받아 모든 국민의 인권과 재산을 보호할 책무를 부담한다. 국민은 이런 법률에 자신의 생활 관계를 의탁한다. 우리 헌법 제2조 제2항에서는 "대한민국의 주권은 국민에게 있고, 모든 권력은 국민으로부터 나온다"고 하고 있다. 입법권은 국민주권(national sovereignty)의 원리를 실현하기 위한 방법의 하나라고 할 수 있다.

국제법에서는 '대외적 독립'의 의미로 주권(sovereignty) 또는 국가 주권(State sovereignty)이라는 용어를 사용한다. 여기서 주권이란 국가는 서로 독립적이며 평등하다는 의미이다. 국가 주권은 영토나 국민에 대한 전속 관할, 다른 국가의 전속 관할에 대한 불간섭, 조약 등 국제규범상의 의무에 대한 국가의 동의 등을 속성으로 가지고 있다.[1] 국제법에서는 국가 주권을 관할 내지 관할권(jurisdiction)의 측면에서, 각기 입법 관할권(legislative jurisdiction), 행정 관할권(administrative jurisdiction), 그리고 사법 관할권(judicial jurisdiction) 등 세 가지로 나눈다. 국내법에서 말하는 입법권, 행정권 및 사법권에 상응하는 개념이라 할 수 있다.

우리는 지적재산권을 이런 주권 내지 관할권 측면에서 바라볼 수 있다. 특히 입법권 내지 입법 관할권 측면에서 지적재산권을 바라본다면, 지적재산권

---

1) Ian Brownlie, *Principles of Public International Law*, 4th ed. (Clarendon Press, 1990), pp. 287~288.

을 보호할 것인지, 보호한다면 보호대상을 무엇으로 하고, 누구를 보호의 주체로 할 것인지, 어떻게 보호할 것인지, 보호 방법을 정한 뒤에는 그에 따른 권리를 어느 정도 인정할 것인지, 보호기간은 얼마나 인정할 것인지, 권리에 대한 예외나 제한을 어떻게 어느 정도 설정할 것인지 등등을 생각할 수 있다. 이들 모두는 한 국가가 처한 경제·사회 환경과 밀접한 관련이 있다. 어떤 국가는 지적재산권이 경제 성장의 견인차 역할을 할 것으로 기대하고 강력한 지적재산권 보호를 추구하는가 하면, 어떤 국가는 다른 국가의 지식과 기술을 차용하거나 모방하기 위한 수단으로 인식하면서 지적재산권을 등한시하거나 낮은 수준의 보호에 만족하려 하기도 한다. 각국은 자신이 가지고 있는 입법권, 행정권 또는 사법권을 적극 활용하여 국익(national interest)을 확보하고자 하는 것이다.

이런 국가 주권은 국제 관계 속에서 제약을 받는다. 주권 평등의 원리로 인한 제약[2]이 있는가 하면, 보편적 인권이나 사유재산권 보호로 인한 제약도 있다.[3] 국제 관계에서 가장 널리 언급되는 것은 조약 체결에 따른 제약이다. 정당하게 체결된 조약은 한 국가의 입법 관할권 등에 제약을 가져온다.[4] 지적재산권 제도는 유럽 각국에서 그 연원을 찾을 수 있는바, 이 국가들은 제도 발생 초기부터 양자조약이나 다자조약을 통한 국제적 보호에 관심을 가졌다. 이들은 19세기 후반까지는 양자조약을 통해서, 1883년 파리협약 체결 이후에는 다자조약을 통해서 지적재산권을 보호하려 했다. 이런 국가 관행은 현재에까지 이어지고 있다.

2) 규범 형성의 특징

국제사회가 조직화되면서 조약의 중요성은 갈수록 커지고 있다. 이것은 지

---

2) 침략 전쟁의 부인이나 다른 국가의 전속 관할(reserved domain)에 대한 불간섭이 대표적인 예이다.

3) 집단학살(genocide)이나 인류에 대한 범죄(crime against humanity)의 금지와 그에 따른 처벌, 국유화에 대한 정당한 보상 등이 그런 예이다.

4) 조약은 단지 입법 관할권만을 제약하는 것은 아니다. 예를 들어, TRIPS협정은 그 해석과 적용을 둘러싼 분쟁을 WTO협정 중 하나인 '분쟁 해결 규칙 및 절차에 관한 양해'에 따르도록 하고 있는바, 이것은 사법 관할권을 제약하는 것이다.

적재산권에 관한 한 더욱 그러하다. 조약은 그 체결과 효력발생이 국내법과는 절차상 다른 점이 많다. 국내 학계에서는 아직도 조약과 국내법과의 관계에 집중하여 연구하고 있으나, 조약의 본질을 다루는 데에는 다소 소홀한 면이 있다. 중요한 것은 조약이 엄연히 국내법과 동일한 효력이 있다는 것, 이에 따라 조약은 다른 국내법과 마찬가지로 중요한 규범의 하나라는 점에 주목할 필요가 있다. 따라서 조약의 일반적인 이해를 위하여 조약이 가지는 특징, 특히 규범 형성의 특징을 중심으로 몇 가지를 살펴보기로 한다.

법률의 생성은 국민이 선출한 대표자로 구성된 의회가 제정하고 대통령 등 국가원수에 의한 공표 과정을 거치게 된다. 반면 조약은 국내법의 생성 절차와는 매우 다른 방식으로 형성된다. 국가 간에 체결하는 조약은 체결 권한 있는 국가원수가 조약을 채택한 후 조약에 '구속을 받겠다는 동의(기속적 동의, consent to be bound)' 표시를 하면 조약 이행 의무를 진다. 이런 동의는 대부분 비준이나 가입서를 기탁하는 방법으로 표시한다. 이런 조약 체결 절차는 어느 국가를 막론하고 입법부가 아닌 행정부가 담당한다는 점에 주목할 필요가 있다.

행정부의 주도적 역할에 대하여 입법부는 단지 비준이나 가입에 대한 동의권을 가짐으로써 행정부를 견제하는, 수동적인 권한밖에 가지지 않는다. 행정부의 조약 체결권에 대하여 입법부의 협력을 요구하는 것은 국민주권 사상에서 연유한다. 유럽의 근대화 과정을 보면, 국왕이 장악했던 입법·행정·사법의 3권이 다른 통치기구로 분산되면서 국왕이 전권을 가지고 체결하던 조약도 국민의 대의기관인 의회의 통제를 받게 되었다. 의회의 통제는 조약의 체결과 비준에 대한 동의권 행사 형태를 띠게 되고 이런 관행이 굳어져 오늘날에 그대로 이어지고 있다.

우리 헌법도 근대국가 헌법의 예에 따라 국회가 대통령의 조약 체결이나 비준에 대한 동의권을 가지도록 하고 있다. 국회의 권한은 모든 종류의 조약에 대하여 국회의 동의를 구하는 것은 아니다. 우리 헌법 제60조에서 보면, "국회는 상호원조 또는 안전보장에 관한 조약, 우호통상항해조약, 주권의 제약에 관한 조약, 강화조약, 국가나 국민에게 중대한 재정적 부담을 지우는 조약 또는 입법사항에 관한 조약의 체결·비준에 대한 동의권을 가진다"고 하여 상당수의 조약은 행정부의 전권에 의거 체결할 수 있도록 하고 있다.

이 조항은 1948년의 제정 헌법 이후 주된 내용이 별로 바뀌지 않고 그대로 '전승'되고 있다. 우리 헌법이 자주 개정된 점에 비추어 보면 오히려 대견하다고 느낄 만하다. 그러나 이 조항은 국제 조약의 측면에서 보면 몇 가지 문제를 안고 있다. 첫째, 이 규정이 오늘날의 조약 체결 관행에 비추어 적절하냐 하는 점이다. 국가(정확하게는 행정부)가 체결하는 다수의 조약은 헌법에서 열거한 조약의 범주에 들어가지 않다.

둘째, 최근 대부분의 조약은 기술적이고 전문적인 성격이 강하다. 종류도 무척 다양하고, 내용도 복잡하기 이를 데 없다. 국제 사회가 그만큼 변모하고 있는 것이다. 국회도 이와 같이 변화하는 상황에 대처할 수 있는 전문성을 갖춰야 하지만, 선출직으로 구성된 국회의 한계로 인해 극복하기란 여간 어려운 일이 아니다.

셋째, 지적재산권 조약 중 그 보호를 위한 실체 규정을 가지고 있는 조약은 모두 내국민대우 원칙을 가지고 있다. 이 원칙을 국내법에 반영하게 되면 외국인도 내국민과 같은 법적 지위를 가지게 되고, 국내법상 부여된 권리를 행사하게 되면 이용자에게 사용료 등의 부담을 지우게 된다.[5] 결국 조약 체결과 비준으로 인해 분명 국민에 재정적 부담을 지우게 된다. 그 부담이 '중대한' 것인지에 따라 국회의 체결·비준 동의권 행사 여부가 결정될 것이다. 이제까지 우리나라가 가입한 다자간 지적재산권 조약에 국회가 비준 동의권을 행사한 예는 TRIPS협정이 유일하다.[6]

국제법의 또 다른 연원으로서 국제관습법이 있다. 국제관습법은 성문 국제 규범과는 달리, 성립 요건이 독특하다. 국제관습법 성립 요건으로는 국가 관행(State practice)과 법적 의식(opinio juris) 두 가지를 드는데, 국가 관행은 일관되고 획일적이어야(constant and uniform) 하며, 이와 같이 존재하는 국가 관행은 법적 의식을 수반함으로써 법으로서 인정된다.[7] 국제관습법은 국가 등 국제법 주체가 법규범 제정 작업에 직접 참여하여 형성되는 것은 아니다. 이런 점에서 국제관습법은 그 규칙의 존재를 인식하기도 어려운 경우가 많고 국가 간

---

5) 2014년 우리나라의 지식재산권 무역수지는 61.7억 달러 적자에 달했다고 한다. 적지 않은 금액이다. 한국은행·특허청, 「우리나라의 지식재산권 무역수지 편제 결과[2010~2014년]」(2015. 5) 참조.

6) TRIPS협정은 WTO 설립협정의 불가분의 일부로서 후자 협정과 함께 1994년 12월 16일 국회 비준 동의를 받았다. 2000년대 들어 체결된 FTA(지적재산권 규정 포함)는 모두 국회 비준 동의를 받았다.

7) *North Sea Continental Shelf Cases*, Judgment, I.C.J. Reports (1969), p.44.

에 다툼으로 번지는 경우도 많다. 그러나 지적재산권에 관한 국제법 규범은 성문 국제 조약으로만 존재하며 '국제지적재산권'에 관한 관습법 규범은 존재하지 않는다. 이런 점에서 국제법 규범 중 조약에 대해 좀 더 살펴볼 필요가 있다.

2. 조약의 의의

1) 조약의 개념

국가들은 다양한 목적으로 조약을 체결한다. 국제기구를 설립하기 위한 목적으로, 국경을 획정하거나 전쟁을 종식하기 위해, 외교관계를 수립하거나 통상을 증진하기 위해, 인권을 보호하기 위해 조약을 체결한다.

조약이란 일반적으로 문서에 의하여 체결된 국제법 주체 간의 국제적 합의로서 국제법의 규율을 받는 것을 말한다. 1969년 조약법에 관한 비엔나협약(Vienna Convention on the Law of Treaties, 이하 '비엔나협약'이라 한다)[8]에 따르면 조약은 다음의 조건에 합치되어야 한다. 첫째, 조약은 국제법 주체 간의 합의이다. 국제법 주체로서 국가가 대표적이고 제한된 범위 내에서 국제기구,[9] 다국적 기업[10] 등이 있다.

둘째, 조약은 국제법의 구속을 받는다. 어느 약정이 국가 간의 합의라 하더

---

8) 비엔나협약은 조약법의 성문화와 점진적 발전(codification and progressive development)을 이룬 것이다. 다시 말해서, 조약법에 관한 기존 관습법을 성문화하고 새로운 규칙을 제정한 것이다. 대부분의 규정은 기존 관습법의 성문화로 받아들여지고 있다.

9) 비엔나협약 제2조 참조. 이 조약은 국제법 주체로서 국가 간에 체결하는 조약에 적용할 것을 예정하고 있다. 국제법 주체로 국제기구도 생각할 수 있는데, 이런 국제기구와 국가 간에 적용할 국제규범은 1986년 체결된 국가와 국제기구 간 또는 국제기구들 간의 조약법에 관한 비엔나협약(Vienna Convention on the Law of Treaties Between States and International Organizations or Between International Organizations)이 있다.

10) 국가와 사인 간에 체결하는 계약은 조약이라 할 수 없다. 사인으로서 다국적 기업은 주권 국가와 다양한 형태의 양허약정(licensing agreement)을 맺기도 한다. 양허약정은 천연자원 채취를 위해서 주로 이용되는 것으로, 이런 약정의 성격에 관해 국제적으로 많은 논란이 있었다. 다수의 중재판정에 따르면, 약정상 다국적 기업에게 일정한 권리와 의무를 부여하고, 분쟁 해결에 적용될 준거법을 국제법 규범으로 상정한다면 당사자인 국가와 다국적 기업은 모두 국제법의 구속을 받는다고 판시한 바 있다. 이 경우 다국적 기업은 제한된 범위 내에서 국제법 주체가 된다.

라도 특정 조항이 당사국 일방의 국내법 적용을 받는다면 그런 약정은 조약이 될 수 없다. 예를 들어, 준거법을 특정 국내법으로 하는 차관계약이나 기타 상업적 성격의 계약은 조약이라 할 수 없다.

셋째, 조약은 문서에 의할 것을 요한다. 비엔나협약이 문서에 의한 조약에 대해서만 언급하고 있으나 구두 조약 자체가 조약이 될 수 없다는 것은 아니다. 구두 조약은 입증의 문제는 있으나 조약의 성격을 잃는 것이 아니다. 그러나 과거와는 달리 구두의 조약은 이제 거의 찾아볼 수 없다.

2) 조약 관련 용어

(1) 조약 및 조약 당사자

이런 조약을 일컫는 용어에는 여러 가지가 있다. 가장 흔히 볼 수 있는 것은 조약(Treaty)이고, 협약(Convention), 의정서(Protocol, Act), 협정(Agreement) 등도 적지 않게 볼 수 있다. 지적재산권 관련 조약에서는 얼마 전까지만 해도 협약이라는 용어를 많이 썼으나, 최근에는 조약이라는 단어를 선호하는 듯하다.[11] 이 외에도 많은 용어가 특정 조약의 명칭에 등장한다.[12] 조약에 따라서는 기존 조약을 보충하거나 개정하고자 하는 경우 의정서(protocol or act) 또는 추가의정서(additional protocol, additional act)라는 명칭을 사용하기도 한다.[13] 다른 조약의 일부로서 들어가기도 한다.[14] 명칭이 어떠하든 조약의 규범적 성

---

11) 전자의 예로는 1880년대 파리협약과 베른협약, 1961년 로마협약, 1952년 세계저작권협약, 1971년 음반협약, 1974년 위성협약 등이 있고, 후자의 예로는 1989년 워싱턴조약, 1994년 상표법조약, 1996 WIPO 저작권조약과 WIPO 실연·음반조약, 2000년 특허법조약, 2006년 싱가포르조약, 2012년 베이징조약, 2013년 마라케시조약 등이 있다.

12) 잠정약정(modus vivendi, provisional agreement), 각서교환(exchange of notes), 서한교환(exchange of letters), 양해각서(memorandum of understanding), 양해록(record of understanding), 합의의사록(agreed minutes) 등의 용어도 발견할 수 있다.

13) 파리협약과 베른협약은 동맹국 간의 관계 설정을 전제로 한 것으로, 의정서 방식으로 개정되었다. 예를 들어, 1934년 파리협약 런던 의정서, 1967년 베른협약 스톡홀름 의정서 등이 그것이다. 추가의정서 형태로는 1896년 베른협약 파리 추가의정서(additional act), 1900년 파리협약 브뤼셀 추가의정서(additional act), 1914년 베른협약 베른 추가의정서(additional protocol)가 있다. 이들은 편의상 각기 런던 의정서(London Act), 스톡홀름 의정서(Stockholm Act) 등으로 불린다. 국내 지적재산권 교과서에서는 협약 대신에 조약이라 하거나, 의정서 대신에 규정(規定 또는 規程)이라 하기도 하지만, 이것은 일본 교과서에서 사용하는 표현을 차용한 것으로, 우리에게 맞는 표현은 아니다.

격에는 영향을 미치지 않는다.

조약 당사자(party to the treaty)에 대한 표현도 다양하다. 일반적으로는 당사국(State party)이라고 하는데, 체약국(contracting State) 또는 체약당사자(contracting party)15)16)라는 표현도 자주 사용된다. TRIPS협정은 단순히 회원국(member)이라고 한다.

(2) 파리동맹과 베른동맹

파리협약이나 베른협약에서는 동맹국(country of the Union)이라는 용어를 사용한다. 파리협약 제1조 제1항에 의하면, "이 협약이 적용되는 국가들은 산업재산권의 보호를 위한 동맹을 구성한다"고 하고 있고, 베른협약 제1조에 의하면, "이 협약이 적용되는 국가들은 문학·예술저작물에 대한 저작자의 권리 보호를 위한 동맹을 구성한다"고 하고 있다. 파리협약 초기에는 체약국이라는 용어도 사용했으나, 베른협약의 예에 따라 1934년 런던 개정회의에서 동맹국이라는 용어와 문장 표현을 차용·개정했다.17)

이 조항은 두 가지 점에 주목할 필요가 있다. 첫째, "이 협약이 적용되는 국가(country)"라는 표현을 사용하고 있다. 종전에 파리협약에서 사용하던 체약국(contracting State)이라는 표현을 대체한 것이기도 하다. 국가(country)라고 한 것은 당시 영국이나 프랑스 등의 식민지에도 협약 체제가 미칠 수 있도록 하고, 식민지가 개정회의에서 투표권을 행사할 수 있도록 하기 위한 것이었다 한다.18) 이런 주장은 그다지 논리적이지 않고, 오늘날에는 연혁적인 의미가

---

14) TRIPS협정은 WTO 설립협정의 일부(부속서 1다(Annex 1C)]이다.

15) 체약국이라는 표현은 헤이그협정, 세계저작권협약, 로마협약, 특허협력조약, 위성협약 등에서, 체약당사자라는 표현은 WIPO 저작권조약과 WIPO 실연·음반조약에서 사용한다.

16) 체약국이나 체약당사자란 "조약이 효력을 발생했는지의 여부에 관계없이, 그 조약에 대한 기속적 동의를 부여한 국가를 의미한다." 비엔나협약 제2조 (f) 참조. 한편, 당사국이란 "조약에 대한 기속적 동의를 부여했으며 또한 그에 대하여 그 조약이 발효하고 있는 국가를 의미한다." 비엔나협약 제2조 (g) 참조.

17) 파리협약 초기에는 contracting States, States of the Union 또는 High Contracting Parties라는 표현을 사용하다가 1911년 위싱턴 개정회의에서는 State라는 용어를 country로 대체했다. 1934년 런던 개정회의에서 contracting country라는 표현도 country 또는 country of the Union이라는 표현으로 바꿨다. 반면 베른협약에서는 처음부터 country of the Union이라는 명칭을 사용해왔다.

18) Bedenhausen, p.18; Ladas, Vol.I, p.98.

큰 것이다. 논리가 약하다고 한 것은 다른 규정에 식민지에도 협약의 효력이 미칠 수 있도록 근거를 마련하고 있기 때문이고,[19] 연혁적인 의미가 크다고 한 것은 당시 체약국은 독립 주권국가로서 투표권이 있지만 식민지 등 종속 지역(dependent territory)[20]은 그렇지 않기 때문에 이들에게 투표권을 주기 위해 국가(country)라는 표현을 사용했다는 것인 바, 오늘날 과거와 같은 종속 지역이 거의 없기 때문이다. 이렇게 볼 때 당시 국가(country)라는 표현은 독립 주권국가를 뜻하는 국가(State)와는 다른 의미였던 것이다.

둘째, 파리협약이나 베른협약은 동맹 관계에 바탕을 둔 조약이다. 동맹(union)이란 표현은 19세기 후반 주로 사용하던 것으로,[21] 오늘날에는 그다지 쓰이지 않는다. 동맹은 국가 결합[22]의 한 형태로서 그 자체로 국제법상의 권리와 의무를 가지는 주체를 의미한다. 이런 점에서는 국제기구의 일종이기도 하다. 국제기구는 국가 간의 협정(설립협정)에 의하여 설립되고 설립협정에서 정해진 범위와 권한에 따라 활동하는 국제법 주체이다. 다만, 다른 국제기구에 비해서는 강한 국제 연대를 반영하고 있다. 이런 점들을 종합하면, 파리동맹과 베른동맹은 국제법상 권리·의무의 주체가 되고 조약(파리협약과 베른협약)에서 정한 범위 내에서 일정한 권한을 가진다. 이들 동맹은 각기 집행부(governing bodies)[23]를 두고 예산을 가지고 있다. 또한 각 동맹이 영속적으로 활동할 수 있도록 새로운 의정서(조약)가 채택되더라도 각 의정서가 독자적으로 작용하지 않으며 각 의정서마다 별도의 집행부나 예산을 예정하지 않는다.

---

19) 파리협약 제24조와 베른협약 제31조에 의하면(영어본 조문이 같다): "어느 국가든지 비준서나 가입서에 의한 선언 또는 그 후에 사무총장에게 문서에 의한 통보로, 자국이 [대외관계에] 책임을 지는 영토의 전부나 일부를 지정하여 이 협약이 적용된다고 할 수 있다." 이 조항은 1911년 워싱턴 개정회의에서 도입되어 몇 차례 수정되었다. 식민지, 종속 지역, 보호령, 위임통치지역 등 직접적인 표현을 사용하다가 1967년 스톡홀름 의정서에서 '대외관계에 책임을 지는 영토'라고 변경했다. 국제 관계의 변화 흐름을 고려한 것이다.

20) 이에는 식민지, 보호령(protectorate), 신탁통치령(trusteeship territory) 등을 포함한다.

21) 그런 예로는, 1865년 ITU(International Telegraph Union), 1874년 UPU(Univeral Postal Union) 등이 있다.

22) 국가 간의 결합은 연합국이나 추축국과 같은 군사 동맹(alliance)도 있고, 1867~1918년 오스트리아-헝가리와 같은 1인의 군주 아래 복수의 주권 국가가 결합하는 인적 동맹(real union) 등도 있다. 이런 국가 결합은 역사적인 의미가 짙다. 오늘날에는 일반적으로 국제기구를 중심으로 국가 간의 결합 내지 협력 관계를 설명한다.

23) 집행부란 파리동맹 총회와 집행위원회, 베른동맹 총회와 집행위원회를 말한다.

동맹의 성격은 국가 간에 관계에서도 작용한다. 새로이 가입하는 국가는 동맹국의 일원으로서 모든 동맹국에 대하여 협약상의 구속을 받는다. 예를 들어, 1967년 파리협약 스톡홀름 의정서에 가입한 국가는 1911년 워싱턴 의정서를 비준하거나 가입한 국가에 대해서 스톡홀름 의정서 규정에 따라 협약상의 의무를 부담하는 것이다.[24] 협약을 폐기하는 경우에도 마찬가지로 협약 전체를 폐기하는 것이다.[25] 동맹의 성격은 개정을 위한 정족수에서 극명하게 드러난다. 파리협약은 실체 규정이 단지 개정의 대상이 된다는 조항만을 두고 있으나(제18조 제1항) 투표 참가국 만장일치를 요한다는 것이 이제까지 개정회의의 관행이다.[26] 베른협약은 제27조 제1항에서 파리협약과 동일하게 실체 규정의 개정에 관한 규정을 두면서, 그 제3항에서 실체 규정의 개정은 투표국의 만장일치를 명시적으로 요구하고 있다.[27][28]

3. 조약의 체결

조약의 체결은 협상에서 시작하여 조약문이 채택되는 전 과정을 말한다. 먼저, 조약은 체결 권한 있는 국가의 대표(국가원수나 전권위임장을 가지는 대표)가 참여한다. 다자조약은 오랜 기간이 걸리고, 복잡한 협상 과정을 거친다. 협상은 주로 실무 대표가 참여한 가운데 진행되고, 협상이 조약을 채택할 만큼 무

---

24) 파리협약 제27조 제3항, 베른협약 제29조 및 제32조 제2항 참조.

25) 파리협약 제26조 제2항, 베른협약 제35조 제2항 참조.

26) 기권은 투표로 간주하지 않는다. Bodenhausen, p. 191. 1886년 로마 개정회의와 1890년 마드리드 개정회의는 만장일치의 원칙으로 인해 결실을 보지 못했다. 1980년대 초 파리협약 개정회의에서 선진국과 개발도상국은 관리 규정, 특히 만장일치 원칙에 대해 첨예하게 대립한 바도 있다.

27) 정확하게는 '투표수의 만장일치(unanimité des votes exprimés, unanimity of the votes cast)'를 말한다. 1948년 브뤼셀 의정서에서는 '동맹국을 구성하는 국가들의 만장일치 동의(assentiment unanime des Pays qui la composent, unanimous consent of the countries composing it)'라고 했다. 만장일치란 어느 국가든 반대 표시를 하면 성립되지 않는 것으로, 기권은 포함되지 않는다. Masouyé, p. 121. '투표수의 만장일치'는 이 점을 확인해주고 있다.

28) 파리협약과 베른협약은 모두 실체 규정의 개정은 개정(revision)이라 하고, 관리 규정의 개정은 수정(amendment)이라고 한다. 파리협약 제17조 및 제18조, 베른협약 제26조 및 제27조 참조.

르익으면 외교회의(diplomatic conference)를 개최한다. 외교회의는 그간의 협상 결과를 조약으로 완성하는 작업에 집중한다. 외교회의에서는 전권위임장(full powers)을 가진 대표가 참여하여 조약을 채택(adoption)하고 인증(authentification)하게 된다. 인증은 대표의 서명을 거치는 것이 보통이다.[29] 인증을 통해 조약 정본(authentic text)이 확정된다.

이처럼 확정된 조약은 곧바로 체약 당사국에게 조약상의 의무를 부과하는 것은 아니다. 그 국가가 조약에 '구속을 받겠다는 동의(consent to be bound)'[30] 표시를 별도로 해야만 조약 이행 의무를 지는 것이다. 이런 동의 표시는 양자조약의 경우 주로 서명으로 하거나 조약문을 교환하는 방식을 취한다. 대부분 다자조약은 비준(ratification), 승인(approval) 및 가입(accession)의 방식으로 한다.[31] 비준서나 가입서는 유엔 등 국제기구에 기탁하는 것이 보통이다.[32]

4. 조약의 효력

1) 효력발생과 조약 준수 의무

조약은 그 조약에서 예정한 날짜 또는 협상 국가들이 합의한 날짜에 효력을 발생한다.[33] WIPO 관장 조약은 통상적으로 일정 숫자의 비준서나 가입서가 기탁된 후 3개월 후에 효력을 발생하도록 하고 있다.[34] 이미 비준서나 가입서를 기탁한 국가에 대해서는 조약 발효일에, 조약이 효력발생한 후 가입하는 국

---

29) 이 서명은 약식 서명(simple signature) 또는 가서명 등으로도 불리는데, '구속을 받겠다는 동의' 표시를 의미하는 공식 서명(definitive signature)과는 구별된다. UN, *Treaty Handbook*, revised ed., 2012, pp.5~6.

30) 비엔나협약 제2조 (b) 및 제11조 이하 참조.

31) 비엔나협약 제11조.

32) 세계저작권협약과 로마협약에는 수락(acceptance)이라는 용어를 사용한다. 이것은 서명 국가가 조약의 구속을 받겠다는 동의를 표시하는 것으로서 비준과 차이가 없다. 다만, 수락은 일부 국가에서 국내 절차상 간편하다고 한다. Arpard Bogsch, *Universal Copyright Convention: An Analysis and Commentary* (R. R. Bowker Co., 1958), p.102.

33) 비엔나협약 제24조 제1항.

34) 파리협약 제20조 제2항 및 베른협약 제28조 제2항 참조. 파리협약은 실체 규정의 경우 10개국의 비준서나 가입서, 베른협약은 5개국의 비준서나 가입서를 요건으로 하고 있다.

가에 대해서는 비준서가 가입서를 기탁한 후 일정 기간이 지나 효력이 발생한다. 조약 자체의 효력발생과 국가에 대한 효력발생을 구별할 필요가 있는 것이다.

조약은 장소적으로, 조약 당사자의 영토 내에서 효력을 가진다. 즉, 조약은 국가 주권이 미치는 지역에 한해서 효력이 미친다. 또한 조약은 시간적으로, 기간을 정하기도 하고, 달리 정하지 않고 무기한 효력을 가지기도 한다. 소급효는 인정되지 않는다. 당사자가 달리 정하지 않는 한, 조약 발효일부터 효력을 가진다.

조약이 발효하면 각 당사국은 조약을 이행해야 한다. 비엔나협약 제26조는 조약의 효력이 '약속은 지켜야 한다(Pacta sunt servanda)'라는 기본 규칙에 근거하고 있음을 밝히고 있다. "모든 조약은 당사국을 구속하며 성실하게 이행되어야 한다." 이어서 제27조에서는 "당사국은 조약 불이행을 정당화하기 위하여 국내법 규정을 원용할 수 없다"고 하여 국내법을 가지고 국제법상의 면책을 주장할 수 없도록 하고 있다. 이들 규정은 국제관습법상 각국이 수락한 기본 원칙을 성문화한 것이다. 따라서 조약 당사국은 대외적으로 조약의 대상과 목적을 해치는 행위를 해서는 안 되고 대내적으로는 국내법을 조약과 일치시켜야 하는 의무가 있다.35) 경우에 따라서는 국내 법원에서 조약 규정을 직접 해석하고 판단하기도 한다.36)

이런 국제법 규범은 자명한 원칙이기 때문에 국제 조약에서 이와 같은 규정을 두는 사례를 찾기 어렵다. 다만, 조약의 국내적 효력(특히 조약 의무 이행)과 관련하여 보충적인 규정을 두는 예가 있는데, 지적재산권 조약에서도 발견된다. 파리협약 제25조 제1항과 베른협약 제36조 제1항에서는 "이 협약의 당사국은 자국 헌법에 따라 이 협약의 적용을 확보하기 위하여 필요한 조치를 채택할 것을 약속한다"37)고 하고 있다. 이들 규정은 파리협약이나 베른협약이

---

35) 조약이 잘 지켜지지 않는다는 일반의 통념은 정치적인 조약을 염두에 두고 있기 때문이다. 그런 조약이 아닌 경우 오히려 국내법보다 실효성이 있다. 국제사회는 이제 정치 문제에서 벗어나 인간의 삶과 경제 문제를 중시하는 방향으로 협력 관계를 모색하고 있다. 이런 시점에서 지적재산권 조약의 의미는 각별하다 할 수 있다.

36) 국내 법원에 의한 조약의 해석 여부는 조약의 직접 적용 여부와 연결되어 있다. 이에 관해서는, 제2부 제1장 6. 조약의 직접 적용 문제 참조.

37) 이들 협약 영어본은 동일한 문장으로 되어 있다: "Any country party to this Convention undertakes to adopt, in accordance with its constitution, the measures necessary to ensure

국내법 체계에 따라 국내 헌법상 직접 적용되는 경우에는 불필요한 규정이라고 할 수도 있다.[38] 그러나 실제로 각국은 조약을 국내적으로 수용하면서 법률의 제정이나 개정을 하는 것이 보통이므로 꼭 불필요하다고는 할 수 없다. 또한 '필요한 조치'에는 실체 규정에 대한 입법 조치뿐만 관리 규정에 대한 입법·행정적 조치(예를 들어 특허청 설립을 위한 제반 조치)를 포함할 수 있기 때문에 나름의 의의가 있다. 또한 사법절차도 '필요한 조치'로서 빼놓을 수 없다. 사법절차는 조약의 이행을 위해, 그리고 그런 조약 내용을 반영한 국내법의 해석을 위해 긴요하기 때문이다.

더 나아가 파리협약 제25조 제2항과 베른협약 제36조 제2항에서는 "어느 국가가 이 협약에 구속될 당시에 자국의 국내법에 따라 이 협약의 규정이 실시되는 것으로 이해된다"[39]고 규정하고 있다. 이 규정은 비엔나협약 제27조의 원칙, 즉 국내법 규정을 들어 조약 불이행을 정당화할 수 없다는 점을 확인해 주는 의미를 가지고 있다.

TRIPS협정 제1조 제1항 1문은 단도직입적으로 회원국의 조약 이행 의무를 천명하고 있다. "회원국은 이 협정 규정을 실시한다."[40] 이것은 두 가지 의미가 있다. 하나는 조약은 지켜야 한다는 것이고, 다른 하나는 조약상의 규범을 준수하지 않으면 조약 위반이 된다는 것이다. 조약 위반은 여러 형태로 발생한다. 헌법이나 법률 규정이 조약에 위반할 수도 있고 시행령이나 시행규칙 기타 국내 규범이 조약 규정에 어긋날 수도 있다. 판례의 해석이 조약 규범과 충돌할 수도 있다. 그 어떤 경우이든 조약 위반은 국제 분쟁으로 비화할 수 있다.

---

the application of this Convention."

38) 이 규정은 1958년 리스본 개정회의에 등장한 것으로 독특한 배경을 가지고 있다. 당시까지 일부 동맹국에서는 협약과 충돌하는 내용을 담은 국내법 규정을 가지고 있었다. 이 규정은 이런 여지를 제거하기 위해 도입된 것이다. Bodenhausen, pp. 208~209. 베른협약에는 1967년 스톡홀름 개정회의 결과 반영되었다. Masouyé, p.141.

39) 이들 협약은 부분적으로 동일한 문장("It is understood that, [Paris: at the time a country deposits its instrument of ratification or accession,] [Berne: at the time a country becomes bound by this Convention,] it will be in a position under its domestic law to give effect to the provisions of this Convention.")으로 되어 있다.

40) Art. 1.1, 1st sentence: "Members shall give effect to the provisions of this Agreement."

2) 유보

조약 당사자는 조약에서 정한 원칙과 조건에 따라 권리와 의무를 부담한다. 조약의 효력이 모든 당사자에게 무조건 미치는 것은 아니다. 어느 국가든지 '조약의 구속을 받겠다는 동의' 표시를 할 때 유보를 할 수 있다. 유보란 "조약의 일부 규정의 법적 효과를 배제하거나 또는 변경하고자 의도하는 경우에, 그 국가가 행하는 일방적 선언"을 말한다.[41]

유보는 조약에서 명시적으로 부정한다면 허용되지 않는다.[42] 유보를 하는 국가는 그 유보를 수락하는 국가들 및 그렇지 않은 국가들과의 관계에서 복잡한 법적 문제가 생기지만, 조약에서 명시적으로 유보를 허용하는 경우에는 다른 체약국의 유보 수락 여부에 관계없이 그 유보에 따른 법적 효과가 생긴다. 즉, 유보는 그 유보의 범위 내에서, 유보 국가와 다른 국가 간의 관계에서, 해당 조약 규정을 변경하는 효과를 가져온다.[43]

5. 조약의 해석

1) 해석의 일반 원칙

조약은 당사자의 입법 의지 내지 입법 의사(intention of the parties)를 간명한 언어로 표현한 것이다. 세상에는 수많은 언어가 있다. 언어는 민족 고유의 문화와 전통, 역사와 철학, 지리적 환경 등 헤아릴 수 없이 많은 조건이 영향을 미쳐 생성된 것이다. 언어는 시대에 따라 끊임없이 변화하기도 한다. 언어는 표현의 한계로 인하여 사람의 생각을 충분히 전달하지도 못한다. 이런 언어로 작성된 조약을 해석하는 것은 그만큼 어려운 일이다.

그럼에도 조약의 해석은 여전히 중요하다. 국가 간의 분쟁은 상당수 조약의 해석을 둘러싼 분쟁으로, 국제법원(WTO 체제하에서는 WTO 분쟁 해결기구가 그

---

41) 비엔나협약 제2조 (d) 및 제19조 참조.
42) TRIPS협정 제72조는 유보를 금지하고 있다. 협정에서 예정하고 있는 다른 조약상의 유보(협정 제14조 제6항에 따른 로마협약상의 유보)를 제외하고는 허용되지 않는 것이다.
43) 비엔나협약 제20조 및 제21조 참조.

런 역할을 한다)의 조약 해석에 따라 작게는 개별 국내법이 변경되기도 하고, 크게는 국제 질서가 재정비되기도 하기 때문이다.

조약 해석의 목적을 두고 여러 학설이 존재한다. 크게 세 가지 정도가 있다. ① 조약문 그 자체와는 구별되는, 주관적 요소로서 당사자의 의사(intentions of the parties)가 중요하다는 것이다. 이른바 주관해석론(subjective approach)이다. 당사자의 의사를 확인하기 위해서는 조약문에 국한하지 않고 자유롭게 준비문서(travaux préparatoires) 등에도 의존한다. ② 조약에서 선언한 대상과 목적(object and purpose)에 주안을 둬야 한다는 것이다. 이른바 목적해석론(teleological approach)이다. 조약의 목적을 찾다 보면 조약문에 표현된 당사자의 의사에서 크게 벗어나기도 한다. ③ 조약문은 당사자의 의사를 진정으로 표현한 것(authentic expression of the intentions of the parties)이라는 것으로 그 조약문에 중점을 둬야 한다는 것이다. 이른바 문언해석론(textual approach)이다.[44]

비엔나협약 제31조는 조약 해석의 일반 규칙(general rule)을 명시하고 있다. 이에 의하면,

(1) 조약은 용어의 문맥상, 그리고 조약의 대상과 목적에 비추어, 그 조약의 용어에 부여되는 통상적 의미에 따라 성실하게 해석된다.

(2) 조약의 해석 목적상 문맥은 조약문 외에, 조약의 전문 및 부속서와 함께 다음을 포함한다.

　(a) 조약의 체결에 관련하여 모든 당사국 간에 이루어진 그 조약에 관한 합의;

　(b) 조약의 체결에 관련하여, 하나 또는 둘 이상의 당사국이 작성하고 또한 다른 당사국이 그 조약에 관련되는 문서로서 수락한 문서.

(3) 문맥과 함께 다음이 참작된다.

　(a) 조약의 해석 또는 그 조약 규정의 적용에 관한 당사국 간의 추후의 합의;

　(b) 조약의 해석에 관한 당사국의 합의를 확정하는 그 조약상의 추후의 관행;

　(c) 당사국간의 관계에 적용될 수 있는 국제법의 관계 규칙.

(4) 당사국의 특별한 의미를 특정 용어에 부여하기로 의도하였음이 확정되는 경우에는 그러한 의미가 부여된다.[45]

---

44) Draft Articles on the Law of Treaties with commentaries, *Yearbook of the International Law Commission*, 1966, Vol.II, p.218; Ian Sinclair, *The Vienna Convention on the Law of Treaties*, 2nd ed. (Manchester University Press, 1984), pp.114~115.

비엔나협약은 원칙적으로 문언해석론에 입각하고 있다. 즉, 조약문은 "당사자 의사의 진정한 표현으로 추정해야 한다(presumed to be the authentic expression of the intentions of the parties)"는 것이다. 해석의 출발점은 조약문의 의미를 밝히는 것이지 처음부터 당사자의 의사를 찾는 것이 아니다.[46] 협약 제31조 제1항은 세 가지 원칙을 담고 있다. ① 조약은 신의칙에 따라(in good faith) 해석되어야 한다.[47] 이 원칙은 "약속은 지켜야 한다"는, 조약 이행의 기본 규칙에서 나온 것이다. 즉, 조약을 해석할 때에는—국제법원이든 개별 조약 당사자든—조약 당사자가 신의칙에 따라 조약을 이행한다는 전제하에서 조약 해석을 해야 한다는 것이다. 왜냐하면 조약의 이행은 그 해석에 의존하기 때문이다. 이런 점에서 해석의 기본 원칙과 이행의 기본 규칙은 서로 긴밀하게 연결되어 있다.[48] ② 조약 당사자의 의사는 자신들이 사용하는 용어의 통상적인 의미(ordinary meaning)에서 추정해야 한다.[49] 통상적인 의미란 추상적이 아닌, 용어의 실제 적용을 상정하는 특별한 의미를 말한다.[50] ③ 셋째, 용어의

---

45) Art. 31: "1. A treaty shall be interpreted in good faith in accordance with the ordinary meaning to be given to the terms of the treaty in their context and in the light of its object and purpose.

2. The context for the purpose of the interpretation of a treaty shall comprise, in addition to the text, including its preamble and annexes:

(a) Any agreement relating to the treaty which was made between all the parties in connexion with the conclusion of the treaty;

(b) Any instrument which was made by one or more parties in connexion with the conclusion of the treaty and accepted by the other parties as an instrument related to the treaty.

3. There shall be taken into account, together with the context:

(a) Any subsequent agreement between the parties regarding the interpretation of the treaty or the application of its provisions;

(b) Any subsequent practice in the application of the treaty which establishes the agreement of the parties regarding its interpretation;

(c) Any relevant rules of international law applicable in the relations between the parties.

4. A special meaning shall be given to a term if it is established that the parties so intended."

46) *Yearbook of the International Law Commission*, op. cit., p.220.

47) *Yearbook of the International Law Commission*, op. cit., p.221.

48) Yasseen, "L'interprétation des traités d'après la Convention de Vienne sur le droit des traités," 151 *Recueil des Cours* (1976-III), p.20. Sinclair, op. cit., p.119에서 재인용.

49) *Yearbook of the International Law Commission*, op. cit., p.221.

통상적인 의미는 조약의 문맥상(in their context), 그리고 조약의 대상과 목적 (object and purpose)에 비춰 판단해야 한다. 문맥이란 조약의 개별 조항을 의미하는 것이 아니라 조약 전체를 말하는 것이다.[51] 비엔나협약은 '조약의 대상과 목적'을 언급하고 있지만, 그에 '비추어(in the light of its object and purpose)' 판단하도록 하고 있다. 조약의 대상과 목적에 대한 집착은 자칫 목적해석론으로 이어질 수 있다는 점을 경계한 것으로 보인다.

제31조 제2항은 문맥(context)의 의미를 분명히 하고 있다. 이런 문맥에는 조약문(text of the treaty), 전문(preamble) 및 부속서(annex)가 있으며, 조약 체결과 관련하여 모든 당사자들 간에 체결한 약정, 그리고 조약 체결과 관련하여 일부 당사자들 간에 체결하고 다른 당사자들이 수락한 약정이 포함된다. 몇 가지 예를 보면, ① 일방적인 자료(예를 들어 특정 국가의 제안서)는 문맥에 해당하지 않는다. ② 전문이나 부속서는 조약의 불가분의 일부인 것이 보통이다. 전문은 또한 조약의 대상이나 목적을 담는 것이 보통이다.[52] ③ 문맥은 모두 용어의 의미가 모호하거나 애매한 경우에만 적용하는 것이 아니라 용어의 통상적인 의미를 찾기 위해서 필요한 것이다.[53] ④ 협상 중에 특정 조항이나 용어에 대한 합의 표시로서 양해(understanding)가 존재한다면 조약의 일부를 구성하며 문맥에 해당한다. 반면, 예를 들어 협상 당시 의장이 제시한 해석에 대해 어떠한 이의 제기가 없었다 하더라도 그런 해석은 준비문서의 일부는 될수 있어도 문맥에 해당하기는 어렵다.[54]

---

50) de Visscher, *Problèmes d'Interprétation Judiciaire en Droit International Public*, 1963, pp.50~. Sinclair, op. cit., p.121에서 재인용.

51) *Yearbook of the International Law Commission*, op. cit., p.221.

52) 1883년 파리협약과 1886년 베른협약은 모두 전문을 두고 있다. 또한 1883년 파리협약과 1886년 베른협약은 각기 최종의정서(final protocol)라는 이름의 해석 양해록을 담고 있다. 파리협약 최종의정서 제7항에서는 "이 최종의정서는 같은 날 체결된 협약과 동시에 비준되는 것으로, 협약의 불가분의 일부로 간주되고 같은 효력, 유효성 및 기간을 가진다"고 하고 있다. 1994년 TRIPS협정은 주석 형식의 해석 양해록을 싣고 있으며, 1996년 이후 체결된 WIPO 관장 조약은 상당수 합의록(agreed statement) 형식의 해석 양해록을 두고 있다. 부속서를 가지고 있는 조약도 많다. 1971년 베른협약 파리 의정서는 개발도상국 특례 규정을 부속서에 넣고 있고, 1970년 특허협력조약, 1994년 상표법조약, 2006년 상표법에 관한 싱가포르 조약은 부속서에 규칙(regulation)을 담고 있다.

53) *Yearbook of the International Law Commission*, op. cit., p.221.

54) Sinclair, op. cit., p.130.

제31조 제3항은 조약 해석에서 마지막으로 고려할 요소로 세 가지를 들고 있다. 즉, 조약의 해석이나 적용에 관한 당사자들 간의 추후 약정이나 추후 관행,55) 그 밖의 관련 국제법 규칙이 그것이다. 추후 약정뿐만 아니라 추후 관행은 조약의 의미에 관한 당사자들 간의 양해의 객관적인 증거가 된다.

이상에서 살펴본 제31조 제1항 내지 제3항 간에는 우선순위가 없다. 해석상 이들 3요소(용어의 통상적인 의미, 문맥 및 추후 약정)는 함께 고려해야 하는 것이다.56)

2) 해석의 보조 수단

조약문이 그 자체로 명확하여 다른 해석을 낳을 여지가 없다면 다른 해석 수단을 동원할 필요가 없다. 그러나 해석의 1차적인 기준, 즉 용어의 통상적인 의미, 조약의 문맥, 그 대상과 목적, 국제법의 일반 규칙에 의거하여 명확한 해석이 가능하지 않다면, 보조적인 수단에 의존할 수도 있다.

비엔나협약 제32조는 제31조의 적용 결과 용어의 의미를 확인하기 위하여, 그리고 의미가 모호하거나 애매한 경우 또는 명백히 부당하거나 불합리한 결과를 가져오는 경우 그 의미를 결정하기 위하여 조약 준비문서나 조약 체결의 상황 등을 해석의 보조적인 수단으로 사용할 수 있다고 하고 있다.57)

준비문서(travaux préparatoires, preparatory works)의 대표적인 예로는 초안 형식의 조약문(조약 초안)도 있고, 외교회의 회의록도 있다. 조약 초안은 국제기구가 직접 작성하기도 하고 협상 국가들이 합의한 전문가가 작성하기도 한다.58) 보조 수단은 두 가지 목적을 가지고 있다. 첫째는 제31조에 의한 해석을

---

55) 2001년 'TRIPS협정과 공중 보건에 관한 선언'은 회원국 각료들이 합의하는 형식("We agree ……")을 취하고 있다. 이 선언도 '조약의 해석 또는 그 조약 규정의 적용에 관한 당사국 간의 추후의 합의'로서 협정 규정(특히 공중 보건 관련 제8조 제1항) 해석을 위한 요소 중 하나라 할 수 있다. 이 선언에 관해서는, 제5부 제14장 2. 1) TRIPS협정과 공중 보건 참조.

56) *Yearbook of the International Law Commission*, op. cit., pp.219~220.

57) Art. 32: "Recourse may be had to supplementary means of interpretation, including the preparatory work of the treaty and the circumstances of its conclusion, in order to confirm the meaning resulting from the application of article 31, or to determine the meaning when the interpretation according to article 31:
(a) Leaves the meaning ambiguous or obscure; or
(b) Leads to a result which is manifestly absurd or unreasonable."

확인하기 위한 것이다. 둘째는 제31조에 의한 해석이 모호하거나 또는 명백히 부당한 결과를 가져올 경우 그 의미를 결정하기 위한 것이다. 보조 수단은 보조적인(supplementary)인 것이어서 제31조를 대체하는 독자적인 수단은 아니다.[59]

3) 조약 언어

조약은 문서 형태로(in written form) 작성한다. WIPO 관장 조약은 초기 프랑스어로 작성했다. 1958년 파리협약 리스본 의정서에서 처음으로 조약 언어에 관한 규정을 두었다. 제19조 제1항은 "이 의정서는 프랑스어로 된 1부에 서명"된다고 했다. 1967년 스톡홀름 의정서 제29조(현행 제29조와 같다)는 여전히 프랑스어본을 정본으로 하면서, 영어, 독일어, 이탈리아어, 포르투갈어, 러시아어, 스페인어 및 총회에서 지정하는 언어로 공식문을 작성하도록 하고 있다. 물론 정본과 공식문 간에 해석상 차이가 있는 경우에는 프랑스어본이 우선한다. 1948년 베른협약 브뤼셀 의정서 제31조는 프랑스어본을 정본으로, 영어본을 그에 상당하는 것(texte équivalent)으로 했으나, 역시 해석상 차이가 있는 경우에는 프랑스어본이 우선하도록 했다. 1971년 파리 의정서 제27조는 프랑서어본과 영어본을 모두 정본으로 하고, 아랍어, 독일어, 이탈리아어, 포르투갈어, 스페인어 및 총회가 지정하는 언어로 공식문을 작성하도록 하고 있다. 이 경우에도 역시 해석상 차이가 있는 경우 프랑스어본이 우선한다.

정본은 협상 국가들의 서명을 받고 인증된 조약문을 말한다. 공식문은 협상 국가들이 서명하기도 한 것도 있고, 공식 번역문에 지나지 않는 것도 있다. 어느 것이든 인증된 것이 아니다.[60] 비엔나협약은 2개 이상의 언어로 정본이 인증된 경우에 조약에서 달리 정하지 않는 한 모두 유효하다고 하고 있다.[61] 파리협약이나 베른협약은 조약문의 해석에 관해 '달리 정한' 것이다. 한편,

---

58) 파리협약과 베른협약 초기 개정회의는 주최국이 국제사무국의 협조를 얻어 조약 초안을 마련하기도 했다. WIPO 설립 이후 WIPO 주관 외교회의에서는 이른바 '기초제안서(basic proposal)' 형식으로 조약 초안이 다수 나오고 있다.

59) *Yearbook of the International Law Commission*, op. cit., p.223.

60) *Yearbook of the International Law Commission*, op. cit., p.224.

61) 비엔나협약 제29조 참조.

TRIPS협정은 영어와 프랑스어 및 스페인어로 작성된 것 모두 정본으로 하고 있다.[62] 해석상의 우선순위에 대해서는 달리 언급하지 않고 있다. 이들 언어본 모두가 동등한 위치에서 해석의 대상이 되는 것이다.

6. 조약의 직접 적용 문제

1) 논의의 출발

한·미 FTA를 둘러싸고 미국 법이 한·미 FTA 위에 있다는 보도[63]가 나오면서 미국 국내법과 FTA 간의 관계에 대한 논란이 커진 적이 있다. 이것은 미국 법체계의 독특한 구조에서 비롯된 것으로 그 배경에는 조약의 직접 적용(direct applicability of treaties) 문제가 자리하고 있었다.

조약의 직접 적용이란 해당 국내법[64]이 존재하지 않는 경우―경우에 따라서는 존재할 경우에도 국내법에 우선하거나 국내법의 흠결을 보충하여―그 조약을 특정 분쟁에 적용하는 것을 말한다. 다시 말해서 국내 법원이 특정 분쟁에서 소송 당사자, 특히 개인의 권리·의무 관계에 국내법의 존재 여부에도 불구하고 조약을 '직접 적용'하는 것이라 할 수 있다.

직접 적용은 크게 세 가지 문제를 포괄한다.[65] 첫째는 조약이 법률이나 법률에 상당하는 법적 효력을 가지고, 따라서 국내 법원이 그 조약을 해석할 수 있는가 하는 것이다. 국내 헌법에서 그 가능성을 열어놓은 경우라면 직접 적용성(적용 가능성)을 긍정할 수 있지만 그렇지 않은 경우라면 아예 그 가능성이 배제된다. 둘째는 소송 당사자가 조약 규정을 원용하여 자신의 권리를 주장을

---

62) 세계무역기구 설립협정 참조. TRIPS협정은 그 부속서로 들어 있다.

63) "한·미 자유무역협정(FTA) 내용이 미국 법률과 충돌하는 경우 법적 효력을 상실하는 것으로 11일 확인되었다. 이는 한·미 에프티에이가 국내법과 동등한 효력을 지니거나 '특별법 우선의 원칙'에 따라 국내법에 우선하는 국내 상황과는 전혀 다른 것이어서 균형을 상실한 불평등한 협정이라는 지적이 나오고 있다"(≪한겨레≫, 2011.8.12).

64) 여기서 국내법이란 헌법을 제외하고, 법률이나 명령 등 하위 규범을 의미하는 것으로 보아야 할 것이다. 대부분의 국가에서는 헌법의 최고 규범성으로 인해―조약 위반 여부는 별론으로 하고―헌법의 조약에 대한 우위를 인정하기 때문이다.

65) Jackson(2000), pp.301~320.

할 수 있는가(제소 적격, invocability) 하는 것이다.[66][67] 셋째는 위의 두 가지가 충족되는 경우 조약 규정이 다른 국내법 규범과 충돌할 경우 어느 규범을 우선 적용할 것인가 하는 것이다.

이와는 별개로 조약의 직접 적용성은 조약 그 자체가 안고 있는 내재적인 한계로 인해 부정될 수도 있다. 예를 들어, 조약의 성격에 비춰 직접 적용 자체가 원시적으로 불가능할 수 있다. 예를 들어, 정치적인 조약이라든가, 조약이 국가 간의 권리·의무만을 담고 있다든가, 조약상의 권리·의무가 국내 입법을 전제로 발생하는 경우에는 그 성질상 직접 적용이 불가능한 것이다.[68] 또한 조약의 성격이 사인의 권리·의무에 관해 규정하고 있으나 그 내용이 추상적이어서 국내 시행 입법이 없다면 직접 적용이 곤란할 수도 있다.

파리협약이나 베른협약, TRIPS협정과 관련해서도 조약의 직접 적용 문제가 있다. 이들 협약 실체 규정은 사인의 권리 보호에 관한 내용을 담고 있고, 경우에 따라서는 매우 구체적이어서 사인이 원용하기에 지장이 없는 조항들도 있다. 이에 따라, 어떤 국가에서는—헌법상 조약의 직접 적용을 허용하는 경우에는—굳이 국내법을 별도로 마련하지 않거나 국내법에 흠결이 있다 하더라도 국내 법원이 해당 사안에 대해 협약상의 규정을 직접 원용하여 판단을 내릴 수도 있을 것이다.

---

66) 이것은 당사자 적격(standing) 문제와 법원의 관할 문제 모두를 포함한다. 미국 법원에서는 국제항공운송에 관한 바르샤바협약의 직접 적용성을 긍정하면서도, 미국은 법정지로 항공사의 주소, 항공사의 주영업소, 항공편의 목적지 또는 계약 체결 장소 어디에도 속하지 않는다고 하면서, 관할 위반을 들어 청구를 기각한 바 있다. Jackson(2000), p.316 and note 74.

67) 학자에 따라서는 조약의 직접 적용과 조약의 직접 효력(direct effect)을 구분하기도 한다. 조약 규정이 국내 이행 입법 없이 그 자체로 국내법 질서의 일부를 형성할 때 직접 적용성이 있다고 하고, 더 나아가 조약 규정이 그 자체로서 개인에게 국내 법원에서 원용할 수 있는 권리를 부여하기에 충분할 때에는 직접 효력이 있다고 한다. 김대순, 『국제법론』(삼영사, 2006), 168~169쪽. 뒤에서 보는 바와 같이, 우리 헌법은 조약의 국내법적 효력을 인정하고 있기 때문에 조약의 직접 적용과 직접 효력 모두를 포괄하는 태도를 보이고 있다.

68) Albert Bleckmann, "Self-Executing Treaty Provisions," in R. Bernhardt (ed.), *Encyclopedia of Public International Law,* Installment 7 (1984), pp.415~416.

2) 조약의 직접 적용

(1) 일원론과 이원론

국제법의 전통적 이론으로서, 국제법과 국내법과의 관계를 논할 때 일원론과 이원론이 대립한다. 이원론은 국제법과 국내법이 별개의 법체계라는 것이며, 조약이나 관습법 등 국제 법규가 국내적으로 효력을 가지기 위해서는 해당 법규를 국내법에 수용(incorporation, transformation)해야 한다고 한다. 따라서 국제법의 직접 적용 문제는 원칙적으로 생기지 않는다. 반면, 일원론에 의하면 국제법과 국내법은 하나의 법체계라는 것이다. 따라서 수용 등의 절차가 없이도 국제 법규의 성격에 따라 국내적으로 직접 적용될 수 있다고 한다.[69] 오늘날 일원론과 이원론은 국제법과 국내법 간의 관계를 설명할 때에는 여전히 논의의 출발점으로는 유효하지만 그 어느 것도 이론적으로 앞선다고 할 수 없다. 실제 국가 관행은 일원론이나 이원론 어느 하나에 집착하지도 않는다. 양자 간의 관계는 이른바 조화 이론(theories of co-ordination)으로 설명하는 것이 설득력 있는 듯하다. 다시 말해서, 양자는 서로 다른 체계로 작동하는 것이고, 따라서 양자가 충돌하는 일은 생기지 않는다. 다만, 어느 국가가 국제법상의 의무를 이행하지 않을 경우 해당 국내법은 무효가 되는 것이 아니라 국제 규범 위반에 따른 국가의 책임으로 귀착할 뿐이다. 국가 관행도 이 이론에 무게를 실어주고 있다.[70]

(2) 우리 헌법 규정과 법원의 태도

우리 헌법 제6조 제1항에서는 "헌법에 의하여 체결·공포된 조약과 일반적으로 승인된 국제 법규는 국내법과 같은 효력을 가진다"고 하여 국제법 규범의 국내법적 효력을 명시하고 있다.[71] 이 규정은 우리나라에서 국제법과 국내

---

69) 이원론이나 일원론은 각기 약점이 있다. 이원론을 고집하게 되면 국제법은 법규범이 아니라는 극단적인 결론도 도출될 수 있는가 하면, 일원론에 따를 경우에도 국제법과 국내법 간의 복잡한 서열 문제를 낳는다.

70) Brownlie, op. cit., pp.34~35.

71) 미국 헌법 제6조 제2항에서는 조약을 "국가의 최고의 법"이라고 하고 있다. 이 조항의 의미는 우리 헌법 규정과는 다른 뉘앙스를 가지고 있다. 이 조항은 뒤에서 보는 바와 같이, 법규범으로서 조약의 존재를 인정하는 의미를 가진다 할 수 있다. 이 점에서는 우리 헌법 규정과 유사한 측면을 가지고 있다 하겠다.

법과의 관계를 설명할 때 언제나 언급된다. 이 규정을 둘러싸고 헌법 학자들과 국제법 학자들 사이에 다소간의 이견이 존재한다. 이들은 대체로 일원론과 이원론을 언급하고는 있지만,[72] 조약과 국내 헌법과의 우위 관계를 살펴본 다음[73] 국내법적 효력이 어떠한 법적 의미가 있는지 짚어보고 있다. 헌법 학계 다수설에 의하면, 헌법 제60조에 따른 국회의 비준 동의를 필요로 하는 조약의 경우에는 '법률'과 같은 효력이 있다고 한다. 따라서 조약과 다른 법률이 충돌하는 경우에는 후법 우선의 원칙이나 특별법 우선의 원칙이 적용된다. 그 외의 조약의 경우에는 법률보다 하위에 있는 명령이나 규칙과 같은 효력이 있다고 본다.[74] 그러나 국회의 비준 동의 여부가 헌법상 중요한 조약을 가리는 데 효용이 있을 수는 있어도 조약의 성격이나 내용, 그에 따른 국내법상의 지위를 획일적으로 설명할 수는 없다고 본다.

분쟁은 국가 간에 발생할 수도 있고, 국가와 개인이나 개인과 개인 간에도 발생할 수 있다. 조약은 그 어떤 경우이든 적용될 여지가 있다. 주로 국제 법원에서, 주로 국가 간의 분쟁에 조약 규정을 원용하여 해결하기 마련이지만, 국내 법원에서도 여러 가지 이유로 조약 규정을 특정 분쟁에 해석 근거로 삼아야 할 경우도 있다. 우리 헌법 규정은 소송 당사자가 누구이든, 분쟁 대상이 무엇이든 일견 명료하게 밝혀주고 있다 하겠다.

우리 법원 판례를 보면 상당수 해당 조약의 직접 적용을 긍정하고 있다.[75] 이들 판례는 모두 조약이 '국내법과 같은 효력'을 가지고 있다는 데 근거를 두고 있다.[76][77][78][79] 그런데 지난 2009년 대법원은 기존 판결과는 다른 해석을

---

72) 국제법 교과서에서는 '이론'으로서 일원론과 이원론을 자세히 검토하지만, 헌법 교과서에서는 그다지 언급하지 않는다. 우리 국내법으로서 헌법은 조약의 국내법상의 지위만 다루면 충분하기 때문이다.

73) 조약우위설, 조약헌법동위설, 헌법우위설 등이 그것이다. 헌법우위설은 다수설(국제법 학자) 내지 통설(헌법 학자)이다. 이병조·이중범, 『국제법신강』, 제8개정판(일조각, 2000), 28쪽.

74) 같은 책, 28쪽. 허영, 『한국헌법론』, 신정7판(박영사, 1997), 174쪽.

75) 우리 법원이 조약의 직접 적용성 내지 국내법적 효력에 관해 다수의 판결을 내고 있다. 특히 인권 관련 조약을 인용한 판례가 무척 많다. 우리 법원이 전산으로 확인할 수 있는 판례의 숫자가 2013년 9월 11일까지 2926건에 달했다. 1990년대까지 고작 18건이던 것이 2000년 이후 급격히 증가하고 있는 것이다. 대법원 국제인권법연구회 회원 공동집필, 「국제인권법의 국내 이행과 법원」, 대법원·법무부 국제인권법연구회 학술대회(2013.10.12), 33~34쪽. 아직 국제 인권조약을 직·간접적으로 적용하여 청구를 인용한 판결은 그다지 많지 않다. 다만, 우리 법원이 2010년대 들어 직접 적용하는 판결이 늘고 있다고 한다. 같은 논문, 32, 72~73쪽 참조.

내린 바 있다. 대법원은 '반덤핑 관세 부과 처분 취소' 사건에서 "[WTO협정 및 WTO반덤핑협정]은 국가와 국가 사이의 권리·의무 관계를 설정하는 국제협정으로, 그 내용 및 성질에 비추어 이와 관련한 법적 분쟁은 위 WTO 분쟁 해결기구에서 해결하는 것이 원칙이고, 사인에 대하여는 위 협정의 직접 효력이 미치지 아니한다고 보아야 할 것이므로, 위 협정에 따른 회원국 정부의 반덤핑 부과 처분이 WTO협정 위반이라는 이유만으로 사인이 직접 국내 법원에 회원국 정부를 상대로 그 처분의 취소를 구하는 소를 제기하거나 위 협정 위반을 처분의 독립된 취소 사유로 주장할 수 없다"80)고 했다.

직접 적용성을 부인한 다른 대법원 판결도 있다. "[시민적 및 정치적 권리에

76) 일찍이 대법원은 항공운송에 관한 바르샤바협약을 특별법으로 우선적 효력을 인정했다. "항공운송에 관하여 아직까지 국내법이 제정된 바 없으므로 이에 관한 법률관계는 일응 일반법인 민법의 적용 대상이 된다고 하겠다. 그러나 정부가 국무회의의 의결과 국회의 비준을 거쳐 1967년 10월 11일 자로 [헤이그 의정서를 조약 제259호로 공포했는바, 대한민국은 위와 같이 헤이그 의정서에 가입함으로써 [바르샤바협약]에의 가입의 효력이 발생했고 따라서 바르샤바협약은 헤이그 의정서에 의하여 개정된 내용대로 국내법과 동일한 효력을 가지게 되어서 국제항공운송에 관한 법률관계에 대하여는 일반법인 민법에 대한 특별법으로서 1955년 헤이그에서 개정된 바르샤바협약…이 우선 적용되어야 할 것이다." 대법원 1986.7.22. 선고 82다카 1372 판결.

77) 헌법재판소는 '국제통화기금조약 제9조 제3항 등 위헌소원' 사건에서 "이 사건 조항은 각 국회의 동의를 얻어 체결된 것이므로 헌법 제6조 제1항에 따라 국내법적 효력을 가지며, 그 효력의 정도는 법률에 준하는 효력이라고 이해된다"고 판시한 바 있다. 헌재 2001.9.27. 2000헌바 20.

78) 한편 대법원은 '전라북도 학교급식조례 재의결 무효 확인' 사건에서 '1994년 관세 및 무역에 관한 일반협정' 및 '정부조달에 관한 협정'은 "1994.12.16. … 국회의 동의를 얻어 … 공포·시행된 조약…으로서 각 헌법 제6조 제1항에 의하여 국내법령과 동일한 효력을 가지므로 지방자치단체가 제정한 조례가 [이들 조약]에 위반하는 경우에는 그 효력이 없다"고 했다. 대법원 2005.9.9. 선고 2004추10 판결. 이 판결은 조약의 법률적 효력에 입각하여 지방자치단체 조례의 위법성을 판단한 것이다.

79) 조약의 국내법적 효력을 형사 처벌 관련해서도 인정한 판례가 있다. 헌법재판소는 '특정범죄 가중처벌등에관한법률 부칙 제2항 등 위헌소원' 사건에서 "마라케시협정도 적법하게 체결되어 공포된 조약이므로 국내법과 같은 효력을 갖는 것이어서 그로 인해 새로운 범죄를 구성하거나 범죄자에 대한 처벌이 가중된다고 하더라도 이것은 국내법에 의하여 형사 처벌을 가중한 것과 같은 효력을 갖게 되는 것이다. 따라서 마라케시협정에 의하여 관세법 위반자의 처벌이 가중된다고 하더라도 이를 들어 법률에 의하지 아니한 형사 처벌이라거나 행위 시의 법률에 의하지 아니한 형사 처벌이라고 할 수 없으므로, 마라케시협정에 의하여 가중된 처벌을 하게 된 구 특가법 제6조 제2항 제1호나 농안법 제10조의3이 죄형법정주의에 어긋나거나 청구인의 기본적 인권과 신체의 자유를 침해하는 것이라고 할 수 없다"고 판시했다.

80) 대법원 2009.1.30. 선고 2008두17936 판결.

관한 국제규약] 제2조 제3항은 위 국제규약에서 인정되는 권리 또는 자유를 침해당한 개인이 효과적인 구제조치를 받을 수 있는 법적 제도 등을 확보할 것을 당사국 상호 간에 국제법상 의무로 규정하고 있는 것이고, 국가를 상대로 한 손해배상 등 구제조치는 국가배상법 등 국내법에 근거하여 청구할 수 있는 것일 뿐, 위 규정에 의하여 별도로 개인이 위 국제규약의 당사국에 대하여 손해배상 등 구제조치를 청구할 수 있는 특별한 권리가 창설된 것은 아니라고 해석된다."[81] 이 판결은 조약 규정 그 자체가 직접 적용 가능성을 배제하고 있다고 본 듯하다.[82]

위 WTO협정 관련 판결은 조약의 직접 적용과 관련하여 몇 가지 점에서 의의가 있다. 첫째, 문제가 되는 것은 외국인의 한국 정부를 상대로 한 소송의 부적법성을 지적하고 있다는 점이다. 그 근거로 해당 조약(여기서는 WTO협정 등)의 내용 및 성질을 들고 있다. 즉, 국가 간의 권리·의무 관계를 설정하는 조약의 경우 그 조약은 당사국에게만 구속력이 있을 뿐 사인에 대해서는 직접 효력이 없다는 것이다. 이 판결은 조약 당사국이 해당 조약에 위반하는 경우에는 그것은 국제법상 의무 위반에 지나지 않는 것이고 조약 위반을 다투는 분쟁이라면 그 조약에서 예정한 방법으로 해결해야 하는 것일 뿐, 국내 법원의 관할에 속하지 않는다는 점을 분명히 한 것으로 이해된다. 둘째, 이 판결이 해당 조약의 직접 적용성을 부인했다 하더라도, 조약의 직접 적용성 자체를 부인한 것도 아니라는 점이다. "직접 적용할 있으나" 그 성질 및 내용에 비춰 직접 적용을 부정한 것일 뿐이다. 이 점에서는 기존 판례의 입장과 다르지 않다.

(3) 소결

조약의 직접 적용 문제는 다음과 같이 정리할 수 있다. ① 먼저 국가마다 조약의 직접 적용성 여부에 대해 태도를 달리하고 있다. 이를 긍정하는 국가에 한해 조약의 직접 적용 문제가 생길 뿐, 그렇지 않은 국가에서는 생각할 수 없는 것이다. ② 조약의 직접 적용성을 긍정한다 하더라도, 조약의 성격이나 내용상 직접 적용성을 열어놓지 않으면 여전히 직접 적용성은 존재하지 않는다.

---

81) 대법원 1999.3.26. 선고 96다55877 판결.

82) 위 국제규약 제2조 제3항: "이 규약의 각 당사국은 다음의 조치를 취할 것을 약속한다. (a) 이 규약에서 인정되는 권리 또는 자유를 침탈당한 사람에 대하여 그러한 침해가 공무집행 중인 자에 의하여 자행된 것이라 할지라도 효과적인 구제조치를 받도록 확보할 것 ……"

조약이 국가 간의 권리·의무 관계만을 설정하는 성격을 가지고 있다거나, 사인의 권리·의무 관계에 대해서 침묵하고 있다거나, 조약의 효력발생을 국내법 이행을 조건으로 한다거나, 또는 조약의 내용이 추상적이거나 구체성이 떨어져 국내 법규에서 보충되지 않으면 법원이 원용할 수 없을 경우라면 직접 적용성을 부인할 수밖에 없을 것이다. ③ 어떤 국가가 조약의 직접 적용성을 인정하고, 조약의 성격과 내용이 직접 적용성을 예정하고 있다면 다음으로 생각할 수 있는 것은 조약과 국내법(특히 법률)과의 관계, 특히 우선 적용 관계이다. 국내 헌법이나 법률에서 조약의 우선적 효력을 긍정하고 있는 경우도 있고,[83] 특별법 우선의 원칙이나 신법 우선의 원칙이 작용하는 경우도 있다.[84] ④ 우리의 경우, 헌법 규정은 조약의 규범성, 특히 국내법 규범성을 인정한 것이다. 조약의 국내법상 효력은 해당 조약이 대한민국 영역 내에서(장소적 효력), 대한민국 국민에게(인적 효력) 적용된다는 의미가 있는가 하면, 조약의 직접 적용을 예정하고 있다고 볼 수 있다. 따라서 소송 당사자는 당연히 조약 규정을 원용하여—국내법의 존재나 흠결 여부와는 별개로—자신의 권리를 주장할 수 있게 된다. 더 나아가 조약은 '국내법과 동일한 효력' 내지 '법률에 준하는 효력'을 가지고 있으므로 이에 위배되는 하위 법규칙은 그 효력이 부인된다.

(4) 미국 법상 조약의 직접 적용

미국에서는 조약의 직접 적용 문제를 조약의 '자동 시행(self-executing)'[85]이라는 측면에서 관찰하고 있다. 이를 이해하기 위해서는 복잡한 미국 법체계를

---

83) 종전(2011.12.2. 개정 전) 특허법 제26조에서는 "특허에 관하여 조약에 이 법에서 규정한 것과 다른 규정이 있는 경우에는 그 규정에 따른다"고 하여 조약 우선 적용을 천명한 바 있다. 현행 특허청 심사기준에 의하면, "특허법 제54조에는 제1국 출원을 특허 출원만 규정하고 있으나 파리조약에서는 제1국 출원이 특허, 실용신안, 디자인 출원 및 발명자증일 경우도 당사국에 우선권 주장 출원을 할 수 있도록 규정되어 있어 제1국 출원이 특허 출원 이외에 실용신안 등록 출원 등 다른 형태의 출원인 경우에도 우선권을 인정하여야 한다"고 하고 있다. 특허청(특허), 1108쪽. 특허법에 발명자증이나 실용신안 출원에 대한 우선권 제도를 마련하지 않고 있으므로, 조약에 근거해 우선권을 인정해야 한다는 것이다. 다시 말해서, 조약이 법률상의 근거가 없어도 직접, 그리고 우선 적용된다는 것이다.
84) 저작권법은 조약과 충돌할 경우 특별법 우선의 원칙과 후법 우선의 원칙에 따라 우선 적용 여부를 판단하게 될 것이다.
85) 국내 문헌에서는 '자기집행' 또는 '자기집행력'이라는 표현을 사용한다. '자동 시행'이라는 번역이 본래의 의미에 가깝다고 본다.

이해할 필요가 있다. 먼저 미국 헌법 제6조 제2항은 조약을 '국가의 최고의 법 (supreme law of the land)'이라고 하고 있다. 조약은 상원의 권고와 동의(advice and consent)에 따라 대통령이 체결하는 것으로 상원 2/3의 찬성을 요구한다. 이 조항에서 말하는 조약은 국제법상 '조약'과는 다른 의미이다. 다음으로, 헌법에서 직접 언급하지 않고 있는 것으로 이른바 행정협정(executive agreement)이 있다. 이 협정은 미국 대통령과 의회가 헌법상 가지는 권한에 바탕을 두고 체결되어온 것으로, 판례나 학설을 통해 합헌적인 것으로 인정되면서 관행적으로 굳어졌다.86)

자동 시행 조약이란 1829년 미국 대법관 마샬의 판시에서 연유한다. "우리 헌법은 조약은 국가의 최고의 법이라고 선언하고 있다. 따라서 법원은 조약이 다른 법률 규정의 도움 없이 그 자체로 작동하는 한 의회 법률에 상당한 것으로 간주한다."87) 즉, 자동 시행 조약이란 굳이 입법적인 조치를 기다리지 않고서도 법적 효력이 인정되는 조약을 말한다.88) 미국 헌법상의 '조약'뿐만 아니라 행정협정도 같은 기준에 따라 자동 시행 여부를 가리고 있는바, 판례나 학설은 그 의미와 성격을 분명히 하지 못하고 있을 뿐만 아니라, 특정 조약이나 협정이 자동 시행되는 것인지 여부에 대해서도 매우 다양하고 혼란스런 태도를 보이고 있다.89)

그럼에도 불구하고, 적어도 행정협정 중 하나인 통상협정은 의회의 통제하에서 체결되고 있다는 점, 자동 시행 조약이 아니라는 점 등을 특징으로 하고 있다. 즉, 통상협정이 체결되면 의회는 이행법을 제정하고 이 이행법에서는 한결같이 해당 통상협정이 미국 법률에 합치하지 않으면 효력이 없고, 그 협정의 어느 규정도 미국 법률을 수정하거나 미국 법률상 부여된 어떠한 권한도 제한하지 않는다는 점을 분명히 하고 있다.90)

---

86) 행정협정도 학자에 따라 다양한 분류를 하기도 한다. Louis Henkin, *Foreign Affairs and the Constitution* (The Foundation Press, 1972), pp, 173~188; Jackson(2000), pp. 298~301.

87) *Foster & Elam v. Neilson*, 27 U.S. 253 (1829).

88) 이 규정은 조약의 국내적 효력을 다루고 있다는 점에서 우리 헌법 제6조 제1항("조약은 국내법과 같은 효력을 가진다")과 유사한 점이 있다. 그러나 미국 법체계는 이원론에 가깝다는 점에서 우리와는 차이가 있어서, 이들 두 규정을 같은 차원에 놓고 비교하는 것은 곤란하다. 미국은 이원론의 입장에 가까우면서도 조약의 자동 시행을 긍정하고 있다는 점에서도 특이한 사례에 속한다.

89) Jackson(2000), pp. 305~306.

3) 지적재산권 조약의 직접 적용

국가마다 조약의 직접 적용 여부에 대해 다른 접근을 할 수는 있다. 조약마다 성격이 다르고 그 내용을 달리하고 있기 때문에 그 각각에 대해서도 다른 태도를 취할 수도 있다. 그러나 실제로는 대부분의 국가가 거의 모든 조약의 국내 수용 절차를 밟는다.[91] 우리 정부도 헌법상 조약의 직접 적용 가능성을 열어두었음에도 불구하고, 대체로 법령 제·개정을 통해 수용 절차를 밟는다. 따라서 이 문제는 현실성이 떨어진다 볼 수도 있다. 그러나 이런 절차를 거치지 않은 조약이 존재하고, 국내법 규정에 흠결이 있을 경우 또는 해당 조약과 법령이 충돌하는 경우에 조약의 국내적 효력을 살펴보는 것은 여전히 의미가 있다.

이미 지적했듯이, 어떤 국가에서 조약의 직접 적용을 인정하더라도 모든 조약이 직접 적용되는 것은 아니다. 직접 적용 문제는 사인이 그 국가의 법원에서 조약을 근거 규정의 하나로 주장하고 법원이 이를 인용할 경우에 성립되기 때문에, 국가 간의 관계만을 정하는 조약과 같이 국내 법원에서 판단할 여지가 없는 경우에는 생기지 않는다고 할 수 있다. 조약의 직접 적용 여부는 조약에 사인의 권리·의무에 관한 규정이 존재하고 특정 사인이 국내 법원에서 조약상의 권리를 주장할 경우에 발생하는 것이다.[92]

---

90) 예를 들어, 1994년 우루과이 라운드 협정법(Uruguay Round Agreements Act), 2011년 한·미 FTA 이행법 각 제102조 (a).

91) 영미법계는 주로 이원론의 입장에 있어서, 국내법 제·개정을 통해 조약을 수용하고 있다. 영국은 대표적인 이원론 국가이다. 미국도 이원론의 입장에 있는 것으로 본다. Jackson(2000), p.297. 미국의 예를 들면, Berne Convention Implementation Act of 1988, Trademark Law Treaty Implementation Act of 1998, Madrid Protocol Implementation Act of 2002 등이 그것이다. 미국 상표법(Lanham Act)도 파리협약 이행법으로 보고 있다. 이 법의 입법연혁에 따르면, 그 제정 이유의 하나로 파리협약의 국내 시행을 들고 있다. Trademarks: Hearings on H.R. 4744 Before the Subcomm. on Trademarks of the H. Comm. on Patents, 76th Cong. 164 (1939). Brandon Barker, "The Power of the Well-Known Trademark: Courts Should Consider Article 6bis of the Paris Convention an Integrated Part of Section 44 of the Lanham Act," 81 *Washington Law Review* (2006) 365, p.369에서 재인용.

92) 파리협약상 이런 규정으로, 정의(제1조), 우선권(제4조), 특허 독립의 원칙(제4조의2), 발명자의 성명표시(제4조의3), 국내법상의 제한으로 인한 특허 거절(제4조의4), 특허·상표 등의 실시 내지 사용 의무(제5조), 유지 수수료 지급 유예기간(제5조의2 제1항), 특허 침해의 예외(제5조의3), 제조방법에 대한 권리(제5조의4), 상표 독립의 원칙(제6조), 표장의 양도(제6조의4),

예를 들어, 파리협약 제10조의2 제1항은 "모든 **동맹국**은 동맹국 국민에게 부정경쟁에 대한 효과적인 보호를 보장할 **의무를 부담한다**"고 하고 있고, 또한 제10조의3 제1항은 "**동맹국**은 제9조, 제10조 및 제10조의2에서 언급한 모든 행위를 효과적으로 억제하기 위하여 다른 동맹국 국민에게 충분한 법적 구제 조치를 보장할 것을 **약속한다**"고 하고 있다. 특정한 행위(효과적인 보호)나 조치를 국가의 의무를 내용으로 하고 있다. 한편, 제6조의2 제1항도 흡사하다. 즉, "**동맹국**은 이 협약상의 혜택을 받을 권리가 있는 사람의 표장으로서 등록 국가나 사용 국가의 권한 있는 당국에 의하여 그 국가에서 두루 알려진 것으로 간주되고 또한 그 표장이 동일 또는 유사한 상품에 사용되는 경우, 직권으로 할 수 있도록 자국 법률이 허용하는 경우 직권으로 또는 이해당사자의 요청으로, 그 표장을 복제하거나 모방 또는 번역하여 혼동을 일으킬 수 있는 상표의 등록을 거절하거나 취소하고 또한 그 사용을 금지할 것을 **약속한다**"(이상 고딕 강조). 제10조의3 제1항과 다른 것은 국가의 의무의 내용이 구체적이라는 것이다.

이들 규정은 모두 "동맹국은 무엇무엇을 부담한다" 또는 "동맹국은 무엇무엇을 약속한다"는 형식을 취하고 있다.[93] 이들 규정은 그 내용이 어떠하든 해당 조항상의 특정 행위나 조치를 취할 의무를 부과할 뿐, 직접 적용성을 긍정하기에는 무리가 있다. 더구나 제10조의2 제1항과 제10조의3 제1항과 같이 구체적인 내용조차 갖추지 않은 경우에는 프로그램적 성격의 규정에 지나지 않는 것으로 직접 적용성을 긍정하기에는 무리가 있다고 본다. 반면, 제6조의2와 같이, 국내법을 마련하지 않더라도 국내 법원이 해당 조항을 직접 원용하고 해석하는 데 지장이 없는 경우도 있다. 그러나 역시 규정 형식상 동맹국의 약속을 내용으로 하는 조항이라는 점에서는 여전히―조약 불이행의 문제는 접어놓더라도―직접 적용성을 긍정하는 것으로 단정하는 것은 곤란하다고 본다. 국

등록 상표의 보호(제6조의5), 대리인에 의한 등록의 남용(제6조의6), 상표 등록 제한 배제(제7조), 상호의 보호(제8조), 부정경쟁에 대한 보호(제10조의2) 등을 들기도 한다. Bodenhausen, pp.14~15. 같은 책 뒤에서는 주지 상표의 보호(제6조의2), 국가 표장 등의 보호(제6조의3)도 직접 적용되는 조항으로 보고 있다. Bodenhausen, pp.89~90, p.95, pp.122~123, p.143 참조.

93) 파리협약 제2조 내지 제4조와 같이 사인의 권리·의무 관계를 정하는 조항과는 크게 다르다. 협약 제4조의 예를 보면, 먼저 A절 제1항에서 "어느 동맹국에서 정식으로 특허 출원을 하였거나 실용신안, 산업디자인 또는 상표의 등록을 출원하였던 어떠한 사람이나 그 승계인은 다른 동맹국에서 출원의 목적상 이하에서 정하는 기간 동안 우선권을 향유한다"고 하고 그 이하에서는 매우 구체적으로 우선권에 관해 규정하고 있다.

내 법원이 직접 적용성을 부인하더라도 이를 강제할 수도 없을 것이다.[94]

7. 세계지적재산권기구

보편적 국제기구로서 세계지적재산권기구(World Intellectual Property Organization: WIPO)는 1883년 파리협약 동맹과 1886년 베른협약 동맹으로 거슬러 올라간다. 양 협약은 각 제1조에서 체약국들이 동맹을 구성하도록 하여, 이들 동맹이 국제법 주체로서 기능할 수 있도록 했다. 이들 동맹의 행정을 담당하기 위하여 동맹사무국을 두었다. 1883년 파리동맹사무국(Bureau international de l'Union pour la protection de la propriété industrielle, 산업재산권 보호를 위한 국제동맹사무국)과 1886년 베른동맹사무국(Bureau de l'Union internationale pour la protection des oeuvres littéraires et artistiques, 문학·예술저작물 보호를 위한 국제동맹사무국)이 그것이다.[95] 양 협약에서는 1967년 스톡홀름 개정 전까지 각기 동맹사무국을 별도로 규정한 바 있다. 초기에는 운영도 별도로 했으나 1893년 지적재산권 보호를 위한 통합국제사무국(Bureaux internationaux réunis pour la protection de la propriété intellectuelle: BIRPI)이 발족하면서 기능 통합이 이뤄졌다. 통합 기관은 협약상의 형식은 그대로 둔 채 파리동맹과 베른동맹 행정을 모두 담당할 뿐만 아니라 다른 특별협정에 대한 행정도 맡았다.

1967년 파리협약과 베른협약 개정회의가 스톡홀름에서 동시에 개최되었다. 이 회의에서는 협약 실체 규정 개정보다는 동맹 행정 체제 전반을 손질하는 데 주안을 두었다. 이를 위해 두 가지 작업을 했다. 첫째, 지적재산권 보호를 위한 총괄 국제기구를 신설하여 이 기구가 파리동맹과 베른동맹의 행정을 담당할 뿐만 아니라 다른 지적재산권 조약도 관장하도록 했다. 신설 국제기구는 1967년 7월 14일 세계지적재산권기구 설립협약(Convention Establishing the World Intellectual Property Organization)에 의하여 탄생한 WIPO이다. WIPO에는 총회(General Assembly)와 당사국회의(Conference)가 있고, 행정을 담당하는

---

94) 직접 적용성 관련 각국의 관행에 관해서는, Ladas, Vol.I, pp.206~242 참조.

95) 1883년 파리협약 제13조 및 1886년 베른협약 제16조 참조. 이들 기구의 조직과 운영은 스위스의 감독을 받도록 했다. 스위스는 주로 사무총장의 임명과 예산 감독에 대한 권한을 가졌다. Ladas, Vol.I, p.89, pp122~123.

국제사무국(International Bureau)이 있다.

둘째, 파리협약과 베른협약 관리 규정을 전면 개정했다. 총회(Assembly)와 집행위원회(Executive Committee)를 신설하고, 이를 지원하는 국제사무국(International Bureau)을 두었다. 국제사무국은 여전히 종전 동맹사무국을 계승한 조직이지만 집행부의 사무를 집행하는 역할로 위상을 낮췄다. 국제사무국은 WIPO의 사무국(secretariat)일 뿐만 아니라 동맹의 사무국이기도 한 것이다.

파리동맹과 베른동맹 총회는 관리 규정을 수락한 동맹국으로 구성되며, ① 동맹의 유지와 발전, 협약의 시행, ② 국제사무국에 개정회의 준비 지시, ③ 사무총장의 보고 및 활동에 관한 검토와 승인, ④ 집행위원회 회원국 선출, ⑤ 집행위원회의 보고와 활동의 검토와 승인, ⑥ 사업계획의 결정과 결산 승인 등의 기능을 수행하는 최고 집행기관이다. 집행위원회는 총회 회원국의 1/4로 구성되며, ① 총회의 의사 일정 준비, ② 사업계획안과 예산안 총회에 제출, ③ 연간 감사 보고서 총회에 제출 등의 기능을 가지고 있다. 한편 국제사무국은 동맹을 관리하고, 동맹 모든 기관의 사무 업무를 수행한다. 지적재산권에 관한 정보를 수집하고 제공하는 기능도 가지고 있다. 사무총장은 동맹을 대표한다.[96]

한편, WIPO는 크게 두 가지 목적을 가지고 있다. 하나는 국가들 간, 필요한 경우에는 다른 국제기구와의 협력을 통하여 지적재산권 보호를 세계적으로 증진하는 것이다. 다른 하나는 파리동맹과 베른동맹 내의 행정적 협력을 보장하는 것이다.[97] WIPO는 이런 목적에 따라, 다양한 기능을 가지고 있다.[98] ① 전 세계적인 지적재산권의 효과적인 보호를 촉진하고 이 분야의 국내법 조화를 증진하기 위한 업무를 개발한다. ② 파리동맹과 그 밖의 소동맹, 그리고 베른동맹의 행정 업무를 수행한다. ③ 지적재산권을 보호하기 위한 그 밖의 조약을 관장할 수 있다. 이것은 동맹 형태가 아닌 조약도 관장할 수 있는 법적 근거가 된다.[99] WIPO가 관장하지 않는 지적재산권 관련 조약은 세계저작권협

---

96) 1967년 파리협약 스톡홀름 의정서 제13조 내지 제15조, 1967년 베른협약 스톡홀름 의정서 제22조 내지 제24조 참조.

97) WIPO 설립협약 제3조 참조.

98) WIPO 설립협약 제4조 참조.

99) 동맹 형태가 아닌 조약, 즉 산업재산권 분야에서 마드리드협정(출처표시), 워싱턴조약, 상표법조약 및 특허법조약과 저작권 분야에서 로마협약, 음반협약, 위성협약, WIPO 저작권조약 및 WIPO 실연·음반조약, 베이징조약, 마라케시조약 등도 WIPO가 관장한다.

약, TRIPS협정 등 일부에 지나지 않는다. ④ 지적재산권의 보호를 촉진하기 위한 국제 조약 체결을 장려한다. ⑤ 지적재산권 분야의 법적·기술적 지원을 요구하는 국가에 협력을 제공한다. 이 분야 업무를 일컬어 개발협력(development cooperation) 프로그램이라 한다. 기술 지원(technical assistance)이나 능력 고양 (capacity building) 프로그램이 그 일환으로, 개발도상국을 위해 국내법을 정비하고 인식제고 사업을 벌이는 것을 주요 내용으로 한다. ⑥ 지적재산권 보호를 촉진하기 위한 정보의 수집·제공 및 이 분야 연구를 수행하고 그 결과를 발행한다. ⑦ 지적재산권의 국제적 보호를 촉진하기 위한 서비스 및 적절한 경우 이 분야 등록 서비스를 제공하고 관련 자료를 발행한다. 특허협력조약에 의한 국제 출원, 마드리드협정(표장)에 의한 표장의 국제 등록, 리스본협정에 의한 원산지명칭 등록, 그리고 헤이그협정에 의한 산업디자인의 국제 등록 등이 그것이다. 등록 수수료로 WIPO 예산의 대부분을 충당한다.[100]

WIPO는 독자적인 국제기구로서 별도의 집행부를 두고 있다. 총회(General Assembly)와 당사국회의(Conference)가 그것이다. 총회는 WIPO의 최고기관으로서 ① 조정위원회 추천 사무총장의 임명, 사무총장 보고서의 승인, 사무총장에 대한 지시, ② 조정위원회의 보고서와 활동의 승인, 조정위원회에 대한 지시, ③ 동맹 공동의 예산 채택, ④ 국제 조약의 관장에 대한 사무총장의 조치 승인, ⑤ 기구의 재무 규칙 채택, ⑥ 사무국의 공용어 결정 등의 기능을 수행한다.[101]

당사국회의는 WIPO 회원국 간의 의견교환의 장으로 활용된다. 그 기능도 그에 맞춰져 있다. 즉, 지적재산권 분야의 일반적 관심 사항을 협의하고 필요한 권고를 할 수 있도록 하고 있다. 다소 특수한 기능으로는 개발도상국에 대

---

100) 2000년 수입 2억 5985만 스위스 프랑 가운데 회원국 분담금(contribution)은 1676만 프랑으로 전체의 6.5%에 지나지 않았다. 수입의 대부분은 특허협력조약(1억 8955만 프랑), 마드리드 시스템(2514만 프랑), 헤이그 시스템(514만 프랑) 등 등록 수수료에서 나오는데, 전체 수입의 84.6%를 차지했다. WIPO, Annual Report 2000, p.46 참조. WIPO의 수수료 수입은 계속 증가하고 있다. 2014/15 회계연도에는 94%에 육박한다. 2014/15 회계연도 총수입은 7억 1330억 프랑이고, 이 중 분담금은 3520만 프랑(4.9%), 수수료는 6억 6880억 프랑(93.8%)으로 추정한다. WIPO, Program and Budget for the 2014/15 Biennium, pp.15~19 참조. WIPO는 다른 국제기구와는 달리 회원국 출연금이나 분담금에 대한 의존도가 낮기 때문에 재정적인 안정을 기반으로 다양한 개발도상국 지원 프로그램을 활발하게 운영하고 있다.

101) WIPO 설립협약 제6조 참조.

한 법적·기술적 지원 계획을 수립하는 것, WIPO 설립협약을 개정하는 것이다.[102]

WIPO에는 조정위원회(Coordination Committee)도 있다. 이것은 자문기관이면서 총회와 당사국회의의 집행기관이기도 하다. 동맹 집행부나 WIPO 집행부, 사무총장에게 모든 행정·재정상의 건의를 한다. 또한 총회의 의제 초안을 작성하고, 당사국회의의 의제와 사업계획 초안을 작성하고 예산을 편성한다. 사무총장을 추천하는 기능도 가지고 있다.[103]

WIPO는 사무국 기능을 수행하는 국제사무국(International Bureau)도 두고 있다. 종전에는 파리협약과 베른협약상 유일한 기관으로서, 독자적인 동맹사무국이었으나 개편 후에는 동맹 총회나 WIPO 총회의 지휘·감독을 받는 기관으로 바뀐 것이다. 종전에는 개정회의에서 개정안을 내기도 했으나 WIPO 설립 이후에는 이런 활동을 하지 않고 있다. 그렇지만 현재에도 각 동맹과 WIPO의 기능 수행을 위한 행정 조직으로 국제사무국에 대한 의존도가 매우 높고, 국제사무국도 또한 각종 회의의 효율적 운영을 위한 법률적·기술적 지원도 하고 있어서 실제적으로는 기능이 축소되었다고 하기는 어렵다.

WIPO의 설립으로 지적재산권 분야에는 형식적으로는 여러 국제기구가 존재하게 되었다.[104] 파리동맹이나 베른동맹도 각기 국제기구이고, WIPO도 국제기구이기 때문이다. 따라서 파리동맹이든 WIPO든 국제법상의 권리와 의무를 가지며 다른 국가나 국제기구와 독자적으로 조약을 체결할 수 있다. 그러나 파리동맹이나 베른동맹은 각 협약에서 주어진 제한적인 기능만을 수행할 뿐이지만, WIPO는 설립협약상 광범위한 기능을 가지고 있다. WIPO는 예를 들어, 새로운 조약을 체결한다거나, 각종 위원회를 설치하여 지적재산권의 조화와 통일을 위한 활동을 한다거나, 개발협력 프로그램을 운영할 수 있다.

파리동맹이나 베른동맹은 동맹의 유지와 개선(협약 개정)을 주요 기능으로 하고 있다. 협약이 지난 반세기 동안 개정되지 않고 있고 협약 개정 방식의 지적재산권 조화 움직임이 동력을 잃은 상황에서 국제기구로 동맹의 역할은 더욱 제약을 받고 있다 하겠다. 반면, WIPO의 기능과 역할은 강화되고 있다. 반

---

102) WIPO 설립협약 제7조 참조.

103) WIPO 설립협약 제8조 참조.

104) 파리동맹과 베른동맹뿐 아니라 파리동맹 체제하의 10개 소동맹이 있다.

면, WIPO는 이들 동맹의 행정을 맡고 있어서 실질적으로 동맹의 기능과 역할을 하는 것이다.[105] 실제로 WIPO 총회의 의사 일정을 보면, 파리동맹 등 여러 동맹 집행부의 구성, 예산 등에 관해서도 처리하고 있음을 알 수 있다. 총회 회기 중에 동맹 집행부도 함께 활동한다.[106]

WIPO는 국제법 주체로서 기구의 설립 목적을 수행하기 위하여 필요한 법인격을 가진다. WIPO는 주사무소가 있는 스위스와 소재지 협정(headquarters agreement)을 체결해야 하고, 필요한 경우 다른 국제기구와 조약을 체결할 수도 있다.[107] WIPO는 또한 국제법상 특권과 면제(privileges and immunities)를 가진다. 주사무소는 스위스의 영토 관할에 따르지 않으며 WIPO 직원과 정부 대표는 필요한 면책 특권을 가지는 것이다.[108] WIPO는 1970년 4월 26일 설립협약 발효로 공식 발족했고, 1974년 유엔 전문기구가 되었다.

WIPO 설립협약은 개방조약이다. 파리동맹국이나 베른동맹국, 그 밖에 WIPO 관장 조약 당사국도 회원국이 될 수 있고, 유엔이나 유엔 전문기구 회원국 또는 국제원자력기구 회원국, 국제사법법원 규정 당사자, 그 밖에 WIPO 총회가 추천하는 국가 등도 회원국이 될 수 있다.[109]

---

105) WIPO 설립협정 제4조: "기구는 제3조에 기술된 목적을 달성하기 위하여 그의 적절한 기관을 통해서 또는 [각 동맹의] 관할권에 따를 것을 조건으로 하여: ······
(ii) 파리동맹, 이 동맹과 관련하여 설립된 특별동맹 및 베른동맹의 행정적 업무를 수행하며; ······"

106) Assemblies of the Member States of WIPO, consolidated and annotated agenda, WIPO Doc. A/55/1, October 5, 2015; WIPO General Assembly, Report, WIPO Doc. WO/GA/47/19, February 5, 2016 참조.

107) 한 예로, 1995년 12월 22일 체결한 '세계지적재산권기구와 세계무역기구 간의 협정(Agreement Between the World Intellectual Property Organization and the World Trade Organization)'이 있다.

108) WIPO 설립협약 제16조 참조.

109) WIPO 설립협약 제5조 참조.

제2장 지적재산권의 국제적 보호

1. 국제적 보호의 연혁

1) 국제 제도의 탄생

19세기 중반 이후 국내법 정비를 마친 프랑스를 중심으로 일부 유럽 국가들은 지적재산권의 국제적 보호 필요성을 절감하고 이를 위해 본격적으로 움직였다. 1880년을 전후하여 유럽 각국에서 유행처럼 번진 국제박람회를 계기로, 주요 발명자와 저작자들은 지적재산권의 보호를 역설하고 이를 행동에 옮겼다. 비정부 간 국제기구들의 활동도 눈에 띄었다. 당시 유럽 국가들이 적극적으로 추진해왔던 양자조약의 한계가 점차 뚜렷해지면서 이를 극복하려는 방안도 필요했다.

이런 배경 속에서 1883년 파리협약과 1886년 베른협약이 탄생했다. 이것은 지적재산권의 '국제적 보호'라는 측면에서 획기적인 사건이었다. 종전 양자조약 체제를 다자조약 체제로 변경하고, 이들 조약상의 의무가 각국 국내법 제정과 개정으로 이어지면서 꾸준히 다자조약 체제를 다져 갔다. 한편, 파리협약과 베른협약은 각기 그간의 기술과 환경 변화에 대응하고, 지적재산권의 조화와 통일을 위해 몇 차례 개정되었다.[1] 1970년대 초까지 이런 노력은 계속되었다.

파리협약과 베른협약 정신과 목적을 구체적으로 이행하고, 새롭게 제기되는 국제적인 현안을 해결하기 위한 '조화와 통일' 작업은 계속되었다. 파리협약과 베른협약 개정 작업 외에, 1891년 2개의 마드리드협정, 1925년 헤이그협정, 1958년 리스본협정, 1961년 로마협약, 1970년 특허협력조약, 1971년 음반협약, 1974년 위성협약 등 다수의 조약 체결이 그 결실이었다.

한편, 1967년에는 지적재산권을 총괄하는 국제기구로서 세계지적재산권기

---

[1] 파리협약과 베른협약 연혁에 관해서는, 각기 제3부 제1장 협약 연혁 및 제4부 제1장 협약 연혁 참조.

구가 창설되었다. 이 기구는 100년 가까이 파리동맹과 베른동맹, 그 밖의 소동맹 체제로 나뉘어 운영되던 지적재산권 조직을 통합하고, 지적재산권의 국제적 보호를 위한 체계적인 협력 체제를 구축하기 위한 목표를 가지고 현재까지 활동을 이어오고 있다.

2) 국제 제도의 도약

지적재산권은 1970년대까지만 하더라도 세계적인 관심을 받지는 못했다. 파리동맹과 베른동맹 체제는 여전히 유럽 국가들이 주도했고, 세계 각국의 참여는 부진했다. 1960년대 말까지 파리동맹국은 76개국, 베른동맹국은 58개국에 지나지 않았고, 그것도 독립한 지 얼마 되지 않은 아프리카 국가들이 60년대 대거 참여하면서 숫자가 늘어난 것이다.[2]

각국의 지적재산권 보호 의지도 그다지 높지 않았다.[3] 국가마다 정도의 차이는 있으나, 파리협약이나 베른협약과 국내법 규범 간의 차이, 그리고 법규범과 실제 사이의 괴리도 컸다. 발명자나 저작자도 자신의 창작물이 외국에서 충분히 보호를 받지 못한다는 것을 잘 알고 있었으나 국제적인 분쟁으로 비화한 사례는 그다지 많지 않았다.

그러던 것이 1980년대 이후 상황이 급변했다. 1980년대 들어서도 선진국과 개발도상국 간의 갈등으로, 지적재산권 보호를 위한 2개의 축인 파리협약과 베른협약 개정, 즉 지적재산권의 조화와 통일을 위한 노력은 가시적인 성과로 이어지지 않았다. 이에 미국을 위시한 선진국들은 지적재산권 보호대상이 많은 경우 재화와 서비스에 수반하여 이용된다는 점에 주목하면서 이를 GATT의 무역협상 무대로 끌고 갔다. 이 시기에 지적재산권이 선진국 정상회담(G-7 summit) 의제로도 등장했다.[4] 아울러, 미국은 지적재산권 보호가 미흡하다고 생

---

2) WIPO, *Paris Convention Centenary*, 1983, p.117; WIPO, *The Berne Convention for the Protection of Literary and Artistic Works from 1886 to 1986*, 1986, p.32 참조.

3) 우리나라의 경우 외국의 기술이나 문화를 베끼는 것은 당연시되었고 선진 기술이나 문화를 가지고 있는 외국에서도 이를 국제적으로 문제 삼은 적이 거의 없었다. 시기적으로 일부 차이가 있을는지 모르나 선진 외국도 마찬가지라고 할 수 있다.

4) 당시 미국은 선진국, 특히 일본이 미국 기업의 지적재산권을 앗아가는 수단으로 지적재산권 제도를 활용하고 있다고 의심하기도 했다. Mitchel B. Wallerstein, Mary Ellen Mogee and Roberta A. Schoen (eds.), *Global Dimensions of Intellectual Property Rights in Science and*

각하는 국가들을 상대로, 양자 협상을 통한 보호 압력도 병행했다. 5)6)

이런 배경은 미국의 정책 변화와 맥을 같이한다. 미국은 레이건 행정부 이후 지적재산권 보호가 미국 산업의 경쟁력 강화와 직결된다는 인식을 하고, 몇 가지 정책적인 변화를 모색하여 실천했다. 첫째, 법무부는 특허권자가 라이선스 부여를 거절하는 경우 이를 독점금지법에 의하여 규제하던 정책을 폐지했다.7) 1982년에는 연방순회 항소법원을 설치하여 특허 소송에서 권리자의 목소리에 보다 관심을 기울였다.8)

둘째, 대외적으로는 미국의 지적재산권 보호를 위해 여러 외교 수단을 동원했다. 한편으로는 지적재산권 보호가 무역과 해외투자(기술 이전) 등 경제적으로 긍정적인 효과가 있다는 경제적인 논리를 펴면서, 다른 한편으로는 미국 무역법상 이른바 스페셜 301조를 통한 통상 압력 수단을 적극 활용했다.9)

Technology (National Academy Press, 1993), p.5.

5) 한 예로, 1986년 8월 28일 한·미 간에 체결한 '지적소유권에 관한 양해록(Record of Understanding on Intellectual Property Rights)' 등이 있다. 우리나라는 이들 조약으로 인해 물질특허를 보호하고, 새로운 저작권법을 마련하는 등 지적재산권 보호수준을 크게 높이게 되었다.

6) 지적재산권 제도에 관한 초기 논의는 철학적 성격이 강했다면, 1980년대 이후 논의는 경제적 측면에 집중되었다. 초기 이론가들은 로크 등 자연법 사상가의 이론을 지적재산권 제도에 접목하려 시도했다. 이들은 주로 창작적 노력으로 인해 생기는 과실에 대해 관심을 기울이면서, 과학적·기술적 진보를 통해서 인류가 누리는 혜택이 무엇인지 살펴보았다. 반면, 20세기 종반에는 공리주의를 바탕으로, 과학적·기술적 진보가 가져오는 사회 후생 증진에 초점을 맞추었다. 이 시기에는 경제학자들의 활약이 두드러졌다. 경제적 분석을 본격 시작한 것이다. Mitchel B. Wallerstein et al. (eds.), op. cit., pp.20~21. 흥미로운 조사 결과도 있다. 이에 의하면, 지적재산권에 특화한 법률 저널이 1980년 2개에서 2003년 26개로 늘었고, 경제 저널에서 지적재산권을 제목으로 한 논문이 1982년 6개에서 2000년에는 235개로 급증했다. William M. Landes and Richard A. Posner, *The Economic Structure of Intellectual Property Law* (The Belknap Press of Harvard University Press, 2003), p.3.

7) 프레드 워쇼프스키, 『특허전쟁』, 특허청 특허분쟁연구회 옮김(세종서적, 1996), 20쪽

8) 연방순회 항소법원(Court of Appeals for the Federal Circuit: CAFC)은 특허 및 저작권 사건과 국제무역 사건, 그리고 연방정부를 상대로 한 청구권 사건 등을 전담하는 항소법원이다. 미국에는 이와는 별도로 각 지역마다 12개의 개별 항소법원이 존재한다. 1980년대 초 특허 침해 소송 사건 중 특허권자 승소율이 30%가량이던 것이 1982년 연방순회 항소법원이 설치된 이후 10년간 승소율이 80%를 넘었다. 워쇼프스키, 위의 책, 20~21쪽.

9) 미국은 경제적인 논리보다는 무역 압력이 더 효과가 크다는 점을 자인한 바도 있다. 미국의 무역대표부 전 법률고문이었던 마이클 가드바우는 "경제논리 외에 지적재산권 제도를 개선하지 않으면 다른 경제적 손실이 발생할 수 있다고 판단되어야 저개발국 정부는 자국의 지적재산권 제도를 개선하는 데 관심을 갖는다"고 고백하고 있다. 워쇼프스키, 위의 책, 24~25쪽. 지적재산권 보호가 외국인 투자를 활성화한다는 지적은 적어도 1980년대의 자료에서는 뒷받침되지

미국은 1984년에 1974년 무역법[10]을 개정하여 지적재산권 보호를 일반특혜관세 제도(Generalized System of Preferences)[11]와 연계하는가 하면,[12] 1988년에는 종합무역법(Omnibus Trade and Competitiveness Act of 1988) 제정을 통해 1974년 무역법을 개정하여 지적재산권을 충분하고 효과적인 보호를 부정하거나 지적재산권자의 정당한 시장 접근을 부정하는 국가에 대해 무역 제재를 할 수 있도록 했다(스페셜 301조).[13]

않고 있다. 당시 최대 외국인 투자의 최대 수혜국이던 멕시코, 브라질, 싱가포르, 중국, 태국, 대만 등은 미국의 지적재산권 보호의 표적 국가들이었다. Transnational Corporations and Management Division, Department of Economic and Social Development, *Intellectual Property Rights and Foreign Direct Investment*, UN, 1993, pp.3~5.

10) 1974년 무역법(Trade Act of 1974)은 점증하는 외국의 불공정한 무역관행(unfair trade practices)을 시정하는 데 초점을 두고 제정되었다. 이 법 제301조(19 U.S.C. §2411)는 대통령에게 외국의 불합리하거나 부당하거나 차별적인 조치로 인해 미국의 교역이 영향을 받을 경우 무역 특혜(양허)의 정지, 상계관세 부과, 기타 수입 규제 등의 방법으로 보복(무역 제재)할 수 있는 권한을 부여했다. 미국이 다자간 GATT 체제에 대해 가지고 있던 불만을 표출한 것이라 할 수 있다.

11) 1964년 유엔무역개발회의(UNCTAD)에서 개발도상국은 GATT 체제상의 특혜관세가 식민지 관계에 기반을 둔 개별적인 제도라면서 이를 모든 개발도상국에게 열어줄 것을 요구한 바 있다. 1971년 GATT 체약국단은 특혜관세를 모든 개발도상국에게 개방하는 이른바 일반특혜관세 제도를 공식으로 GATT 제25조 제5항의 의무면제(waiver)의 하나로 승인하면서 공식적인 제도로 만들었다.

12) Trade and Tariff Act of 1984, Pub. L. No.98-575, §503(c)(5).

13) 19 U.S.C. §2242. 미국 무역대표부(USTR)는 매년 4월 말 이른바 스페셜 301조 보고서를 내놓고 있다. 이 보고서는 1988년 종합무역법에 의거하여 미국 무역 상대방에 대한 지적재산권 보호 상황을 점검하는 정기적인 연간 보고서로서, 우선협상대상국(Priority Foreign Country: PFC)을 지정한다. 이보다 낮은 단계로서 우선감시대상(Priority Watch List: PWL)과 감시대상(Watch List: WL)을 지정하기도 한다. 우리나라는 2003년 이후 스페셜 301조에 따른 대상국에서 제외되고 있다. 그간 한미 통상 협상을 통해 미국의 우려를 해소해줬기 때문이다.
    스페셜 301조상의 절차는 다음과 같다. ① 무역대표부가 국가별 무역장벽보고서(NTE 보고서)를 의회에 제출한(통상 매년 3월 31일) 후 30일 내에 우선협상대상국을 지정한다. 그 지정은 스페셜 301조 보고서에 담긴다. 법에서는 우선감시대상과 감시대상에 대해서 언급하지 않고 있다. 이 두 가지는 법적 근거가 없는 무역대표부 자체의 정보시스템이라 할 수 있다. ② 우선협상대상국을 지정하면 무역대표부는 30일 내에 대상국의 관행을 조사한다. 비록 스페셜 301조에 따른 의무적인 지정이 없더라도 미국의 무역협정(WTO 등)상의 권리나 이익이 침해되거나 미국 무역에 부당한 장애나 부담을 가져오는 경우에 조사권한을 발동할 수 있다. 권한 발동은 무역대표부가 직권으로 또는 이해당사자의 청원으로 개시한다. ③ 조사 개시 결정 이후 해당 국가와 협상을 진행한다. 국제협정상의 절차가 존재하는 경우에는 그에 따라, 그렇지 않은 경우에는 무역대표부가 독자적으로 협상을 한다. 6개월 내지 9개월 동안의 협상 결과에 따라 최종 결정을 한다. ④ 최종 결정 후 30일 내에 정부가 취할 조치를 채택한다. 이런 조

지적재산권 보호를 위한 일련의 무역법 개정은 통상 협상의 수단으로도 유용했다. 우리나라뿐만 아니라 대만, 싱가포르와의 양자 협정을 통해 지적재산권 전반에 걸친 국내법 개정을 이끌어냈다.

스페셜 301조를 말할 때 중국의 사례를 빼놓지 않는다. 중국은 1991년 인도와 태국과 더불어 우선협상대상국으로 지정되었다. 미국은 특허권 침해와 저작물, 특히 컴퓨터 프로그램에 대한 저작권 침해를 근거로 스페셜 301조를 발동했다. 오랜 기간의 협상 끝에 1992년 1월 17일 양해각서(Memorandum of Understanding: MOU)를 체결했다. 이에 의하면, 중국은 특허와 저작권의 효과적인 보호를 약속하고, 베른협약 등 국제 조약에 가입하기로 했다. 보복 조치 시행 몇 시간을 남겨두고 타결된 협상에서, 미국은 "스페셜 301조로 거둘 수 있는 최대 승리"라고 자찬할 정도로 중국으로부터 커다란 양보를 받아냈다. 우루과이 라운드 결과 체결된 TRIPS협정 수준 이상의 보호를 약속받았기 때문이다. 중국 자국민에게 부여한 보호수준 이상으로 미국 지적재산권을 보호하기까지 했다. 그 후 미국이 법률 시행의 투명성 문제로 1994년 중국을 우선협상대상국으로 재지정하면서 양국 간에 팽팽한 긴장관계가 조성되기도 했다. 미국의 고압적인 협상 태도에 대해 중국의 불만도 컸다. 미국 측 협상대표는 "이것은 집을 짓는 것과 같다. 아름다운 집을 지어도 전기와 수도는 따로 필요하다. 시간이 필요하다"고 했고 중국 대표도 "5년의 시간을 주면 우리는 일을 잘해낼 수 있다"고 호응했다. 국가의 행정 체제 전반을 고치고 다듬는 작업이 지적재산권 보호를 위해 긴요하게 된 것이다.[14]

치에는 보복 조치가 포함된다. 보복 조치의 내용은 크게 세 가지이다. 무역상의 특혜 정지, 관세 부과나 기타 수입 제한, 그리고 구속력 있는 협정의 체결이 그것이다. 특히 개발도상국에 대한 일반특혜관세 혜택의 정지는 강력한 압력 수단이 된다. 보복 조치는 해당 국가 경제 전반에 걸쳐 할 수도 있고 특정 상품이나 산업 부문에 한정할 수도 있다. 그런 보복 조치는 미국 무역상의 장애로 인하여 입은 피해에 상당하는 액수에 한정한다.

14) 미국이 1980년대 자국 기업의 경쟁력 확보와 유지를 위해서 특히 지적재산권에 지대한 관심을 표명했으며 이를 적극적인 자세로 실천에 옮겼다. 미국이 중국의 지적재산권 보호의 미비를 추궁하면서 결국에 중국의 지적재산권 보호를 국제적인 수준으로 끌어올린 예는 압권이라고 할 수 있다. 미국은 스페셜 301조에 따라 1991년 4월 중국을 우선협상대상국으로 지정했다. 5 *WIPR* 145 (1991), pp.145~146. 지적재산권에 보호에 대한 불만이 전반적인 무역 제재로 연결될 수 있다는 점은 미국이 지적재산권 보호에 얼마나 집착하고 있는지를 잘 말해준다. 중국은 1991년 5월 24일 컴퓨터 소프트웨어의 보호에 관한 규정(1991년 6월 4일 공표, 같은 해 10월 1일 발효)을, 그리고 같은 해 6월 1일의 저작권법 시행에 맞추어 5월 31일 시행조례를 각각 채택했다. 5 *WIPR* 179 (1991); 5 *WIPR* 284 (1991). 1992년 초에는 미국과 지적재산권 보

이렇게 된 이유는 여러 가지 관점에서 파악할 수 있다. 넓게 보면 국제 협력 관계가 이제는 사회 각 구성원에게 영향을 미칠 만큼, 국제화 내지 세계화가 질적으로나 양적으로 종전과는 매우 다르게 진행되고 있기 때문이다. 다시 말해서 오늘날 국제질서는 국제법 규범이 국내법에 반영되지 않는 예를 찾아보기 어려울 만큼 질적으로나 양적으로 변화하고 있다고 할 수 있다. 국내법이 국제법을 좇아가는 형세로 국제 협력 관계가 한 차원을 달리하게 된 것이다. 오늘날의 세계는 19세기와 같이 주권의 절대성이 강조되는 시기도 아니고, 20세기 전반과 같이 국제 협력의 형태가 정치나 군사적인 분야에 한정하는 시대도 아니라고 할 때 이런 설명은 타당한 듯 보인다. 요즈음 국가 주권의 한계 문제가 자주 거론되는 것도 이런 상황과 무관하지 않다. 이런 점에서 볼 때 지적재산권이 광범위하게 국제법의 규율을 받는 분야가 되었다고 하더라도 놀랄 만한 일도 아니다.

또한 지식이나 정보를 보는 시각의 변화도 지적재산권의 국제화에 이바지했다. 근래 들어 각국마다 학문과 예술, 과학과 기술의 발전은 그 자체로도 중요할 뿐만 아니라 경제적인 가치 창출의 근원이 된다는 점을 인식하면서 지적재산권에 더욱 관심을 기울이게 되었다. 학문과 예술, 과학과 기술은 국경의 존재를 무시한다. 사람은 누구나 다른 사람의 지식과 정보에 목말라한다는 표현이 더 적절할는지 모르겠다. 따라서 각국, 특히 선진국은 지적재산권이 이런 지식과 정보를 산업(재산)으로 변환시키는 수단으로서 매우 유용하다는 점을 깨달으면서, 지적재산권의 국내적 보호에만 매달리지 않고 그 효과적 보호를 위해 지리적 장벽을 제거하려고 애쓰고 있다. 이런 국제사회의 움직임은 무척 자연스럽게 보인다.

가까운 곳에서 원인을 찾는다면 앞에서 지적했듯이, 미국이 1980년대 들어 경제적인 어려움에 직면하면서 자국이 국제 우위를 지니고 있는 분야를 통상 외교의 주안점으로 삼은 데에 있다고 할 수 있다. 특히 지적재산권은 다른 어

호에 관한 양해각서에 서명했다. 이 양해각서에서 합의한 바대로 1992년 7월 24일 세계저작권협약과 베른협약에 가입서를 기탁하여 같은 해 10월에 이들 협약의 당사국이 되었고, 1992년 9월 4일에는 특허법을, 1993년 2월 22일에는 상표법을 개정(1993년 1월 1일, 1993년 7월 1일 각각 발효)했으며, 1993년 9월 2일에는 부정경쟁방지법을 제정(1993년 12월 1일 발효)했다. 6 *WIPR* 31 (1992), pp.31~32; *IP ASIA* (17 October, 1992), pp.30~31; IP ASIA (18 March, 1993), pp.23~24; *IP ASIA* (25 November, 1993), pp.21~25. 이런 신속한 조치는 매우 예외적인 '사건'이었다.

그림 2 · 미국의 지적재산 교역(좌), 각국의 지식집약 서비스 수지(우)

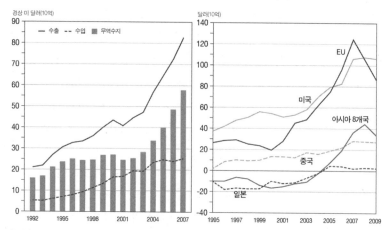

자료(좌): National Science Foundation, Science and Engineering Indicators 2010, p.6-45, http://www.nsf.gov/statistics/seind10/pdf/c06.pdf
자료(우): National Science Foundation, Science and Engineering Indicators 2012, p.6-34, http://www.nsf.gov/statistics/seind12/c6/c6h.htm

떤 분야보다도 경쟁력이 있기 때문에 미국은 지적재산권의 국제적 보호에 강한 집착을 보였다.

다른 선진국들도 처한 상황은 다르지만, 지적재산권 보호에 대한 인식이나 국제적 보호를 위한 협력 체제의 필요성에 대한 인식에서는 차이가 없었다. 1970년대 위조 상품 교역은 이들 선진국을 하나로 묶어 지적재산권 보호를 주창하는 계기를 마련해주었다. 1980년대 들어 위조 상품 교역 문제는 중요 '통상 이슈' 중 하나가 되었고, 1986년 시작된 우루과이 라운드에서 본격적인 논의가 이어졌다. 그 결과는 선진국에 매우 만족스러운 것이었다. 이렇게 1994년 TRIPS협정이 탄생했다.

그간의 성과를 간접적으로 보여주는 통계가 있다. 미국 상무부 경제분석국(Bureau of Economic Analysis) 자료에 의하면, 지적재산권 수출을 통해 거둬들인 로열티(royalties and license fees) 수령액이 1990년 165억 달러에서, 2000년 518억 달러로, 2010년에는 1075억 달러로 크게 늘었다. 반면 지적재산권 수입을 통한 로열티 지급액은 1990년 31억 달러, 2000년 166억 달러, 2010년 325억 달러로 증가했다. 2000년을 전후하여 흑자 규모가 급증하고 있음을 알 수 있다.[15] 미국이 높은 수준의 지적재산권을 다자간 또는 양자 간 무역 규범의 핵심 의제로 설정하고, 그에 맞춰 국제통상 체계를 개편하고자 노력한 만큼 과실도 커지고 있음을 간접적으로 확인해주고 있다.[16]

2. 국제적 보호의 필요성

세계 대부분 국가는 외국인의 특허와 상표,[17] 저작물[18] 등을 보호하는 규정을 두고 있다. 이런 규정은 왜 존재하며 그 필요성은 무엇인가. 각국이 외국인의 창작물을 보호하지 않으면 창작물 이용자는 해당 창작물이 보호되는지, 권리자가 누구인지, 그 창작물을 어떻게 이용할 수 있는지에 관하여 고민하지 않고 또 법적 책임에 대한 부담 없이 곧 이용할 수 있음에도 불구하고, 불편을 감수하면서까지 외국인의 창작물을 보호하는 이유는 무엇인가.

국제법에서는 국가의 기본적인 권리로서 자국의 정치적·경제적인 체제를 스스로 결단할 수 있는 권리를 국가 주권의 일종으로 인정하고 있다. 이런 권리는 외국인의 법적 지위에도 영향을 미친다. 외국인이 일부 기본적 인권을 제외하고는, 체류 국가의 정치적 의사 형성에 참여한다거나 또는 체류 국가 내에서 재산권을 취득하거나 행사함에 있어서 제한을 받는 것도 바로 국가 주권의 발현이라고 할 수 있다. 그렇다고 하여 이런 국가 주권이 무제한적으로 인정되는 것은 아니고 국제공동체의 구성원으로서 일정한 제약을 받는다. 이런 제약은 조약을 통해서도 국제관습법을 통해서도 가능하다.[19]

사람은 창작물의 생산을 통하여 자신의 노력과 창의를 드러낸다. 이런 사람의 지적 활동과 그 결과인 창작물은 교육과 문화, 예술, 기술과 산업 등 여러

---

15) http://www.bea.gov/international/international_services.htm(2014.9.11 검색) 참조.

16) 다른 통계도 흥미롭다. 1992년 미국의 무역적자가 1000억 달러를 조금 상회했는바, 1993년 저작권 산업의 수출로 인한 무역수지 개선효과가 458억 달러에 달했다. Information Infrastructure Task Force, Intellectual Property and the National Information Infrastructure, the Report of the Working Group on Intellectual Property Rights, 1995. p.131.

17) 세계 거의 모든 국가는 특허와 상표에 대하여 등록을 권리 발생 요건으로 하고 있다. 따라서 외국인의 발명이나 상표가 무조건 보호되는 것이 아니다. 이 점에서 저작권과는 크게 다르다.

18) 여기서는 '저작물'이나 '저작권'만을 언급하고 있으나 필요한 경우 저작인접물이나 저작인접권에도 그대로 적용할 수 있다.

19) 지적재산권은 국제관습법에 의하여 보호받지 않으므로 국제관습법은 검토 대상이 아니다.

방면에 걸쳐 보급·확산되는 과정을 밟는다. 창작물을 통한 인간의 의식 향상은 과거와 현재를 넘나들 뿐만 아니라 국경의 구애도 받지 않는다. 인간의 창작물이 어느 국가에서 충분히 보호된다고 하더라도 다른 국가에서 보호되지 않거나 보호가 충분하지 않다면 창작자는 자신의 창작물로부터 나오는 인격적·재산적 권리를 부당하게 침해받는다고 할 수 있다. 저작물의 예를 보자. 국가 A는 저작자의 권리를 제대로 보호하고 국가 B는 그렇지 않다고 하고, 국가 A의 국적을 가지는 저작자가 그 국가에서 저작물을 최초 발행한 경우, 국가 B 내에서 자신의 허락 없이 복제물이 나와 국가 A에 수입되면 그 저작자는 첫째, 자신의 저작물에 대한 권리를 국가 B 내에서 충분히 보호받지 못하는 불이익을 받을 뿐만 아니라, 둘째, 국가 A 내에서 정상적으로 발행된 복제물과 국가 B 내에서 무단으로 발행되어 수입된 복제물과 어려운 경쟁을 함으로써 야기되는 재산적인 손실도 감수해야 한다.

피해는 창작자에 국한하지도 않는다. 창작물이 포함된 상품과 서비스는 창작물 그 자체의 시장보다 훨씬 규모가 크다. '비보호'가 지적재산권 집약(ipr-intensive) 산업 전체에 미치는 파급효과를 생각한다면 지적재산권 보호의 필요성은 더 커진다 하겠다.

지적재산권 보호의 근본 취지는 창작물의 생산 장소가 어디냐 또는 창작자의 국적이 무엇이냐를 불문하고, 그의 창작적 노력을 인정하고 그에 대한 대가(보상)를 부여하자는 데 있다. 이런 점에서 지적재산권의 국제화 내지 국제적 보호의 필요성이 존재한다고 하겠다. 오늘날 교통과 통신의 발전에 비추어 볼 때 지적재산권 보호는 종래의 경우에 비하여 보다 절실하게 요청된다.

3. 국제적 보호의 방법

지적재산권을 국제적으로 보호하는 방법은 몇 가지 생각할 수 있다. 하나는 일방적으로 국내법에 의한 보호를 실시하는 것이다. 프랑스는 1852년 외국인의 저작물을 보호하는 법령을 제정하여 1964년까지 시행한 바가 있다. 현존하는 법률에서는 그런 예를 찾아보기 힘들다.[20] 일방적인 보호는 아니지만, 일

---

20) Paul Edward Geller, "International Copyright: An Introduction," in Nimmer & Geller, pp.INT-

정한 요건을 충족하는 경우 보호하기도 한다. 미국 저작권법상 미발행 저작물의 경우 저작자의 국적이나 거주지를 불문하고 보호하는 것이 좋은 예이다. 많은 국가들은 상시거소(habitual residence)의 요건이나 최초 발행의 요건하에 외국인 저작물을 보호하기도 한다.21) 기타 불법행위법에 의한 보호, 특히 인격권 침해에 대해서 국적 등을 가리지 않고 보호하는 예도 볼 수 있다.

일방적인 보호가 아닌 상호주의(reciprocity)에 의한 보호도 존재한다. 상호주의는 일방적인 보호의 보완 수단으로 국가 간에 협력 관계를 유지하기 위해 필요한 제도이다. 일방적인 보호의 부당함을 덜기 위해 자연스럽게 생긴 것이다. 상호 간에 양보와 타협으로 문제를 해결하기 위한 수단이라고 말할 수 있다. 그러나 상호주의는 외국인의 창작물을 보호하기 위하여 외국의 법률을 일일이 확인해야 하는 불편이 따른다. 국가마다 다른 기준을 가지고 법률이 운용될 경우 법원이나 이해관계자에게는 무척 불편한 방식이라 할 수 있다.

파리협약 체결 전에 많은 국가들은 상표 보호에 관하여 상호주의를 적용한 바 있다. 이들은 내외국민을 막론하고 자국 내에 영업소가 있는 경우 그 상표를 보호했고, 외국에 있는 영업소에 대해서는 상호주의에 의거하여 보호했다. 저작물도 베른협약 체결 전에는 상호주의에 입각하여 보호했던 것이다. 이런 관행은 양자협정을 통해 행해졌다. 다시 말해서 자국의 국내법에 따라 해당 지적재산권을 보호하고 외국에서 보호하는 정도에 따라 그 외국의 지적재산권을 자국 내에서 보호했던 것이다.

상호주의는 실질적(material) 상호주의와 형식적(formal) 상호주의로 구별한다. 전자는 상호주의의 일반 원칙이 그대로 적용된다. 자국민이 외국에서 보호받는 정도(보호대상, 권리 종류, 제한, 보호기간 등)에 따라 그만큼 해당 외국인의 지적재산권을 보호하는 것이다. 다자조약 체결 전에 유행했던 양자협정에서 채택한 방식이었다. 현재에도 협약 당사국과 비당사국 간의 관계는 실질적 상호주의에 따라 보호 여부와 정도가 결정된다. 형식적 상호주의란 협약상에

51-52; Gyorgy Boytha, "Some Private International Law Aspects of the Protection of Authors' Rights," *Copyright* (October 1988), p.401. 룩셈부르크는 아직도 외국인의 저작물을 무조건 보호하는 것으로 알려지고 있다. Boytha, op. cit. p.401.

21) 베른협약은 동맹국 내 상시거소나 최초 발행 요건을 갖추면 일방적인 보호를 하도록 요구하고 있다. 그러나 베른협약상의 국제적 의무가 없음에도 국내법으로 외국인의 저작물을 일방적으로 보호하기도 한다. 그 예로, 우리 1957년 저작권법 제46조가 있다: "조약의 규정이 없는 경우에는 국내에 있어서 처음으로 그 저작물을 발행한 자에 한하여 본법의 보호를 받는다."

정해진 최소한의 보호 기준은 상호주의의 적용에서 제외되고, 최소한의 기준을 넘는 부분에 한정해서 상호주의를 인정하는 것이다. 속지주의 색채가 강하면 상호주의 영역이 넓어지고 그렇지 않으면 상호주의 영역이 옅어지게 된다. 산업재산권이 전자에 속한다면, 저작권은 후자에 속한다고 할 수 있다.[22]

일방적인 보호든 아니면 상호주의에 의한 보호든 국제적 보호, 다자적인 방식에 의한 국제적 보호와는 다소 거리가 있다. 상호주의는 법체제가 성숙하지 않은 사회에서 채택되는 방식이다. 국제사회의 규범적 요소가 강화될수록 상호주의는 설 자리가 좁아진다 할 수 있다.

오늘날 지적재산권은 주로 다자조약을 통해서 보호되고 있기 때문에 일방적인 보호나 양자적인 상호주의는 다자조약에 보충적인 의미를 가진다 할 수 있다. 세계 대부분의 국가들은 지적재산권 관련 조약의 구속을 기꺼이 수락하고 있기 때문에 상호주의 채택에 따른 불편은 크게 덜었다 할 수 있다. 다자조약에 의한 상호주의는 내국민대우나 최혜국대우의 원칙의 예외가 된다.

4. 지적재산권 보호를 위한 국제 조약

1) 국제 조약의 종류

지적재산권 보호는 창작물의 보호라는 근본 목적에서 출발했지만, 그 국제적 보호를 위한 발전과정은 보호대상마다 조금씩 다르고 이를 보호하는 조약도 매우 많다. 보편적 성격의 다자조약만 하더라도 30개 가까이 된다. 이들 조약은 다음과 같은 세 가지 부류로 나뉜다.[23] 첫째는 국제적 보호에 관한 규범을 정하는 조약이다. 실체 규정을 담고 있는 조약이 이에 속한다. 산업재산권에 관하여는, 1883년 파리협약, 1891년 마드리드협정(출처표시) 및 1958년 리스본협정 등 3개 조약이 있다. 1994년 TRIPS협정도 이에 속한다. 저작권 관련

---

22) 상호주의에 관해서는, 제2부 제4장 3. 1) (3) (다) 상호주의 참조.

23) 여기서는 WIPO의 조약 분류 기준에 따라 나누기로 한다. WIPO는 자신이 관장하는 25개 조약을 지적재산권 보호(IP Protection), 세계적 보호 제도(Global Protection System), 그리고 분류(Classification) 분야 등 세 가지로 크게 나누고 있다. 여기서는 편의상 보호 조약, 등록 조약, 분류 조약 등으로 설명한다. http://www.wipo.int/treaties/en/ 참조.

표 1 · 지적재산권 조약의 분류

보호 조약	등록 조약	분류 조약
파리협약	마드리드협정(표장)	니스협정
베른협약	헤이그협정	스트라스부르그협정
마드리드협정(출처표시)	리스본협정	로카르노협정
로마협약	특허협력조약	비엔나협정
음반협약	부다페스트조약	
위성협약	마드리드의정서	
나이로비조약		
워싱턴조약		
특허법조약		
WIPO 저작권조약		
WIPO 실연·음반조약		
상표법조약		
싱가포르조약		
베이징조약		
마라케시조약		

조약은 모두 이런 부류에 속한다. 1886년 베른협약, 1952년 세계저작권협약, 1961년 로마협약, 1994년 TRIPS협정, 1996년 WIPO 저작권조약 및 WIPO 실연·음반조약이 이에 속한다. 또한 1989년 워싱턴조약도 이에 해당한다.

두 번째 부류는 국제적 보호를 촉진하고 보조하는 역할을 하는 조약이다. 국제 출원 제도나 등록 제도 또는 국제 기탁 제도를 운영하기 위한 조약들이 이에 속한다. 이런 조약은 산업재산권 분야에 현저하다. 1891년 마드리드협정(표장), 1925년 헤이그협정, 1958년 리스본협정, 1970년 특허협력조약, 1980년 부다페스트조약, 1989 마드리드의정서 등이 그것이다. 1994년 상표법조약과 2000년 특허법조약, 2006년 싱가포르조약도 크게 보아 이 부류에 넣을 수 있으나 일부 실체 규정도 담고 있다.

셋째 부류는 분류체계에 관한 조약이다. 1957년 니스협정, 1971년 스트라스부르그협정, 1968년 로카르노협정, 1973년 비엔나협정 등이 이에 속한다.

2) 동맹 조약과 특별협정

지적재산권 조약 거의 대부분은 WIPO가 관장한다. WIPO 관장 25개 조약 중 나이로비조약과 워싱턴조약을 제외하면,[24] 산업재산권 분야는 보호 조약 5개, 등록 조약 6개, 분류 조약 4개 등 모두 15개가 있고, 저작권 분야는 보호

조약으로만 8개가 있다. 보편 조약으로서 1952년 세계저작권협약과 1961년 UPOV협약, 1994년 TRIPS협정은 각기 UNESCO, UPOV, WTO에서 관장한다.

WIPO 관장 조약은 상당수 동맹 체제로 되어 있다. 파리협약 제1조 제1항은, "이 협약이 적용되는 국가들은 산업재산권의 보호를 위한 동맹을 구성한다"고 하고 있고, 베른협약 제1조는 "이 협약이 적용되는 국가들은 문학·예술 저작물에 대한 저작자의 권리 보호를 위한 동맹을 구성한다"고 하고 있다. 동맹의 성격은 이들 협약 곳곳에 스며 있다.[25] 산업재산권 조약은 파리협약의 전통을 이어받아 대부분 동맹 조약이다. 마드리드협정(출처표시), 상표법조약, 특허법조약, 싱가포르조약을 제외한 나머지 11개가 동맹 조약이다. 표장에 관한 2개의 조약(마드리드협정 및 마드리드의정서)은 하나의 동맹을 이룬다. 따라서 파리협약상 동맹은 모두 10개의 소동맹(small Union)으로 구성되어 있다.[26] 저작권 분야에서는 베른협약만이 동맹 조약이다.

한편, 파리협약 제19조와 베른협약 제20조는 각기 "이 협약 규정에 저촉되지 아니하는 한" 또는 "이 협약에 반하지 아니하는 다른 규정을 담고 있는 한" 특별협정을 체결할 수 있도록 하고 있다. 파리협약 특별협정은 파리동맹 국제 사무국이 체결에 관여하고 WIPO가 관장하는 조약이 있고,[27] 파리동맹 이외의 국제기구에서 체결을 지원한 여러 조약이 있으며,[28] 양자 간 특별협정도 있다.

---

24) 워싱턴조약은 발효하지도 않았고, 동맹 조약도 특별협정도 아니다. 조약은 집적회로에 대한 독자적인(sui generis) 보호 체계를 가지고 있다.

25) 이에 관해서는, 제2부 제1장 2. 2) (2) 파리동맹과 베른동맹 참조.

26) 동맹 조약은 국제적 보호에 관한 1883년 파리협약 1개, 등록이나 출원에 관한 1891년 마드리드협정(표장), 1925년 헤이그협정, 1958년 리스본협정, 1970년 특허협력조약, 1980년 부다페스트조약, 1989 마드리드의정서 등 6개, 그리고 분류체계에 관한 1957년 니스협정, 1968년 로카르노협정, 1971년 스트라스부르그협정, 1973년 비엔나협정 등 4개 총 11개이다.

27) WIPO 관장 파리협약 특별협정으로, 파리협약을 제외한 동맹 조약 나머지 10개가 있다. 베른협약 특별협정으로는 WIPO 저작권조약과 WIPO 실연·음반조약이 있다.

28) 1953년 특허 출원 방식에 관한 유럽협약, 1963년 발명 특허 관련 일부 실체법 통일화에 관한 유럽협약 등이 있다. 1947년 국제특허연구소 설립에 관한 협정, 1962년 아프리카·말라가시 특허청 설립에 관한 협정 등도 있다. Bodenhausen, p. 171.

3) TRIPS협정

TRIPS협정은 포괄적인 다자간 무역협상(우루과이 라운드) 결과로 1994년 4월 15일 채택된 세계무역기구 설립협정(Agreement Establishing the World Trade Organization)의 일부이다. 후자 협정은 세계의 경제질서를 무역자유화의 기치 아래 개편하기 위한 오랜 노력 끝에 탄생한 것이다. 이 협정으로 인해 종래 재화의 교역에 중점을 둔 관세와 무역에 관한 일반협정(General Agreement on Tariffs and Trade: GATT)상의 국제규범이 강화되고, 이 협정 체제 내에 서비스와 지적재산권 등 새로운 분야가 포섭됨으로써, 국제 경제질서가 고도화되고 그 외연이 크게 확장되었다.

TRIPS협정은 저작권과 산업재산권을 통합하여 규정한 최초의 다자조약이다. 각국, 특히 선진국의 입을 빌려 표현한다면, 종래의 협약은 위조 상품의 교역에 대한 제재에 미흡하고, 분쟁 해결 수단이 제한적이고, 기술 발전에 따라 새로이 보호되어야 할 대상과 새로이 부여되어야 할 권리를 자체적으로 수용하기에는 벅차다는 것이다. 따라서 새로운 지적재산권 질서가 요구되었는바, 그 바람이 이 협정으로 나타났다는 것이다. 이 협정은 지적재산권 분야에 적지 않은 변화를 가져다주었다. 새로운 보호대상을 규범화했을 뿐만 아니라 보호수준도 종전의 여러 협약을 뛰어넘는 규정을 상당수 두고 있다.

4) 국제 조약의 구성 내용

지적재산권 조약은 국제법적 요소와 국제사법적 요소를 고루 가지고 있다. 국제법적 요소에는 국가와 같은 국제법 주체 간의 권리·의무 관계를 설정하는 것을 주요한 내용으로 하고, 이와 더불어 총회와 각종 위원회를 설치하고 각각에 대하여 국제적인 법적 지위와 권한을 부여하며, 협약의 효력에 관하여 규정하는 것 등이 있다. 또한 지적재산권은 그 성격상 사인의 권리·의무 관계를 그 내용으로 하기 때문에 관련 협약에서도 자연히 이에 관하여 국가에 의무를 부과한다.[29] 그 대표적인 예로는 내국민대우와 최혜국대우의 원칙을 들 수 있

---

29) 사인은 일반적으로 국제법상 권리·의무의 주체가 아니다. 협약상의 개념으로는 수익자(beneficiaries)에 지나지 않는다. 이에 관해서는, 제3부 제2장 2. 1) 연결점 참조.

다. 국제사법적 요소라 함은 연결점을 정하고, 준거법을 정하는 것이라 할 수 있다.[30)]

협약의 내용을 실체 규정(substantive provisions)과 관리 규정(administrative provisions)으로 나눌 수도 있다. 전자는 국가 간에 권리·의무에 관한 규정, 사인의 권리·의무에 작용하는 규정, 협약상의 주요 원칙에 관한 규정 등을 포함하고, 후자는 협약의 시행을 위한 집행부의 구성과 권한, 협약의 개정 및 수정, 협약의 장소적·시간적 효력, 비준이나 가입, 분쟁 해결, 협약의 존속기간, 협약 언어 등 종결 조항, 그 밖의 잠정 규정 등을 포괄한다. 파리협약 제1조 내지 제12조, 베른협약 제1조 내지 제21조 및 부속서(개발도상국 특례 규정)이 실체 규정에 해당하고 나머지가 관리 규정에 속한다.

---

30) 이에 관해서는, 제2부 제4장 2. 연결점: 보호의 요건 및 5. 3) 준거법 참조.

제3장 우리나라의 국제규범 수용

  우리나라가 지적재산권에 관한 국제법—여기서는 국제 조약을 말한다—의 구속을 받게 된 것은 아주 최근의 일이다. 1979년 3월 1일 WIPO 가입을 시작으로 국제지적재산권 무대에 발을 디디면서, 1980년 5월 4일 파리협약에 가입했다. 1986년 미국과 '지적소유권에 관한 양해록(Record of Understanding on Intellectual Property Rights)'을 체결한 데 이어 1987년 10월 1일과 10월 10일 각각 세계저작권협약과 음반협약(제네바협약)에 가입했다. 1984년 8월 10월에는 특허협력조약에, 1988년 3월 28일에는 부다페스트조약에 가입했다. 1990년대 들어서는 이들 협약과는 차원을 달리하는 또 다른 협약, 즉 우루과이 라운드 협상의 타결 결과 모습을 드러낸 TRIPS협정에도 구속을 받게 되었다. 1996년 8월 21일에는 베른협약에 가입했다. 이제 우리나라는 명실상부한 지적재산권 보호국가가 되었다.

표 2 • 우리나라 조약 가입현황 1: 보호 조약

조약/협약명	체결일/발효일	가입일
파리협약	1883.3.20/1884.7.7	1980.5.4
베른협약	1886.9.9/1887.12.4	1996.8.21
마드리드협정(출처표시)	1891.4.14/1892.7.15	미가입
로마협약	1961.10.26/1964.5.18	2009.3.18
음반협약	1971.10.29/1973.4.18	1987.10.10
위성협약	1974.5.21/1979.8.25	2012.3.19
나이로비조약	1981.9.26/1982.9.25	미가입
워싱턴조약	1989.5.26/미발효	미가입
상표법조약	1994.10.27/1996.8.1	미가입
WIPO 저작권조약	1996.12.20/2002.3.6	2004.6.24
WIPO 실연·음반조약	1996.12.20/2002.5.20	2009.3.18
특허법조약	2000.6.1/2005.4.28	2003.2.25
싱가포르조약	2006.3.27/2009.3.16	2016.7.1
베이징조약	2012.6.24/미발효	미가입
마라케시조약	2013.6.27/미발효	미가입

표 3 • 우리나라 조약 가입현황 2: 등록 조약(2016년 7월 기준)

	체결일/효력발생일	가입일
마드리드협정(표장)	1891.4.14/1892.7.15	미가입
헤이그협정	1925.11.6/1928.6.1	2014.7.1
리스본협정	1958.10.31/1966.9.25	미가입
특허협력조약	1970.6.19/1978.1.24	1984.8.10
마드리드의정서	1989.6.27/1995.12.1	2003.4.10
부다페스트조약	1989.9.26/1984.5.24	1988.3.28

표 4 • 우리나라 조약 가입현황 3: 분류 조약(2016년 7월 기준)

	체결일/효력발생일	가입일
니스협정	1957.6.15/1961.4.8	1999.1.8
스트라스부르그협정	1971.3.25/1975.10.7	1999.10.8
비엔나협정	1973.6.12/1985.8.9	2011.4.17
로카르노협정	1979.9.28/1981.11.23	2011.4.17

표 5 • 우리나라 조약 가입현황 4: 기타 조약(2016년 7월 기준)

	체결일/효력발생일	가입일
세계저작권협약	1952.9.6/1955.9.16	1987.10.1
UPOV협약	1961.12.2/1968.8.10	2002.1.7
WIPO 설립협정	1967.7.14/1970.4.26	1979.3.1
TRIPS협정	1994.4.15/1995.1.1	1995.1.1(발효일)

제4장 국제 조약의 기본 원칙

1. 조약상 원칙의 의의

지적재산권 조약은 창작물의 국제적 보호라는 보편적인 목적을 가지고, 이를 위해 각 당사국에게 일정한 의무를 부담하도록 하고 있다. 국제적 보호란 개별 당사국 입장에서 보면 외국인의 창작물을 보호하는 것이다. 국제적 보호의 내용은 조약 실체 규정에 담겨 있다. 그 실체 규정을 검토함으로써 창작자가 다른 나라에서 외국인의 지위를 가지고, 조약상 어떻게 보호를 받는지, 대우를 받는지 알 수 있는 것이다.

외국인의 창작물을 보호하기 위한 방법은 여러 가지가 있다. 국제 조약은 여러 방법 중 각국의 사정에 맞게, 그러면서도 가장 효과적인 보호 방법을 찾아 이를 원칙으로 삼고 있다. 국제 조약에서는 외국인의 창작물을 보호하기 위하여 몇 가지 원칙을 정하고 있다. 먼저, 조약에서 정한 보호대상이어야 한다. 파리협약은 발명, 상표 등을 보호대상으로 하고 있고, 베른협약은 저작물을 보호대상으로 하고 있다. 둘째, 창작자나 창작물을 협약을 통하여 특정 외국에 연결시켜주어야 하고(연결점의 문제), 셋째, 어떤 방법으로 보호할 것인지를 정해야 하고(무차별 원칙), 넷째 보호수준을 결정하여야 한다(최소한의 보호의 원칙). 지적재산권에 관한 각 협약에 규정된 이런 제반 원칙들은 지적재산권의 특성을 감안한 것으로, 다른 분야의 경우에 비하여 독특하다고 할 수 있다.

2. 연결점: 보호의 요건

1) 조약 규정

지적재산권의 국제적 보호라 하여 외국인의 창작물이 무조건 보호를 받는 것은 아니다. 일정한 기준을 충족한 경우에 한하여 협약상의 보호를 향유하게 된다. 그 기준이 곧 연결점(point de rattachement, point of attachment) 또는 연결소(connecting factor)이다.[1] 연결점은 창작자(발명자, 저작자 등) 또는 창작물(발명, 저작물 등)을 특정 국가에 연결시켜 그 국가의 협약 관계를 통하여 지적재산권 보호를 국제적으로 확보하는 기능을 한다.[2]

파리협약 제2조와 제3조가 연결점을 간접적으로 언급하고 있다. 제2조는 "동맹국 국민은 다른 모든 동맹국에서 산업재산권의 보호에 관하여… 이익을 향유한다"고 하여 내국민대우 원칙을 천명하면서,[3] 그 수익자(beneficiary)[4]를 '동맹국 국민(ressortissants de chacun des pays de l'Union)'이라고 하고 있고,[5] 제3조에서는 "비동맹국의 국민으로서 어느 동맹국의 영역 내에 주소 또는 진정하고 실효적인 산업상 또는 상업상의 영업소를 가진 사람은 동맹국의 국민과 같이 취급된다"고 하여[6] 비동맹국 국민이라 하더라도 동맹국 내에 주소나

---

1) 여기서 말하는 연결점 또는 연결소의 개념은 국제사법에서 논의하는 것과 구별된다. 전자는 지적재산권 보호를 향유할 수 있는 자격이 있는 창작자나 창작물을 정하기 위한 기준을 말하는 것이고, 후자는 준거법 결정의 기준을 의미한다.

2) 파리협약은 발명자를, 그리고 베른협약은 저작자를 염두에 두고 연결점을 규정하고 있기 때문에, '저작물'이나 발명'을 특정 국가에 연결시킬 필요는 없다. 다만, 연결점이 단지 사람일 필요는 없으며 발명이나 저작물도 연결점이 될 수는 있다. 세계저작권협약은 저작자가 아닌 저작물을 연결점으로 상정하고 있다. 협약 제2조 참조.

3) Art. 2(1): "Nationals of any country of the Union shall, as regards the protection of industrial property, enjoy in all the other countries of the Union the advantages that their respective laws now grant, or may hereafter grant, to nationals; all without prejudice to the rights specially provided for by this Convention."

4) 수익자란 협약상의 직접적인 권리와 의무의 주체는 아니나, 협약상의 이익(advantage)과 특혜(privilege)를 향유하는 주체라는 의미이다.

5) 1883년 파리협약은 신민 또는 시민(sujets ou citoyens)이라고 하다가, 1925년 헤이그 의정서에서 국민(ressortissants)으로 바꾸었다. 1886년 베른협약은 처음부터 국민(ressortisants)이라는 표현을 사용했다. 'ressortissant'란 국민을 뜻하는 다른 단어 'national'과는 구별되는 것으로, 다른 국가에 거주하면서 본국의 외교 보호를 받는 사람을 의미한다. http://www.larousse.fr/ 참조. 1884년과 1885년 외교회의 당시에는 어떤 국가의 보호를 받든, 어떤 국가에 속하든 간에 토착민(indigénat)을 고려해야 한다는 점이 작용했다. *Actes de la Conference international pour la protection des oeuvres littéraires et artistiques réunie à Berne du 7 au 18 septembre 1885*, pp. 41~42 참조.

6) Art. 3: "Nationals of countries outside the Union who are domiciled or who have real and effective industrial or commercial establishments in the territory of one of the countries of the Union shall be treated in the same manner as nationals of the countries of the Union."

영업소를 가지고 있을 경우에는 동맹국의 국민과 마찬가지로 협약상의 보호를 받을 수 있도록 하고 있다. 파리협약상의 연결점은 따라서 국적, 주소 및 영업소가 된다.

파리협약이 발명자를 중심으로 연결점을 규정하고 있듯이, 베른협약도 저작자를 중심으로 연결점을 규정하고 있다. 베른협약은 제3조는 "이 협약상의 보호는 다음에 적용된다"고 직접 언명하면서, ① 동맹국 국민인 저작자[제1항 (a)], ② 동맹국 국민이 아닌 경우 동맹국에서의 최초 발행 또는 동맹국과 비동맹국에서의 동시 발행된 저작물의 저작자[제1항 (b)], ③ 비동맹국 국민인 경우 동맹국에 상시거소를 가지는 저작자(제2항)를 권리의 주체로 하고 있다.[7][8] 곧 이들이 창작한 저작물은 협약상의 보호를 향유하는 것이다. 여기서 말하는 국적, 발행 및 상시거소가 베른협약상 연결점이다. 베른협약은 그 외에도 특수한 연결점에 관한 규정도 있다.

TRIPS협정 제1조 제3항 1문에 의하면, "회원국은 다른 회원국의 국민에 대하여 이 협정에 규정된 대우를 부여한다"고 하여 원칙적으로 국적만을 연결점으로 채택하고 있으나,[9] 그 2문에서는 "관련 지적재산권에 관하여 다른 회원국의 국민은, 세계무역기구의 모든 회원국이 파리협약(1967년), 베른협약(1971년), 로마협약 및 집적회로에 관한 지적재산권 조약의 회원국이라고 할 경우 이들 조약에 규정된 보호의 적격 요건을 충족하는 자연인 또는 법인으로 이해된다"[10]고 하여 파리협약과 베른협약, 로마협약과 워싱턴조약상의 연결점을

---

7) Art. 3(1): "The protection of this Convention shall apply to:
   (a) authors who are nationals of one of the countries of the Union, for their works, whether published or not;
   (b) authors who are not nationals of one of the countries of the Union, for their works first published in one of those countries, or simultaneously in a country outside the Union and in a country of the Union."

8) Art. 3(2): "Authors who are not nationals of one of the countries of the Union but who have their habitual residence in one of them shall, for the purposes of this Convention, be assimilated to nationals of that country."

9) Art. 1.3, 1st sentence: "Members shall accord the treatment provided for in this Agreement to the nationals of other Members."

10) Art. 1.3, 2nd sentence: "In respect of the relevant intellectual property right, the nationals of other Members shall be understood as those natural or legal persons that would meet the criteria for eligibility for protection provided for in the Paris Convention (1967), the Berne Convention (1971), the Rome Convention and the Treaty on Intellectual Property in

모두 TRIPS협정상의 연결점으로 하도록 하고 있다. 다시 말해서, 파리협약상의 주소나 영업소, 베른협약상의 발행이나 상시거소도 TRIPS협정상의 연결점으로 협정상의 보호를 받을 수 있도록 하고 있는 것이다. WTO 회원국이 파리협약이나 베른협약의 동맹국도 아니고, 로마협약이나 워싱턴조약상의 체약국도 아니더라도["세계무역기구의 모든 회원국이 파리협약(1967년), 베른협약(1971년), 로마협약 및 집적회로에 관한 지적재산권 조약의 회원국이라고 할 경우"][11] 이들 조약상의 연결점에 관한 의무를 준수해야 하는 것이다.

2) 연결점

(1) 국적

동맹국 국민(ressortissant, national)이란 각 동맹국의 국적법 등에 의하여 일정한 법률적 지위를 부여받은 사람으로서 자연인과 법인을 포함한다. 자연인은 각국의 국적법에 의하여 국적이 정해진다. 일반적으로 국적은 사람과 국가를 맺는 법률적 유대로서,[12] 각국의 전속 관할(reserved domain)에 속하는 문제로 인식하고 있다.[13] 그러나 국적의 결정을 국내법에 위임했다고 하여 이를 그대로 적용할 수는 없다. 국적은 국제 관계 속에서 그 유효성을 인정받을 수 있기 때문이다.[14] 이런 의미의 국적이란 "귀속(attachment)이라는 사회적 사실, 생존, 이해관계 및 감정이라는 진정한 연결(genuine connection), 그리고 상호 권리와 의무의 존재를 근거로 하는 법적인 유대이다."[15]

Respect of Integrated Circuits, were all Members of the WTO members of those conventions."

11) 가정법 표현("were all Members of the WTO members of those conventions")을 쓰고 있다.

12) 김용한·조명래, 『국제사법』, 전정판(정일출판사, 1992), 120쪽.

13) *Tunis and Morocco Nationality Decrees*, PCIJ, Ser. B, no.4 (1923), p.24. 전속 관할은 국내문제(국내관할권, domestic jurisdiction)라고 하기도 한다. 전속 관할이란 국제법의 구속을 받지 않는, 오로지 국가의 관할권만이 미치는 영역이라 할 수 있다.

14) 전속 관할(권)은 상대적인 개념으로서, 국제 관계의 변화에 따라 그 범위와 내용도 달라지게 마련이다. 예를 들어, 각국이 어업수역(경제수역)을 설정할 수는 있으나 이것은 연안국의 의지에만 달린 문제는 아니며, 그 국가의 관할권 행사도 또한 국제 관계 속에서 파악해야 한다. 다시 말해서, 일방적인 행위라 하더라도 그 유효성은 국제법에 비추어 판단하여야 하는 것이다. *Fisheries case*, ICJ Reports (1951), p.132 참조.

15) *Nottebohm case*, ICJ Reports (1955), p.23. 진정한 연결이 없는 편의 국적은 국제법상 인정

자연인의 국적은 부모의 국적을 기준으로 한 혈통주의 또는 속인주의(jus sanguinis)와 출생 장소를 기준으로 한 출생지주의 또는 속지주의(jus soli) 또는 양자의 결합에 의하여 결정된다. 각국이 상이한 제도를 가지고 있기 때문에 이중국적이나 무국적의 예가 적지 않게 발생하고 있다.16) 국적은 출생에 의해서 선천적으로만 취득하는 것은 아니다. 후천적으로 취득할 수도 있다. 혼인, 인지(legitimation), 귀화(naturalization), 국적회복 등이 후천적 취득의 방법으로 활용되고 있다.17)

법인의 국적 결정은 자연인의 경우보다 현실적으로 복잡하고 어렵다. 법적인 대응 또한 간단하지 않다. 법인의 국적은 자연인의 국적처럼 법인과 국가 간의 법적인 유대이다. 비록 개념 도출은 자연인의 그것과 같다 할 수 있으나 국적 결정은 법인이라는 특수성으로 인해 일률적으로 재단하기 어렵다. 자연인의 경우처럼 각국이 국내법으로서 국적법을 일률적으로 가지고 있지도 않다. 법인은 대체로 ① 설립지(place of incorporation), ② 영업중심지(center of administration, siège social), ③ 소유자와 지배주주의 국적 등을 기준으로 국적을 결정한다. 가장 많이 쓰이는 기준은 설립지주의(설립준거법주의)이다.18) 세법상 소유와 지배(ownership and control)의 기준도 많이 사용된다. 그 어떠한 기준에 의해서 국적을 결정하든 간에 법인의 국적도, 자연인의 국적과 마찬가지로, 조약 등에 달리 정하지 않는 한 '진정한 연결' 관계를 입증해야만 국제법적으로 유효함은 물론이다.

이중국적(double nationality)은 각국의 국적법이 다르기 때문에 불가피하게 생길 수밖에 없다. 국제적으로 이중국적을 방지하기 위한 협약이 존재하나 보편적인 규범은 아니다. 따라서 누구나 이중국적의 문제가 생길 수 있다.

이중국적은 다음 두 가지 경우로 나누어볼 수 있다. 첫째, 이중국적자의 본

되지 않는 것이다.

16) 그러나 이를 해결하기 위한 국제적인 노력은 그다지 성공을 거두지 못하고 있다.

17) 우리 국적법에서는 혼인, 인지, 귀화, 국적회복 등을 후천적 취득의 전형적인 예로 들고 있다. 종전 우리 국적법은 혈통주의에 의한 국적 취득과 혼인에 의한 국적 취득 관련 규정 등이 헌법상 남녀평등의 원칙에 맞지 않아 1997년 이후 몇 차례 개정된 바 있다. 입양(adoption)도 또 다른 국적 취득 방법으로, 우리 법에서는 입양을 통한 국적 취득을 한정적으로 인정하고 있다.

18) PCT 규칙 18.1은 체약국의 국내법에 따라 법인의 국적이 정해진다는 원칙하에서, 그 국내법상 설립된 법인은 그 국가의 국민으로 간주한다고 하고 있다. 설립지주의를 반영한 것이다.

국[19] 모두가 동맹국인 경우, 둘째, 본국 중 어느 한 국가만이 동맹국인 경우가 그것이다. 첫째의 경우는 어느 국가와의 연결을 주장하든 협약상의 보호에 아무런 문제가 없다. 둘째의 경우가 어렵다. 예를 들어, 동맹국 A와 비동맹국 B의 국적을 가지고 있는 사람이 국가 C에서 협약상의 보호를 주장한다면 국가 C의 법원은 어떤 근거로 보호를 인정하거나 부정할 수 있는가? 학설은 일치하지 않는다. 그 사람의 주소가 있는 국가가 동맹국인지 여부에 따라 보호 여부가 판정되어야 한다고 보는 학자도 있고,[20] 특정인이 어느 동맹국의 국민임을 주장할 경우 그에 따라 협약상의 보호를 해주는 것이 정당하다고 하는 학자도 있다.[21] 전자의 견해는 주소 선택이 국적 결정의 근거가 될 수 없다는 점에서 받아들이기 어렵다. 주소와 국적은 다른 요건에 의해 결정되는 것이기 때문이다. 또한 본인의 의사와는 상관없이 이중국적이 된 경우에도 국적의 '진정한 연결' 관계를 외면한 채 기계적으로 주소지를 국적으로 결정해버리는 문제를 낳는다. 또한 이런 주장은 이중국적자가 어느 국가에도 주소를 가지고 있지 않을 때에 아무런 답을 줄 수 없게 된다.[22] 후자의 견해가 설득력이 있다. 즉, 이중국적자 본인이 어느 동맹국의 국민임을 증명하고 이에 따라 협약상의 보호를 주장할 경우 다른 동맹국에서 이를 받아들이는 것이 순리적인 것이다. 이중국적자가 비동맹국 국민도 된다는 사실이 협약상의 보호를 잃는 근거로 작용할 수는 없을 것이다.

이중국적자가 본국 중 어느 한 국가에서 보호를 주장하는 경우에는 어떠할까. 이것은 원칙적으로 자국민에 대한 법률 적용 문제라고 할 수 있고, 따라서 이중국적자의 본국은 협약의 동맹국이든 아니든 자국법에 따라 보호를 해주어야 한다.[23]

국적의 변경도 협약상의 보호에 영향을 미친다. 동맹국 국민으로서 협약상

---

19) 여기서 말하는 본국은 파리협약이나 베른협약에서 말하는 본국(country of origin)과는 다른 의미이다. 일반적인 의미의 본국이란 자연인이나 법인의 국적 국가라 할 수 있다. 파리협약과 베른협약상 본국에 관해서는, 각기 제3부 제5장 1. 2) (2) 의의 및 요건 참조.

20) Weiss, *Manuel de Droit International Privé*, 7th ed., 1914. pp.30~81. Ladas, Vol.I, p.245에서 재인용.

21) Ladas, Vol.I, p.245.

22) Weiss에 의하면, 이 경우 법정지 국적법에 의해 결정하면 된다고 한다. Ladas, Vol.I, p.245. 그러나 이것은 법정지의 법이 외국인의 국적을 결정해야 하는 곤란한 문제를 야기한다.

23) Ladas, Vol.I, pp.244~245.

의 이익을 향유하던 사람이 국적을 상실하고 다른 비동맹국 국민이 된다면 그런 이익을 잃게 된다. 그러나 원칙적으로 기득권은 보호되어야 할 것이다. 이런 기득권은 모든 경우에 존중된다고 할 수는 없다. 예를 들어, 파리협약상 인정되는 우선권이 그런 예라 할 수 있다. 우선기간이 만료하기 전에 국적을 상실할 경우나 비동맹국 국민이 자국 출원 후 동맹국 국적을 취득할 경우 우선권은 인정되기 어렵다고 본다.[24]

파리협약이나 베른협약상 국적 기준은 '동맹국 국민'을 염두에 둔 것이다. 동맹국에는 종속국(dependent territory)이 원칙적으로 포함되지 않는다. 종주국이 종속국에 대해 해당 협약이 적용된다는 명시적인 선언을 해야만 '동맹국 국민'과 같은 지위를 확보할 수 있다.[25]

(2) 주소 및 영업소

파리협약은 국적과 더불어 주소(domicile)와 영업소(establishment)도 연결점으로 하고 있다. 주소나 영업소와 국적은 대개의 경우 하나일 것이다. 그러나 국가 간의 교통과 통신의 발전으로 인해 국적과 같은 한 가지 기준만으로 연결점을 정하는 것이 곤란한 경우가 많다. 이에 따라 주소나 영업소가 별도의 연결점으로서 의의가 있다.

파리협약은 또한 비동맹국 국민이라도 동맹국 내에 주소를 두거나 진정하고 실효적인 산업상 또는 상업상의 영업소(industrial or commercial establishments)를 두는 경우에도 동맹국 국민과 마찬가지로 보호하도록 하고 있다(제3조).[26][27] 주소의 개념은 국가마다 다르다. 일부 국가에서는 공식적인 절차를 거쳐 주소

---

24) 이에 관해서는, 제3부 제3장 2. 우선권의 향유자 참조.

25) 파리협약 제24조 제1항에 의하면, "어느 국가든지 비준서나 가입서에 의한 선언 또는 그 후에 사무총장에게 문서에 의한 통보로, 자국이 국제 관계의 책임을 지는 영토의 전부나 일부를 지정하여 이 협약이 적용된다고 할 수 있다." 베른협약 제31조 제1항도 동일한 규정을 두고 있다. 비준서나 가입서에서 지정한 날 또는 사무총장에 대한 통보의 경우에는 3개월 후 효력이 발생한다.

26) Art. 3: "Nationals of countries outside the Union who are domiciled or who have real and effective industrial or commercial establishments in the territory of one of the countries of the Union shall be treated in the same manner as nationals of the countries of the Union."

27) 1883년 파리협약에서부터 연결점으로 주소나 영업소에 관한 규정이 존재했다. 1990년 브뤼셀 추가의정서에서 영업소가 '진정하고 실효적인' 것을 요구하게 되었다.

를 인정하는가 하면, 다른 일부 국가에서는 거소(residence)와 같은 의미로 사용한다.[28] 파리협약에서 말하는 주소는 법적인 상태를 가리키는 말이라기보다는 사실적인 상태에 국한하는 개념으로 파악하는 것이 일반적이다. 협약의 목적은 동맹국에 거소를 가지는(거주하는) 외국 국적의 사람에게 협약상의 이익을 부여하는 데 있기 때문이다.[29] 그렇더라 하더라도 주소는 진정한(serieux, real) 것이어야 한다. 일시적인 거소나 체류는 주소에 상당하는 것이라고 볼 수 없다. 가상의 주소도 허용되지 않는다. 이것은 사실 관계에 관한 것이며 그 판단은 법원의 역할이다.[30] 주소는 자연인에게만 있는 것은 아니다. 법인의 주소도 생각할 수 있다. 자연인에게 적용되는 원칙은 그대로 적용될 수 있다. 즉, 법인의 주소는 진정하여야 한다. 대개의 경우 법인의 주소는 주영업소 소재지와 동일한 것으로 보아 무방하다.[31] 주소가 진정한 것인지 여부는 보호가 주장되는 국가의 법률에 의한다.

무국적자는 어디에도 국적이 없는 사람이다. 파리협약은 '비동맹국 국민으로서(nationals of countries outside the Union)' 다른 동맹국에 주소나 영업소를 가지고 있는 사람을 보호 적격(eligibility for protection)이 있는 것으로 규정하고 있기 때문에 엄밀하게 해석한다면 무국적자는 보호받을 수 없을 것으로 보인다. 무국적자는 비동맹국 국민이 아니기 때문이다. 파리협약이 연결점으로 주소나 영업소 그 자체만을 요건으로 하는지, 아니면 '비동맹국 국민으로서' 동맹국 내에 주소나 영업소를 가지고 있을 것을 요구하는지 여부에 따라 다른 판단을 할 수 있을 것이다. 그러나 협약 취지는 '동맹국 국민이 아니라 하더라도', 즉 비동맹국 국민이든 무국적자이든 보호하려 한 것으로 보인다. 비동맹국 국민과 무국적자를 차별할 실익도 찾기 어렵다.[32]

---

28) Bodenhausen, p.33; Ladas, Vol.I, p.250. 프랑스에서는 정주의 의사가 있다 하더라도 이것이 곧 주소를 가지는 것으로 볼 수 없으며 반드시 국가의 승인을 거쳐야 하도록 하고 있다. 주소 여부는 시민권 향유의 조건이다. 반면 영미법계에서는 정주의 의사를 가진 사람에게 주소를 부여한다. 영미법계에서 주소는 민사적 법률관계를 지배한다. 한편, 독일의 경우는 영미법계에 비하여도 완화된 요건하에 주소를 부여하고 있다.

29) Ladas, Vol.I, p.251; Bodenhausen, 33.

30) Ladas, Vol.I, p.251.

31) Bodenhausen, p.34.

32) 이런 해석은 베른협약 관련 규정(상시거소 관련) 해석과 맥락을 같이한다. 상시거소에 관해서는, 제2부 제4장 2. 2) (4) 상시거소 참조.

영업소의 진정성은 주소의 경우와 마찬가지로 말할 수 있다. 또한 영업소는 실효적이어야(effectif, effective) 한다.[33] 영업소가 실효적이기 위해서는 특정인이 해당 장소에서 일정한 정도 영업 활동을 하여야 한다. 단순히 사자의 자격만을 가진다든가 창고의 역할만을 해서는 안 된다는 것이다. 주영업소 여부를 불문한다. 단지 제품을 판매하는 행위만으로도 상업상의 영업소로서, 위 요건을 충족할 수 있다.[34] 주소의 경우와 마찬가지로, 영업소가 진정하고 실효적인 것인가 여부는 보호가 주장되는 국가(보호국가)의 법률에 의한다.

동맹국 국민이 파리협약상의 보호를 받기 위해서 보호국가에 주소나 영업소를 반드시 가질 필요는 없다. 국적이 그대로 기본적인 연결점으로 작용하기 때문이다. 동맹국 국민은 그 국가에 주소를 두고 거주하는 것이 보통이지만 주소를 다른 곳에 두는 경우도 적지 않다. 파리협약은 어떠한 경우이든 동맹국에 거주하는 사람에 대해서는 협약상의 이익을 그대로 향유하도록 분명히 하고 있다. 즉, "산업재산권의 향유를 위하여, 동맹국 국민에게 보호가 주장되는 국가에 주소나 영업소에 관한 요건을 부과하여서는 아니 된다"(제2조 제2항). 이 규정은 연혁적인 의미가 강한 것으로, 그 배경을 알아야만 이해할 수 있는 것이다. 1883년 전만 하더라도 자국 내에 영업소를 두고 있는 상표나 상호는 국적을 불문하고 모두 보호대상이었다. 반면 외국에 영업소를 둘 경우 내외국인을 막론하고 상호주의에 따라 보호해주었다. 다시 말해서 상표나 상호는 자국의 산업과 교역을 보호하는 데 목적이 있는 것이지 자국민의 영업을 보호하려는 목적은 없었다. 따라서 외국에 영업소를 둔 자국민은 보호하지 않았고 더욱이 외국에 영업소를 가진 외국인을 보호하려는 태도를 보일 리가 없었다. 당시의 양자조약도 각 국내법에서 보호하는 상표나 상호에 대해서만 보호하는 입장을 취했다.[35] 파리협약도 이와 같이 해석될 우려가 있었다. 그러나 이런 해석은 협약 정신에 기본적으로 반하는 것이었다. 파리협약은 전문에서 보듯이, 자국의 산업과 교역을 보호할 뿐만 아니라 각 동맹국 국민에게 효

---

33) 파리협약 제3조에서는 영업소에 대해 특별히 진정하고 실효적인 것을 요구하고 있으나(nationals of countries outside the Union … who have real and effective industrial and commercial establishments) 주소에 대해서는 아무런 언급이 없다(nationals of countries outside the Union who are domiciled). 이것이 주소의 진정성 요건을 부정하는 것은 아니다.

34) Ladas, Vol.I, pp.252~253.

35) Ladas, Vol.I, pp.248~249.

과적이고 완전한 산업재산권 보호를 부여하기 위한 목적을 가지고 탄생한 것이다. 따라서 자국에서 보호되는 것만 보호하겠다는 조건은 분명 협약상 국적 기준(제2조의 제1항)과 주소 또는 영업소 기준(제3조) 전체의 해석으로 받아들이기 어려운 것이었다. 1911년 워싱턴 개정회의에서 위 조항을 추가함으로써 그간의 의문을 해결했다.

(3) 발행

베른협약상 연결점은 국적과 발행, 그리고 상시거소이다. 국적에 관해서는 파리협약상의 제반 해석이 그대로 베른협약에도 적용된다. 베른동맹국 국민은 발행 저작물이나 미발행 저작물이나를 막론하고 협약상 보호된다.

발행(publication)도 중요한 연결점으로 작용한다. 동맹국 국민의 저작물뿐만 아니라, 비동맹국 국민의 저작물이라 하더라도 어느 동맹국에서 최초 발행 요건을 충족하게 되면 협약상의 보호를 향유할 수 있다. 협약상 발행은 제한적인 의미이다. 즉, 발행 저작물이란 "복제물의 제조방법이 어떠하든 간에, 저작자의 동의를 얻어 발행된 저작물로서, 저작물의 성격을 고려하여, 공중의 합리적인 수요를 만족시킬 수 있는 수량의 복제물이 제공된 것"을 의미하고, 연극, 악극, 영상 또는 음악 저작물의 실연, 어문저작물의 공개낭송, 문학·예술 저작물의 유선에 의한 전달 또는 방송, 미술저작물의 전시 및 건축저작물의 건조는 발행이 아니다(제3조 제3항).[36]

발행을 처음으로 연결점으로 삼은 것은 1896년 파리 추가의정서였다. 당시는 인쇄물과 같은 유형물이 공중에 제공되는 경우와 실연(공연)과 같이 일시적으로 전달되는 경우를 구별하여, 전자를 염두에 둔 발행 개념을 수용하기로 했다.[37] 오늘날에도 과거와 같은 기준으로 연결점을 정하는 것이 적절한지 의문

---

36) Art. 3(3): "The expression 'published works' means works published with the consent of their authors, whatever may be the means of manufacture of the copies, provided that the availability of such copies has been such as to satisfy the reasonable requirements of the public, having regard to the nature of the work. The performance of a dramatic, dramatico-musical, cinematographic or musical work, the public recitation of a literary work, the communication by wire or the broadcasting of literary or artistic works, the exhibition of a work of art and the construction of a work of architecture shall not constitute publication."

37) Ricketson & Ginsburg, p.248, pp.256~257.

이 제기되기도 한다. 디지털 기술의 등장으로 복제물의 행태, 즉 유형물인지 무형물인지 구분하는 것이 무의미해졌기 때문이다.[38]

발행의 정의와 관련해서 다음과 같은 점에 주목해야 한다. 첫째, 저작자의 허락을 받지 않은 발행은 협약상 발행이 아니며, 따라서 연결점으로 작용할 수 없으며 이를 근거로 협약상의 혜택을 주장할 수 없다. 허락을 받지 않은 발행에는 강제허락에 의한 발행, 불법적인 발행 등이 있을 터인데 그 어느 것도 발행 요건을 충족하지 못했기 때문에 연결점이 될 수가 없다. 불법 출판물이 먼저 발행되었다 하여 이를 근거로 다른 국가에 대해 협약상의 의무를 요구할 수 없는 것이다

둘째, 저작물의 성격이란 어문저작물과 같이 일반 공중의 수요를 충족해야만 발행의 정의를 충족하는 경우가 있는가 하면, 영상저작물과 같이 배급처의 수요 정도만 충족해도 되는 경우가 있는 등 각각의 수요에 따른 특성을 의미한다.[39] 그렇지만, 방송용 영상저작물과 같이 발행을 염두에 두지 않은 경우에는 발행의 요건을 충족할 수 없다.[40]

셋째, 어느 저작물이 2개국에 걸쳐 '동시'에 최초 발행된 경우에도 최초 발행으로 간주한다. 그러나 물리적으로 동시에 발행되는 예는 그다지 많지 않다. 협약은 이 점을 고려하여 동시 발행(simultaneous publication)과 관련하여, 저작물이 최초 발행된 후 30일 내에 다른 국가에서 발행된 경우에 동시에 발행된 것으로 간주하는 규정을 두고 있다(제3조 제4항).[41] 이 점은 베른협약의 특징으로 중요한 역할을 한다.[42]

---

38) Ricketson & Ginsburg, pp. 274~278 참조.

39) Masouyé, p. 28.

40) 영상저작물을 염두에 둔 별도의 연결점도 있다. 이에 관해서는 제2부 제4장 2. 2) (5) 기타 연결점 참조.

41) Art. 3(4): "A work shall be considered as having been published simultaneously in several countries if it has been published in two or more countries within thirty days of its first publication."

42) 베른협약에서는 어느 동맹국에서 최초 발행된 저작물은 저작자의 국적을 불문하고 보호하기 때문에 이른바 '뒷문을 통한 보호(back-door protection or back-door to Berne)'가 가능했다. 이것은 주로 미국에서 활용된 방법으로, 미국이 베른협약에 가입하지 않았을 당시 미국 저작자는 자신의 저작물을 미국과 캐나다에서 '동시 발행'함으로써 베른동맹국인 캐나다의 협약상의 권리를 이용하여 저작권 보호를 받을 수 있었다.

(4) 상시거소

상시거소(상거소, habitual residence)의 연결점으로서의 기능은 국적의 경우와 동일하다. 베른협약상 비동맹국 국민이 어느 동맹국에 상시거소를 두는 경우 이들은 모두 동맹국 국민으로 간주하기 때문이다(제3조 제2항).[43] 상시거소는 주소와 다르다.[44] 상시거소는 1967년 스톡홀름 의정서에서 연결점으로 추가된 것이다. 당시 대표들은 상시거소는 사실 문제로서, 국가마다 다른 개념의 주소보다는 바람직하다는 의견을 보였고 이 의견이 반영된 것이다.[45] 상시거소는 무국적자나 난민의 저작물 보호를 위해서도 적절하다.[46]

상시거소는 자주 바뀔 수 있다. 국적도 그럴 수 있지만, 상시거소에 비해서는 안정적이다. 그렇다면 어느 시점의 상시거소를 연결점으로 인정할 수 있는지 논란이 될 수 있다. 보호가 주장되는 국가의 국내법으로 정할 문제이다.[47]

(5) 기타 연결점

베른협약 제4조는 영상저작물과 건축저작물에 대하여, 특수한 연결점을 규정하고 있다. 영상저작물의 경우에는 발행이라는 연결점을 언제나 활용할 수 있는 것은 아니다. 발행이란 "공중의 합리적인 수요를 만족시킬 수 있는 수량의 복제물"을 제공해야 하는 것이지만 영상저작물은 이 조건을 언제나 만족시킬 수 없는 경우도 있기 때문이다. 또한 예를 들어, 방송용 영상저작물의 경우에는 발행이라는 개념 자체를 생각하기도 어렵다. 무엇보다도, 많은 국가 저

---

43) Art. 3(2): "Authors who are not nationals of one of the countries of the Union but who have their habitual residence in one of them shall, for the purposes of this Convention, be assimilated to nationals of that country."

44) 파리협약은 주소를, 베른협약은 상시거소를 연결점으로 하고 있다. 양 조약은 이 점에서 다르다. 베른협약상 상시거소는 파리협약상 주소의 개념이 안고 있는 문제를 부분적으로 해결하기 위해 1967년 스톡홀름 의정서에서 등장한 개념이다. 파리협약상 주소는 사실상의 상태를 의미하는 것이 일반적이므로, 베른협약에서 말하는 상시거소와 흡사한 개념이라 보아도 될 것이다.

45) *Records of the Intellectual Property Conference of Stockholm*, June 11 to July 14, 1967, pp.839~841 참조.

46) Masouyé, p.27.

47) Ricketson & Ginsburg, pp.241~243. 연결점과 저작자를 맺어주는 결정 시점의 문제는 상시거소의 경우뿐만 아니라 모든 연결점의 경우에도 중요하다. 저작자가 어떤 시점에, 어떤 연결점으로 보호를 받을 수 있는가 여부에 관한 것이기 때문이다.

작권법이 그렇듯이, 영상저작물은 다수의 저작자가 존재하기 때문에[48] 특정 국가를 본국으로 확정하기도 어렵다. 이런 점들을 고려하여, 협약 제4조는 제3조상의 국적, 발행, 상시거소 등의 요건을 충족하지 못한다 하더라도 영상저작물 제작자의 주영업소나 상시거소를 연결점으로 하고 있다.[49)50)] 다수의 제작자가 공동으로 영상저작물을 제작할 경우 제작자 중 1인이 어느 한 동맹국의 상시거소나 주사무소를 가지고 있다면, 이 또한 협약상의 연결점을 충족하는 것으로 해석한다.[51)]

협약 제4조는 또한 건축저작물의 경우에도 영상저작물과 마찬가지로 국적이나 상시거소 등의 요건을 충족하지 못할 경우를 대비하여, 건물저작물의 소재지를 연결점으로 하고 있다. 건물이나 구조물에 포함된 기타 미술저작물도 그 소재지를 연결점으로 하고 있다.

이와 같이 저작자와 특정 국가가 연결될 때 그 국가는 베른협약에서 말하는 '저작물의 본국(country of origin of the work)'이다.[52)]

---

48) 대륙법계 국가의 상당수는 영상저작물의 저작자를 제작에 참여한 창작적 기여자 모두로 정의한다.

49) Art. 4: "The protection of this Convention shall apply, even if the conditions of Article 3 are not fulfilled, to:

   (a) authors of cinematographic works the maker of which has his headquarters or habitual residence in one of the countries of the Union;

   (b) authors of works of architecture erected in a country of the Union or of other artistic works incorporated in a building or other structure located in a country of the Union."

50) 파리협약과는 달리, 국적의 개념을 사용하지 않고 있다. 법인의 국적 결정의 곤란함을 받아들인 것이다.

51) Masouyé, pp.30~31.

52) 제5조, 특히 제4항 참조. 제4항은 연결점이 경합(충돌)할 경우 1개국을 우선적으로 본국으로 정하기 위한 기준을 제시하고 있다. 구체적으로 이에 관해서는, 제4부 제2장 1. 2) 본국의 개념 참조.

3. 무차별 원칙: 내국민대우와 최혜국대우의 원칙

1) 내국민대우의 원칙

내국민대우의 원칙은 오래전부터 양자 간 우호통상항해조약에서 볼 수 있었다. 제2차 세계대전 이후 채택된 양자 간 투자보호협정이나 다자간 통상 규범(GATT나 그 뒤를 이은 WTO 설립협정이 대표적인 예이다) 등에서도 이 원칙을 수용한 바 있다. 지적재산권 분야에서 내국민대우 원칙 또한 오랜 역사를 가지고 있다. 19세기 중반 이후 채택된 양자 간 지적재산권 협정에 이미 등장한 바 있고, 이후 파리협약과 베른협약에서 이 원칙을 기본으로 하면서 이제 내국민대우의 원칙은 지적재산권의 국제적 보호의 핵심 고리가 되었다.

(1) 조약 규정

지적재산권 조약에서는 모두 내국민(내국인)대우의 원칙(principle of national treatment or assimilation)에 따라 외국인의 창작물을 보호하도록 하고 있다. 각 조약마다 표현 방식이 다르다. 조약 규정을 하나씩 옮겨보기로 한다. 먼저 파리협약 제2조는 다음과 같다.

(1) 동맹국 국민은 다른 모든 동맹국에서 산업재산권의 보호에 관하여, 이 협약에서 특별히 규정하는 권리를 해치지 아니하는 한, 각 법률이 내국민에 대하여 현재 부여하거나 장래에 부여할 이익을 향유한다. 따라서 동맹국의 국민은 내국민에게 부과하는 조건 및 방식[53]에 따를 것을 조건으로 내국민과 동일한 보호를 받으며 또한 권리의 침해에 대하여 내국민과 동일한 법률상의 구제를 받는다.

(2) 그러나 산업재산권의 향유를 위하여, 동맹국 국민에게 보호가 주장되는 국가에 주소나 영업소에 관한 요건을 부과하여서는 아니 된다.

(3) 사법 및 행정 절차, 재판관할권 및 산업재산권에 관한 법률에서 요구될 수 있는 송

---

53) 영어본에서는 'formalities'라고 하고 있는바, 우리 공식 번역문에서는 '절차'라고 표현하고 있다. 등록이나 기탁 등은 절차라기보다는 방식이라고 할 수 있으며, 산업재산권과 저작권을 구별하는 특징의 하나로 이런 방식의 존부를 들 수 있다. 저작권은 산업재산권과 달리 이런 방식을 권리 발생의 요건으로 하지 않는다. 이에 관해서는, 제4부 제2장 2. 무방식주의 및 독립의 원칙 참조.

달 주소의 지정 또는 대리인의 선임에 대하여는 각 동맹국의 법률 규정에 명시적으로 유보된다.[54]

베른협약 제5조 제1항은 다음과 같다.

저작자는 이 협약에 따라 보호되는 저작물에 관하여, 본국 이외의 동맹국에서 각 법률이 현재 또는 장래에 내국민에게 부여하는 권리 및 이 협약이 특별히 부여하는 권리를 향유한다.[55]

또한 TRIPS협정 제3조는 다음과 같다.

1. 각 회원국은 파리협약(1967년), 베른협약(1971년), 로마협약 또는 집적회로에 관한 지적재산권 조약에 각각 이미 규정한 예외에 따를 것을 조건으로, 지적재산권의 보호에 관하여 자국 국민보다 불리한 대우를 다른 회원국의 국민에게 부여할 수 없다. 실연자, 음반제작자 및 방송사업자에 관하여, 이러한 의무는 이 협정에 규정된 권리에 관하여만 적용된다. 베른협약(1971년) 제6조 또는 로마협약 제16조 제1항 (b)에 규정된 가능성을 원용하려는 회원국은 동 조항에 규정된 바에 따라 무역 관련 지적재산권

---

54) Art. 2: "(1) Nationals of any country of the Union shall, as regards the protection of industrial property, enjoy in all the other countries of the Union the advantages that their respective laws now grant, or may hereafter grant, to nationals; all without prejudice to the rights specially provided for by this Convention. Consequently, they shall have the same protection as the latter, and the same legal remedy against any infringement of their rights, provided that the conditions and formalities imposed upon nationals are complied with.

(2) However, no requirement as to domicile or establishment in the country where protection is claimed may be imposed upon nationals of countries of the Union for the enjoyment of any industrial property rights.

(3) The provisions of the laws of each of the countries of the Union relating to judicial and administrative procedure and to jurisdiction, and to the designation of an address for service or the appointment of an agent, which may be required by the laws on industrial property are expressly reserved."

55) Art. 5 (1): "Authors shall enjoy, in respect of works for which they are protected under this Convention, in countries of the Union other than the country of origin, the rights which their respective laws do now or may hereafter grant to their nationals, as well as the rights specially granted by this Convention."

이사회에 통보하여야 한다.

2. 회원국은 어느 회원국의 관할 내에 있는 송달 주소지 지정 또는 대리인의 임명을 포함한 사법 및 행정 절차와 관련하여, 제1항에서 허용되는 예외를 이용할 수 있다. 다만, 그러한 예외는 이 협정의 규정과 양립하는 법률과 규칙의 준수를 확보하기 위하여 필요한 경우 및 그러한 관행이 무역에 대하여 위장된 제한이 되지 아니하는 방법으로 적용되는 경우에 한한다.[56]

(2) 내국민'대우'

(가) 규정 목적 및 형식

이들 규정은 모두 공통적으로 내국민대우에 관한 것이다. 기본 정신이며 내용도 상당한 정도로 공통점을 가지고 있다. 출발점이랄까, 규정의 목적은 동일하다. 즉, 자국민에게 부여하는 대우를 외국인에게도 같이 부여해야 한다는 (same treatment) 것이다.

파리협약은 어느 동맹국 국민이 산업재산권에 관하여 다른 동맹국에서 후자 국가 국민에게 부여하는 이익을 향유한다는 것이고, 베른협약은 저작자가 본국 이외의 동맹국에서 후자 국가 국민에게 부여하는 권리를 향유한다는 것이고, TRIPS협정은 어느 회원국이 자국민에게 부여하는 대우보다 불리한 대우를 다른 회원국 국민에게 부여하지 않아야 한다는 것이다. 동일한 목적을

---

56) Art. 3: "1. Each Member shall accord to the nationals of other Members treatment no less favourable than that it accords to its own nationals with regard to the protection of intellectual property, subject to the exceptions already provided in, respectively, the Paris Convention (1967), the Berne Convention (1971), the Rome Convention or the Treaty on Intellectual Property in Respect of Integrated Circuits. In respect of performers, producers of phonograms and broadcasting organizations, this obligation only applies in respect of the rights provided under this Agreement. Any Member availing itself of the possibilities provided in Article 6 of the Berne Convention (1971) or paragraph 1(b) of Article 16 of the Rome Convention shall make a notification as foreseen in those provisions to the Council for TRIPS.

2. Members may avail themselves of the exceptions permitted under paragraph 1 in relation to judicial and administrative procedures, including the designation of an address for service or the appointment of an agent within the jurisdiction of a Member, only where such exceptions are necessary to secure compliance with laws and regulations which are not inconsistent with the provisions of this Agreement and where such practices are not applied in a manner which would constitute a disguised restriction on trade."

가지고는 있지만 규정 형식에 차이가 있다. 파리협약과 베른협약은 창작자(이들은 협약상 수익자이다) 중심으로 서술하고 있는 반면, TRIPS협정은 회원국의 의무를 중심으로 언급하고 있다. 어떤 형식이든 당사국이 조약상의 의무를 부담한다는 점에서는 차이가 없는 듯하다. 다만, 전자의 경우 협약상 수익자가 직접 협약 규정을 들어 협약상의 대우를 주장할 여지가 있다.[57]

내국민대우는 단지 외국 국적을 가지고 있는 외국인에게만 인정되는 것은 아니다. 파리협약이나 베른협약, TRIPS협정상의 연결점에 의해 보호 적격을 가지는 모든 외국인(경우에 따라서는 무국적자)에게 인정된다. 예를 들어, 파리협약상 어느 동맹국에 영업소를 두고 있는 법인이나 베른협약상 어느 동맹국에서 최초 발행된 저작물을 창작한 저작자도 내국민대우의 혜택을 받을 수 있는 것이다.

(나) '대우'의 의미

조약마다 내국민'대우'의 의미를 달리 쓰고 있다. 먼저 파리협약에서는 '이익(advantages)', 베른협약에서는 '권리(rights)', TRIPS협정에서는 '대우(treatment)'라고 쓰고 있다. 이것은 일률적으로 같은 것을 말하는 것일까. 파리협약상 내국민대우란 '내국민과 동일한 보호'와 '내국민과 동일한 법률상의 구제'를 의미한다. 권리의 보호에 관한 것으로는 권리의 취득과 유지, 권리의 내용과 그 제한, 보호기간 등이 있고, 구제에 관한 것으로는 소송상의 수단, 형사 제재 등이 있다.

특허나 상표의 출원과 등록에 관해서도 내국민대우의 원칙이 미친다. 외국인은 출원과 등록에서 내국민과 동등한 내우를 받아야 하고, 출원과 등록에 조건과 방식이 요구된다면 이 경우에도 내국민과 같은 대우를 받아야 한다는 것이다.[58] 파리협약이 베른협약과 같이 '권리'라고 하지 않고, '이익'이라고 표현한 것도 이런 점을 고려한 것으로 보인다.

반면, 베른협약은 '권리'라고 하고 있다. 이 권리도 제한적인 의미, 즉 배타적인 권리를 의미한다. 조약 해석 방법론의 하나로 중요한 의미를 가지는 국가관행(state practice)이 이를 뒷받침한다. 유럽 국가들은 오랫동안 보상청구권에

---

57) 이에 관해서는, 제2부 제1장 6. 조약의 직접 적용 문제 참조.

58) Bodenhausen, p.88, 108. 같은 취지: 後藤, p.229.

대하여 내국민대우를 하지 않았고, 다른 동맹국들은 이에 대해 이의를 제기하지 않았다.[59]

한편, TRIPS협정은 내국민대우의 '대우'라는 표현을 직접 사용하고 있다. 대우는 '보호에 관한 대우(treatment … with respect to protection)'로서, 그 보호는 "제3조 및 제4조의 적용상, '보호'는 지적재산권의 취득 가능성(availability), 취득(acquisition), 범위(scope), 유지(maintenance) 및 집행(enforcement)에 영향을 미치는 사항 및 이 협정에서 특별히 규정한 지적재산권의 사용에 영향을 미치는 사항을 포함한다."[60]

TRIPS협정은 내국민대우의 원칙이 조약상의 보호에 국한하고 있는 반면, 파리협약이나 베른협약은 조약상의 이익이나 권리뿐만 아니라 국내법상의 그것도 동맹국의 의무로 하고 있다. 따라서 동맹국은 조약상의 이익이나 권리는 물론이고, "각 동맹국의 법률이… 현재 부여하거나 장래에 부여할 이익"(파리협약)이나 "각 법률이 현재 또는 장래에 자국민에게 부여하는 권리"(베른협약)도 외국인에게 그대로 인정해야 한다.

이와 같이, 파리협약과 베른협약이 내국민대우의 원칙을 폭넓게 인정하고 있기 때문에 국내법에서 보호대상을 넓히고 보호수준을 높이는 것은—입법 주권에 속하는 문제이긴 하지만—신중할 필요가 있다. 예를 들어, 파리협약은 보호대상을 정의하지 않아 어느 동맹국이든 국내법으로 특허를 넓은 범위로 정의할 수 있다. 이 국가는 이 경우 해당 특허에 대해 내국민대우를 해줘야 한다. 베른협약상으로도 마찬가지로 이론을 전개할 수 있다. 베른협약은 보호대상을 예시하고 있을 뿐이어서 어느 동맹국이든 여전히 국내법으로 그 대상을 넓힐 수 있고, 이때 이 국가는 그 대상에 대해 역시 내국민대우의 원칙에 따라 보

---

59) 보상청구권 제도의 대표적인 예로서, 사적복제보상금 제도가 있다. 참고로, 1996년 WIPO 실연·음반조약 제4조 제1항은 주목할 만하다. 이에 의하면, "각 체약당사자는… 다른 체약당사자의 국민에 대하여 이 조약에서 특별히 규정한 배타적인 권리 및 이 조약 제15조에서 규정한 정당한 보상청구권에 관하여 자국민에게 부여하는 대우를 부여하여야 한다." 이 조항은 내국민대우 원칙이 단지 배타적인 권리뿐만 아니라 보상청구권에도 미친다는 점을 분명히 하고 있다.

60) Note: "For the purposes of Articles 3 and 4, 'protection' shall include matters affecting the availability, acquisition, scope, maintenance and enforcement of intellectual property rights as well as those matters affecting the use of intellectual property rights specifically addressed in this Agreement."

호해줘야 한다.[61]

내국민대우의 원칙을 국내법에 반영한다면 다음과 같은 내용을 담을 것이다. 첫째, 외국인이 조약에 의해 보호 자격(보호 적격)을 갖춰야 하고, 둘째, 그런 외국인은 국내법에서 정한 권리를 향유하고(권리능력) 그 권리를 행사할 수 있는 자격(행위능력)을 가지게 되며, 셋째, 권리의 침해가 발생하면 침해에 대한 직접적인 구제 방법을 강구할 수도 있고 필요한 경우 형사 처벌을 요구할 수도 있다.

국제법상 외국인의 법적 지위를 생각해볼 때 내국민대우는 중요한 작용을 한다. 외국인에게 내국민대우가 인정되지 않는 경우와 비교할 때 그 효과는 보다 분명해진다. 어떤 국가든지 조약상의 구속을 받지 않는다면, 일반적으로 외국인에게는 제한적인 권리를 부여하기 때문이다.

내국민대우는 본국(국적 국가)의 외교보호권(right of diplomatic protection)에 의하여 보충된다. 내국민대우를 부여받은 외국인의 권리가 침해된 경우 위와 같은 구제 방법, 즉 국내구제(local remedy) 절차를 통하여 만족을 얻지 못하게 되면 자신의 본국에 대하여 외교보호권의 행사를 요청할 수도 있고 본국이 직접 이런 권리를 행할 수도 있다. 이 경우 외교보호권은 타국에 책임을 귀속시킬 수 있는 국제의무 위반 행위, 즉 협약상의 의무 불이행을 들어 행사되는 것이다.[62]

(3) 예외

외국인의 창작물에 대하여 부여하는 '내국민대우'에 대해 조약에서 예외를 인정하는 경우가 있다. 국내법으로 그런 예외를 설정할 수는 없지만, 조약상의 예외는 허용되는 것이다. 그런 예외는 산업재산권의 향유와 유지를 위한

---

61) 글자꼴 디자인은 국제적으로 보호대상이 아니다. 각국 국내법에서나 판례에서도 글자꼴 디자인은 대체로 보호하지 않는다. 우리 디자인보호법은 글자체[기록이나 표시 또는 인쇄 등에 사용하기 위하여 공통적인 특징을 가진 형태로 만들어진 한 벌의 글자꼴(숫자, 문장부호 및 기호 등의 형태를 포함한다)]를 디자인에 포함시켜 디자인 등록을 받을 수 있도록 열어놓고 있다. 내국민대우의 원칙에 따라 외국인의 등록 글자체도 보호대상이 되는 것이다. 글자꼴 디자인은 국내에서 저작권법에 의한 보호와 디자인법에 의한 보호를 둘러싸고 적지 않은 논란이 있었다. 글자꼴 디자인은 국제 조약상 보호대상도 아닌 만큼 여전히 특별법에 의한 보호가 적절하다고 본다.
62) 무국적자는 본국이 존재하지 않으므로 이런 국제법상의 권능을 활용할 수 없다.

조건상의 차별, 사법 절차나 행정 절차상의 차별, 그리고 상호주의에 의한 차별 등이 있다.

(가) 내국민에게 부과하는 조건과 방식

파리협약 제2조 제1항에 의하면, 어느 동맹국 국민은 다른 동맹국에서 "내국민에게 부과하는 조건 및 방식(conditions and formalities)에 따를 것을 조건으로 내국민과 동일한 보호를 받"는다. 입법연혁을 보면, '내국민에게 부과하는 조건'이 포함된 배경에는 외국인이 내국민에 비해 유리한 대우를 받아서는 안 된다는 것이었다.[63] 규정 형식도 일견 내국민대우의 예외로 보인다. 외국인은 일정한 조건("내국민에게 부과하는 조건 및 방식에 따를 것을 조건으로")을 충족하는 경우에 한하여 내국민대우를 받을 수 있는 것으로 규정하고 있기 때문이다.

그런데 규정을 자세히 들여다보면, 외국인이 '내국민에게 부과하는 조건 및 방식'을 따를 경우, 즉 내국민에게 부과하는 조건이나 방식을 외국인도 따르는 것을 전제로 내국민대우를 받을 수 있다는 것이므로, 실질적으로 외국인을 차별하는 규정으로 보기 어렵다. 규정 형식의 불비로 보인다. 그저, "국내법에서 정한 조건 및 방식에 따를 것을 조건으로 내국민과 동일한 대우를 받는다"고 하면 충분한 것이다.

이렇게 해석한다면, 예를 들어 상표권이 등록이나 사용에 의해 발생하는 국가에서는 그 등록이나 사용이 보호의 조건이 될 수 있다.[64] 특허나 상표의 출원이나 등록 수수료를 납부하지 않은 경우 해당 등록을 거절하거나 무효화할 수 있으므로 그 수수료 납부가 보호의 조건이 될 수도 있다.[65]

---

63) 여기서 '조건'은 1880년 회의에서 스위스 대표의 제안에 의하여 첨가된 것이다. 외국인도 내국민과 마찬가지로 특허 실시 의무가 있다는 점, 외국인의 특허도 강제실시권의 대상이 될 수 있다는 점을 확인하기 위한 것이었다. *Conference de 1880*, p.46. Ladas, Vol.I, p.266에서 재인용. 이런 이유라면 그 조건은 실질적으로 무의미한 것으로 보인다. 내국민대우는 외국인에 대한 차별을 막자는 것에 지나지 않는 것이고, 국내법에 외국인에게 유리한 차별이 존재한다면 그것을 시정하는 것으로 충분하기 때문이다. 협약에서는 실시 의무와 강제실시권에 관한 규정이 존재하지만 규정 어디에도 외국인에게 유리한 내용은 찾아볼 수 없다. 실시 의무는 1900년 브뤼셀 회의에서, 강제실시권은 1925년 헤이그 회의에서 처음 등장한 이래 관련 규정이 여러 차례 개정된 바 있다. 일련의 개정회의에서도 이에 관해 문제 삼지 않았던 듯하다.

64) Study Concerning the Use of Trademarks on the Internet, prepared by the International Bureau, WIPO Doc. SCT/2/9 Prov., April 8, 1999, p.15 참조.

파리협약이나 TRIPS협정에서도 일정한 조건을 요구하는 규정을 가지고 있다. 예를 들어, ① 파리협약 제6조에서는 상표 출원과 등록의 조건을 동맹국이 국내법으로 정하도록 하고 있다. ② TRIPS협정 제15조 제1항에서는 회원국은 상표 등록의 조건(as a condition of registration)으로 '시각적으로 인식할 수(visually perceptible)' 있는 것만 상표 등록을 받도록 할 수 있다. ③ TRIPS협정 제29조에서는 특허 출원의 조건으로 발명을 공개하도록 요구하고 있다. 이들 조건은 권리의 취득을 위한 조건이라 할 수 있는데, 그 어떤 것이든 내국민대우의 예외라 할 수는 없다.

(나) 사법 및 행정 절차 등

파리협약 제2조 제3항에서는 "사법 및 행정 절차, 재판관할권 및 산업재산권에 관한 법률에서 요구될 수 있는 송달 주소의 지정 또는 대리인의 선임에 대하여는 각 동맹국의 법률 규정에 명시적으로 유보된다"고 하여 각국이 절차, 재판관할권 등 내국민대우의 구체적 적용을 위한 조건을 정할 수 있도록 하고 있다. 대표적인 예외로서, 다른 동맹국 국민에 대한 차별로서는 대륙법계 국가에서 인정되는 소송비용의 담보(cautio judicatum solvi) 제도가 있고,[66] 재판관할권에 관한 차별로서는 역시 대륙법계 국가에서 원고의 주소지나 영업소 소재지에서 피고의 거주 여부를 불문하고 소를 제기할 수 있도록 허용하

---

65) 국내법에서 산업재산권의 향유 등을 위해서 내국민에게 부과하지 않은 특별한 조건을 외국인에게 부과하는 것은 허용되지 않는다고 주장하기도 한다. 이 주장은 내국민대우의 원칙이 협약에서 말하는 '조건 및 방식'에도 미치는 것으로 해석하는 듯하다. Ladas, Vol.I, pp. 267~268. 그런가 하면, 다소 다른 뉘앙스로, 내국민대우의 원칙이 상표의 출원과 등록에도 미친다는 주장도 있다. Bodenhausen, p. 88. 이들 주장은 필자의 의견에 힘을 실어주고 있다.

66) 우리 민사소송법 제117조에서는 '담보제공의무'에 관하여 규정하고 있다. 그 제1항에 의하면 "원고가 대한민국에 주소·사무소와 영업소를 두지 아니한 때 또는 소장·준비서면, 그 밖의 소송기록에 의하여 청구가 이유 없음이 명백한 때 등 소송비용에 대한 담보제공이 필요하다고 판단되는 경우에 피고의 신청이 있으면 법원은 원고에게 소송비용에 대한 담보를 제공하도록 명하여야 한다. 담보가 부족한 경우에도 또한 같다"고 하고, 그 제2항에서는 법원이 직권으로 담보제공 명령을 할 수 있도록 하고 있다. 제124조는 담보를 제공하지 아니한 효과에 대해 언급하고 있다. "담보를 제공하여야 할 기간 이내에 원고가 이를 제공하지 아니하는 때에는 법원은 변론 없이 판결로 소를 각하할 수 있다. 다만, 판결하기 전에 담보를 제공한 때에는 그러하지 아니하다." 1905년 헤이그 민사 절차에 관한 협약(Convention Relating to Civil Procedure)에서는 이런 담보 제도를 폐지했다. 이 협약은 1954년 개정된바, 유럽 거의 모든 국가가 이 협약의 당사자이다. Ladas, Vol.I, p. 268.

는 제도를 들 수 있다.[67] 또 다른 절차상의 차별로서 어느 국가에 주소나 영업소를 두지 않는 출원인에게 송달 주소를 선정하거나 대리인 선임에 관하여 의무를 부과할 수도 있다.[68] 이런 제한 규정은 내국민에게는 요구하지 않는 것으로 외국인에게는 차별적 대우가 될 수 있다.

베른협약에는 파리협약과 같은 예외가 보이지 않는다. 이것은 저작권이 무방식주의를 채택하고 있기 때문이다. 그러나 재판관할권이나 사법 절차상의 차별조차 협약상 허용되지 않는 것인지 여부는 분명하지 않다. 이에 관한 국가 관행이나 판례는 찾아보기 힘들다. 이 점에서 TRIPS협정을 주목할 필요가 있다. 이 협정 제3조 제2항에 의하면, "회원국은 어느 회원국의 관할 내에 있는 송달 주소의 지정 또는 대리인의 임명을 포함한 사법 및 행정 절차와 관련하여, 제1항에서 허용되는 예외를 이용할 수 있다. 다만, 그러한 예외는 이 협정의 규정과 양립하는 법률과 규칙의 준수를 확보하기 위하여 필요한 경우 및 그러한 관행이 무역에 대하여 위장된 제한이 되지 아니하는 방법으로 적용되는 경우에 한한다."[69] 각 회원국은 내국민대우의 예외로서 사법·행정상의 절차를 인정하고 있고 그러한 예외는 송달 주소지의 지정이나 대리인 임명에 국한하지 않는다는 점이다. 따라서, TRIPS협정 회원국 간에는 재판관할권이나 사법 절차상의 차별은 허용되는 것으로 보아 무리가 없을 것이다. 베른협약에

---

67) 원고가 자국 법원에서 외국인 피고에 대하여, 비록 후자가 그 국가에 거주하거나 영업소를 가지지 않더라도 소송을 제기할 수 있다는 것은 "원고는 피고의 법정지를 따른다(actor sequitur forum rei)"는 법언의 예외로서, 이 또한 절차상의 문제로 인식되고 있다. Ladas, Vol.I, p.267.

68) Bodenhausen, p.32; Ladas, Vol.I, pp.267~269. 우리 특허법 제5조는 '재외자의 특허관리인'에 관한 규정을 두어, 절차상의 차별을 공식화하고 있다: "① 국내에 주소 또는 영업소가 없는 자(이하 "재외자"라 한다)는 재외자(법인의 경우에는 그 대표자)가 국내에 체류하는 경우를 제외하고는 그 재외자의 특허에 관한 대리인으로서 국내에 주소 또는 영업소가 있는 자(이하 "특허관리인"이라 한다)에 의해서만 특허에 관한 절차를 밟거나 이 법 또는 이 법에 따른 명령에 따라 행정청이 한 처분에 대하여 소를 제기할 수 있다. ② 특허관리인은 위임된 권한의 범위에서 특허에 관한 모든 절차 및 이 법 또는 이 법에 따른 명령에 따라 행정청이 한 처분에 관한 소송에서 본인을 대리한다."

69) Art. 3.2: "Members may avail themselves of the exceptions permitted under paragraph 1 in relation to judicial and administrative procedures, including the designation of an address for service or the appointment of an agent within the jurisdiction of a Member, only where such exceptions are necessary to secure compliance with laws and regulations which are not inconsistent with the provisions of this Agreement and where such practices are not applied in a manner which would constitute a disguised restriction on trade."

서 내국민대우 원칙의 예외로 특별히 규정하고 있는 것은 보호기간 비교의 원칙이다.[70]

(다) 상호주의

내국민대우의 원칙에 관한 또 다른 예외로는 상호주의를 생각할 수 있다. 상호주의란 자국 국민의 창작물이 외국에서 보호되는 여부와 그 정도에 따라 그만큼 해당 외국인의 창작물을 보호하는 것을 의미한다. 상호주의가 인정되면 그 범위에서 내국민대우는 부정된다.

상호주의는 국가마다 지적재산권 제도가 다르고, 보호수준에도 차이가 있기 때문에 생겨난 개념이다. 어느 국가는 보호수준이 높은가 하면 어느 국가는 낮다. 따라서 전자의 국민은 후자의 국민에 비해 상대적으로 불이익을 받는다고 할 수 있다. 지적재산권 조약도 이런 현실을 반영하여 상호주의를 묵시적으로 또는 명시적으로 인정하고 있다.[71]

상호주의는 실질적인 것(material reciprocity)과 형식적인 것(formal reciprocity)으로 나눌 수 있다. 이런 구별은 다자조약의 등장으로 생겨난 것이다. 파리협약과 베른협약, 그리고 TRIPS협정은 최소한의 보호(minimum protection, Conventional minima)를 당사국의 의무로 하고 있고, 그 범주에 포함되지 않는 부분(최소한의 보호수준을 넘는 부분)에 한하여 상호주의를 허용한다. 다시 말해서, 다자간 조약 체제에 참여하는 국가들 간에는 조약상의 의무를 조건으로 상호주의에 입각하여 권리를 부정하거나 제한할 수 있는 것이다. 이런 의미의 상호주의를 형식적 상호주의라 한다. 이런 조약 체제로 연결되지 않는 국가들 간, 즉 조약 당사국과 비당사국 간에는 어떠한 내용의 상호주의도 허용된다. 이런 의미의 상호주의를 실질적 상호주의라 한다.

파리협약은 상호주의(실질적 상호주의)에 관하여 명시적으로 규정하지 않고 있으나 국가 관행은 보편적으로 이를 받아들이고 있다. 즉, 각국은 상호주의에 의거하여 비동맹국 국민인 외국인의 발명 등에 대하여 특허권 등을 인정하는 것이다. 어찌 보면 실질적 상호주의는 협약에서 다룰 문제도 아니다. 동맹

---

70) 이에 관해서는, 제4부 제4장 3. 7) 예외 참조.

71) 1925년 파리협약 헤이그 개정회의에서, 미국은 각 동맹국이 다른 동맹국에서 자국민에게 부과하는 조건을 마찬가지로 가할 수 있도록, 상호주의를 공식화할 것을 제안했으나 받아들여지지 않았다. Ladas, Vol.I, p.270; Bodenhausen, p.29.

국과 비동맹국 간에 관계에서 문제가 되기 때문이다.

한편, 베른협약은 실질적 상호주의와 형식적 상호주의 모두에 대해 별도 규정을 두고 있다. 먼저, 동맹국과 비동맹국 간의 관계에서 실질적 상호주의를 천명하고 있다. 협약 제6조 제1항은 비동맹국이 동맹국 국민의 저작물을 충분히 보호하지 않는 경우 후자 국가는 그 비동맹국 국민의 저작물에 대한 보호를 제한할 수 있도록 하고 있다.[72]

다음으로, 베른협약은 추급권(droit de suite)과 관련하여 형식적 상호주의에 관한 규정을 두고 있다. 추급권은 미술저작물과 같이, 경매 등의 방법으로 전매되는 저작물에 대하여 전매로 인한 이익이 생길 경우 저작자가 이에 대하여 가지는 재산적인 권리를 말한다. 협약 제14조의3은 추급권을 인정하면서도 그 보호 여부와 보호 정도를 보호국가의 법에 따르도록 하고 있다. 보호국가에서 추급권을 부여하더라도 그것은 협약상의 최소한의 보호를 넘는 것이고, 따라서 저작자가 자신의 국적 국가에서 추급권을 향유한다 하더라도 다른 동맹국(보호국가)에서 추급권이 존재하지 않는 경우 그 국가에서 같은 권리를 향유할 수 있는 것은 아니다. 반대로, 국적 국가에 추급권이 존재하지 않을 경우 추급권 제도를 가지고 있는 다른 동맹국에서 이런 권리를 주장할 수도 없다.[73]

실질적 상호주의가 인정되는 경우 특정 외국의 법률에서 자국민의 창작물이 보호되는지 여부를 확인해야 하는 불편이 있으나, 형식적 상호주의를 채택하게 되면 일정 수준(최소한의 보호수준)의 보호에 관하여 굳이 그런 불편을 겪지 않아도 된다. 지적재산권의 조화와 통일이 진척될수록 형식적 상호주의 적용 영역은 갈수록 줄어들 것이다.

우리 특허법과 저작권법은 상호주의에 관해 접근법을 달리 하고 있다. 특허법 제25조 제1항에 의하면, 외국인은 다음과 같은 세 가지의 경우에 특허권 또는 특허에 관한 권리를 향유할 수 있다고 하고 있다. ① "그 자가 속하는 국가에서 대한민국 국민에 대하여 그 국민과 동일한 조건으로 특허권 또는 특허에 관한 권리의 향유를 인정하는 경우", ② "대한민국이 그 외국인에 대하여 특허권 또는 특허에 관한 권리의 향유를 인정하는 경우에는 그 자가 속하는 국가

---

72) 이에 관해서는, 제4부 제2장 1. 4) 보호 제한 참조.

73) 물론 그 동맹국이 외국인에게 추급권을 부여하는 것은 별개의 문제이다. 이에 관해서는, 제4부 제4장 2. 4) 추급권 참조.

에서 대한민국 국민에 대하여 그 국민과 동일한 조건으로 특허권 또는 특허에 관한 권리의 향유를 인정하는 경우", 그리고 ③ 셋째 "조약 및 이에 준하는 것… 에 의하여 특허권 또는 특허에 관한 권리의 향유를 인정하고 있는 경우"이 다.[74) 상호주의를 매우 복잡하게 언급하고 있다. ①은 내국민대우의 원칙에 의거하여 외국인에게 특허권을 부여하되, 그 외국인이 속하는 국가에서 우리 국민에게 보호하는 정도에 따라 그 외국인을 보호하겠다는 것이고, ②는 우리 나라에서 일방적으로 특허권 등을 부여한다 하더라도 상호주의에 의하여 제 한하겠다는 의미로 보인다.

한편, 저작권법 제3조 제1항은 "외국인의 저작물은 대한민국이 가입 또는 체결한 조약에 따라 보호된다"고 하고, 제3항에서 "제1항…에 따라 보호되는 외국인…의 저작물이라도 그 외국에서 대한민국 국민의 저작물을 보호하지 아니하는 경우에는 그에 상응하게 조약 및 이 법에 따른 보호를 제한할 수 있 다"고 간단하게 규정하고 있다.

어떠한 규정 형식이 입법 의도에 가까운 것인지 깊이 있게 검토할 필요는 있지만, 상호주의는 그 어떤 경우이든 동맹국과의 관계(형식적 상호주의)와 비 동맹국과의 관계(실질적 상호주의)를 모두 염두에 두어야 함은 물론이다. 어떤 경우이든 상호주의는 내국민대우를 원칙으로 하여 외국인의 창작물은 "이 법 에 의한 권리를 향유한다"고 하고, 그 외국에서 대한민국의 창작물을 보호하 지 않거나 보호를 제약한다면 그에 상응하게 보호를 하지 않거나 보호를 제한 하는 것으로 충분하지 않을까.

2) 최혜국대우의 원칙

TRIPS협정은 내국민대우에 더하여 최혜국대우의 원칙(principle of most-fa-vored-nation treatment)까지 표명하고 있다. 이 원칙은 지적재산권 분야에서는

---

74) 조약 이외에 조약에 준하는 것이 무엇인지 알기 어렵다. 1986년 한·미 간에 체결된 '지적소유 권에 관한 양해록'을 염두에 둔 것일 수도 있다. 그러나 이 양해록은 이미 보았듯이 국제법상 조약이다. 또한 북한과 맺은 지적재산권 관련 '특별협정'을 '조약에 준하는 것'으로 생각할 수 도 있다. 우리나라는 북한을 특수한 법적 지위를 가지는 것으로 보고 있고, 이에 따라 북한과 체결한 1991년 '남북 사이의 화해와 불가침 및 교류협력에 관한 합의서(기본합의서)'를 조약 에 준하는 것으로 보고 있다.

생소한 것이다. 파리협약과 베른협약은 최혜국대우의 원칙을 규정하지 않고 있다.[75] 이들 협약 채택 당시부터 최혜국대우는 논외였다. 내국민대우와 '최소한의 보호'의 원칙만으로 지적재산권의 국제적 보호는 충분하다고 보았기 때문이다. 그러나 무역 질서를 규율하던 GATT 체제를 이어받은 WTO 체제에서 지적재산권 규범을 수용하면서 무역 규범의 중요 원칙 중 하나인 최혜국대우의 원칙이 지적재산권 분야에도 들어오게 되었다.

최혜국대우는 중세 유럽에서 각 지역 간에 교역이 활발해지면서 배태된 개념이지만, 본격적으로 각국 간의 조약에 본격 등장한 것은 18세기 이후 체결된 우호통상항해조약이라 할 수 있다. 최혜국대우는 용어가 암시하듯 더 낮은 조건을 어느 국가나 그 국가 국민에게 제공한 경우[76] 그 조건은 그대로 다른 국가나 그 국가 국민에 대해서도 인정하는 것이라 할 수 있다. 전자의 관점에서 볼 때 최혜국대우라고 할 수 있으나, 후자의 의미로 본다면 외국의 재화나 서비스 간의 차별을 부정한다는 무차별대우인 것이다.

최혜국대우는 다음과 같은 점에서 내국민대우와 구별된다. 먼저, 전자는 다자간의 관계 속에서만 파악할 수 있는가 하면, 후자는 양자 간이나 다자간 모두에 적용된다. 물론 양자조약에 최혜국대우를 규정할 수는 있으나 이것도 다자간의 관계를 염두에 두어야만 의미가 있다. 둘째, 전자는 외국 내지 외국인 간의 무차별이라 한다면, 후자는 외국인과 내국민 간의 무차별을 의미한다.

최혜국대우의 원칙은 여러 가지 점에서 그 필요성이 인식되고 있다. 경제적인 측면을 보면, 시장의 왜곡을 방지한다. 국가 간의 교역에 차별을 두지 않기 때문에 비교우위의 원리가 정상적으로 작동하게 하고 이것은 곧 시장의 왜곡을 억제하는 것이다. 또한 이 원칙은 각국의 자유무역 정책을 확산하기 위하여 불가결하다. 한 국가의 무역자유화는 다른 국가에 혜택을 주고 이것이 연쇄적으로 다수의 국가에 긍정적인 효과를 가져다주기 때문이다.[77] 마지막으로 거래 비용을 줄이는 작용도 한다. 정부 부문에서는 상품이나 서비스의 원산지를 일일이 확인할 필요가 없게 되고, 민간 부문도 그에 상응하는 관리 비용 절감 효과가 있기 때문이다.

---

75) 1880년대 체결된 일부 양자협정에서 최혜국대우 규정을 두기도 했다. Ricketson & Ginsburg, pp.38~39.

76) 이런 의미에서 최적(most-favored) 조건을 부여한 것이다.

77) 이를 최혜국대우의 승수효과(multiplier effect)라 한다.

최혜국대우의 원칙을 지적재산권 분야에 확대 적용할 경우에도 마찬가지 이론 구성이 가능하다. 즉, 국제지적재산권 시장이 비교우위에 입각하여 전개되고 이것은 시장의 왜곡을 억제한다. 또한 최혜국대우의 원칙은 보호수준을 상향시키는 역할을 한다. 일부 국가의 높은 보호수준은 다른 국가에 긍정적인 영향을 미치고 이것은 결국 다수 국가의 보호수준을 연쇄적으로 높일 것이기 때문이다.[78] 이런 측면은 각국이 국제규범 제정 과정에서 최소공배수에 집착하게 할 우려가 있다. 자국의 환경에서 받아들이기 어려운 제안에 대하여 소극적인 태도를 견지하는 요인으로 작용할 수 있기 때문이다.

TRIPS협정 제4조는 "지적재산권의 보호와 관련하여, 어느 회원국이 다른 회원국의 국민에게 부여한 이익, 혜택, 특권 또는 면제는 즉각적으로, 그리고 무조건적으로 다른 모든 회원국의 국민에게 부여된다"고 하고 있다.[79] 이런 이익, 혜택 등은 다음과 같은 몇 가지 예외가 존재한다.[80] 첫째, 사법공조에 관한 국제협정 또는 일반적 성격의 법집행에 관한 국제협정상의 의무에 대해서는 최혜국대우의 원칙을 적용하지 않는다. 이런 조약은 양자적인 것이므로 TRIPS협정에서 다룰 문제가 아니고 따라서 최혜국대우의 대상이라 할 수 없었기 때문이다.

둘째, 내국민대우의 원칙이 적용되지 않는 기존 베른협약이나 로마협약상

---

78) 하향시키는 경우는 '최소한의 보호'의 원칙에 어긋나는 것으로 가능하지 않다. 파리협약 제19조와 베른협약 제20조는 이를 확인하고 있다.

79) Art. 4, 1st sentence: "With regard to the protection of intellectual property, any advantage, favour, privilege or immunity granted by a Member to the nationals of any other country shall be accorded immediately and unconditionally to the nationals of all other Members."

80) Art. 4, 2nd sentence: "Exempted from this obligation are any advantage, favour, privilege or immunity accorded by a Member:
(a) deriving from international agreements on judicial assistance or law enforcement of a general nature and not particularly confined to the protection of intellectual property;
(b) granted in accordance with the provisions of the Berne Convention (1971) or the Rome Convention authorizing that the treatment accorded be a function not of national treatment but of the treatment accorded in another country;
(c) in respect of the rights of performers, producers of phonograms and broadcasting organizations not provided under this Agreement;
(d) deriving from international agreements related to the protection of intellectual property which entered into force prior to the entry into force of the WTO Agreement, provided that such agreements are notified to the Council for TRIPS and do not constitute an arbitrary or unjustifiable discrimination against nationals of other Members."

의 이익 등이 다른 국가에 제공되는 경우 최혜국대우의 원칙의 예외가 된다. 다시 말해서 내국민대우의 원칙을 적용할 수 없는 분야로서 다른 국가에 제공한 이익은 최혜국대우의 원칙에서도 배제되는 것이다. 이런 예로는 ① 베른협약상 개발도상국 특례 규정상 개발도상국에게 부여되는 강제허락 제도,81) ② 베른협약이나 로마협약상의 예외 조항과 보상청구권 제도가 있다.82)

셋째, 이 협정에서 정하지 않은 저작인접권자의 보호에 관한 로마협약 내지 국내법상의 규정은 최혜국대우 원칙이 배제된다. 이것은 당연한 것으로서, 굳이 설명을 요하지 않는다.

넷째, WTO 설립협정 전에 체결된 지적재산권 관련 국제 조약으로서 이런 조약이 다른 회원국 국민을 자의적으로 또는 불합리하게 차별하지 않는 한 최혜국대우의 원칙 적용의 예외가 된다. 이 조약은 TRIPS이사회에 통지하여야 한다.

4. 최소한의 보호의 원칙

최소한의 보호의 원칙은 지적재산권의 보호대상, 권리의 종류 및 내용, 권리의 제한 및 예외, 보호기간 등에 관한 원칙으로서, 사인 간의 권리·의무에 작용하는 것으로서, 협약상 실체 규정의 대부분을 차지하고 있다.83)

국제 조약에서 내국민대우를 인정했다고 하여 외국인의 권리 보호가 충분한 것은 아니다. 내국민대우의 원칙이 국제규범으로서 지니는 의미 외에, 사인의 권리·의무에 직접 구체적으로 작용하기 위해서는 다른 원리가 작용해야 한다. 왜냐하면 보호국가의 국내법이 내국민의 권리에 대해서도 충분한 보호를 부여하지 않거나 부여한다고 하더라도 이를 시행할 행정능력이 갖추어지

---

81) 이에 관해서는, 제4부 제7장 개발도상국 특례 규정 참조.

82) 예외 규정과 관련하여, 베른협약상의 이런 예로는, ① 제2조 제7항 산업디자인과 모형에 관한 규정, ② 제6조 제1항 상호주의, ③ 제7조 제8항 보호기간의 비교에 관한 규정, ④ 제14조의3 추급권, ⑤ 제18조 제3항 소급보호 규정 등이 있고, 로마협약상의 예로는, ① 제15조상의 권리의 제한 내지 예외 규정, ② 제16조 제1항 (a)(iv) 및 제16조 제1항 (b)상의 상호주의 등이 있다.

83) 실체 규정에 관해서는, 제2부 제2장 4. 4) 국제 조약의 구성 내용 참조.

지 않은 경우가 적지 않기 때문이다. 지적재산권 조약에서는 이 점을 염두에 두고 '협약상의 최소한(conventional minima)' 또는 '최소한의 보호(minimum protection)' 규정을 두고 있다. 지적재산권의 직접적인 보호를 염두에 둔 조약마다 이런 실체 규정을 두고 있다. 이런 조약 규정은 국가 간의 협약에서는 자주 볼 수 없는 것으로, 내국민대우의 원칙과 더불어 지적재산권 조약의 또 다른 특징이라고 할 수 있다. 이런 점에서 최소한의 보호의 원칙은 내국민대우의 원칙을 보충한다.

파리협약은 다음과 같은 최소한의 보호에 관한 규정을 볼 수 있다. 산업재산권의 정의(제1조), 연결점(제2조 및 제3조), 내국민대우의 원칙(제2조), 우선권(제4조), 특허 독립의 원칙(제4조의2), 발명자의 성명표시(제4조의3), 국내법상의 제한으로 인한 특허 거절(제4조의4), 특허, 상표 등의 실시 내지 사용 의무(제5조), 수수료 납부 의무(제5조의2 제2항), 운송수단의 침해에 대한 면책(제5조의3), 제법 특허의 보호(제5조의4), 상표 독립의 원칙(제6조 및 제6조의5), 상표의 이전(제6조의4), 대리인에 의한 등록의 남용(제6조의6), 상품의 성격(제7조), 상호의 보호(제8조), 압류 등(제9조), 출처표시 등의 보호(제10조), 부정경쟁에 대한 보호(제10조의2) 등이 그것이다.

베른협약 실체 규정은 최소한의 보호에 관해 매우 구체적으로 규정하고 있다. 보호대상을 특정하고, 권리의 종류와 내용 및 그 제한 등에 관해 명시하고 있을 뿐만 아니라 보호기간에 대해서 자세히 다루고 있다.

TRIPS협정은 파리협약 제1조 내지 제12조 및 제19조 준수 위무를 부과하는 한편(제2조 제1항), 베른협약 제1조 내지 제21조 및 개발도상국 특례 규정(인격권에 관한 제6조의2 제외) 준수 의무도 부과하고 있다(제9조 제1항). TRIPS협정은 더 나아가 파리 플러스와 베른 플러스 해당 규정을 회원국의 의무로 하고 있다. 최소한의 보호수준을 한 단계 끌어올리고 있는 것이다.

최소한의 보호의 원칙은 그 표현 그대로 협약상 의무의 최소한(at a minimum)을 정한 것이다. 회원국은 더욱 높은 수준의 보호를 재량으로 설정할 수 있다. 보호대상을 확대하고, 권리의 종류를 확장하고, 보호기간을 협약보다 장기간으로 하더라도 무방하다. 이 경우 형식적 상호주의를 전제로, 내국민대우 원칙이 준수되어야 함은 물론이다. TRIPS협정 제1조 1항은 이 점을 확인하고 있다. 즉, "회원국은 이 협정에서 요구하는 것보다 더 광범위한 보호를 국내법으로 시행할 수 있…다."[84]

5. 속지주의

1) 국제법의 원리

우리가 국제법이라 할 때 모든 국가 영토와 모든 사람에게 적용되는 하나의 규범, 즉 세계법을 말하는 것은 아니다. 국제지적재산권법이라 할 때에도 마찬가지로 설명할 수 있다. 세계 모든 국가는 국가 주권의 원리에 입각하여 조약을 체결할 수 있고, 이렇게 체결한 조약들이 모여 국제규범을 형성한다. 지적재산권 분야 조약들을 총칭하여 국제지적재산권법이라 하는 것이다.

국가는 여러 방식으로 주권, 즉 입법 관할권, 행정 관할권 및 사법 관할권을 행사한다. 이런 관할권은 자국 영역에, 그리고 자국 국적의 사람에 대해 미친다. 전자의 경우 이른바 영토 관할권(territorial jurisdiction) 또는 속지주의(principle of territoriality or territorial principle)라는 이름으로, 후자의 경우 인적 관할권(personal jurisdiction) 또는 국적주의(nationality principle)라는 이름으로 설명한다.[85] 다시 말해서, 국가는 영토 관할권에 의거하여 자신의 영역 내의 모든 사람과 물건, 어떤 행위에 국내법을 적용할 수 있으며, 인적 관할권에 의거하여 자신의 국적을 가지고 있는 자연인과 법인 모두에 대해 국내법을 적용할 수 있다.[86]

---

84) Art. 1.1, 2nd sentence: "Members may, but shall not be obliged to, implement in their law more extensive protection than is required by this Agreement, provided that such protection does not contravene the provisions of this Agreement."

85) J. G. Starke, *Introduction to International Law*, 9th ed. (Butterworths, 1984), pp.193~225; Thomas Buergenthal and Harold G. Maier, *Public International Law in a Nutshell* (West Publishing Co., 1985), pp.158~169. 국내법이 국적이나 영토와의 연관성이 없는 경우에도 보호주의 원칙(protective principle)이나 보편성 원칙(universality principle) 등에 의해 국내법이 미치기도 한다. Starke, op. cit., pp.225~227; Buergenthal and Maier, op. cit., pp.169~171. 미국의 경우 효과의 원칙(effects principle)에 의거하여 관할권을 긍정하기도 한다. *Restatement of the Law: The Foreign Relations Law of the United States*, 3rd (American Law Institute Publishers, 1987), §402 (2).

86) 법학 교과서에서는 국내법의 장소적 효력과 대인적 효력의 측면에서 다룬다.

2) 지적재산권 분야

지적재산권은 흔히 "속지성을 가진다"든가 "속지적이다(territorial)"라고 말한다.[87] 이것은 국제법상 영토 관할권을 달리 표현한 것으로, 다음 몇 가지 측면에서 살펴볼 수 있다. 첫째, 국가 주권의 원리가 지적재산권 분야에도 작동한다는 점이다. 이에 따라, 각국은 지적재산권 법제도를 만들고, 이를 시행하고, 이를 사법적으로 해석하고 판단하는 것이다. 국가 주권은 장소적으로 자신의 영토와 영해 등 배타적 관할권이 미치는 영역에 국한한다. 자국의 법률이 다른 나라에 효력을 가질 수 없는 것이다.

둘째, 지적재산권 분야에서 말하는 속지주의란 어느 국가든지 자신의 국내법에 의거하여 지적재산권을 보호한다는 원칙이다. 다시 말해서, 지적재산권은, 등록을 효력발생의 요건으로 삼든 그렇지 않든 간에, 그 발생과 변경 및 소멸, 그리고 그 집행에 이르기까지 국내법의 지배를 받는다는 것이다.[88] 산업재산권과 같이, 등록 등을 요구하는 경우 출원 절차, 등록의 효력, 권리의 성격 및 내용(보호기간, 권리의 범위) 등이 국내법에 의해 정해지며, 해당 권리는 국가 영역 내에서만 집행될(enforced) 수 있다.[89] 파리협약에서 특허 독립의 원칙이나 상표 독립의 원칙도 속지주의를 반영한 것이다. 협약에 의하면, 어느

---

87) 상설국제사법법원은 이른바 로터스호 사건에서 속지주의를 간명하게 설파하고 있다: "국제법이 어느 국가에 가하는 최우선적인 제한은 어떤 형태로든 다른 국가의 영토에 권한을 행사할 수 없다는 것이다. 이런 의미에서 관할권은 분명 속지적이다. 어느 국가든지 국제 관습이나 협약에서 허용하는 규칙에 의하지 않고서는 자신의 영토 밖에서 관할권을 행사할 수 없다."(고딕 강조) *The Case of the S.S. Lotus*, (1927) PCIJ Series A, No.10, pp.18~19.

88) TRIPS협정의 용어를 대입한다면, '지적재산권의 취득 가능성, 취득, 범위, 유지 및 집행(availability, acquisition, scope, maintenance and enforcement of intellectual property rights)'이라 할 수 있다. 협정 '보호'에 관한 각주 3) 참조.

89) 이와 관련하여 미국 특허법 제271조 (a)가 자주 인용된다: "이 편에서 달리 규정하지 아니하는 한, 누구든지 권한 없이 특허 기간 동안, 미국 내에서 특허 발명을 제조, 사용, 판매 청약 또는 판매하거나 미국에 수입하는 자는 특허를 침해하는 것이다." ("Except as otherwise provided in this title, whoever without authority makes, uses, offers to sell, or sells any patented invention, within the United States, or imports into the United States any patented invention during the term of the patent therefor, infringes the patent.")(고딕 강조) 이 점은 *Restatement*, op. cit., §415에서도 확인해주고 있다: "특허는 속지적인 것으로 본다. 즉, 특허를 발급하는 국가 내에서만 효력이 있다는 것이다." 더 나아가, 미국은 반경쟁관행을 규제하는 경우가 아니면, 발명이 어디서 나왔건, 특허권자나 라이선시의 국적이나 주소 또는 영업소가 어디이든, 외국 특허의 유효성 여부에 자국법을 적용할 관할권이 없다고 하고 있다.

국가에서 특정 발명이나 상표에 대해 특허권이나 상표권을 부여했다 하더라도 다른 국가에서는 자국법에 따라 그 발명이나 상표에 대해 독자적인 판단을 해야 한다는 것이다.90)91) 속지주의를 창작자 중심으로 설명한다면, 누구든지 지적재산권 보호를 받기 위해서는 자국 내에서든 다른 국가에서든 해당 국가의 국내법에 따라 지적재산권 보호를 받아야 한다. 아무런 방식이나 절차가 필요 없는 권리가 있는가 하면(저작권), 국내법에서 정한 절차(출원, 기탁, 등록 등의 방식)를 따라 권리를 취득해야 하는 경우도 있다(산업재산권).92)

셋째, 창작자가 다른 국가에서 보호를 받기 위해서는 그 국가에서 국내법으로 외국인을 보호하는 근거를 가지고 있어야 한다. 일방적으로 외국인을 보호하지 않는다면 다른 방법이 필요하다. 이에, 자국 이외의 곳에서 자국민의 지적재산권을 보호하기 위한 방편으로—국제적 보호를 위하여—조약에서 길을 찾았다. 처음에는 양자조약으로, 나중에는 파리협약이나 베른협약과 같은 다자조약으로 보편적인 국제적 보호를 모색했다. 그러면서 등장한 것이 내국민대우이고 최소한의 보호의 원칙인 것이다. 이 두 가지 원칙은 한편으로는 국제법의 지배적인 원리인 속지주의를 받아들이고, 다른 한편으로는 이를 일부나마 극복하기 위하여 착안된 것이다.93) 협약에서는 속지주의와 이들 두 가지

---

90) 파리협약은 상표 독립의 원칙을 상표 취득 과정(출원과 등록)에 국한해서 규정하고 있다. 동맹국은 상표의 보호와 관련하여 다른 실체 규정을 얼마든지 만들 수 있다. 이에 관해서는, 제3부 제5장 1. 상표 독립의 원칙 참조.

91) 속지주의는 배포권의 국내 소진의 이론적 근거도 된다. 국내 특허권이나 상표권, 저작권은 해당 국가 내에서만 효력이 있으므로 그 배포에 대한 권리 소멸 또한 그 국가 내에서만 효력이 있으므로 다른 국가에서는 배포권이 소멸하지 않는다는 것이다. 소진 이론에 관해서는, 제5부 제2장 4. 권리 소진의 원칙 참조.

92) 산업재산권은 그 취득을 일정한 방식에 의존하기 때문에, 그리고 그로 인해 산업재산권을 국제적으로 보호하기 위해서는 해당 국가에 모두 출원 절차를 거쳐야 하기 때문에 속지주의 색채가 무척 강하다고 할 수 있다. 반면, 저작권은 권리 취득을 위해 아무런 방식을 필요로 하지 않고, 또한 저작물이 어느 국가에서 창작되었다 하더라도 그 국가뿐만 아니라 조약 체제에 참여한 다른 모든 국가에서도 자동적으로 보호를 받기 때문에 상대적으로 속지주의 색채가 약하다 할 수 있다.

93) 이들 원칙 외에도 파리협약상의 우선권 제도나 특허나 상표, 디자인 분야의 국제 등록 제도(이를 위해 특허협력조약, 마드리드협정, 헤이그협정 등이 체결되었다)도 속지주의를 극복하기 위한 장치로 볼 수 있다. 그럼에도 하나의 창작물에 대해 전 세계적으로 효력이 있는 지적재산권이 존재하지 않는 한 속지주의의 완전한 극복은 불가능하다. 속지주의의 불편은 비용 측면에서도 나타난다. 일부 제약회사가 추산하기로, 화학물을 국제적 보호를 확보하기 위해서는 60만~100만 달러의 비용이 든다면서 그 대부분은 번역 비용이라고 한다. Gerald J.

원칙이 공존하고 있다고 할 수 있다. 이들 원칙은 파리협약과 베른협약에 일관되게 반영되어 있다. 내국민대우의 원칙은 조약 당사국 국민 간의 차별을 철폐하는 데 목적이 있고, 최소한의 보호의 원칙은 보호수준을 일정한 정도로 맞춰놓음으로써 실질적인 보호에 부합하도록 하는 데 목적이 있다.

넷째, 지적재산권의 국제적 보호는 창작물이 국경을 넘어 이용되는 경우를 상정한다. 이 경우에 복수의 국가가 영토 관할권이나 인적 관할권에 근거하여 각기 해당 이용행위를 규율할 수 있고 이때 복수의 국내법이 충돌하는 상황이 발생한다. 어느 국가에서든지 국내 법원은 '외국적 요소가 있는 법률관계[94]'에 관하여 국제 재판 관할'을 가지고 있는지 판단하고, 해당 분쟁에 어떤 법률을 적용할 것인지 결정해야 한다. 후자가 국제사법상 준거법(applicable law) 결정에 관한 문제이다.[95] 지적재산권은 다른 재산권과 다른 속성을 가지고 있고, 이에 따라 준거법도 다른 원칙에 의해 결정될 수 있다. 이에 대해서는 뒤에서 별도로 설명한다.

다섯째, 지적재산권의 속지성 발현의 결과는 하나의 창작물에 대해 보호국가의 수만큼 다발의 권리(bundle of rights)가 존재하는 현상을 가져온다. 전 세계적인 보호를 염두에 둔 국제 특허권, 국제 상표권, 국제 저작권 등이 존재하지 않는 것이다. 이에 따라, 하나의 보호대상과 그에 대한 권리(특허권이나 상표권, 저작권 등)에 대해 각기 성격과 내용이 다른(배타성, 권리의 내용 및 범위, 보호기간 등) 권리가 도처에 병존하는 모습을 가지게 된다.

여섯째, 일부 국가(미국)의 경우 이른바 효과의 원칙(effects principle)에 의거하여 자국법의 역외 적용(extraterritoriality)을 인정한 사례가 있다. 효과의 원칙이란 미국 영토 내에 실질적인 영향(substantial effect)을 주거나 그런 영향을 의도한 행위에 대해 그 행위가 비록 자국 영역 밖에서 일어났다 하더라도 관할권을 가지는 것을 말한다. 이것도 일종의 속지주의의 한 측면을 반영한 것이

Mossinghoff, "Lecture: World Patent System Circa 20XX, A.D.," *Yale Journal of Law and Technology*, Vol.1, Iss.1, Article 3 (1999), p.7.

94) '외국적 요소가 있는 법률관계'란 "대한민국에서의 외국인과 대한민국 국민 간의 법률관계 및 외국에서의 대한민국 국민과 외국인 간의 법률관계"를 의미한다, 법무부, 『국제사법 해설』 (2001), 20~21쪽.

95) 우리 국제사법은 "외국적 요소가 있는 법률관계에 관하여 국제재판관할에 관한 원칙과 준거법을 정함을 목적으로"(제1조) 하고 있다. 넓은 의미의 국제사법은 이 밖에도 외국 판결의 승인과 집행에 관한 문제를 포함한다.

라 할 수 있다.[96] 상표권과 관련하여 효과의 원칙을 제시한 최초의 대법원 판례에 따르면, 피고가 미국 국적을 가지고 있고, 피고가 제조하여 판매한 시계가 미국에서 일부 팔리고 있다는 사실이 미국에 영향을 주고 있다는 점 등을 들어 미국 상표법의 역외 적용을 긍정한 바 있다.[97]

3) 준거법

(1) 총론적 이해

각국은 국가 주권의 원리에 따라 독자적인 법제도를 가지고 있다. 법률을 만들고(입법 관할권), 법률을 시행하고(행정 관할권), 법률을 집행할 수 있는 것이다(사법 관할권). 입법 관할권 등은 어느 사람이나 물건 또는 어떤 행위에 미친다. 국제사법의 지배 원리에 따르면,[98] 외국적 요소가 있는 법률관계에 대해서 "가장 밀접한 관련이 있는(most closely connected)" 법률을 찾아 준거법을 결정한다. 재산권(물권)의 대상인 물건은 장소를 특정할 수 있어서 준거법을 물건의 소재지법(lex rei sitae)으로 삼는 데 손색이 없다. 반면, 지적재산권은 무형물에 대한 권리로서, 무형물은 장소를 특정하기 곤란하다. 무형물은 공간의 제약을 받지 않고 세계 어디서든 이용될 수 있다. 지적재산권이 재산적 권리이긴 하지만 이 점에서는 차이가 있다. 이때 준거법으로 다른 방법을 고려

---

96) *Restatement*, op. cit., §402.

97) *Steele v. Bulova Watch Co.*, 344 U.S. 280 (1952). Graeme B. Dinwoodie, "Private International Aspects of the Protection of Trademarks, WIPO Doc. WIPO/PIL/01/4, January 19, 2001, pp.34~35에서 재인용. 이탈리아 웹사이트에 미국 등록 상표를 게시한 것이 사용인가 여부에 대해 이를 긍정하면서, 미국에서 접속할 수 있다는 이유만으로는 해당 웹사이트 운영을 막을 수는 없지만 미국 사용자가 접속할 수 없도록 금지명령을 내린 판례도 있다. *Playboy v. Chuckleberry*, 939 F. Supp.1032 (S.D.N.Y. 1996). Dinwoodie, op. cit., pp.38~39에서 재인용. 저작권법의 역외 적용을 긍정한 판례도 존재한다. 미국 제4순회법원은 대만 제조업자가 무단으로 닌텐도 비디오게임을 멕시코와 캐나다에 판매한 사건에서, 미국 상표법과 저작권법 위반을 근거로 한 원고의 금지 청구에 대하여, 해당 비디오게임 복제물의 일부가 미국에 수입되어 미국의 상업에 상당한 영향(significant impact)을 주었다고 판단하여 금지명령을 내렸다. *Nintendo of America, Inc. v. Aeropower Company, Ltd.*, 34 F.3d 246 (4th Cir. 1994).

98) 국제사법이라 하여 별도의 국제규범이 존재하는 것은 아니다. 국제사법은 복수의 국내법이 충돌할 경우(conflict of laws) 적용할 국내법(준거법)을 선택하는 것(choice of law)을 목적으로 하고 있는 '국내법'이다. 많은 국가들이 독자적인 성문 국제사법을 가지고 있다.

하지 않을 수 없다.[99]

이론적으로 세 가지 방법이 안출되었다.[100] 첫째는 본국법(lex loci originis) 원칙이다.[101] 이에 의하면 특정 창작물의 본국을 찾아서 그 국가의 법에 따라 그 창작물을 보호하게 된다. 19세기 말 저작권에 관한 일부 양자협정에서도 본국법주의를 발견할 수 있다.[102] 둘째는 보호지법(lex loci protectionis) 원칙이다. 이것은 이른바 보호국가(protecting country)의 지적재산권법을 준거법으로 하는 것이다. 셋째는 본국법 원칙과 보호지법 원칙을 모두 고려하는 방식이다. 권리의 귀속과 존속에 관해서는 본국법을, 보호에 관해서는 보호지법을 적용하는 것이다.

본국법 원칙에 따르면 하나의 지적재산권이 전 세계적인―엄밀히 말하면, 조약 당사국에 대하여―효력을 가지게 되는 것이다. 이는 동일한 창작물에 대하여 같은 정도의 보호를 부여하는 장점이 있는 반면에 국내 법원은 창작물의 본국법을 일일이 확인해야 하는 불편이 있게 된다. 반면, 보호지법 원칙에 의하면 보호를 받고자 하는 국가의 법에 따라 해당 창작물에 대한 권리가 존재하는지, 그리고 권리의 내용이 무엇인지 해석하면 그만이다. 보호지(침해지)는 대개 법정지이므로, 이 경우 법정지 국내 법원은 자신에게 친숙한 법정지법(엄밀히 말하면 보호지법)을 적용함으로써 정의 관념에 합당한 판단을 할 수 있다는 장점

---

99) Ulmer, p.7; European Commission, *Final Report to the Study on Intellectual Property and Conflict of Laws*, Second Part: Analysis of divergences and conflicts (2000), p.2. http://ec. europa.eu/internal_market/copyright/docs/studies/etd1999b53000e16_en.pdf 참조.

100) Ulmer, p.8.

101) 당시 이론을 정립한 바르탱(Bartin)은 동산이나 부동산과 같이, 지적재산권도 영토적으로 연결을 시켜야 한다는 전제하에서, 저작물의 경우 발행 저작물과 비발행 저작물을 구별하여 전자에 대해서는 최초 발행이 행해진 국가의 법을, 그리고 후자에 대해서는 저작자가 속한 국가의 법을 준거법으로 할 것을 주장했다. 그런가 하면 특허의 경우는 특허를 최초로 부여된 국가의 법을, 산업디자인의 경우는 최초 출원 국가의 법을, 그리고 상표의 경우는 최초 사용지의 법을 준거법으로 할 것을 제의했다. Ulmer, p.8.

102) 1855년 프랑스와 네덜란드 간의 조약에서는 보호 적격(eligibility for protection) 문제뿐만 아니라 보호의 내용에 관해서도 본국법에 의존하도록 했다. Boytha, op. cit., p.406. 한편, 다자조약인 1889년 몬테비데오협약(Montevideo Copyright Convention on Literary and Artistic Property)도 본국법주의를 채택한 바가 있다. 이 협약 제2조에 의하면, "저작자는 … 저작물의 최초 발행 또는 제작 국가의 법률에 의하여 그 저작자에게 부여된 권리를 체약국에서 향유한다." 즉, 저작자는 본국(발행 국가)의 법률에 의해 보호를 받는 것이다. http://unesdoc.unesco.org/images/0015/001554/155495eb.pdf 참조.

이 있다. 반면, 하나의 지적재산권에 대해 보호국가의 수만큼 많은 권리가 생기게 되고 그 결과 권리의 법적 안정성을 해치게 되는 단점이 있다. 보호국가의 법에 따라 보호 여부와 보호수준에 차이가 생기기 때문이다.

준거법 이론 중 일부는 베른협약에서 부분적으로 수용하고 있다. 산업재산권에 관한 파리협약은 준거법 규정을 두지 않고 있다. 산업재산권은 대개 등록을 효력발생 요건으로 하고 있고, 해당 권리는 등록 국가에서만 효력을 가진다. 권리의 취득이나 귀속뿐만 아니라 보호 범위, 구제 방법 등도 그 국가의 법에 따라 결정된다. 따라서 등록 국가에서 침해 여부를 다툴 경우에도 그 국가의 법률이 국제사법상 불법행위지법이거나 보호지법으로서 준거법이 된다. 이것은 해당 국가의 국내법(국제사법)으로 준거법을 결정하는 것이다.103)

베른협약은 준거법에 관한 규정을 두고 있다. 협약상 준거법 규정을 제5조 제1항(내국민대우 원칙 규정)에서 찾기도 하지만,104) 통설적 견해는 제5조 제2항을 해당 규정으로 보고 있다. 통설적 견해에 따라 베른협약에 준거법 규정이 존재한다고 하면, 그것은 베른협약이 무방식주의를 채택하고 있어서 저작권은 창작과 동시에 효력이 발생한다는 점, 저작물은 국경의 구애를 받지 않고 얼마든지 이용된다는 점 등에 착안하여 국내 법원이 특정 국내법(자국법이든

---

103) 유럽의 경우는 사정이 다르다. 유럽의 경우에도 속지주의 원칙이 지배하고 있지만, 그것이 외국 특허에 근거한 청구를 배척하는 근거가 되지는 못한다. "속지성은 오로지 특허에서 나오는 권리의 한계에 관한 것일 뿐 소송 관할에 관한 것은 아니"기 때문이다. Fritz Blumer, "Patent Law and International Private Law on Both Sides of the Atlantic," WIPO Doc. WIPO/PIL/01/3, January 17, 2001, p.6, 11. 1968년 브뤼셀협약(Convention on Jurisdiction and the Enforcement of Judgments in Civil and Commercial Matters)과 그 후 개정 협약 및 EU 규칙[Regulation (EU) No 1215/2012 of the European Parliament and of the Council of 12 December 2012 on jurisdiction and the recognition and enforcement of judgments in civil and commercial matters (recast)]에서는 회원국에 대하여 피고의 주소를 근거로 한 국제 재판 관할을 인정하고 있고, 회원국은 또한 등록 등이 필요한 특허나 상표, 디자인 등에 대한 등록이나 효력에 관한 소송에 대해 전속 관할권을 가지도록 하고 있다. 규칙 제5조 제1항 및 제24조 (4) 참조. 다시 말해서, EU 규칙은 적어도 외국의 특허나 상표, 디자인 등에 대해서도 국제 재판 관할을 가진다는 점이다. 그런가 하면, 유럽특허협약(European Patent Convention) 제60조에서는 직무 발명의 특허권 귀속에 대해서 별도의 준거법 규정을 두고 있다.

104) Ulmer, pp.9~10; 보이타(Boytha)는 제5조 제1항과 제2항을 모두 준거법 해당 규정으로 보고 있다. Boytha, op. cit., pp.409~410. 이런 견해는 비판을 많이 받는다. 미국 법원이 지적하듯이, "내국민대우의 원칙은 단지 보호가 주장되는 국가에서 외국 저작자를 동등하게 취급하라는 것이다." Itar-Tass Russian News Agency v. Russian Kurier, Inc., 153 F.3d 82 (2d Cir. 1998), p.82, 89. Dinwoodie, op. cit., p.8에서 재인용.

외국법이든)을 적용할 기준을 제시할 필요성을 인정하고 이를 조약에 반영한 것으로 추정할 수 있다.

(2) 베른협약

베른협약 제5조 제2항에 의하면, "… 이 협약의 규정과는 별도로, 보호의 범위와 저작자의 권리를 보호하기 위하여 주어지는 구제의 방법은 오로지 보호가 주장되는 국가의 법률의 지배를 받는다."[105] 이 규정은 해석이 매우 난해하다. 연구자들마다 다른 설명을 하기도 한다. 몇 가지를 검토해보기로 한다. 첫째, 이것이 국제사법상 준거법에 관한 것인가 하는 것이다. 이 규정은 일견 국제사법에 관한 규정으로 읽힌다. 학설도 대체로 이를 긍정한다. 보호 범위와 구제 방법은 '보호가 주장되는 국가'로 정하고 있기 때문이다.

둘째, 국제사법상 준거법에 관한 규정이라면 준거법은 법정지법인가 보호지법인가 하는 것이다. 이것은 보호가 주장되는 국가(country where protection is claimed)의 의미와 연결된다. 특정 국가에서 보호를 주장하는 경우에는 그 국가를 의미할 수도 있고, 당사자가 원용하고자 하는 국내법이 있는 경우에는 그 국가를 의미할 수도 있다. 전자에 의하면 법정지법(lex fori)이 준거법이고, 후자에 의하면 보호지법(lex loci protectionis)이 준거법이다. 학설이 갈린다. 법정지법을 주장하는 학자들은[106] 협약 규정을 문리해석할 때 보호가 주장되는 국가(country where protection is claimed)란 법정지를 의미한다고 한다. 이들에 의하면, 법정지 국내 법원은 피고의 주소와 같은 토지관할 규정에 따라 비록 침해가 발생하지 않더라도 재판관할권을 가지게 될 뿐만 아니라, 보호를 주장하는 장소의 법, 즉 법정지법을 준거법으로 하게 된다는 것이다.

---

105) Art. 5(2): "The enjoyment and the exercise of these rights shall not be subject to any formality; such enjoyment and such exercise shall be independent of the existence of protection in the country of origin of the work. Consequently, apart from the provisions of this Convention, the extent of protection, as well as the means of redress afforded to the author to protect his rights, shall be governed exclusively by the laws of the country where protection is claimed."(고딕 강조)

106) Georges Koumantos, "Private International Law and the Berne Convention," *Copyright* (October 1988), pp.424, 426; Jane C. Ginsburg, "Global Use/Territorial Rights: Private International Law Questions of the Global Information Infrastructure," *Journal of the Copyright Society of the U.S.A.*, Vol.42, No.4 (Summer 1995), p.337.

다수설은 보호지법을 주장한다.107)108) 이에 의하면, 저작권이 효력이 있는 국가 내지 저작권을 부여하는 국가(저작자의 입장에서 보면 저작권을 향유하는 국가)가 보호국가(protecting country)로서, 그 저작권의 효력과 보호 범위는 그 국가의 저작권법으로 판단해야 한다는 것이다.109) 이때 법정지와 보호국가는 대개 일치하지만, 그렇지 않은 경우도 있다. 법정지 법원이 재판관할권을 가지면서 자국 법률을 적용하면 법정지법이 준거법이 되지만, 법정지 법원에서 당사자가 원용하는 다른 국가의 국내법을 준거법으로 결정하게 되면 후자 국가의 국내법이 준거법이 되는 것이다.

셋째, 보호지법이 준거법이라면 저작권의 발생, 귀속, 소멸, 저작권의 내용(권리와 제한), 저작권 계약, 저작권 침해 등 모두에 대해 적용할 수 있는가? 베른협약은 '보호의 범위'와 '구제의 방법'을 보호지법에 의하도록 하고 있다. 각국의 관행은 매우 다르다. 유럽의 예를 보면, 보호지법 원칙을 권리의 귀속, 보호 범위 전반에 걸쳐 적용할 수 있도록 하는 국가가 있는가 하면,110) 저작권법에서 권리의 귀속 주체, 보호대상, 권리의 내용 및 제한, 보호기간 등에 대해서는 본국법을 적용하되 자국이 구속을 받는 조약이 있는 경우에는 해당 조약을 따르도록 하여 베른동맹국에 대해서는 보호지법을 적용하도록 하는 국가도 있고,111) 저작권 침해의 경우에 국한하여 보호지법을 적용하는 국가도 있다.112)

---

107) André Lucas, "Private International Law Aspect of the Protection of Works and of the Subject Matter of Related Rights Transmitted over Digital Networks," WIPO Doc. WIPO/PIL/01/1 Prov. December 17, 2000, p.4; H. Desbois, A. Françon, A. Kerever, *Les conventions internationales du droit d'auteur et des droits voisins*, p.153; Ulmer, pp.9~10; Boytha, op. cit., pp.409~410.

108) 협약 제5조 제2항 "laws of the country where protection is claimed"를 "laws of the country [for which][for whose territory] protection is claimed"로 이해한다. Ulmer, p.8; Lucas, op. cit., p.4.

109) André Lucas, op. cit., p.4; Graeme B. Dinwoodie, "Developing a Private International Intellectual Property Law: The Demise of Territoriality?," 51 *William & Mary Law Review* (2009), p.729("권리의 효력과 보호 범위"); Boytha, op. cit., p.410("저작권의 향유와 행사에 대한 권능, 권리의 범위와 제한, 보호기간").

110) 독일, 오스트리아, 이탈리아, 스페인 등이 이에 속한다. 오스트리아 국제사법은 저작권을 포함한 지적재산권의 발생, 범위 및 종료의 경우 침해지법(즉, 보호지법)을 준거법으로 명시하고 있다. European Commission, op. cit., pp.5~6.

111) 그리스가 이에 속한다. European Commission, op. cit., p.6.

112) 프랑스와 벨기에, 룩셈부르크 등이 이에 속한다. 프랑스 판례는 다소 갈린다. 저작권 귀속은

저작권 침해에 대해서는 공통적으로 보호지법 원칙을 적용하지만 적어도 권리의 귀속에 관해서는 다른 태도를 취하고 있다는 점을 확인할 수 있다.[113] 저작권 침해는 저작권의 효력과 보호 범위에 관해 다투는 것이므로, 침해 시 준거법은 저작권의 귀속[114] 문제를 제외한다면, 저작권의 내용, 그 제한, 보호기간, 구제 방법 등에 적용될 것이다.

넷째, 베른협약 제5조 제2항 등이 의무 규정인가 여부이다. 보호의 범위와 구제의 방법은 "오로지 보호가 주장되는 국가의 법률의 지배를 받는다(shall be governed exclusively by the laws of the country where protection is claimed)"(고딕 강조)고 하고 있다. 즉, 'shall 규정'이니만큼 국가의 의무로 보인다.[115] 그러나 이 규정이 국제사법 규정인지 여부에 대해서조차 이견이 있는가 하면, 국가 관행을 보더라도 이를 의무 규정으로 받아들이는 것 같지는 않다.

(3) 보호지법 원칙의 내용

이상에서 본 바와 같이, 통설적 견해는 베른협약 제5조 제2항이 국제사법에 관한 규정이라는 것이고, 더 나아가 이를 전제로 할 때 다수설은 이 규정이 보호지법 원칙을 천명한 것이라고 한다. 그 내용을 하나씩 살펴보기로 한다.

첫째, 보호지법은 창작물의 이용행위 또는 침해행위가 이루어진 장소의 법을 의미한다.[116][117] 따라서 예를 들어, ① 국가 A 국적의 창작자 a는 국가 B의

본국법 또는 계약상의 준거법에 의해 판단하고 침해는 보호지법으로 판단하는 판결들도 있고, 저작권 귀속을 포함한 저작권 보호 전반에 보호지법을 적용하는 판결들도 있다. European Commission, op. cit., p.7; European Commission, *Final Report to the Study on Intellectual Property and Conflict of Laws*, First Part: Identification of Material, 2000, pp.19~23.

113) 저작권 계약은 저작권의 귀속이나 침해와 직접적인 관련이 없는 것으로, 그 준거법은 각국이 계약에 관해 정한 국제사법상의 원칙에 따라 결정된다 할 수 있다.

114) 권리의 귀속 문제에 대해서 법률이나 저술마다 다른 표현을 사용하고 있어서 다소 혼란스러우나, 권리의 귀속 주체(저작자 및 저작권자), 저작권의 성립 또는 발생, 저작권의 존속 등을 모두 포함하는 의미이다.

115) 이런 주장을 하는 학자로는, W. Nordemann, K. Vinck and P. Hertin, *Internationales Urheberrecht und Leistungsschuzrecht: Kommentar* (Dusseldorf, 1977), p.10, 17. Nimmer & Geller, p.INT-42 and note 207에서 재인용.

116) Ulmer, pp.9~11; Boytha, op. cit., p.409. 저작권 침해 분쟁은 특정 이용행위가 침해에 해당하는가를 핵심적으로 다투는 것이므로, '이용행위 장소'나 '침해 장소'라기보다는 '침해 여부를 다투는 행위가 발생한 장소(place of alleged infringement)'라고 할 수 있다.

국민 b가 국가 B에서 침해행위를 하는 경우에 국가 B에서 소송을 제기할 수 있고 국가 B의 법원은 국가 B의 국내법을 적용하게 된다. ② 국가 A 국적의 창작자 a는 국가 B의 국민 b가 국가 C에서 침해행위를 한 경우 국가 C에서 소송을 제기할 수 있고 이때 국가 C의 법원도 국가 C의 국내법을 적용하게 된다. 이 두 가지 경우는 모두 오로지 자국의 법률만을 적용하는 것이다. ③ 국가 A 국적의 창작자 a는 국가 B 국민 b가 국가 A에서 침해행위를 하고 그것이 국가 B의 법에 의하여 침해가 된다면 국가 A에서 소송을 제기할 수 있고 국가 A의 법원은 국가 B의 법을 적용하게 된다. 보호지법을 고수한다면 다른 국가의 법률을 적용할 여지가 있는 것이다.

보호지법은 불법행위지법(lex loci delicti)과 대개 일치한다. 그렇지 않은 경우도 있다. 격지 불법행위(distance delict)의 경우 불법행위지에는 행위지(place of act)뿐만 아니라 결과발생지(place of effect)도 포함되지만,[118] 보호지는 오로지 행위지만을 의미하기 때문이다.

둘째, 보호지법 원칙도―외국 법을 준거법으로 하지 않는 한―법정지법 원칙이나 불법행위지법 원칙과 마찬가지로 여전히 속지주의의 구현에 지나지 않는다.[119] 보호지법은 주로 침해지법에 호소하여 이를 준거법으로 하고 있기 때문이다.

셋째, 보호지법 원칙은 모든 지적재산권에 적용되는 것이라고 말할 수도 없을 듯하다. 예를 들어, 부정경쟁 행위에 대한 보호도 지적재산권의 범주에서 다루고 있지만, 그 성격이 불법행위에 가까운 것으로 불법행위지를 기준으로 준거법을 정할 수도 있을 것이다. 우리 국제사법 제24조 또한 '지적재산권 보호'를 위한 준거법으로 보호지법을 채택하고 있으나 지적재산권의 범위를 어떻게 보고 있는지는 분명하지 않다.

---

117) 우리 국제사법 제24조도 지적재산권의 준거법을 침해지법으로 하고 있다. 국제사법 제24조 (지적재산권의 보호): "지적재산권의 보호는 그 침해지법에 의한다." 법무부, 위의 책, 87쪽 에서는 "지적재산권의 보호가 요구되고 있는 국가의 법에 의하여 지적재산권이 성립, 소멸, 이전 등에 관한 법률 관계 일체를 결정하는 것을 보호국법주의"라고 하고 있다. 이것은 가장 넓은 의미의 보호지법을 해석한 것으로 볼 수 있다.

118) 법무부, 위의 책, 88, 118~119쪽; European Commission, *Final Report to the Study on Intellectual Property and Conflict of Laws*, Second Part: Analysis of divergences and conflicts (2000), p.11.

119) Dinwoodie, op. cit., p.729.

(4) 보호지법 원칙의 예외

베른협약에서 채택하고 있는 보호지법 원칙은 몇 가지 제한 속에서 적용된다. 첫째, 응용미술저작물의 보호를 위하여 보호지법을 적용한다고 하더라도 본국법의 규정에 따른 제한을 받는다. 즉, 보호국가는 이들 저작물을 저작권법에 의하여 보호하든 아니면 다른 법에 의하여 보호하든 자유로이 정할 수 있으나, 다만 이들 저작물의 본국에서 '오로지 디자인과 모형으로만(solely as designs and models)' 보호할 경우에는 보호국가에서도 '디자인과 모형'으로 보호하는 법률이 있는 경우에는 그 법률을 적용해야 한다(제2조 제7항).120) 다시 말해서, 어느 디자인이 본국에서 등록 등의 절차를 필요로 하는 산업재산권적 보호만을 할 경우 그 디자인에 대한 권리자는 다른 동맹국에 대해서 산업재산권적인 보호만을 주장할 수밖에 없다는 것이다. 이 경우에도 보호지법을 적용하기는 마찬가지이나 본국법상 이들 저작물의 보호 방식에 따라 적용 법규의 제한을 받는 것이다. 이것은 외국인의 응용미술저작물을 차별적으로 대우하는 것이므로, 내국민대우 원칙의 예외이기도 하다. 보호국가에서 디자인과 모형에 관한 특별법이 없는 경우에는 저작권법에 의한 보호를 하게 된다.

둘째, 보호기간은 협약상 최소한의 보호 요건을 충족하는 한 보호국가가 재량으로 정할 수 있다. 그러나 보호국가는 본국에서 해당 저작물에 대하여 정한 기간을 초과하여 보호기간을 정할 수 없도록 하고 있다(제7조 제8항).121) 이른바 보호기간 비교(comparison of terms)의 원칙에 따라, 보호국가와 본국이 동일하게 짧은 보호기간을 적용하는 것이다. 이것은 국가 간에 달리 정하고 있는 보호기간을 조화하기 위한 방법이라 할 수 있는데, 내국민대우를 그대로 적용하게 되면 예를 들어 보호기간을 사후 50년으로 하는 국가 A와 사후 70년

---

120) Art. 2(7): "Subject to the provisions of Article 7(4) of this Convention, it shall be a matter for legislation in the countries of the Union to determine the extent of the application of their laws to works of applied art and industrial designs and models, as well as the conditions under which such works, designs and models shall be protected. Works protected in the country of origin solely as designs and models shall be entitled in another country of the Union only to such special protection as is granted in that country to designs and models; however, if no such special protection is granted in that country, such works shall be protected as artistic works."

121) Art. 7(8): "In any case, the term shall be governed by the legislation of the country where protection is claimed; however, unless the legislation of that country otherwise provides, the term shall not exceed the term fixed in the country of origin of the work."

으로 하는 국가 B의 경우 국가 A에서는 국가 B 국민의 저작물은 50년간 보호되고 국가 B에서 국가 A 국민의 저작물은 70년간 보호받게 된다. 이것은 국가 B에게는 상대적으로 불리하다. 보호기간 비교의 원칙이 작동하게 되면 국가 B는 국가 A 국민의 저작물을 사후 50년간 보호할 수 있는 것이다. 양국 간의 보호기간 차이로 인한 불공평을 해결하기 위한 장치인 셈이다. 이 원칙이 작동하게 되면 양국 간에는 보다 긴 보호기간이 적용될 여지는 없다. 왜냐하면 위 규정상 보호국가의 보호기간은 본국의 그것을 초과할 수 없으므로 전자의 보호기간이 보다 짧은 경우 그 기간을 유지하면 되고, 긴 경우에는 본국의 짧은 기간을 보호기간으로 정해야 하기 때문이다. 기간 비교의 원칙에 따르면 각국이 국내법으로 정한 보호기간을 외국인에게 그대로 적용할 수 없게 되므로 내국민대우 원칙의 예외가 된다. 물론 보호국가는 기간 비교의 원칙을 적용하지 않고 내국민대우 원칙대로 보호기간을 정할 수도 있다. 이것은 보호국가가 외국과의 관계에서 생기는 불공평을 용인한다는 뜻이다.[122]

4) 속지주의의 한계

속지주의는 자유무역이 확대되고, 디지털 기술이 발전하면서 한계를 보이고 있다. 기본적으로는 하나의 창작물에 대해 국가의 수만큼이나 많은 권리의 다발이 존재하는 데에서 비롯되는 문제이다. 같은 종류와 내용의 침해에 대해 침해지마다 소송을 해야 하는 것이다. 국가마다 다른 실체법을 분석하고, 사법제도에 순응해야 할 뿐만 아니라, 소송 비용상의 장애나 시간과 장소의 제약도 감수해야 한다. 인터넷이 발달하면서 창작물의 보편적 존재(ubiquity)는 국제 재판 관할과 준거법의 문제에 심각성을 더해주고 있다.[123]

특히, 디지털 환경하에서는 하나의 행위가 여러 국가에 결과 발생을 가져오

---

122) 제7조 제8항에 의하면, "다만, 보호국가의 입법으로 다르게 규정하지 아니하는 한, 그 기간은 저작물의 본국에서 정한 기간을 초과할 수 없다"(고딕 강조)고 하고 있으므로 보다 장기간 보호하는 것도 가능한 것이다.

123) 딘우디(Dinwoodie)는 지적재산권의 국제적 조화 노력이 계속 성과를 보이고 있고, 정보 검색 시스템이 발전하고 있으며, 각국마다 지적재산권 특별 법원이 조직되면서 사법 시스템도 정비되고 있다고 하면서, 국제 분쟁의 증가는 연쇄적인 국내 소송 비용을 감내할 수 없을 정도가 되었다고 주장한다. 속지주의의 고수로 인한 이익보다는 국제주의 수용의 이익이 더욱 크다는 점을 지적하고 있다. Dinwoodie, op. cit., pp.766~771.

기도 한다. 이 점에서 하나의 행위를 규제하는 것이 효율적일 수도 있다. 케이블과 위성방송의 등장으로 준거법 문제가 국제적인 관심을 끈 적이 있다. 1993년 EEC 지침에서는 위성에 의한 공중송신이 발생한 장소를 특정함으로써 하나의 방송에 대해 여러 국내법을 중복 적용을 막을 필요성에 착안하여, 위성에 의한 공중송신 행위란 "방송사업자의 통제와 책임하에 위성을 향해서 올려 보내고 다시 이를 지구를 향해서 내려 보내는 연쇄적인 일련의 송신 과정에 프로그램 전송신호를 넣는 행위(introduced into an uninterrupted chain of communication leading to the satellite and down towards the earth)"라고 정의한 바 있다.[124] 이에 의하면, 송신행위는 프로그램 신호를 송출한 곳, 즉 발신지가 준거법이 되는 것이다. 이와 유사한 취지의 미국 판례도 있다. 미국 제2순회법원은 미국에서 포스터를 복제하여 이를 이스라엘에서 발행한 데 대하여 최초 복제가 미국 내에서 행해졌다는 이유로 미국 저작권법을 준거법으로 삼았다.[125]

본국법 원칙도 보호지법 원칙의 대안으로 고려해볼 수 있다. 본국법 원칙은 하나의 창작물에 대해 국제적으로 하나의 지적재산권을 상정하고 있다는 점에서는 매력적이지만, 디지털 환경에서는 본국법 원칙 역시 한계가 있다. 왜냐하면, 업로드는 세계 어느 곳에서든 할 수 있는 것이고 편의상 서버 소재지를 선정하여 서비스를 한다고 할 때 서버 소재지와 그 국가 간의 '실질적 관련성'을 찾기 어려운 경우가 많기 때문이다.[126] 최초 발행 국가와 같은 본국 개념을 도입하기가 어려운 것이다.

---

124) Council Directive 93/83/EEC of 27 September 1993 on the coordination of certain rules concerning copyright and rights related to copyright applicable to satellite broadcasting and cable retransmission, recital 14 및 제1조 제2항 참조.

125) *Update Art, Inc v Modiin Publishing, Ltd*, 843 F.ed 67 (2d Cir. 1988). Howard B. Abrams, "United States," in Toshiyuki Kono (ed.), *Intellectual Property and Private International Law: Comparative Perspectives* (Hart Publishing, 2012), p.1112에서 재인용.

126) European Commission, op. cit., pp.17~18. 정보사회에서의 유럽 저작권 법제도의 조화를 위한 노력의 일환으로 1995년 그린페이퍼[Green Paper Copyright and Related Rights in the Information Society, COM(95) 382 final]가 나온 바 있다. 청사진의 일부는 지침으로 결실을 보았다. Directive 2001/29/EC of the European Parliament and of the Council of 22 May 2001 on the harmonisation of certain aspects of copyright and related rights in the information society 참조. 1995년 그린페이퍼는 본국법주의를 제안하고 있으나 이해관계자의 반대에 부딪혀 아직까지 결과를 내지 못하고 있다.

미국과 캐나다에서는 보호지법 대신에, 불법행위지법을 준거법으로 한 판례가 나오기도 했다.127) 캐나다 판례에 의하면, 특정 인터넷 송신이 캐나다와의 실질적인 관련성이 있다면 캐나다 저작권법을 적용하기에 충분하다면서 그 요소들로서 콘텐츠 제공자의 소재지, 호스트 서버, 중개자 및 최종 사용자를 들고 있다.128)

---

127) *Itar-Tass Russian News Agency v. Russian Kurier, Inc.*, 153 F.3d 82 (2d Cir. 1998); *SOCAN v. Can. Ass'n of Internet Providers*, 2 S.C.R. 427 (2004). Dinwoodie, op. cit., p.730 재인용.

128) *SOCAN v. Can. Ass'n of Internet Providers*, 2 S.C.R. 427 (2004). Dinwoodie, op. cit., p.730 and note 69에서 재인용.

제3부 파리협약

국제지적재산권법
개정판

제1장 협약 연혁

파리협약은 산업재산권 보호에 관한 기본 조약이다. 19세기 후반 체결된 이래 여섯 차례 개정을 거치면서 여전히 기본 조약으로서 생명력을 유지하고 있다. 파리협약 동맹국들은 협약 개정을 통해 국제적 보호체계를 개선하기도 하고, 각국은 이에 맞춰 국내법을 개정하기도 했다. 파리협약은 TRIPS협정에 반영되면서[1] 그 중요성이 새삼 부각되기도 했다. 2000년 이후 각종 FTA에서도 파리협약상의 실체 규정을 준수하도록 하거나 파리협약 가입을 의무화하고 있다.

파리협약은 1967년 스톡홀름 개정 이후 변화가 없다. 개정 방식의 난점이나 실체 규정을 둘러싼 선진국과 개발도상국의 갈등도 한몫을 하고 있다. 1970~1980년대 파리협약 개정 시도, 1980~1990년대 이른바 특허법 조화(patent law harmonization)를 위한 국제적 노력도 모두 실패했다. 1980~1990년대 상표법 조화를 위한 국제 협상도 상표권의 보호수준을 높이는 데에는 그다지 성공하지 못했다.[2] 산업재산권 보호를 위한, 파리협약을 대체하거나 보완하는 다자간 국제규범은—TRIPS협정이나 다자간 FTA를 제외하면—아직 존재하지 않는다. 오늘날의 환경에 비춰 보면 파리협약이 안고 있는 한계는 분명 존재한다.

1. 협약의 탄생

파리협약은 기실 19세기 후반 유럽 각국이 특허 정책에 적지 않은 회의를 가지고 있었던 시절에 탄생했다. 그만큼 협약 제정 과정은 험난했다. 당시 유

---

1) TRIPS협정 제2조 제2항은 파리협약 실체 규정(제1조 내지 12조 및 제19조) 준수 의무를 부과하고 있다.
2) 이에 관해서는, 제5부 제1장 3. 1) 선진국과 개발도상국의 대립 참조.

럽에서는 특허의 존재가 국제무역의 장애로 여겨지는 분위기였다. 프러시아가 주도하여 1834년 성립한 관세동맹은 다른 동맹국에서 생산된 제품의 수입을 금지할 수 있는 권한을 특허권자에게서 빼앗았고, 자유무역 기조가 성행하던 영국에서도 특허 제도가 관세 장벽과 마찬가지로 폐기 대상으로 거론되기도 했다.3) 그런가 하면, 19세기 후반에는 특허법의 필요성과 특허 제도의 유용성에 대한 논란이 끊이지 않았다. 영국은 1872년 특허 제도의 결함과 특허 남용에 대해 조사에 착수한 바 있으며, 프랑스에서는 무역의 자유와 특허의 폐지를 지지하는 경제학자와 상공인들이 특허 제도에 대하여 공격을 마다하지 않았다.4) 네덜란드는 1817년 특허법을 제정했으나 1869년 폐기했고, 스위스에서는 1866년과 1882년 국민투표로 특허법 제정을 막았다.5) 당시만 하더라도 특허법은 외국 기술을 들여오기 위한 수단으로 여겨졌다.

파리협약이 체결되기 전에는 유럽과 미주 국가들 간에(주로 유럽 국가들 간에) 양자조약을 통해 산업재산권을 보호했다. 1869년부터 1883년 파리협약 채택 전까지 69개의 양자조약이 존재했다고 한다. 초기에는 통상 조약에서, 후기에는 특별 약정으로 산업재산권을 보호하고자 했다. 이들 모두 상표 보호에 관해서, 1/3가량은 디자인 보호에 관해서 규정하고 있을 뿐, 다른 분야에 관해서 다룬 예는 드물었다. 특허나 원산지 표시, 상호 보호에 관해 규정한 것은 각기 2개에 지나지 않았다. 미국과 유럽 국가들 간에 체결한 조약에서는 자국 산업의 보호를 그 목적으로 하고 있음을 명시하기도 했다.6) 특허를 중상주의 정책의 일부로서 활용하고자 하는 의지의 표명이라 할 수 있다.

이에 대응한 발명가와 기업의 노력은 집요했다.7) 국제적인 분위기도 이들에게 유리하게 작용했다. 당시 국제박람회가 유럽 곳곳에서 개최되었는데 각국은 박람회에 참가해 자국의 위세를 과시하곤 했다. 특허 옹호론자들은 박람

---

3) WIPO, p.19.

4) Ladas, Vol.I, p.284.

5) Ladas, Vol.I, p.284; Erich Kaufer, *The Economics of the Patent System* (Harwood Academic Publishers, 1989), pp.2~10, in Dinwoodie et al., p.417. 스위스는 1888년에야 발명의 보호와 산업디자인 보호를 위한 법률을 제정했고, 네덜란드는 1910년 새로운 특허법을 제정했다.

6) Ladas, Vol.I, pp.43~48.

7) 당시 후발 국가였던 프러시아에서도 1850년대부터 급격한 산업화가 진행되면서 지멘스 같은 사람들이 특허 제도의 도입을 강력히 주장하기도 했다. Kaufer, op. cit., in Dinwoodie et al., p.417.

회에서 자신들의 입지를 끊임없이 알렸다. 이들은 1873년 비엔나 국제박람회에서 발명의 국제적 보호를 강력히 호소하기도 했다. 특허 제도가 발달했던 미국은 특허의 국제적 보호를 위해 회의에 적극 참여하여 일부 국가의 특허 반대 입장을 완화하는 역할을 맡기도 했다. 미국 등은 특허 옹호론자의 입장에서 특허를 재산권으로 인정함으로써 산업기술의 발전이 촉진된다고 주장했던 반면, 독일 등은 특허 반대론자의 입장에서 특허는 자국의 산업기술 수준의 반영이고 따라서 특허를 국가정책으로 활용해야 한다고 역설했다.

게다가 1873년 이후 국제적으로 경기가 침체하면서 각국은 보호무역을 강화하는 방향으로 나아갔다. 자유무역을 억제하는 수단으로 관세와 더불어 특허 제도가 좋은 구실을 제공한 것이고 이것이 특허 반대론자의 목소리를 낮추는 역할을 했다.[8]

특허 옹호론자의 주장은 1878년 파리 국제박람회를 계기로 다소 결실을 보았다. 박람회와 더불어 개최된 국제회의에서는 특허뿐만 아니라 다른 산업재산권 분야에 대해서도 논의했다. 이 당시만 하더라도 발명가와 기업의 산업재산권의 조화와 통일에 대한 의지는 강했다. 프랑스 등 일부 국가가 이에 동조하여 회의를 이끌었다.[9] 그러나 이것은 희망에 지나지 않았다. 각국의 법률이 조화와 통일을 이루기에는 간극이 컸던 것이다. 당시만 하더라도 특허 보호에 관한 국내법조차 제정하지 않은 국가들도 있었다. 그럼에도 이 회의에서는 "통일 입법의 기초를 결정하는 임무"를 띤 외교회의를 개최하기로 결정했다.[10] 프랑스 대표는 당시 작성한 협상 초안이 매우 구체적이어서 각국의 국내법을 넘어서는 규정이 많았고 이 초안이 조약으로 채택될 가능성이 없다는 점을 지적하면서 완화된 초안을 만들 것을 권고하기도 했다.[11]

프랑스 정부는 1878년 협상 결과를 반영하여 각국이 받아들일 수 있을 정도

---

8) WIPO, p.19; Kaufer, op. cit., in Dinwoodie et al., p.417.

9) 파리협약 체결 과정을 보면, 일부 국가는 산업재산권 보호를 위한 강력한 동맹을 원했다. 이 점은 프랑스 대표의 발언에서도 분명히 드러났다. "산업재산권은 표절과 침해에 대하여 어느 곳에서든지 상호 보장해주는, 간단하고 획일적이고 정확한 규칙이 존재해야만 진정으로 보호될 수 있다." 벨기에 대표는 '외국인(foreigner)'이라는 말을 사용하지 말자고 주장하기도 했다. Ladas, Vol.I, pp.61~62.

10) WIPO(Handbook), p.241.

11) Ladas, Vol.I, p.63.

의 협상 초안[12]을 새롭게 만들었다. 1880년 파리 국제회의는 이 초안을 중심으로 토론한 끝에 협약안[13]을 마련했다. 이 협약안은 거의 그대로 1883년 3월 20일 파리 외교회의에서 정식으로 채택되었고,[14] 1884년 7월 7일 발효했다.[15]

1883년 파리협약은 모두 19개 조문으로 구성되었다. 각 조문을 순서대로 간략히 소개하면 다음과 같다.[16]

① 프랑스 등 협약에 서명한 11개국은 산업재산권 보호를 위한 동맹을 구성한다(제1조).

② 체약국 신민이나 시민은 특허, 산업디자인, 상표 및 상호와 관련하여 체약국 국내법이 현재나 장래에 국내법으로 내국민에게 부여하는 이익을 향유한다(제2조).

③ 비동맹국 신민이나 시민이 어느 동맹국에 주소를 가지거나 산업상이나 상업상 영업소를 가지는 경우 체약국 신민으로 간주한다(제3조).

④ 어느 한 체약국에서 정식으로 특허 출원, 산업디자인이나 상표의 등록 출원을 한 사람은 다른 체약국에서 우선권을 향유한다(제4조).

⑤ 특허권자가 동맹국에서 제조한 물품을 특허를 부여한 국가에 수입한다고 하여 그 특허가 몰수되지 아니한다(제5조).

⑥ 본국에서의 정식 출원된 상표는 다른 동맹국에서 그 본래의 형태로 출원될 수 있어야 하고 보호되어야 한다(제6조).

⑦ 상표가 사용된 상품의 성격이 표장의 출원에 장애가 되어서는 아니 된다(제7조).

---

12) *Actes de la Conférence internationale pour la protection de la propriété industrielle réuni à Paris du 4 au 20 novembre 1880* (이하 *Actes de Paris 1880*) (deuxième édition, 1902), pp.23~25 참조.

13) Projet de Convention, *Actes de Paris 1880*, pp.124~127.

14) 1883년 채택된 협약은 1880년 협약안과 비교할 때, 문장 기호나 대소문자 차이 외에, 동맹국(오스트리아-헝가리, 아르헨티나, 벨기에, 브라질, 미국, 프랑스, 영국, 과테말라, 이탈리아, 네덜란드, 포르투갈, 러시아, 스웨덴-노르웨이, 살바도르, 스위스, 터키, 우루과이, 베네수엘라 등 18개국에서 벨기에, 브라질, 스페인, 프랑스, 과테말라, 이탈리아, 네덜란드, 포르투갈, 살바도르, 세르비아, 스위스 등 11개국으로 변경), 개정회의 장소(비엔나에서 로마로 변경), 효력발생 규정이 바뀌었다. 1883년 회의 논의 결과 일부는 합의서의 형태로 최종의정서에 반영되었다. 최종의정서는 협약 본문과 함께 협약의 전체를 구성하는 한편, 본문 해석의 보조적인 역할도 한다.

15) 2016년 7월 15일 기준으로 176개 동맹국이 있다. http://www.wipo.int/export/sites/www/treaties/en/documents/pdf/paris.pdf 참조.

16) *Actes de la Conférence pour la protection de la propriété industrielle réuni à Paris du 6 au 28 mars 1883*.

⑧ 상호가 상표의 일부가 되는 여부를 불문하고 모든 동맹국에서 보호된다(제8조).

⑨ 상표나 상호를 불법적으로 부착한 상품은 그에 대하여 법적인 보호를 하는 동맹국에 수입할 때 압류될 수 있다(제9조).

⑩ 출처표시로서 특정 지역의 명칭을 허위로 부착하는 상품에 대해서도 동맹국에 수입할 때 압류될 수 있다(제10조).

⑪ 공식적인 또는 공식적으로 인정된 국제박람회에서 전시된 상품과 관련한 발명, 산업디자인 및 상표에 대하여 임시 보호를 부여한다(제11조).

⑫ 특허, 산업디자인 및 상표를 공개하기 위하여 산업재산권 기관을 설립한다(제12조).

⑬ 산업재산권 보호를 위한 국제동맹사무국(Bureaux international de l'Union pour la protection de la propriété industrielle)을 설치한다(제13조).

⑭ 동맹 체제의 개선을 위한 개정을 위하여 주기적인 개정회의에 이 협약을 회부한다(제14조).

⑮ 체약국은 이 협약 규정을 위반하지 아니하는 한 특별협정을 체결할 권한을 유보하는 것으로 이해된다(제15조).

⑯ 이 협약 당사국이 아닌 국가는 이 협약에 가입할 수 있다(제16조).

⑰ 협약상의 상호 약정은 체약국의 헌법에 따른 절차와 규칙을 준수할 것을 조건으로 이행한다(제17조).

⑱ 이 협약은 비준서의 교환 1개월 후 효력을 발생하며, 폐기하지 아니하는 한 무기한 효력을 가진다(제18조).

⑲ 이 협약은 1년 내에 비준된다(제19조).

2. 개정회의

파리협약은 그 후 1900년 브뤼셀, 1911년 워싱턴, 1925년 헤이그, 1934년 런던, 1958년 리스본, 1967년 스톡홀름 개정회의에서 의정서를 통하여 모두 여섯 차례 개정되었고, 1979년 한 차례 수정되었다.[17] 개정회의의 경과와 결과를 간략히 소개하면 다음과 같다. 제1차와 제2차 개정회의는 각기 1886년

---

17) 수정(amendment)은 동맹 집행부 등에 관하여 변경하는 것이다. 개정(revision)과는 구별된다. 협약 제17조 및 제18조 참조.

로마, 1890~1891년 마드리드에서 개최되었으나 실질적인 개정으로 이어지지는 못했다. 마드리드 개정회의에서 파리협약을 개정하지는 못했으나 2개의 중요한 조약을 체결했다. 하나는 표장의 국제 등록에 관한 마드리드협정(Arrangement de Madrid concernant l'enregistrement international des marques, Madrid Agreement Concerning the International Registration of Marks)이고, 다른 하나는 상품의 허위 또는 기망 출처표시 방지를 위한 마드리드협정(Arrangement de Madrid concernant la répression des indications de provenance fausses ou fallacieuses sur les produits, Madrid Agreement for the Repression of False and Deceptive Indications of Source on Goods)이다.

개정회의 결과 채택된 개별 의정서도 파리협약으로 통칭하기도 한다. 정확하게는 파리협약 브뤼셀 의정서, 파리협약 워싱턴 의정서 등을 말한다. 각 의정서가 별개의 조약이기 때문에 각국마다 구속받는 의정서가 다르다. 따라서 서로 다른 의정서에 의한 조약상의 의무는 국가마다 다를 수 있다. 파리협약에 의하면, 가장 최근의 의정서의 구속을 받는 국가는 다른 동맹국에 대해서 후자 국가가 구속을 받는 의정서의 구속을 받는 것으로 하여, 조약 충돌을 미연에 방지하고 있다.[18] 동맹국들 간에 공통적으로 적용되는 의정서를 정함으로써 의정서 간의 저촉 문제를 해결하고 있는 것이다.[19]

1) 1900년 브뤼셀 개정회의

개정회의 결과 추가의정서(Additional Act)를 채택하여 1883년 파리협약을 다음과 같이 개정했다. ① 연결점으로서 영업소의 요건을 추가('진정하고 실효적인 영업소')했다. ② 우선권이 무효화되지 않는 사유로서 단지 제3자에 의한 실시만이 아니라 출원인 본인에 의한 실시도 포함되도록 했다. ③ 우선권 기간을 특허의 경우 6개월에서 1년으로, 디자인과 상표에 대해서는 3개월에서 4개월로 늘렸다. ④ 특허 독립의 원칙을 규정했다. ⑤ 수입 시 압류를 허용하지

---

18) 파리협약 제20조 내지 제23조 및 제27조 참조.

19) 의정서 간 저촉 문제는 그 의미가 크게 축소되었다. 2016년 7월 15일 현재 176개 동맹국 중 헤이그 의정서(도미니카공화국), 런던 의정서(레바논, 뉴질랜드, 스리랑카), 리스본 의정서(아르헨티나, 바하마, 몰타, 나이지리아, 필리핀, 탄자니아, 잠비아) 실체 규정 동맹국은 11개국에 지나지 않기 때문이다. http://www.wipo.int/export/sites/www/treaties/en/documents/pdf/paris.pdf 참조.

않는 국가에서는 단지 수입 금지만으로 해당 의무를 충족하도록 하는 한편, 통과 화물에 대해서는 압류 의무를 부담하지 않도록 했다. ⑥ 부정경쟁에 대한 보호 규정을 신설했다. ⑦ 국제박람회에 전시되는 상품과 관련된 발명, 산업디자인 및 상표의 임시 보호에 관해서는 각국의 국내법에 따르도록 했다. ⑧ 특허권자는 불실시로 인한 특허의 몰수는 3년의 기간 경과 후 불실시에 대한 합리적인 근거를 제시하지 못하는 경우에만 가능하도록 했다.[20]

2) 1911년 워싱턴 개정회의

이 개정회의에서는 다음과 같이 개정했다. ① 보호대상으로 실용신안, 출처표시, 부정경쟁방지를 추가했다. ② 동맹국 국민에 대한 주소나 영업소 요건 폐지했다. ③ 우선권의 승계를 인정했다. ④ 우선권 주장의 절차와 방법에 관한 규정을 신설했다. ⑤ 'telle quelle' 원칙과 관련하여 요건을 변경했다(종전 '본국에서 정식으로 출원된 모든 상표'에서 '본국에서 정식으로 등록된 상표'로 변경). ⑥ 단체표장에 관한 규정을 신설했다. ⑦ 압류에 관한 규정을 구체화, 강화했다.[21]

3) 1925년 헤이그 개정회의

이 회의에서는 다음과 같은 내용의 개정을 했다. ① 보호대상에 원산지명칭을 추가했다. ② 산업디자인과 상표의 우선기간을 6개월로 연장했다. ③ 특허출원에 기초한 우선권에 의하여 실용신안 출원을 할 수 있고, 그 반대의 경우도 할 수 있도록 했다. ④ 복수 우선권과 출원의 분할에 관한 규정을 신설했다. ⑤ 특허의 불실시와 같은 권리 남용을 방지하기 위하여 입법적 조치를 취할 수 있고, 몰수는 강제실시권을 통해서 그 남용을 방지하기에 충분하지 않은 경우에만 할 수 있도록 했다. ⑥ 등록 상표 불사용에 따른 제재 규정을 신설했다. ⑦ 보호의 조건으로 등록 표시를 요구할 수 없도록 했다. ⑧ 산업디자인 물품의 수입으로 인한 몰수를 금지했다. ⑨ 수수료 납부 유예기간과 특허 회

---

20) *Acte Additionnel du 14 Décembre 1900 Modifiant la Convention du 20 Mars 1883*.

21) *Actes de la Conférence réuni à Washington du 15 mai 2 juin 1911*.

복에 관한 규정을 신설했다. ⑩ 운송수단에 대한 특허권의 예외 규정을 신설했다. ⑪ 주지 상표 보호 규정을 신설했다. ⑫ 국가 표장 등의 보호에 관한 규정을 신설했다. ⑬ 부정경쟁 행위의 두 가지 유형(혼동 야기 행위와 신용훼손 행위)을 신설했다. ⑭ 박람회 전시 상품에 대한 임시 보호와 우선기간 간의 관계에 관한 규정을 신설했다.[22]

4) 1934년 런던 개정회의

이 회의 주요 개정 사항은 다음과 같다. ① 우선권을 발생시키는 정규의 국내 출원 개념을 도입했다. ② 우선기간 중 개인적 점유권을 인정하지 않았다. ③ 복수 우선권에 대해 우선권을 거절할 수 없도록 했다. ④ 발명의 일부 요소가 청구범위에 기재되지 않았다는 이유로 우선권을 거절할 수 없도록 했다. ⑤ 우선권의 이익을 가지고 취득한 특허의 존속기간에 관한 규정을 신설했다. ⑥ 발명자 성명표시권을 도입했다. ⑦ 상표 사용 의무와 관련하여, 상표의 변형 및 공동 상표 소유자의 상표 사용에 관한 규정을 신설했다. ⑧ 상표의 양도에 관한 규정을 신설했다. ⑨ 불실시에 의한 산업디자인의 몰수를 금지했다.[23]

5) 1958년 리스본 개정회의

이 회의에서는 다음과 같은 개정을 했다. ① 서비스표를 보호대상에 추가했다. ② 정규 출원의 개념을 정의했다. ③ 부분 우선권에 관한 규정을 추가했다. ④ 출원인에 의한 우선권의 분할을 인정했다. ⑤ 특허 제품이나 특허 방법에 의하여 취득한 제품의 판매가 국내법상 제한된다는 이유로 특허 부여를 거절하거나 무효화할 수 없도록 했다. ⑥ 강제실시권의 부여 요건을 강화했다. 강제실시권의 비배타적인 성격을 규정했다. 강제실시권의 이전에 관한 규정을 두었다. ⑦ 제법 특허 보호에 관한 규정을 신설했다. ⑧ 상표 독립의 원칙과 'telle quelle' 원칙을 분리·규정했다. ⑨ 주지 상표 보호의 내용의 하나로 상표 사용을 금지할 수 있도록 했다. ⑩ 국제기구의 문장 보호에 관한 규정을 신설

---

22) *Actes de la Conférence de la Haye de 1925* (이하 *Actes de la Haye*).

23) *Actes de la Conférence réuni à Londres du 1er mai au 2 juin 1934* (이하 *Actes de Londres*).

했다. ⑪ 허위의 출처표시에 대한 압류 등의 대상을 확대하여 생산자, 제조자 또는 판매자의 신분의 허위 표시에 대해서도 압류 등의 제재를 받도록 했다. ⑫ 오인을 야기하는 표시나 주장을 부정경쟁 행위의 유형으로 추가했다.[24]

6) 1967년 스톡홀름 개정회의

이 회의에서는 관리 규정 수정 등에 집중했다. 총회와 집행위원회를 설치하는 등 관리 규정 전반과 종결 규정(협약의 개정, 협약의 비준·가입, 유보, 경과 조항 등)을 대폭 수정한 것이다. 실체 규정은 한 가지, 즉 발명자증 제도를 우선권과 관련하여 도입하는 데 그쳤다.[25]

---

24) *Actes de la Conférence réuni à Lisbonne du 6 au 31 octobre 1958* (이하 *Actes de Lisbonne*).

25) *Records of the Intellectual Property Conference of Stockholm*, June 11 to July 14, 1967 (이하 *Records of Stockholm*).

제2장 보호대상 및 수익자

1. 보호대상

파리협약은 산업재산권 전반에 걸쳐 규정하고 있다. 협약 제1조 제2항에서는 "산업재산권의 보호는 특허, 실용신안, 산업디자인, 상표, 서비스표, 상호, 출처표시 또는 원산지명칭[1] 및 부정경쟁방지를 그 대상으로 한다"고 하고 있다.[2] 이 정의는 1925년 헤이그 회의에서 채택한 것으로, 1958년 서비스표가 추가적으로 포함된 외에는 실질적으로 아무런 개정이 따르지 않았다.

협약은 아홉 가지에 달하는 보호대상만을 정하고 각각에 대하여 아무런 정의를 하지 않고 있기 때문에, 각 동맹국은 모든 대상에 대한 보호 의무를 지는지, 그리고 보호 의무가 있다 하더라도 보호의 정도와 방법에 의문이 생길 수있다.[3] 협약은 내국민대우 원칙과 일부 실체 규정을 통하여 일부 문제를 해결하고 있을 뿐이다.

먼저 모든 보호대상에 대한 보호 의무는 불필요한 것이라고 보기도 한다.[4]

---

1) 1925년 헤이그 회의에서 영국 대표는 '원산지명칭(appellations d'origine, appellations of origin)'만으로 '출처표시(indications de provenance, indications of source)'도 대신하는 것이 영어본의 번역에 적합하고 보호하고자 하는 권리의 정의에 가깝다는 주장을 했으나, 이미 파리협약 제10조에서, 그리고 1891년 마드리드협정에서 그런 용어를 사용하고 있다는 이유로 받아들여지지 않았다. *Actes de la Conference de La Haye* (1926), p.332, 410, 534. Ladas, Vol.I, pp.264~265에서 재인용.

2) Art. 1(2): "The protection of industrial property has as its object patents, utility models, industrial designs, trademarks, service marks, trade names, indications of source or appellations of origin, and the repression of unfair competition." 종전에 내국민대우 원칙 규정(제2조)에서 규정하던 것을 새로운 조항(제1조 제2항)으로 독립시켰다. 1883년 협약에서는 특허, 산업디자인, 상표 및 상호를 보호대상으로 했으나, 1911년 출처표시와 부정경쟁방지를 추가하고, 1925년에는 원산지명칭을 추가했다.

3) 파리협약은 또한 특허 등에 대하여 부여하는 권리에 대해서도 아무런 언급을 하지 않고 있다. 권리의 성격(배타적인 여부, 독점적인 여부), 권리의 종류 등은 각 동맹국이 정할 따름이다.

4) Bodenhausen, p.24.

헤이그 개정회의에서는 산업재산권의 예시가 모든 보호대상에 대한 입법 의무화는 아니라는 점을 분명히 했기 때문이다.[5] 그러나 '입법' 의무화는 아닐지언정, 이들 보호대상을 어떤 방법으로든지 보호하지 않으면 협약 위반이라 하지 않을 수 없다. 왜냐하면 첫째, 협약 제4조에 따라 동맹국은 특허, 실용신안, 산업디자인 및 상표 등에 대해 우선권 제도를 도입해야 할 의무가 있으며(제4조), 둘째, 특정 보호대상(산업디자인, 서비스표, 단체표장, 상호, 출처표시, 부정경쟁방지 등)에 대해 일정한 수준의 보호 의무를 부담하고 있고,[6][7] 셋째, 제25조 제1항에 의하면 동맹국은 "이 협약의 적용을 확보하기 위하여 필요한 조치를 채택할 것을 약속"하고 있으므로, 해당 의무를 입법적 조치로든 다른 방법으로든 이행해야 하는 것이다. 부정경쟁방지가 후자의 예에 속한다. 부정경쟁 행위에 대하여 법률로 보호할 수도 있고, 판례로 보호할 수도 있는 것이다.

제1조 제3항은 산업재산권이 효력을 미치는 산업 분야에 대해서 언급하고 있다. 협약에서 산업재산권이라 할 때 산업(industrial, industrielle)의 의미도 최광의로(in the broadest sense)로 보고 있다. 이런 의미의 산업재산권은 제조업과 상업뿐만 아니라 농업, 채취산업(extractive industry)에도 적용된다. 또한 제조 물품과 천연 물품을 가리지 않고 모두 산업재산권이 미치는 것이다. 협약에서는 천연 물품을 예시적으로 나열하고 있다. 여기에는 와인, 곡물, 연초엽, 과일, 가축, 광물, 광천수, 맥주, 꽃, 곡분 등이 있다.[8] 이 조항은 모든 생산활동과 물품을 산업재산권의 영역으로 한다는 것은 아니다. 와인이나 가축, 과

---

5) *Actes de la Conference de La Haye* (1926), pp. 410~401(report of First Sub-Committee), 534 (report of Drafting Committee). Bodenhausen, p. 24에서 재인용.

6) 해당 보호대상과 관련 조항은 다음과 같다. 산업디자인(제5조의5), 서비스표(제6조의6), 단체표장(제7조의2), 상호(제8조, 제9조 및 제10조의3), 출처표시(제10조 및 제10조의3), 부정경쟁방지(제10조의2 및 제10조의3).

7) 국제박람회 전시 상품이 발명, 실용신안, 산업디자인 및 상표를 담고 있는 경우 이에 대해 임시 보호를 해야 한다(제11조). 이것은 협약상의 의무이다.

8) Art. 1(3): "Industrial property shall be understood in the broadest sense and shall apply not only to industry and commerce proper, but likewise to agricultural and extractive industries and to all manufactured or natural products, for example, wines, grain, tobacco leaf, fruit, cattle, minerals, mineral waters, beer, flowers, and flour." 이 조항은 1925년 헤이그에서 개정되어 오늘날의 모습을 대체로 갖추었다. 당시 쿠바의 주장에 따라 연초엽이 예시의 하나로 등장했다. 브라질도 목재업을 포함시킬 것을 주장했으나 채택되지 않았다. *Actes de la Conférence de La Hage* (1926), p. 221, 332, 410, 535. Ladas, Vol. I, p. 263에서 재인용. 1934년 런던 회의에서는 체코슬로바키아의 맥주, 헝가리의 곡분, 벨기에의 꽃이 추가되었다.

일 등이 특허의 보호대상에서 제외될 수 있으며, 광물에 대해서 상표 보호를 하지 않을 수도 있다. 이 조항의 목적은 좁은 의미의 산업에 포함되지 않는 분야도 산업재산권의 영역이고, 따라서 산업재산권 보호에서 배제되어서는 안된다는 것이다. 와인이나 광물에 대해서 적절한 보호 방법이 존재할 경우 산업재산권이 이들 분야에도 미친다는 점을 예시한 것이라 할 수 있다.[9]

협약에서는 다양한 종류의 특허를 염두에 두고, 이들 특허에 대해서도 내국민대우 등의 원칙이 적용될 수 있도록 했다. 제1조 제4항에서는 "특허에는 수입 특허, 개량 특허, 추가 특허 또는 증명[10] 등 동맹국의 법률에 의하여 인정되는 모든 종류의 산업 특허를 포함한다"고 하고 있다.[11]

여기서, 모든 산업재산권의 대상이 동등한 보호를 받는 것은 아니라는 점을 주의해야 한다. 특허와 상표, 산업디자인과 출처표시 등은 각기 협약에서 정한 대로 보호를 향유하는 것이지, 그 보호수준마저 동일한 것은 아니기 때문이다. 예를 들어, 우선권은 모든 산업재산권에 대하여 인정되지 않는다. 협약 제4조 A절 제2항에서는 특허, 실용신안, 산업디자인 및 상표를 특정하여 이에 대하여 우선권의 효력을 인정하고 있다. 1911년 워싱턴 회의에서 추가적으로 인정된 실용신안은 그 전까지 우선권의 대상이 아니었다. 또한 1958년 리스본 회의에서 서비스표를 추가적으로 우선권의 대상으로 포함시키려 했으나 각국의 참가국의 동의를 얻지 못했다. 따라서 서비스표에 대해서는 우선권의 효력이 미치지 않는다.[12]

---

9) Bodenhausen, p.25.

10) 추가 특허(patent of addition) 또는 개량 특허(patent of improvement)는 많은 국가에서 인정하고 있는 제도이다. 이것은 원 특허 발명의 개량이나 변경에 대해서 부여하는 특허이다. 추가 특허는 진보성의 요건을 갖추지 않아도 부여되는 경우가 많다. 보호기간은 원 특허의 잔여 기간 또는 원 특허와 같은 기간으로 하는 것이 보통이다. 일부 국가에서는 종속 특허(dependent patent), 즉 그 자체로 특허를 받을 수는 있으나 기존 특허를 침해하지 않고서는 권리 행사가 불가능한 특허를 추가 특허라고 일컫기도 한다. J. W. Baxter, John p.Sinnott and William Joseph Cotreau, World Patent Law and Practice, Matthew Bender, Loose-leaf ed. Release No.95 (August 1997), pp.1-3~1-36 참조.

11) Art. 1(4): "Patents shall include the various kinds of industrial patents recognized by the laws of the countries of the Union, such as patents of importation, patents of improvement, patents and certificates of addition, etc."

12) Bodenhausen, p.35, 37.

2. 연결점 및 내국민대우의 원칙

1) 연결점

(1) 국적

앞에서 본 바와 같이, 협약에서는 국적과 진정하고 실효적인 산업상 또는 상업상의 영업소를 연결점으로 하여 수익자를 정하고 있다.13) 파리협약은 이와 관련하여 특별한 규정을 두고 있다. 하나는 국적과 관련한 것이고, 다른 하나는 영업소에 관한 것이다.

파리협약에서 국적은 연결점의 하나이다. 따라서 동맹국 국민은 누구든지 다른 동맹국에서 협약상의 보호를 받을 수 있다. 그런데 협약 규정을 보면 자국민도 일견 협약상의 보호를 받을 수 있는 것으로 해석할 여지를 남겨두고 있다. 협약 제2조 제1항 1문에서는 "동맹국의 국민은 다른 모든 동맹국에서 산업재산권의 보호에 관하여 … 각 동맹국의 법률이 내국민에 대하여 현재 부여하거나 장래에 부여할 이익을 향유한다"고 하고 있다.14) 파리협약은 공통 규칙(common rules, 최소한의 보호의 원칙 규정)을 만들어놓고 이를 모든 동맹국이 국내법으로 수용하든지 아니면 협약 규정 그대로 지키도록 하고 있을 뿐만 아니라, 협약의 동맹적 성격도 긍정적인 해석 여지를 높여주고 있다.

자국민이 조약상의 이익을 주장할 수 있다면, 조약의 직접 적용을 인정하는 국가에서 자국민은 협약상의 근거를 가지고 산업재산권 보호를 주장할 수 있게 된다. 예를 들어, 협약 제4조는 우선권에 관하여, 그리고 제5조는 물품의 수입으로 인한 특허의 몰수를 금지하도록 규정하고 있다. 국내법에 이런 규정을 두지 않을 경우 자국민은 제4조나 제5조상의 이익을 주장할 수 있는 것이다. 일부 국가에서는 자국민이 협약상의 이익을 향유할 수 있다는 판결을 내린 바 있고, 이를 입법적으로 뒷받침하기도 했다.15)

---

13) 이에 관해서는, 제2부 제4장 2. 2) 연결점 참조.

14) Art. 2(1): "Nationals of any country of the Union shall, as regards the protection of industrial property, enjoy in all the other countries of the Union the advantages that their respective laws now grant, or may hereafter grant, to nationals; all without prejudice to the rights specially provided for by this Convention."

15) 프랑스, 독일, 벨기에 등의 법원의 태도가 그러했다. 법률로는, 1906년 7월 1일 법률(프랑스),

그러나 반대의 해석이 유력하다. 즉, 협약은 국제 관계를 정하는 것이고 자국민의 대우는 전적으로 국내법에 의존하기 때문이다. 이 점은 협약의 문맥에서도 드러나고 있다. 제2조 제1항은 "동맹국 국민은 다른 모든 동맹국(in all the other countries of the Union)에서… 이익을 향유한다"(고딕 강조)고 분명히 하고 있다.16)

한편, 협약 제2조 제2항에서는 "다만, 산업재산권의 향유를 위하여, 동맹국 국민에게 보호가 주장되는 국가에 주소나 영업소에 관한 요건을 부과하여서는 아니 된다."17) 국적이 '독자적인' 연결점이라면 그 자체로 협약상의 이익을 향유할 수 있으므로 이 규정은 무의미해 보인다. 이 규정은 연혁적인 배경이 있는 것으로, 확인 규정이라 할 수 있다. 그러나 여전히 자국민에게 이런 조건을 부과하는 것은 국내법의 문제로 귀착된다.

(2) 주소 및 영업소

자국민의 협약상의 보호 문제와 마찬가지로, 비동맹국 국민으로서 동맹국 내에 주소나 영업소를 가지고 있는 사람이 그곳에서 협약상의 이익을 주장할 수 있는 여부도 논란이 될 수 있다. 예를 들어 비동맹국 C의 국민인 c가 동맹국 A에 영업소를 가지고 있다고 하자. 이 경우 첫째, 동맹국 A에서 특허를 출원한 경우 다른 동맹국 B에서 우선권을 주장할 수 있는가, 둘째, 반대의 경우로서 다른 동맹국 B에 특허 출원을 한 경우 동맹국 A에서 우선권을 주장할 수 있는가.18) 이와 관련한 규정이 제3조이다. 이에 의하면, "비동맹국의 국민으로서 어느 동맹국의 영역 내에(in the territory of one of the countries of the Union)

1914년 6월 10일 법률(벨기에), 1928년 1월 10일 법률 제169호(이탈리아) 등이 있다. Ladas, Vol.I, pp.257~258. 한편, 파리협약에서는 상호를 보호하는 규정(제1조, 제8조 및 제9조)을 두고 있다. 국내법으로 등록을 상호 보호의 요건으로 할 경우 내국민대우를 적용한다면 요건을 충족하지 못한 외국 상호에 대한 보호를 부정할 수 있다. 그러나 제8조에서는 등록 여부를 불문하고 보호하도록 하고 있으므로 외국 상호에 대해서는 적어도 일정한 보호 의무를 부담하게 된다. Ladas, Vol.III, p.1549.

16) Bodenhausen, pp.30~31.

17) Art. 2(2): "However, no requirement as to domicile or establishment in the country where protection is claimed may be imposed upon nationals of countries of the Union for the enjoyment of any industrial property rights."

18) 그가 동맹국 A나 B에서 특허 출원을 한 경우 동맹국 D에서 우선권을 주장할 수도 있을 것이고, 이 또한 첫째의 예와 마찬가지의 결론을 내릴 수 있다.

… 영업소를 가진 사람은 동맹국의 국민과 같이 취급"하도록 하고 있다.[19] 첫째의 경우는 협약의 해석상 분명히 긍정할 수 있다. 협약이 목적한 바가 바로 이것이다. 그렇다면 둘째의 경우는 어떠한가. 제3조를 광의로 해석할 경우 긍정적인 해답을 얻을 수도 있다. 그러나 협약은 동맹국 국민(또는 그 동맹국 내에 주소나 영업소를 가지는 법인)이 다른 동맹국에서 보호를 주장하자는 데 있는 것이고, 동맹국 내에 주소나 영업소를 가지는 외국인이 그 국가에서 보호를 향유하는 정도는 그 국가에 달린 문제이다. 위의 예에서 보듯이 비동맹국 C의 국민 c는 동맹국 A에 주소나 영업소를 가지고 있다 하더라도 비동맹국 국민으로서 협약상의 이익을 주장하기는 어려울 것이다.[20] 파리협약은 동맹국 내에 영업소를 둔 외국인을 '다른' 동맹국에서도 보호하고자 하는 것이다.

2) 내국민대우의 원칙

파리협약은 내국민대우의 원칙을 마련하면서 각국에서 이 원칙을 온전하게 적용할 수 있도록 동맹적 대우(unionist treatment)를 할 수 있는 길을 열어놓았다. 즉, "동맹국 국민은 다른 모든 동맹국에서 산업재산권의 보호에 관하여, 이 협약에서 특별히 규정하는 권리를 해치지 아니하는 한, 각 동맹국의 법률이 내국민에 대하여 현재 부여하거나 장래에 부여할 이익을 향유한다"(제2조 제1항). 동맹국 국민은 다른 동맹국 국민과 마찬가지의 대우를 받으며, 그 대우는 협약상의 권리를 해치지 않아야 한다는 것이다. 협약에서 정한 정도의 보호수준은 최소한의 보호의 원칙에 입각하여 보장하여야 한다는 것이다.

이 구절은 1911년 워싱턴 회의 결과 나온 것이다. 프랑스가 제안한 개정 초안은 "… 각 동맹국의 법률이 내국민에 대하여 현재 부여하고 있거나 장래 부여할 이익 및 이 협약에서 특별히 부여한 권리를 향유한다"고 했으나,[21] 이 초

---

19) Art. 3: "Nationals of countries outside the Union who are domiciled or who have real and effective industrial or commercial establishments in the territory of one of the countries of the Union shall be treated in the same manner as nationals of the countries of the Union."

20) Ladas, Vol.I, pp.253~254.

21) "ainsi que des droits spécialement accordés par la présente Convention(also the rights specially accorded by the present Convention)"라는 구절이 "le tout sans préjudice des droits spécialement prévu par la présente Convention(all without prejudice to the rights specially provided by this Convention)"으로 바뀐 것이다.

안은 영국과 미국이 자국 헌법상의 문제, 사인의 권리는 국내법이 아닌 조약에 의하여 주장될 수 없다는 이유로 반대하여 현재와 같이 규정된 것이다.[22] 프랑스가 제안한 구절("des droits spécialement accordés par la présente Convention") 은 베른협약 제5조 제1항에 존재한다. 1908년 베를린 개정회의 때 채택된 것이다.

---

22) Ladas, Vol.I, p.271.

제3장 우선권

1. 우선권의 의의

우선권(right of priority)은 협약 초안에 이미 반영된 바 있으며, 1911년 워싱턴 회의에서 실용신안에까지 확대되었다. 1911년 회의에서는 승계인에게도 우선권을 인정했다.

우선권은 특허(실용신안, 상표, 산업디자인)의 국제화를 상징하는 것으로서, 기본적으로 다수 국가 출원에 따르는 시간적인 차이를 극복하기 위하여 안출된 것이다. 특허 제도는 그 요건으로서 신규성을 요구한다. 즉, 특정의 발명은 우리 특허법에서 요구하는 바와 같이, 출원 전에 국내에 공지되었거나 공연히 실시된 발명 또는 국내 또는 국외에서 반포된 간행물에 게재되거나 공중이 이용 가능하게 된 발명, 즉 공지 발명과 동일하지 않아야만 특허를 받을 수 있다 (특허법 제29조 제1항). 신규성 요건을 엄격히 적용하게 되면 대부분의 외국 특허는 국내에서 특허를 받기 어렵다. 동일 발명이 다른 국가에서도 특허를 받기 위해서는 일정한 유예기간을 두고 특허 출원을 할 수 있는 길을 열어놓아야 한다.

신규성 상실을 방지하는 방법은 여러 가지 생각할 수 있다. 첫째는 출원인이 모든 협약 당사국에 '동시에' 출원하는 것이다. 이것은 1878년 회의에서 생각한 방법이다. 이에 의하면 출원인은 각국의 특허 당국에 동시에 출원하거나 자국 내의 각국 영사관에 동시 출원하여야 한다.[1] 둘째는 어느 국가에서 행한

---

[1] 이것은 이런 제안을 했던 프랑스의 특허법에서 기인한다. 이 법에서는 어떠한 방식을 통하든 공지된 기술은 특허받을 수 없도록 하고 있었다. 예를 들어 외국에서 출원한 발명을 나중에 프랑스에서 출원하고자 한다면 신규성 상실로 특허를 받을 수 없었다. 이것은 발명자에게 출원에 따른 비용 등 과도한 부담을 안겨줄 수밖에 없었다. 따라서 각국에 동시에 출원하는 대신에 자국에 소재하는 외국의 영사에 출원함으로써 신규성을 잃지 않도록 했다. 그러나 이 또한 영사가 존재하지 않을 경우 무용지물에 지나지 않는 방법이었다. Ladas, Vol.I, pp.460~461.

출원이 다른 모든 협약 당사국에서 행한 출원으로 인정받는 것이다. 이 방법은 출원인에게는 매우 유용하다고 할 수 있다. 그러나 각국이 다른 특허 제도를 운용하는 이상 채택하기 불가능한 방법이라고 할 수 있다. 이와 유사한 방법으로, '국제특허청'이 존재하여 이곳에서 일괄하여 국제 특허를 받을 수도 있을 것이다. 이 또한 특허의 속지주의 성격에 비추어 현실성이 없는 방법이다. 셋째는 어느 국가에서 행한 출원이 다른 국가에서 행한 출원으로 인정받되, 후자 국가에서도 출원 절차를 일정 기간 내에 밟도록 하는 것이다. 이 원칙은 대다수의 국가가 수락할 수 있는 방법이라 할 수 있다. 그러나 이 경우에도 약간의 단점이 있다. 출원인은 여러 국가에 동일한 발명을 출원해야 하고 이에 따른 비용을 부담해야 하며, 다른 나라에서의 기술 수준(state of the art)을 모르기 때문에 출원에 부담을 느낄 수도 있는 것이다. 파리협약은 셋째 방법을 도입했다.

협약 제4조 A절 제1항은 "어느 동맹국에서 정식으로 특허 출원을 하였거나 실용신안, 산업디자인 또는 상표의 등록을 출원하였던 어떠한 사람이나 그 승계인은 다른 동맹국에서 출원의 목적상 이하에서 정하는 기간 동안 우선권을 향유한다"고 하여 우선권의 원칙을 천명하고 있다.[2] 우선권이란 특정 출원인이 어느 한 동맹국에서 행한 특허 등의 정식 출원에 기초하여, 다른 동맹국에서 일정 기간 내에 보호를 요청할 수 있는 권리를 말한다. 이때 추후의 출원(후출원, 후속 출원, subsequent application)은 최초 출원(first application) 당시에 출원한 것으로 간주한다. 또한 최초 출원일 이후에 행해진 행위에 대해서도 우선하는 지위를 가진다. 최초 출원 이후의 행위로 인해 신규성을 잃는 일이 생기지 않는 것이다.[3]

우선권은 다른 권리와는 구별할 필요가 있다. 먼저, 우선권은 단지 발명자가 어느 동맹국 내에서 최초 출원을 할 경우 다른 동맹국에서도 신규성 상실을 이유로 거절되어서는 안 되도록 보장하는 것이고, 그에 지나지 않는 항변권이다. 또한 우선권은 제한적인 법적 효과를 가지는 권리이다. 우선권 그 자체

---

2) Art. 4A(1): "Any person who has duly filed an application for a patent, or for the registration of a utility model, or of an industrial design, or of a trademark, in one of the countries of the Union, or his successor in title, shall enjoy, for the purpose of filing in the other countries, a right of priority during the periods hereinafter fixed."

3) WIPO, pp.363~364.

가 특허를 보호하는 것은 아니며, 따라서 최초 출원을 근거로 특허권이나 기타 발명의 보호를 위한 권리[4] 침해에 대한 구제 방법이 존재할 수도 없다. 이 권리는 일정 기간 동안 권리 주장을 하지 않으면 자동 소멸하는 것이다. 다른 동맹국에 출원을 하지 않을 경우 아무런 법적 효력이 생기지 않기 때문이다. 다시 말해서, 우선권은 신규성 상실로 인한 특허 거절 또는 무효화에 대한 항변권이고, 유예기간(우선기간) 중에 출원한 제3자의 동일 발명에 대한 특허의 무효를 주장하기 위한 근거로서 항변권이라 할 수 있다.[5]

2. 우선권의 향유자

우선권은 동맹국 국민, 그리고 동맹국에 주소나 영업소를 가지는 자연인이나 법인 등 협약의 수익자가 주장할 수 있다. 협약 제4조에서는 '어떠한 … 사람(celui qui, any person)'이라고 하고 있기 때문에 비동맹국 국민도 우선권을 주장할 수 있지 않은가 생각할 수 있다. 그러나 제4조의 이익을 주장하기 위해서는 최초 출원 당시 및 추후 출원 당시 동맹국 국민이거나 동맹국과 진정한 연결을 가진 사람으로 국한하는 것이 일반적인 해석이다.[6]

다음과 같이 나눠볼 수 있다. ① 우선기간이 만료하기 전에 동맹국의 국적을 상실하는 경우 다른 국가에 출원하기 위하여 우선권을 주장할 수 있는가? 부정하는 견해가 유력하다. 왜냐하면, 우선권은 그 자체로 독립적인 권리가 아니며 단지 제2의 출원에 대비한 항변권에 지나지 않기 때문이다. 따라서 최초 출원을 한 국가의 국적을 상실한다면 우선권을 주장할 수 없는 것이다.[7] 다음과 같이 간단히 설명할 수도 있다. 즉, 최초 출원 당시에는 동맹국과 연결 관계(국적)가 존재했지만 추후 출원 당시에는 연결 관계가 끊어져 우선권을 주장할 법적 인연을 상실했다고 보는 것이다.[8] 협약은 이 점에 대해 해답을 주

---

4) 우리 특허법을 보더라도, 특허를 받을 수 있는 권리(제33조), 출원 공개에 의한 보상금청구권 (제65조), 그리고 설정 등록에 의한 특허권 등 심사 절차를 전후하여 각종 권리가 존재한다. 이런 권리를 통칭하여 '특허권이나 기타 발명의 보호를 위한 권리'로 편의상 지칭할 수도 있다.

5) Ladas, Vol.I, pp.462~463.

6) Bodenhausen, p.36.

7) Ladas, Vol.I, p.246, pp.462~463.

지 않는다. 동맹국의 재량 여지가 남아 있다.

② 그 반대의 경우, 즉 비동맹국 국민이 자국 출원 후 어느 동맹국의 국적을 취득하는 경우도 생각할 수 있다. 비동맹국 국민으로서 출원을 하고 이를 근거로 우선권을 주장할 수 있는가 하는 점이다. 이것은 간단하다. 그는 비동맹국에서 출원했기 때문에 우선권을 주장할 여지가 없는 것이다.

③ 비동맹국 국민은 동맹국에 주소를 둔다면 우선권을 주장할 수 있다. 그러나 어느 동맹국 A에 주소를 둔다면 다른 동맹국 B에서 우선권을 주장할 수 있지만, 동맹국 A에서는 우선권을 주장할 수 없다.9)

④ 동맹국 국민이 비동맹국 국민에게 우선권을 양도하고, 후자가 우선기간이 만료하기 전에 동맹국 국민이 되는 경우가 있다. 또는 동맹국 국민이 비동맹국 국민에게 우선권을 양도하고, 후자가 다시 동맹국 국민에게 양도하는 경우도 생각할 수 있다. 이 두 가지 경우에도 최초 출원 당시와 추후 출원 당시 최초 출원인과 승계인이 모두 동맹국 국적을 가지고 있으므로 우선권을 주장할 수 있는 것이다.10)

한편, 자국 국민이 다른 동맹국에서 최초 출원을 한 경우 이를 근거로 자국에서 우선권을 주장할 수 있는가. 이것은 자국민의 대우에 관한 문제로서 국제협약 적용 대상이 아니다.11) 많은 국가는 협약상의 의무와는 별도로, 이를 긍정하고 있다.12)13)

---

8) 그러나 협약 규정을 넘어 비동맹국 국민에게도 우선권을 부여하는 것은 각국의 법률이 정할 문제이다. 국내법으로 최초 출원에 대한 우선권을 어느 누구에게든지 부여하는 법제하에서는 비동맹국 국민이 최초 출원에 따른 이익을 볼 수 있다. 이것은 다른 동맹국 국민의 우선권을 부정하는 효과를 가져오는 경우도 생긴다. 예를 들어, 비동맹국 A의 국민이 동맹국 B에 최초 출원을 한 날짜가 동맹국 C의 국민이 동일 발명에 대하여 동맹국 B에 최초 출원한 날짜보다 빠를 경우 동맹국 B는 비동맹국 A의 국민의 우선권만을 인정하는 결과를 낳는다.

9) 이에 관해서는, 제3부 제2장 2. 1) (2) 주소 및 영업소 참조.

10) Bodenhausen, p.36. 특허청 심사지침도 이런 해석을 따르고 있다. 즉, "조약우선권 주장 출원을 할 수 있는 권리를 승계받은 자가 제1국 출원의 출원 시에는 당사국 국민이 아니었으나 이후 제2국 출원의 출원 전에 당사국 국민이 된 자라면 그 권리의 승계는 유효하다. 또한, 당사국 국민이 비당사국 국민에게 우선권을 양도하고, 양수인은 그 권리를 다시 당사국 국민에게 양도할 수 있는데 이러한 경우에도 우선권은 유효하게 주장될 수 있다." 특허청(특허), 6303쪽.

11) 이에 관해서는, 제3부 제2장 2. 1) (1) 국적 참조.

12) 오스트리아는 자국민이 외국에서 최초 출원한 경우 우선권을 주장할 수 없으나 동맹국에 실효적인 영업소를 가지는 경우 이를 인정하고 있다. Ladas, Vol.I, p.463.

13) 우리 특허법 제54조 제1항 2호에서 "대한민국 국민에게 특허 출원에 대한 우선권을 인정하는

우선권은 승계인(ayant cause, successors in title)도 주장할 수 있다. 우선권의 이전성은 1880년 회의에서 인정된 바 있다.[14] 우선권은 그 자체로 이전이 가능한 것이다. 승계인이란 상속인, 유언집행자, 양수인 등이라 할 수 있다.[15] 최초 출원인과 승계인은 모두 물론 협약상의 수익자여야 한다. 양도는 최초 출원과 추후 출원 사이에 발생하여야 하며, 양도는 일반적일 수도 있고 지역적일 수도 있다.

3. 우선권의 요건

우선권의 요건을 이해하기 위해서는 우선권의 성격에 대해 짚고 넘어갈 필요가 있다. 지적재산권보호국제연합(Association Internationale pour la Protection de la Propriété Intellectuelle: AIPPI) 회장이었던 마텔리(Paul Mathély)는 우선권을 다음과 같이 설명한 바 있다. 첫째, 우선권은 최초 출원에 의하여 발생하는 권리이다. 둘째, 우선권이 발생의 근거는 최초 출원이지만 우선권이 발생하면 최초 출원과는 독립하여 존재한다(우선권의 독립성). 이에 따라 우선권만을 양도 기타 이전의 대상으로 할 수도 있다. 셋째, 우선권은 추후 출원이 행해질 경우 의미가 있는 것이지만, 경우에 따라서는 행사되지 않은 채 소멸하기도 하고, 행사되더라도 일부 동맹국에서만 행사되는 것이 보통이다. 이런 점에서 우선권은 잠재적인 성격을 가진다(우선권의 잠재성). 넷째, 우선권은 최초 출원과 독립하여 존재하지만 일단 행사되면 독립성을 잃고 추후 출원과 운명을 같이한다(우선권의 부속성).[16]

우선권의 요건으로는 ① 정식으로 출원했을 것, ② 특허 등의 출원이 있을

당사국에 대한민국 국민이 특허 출원한 후 동일한 발명을 대한민국에 특허 출원하여 우선권을 주장하는 경우" 우선권을 인정하고 있다. 같은 취지이다.

14) *Actes de Paris 1880*, p.61. 학자들도 이에 동의하고 있다. Ladas, Vol.I, p.464 참조. 정식으로 협약에 반영된 것은 1911년 워싱턴 회의에서였다. Bodenhausen, p.37.

15) 프랑스어 'ayant cause'는 상속인, 유언집행자, 양수인 등을 포함하는 의미이다. *Actes de la Conférence de Washington* (1911), p.247. Ladas, Vol.I, p.464에서 재인용.

16) Paul Mathély, "Paris Convention - Special Questions concerning Patents and Trademarks," BIRPI Lecture Course (1965). 後藤, pp.97~98에서 재인용. 황종환, 『산업재산권조약해설』((주) 한빛지적소유권센터, 1989), 74쪽; Bodenhausen, pp.37~38.

것, ③ 최초 출원에 근거할 것, ④ 어느 한 동맹국에서 출원했을 것, ⑤ 동일한 보호대상일 것, ⑥ 동일인에 의한 출원일 것 등을 들 수 있다.

첫째, 정식으로 출원했어야(duly filed) 한다. 파리동맹 초기에 이에 관해서 이견이 적지 않았다. 방식과 내용 모두가 최초 출원 국가가 정하는 조건에 따라 출원을 해야 하는 것은 아닌가, 그리고 최초 출원이 나중에 포기되거나 취소된 경우 우선권을 주장할 수 없는 것이 아닌가 하는 점 등에 관하여 논란이 있었다. 이 문제는 제4조 A절 제2항이 1934년 런던 회의에서, 그리고 A절 제3항이 1958년 리스본 회의에서 추가됨으로써 해결되었다. 즉, 제2항은 "어느 동맹국의 국내 입법 또는 동맹국 간에 체결된 양자조약이나 다자조약에 따른 정규의 국내 출원에 상당하는 출원은 우선권을 발생시키는 것으로 인정된다"고 하고,[17] 제3항에서는 "정규의 국내 출원이라 함은 출원의 추후 결과가 어떠하든 간에 해당 국가의 출원일을 결정하기에 충분한 출원을 말한다"고 했다.[18] 다시 말해서 정규의 국내 출원이 있다면 이것으로 곧 우선권은 발생한다. 정규의 국내 출원이란 출원 국가에서 요구하는 방식에 맞춘 출원이며, 출원일을 확정하기에 충분한 출원을 포함한다. 방식 요건만을 만족하는 것으로 충분하고 또한 방식 요건을 만족하지 못하더라도 출원일을 확정하기에 충분한 정도라면 정규의 출원인 것이다. 이것은 사실의 문제이며 이에 관한 준거법도 출원 국가의 법률이다.[19)20]

제4조 A절 제3항은 우선권의 독립적인 성격도 아울러 밝히고 있다. 즉, 정규의 국내 출원은 그 결과가 어떠하든 우선권의 기초가 된다고 하고 있다. 최초 출원이 포기되거나 거절 사정되거나 또는 기타 무효화되더라도 우선권은

---

17) Art. 4A(2): "Any filing that is equivalent to a regular national filing under the domestic legislation of any country of the Union or under bilateral or multilateral treaties concluded between countries of the Union shall be recognized as giving rise to the right of priority."

18) Art. 4A(3): "By a regular national filing is meant any filing that is adequate to establish the date on which the application was filed in the country concerned, whatever may be the subsequent fate of the application."

19) Bodenhausen, pp.39~40; Ladas, Vol.I, pp.467~468. 예를 들어 동맹국 A의 법원은 동맹국 B에서의 최초 출원에 대한 판단을 동맹국 B의 법률에 따른다는 것이다.

20) "제1국 출원이 정규의 국내 출원에 기초한 최초 출원인지 여부를 판단함에 있어 특별한 이유가 있는 경우를 제외하고 우선권 증명서류에 파리조약에 의한 우선권 증명서류라는 취지의 표시가 있는 경우 그 출원이 제1국의 정규의 출원으로서 최초 출원인지 여부를 추가로 조사하지 않고 그대로 인정한다." 특허청(특허), 4412쪽.

유효한 것이다. 최초 출원의 공개도 우선권에 영향을 미치지 않는다. 최초 출원의 운명에 따라 우선권이 좌우된다면 이 제도는 소용이 없을 것이다. 최초 출원 후 심사에 걸리는 기간을 생각해보더라도 우선권은 독립적으로 작용할 수밖에 없다.[21]

둘째는 특허, 실용신안, 상표 및 산업디자인의 출원이어야 한다. 서비스표는 우선권을 향유할 수 없다. 특허의 경우를 볼 때, 발명의 내용을 기재하지 않았다든가 특허 부여를 요구하지 않는 신청 또는 출원은 특허 출원이 아니며 따라서 이를 근거로 한 우선권은 인정되지 않는다. 예를 들어, 미국의 갱신 출원(reissue application)은 우선권 주장의 근거가 되지 않는다. 갱신 출원이란 기망의 의사가 없이 명세서나 도면 또는 청구범위의 하자로 인해 특허의 전부나 일부가 무효로 되는 경우 이를 보정하기 위하여 새로운 형식으로 다시 출원하는 것이다.[22] 갱신 출원은 비록 새로운 형식의 출원이긴 하지만 독립한 특허 출원은 아닌 것이다.

발명자증(inventors' certificate)도 우선권의 효력을 가진다.[23] 즉, 파리협약 제4조 I절 제1항에서는 "출원인이 특허 또는 발명자증을 선택적으로 신청할 권리를 가지는 국가에서 행하는 발명자증 출원은 이 조에서 정한 바에 따라, 특허 출원과 동일한 조건 아래 동일한 법적 효과를 가지는 우선권을 발생시킨다"고 하고 있다.[24] 이것은 발명자증 제도를 가지고 있는 사회주의 국가 국민

---

21) Ladas, Vol.I, p.468.

22) 미국 특허법 제251조 및 제252조 참조.

23) 발명자증 제도란 과거 소련을 중심으로 한 공산주의권 국가에서 인정되었던 제도이다. 공산주의 이념은 사유재산을 부정하고 생산수단을 국가가 독점하는 것을 특징으로 한다. 발명자증 제도는 이런 이념적 기반에서 나온 것으로, 발명으로 인한 권리는 국가에 귀속하고, 발명자는 국가로부터 일정한 보상을 받는 체계이다. 1980년대 초반 파리협약 개정회의에서 공산주의권 국가들은 발명자증을 파리협약에 공식으로 반영하려 했으나 개정회의 무산으로 실패한 바 있다. 선진국들은 시장경제의 원리에 적합하지 않은 발명자증 제도에 부정적인 태도를 보이기도 했다. 당시의 제안을 보면, 발명자증 보유자는 국내법에 따라 보상청구권 등 기타 권리를 가질 수 있고, 국가는 발명 실시권은 독점하거나 제3자의 실시를 허락할 수 있는 권한을 가지도록 하고 있다. ("titles by virtue of which their holders have the right to compensation and other rights and privileges as provided in the national Law of the country having granted them and by virtue of which the right to exploit the invention belongs to the state or the exploitation of the invention by others requires the authorization of a State authority.") Basic Proposals, WIPO Doc. PR/DC/3 (June 25, 1979), p.22. 발명자증 제도는 공산주의권의 몰락과 함께 연혁적인 의미가 크다.

의 국내 출원이 외국에서도 우선권의 이익을 받을 수 있도록 하기 위한 목적에서 생긴 조항이다. 특허 출원이나 발명자증 출원 중 어느 하나만을 허용하는 국가의 국민은 이 조항을 원용할 수 없다. 이때에는 우선권에 관한 A절 이하의 일반 조항이 적용될 것이다. 발명자증에 의한 우선권 주장은 특허의 경우와 마찬가지의 조건과 효과를 가진다. 즉, 제4조의 A절 내지 D절, E절 제2항, F절 내지 H절이 그대로 발명자증에도 적용된다.[25]

한편, 제4조 I절 제2항에서는 "출원인이 특허 또는 발명자증을 선택적으로 신청할 권리를 가지는 국가에서 발명자증 출원인은 특허 출원에 관한 이 조의 규정에 따라 특허, 실용신안 또는 발명자증 출원에 기초하는 우선권을 향유한다"고 하고 있다.[26] 이것은 위의 제1항과는 반대로, 외국인이(그 외국인은 발명자증 제도가 없는 국가의 국민일 수도 있고 발명자증 제도만을 가지고 있는 국가의 국민일 수도 있다) 사회주의 국가에서 발명자증을 추후 출원하는 경우 우선권 적용의 문제를 다루고 있다. 외국인이 자국에서 특허나 실용신안 또는 발명자증으로 최초 출원을 한 경우 그에 기초하여 특허나 발명자증 제도를 동시에 가지고 있는 국가에서 추후에 발명자증 출원을 한다면 우선권을 주장할 수 있다는 것이다. 그러나 이 규정은 외국인에게 그다지 유용하지 않은 것이다. 특허와 발명자증을 선택할 수 있는 경우 후자를 선택하지도 않을 것이기 때문이다.

그 어느 것이든 발명자증 제도만을 가지고 있는 경우에 제4조 I절은 적용될 여지가 없는 것이 분명하다. 이들 조항은 단지 양 제도를 가지고 있는 국가에서 발명자증을 출원한 자국민이나 이 국가에서 발명자증을 출원할 외국인에게 우선권을 주장할 수 있는 길을 열어놓은 데 지나지 않는 것이다.

---

24) Art. 4I(1): "Applications for inventors' certificates filed in a country in which applicants have the right to apply at their own option either for a patent or for an inventor's certificate shall give rise to the right of priority provided for by this Article, under the same conditions and with the same effects as applications for patents."

25) Bodenhausen, p.60.

26) Art. 4I(2): "In a country in which applicants have the right to apply at their own option either for a patent or for an inventor's certificate, an applicant for an inventor's certificate shall, in accordance with the provisions of this Article relating to patent applications, enjoy a right of priority based on an application for a patent, a utility model, or an inventor's certificate."

셋째, 우선권은 최초 출원에 근거하여 주장하여야 한다. 우선권 주장의 기본적인 요건이라 할 수 있으나 협약상 규정은 없다. 다만, 제4조 A절에서는 어느 동맹국에서 특허 출원 등을 할 경우 우선권을 인정한다고 하고 있을 뿐이지만, 같은 조 C절 제2항에서 우선권의 기간은 "최초의 출원일로부터 기산한다"고 하여 이를 간접적으로 확인해주고 있다. 이 요건은 출원인의 입장에서 반드시 바람직한 것은 아니다. 왜냐하면 출원인이 최초 출원을 취하(철회)하고 새로운 출원을 하고자 할 경우 이런 요건은 오히려 장애가 되기 때문이다. 그러나 연쇄적인 우선권 주장을 억제하기 위해서는 최초 출원에 근거한 우선권만을 인정하는 것이다. 다만, 예외적인 경우에 한하여 추후 출원도 우선권 주장의 근거가 될 수 있다. 이에 관하여 제4조 C절 제4항에서는 "추후 출원 당시 위 제2항상의 종전 최초 출원이 일반 공중이 열람하지 아니한 상태로, 그리고 아무런 권리도 발생시키지 아니한 채로 철회, 포기 또는 거절되는 경우 그 종전 출원과 동일한 대상에 대하여 동일한 동맹국에서 행한 추후 출원은 그 출원일을 우선권의 기산일로 하는 최초 출원으로 본다"고 하고 있다.[27] 이것은 최초 출원이 출원인의 의사를 제대로 반영하지 못한 경우 일정한 요건하에서 추후 출원에 대하여 우선권을 인정해주기 위한 것이다.

이런 추후 출원이 최초 출원으로 간주되기 위해서는 다음과 같은 요건을 구비하여야 한다. ① 2개의 출원이 존재해야 한다. 하나는 철회, 포기 또는 거절된 출원이고 다른 하나는 우선권의 기산점으로 삼는 출원이다. ② 2개의 출원이 동일한 대상에 관한 것이어야 한다. ③ 최초 출원을 대체하는 추후 출원이 동일한 동맹국에 출원되어야 한다. ④ 추후 출원은 최초 출원이 철회, 포기 등이 된 후에 한 것이어야 한다. ⑤ 최초 출원은 공중이 열람하지 않은 것이어야 한다. 공지 발명은 우선권의 요건을 이미 결여한 것이므로, 이 요건은 명목적인 것이라 할 수 있다. 왜냐하면 최초 출원이 공표된 경우 이미 신규성을 상실

---

27) Art. 4C(4): "A subsequent application concerning the same subject as a previous first application within the meaning of paragraph (2), above, filed in the same country of the Union shall be considered as the first application, of which the filing date shall be the starting point of the period of priority, if, at the time of filing the subsequent application, the said previous application has been withdrawn, abandoned, or refused, without having been laid open to public inspection and without leaving any rights outstanding, and if it has not yet served as a basis for claiming a right of priority. The previous application may not thereafter serve as a basis for claiming a right of priority."

한 것이고 따라서 특허 요건을 갖추지 않았기 때문이다. ⑥ 최초 출원의 철회, 포기 등은 아무런 권리도 파생시키지 않아야 한다. 종전 출원은 법적으로 무효로 되어야 하는 것이다. 특히, 최초 출원이 추후에 우선권 주장의 근거로 활용될 여지를 남겨서는 안 된다. ⑦ 최초 출원과 추후 출원 사이에 동일인에 의한 동일 대상에 대한 '다른' 출원이 존재해서도 안 된다. 다른 출원은 동일한 동맹국에서 이루어지든 다른 동맹국에서 이루어지든 관계가 없다.[28]

넷째, 동맹국 내에서 출원했어야 한다. 어느 국가가 협약에 가입 기탁서를 제출하고 아직 그 국가에 대하여 조약의 효력이 미치지 않는 경우 그 국가에서 행한 출원은 우선권의 주장을 위하여 원용될 수 없다. 또한 동맹국에서 행한 출원을 근거로 아직 조약이 발효하지 않은 새로운 가입국에 대하여 우선권을 주장할 수 없는 것이다. 동맹국 출원이 자국 출원만을 의미하는 것은 아니다. 협약 규정에서도 이 점을 확인하고 있다. 즉, 협약 제4조는 '어느 동맹국에서(in one of the countries of the Union)' 출원하든 다른 동맹국에서 우선권의 이익을 향유할 수 있다고 하고 있다.

다섯째, 추후의 출원은 우선권의 기초가 되는 최초 출원과 동일한 보호대상이어야 한다. 추후 출원한 특허, 산업디자인, 상표 등은 최초 출원한 특허, 상표, 산업디자인 등과 동일하여야 한다는 것이다. 국가마다 출원을 위한 구비서류를 각기 달리 요구하고 있기 때문에 동일한 출원서 제출을 요구하는 것은 아니다. 특허의 경우를 예로 들면, 국가에 따라서 출원을 요약서 형태로 접수받기도 하고, 발명의 기능에 따라 청구범위를 기재하도록 요구하기도 한다. 따라서 출원서와 첨부 서류 전체로 보아 발명의 구성요소로부터 동일한 발명이라는 사실만 입증되면 그것으로 충분한 것이다. 또한 최초 출원과 추후 출원 간에 상이한 요소가 있는 경우 동일한 부분만이 우선권 주장의 근거로 원용될 수 있다.[29] 다만, 형식을 달리한 출원은 허용된다. 즉, 최초 출원을 실용신안으로 했다 하더라도 나중에는 동일 대상을 산업디자인으로 출원할 수 있

---

28) Bodenhausen, p.46; Ladas, Vol.I, p.472. 미국의 일부계속출원(continuation-in-part application: CIP)은 종전 출원(원출원)에 의존하면서도 새로운 요소를 첨가하는 출원이다. 이런 출원 발명이 원출원 발명과 공통된 구성부분을 가지고 있다면 이에 관한 한 출원의 철회나 포기를 수반하지 않기 때문에 그 자체로 우선권을 주장할 수는 없는 것이다.

29) 특허에 관해서는 별도의 특별 규정이 존재한다. 이에 관해서는, 제3부 제3장 7. 특허 출원에 관한 특칙 참조.

고, 최초 출원을 특허나 실용신안으로 했다 하더라도 이를 각기 실용신안이나 특허로 출원할 수 있다.[30] 산업디자인은 물품의 장식적 측면을 보호하는 것이고, 실용신안은 신규성에 입각한 기술적 창작을 보호하는 것이므로 보호대상을 교체하여 출원하는 예는 그리 많지 않다. 그러나 국가마다 산업재산권의 종류와 그 범위를 달리 정하고 있고, 때에 따라서는 일부 대상이 중복 보호될 수 있는 여지를 남겨두고 있기 때문에 인정되는 것이다. 파리협약에서는 산업디자인으로 최초 출원한 것을 나중에 실용신안으로 출원할 수 있는가에 대해서는 언급하지 않고 있으나 이 또한 허용된다고 볼 수 있다.[31]

여섯째, 출원인의 동일성도 우선권 주장의 요건 중 하나라 할 수 있다. 그러나 발명 등에 대한 권리는 이전될 수 있기 때문에 출원인이 항상 동일할 필요는 없다. 복수의 발명자가 있는 경우 그중 일부가 간여하는 경우에도 우선권의 요건은 충족한다. 예를 들어, 발명자 A와 B가 공동으로 국가 X에서 최초 출원하고 추후에 A와 B로부터 일부 양도를 받은 C가 이들 발명자와 함께 국가 Y에서 추후 출원을 하는 경우 출원인의 동일성은 인정된다. 또한 발명자 중 1인이 다른 국가에서 추후 출원을 하더라도 우선권의 효력은 미친다. 이것은 우선권이 신규성 상실에 대하여 항변할 수 있는 권리에 지나지 않기 때문에 엄격한 요건을 부과할 필요가 없다고 할 수 있다.[32]

4. 우선권의 기간(우선기간)

우선권 제도는 발명자 등이 다른 국가에 특허 등을 출원할 때까지 일정 기간 동안 신규성 상실을 유예하는 제도이다. 이런 기간을 일컬어 우선권의 기간(period of right of priority) 또는 우선기간(period of priority)이라 한다. 우선권

---

30) Art. 4E: "(1) Where an industrial design is filed in a country by virtue of a right of priority based on the filing of a utility model, the period of priority shall be the same as that fixed for industrial designs.

(2) Furthermore, it is permissible to file a utility model in a country by virtue of a right of priority based on the filing of a patent application, and vice versa."

31) Bodenhausen, p.52.

32) Ladas, Vol.I, p.487.

은 동일 발명 등을 출원하고자 하는 사람들이나 새로운 기술을 산업에 적용하고자 하는 사람들 모두에게 우선기간 동안 경고하는 의미를 가진다. 적어도 그 기간 동안은 동일 발명 등의 출원이나 실시를 유예해야 하기 때문이다. 따라서 우선권 주장을 할 수 있는 우선기간은 너무 길어서는 안 된다. 또한 최초 출원자는 자신의 발명 등의 사업성을 평가하고, 외국에 출원할 것인지에 대해서도 검토할 시간이 있어야 한다. 외국 출원에 따른 비용, 변리사 선정 등에 관해서도 사전에 준비할 시간이 필요하다. 따라서 너무 짧아도 안 된다.

파리협약은 처음에는 그 기간을 특허에는 6개월, 산업디자인과 상표에는 3개월을 부여하고 외국인이 하는 출원에 대해서는 1개월을 추가로 부여했다. 이 기간은 그 후 개정회의를 거쳐 점차 늘어났다. 1900년 브뤼셀 회의에서 특허에는 12개월, 산업디자인과 상표에는 4개월로 연장했고 외국인 출원에 대한 1개월 특례는 삭제했다. 1925년 헤이그 회의에서 다시 산업디자인과 상표에 대해 6개월로 연장했다.

협약 제4조 C절 제1항에서는 특허 및 실용신안에 대하여는 12개월, 산업디자인 및 상표에 대하여는 6개월로 정했다. 동일 대상을 출원한다 하더라도 나중에 출원 형식을 달리할 수도 있다. 특허를 나중에 실용신안으로 출원하거나 그 반대의 경우는 모두 우선기간 적용의 문제가 없다. 그러나 실용신안을 나중에 산업디자인으로 출원하거나 또는 산업디자인을 나중에 실용신안으로 출원할 경우 각기 우선기간은 어떻게 되는가? 협약은 전자에 대하여 우선기간은 6개월이라고 명시하고 있으나(제4조 E절 제1항) 후자에 대해서는 언급하지 않고 있다. 이에 대해서도 6개월이라고 보는 것이 통설이다.[33]

기산점은 최초 출원일이다(제4조 C절 제2항).[34] 출원일은 기간에 산입하지

---

33) Bodenhausen, p.52.

34) 1890년 마드리드 회의에서 미국 대표는 기산점을 공표일로 할 것을 주장했다. 공표일 기산점은 특히 심사 전 절차가 존재하는 국가에서 유용하다고 할 수 있다. 많은 특허 출원이 보정 절차를 거치기 때문에 출원인은 명세서와 청구범위가 온전한 상태에서 우선권을 주장하고자 할 것이다. 또한 미국의 경우 6개월(다시는 우선기간이 6개월이었다)의 기간 내에 특허를 받는다는 것은 실질적으로 불가능했기 때문에 특허를 받고 난 뒤에는 우선권의 혜택을 누리지 못하는 경우가 많았다. 게다가 발명자가 먼저 외국에 출원을 하여 특허를 받았더라도 아직 미국에서 특허를 받지 못할 경우 미국 법상 외국 특허의 존속기간만을 인정받기 때문에 보다 장기의 미국 특허기간의 이익을 향유할 수도 없었다. 1900년 브뤼셀에서 우선기간이 1년으로 연장되고, 미국도 1897년 외국 특허에 의한 미국 특허의 존속기간 제한을 풀면서 이런 문제는 상당히 개선되었다. Ladas, Vol.I, pp.475~477.

아니한다(제4조 C절 제2항 단서). 이것은 각국의 기간 계산 방법의 차이를 조절하기 위한 것이다. 휴일의 처리도 국가마다 다르다. 협약 제4조 C절 제3항에서는 "그 기간의 최종일이 보호가 주장되는 국가의 공식 휴무일이거나 관할청이 출원을 접수할 수 없는 날인 경우 그 기간은 다음 최초 집무일까지 연장된다"고 하여 이 문제를 해결하고 있다.

5. 우선권 주장의 방식

우선권 주장에 대하여 아무런 방식과 요건을 부과하지 않는다면 제3자에게 불측의 손실을 야기할 수 있다. 제3자는 우선기간 내에 동일 발명을 출원할 수도 없고 출원하더라도 거절 사정되거나 등록되더라도 무효로 될 수 있는 불안정한 지위에 있다. 대부분의 국내법에서는 특허의 취소나 무효를 다투는 절차(이의 신청, 무효 심판, 소송 등)를 두고 있는바, 이의 신청 절차 등에서 제3자의 출원에 문제 제기를 할 경우 그에게는 더욱 심각한 문제를 야기한다. 제3자는 우선권의 존재를 알기까지 자신의 발명과 발명의 실시를 위해 물적·인적 투자를 하기도 하고 경우에 따라서는 해당 발명 제품을 판매하기도 할 것이다. 게다가 다른 제3자와 라이선스 계약을 할 때에는 여러 사람이 복잡하게 얽히는 일도 생길 것이다. 상표나 산업디자인과 관련해서도 같은 설명을 할 수 있다. 따라서 이런 제3자는 어떠한 방식으로든 우선권의 존재를 식별할 수 있어야 한다. 제3자에 대한 불측의 손실을 예방하고, 국가 간의 실무 차이를 극복하기 위해서는 일정한 최소한의 방식이 요구된다.

협약 제4조 D절 제1항에서 일정한 방식과 절차에 따라 우선권을 주장하도록 요구하고 있다. 이에 의하면, "종전 출원의 우선의 이익을 희망하는 사람은 누구든지 그 출원일과 출원을 행한 국가를 표시하는 선언을 하여야 한다. 각국은 그러한 선언을 할 최종일을 결정한다"고 하고 있다.[35] 즉, 방식상의 요건으로서 종전 출원일과 종전 출원 국가를 밝혀야 하는 것이다. 이것은 의무적

---

35) Art. 4D(1): "Any person desiring to take advantage of the priority of a previous filing shall be required to make a declaration indicating the date of such filing and the country in which it was made. Each country shall determine the latest date on which such declaration must be made."

인 것으로, 선언을 하지 않을 경우 우선권 무효의 근거가 된다.[36] 또한 국가에 따라서는 종전 출원의 번호를 요구할 수도 있다(제4조 D절 제5항). 번호를 요구하는 것은 동일 날짜에 다수의 출원이 행해질 수 있어서 해당 발명에 대한 우선권의 존재를 쉽게 알기 위한 것이다. 번호는 우선권 주장에 관한 정보를 보충하는 역할을 한다. 그러나 이런 요건은 의무적인 것이 아니다.[37] 즉, 동맹국이 준수해야 할 의무 사항은 아니다. 번호가 없거나 번호 게재에 착오가 생기더라도 이것이 곧 우선권의 상실을 가져오는 것은 아니기 때문이다.[38]

국가에 따라서는 추가적인 요건을 갖출 것을 요구하기도 한다. 실질 심사를 하는 국가에서는 출원일과 출원 국가의 선언만으로 해당 발명이 동일 발명인지 판단하기 어렵다. 이런 국가에서는 출원일과 출원 국가뿐만 아니라 신규 출원이 종전 출원과 동일 발명이라는 증명이 필요하다. 이를 위하여 종전 출원서 등본(copy)을 제출하도록 할 수 있다(제4조 D절 제3항). 이 등본은 출원서 접수 당국이 인증한(certified as correct) 등본으로서, 공증이나 다른 증명이 요구되지는 않는다. 이런 등본은 위의 선언 시점에 제출할 수도 있으나 이는 출원자에게 부담이 될 수 있다. 따라서 협약에서는 추후 출원일로부터 3개월 내에 제출하도록 하고 있다.[39] 동맹국은 등본과 함께 종전 출원일을 증명하는 서류와 번역물을 요구할 수도 있다.

---

36) Bodenhausen, p.48; Ladas, Vol.I, p.481.

37) 제4조 D절 제5항에 의하면, "종전 출원의 우선을 주장하는 사람은 그 출원 번호를 명시하여야 한다"고 하여, 번호의 기재가 필수적인 듯 보인다. 그러나 이것은 항상 가능한 것도 아니고 기재의 부재나 착오가 곧 우선권의 상실을 가져오지는 않기 때문에 각국에 맡겨진 문제라고 할 수 있다. 제4조 D절 제1항에 포함되지 않은 것도 이 때문이라고 할 수 있다.

38) Bodenhausen, p.51.

39) 제4조 D절 제3항은 다음과 같다: "동맹국은 우선 선언을 하는 사람에게 종전에 행한 출원서 (설명, 도면 등) 등본을 제공하도록 요구할 수 있다. 출원을 접수한 당국이 진정한 것으로 인증한 등본은 다른 증명을 요구하지 아니하며 추후 출원일로부터 3개월 내에 언제든지 무료로 제출할 수 있다. 동맹국은 동일한 당국이 제시한 출원일 증명서 및 번역물을 첨부하도록 요구할 수 있다." ["The countries of the Union may require any person making a declaration of priority to produce a copy of the application (description, drawings, etc.) previously filed. The copy, certified as correct by the authority which received such application, shall not require any authentication, and may in any case be filed, without fee, at any time within three months of the filing of the subsequent application. They may require it to be accompanied by a certificate from the same authority showing the date of filing, and by a translation."]

또한 동맹국은 그 후에도 언제든지 추가적인 증명을 요구할 수도 있다(제4조 D절 제5항). 예를 들어, 우선권에 근거하여 특허가 부여된 경우 발명의 동일성에 관하여 다툴 때에 그 발명의 동일성에 대한 추가적인 증명을 요구할 수 있다.40)

동맹국은 이런 요건을 갖추어 선언을 할 수 있는 최종일을 결정해야 한다. 우선권을 주장하는 출원을 한 날짜를 최종일로 할 수도 있고 그 후의 날짜를 최종일로 결정할 수도 있다. 다만, 우선권 주장 출원 이후의 날짜는 일정 기간 내로 정해져야 한다. 그래야만 선언서에 담긴 기재 사항을 일정 기간 내에 공표할 수 있기 때문이다. 공표되지 않았다고 우선권을 상실하는 것은 아니다.41)

이상에서 본 바와 같이, 종전 출원의 우선권을 주장하기 위해서는 선언을 하여야 하며, 그 선언서는 일정한 방식을 따라야 한다. 이런 방식 중에는 당사국이 준수해야 할 사항으로 종전 출원일과 출원 국가의 기재가 있고, 당사국이 재량으로 정할 수 있는 사항으로 종전 출원 번호 및 종전 출원의 인증 등본 제출이 있다. 아울러 추가적인 자료 제출이 필요한 경우도 있다.

이와 같은 방식을 따르지 않을 경우 어떠한 법률적인 효과가 있는가. 방식에는 협약상 의무적인 방식(mandatory formalities)과 허용되는 방식(permissive formalities)이 있으나 그 어느 것이든 흠결로 인한 효과는 마찬가지라 할 수 있다. 협약은 먼저 방식의 흠결에 따른 법률적 효과를 각국에 위임하고 있으나, 그 효과는 어떤 경우에도 "우선권의 상실을 초과하지 아니한다"(제4조 D절 제4항).42) 이런 법적 효과는 단지 우선권의 상실을 초래할 뿐, 특허, 실용신안, 산업디자인 및 상표에 대한 권리의 상실에까지 이르는 것은 아니다. 우선권 그 자체에 대한 이의, 예를 들어 우선권 주장이 최초 출원에 기초하지 않는다거나 또는 보호대상의 동일성이 존재하지 않는다거나 하는 문제는 별론으로 한다.43)

---

40) Bodenhausen, p.50.

41) Bodenhausen, p.49.

42) Art. 4D(4): "No other formalities may be required for the declaration of priority at the time of filing the application. Each country of the Union shall determine the consequences of failure to comply with the formalities prescribed by this Article, but such consequences shall in no case go beyond the loss of the right of priority."

43) Bodenhausen, pp.50~51.

6. 우선권의 효력

우선권의 효력은 협약 제4조 B절에서 밝히고 있다. "따라서, 위에서 언급한 기간의 종료 전에 다른 동맹국에서 행한 추후 출원은 그 기간 동안 발생한 행위, 특히 다른 출원, 발명의 공표 또는 실시, 산업디자인의 복제물의 판매 또는 상표의 사용으로 인하여 무효화되지 아니하며, 그런 행위는 제3자의 권리나 점유권을 발생시키지 아니한다. 우선권의 기초가 되는 최초 출원일 전에 제3자가 취득한 권리는 각 동맹국의 국내법에 따라 유보된다."[44] 우선권의 효력은 출원인에 대한 경우와 제3자에 대한 경우로 각기 나눠볼 수 있다.

1) 출원인에 대한 효력

협약은 추후 출원이 무효화되지 않는 예로서 몇 가지를 언급하고 있다. 먼저, 다른 제3자에 의한 출원에 의해 무효로 되지 않는다. 이를 달리 풀어 규정한 것이 우리 특허법 제54조 제1항 1호이다. 이에 의하면, "대한민국 국민에게 특허 출원에 대한 우선권을 인정하는 당사국의 국민이 그 당사국 또는 다른 당사국에 특허 출원한 후 동일한 발명을 대한민국에 특허 출원하여 우선권을 주장하는 경우" 그 당사국 또는 다른 당사국에 출원한 날을 대한민국에 특허 출원한 날로 본다. 즉, 우선권을 주장하는 추후 출원은 우선기간 중에는 다른 출원보다 앞선 출원이 된다. 이런 효과로 인해 우선권의 목적, 즉 신규성을 상실하지 않도록 하는 목적을 달성할 수 있다. 추후 출원 국가는 신규성 상실을 이유로 한 거절 사정이나 기타 무효 처분을 할 수가 없는 것이다.

둘째, 출원인은 우선기간 중에 발생하는 다른 원인에 대한 항변권을 가진다. 발명이 최초 출원 이후 공개되거나 실시된다 하더라도 그런 행위가 추후 출원에 장애가 되지 않는다. 신규성을 상실하거나 진보성을 잃도록 작용하지

---

[44] Art. 4B, 1st sentence: "Consequently, any subsequent filing in any of the other countries of the Union before the expiration of the periods referred to above shall not be invalidated by reason of any acts accomplished in the interval, in particular, another filing, the publication or exploitation of the invention, the putting on sale of copies of the design, or the use of the mark, and such acts cannot give rise to any third-party right or any right of personal possession."

도 않는다. 산업디자인의 경우 그 복제물이 판매되거나 공개된다 하더라도 그런 행위가 역시 신규성이나 독창성의 상실을 야기하지 않는다. 상표의 사용도 추후 출원의 효력에 영향을 미치지 않으며 그 보호수준을 감축하지 않는다.[45] 협약 제4조 B절은 우선기간 중에 발생한 행위, "특허 … 발명의 공표 또는 실시, 산업디자인의 복제물의 판매 또는 상표의 사용으로 인하여 무효화되지 아니"한다고 하여, 예시적으로 우선권의 효력을 명시하고 있고 있다. 다른 권리, 예를 들어 특허권이나 기타 발명의 보호를 위한 권리가 발생하는 것은 아니다.

셋째, 동일 대상에 대해 우선권의 기초가 된 최초 출원이 동일한 날짜에 다른 동맹국에서 각기 제출된 경우도 생각할 수 있다. 협약은 이에 대해 언급하지 않고 있으며 따라서 국내법의 문제로 귀착된다.[46] 우리 특허법 제36조 제2항에서 이에 관한 규정을 두고 있다. 즉, "동일한 발명에 대하여 같은 날에 둘 이상의 특허 출원이 있는 경우에는 특허 출원인 간에 협의하여 정한 하나의 특허 출원인만이 그 발명에 대하여 특허를 받을 수 있다. 다만, 협의가 성립하지 아니하거나 협의를 할 수 없는 경우에는 어느 특허출원인도 그 발명에 대하여 특허를 받을 수 없다."

2) 제3자에 대한 효력

첫째, 우선기간 중에 행해진 제3자의 동일 발명 등에 대한 출원은 원칙적으로 거절 사정되어야 할 것이다. 이것은 우선권의 효력이 최초 출원자의 추후 출원이 제3자의 출원에 의해 법적으로 무효화되지 않는 데 있는 것이므로 이를 제3자의 출원과 연결 지을 때 당연히 예상한 결론이다. 제3자의 특허 출원이 부여된 경우 무효심판 등의 방법으로 취소되어야 할 것이고, 해당 발명을 실시하는 경우에는 침해 소송의 대상이 될 것이다. 이런 행위는 우선권을 주장하는 특허가 부여된 후에 행해지기 마련이다. 그러나 발명의 보호를 위한 권리(출원공개에 의한 보상금청구권 등)가 특허 부여 전에 발생하는 경우 그때부터 소송을 제기할 수 있을 것이다. 다만, 우선기간 중에 제3자가 특허를 받을 수 있다면 이 경우 제3자는 우선권을 주장하는 출원을 하기 전에 행해진 발명

---

45) Bodenhausen, pp. 41~42.

46) Ladas, Vol. I, p. 496.

의 실시에 대해서 책임을 질 수 없다고 할 것이다. 왜냐하면 우선권은 새로운 권리를 발생시키는 것이 아니라, 항변권에 지나지 않는 소극적인 권리이기 때문이다. 우선권은 협약에서 밝히고 있듯이 우선권을 주장하는 사람의 추후 출원을 '무효화하지 아니하'는 데 있는 것이다.[47) 또한 우선권 기간 중에 행해진 다른 출원(intervening application)이 우선권을 주장하는 발명보다 넓은 범위에 걸쳐 있는 경우 전자에 부여한 특허는 초과 부분에 대한 무효까지 가져오는 것은 아니다.[48)

둘째, 우선권은 배타적인 권리가 아니다. 따라서 우선권을 주장하는 출원이 제기되지 않은 국가에서는 아무런 권리가 존재하지 않는다. 따라서 제3자가 그 국가에서 동일 대상에 대한 다른 출원을 할 수 있다.[49)

셋째, 선출원주의 국가에서는 최초 발명자가 특허 출원을 하지 않은 채 발명의 실시를 위해 필요한 준비를 하거나 발명을 실시한 경우라 하더라도 다른 사람이 동일 발명에 대해 출원한 경우 후자에게 특허권이 부여된다. 최초 발명자가 실시를 위해 많은 투자를 했음에도 불구하고 자신의 발명을 실시할 수 없고 더 나아가 특허 침해의 책임을 진다면 이것은 특허권을 과잉보호하는 공평하지 않은 결과를 낳게 된다. 이런 문제점(진정한 발명자와 선출원자의 이익 충돌)을 해결하기 위해서 각국은 최초 발명자에게 자신의 발명을 개인적으로 실시할 수 있도록 허용하고 있다.[50) 이를 국제적으로는 개인적 점유권(right of personal possession) 또는 선사용권(Vorbenutzungsrecht)이라 일컫고 있다.[51)

---

47) Ladas, Vol.I, p.495.

48) Ladas, Vol.I, pp.495~496.

49) Ladas, Vol.I, p.495.

50) 우리 특허법 제103조가 그런 예에 해당한다: "특허 출원 시에 그 특허 출원된 발명의 내용을 알지 못하고 그 발명을 하거나 그 발명을 한 사람으로부터 알게 되어 국내에서 그 발명의 실시사업을 하거나 이를 준비하고 있는 자는 그 실시하거나 준비하고 있는 발명 및 사업 목적의 범위에서 그 특허 출원된 발명의 특허권에 대하여 통상실시권을 가진다."

51) Ladas, Vol.I, p.500. 점유권이란 제품의 제조, 제법의 실시, 제품의 판매 등을 포함하는 개념으로 여기에는 제3자에 의한 제품의 수입이나 판매를 포함하지 않는다. 국가들마다 점유권의 개념을 다음과 같이 해석하고 있다. ① 선사용자는 발명을 점유해야 한다. 즉, 특정 기술적 수단에 의해 특정의 기술적 효과를 얻는다는 것을 실시 당시 알고 있어야 한다. ② 진정한 발명자로부터 발명을 지득한 경우 점유권을 가지지 않는다. ③ 발명 사상을 고안했다 하더라도 다른 사람이 출원할 때까지 실시하지 않은 경우 점유권이 생기지 않는다. ④ 소량의 제품을 생산하기 위해 한 번 특정 제법을 실시했다고 하여 점유권을 주장할 수 없다. ⑤ 국제박람회에

이런 상황은 최초 출원 전이나 우선기간 중에 생길 수 있다. 먼저, 전자에 관해서는 협약 제4조 B절 2문에서 규정하고 있다. 즉, "우선권의 기초가 되는 최초 출원일 전에 제3자가 취득한 권리는 각 동맹국의 국내법에 따라 유보된다."[52] 각 동맹국은 이런 제3자의 권리에 관하여 재량으로 정할 수 있다. 이 규정은 불필요한 것일 수도 있다. 우선권은 추후 출원을 위하여 필요한 것이고, 제4조는 최초 출원과 추후 출원 사이의 우선기간 중에 발생하는 행위에 대해서만 정하면 그만이기 때문이다.

우선기간 중에 발생하는 상황에 대해서는 제4조 B절 후단이 있다. 이에 의하면, 우선기간 중 제3자의 발명의 공표 또는 실시, 산업디자인의 복제물의 판매 또는 상표의 사용은 "제3자의 권리나 점유권을 발생시키지 아니한다." 다시 말해서, 우선기간 중에 생기는 개인적 점유권이나 선사용권은 인정되지 않는 것이다.

우선권이 처음 등장할 당시 1883년 협약 제4조 제1항(현행 제4조 B절) 후단에 의하면, 우선권은 "제3자가 취득한 권리에 따를 것을 조건으로(sous réservé des droits acquis par des tiers, subject to the rights of third parties)" 인정되었던 것이다.[53] 이 구절은 제3자가 우선기간 중에 동일한 발명을 실시한 경우뿐만 아니라 그 발명을 이미 알면서 실시한 경우에도 그 발명을 계속 실시할 수 있다는, 일반 해석론이 가능했다.[54] 이럴 경우 우선권은 무척 제약을 받는다. 1934

전시했다고 하여 점유권이 발생하지 않는다. ⑥ 출원을 했다는 사실로 인해 점유권이 생기지 않는다. ⑦ 실시를 위해 준비단계만을 밟는다고 해서 점유권이 존재하지 않는다. 출원 시까지 의지를 가지고 준비단계가 지속되어야 한다. ⑧ 실험이 점유권의 기초가 되지 않는다. 인체에 사용하기 위한 목적으로 동물 실험을 했다 하여 선사용이라 할 수 없다. ⑨ 점유권자에 의한 제품 제조 포기는 점유권을 소멸시킨다. 다만, 오랜 기간 불실시가 권리의 종료를 가져오지는 않는다. Ladas, Vol.I, pp.413~415.

52) Art. 4B, 2nd sentence: "Rights acquired by third parties before the date of the first application that serves as the basis for the right of priority are reserved in accordance with the domestic legislation of each country of the Union."

53) 당시 제4조 B절을 번역하면 다음과 같다: "따라서, 위에서 언급한 기간의 종료 전에 다른 동맹국에서 행한 추후 출원은, 제3자가 취득한 권리에 **따를** 것을 조건으로, 그 기간 동안 발생한 행위, 특히 다른 출원, 발명의 공표 또는 실시, 산업디자인의 복제물의 판매 또는 상표의 사용**으로** 인하여 무효화되지 아니한다."(고딕 강조)

54) Bodenhausen, p.42. 이 조항의 문제점은 회의 당시에도 예상했던 것이다. 이 조항에 의거할 때, 당시 네덜란드 대표는 네덜란드 국민이 상표를 오랫동안 사용하면서 자국에서 상표 출원, 등록을 했고 외국인이 동일한 표장을 자신의 국가에서 출원하고 이를 네덜란드에 출원할 경

년 런던 회의에서는 이 구절 대신에 "그러한 행위는 제3자의 권리나 점유권을 발생시키지 아니한다"고 하여 논란을 종식시켰다.[55]

7. 특허 출원에 관한 특칙

1) 배경

우선권을 주장하기 위해서는 보호대상이 동일하여야 한다. 이 점은 특허라고 하여 다르지 않다. 발명의 각 구성요소는 명세서와 도면에 의하여 구체화되고 특허권이 미치는 범위는 청구범위에 의하여 확정된다. 우선권은 보호대상으로서 최초 출원 발명과 추후 출원 발명 간의 동일성(identity of invention)을 요구한다. 비록 구성요소 간에 상이점이 있다 하더라도 보호대상으로서 발명이 동일한 것이라면 그것으로 충분한 것이다. 이와 관련하여 출원상의 문제가 일부 생길 수 있다. 출원서류는 처음부터 완전하게 갖추어지지 않는 경우가 많다. 선출원주의를 채택하는 국가에서 출원인은 서둘러 출원하고 나중에 출원서류를 보충하여 추후 출원에 완벽을 기하고자 할 것이다. 또한 우선기간 중에 특정 발명을 보완하여 새로운 발명의 요소를 추가할 수도 있고 이때 추후 출원서류에는 새로운 요소를 추가 기재할 수도 있다.

그런데 발명은 다른 보호대상과는 달리, 동일성 유지에 약간의 문제가 있다. 왜냐하면 발명은 물건의 발명이나 제조방법의 발명에 관하여 각기 특허를 받을 수 있고,[56] 더욱이 국가마다 명세서나 청구범위의 기재가 통일되어 있지 않기 때문이다. 일부 국가에서는 명세서나 청구범위에 대하여 엄격한 형식과

우 네덜란드 국민은 우선권을 주장할 수 없다는 것이다. 그럼에도 논란 끝에 원안대로 통과되었다. Ladas, Vol.I, p.499.

55) 이 개정에 따른 제4조 B절의 번역은 다음과 같다: "따라서, 위에서 언급한 기간의 종료 전에 다른 동맹국에서 행한 추후 출원은 그 기간 동안 발생한 행위, 특히 다른 출원, 발명의 공표 또는 실시, 산업디자인의 복제물의 판매 또는 상표의 사용으로 인하여 무효화되지 아니하며, 그러한 행위는 제3자의 권리나 점유권을 발생시키지 아니한다."(고딕 강조)

56) 예를 들어, 화학발명에 대해 최초 출원국에서는 물질 특허와 방법 특허를 모두 인정하고 추후 출원국에서는 물질 특허를 인정하지 않을 경우 목적물의 동일성을 손상하지 않은 채 추후 출원국에서 방법 특허를 출원 대상으로 할 수 있다.

기준을 가지고 있는가 하면, 다른 일부 국가에서는 발명의 원리만을 밝히는 것으로 특허를 부여하는 정책을 견지하기도 한다. 따라서 최초 출원 당시 출원서류(명세서나 도면 등)에 전체적으로 발명의 요소가 포함되어 있다면, 비록 청구범위에 기재되지 않았다 하여 우선권을 거절한다면 특허의 국제적 보호라는 취지에 반하게 된다.

한편, 출원인은 위와 같이 자신의 필요에 의하여 또는 각국의 특허제도의 차이로 인해 여러 국가에서 행한 여러 출원(또는 한 국가에서 행한 여러 출원)을 나중에 하나의 출원으로 통합하여 다른 국가에 출원하면서 우선권을 주장하는 경우도 있다. 하나의 출원을 분할할 필요도 있을 것이다. 출원인은 출원 방법을 선택적으로 활용할 필요성이 있는 것이다. 이런 문제점들은 발명의 동일성, 출원의 통합, 분할 등 여러 측면에서 일정한 원칙의 정립을 필요로 한다.

2) 동일성 판단

협약은 먼저, 앞에서 언급한 바와 같이, 발명의 동일성 유지의 곤란함을 감안하여, 발명의 일부 요소가 본국 출원서(특허 청구범위)에 기재되지 않았다 하더라도 출원서 전체를 볼 때 그런 요소가 나타나는 경우에는 우선권이 부정되지 않는다고 분명히 하고 있다: "우선권이 주장되는 발명의 일정 요소가 본국 출원서상의 청구범위에 기재되지 아니한다는 이유로 우선권을 거절할 수 없다. 다만, 출원서류에 전체적으로 그러한 요소가 명시적으로 표명되어야 한다"(제4조 H절).[57] 이 조항은 1934년 런던 의정서에서 도입된 것으로, 각국의 특허제도와 그 운영의 차이로 인해 생기는 문제를 해결하고 있는 것이다.

1994년 개정된 미국 특허법은 임시 출원(provisional application) 제도를 받아들였다. 미국의 선발명주의는 발명자가 출원을 지체하는 요인이 되고 이것은 곧 선출원주의 국가의 발명자에 비해 불리한 상황에 놓이는 결과를 가져온다. 진정한 발명자를 보호한다는 취지의 선발명주의가 시간을 다투는 기술 경쟁 시대에 오히려 발명자에게 불리한 제도로 작용할 수 있게 되었다. 이런 상

---

57) Art. 4H: "Priority may not be refused on the ground that certain elements of the invention for which priority is claimed do not appear among the claims formulated in the application in the country of origin, provided that the application documents as a whole specifically disclose such elements."

황을 타개하기 위해 미국은 국내 우선일을 확보하기 위한 방안으로 임시 출원 제도를 도입한 것이다. 임시 출원은 명세서, 필요한 도면 및 등록 수수료를 제출하는 것으로 충분하고 청구범위 기재나 선언 또는 선서, 정보공개 등이 요구되지 않는다. 임시 출원은 12개월 이내에 정규 출원(non-provisional application)이 수반될 경우 출원일을 소급하지만 특허를 받겠다는 취지의 진술도 없고 청구범위도 기재하지 않기 때문에 특허청은 심사를 개시하지도 않는다.[58] 이 제도에 의한 출원이 파리협약상 우선권 주장 출원으로 수용될 수 있는 여부에 대해 초기에 논란이 있었다.[59] 파리협약에서 정규의 국내 출원을 정의하면서 출원 국가에서 요구하는 방식에 맞춘 출원이며, 출원일을 확정하기에 충분한 출원을 포함하는 것으로 하고 있는 점에 비추어, 국제적으로도 임시 출원을 우선권 주장 출원으로 인정하는 듯하다.[60]

3) 복수 우선권 및 부분 우선권

제4조 F절에 의하면, "어느 동맹국도 출원인이 복수의 우선권이 각기 다른 국가에서 기원하는 경우 그 복수의 우선권을 주장한다는 이유로 또는 하나나

---

58) 미국은 2011년 특허법 개정(Leahy-Smith America Invents Act)을 통해 선발명주의에서 선출원주의(소위 'first inventor-to-file')로 정책 변경을 했으나 임시 출원 제도는 여전히 유지하고 있다.

59) 파리협약 특별협정인 특허협력조약에 의하면 출원서에는 특허를 받겠다는 취지의 신청서를 요구하고 있어서(제3조 제2항) 임시 출원이 특허협력조약을 통한 우선권 이익을 누릴 수 없다는 점, 임시 출원이 파리협약에서 말하는 정규의 출원이 아니라는 점, 그리고 임시 출원이 청구범위를 기재하도록 요구하지 않기 때문에 임시 출원이 보호 범위를 확정하는 데 어려움이 있다는 점 등을 들어 파리협약상의 우선권의 기초가 되는 출원인지 여부에 대해 의문이 존재했다. Todd R. Miller, "United States Provisional Patent Applications and Paris Convention Priority Rights," 37 *IDEA: The Journal of Law and Technology* 161 (1996), p.168.

60) 1995년 WIPO 사무총장이 미국 특허청장의 질의에 대한 회신으로, 미국의 임시 출원이 파리협약 제4조의 우선권을 발생시키는 것으로 본다는 취지의 답변을 한 바 있다. "Recent Developments: WIPO Director Opines on Effect of Provisional Applications," 8 *Journal of Proprietary Rights* (1996) p.22. 우리 특허청 심사지침에서는 "미국의 임시 출원(provisional application)…을 근거로 우리나라에서 우선권을 주장하는 경우 미국 특허상표청이 발급하는 우선권 증명서류(priority document, certified copy of the original application)를 우리 특허청에 제출하여야 하는바(특허법 시행규칙 제25조) 미국 특허상표청이 임시 출원에 대한 우선권 증명서류를 출원인에게 발급했다는 사실은 미국 특허상표청이 임시 출원을 파리조약 우선권의 근거가 되는 정규 국내출원으로 인정한 것으로 본다." 특허청(특허), 4414쪽.

둘 이상의 우선권을 주장하는 출원서가 우선권 주장의 기초가 되는 출원서에 기재되지 아니한 하나나 또는 둘 이상의 요소를 포함하고 있다는 이유로, 우선권이나 특허 출원을 거절할 수 없다. 다만, 양자의 경우 그 국가의 법률상 발명의 동일성은 가져야 한다. 우선권 주장의 기초가 되는 출원서에 기재되지 아니한 요소에 관하여 추후 출원은 통상적인 조건하에서 우선권을 발생시킨다."61)

이것은 복수 우선권과 부분 우선권에 관한 규정이다. 1925년 헤이그 회의에서 도입되어, 1934년 런던 회의와 1958년 리스본 회의(이 회의에서는 부분 우선권에 관한 내용을 추가했다) 개정을 거쳤다.

출원인은 각각의 발명 요소를 하나씩 다수의 국가에 출원하고 이런 발명의 요소를 모아 추후에 하나로 출원할 수 있다. 이때 전자의 출원들은 각기 최초 출원이라 할 수 있으며, 출원인은 이런 다수의 출원에 기초하여 복수의 우선권을 주장할 수 있을 것이다. 제4조 F절 해당 규정("어느 동맹국도 출원인이 복수의 우선권이 각기 다른 국가에서 기원하는 경우 그 복수의 우선권을 주장한다는 이유로 … 우선권이나 특허 출원을 거절할 수 없다")은 이런 복수 우선권(복합 우선권, multiple priorities)을 인정하는 것이다. 최초 출원은 처음부터 완벽하지 않은 경우가 많기 때문에 그간의 개량의 성과를 담아 추후 출원에 반영하는 것이 보통이다. 복수 우선권은 이런 출원 제도의 성격을 고려하여 인정되는 것이라 할 수 있다.

또한 최초 출원 당시 일부 발명의 요소가 기재되지 않았으나 추후 출원서류에는 기재될 수도 있다. 이와 같이 최초 출원서류에 기재되지 않은 추가적 요소가 있다 하여 최초 출원서에 이미 기재된 발명의 요소에 대한 우선권마저 부정해서는 안 될 것이다. F절은 부분 우선권(partial priorities)도 인정하는 것이다. ("어느 동맹국도 … 하나나 둘 이상의 우선권을 주장하는 출원서가 우선권 주장

---

61) Art. 4F: "No country of the Union may refuse a priority or a patent application on the ground that the applicant claims multiple priorities, even if they originate in different countries, or on the ground that an application claiming one or more priorities contains one or more elements that were not included in the application or applications whose priority is claimed, provided that, in both cases, there is unity of invention within the meaning of the law of the country.

With respect to the elements not included in the application or applications whose priority is claimed, the filing of the subsequent application shall give rise to a right of priority under ordinary conditions."

의 기초가 되는 출원서에 기재되지 아니한 하나나 또는 둘 이상의 요소를 포함하고 있다는 이유로, 우선권이나 특허 출원을 거절할 수 없다.") 부분 우선권은 단수의 우선권일 수도 있고 복수의 우선권일 수도 있다. 최초 출원과 추후 출원이 발명의 단일성을 충족하더라도 기재 사항이 다를 수 있다. 국가마다 특허 심사 제도가 같지 않기 때문이다. 부분 우선권은 다른 요소가 추후 출원서에 들어 있다 하더라도 최초 출원서에 존재했던 발명의 요소를 감안하여 우선권 제도의 취지에 맞춰 규정되었다.

한편 추후 출원서에 새로운 요소가 추가된 경우 새로운 우선권 주장의 근거가 된다. 이것은 자명한 것으로, 제4조 F절 마지막 문장이 이를 확인하고 있다: "우선권 주장의 기초가 되는 출원서에 기재되지 아니한 요소에 관하여 추후 출원은 통상적인 조건하에서 우선권을 발생시킨다."

복수 우선권이든 부분 우선권이든 발명의 단일성(unity of invention)을 충족해야 한다. 발명의 단일성이란 하나의 특허 출원의 범위를 확정하기 위한 하나의 발명 또는 1군의 발명을 충족하는 여부를 말한다.[62] 발명의 단일성에 대한 판단은 우선권이 주장되는 국가의 법률에 따른다. 하나의 출원 범위 내에 있는 발명 요소는 발명의 단일성을 충족하는 것이다. 출원인은 이 경우 최초 출원과 당시 불완전한 출원서류를 보완하여 추후 출원할 수도 있을 것이다.

이상을 종합하면 다음과 같다. ① 복수의 우선권이 인정된다는 점이다. 누구든지 동일한 발명에 대해서 다수의 특허 출원을 할 수 있으며 이를 병합하여 하나의 출원으로 할 수도 있다. 우선권을 주장하기 위해서는 최초로 특허를 출원한 날짜로부터 12개월 내에 해야 한다. ② 복수의 우선권은 어느 한 국가에서 한 출원에 기하여 인정되는 것은 아니며, 다수의 국가에 출원한 바에 따라 인정될 수도 있다. ③ 발명의 단일성이 유지되어야 한다. ④ 부분 우선권, 즉 우선권 주장의 근거가 되는 최초 출원에 포함되지 않은 요소가 추후 출원에 있는 경우에도 최초 출원에 기재된 요소에 대해서, 발명의 단일성이 충족되는 한 우선권은 주장될 수 있다. ⑤ 발명의 구성요소가 추후 출원에는 새로이 기재된 경우 이것은 해당 요소가 추후 출원에 최초로 기재된 것이므로 통

---

62) PCT 규칙 13.1: "국제 출원은 오로지 하나의 발명 또는 하나의 총괄적 발명 개념을 구성할 정도로 관련이 있는 1군의 발명과 관련되어야 한다." 우리 특허법 제45조 제1항: "특허 출원은 하나의 발명마다 하나의 특허 출원으로 한다. 다만, 하나의 총괄적 발명의 개념을 형성하는 1군의 발명에 대하여 하나의 특허 출원으로 할 수 있다."

레에 따라 우선권이 발생한다. ⑥ 복수 우선권을 주장하든 아니면 부분 우선권을 주장하든 특허 출원은 거절될 수 없으며 우선권도 배척될 수 없다. 따라서 출원인은 추후 출원에서 일부 요소를 삭제할 필요도 없으며 이에 대해서 별개의 출원을 할 수도 있다.[63]

4) 출원의 분할

복수 우선권이든 부분 우선권이든 이것은 발명의 단일성을 전제로 한다. 단일성이 없는 발명은 출원의 분할 등의 방법으로 출원의 무효, 취소 등을 회피할 수 있다.[64] 협약 제4조 G절에서는 출원의 분할을 통해 우선권의 이익을 누릴 수 있는 길을 열어놓고 있다. 즉, "심사 과정에서 특허 출원이 둘 이상의 발명을 포함하는 것으로 드러난 경우 출원인은 그 출원을 일정한 수로 분할 출원할 수 있고 각 출원일을 최초 출원일로 유지하고 우선권의 이익이 존재한다면 이를 유지할 수 있다."[65] 그 제2항에서는 "또한 출원인은 자신의 선택으로 특허 출원을 분할할 수 있으며 각 분할 출원일을 최초 출원일로 유지하고 우선권의 이익이 존재한다면 이를 유지할 수 있다. 각 동맹국은 그러한 분할을 승인하는 조건을 결정할 권리를 가진다"고 하고 있다.[66] 이 규정도 제4조 F절과 마찬가지로, 1925년 헤이그 의정서에서 도입되어 1934년 런던 의정서와 1958년 리스본 의정서에서 개정되었다.

이 규정은 형식 심사 제도만을 가지고 있는 국가에서는 적용되지 않는다. 발명의 단일성 판단은 실질 심사이기 때문이다. 출원의 분할은 심사 관청의

---

63) Ladas, Vol. I, pp. 492~493.

64) 미국의 CIP 출원은 새로운 사항이 추가된 것이므로 단일성을 충족하지 못하지만 종전 출원의 무효를 막는 장치로서 작용한다.

65) Art. 4G(1): "If the examination reveals that an application for a patent contains more than one invention, the applicant may divide the application into a certain number of divisional applications and preserve as the date of each the date of the initial application and the benefit of the right of priority, if any."

66) Art. 4G(2): "The applicant may also, on his own initiative, divide a patent application and preserve as the date of each divisional application the date of the initial application and the benefit of the right of priority, if any. Each country of the Union shall have the right to determine the conditions under which such division shall be authorized."

요구에 의해서도 할 수 있고, 출원인이 자진하여 할 수도 있다. 협약은 이 경우 각 분할 출원일을 최초 출원(원출원)의 날짜로 소급하여 우선권을 주장할 수 있도록 허용하고 있다. 물론 분할의 요건은 동맹국이 정한다(제4조 G절 제2항).

5) 미국 일부계속출원

미국의 일부계속출원(Continuation-in-part application: CIP 출원)은 종전 출원(원출원)에 의존하면서도 새로운 사항(new matter)을 첨가하는 출원이다. CIP 출원은 영국의 종전 가명세서 출원이나 우리 특허법상 국내 우선권 제도와 유사하다. 그러나 전자는 새로운 사항을 추가한 출원이라는 점에서 후자와는 다르다. CIP 출원과 원출원의 공통 부분에 대해서는 원출원의 철회나 포기를 수반하지도 않는다.

파리협약은 동일 발명에 대해서 추후 출원이 최초 출원으로 간주되는 협약상의 규정(제4조 C절 제4항)과 관련하여, 최초 출원이 법적으로 무효화될 것, 그리고 최초 출원과 추후 출원이 모두 동일한 보호대상이어야 하고 상이한 발명요소를 담고 있는 경우 동일한 부분에 대해서만 그런 협약상의 이익을 누릴 수 있도록 하고 있다. 따라서 CIP 출원은 그 자체로 철회나 포기를 수반하지 않기 때문에 그 자체로 우선권 주장의 근거로 작용할 수 없고, 최초 출원과 CIP 출원 간에 동일한 부분만 최초 출원에 근거한 우선권의 이익을 누리게 된다. 다만, 예외적으로 CIP 출원명세서에만 기재되어 있는 새로운 사항에 대해 우선권 주장 출원을 할 경우 CIP 출원을 우선권 주장의 기초로 할 수 있다.

8. 조약우선권과 국내우선권

우선권 제도는 파리협약에서 인정되는 제도로서, 특허협력조약과 특허법조약이 보충적인 규정을 두고 있다. 이들 조약에서 규정하고 있다는 의미에서 강학상 '조약우선권(Convention priority)'이라 한다.

우리 특허법 제54조와 제55조는 각기 조약우선권과 국내우선권에 대해 규정하고 있다. 양 제도는 출원일을 소급할 수 있는 권리라는 점에서 유사한 성질을 가지고 있으나, 양자는 근본적으로 다른 제도이다. 먼저, 국내우선권은 우리 특허청에 우선권을 주장하는 선출원이 계속되어야 하지만 조약우선권은 최초 출원의 계속을 필요로 하지 않는다. 특허독립의 원칙이 작용하기 때문이다. 둘째, 조약우선권은 후출원이라는 이유로 신규성을 상실하지 않도록 하는 것으로 후출원 국가에서 볼 때 선출원주의의 예외라 할 수 있는 반면, 국내우선권은 선출원주의가 원칙적으로 작용한다는 점이다. 셋째, 조약우선권은 그 자체로 독립한 권리인 반면, 국내우선권은 후출원이 선출원에 전적으로 부속하는 권리이다.

제4장 특허에 관한 규정

1. 특허 독립의 원칙

특허 독립의 원칙이란 각국의 특허 제도는 독립한 제도이며, 따라서 어느 국가든지 자국의 법률에 따라 특허권을 부여하고 그 권리는 그 국가 관할권 내에서 효력이 미치는 것을 말한다. 이것은 당연한 원칙으로서 파리협약을 관통하고 있는 속지주의 원칙에 비춰 볼 때 굳이 협약에서 정할 성질의 것도 아니고, 굳이 협약에서 반영한다 하더라도 확인 규정에 지나지 않는다고 할 수 있다. 상표 독립의 원칙은 이른바 'telle quelle' 원칙으로 인해 나름 규정의 의미가 있으나 특허의 경우에는 그런 사정도 존재하지 않는다. 그럼에도 파리협약 제4조의2는 구체적으로 이 원칙에 대해 규정하고 있다. 이 규정은 1900년 브뤼셀 개정회의에서 처음 도입되었다.[1] 1934년 런던 개정회의에서는 제2항과 제5항을 신설함으로써 이 원칙의 내용을 구체화했다.

제4조의2 제1항에 의하면, "다수 동맹국에서 동맹국 국민에 의하여 출원된 특허는 동맹국이든 비동맹국이든 다른 국가에서 동일한 발명에 대하여 취득된 특허와 독립적이다."[2] 어느 동맹국[3]에서 특허를 부여했다 하여 다른 동맹국에 동일 발명에 대해 특허를 부여해야 할 의무를 부과하는 것도 아니고, 또한 전자 동맹국에서 특허를 거절하거나 무효화하거나 어떤 이유로든 특허가 종료했다 하여 후자 동맹국에도 마찬가지로 특허를 거절하거나 무효화하거나

---

1) 현행 제1항과 제3항 및 제4항은 1900년 브뤼셀 회의에서, 제2항과 제5항은 각기 1911년 워싱턴 회의와 1934년 런던 회의에서 신설되었다.

2) Art. 4bis(1): "Patents applied for in the various countries of the Union by nationals of countries of the Union shall be independent of patents obtained for the same invention in other countries, whether members of the Union or not."

3) 협약은 '동맹국이든 비동맹국이든(whether members of the Union or not)'이라고 하고 있으나 동맹국은 비동맹국과의 관계에서 협약상 아무런 의무도 지지 않기 때문에 불필요한 표현이다.

기타 종료시켜야 할 의무를 부과하는 것도 아니다.[4]

이 원칙은 각 동맹국이 각기 다른 국내법과 절차를 가지고 있어서 이런 차이로 인해 서로 영향을 미쳐서는 안 된다는 배경에서 나온 것이다.[5] 특허권자가 동일 발명에 대해서 다수의 국가에서 특허를 가지고 있을 때, 어느 한 국가에서 특허를 포기하거나, 특허가 불필요한 것으로 생각하여 실시하지 않거나, 수수료 납부하지 않는 등 여러 가지 이유로 특허가 종료될 수 있다. 그런데 그 특허의 운명으로 인해 다른 국가에서 가지고 있는 특허가 같은 운명에 처한다면 이는 특허권자에게 부당할 수 있는 것이다.[6]

협약은 특허 취득과 종료를 중심으로 규정하고 있다. 상표 독립의 원칙을 규정한 제6조와 규정 형식은 흡사하지만 내용상 차이가 있다.[7] 그러나 협약에 명시하지는 않고 있지만 상표의 독립의 경우와 마찬가지 원리가 작동할 것이다. 속지주의에 따라 같은 원리가 작용할 것이기 때문이다.

제4조의2 제1항과 관련하여 일부 국가에서는 특허 독립의 원칙은 무효나 몰수에 관한 것일 뿐, 존속기간에는 적용되지 않는, '제한적인(restricted)' 것으로 보았다.[8] 이에 대해 1911년 워싱턴 개정회의에서 제2항을 추가 신설하여 의미를 명확하게 했다. 즉, 특허 독립의 원칙은 "전항의 규정은 비제한적인 의미로 이해되며, 특허 우선기간 중에 출원한 특허가 그 무효 및 몰수[9]의 근거에 관하여, 그리고 그 통상적인 존속기간에 관하여 독립적이라는 의미로 이해된다"(제4조의2 제2항).[10] 이 규정은 이런 제한적 해석을 부인하고, 특허 독립의 원칙이 무효나 몰수뿐만 아니라 존속기간에도 적용되는 '비제한적(unrestricted)'

---

4) WIPO(Handbook), p.245.

5) Ibid.

6) Ladas, Vol.I, p.506.

7) 협약 제6조 제3항: "어느 동맹국에서 정식으로 등록된 표장은 본국을 포함하는 다른 동맹국에서 등록된 표장과 독립적인 것으로 본다."

8) Ladas, Vol.I, pp.509~510.

9) 이에 관해서는, 제3부 제4장 2. 3) 특허 물품의 수입으로 인한 몰수 금지 및 3. 1) 특허 실시 의무 참조.

10) Art. 4bis(2): "The foregoing provision is to be understood in an unrestricted sense, in particular, in the sense that patents applied for during the period of priority are independent, both as regards the grounds for nullity and forfeiture, and as regards their normal duration."

인 의미임을 분명히 했다.

한편, 제4조의2 제5항은 특허 독립의 원칙과 우선권과의 관계를 밝히고 있다. 이에 의하면, "다수의 동맹국에서 우선권의 이익을 가지고 취득한 특허는 우선권의 이익이 없이 특허를 출원하였거나 부여받았을 경우 가졌어야 할 존속기간을 가진다."[11] 다시 말해서, 추후 출원 특허의 존속기간의 기산점을 최초 출원의 우선일로 삼아서는 안 된다는 것이다.[12]

결론적으로, 제4조의2는 다음과 같이 설명할 수 있다. 어느 국가에서 발명 특허를 부여했다고 하여 다른 동맹국에서 동일 발명에 대하여 특허를 부여해야 하는 것은 아니며, 어느 국가에서 동일 발명에 대한 특허가 거절, 무효 또는 종료되었다는 이유로 다른 동맹국에서 거절, 무효 또는 종료되지 않는다.[13] 또한 우선기간 중에 출원된 특허라고 하더라도 무효, 몰수의 근거 및 통상의 존속기간에 관하여 독립적이다. 물론 우선기간이 경과하거나 우선권을 주장하지 않는 경우에도 마찬가지로 독립적이다.[14]

2. 특허 보호

파리협약은 특허 보호의 성격이나 내용에 대해서는 거의 언급하지 않고 있다. 각 동맹국의 주권 영역에 깊숙이 들어가지 않았다고 할 수 있다. 각기 다른 제도적 편차를 극복할 수 없었던 것도 이유 중 하나일 것이다. 협약은 협약 채택 이후 간헐적으로 제기되는 문제에 대해 해답을 제시하는, 간헐적이고 간접적인 방법으로 특허 보호에 접근하고 있다. 발명자의 성명표시권, 국내법상 판매 제한으로 인한 특허 거절 금지, 특허 물품의 수입으로 인한 특허의 몰수 금지, 제법 특허의 보호 등이 그것이다.

---

11) Art. 4bis(5): "Patents obtained with the benefit of priority shall, in the various countries of the Union, have a duration equal to that which they would have, had they been applied for or granted without the benefit of priority."

12) WIPO(Handbook), pp.245~246.

13) WIPO, pp.364~365.

14) 제4조의2 제2항에서 '특허 우선기간 중에 출원한 특허…' 운운하여 우선기간 내의 특허에 대해서만 특허 독립의 원칙이 작용하는 것으로 생각할 수 있으나, 이는 '우선기간 중에 행한 출원이라 하더라도'라는 의미로 이해해야 한다. Bodenhausen, p.62.

1) 발명자의 성명표시권

협약 제4조의3에서는 발명자의 성명 보호를 일반 원칙으로 천명하고 있다. "발명자는 특허에 발명자로 표시될 권리를 가진다."[15] 이 규정은 발명자의 인격권을 보호하기 위하여 1934년 런던 회의에서 도입되었다.[16]

이 권리는 베른협약에서 인정하는 성명표시권에 상응하는 개념으로,[17] 외관상 발명자에게 전속적으로 부여되는 권리로 파악할 수도 있으나, 실제 그 행사 방법은 각국의 국내법에 맡겨져 있다.[18] 이런 발명자의 권리를 국내법으로 수용하는 방법은 여러 가지가 있다. 첫째는 발명자에게 발명 특허에 자신의 이름이 표시되지 않을 경우 법적 구제 방법을 강구할 수 있도록 하는 것이다. 둘째는 특허 심사 중에 직권으로 발명자의 성명을 넣도록 하는 것이다. 셋째로는 일부 국가의 예와 같이, 출원인을 발명자에 한정하는 방법으로 해결하도록 하는 것이다.

2) 판매 제한으로 인한 특허 거절 금지

국가는 어떤 제품이든 그 생산이며 판매에 다양한 방법으로 개입한다. 발명을 구현한 제품이라 하여 달리 볼 필요가 없다. 국가는 목적상, 예를 들어 국가 안보나 공중 보건, 환경이나 소비자 안전 등을 목적으로 제품의 생산이나 판매에 개입할 수 있다. 국가는 또한 방법상, 예를 들어 제품 생산을 금지할 수도 있고, 판매를 금지할 수도 있다. 특정 주체로 하여금 또는 제한적인 범위에서 생산과 공급을 허용할 수도 있다(예를 들어 필수품 등에 대한 국가 독점).

---

15) Art. 4ter: "L'inventeur a le droit d'être mentionnée comme tel dans le brevet." ("The inventor shall have the right to be mentioned as such in the patent.")

16) 덴마크가 최초 제안한 조항은 다음과 같다. "모든 발명은 특허청이 통지를 접수하는 경우 저작자 또는 저작자들의 성명이 표시되어야 한다. 이에 반하는 어떠한 계약도 이 권리를 저작자로부터 박탈할 수 없다." («Tout brevet doit faire mention du nom de l'auteur ou des auteurs de l'invention, si l'Office des brevets en a reçu communication. Aucune convention contraire ne peut priver l'auteur de ce droit.») 이 제안은 토의 끝에 현행 제4조의3으로 마무리되었다. *Actes de Londres*, pp.259~260, 370~373.

17) 저작자의 성명표시권에 관해서는, 제4부 제4장 1. 인격권 참조.

18) Bodenhausen, p.64.

발명자의 처지에서 볼 때 국가의 개입으로 인하여 발명 제품의 생산과 판매 등이 영향을 받는 것과는 별개로, 그런 발명에 대하여 특허 자체를 받을 수 없다면 이것은 부당하다 할 수 있다. 이에 대해 파리협약 동맹국은 1958년 리스본 회의에서 새로운 조항을 도입하여 부분적인 해답을 제시했다. 제4조의4에 의하면, "특허 제품 또는 특허 방법에 의하여 취득한 제품의 판매가 국내법에 의한 제약이나 제한에 따를 것을 조건으로 한다는 이유로 특허 부여가 거절될 수 없으며 특허가 무효화되지 아니한다."[19][20] 이 규정은 물건 발명에 의해 만들어진 제품이나 방법 발명에 의해 만들어진 제품이 판매상의 제한을 받을 경우 그것을 이유로 해당 특허를 거절하거나 무효화할 수 없다는 것이다. 제품의 판매에 한정하여 규정하고 있어서 제품의 생산 그 자체가 제한을 받는 경우에는 적용되지 않는다.[21]

이 조항은 제품 판매의 '제약이나 제한(restrictions or limitations)'만을 언급하고 있어서, 제품 판매가 제한을 받는 경우에 적용되는 것이지, 판매 자체가 아예 금지되는 경우에는 적용되지 않는다고 생각할 수도 있다. 그러나 이 조항의 목적에 비추어 볼 때 판매 금지의 경우에도 적용되는 것이 바람직하다 하겠다.[22] 제품의 판매가 금지되든 아니면 제약을 받든 그것을 이유로 한 특허 거절 등은 허용되지 않는다는 것이다. 이 규정이 적용되는 대표적인 예로는 의약품이나 식품의 경우를 들 수 있다. 즉, 이런 제품에 대한 특허는 허용하되, 그 판매는 금지하거나 제한할 수 있는 것이다.

---

19) Art. quarter: "The grant of a patent shall not be refused and a patent shall not be invalidated on the ground that the sale of the patented product or of a product obtained by means of a patented process is subject to restrictions or limitations resulting from the domestic law."

20) 1958년 리스본 회의에서 덴마크 등 일부 국가는 AIPPI가 1956년 워싱턴 총회에서 채택한 결의문을 파리협약 개정안으로 제시했다. 결의문에 따르면, 어느 국가든지 도덕이나 공공질서에 반하는 특허는 거절하거나 무효화할 수 있지만 그 실시(exploitation)가 법령에 의하여 금지된다고 하여 특허를 거절하거나 무효화할 수는 없다는 것이다. 영국은 리스본 회의에서 자국 특허법상 어느 발명이 법률에 반하는 방법으로 사용(실시)될 수 있다면 해당 출원을 거절할 수 있다고 하고 있으므로 '특허의 실시'라는 표현을 받아들일 수 없다고 하였고, 이 주장이 회의에서 수용되어 '특허의 실시' 대신에 '특허 제품이나 특허 방법에 의하여 만들어진 제품의 판매'로 대체되었다. Ladas, Vol.I, p.314.

21) Bodenhausen, p.65.

22) Bodenhausen, p.66.

이 규정에도 불구하고, 동맹국은 특허법상 특허를 받을 수 없는 발명, 예를 들어 공서양속에 반하는 발명이라든가 공중 보건을 해치는 발명에 대해서는 여전히 특허 거절 등을 할 수 있음은 물론이다.[23]

3) 특허 물품의 수입으로 인한 몰수 금지

특허권자는 자신의 특허 물품을 특정 국가에 수출하여 시장성을 확인한 연후에 특허 발명을 실시하고 싶을 때가 있다. 이것은 그 국가에서 해당 물품의 수입을 허용해야 하고, 또한 그 국가에서 부여받은 해당 특허가 무효화되지 않아야 가능하다. 자국 산업의 보호라는 명목으로 특허 물품의 수입을 금지하고 더 나아가 물품의 수입으로 인해 특허가 무효화된다면 이는 불가능하다. 파리협약 체결 당시 일부 국가에서는 특허권자가 특허 물품을 수입할 경우 몰수할 수 있는 규정을 두었다. 자국 내에서 특허 실시를 강제하기 위한 것이었다. 또한 특허의 몰수 그 자체가 간접적인 수입 규제가 될 수 있었다.

협약은 이를 막기 위하여, 제5조 A절 제1항을 두어, "특허권자가 어느 동맹국에서 제조된 물품을 특허가 부여된 국가에 수입하는 것이 특허의 몰수를 수반하지는 아니한다"고 하고 있다.[24] 이 규정은 실용신안에도 준용된다(제5조 A절 제5항). 이 규정은 1883년 파리협약 체결 당시부터 존재했다. 여기서 몰수란 무효(invalidation), 취소(revocation, annulment), 폐기(repeal) 등을 포함하는, 넓은 의미의 몰수이다. 제5조 A절 제2항 이하(특허 실시 의무)에서 말하는 몰수와 같은 의미이다. 수입을 막기 위한 수단으로, 특허권자에 대한 벌금 내지 과태료(fine) 처분, 권리의 정지 등은 협약 정신 및 제5조 A절의 목적에 비추어 몰수에 상당하는 것으로 볼 수 있으나 이는 각국 법률과 법원이 판단할 사안이다.[25]

---

23) 파리협약은 이에 대해 규정하지 않고 있어서 각 동맹국이 특허 거절 사유를 재량으로 정할 수 있다. TRIPS협정은 제27조 제2항과 제3항에서 공서양속 등을 이유로 한 특허받을 수 없는 발명을 적시하고 있다. 또한 제8조 제1항과 제73조에서는 회원국으로 하여금 각기 공중 보건 등을 이유로 한 필요한 조치를 할 수 있는 권한을 부여하고 있고, 국가안보 등을 이유로 한 예외를 설정할 수 있도록 하고 있다.

24) Art. 5A(1): "Importation by the patentee into the country where the patent has been granted of articles manufactured in any of the countries of the Union shall not entail forfeiture of the patent."

이 규정은 첫째, 물품이 어디에서 수입되었는지는 묻지 아니한다. 동맹국에서 제조된 것으로 충분하다. 비동맹국에서 제조된 물품을 동맹국에서 수입하여 이를 다른 동맹국에 수출하는 경우는 동맹국에서 제조된 것이 아니므로 이 조항이 적용되지 않는다. 또한 대부분의 부품이 비동맹국에서 제조되어 어느 동맹국에서 조립한 경우도 생각할 수 있다. '제조'의 정의를 내리는 것은 매우 어려운 일이며, 사안마다 다를 수 있다. 각국의 재량이 적지 않게 작용할 것으로 생각한다.

둘째, '제조된 물품(articles manufactured)'이란 제4조의4와 같이, 물품 자체가 특허의 대상이 되든 아니면 해당 물품이 특허 방법에 의하여 제조되든 묻지 않는다.[26]

셋째, 이 규정은 특허권자가 물품을 수입하는 경우에 적용되는 것으로, 특허권자가 아닌 사람에 의해서 수입되는 경우에는 적용되지 않는다. 특허권자의 대리인을 통한 수입도 특허권자에 의한 수입으로 본다. 특허권자가 자신의 권리를 양도하는 경우도 생각할 수 있다. 협약에서는 '특허를 받은 자(patentee)'[27]라는 표현을 사용하여 마치 최초의 특허권자만을 염두에 두고 있는 듯하나 넓은 의미의 특허권자(owner of patent)라 보아도 무방할 것이다. 따라서 양도의 경우 두 가지로 나누어 생각할 수 있다. 하나는 협약상의 수익자가 아닌 특허권자가 자신의 특허를 협약상의 수익자에게 양도하는 경우이고, 다른 하나는 그 반대로 협약상의 수익자로서 특허권자가 협약상의 수익자가 아닌 사람에게 양도하는 경우를 생각할 수 있다. 전자의 경우 양수인은 협약상의 수익자로서 협약상의 권리를 누릴 것이다. 후자의 경우에도 마찬가지 논리를 적용할 수 있다. 양수인은 협약상의 수익자가 아니므로 협약상의 권리를 주장할 수 없을 것이다.[28]

이 규정은 연혁적으로 의미가 강하다. 당시만 해도 특허 물품의 수입은 몰수를 수반하는 입법례가 많았고 1883년 파리협약 체결 당시만 하더라도 심각한 주제 중 하나였다. 그러나 협약 체결 이후 이런 관행이 사라지면서 이 규정

---

25) WIPO, p.366; Bodenhausen, p.69.

26) Bodenhausen, p.69.

27) 협약에서 'patentee'라는 단어는 제5조 A절 제1항과 제4항, 제5조의3 및 제5조의4에도 나온다. 이 장에서는 편의상 '특허권자'로 표현하기로 한다.

28) Ladas, Vol.I, p.518.

의 의미 또한 퇴색했다. 한때(1886년 로마 개정회의) 이 규정에 대한 개정 논의
가 있었다. 자국에서 특허를 받은 해당 물품이 수입될 경우 이를 금지할 수 있
도록 하자는 것이었다. 당시 프랑스 등 일부 국가에서 그런 국내법 규정을 가
지고 있었다. 그러나 특허권자의 처지에서 보면 해당 국가에서 특허 발명을
실시하기 위해서는 물품을 수입하여 수요를 파악하는 것도 중요했다. 따라서
이런 개정 시도는 불발에 그쳤다. 결국 특허 물품의 수입을 막아서는 안 되고
또한 그로 인한 몰수를 금지할 수 없다는 것이 현행 규정의 취지이자 내용인
것이다. 수입 규제는 직접적인 것과 벌금의 부과나 무거운 관세도 생각할 수
있다. 당시 입법자는 직접적인 수입 금지 조치만을 염두에 둔 것 같으나 우회
적인 방법을 통한 수입 규제도 협약 정신에 반한다 할 수 있다.[29]

특허의 몰수는 물품의 수입에 관련된 제5조 A절 제1항뿐만 아니라 특허의
불실시와 관련된 제5조 A절 제2항 내지 제3항에서도 예정하고 있다. 특허권자
가 외국에서 물품을 과도하게 수입하는 경우 전자 규정에 의해 특허를 몰수할
수 없다 하더라도, 후자 규정에 의해, 공중의 수요를 충족하지 못할 정도로 특
허를 남용한다면 이는 곧 실시 의무를 위반하는 것이다. 해당 특허의 남용이
강제실시로도 치유되지 않는다면 최종적으로 특허가 몰수될 수도 있다.[30]

4) 제법 특허의 보호

제법 특허는 물건을 만드는 방법(물건의 제조 방법)에 관한 발명에 부여하는
특허로서 방법 특허(process patent) 중 하나이다. 방법 특허는 오랜 역사를 가
지고 있는 것은 아니다.[31] 파리협약에서 이에 관해 규정한 것은 1958년 리스
본 회의로 거슬러 올라간다. 당시 스위스는 방법 발명에 의한 제품이 '수입, 사
용 또는 판매'되는 경우 이를 방법 특허의 침해로 규정하는 제안을 했다.[32]

---

29) Ladas, Vol.I, pp.516~517.

30) Ladas, Vol.I, p.519.

31) 방법 특허는 1842년 영국 판례로 거슬러 올라간다. 법원은 "이미 알려진 수단을 새로이 결합
하여 나온 결과물이 기존 방법에 따라 이미 나온 것에 비해 새로운 물건이거나 더 좋은 물건
이거나 또는 더 싼 물건이라면 그러한 결합은 특허 대상이 될 수 있다"고 했다. *Crane v. Price*
(1842), 4. M.&G. 580. Ladas, Vol.I, p.315에서 재인용.

32) 당시 스위스는 제안 이유에서, 제법 특허를 보호하지 않는 국가에서 제3자에 의한 제법의 사
용을 막을 수는 없으나 그 제법에 의한 제품이 제법 특허를 보호하는 국가에서 판매가 되도록

당시 제법 특허를 보호하는 국가의 경우에도 보호 방법을 달리했다. 특허권자에게 같은 방법으로 만들어진 제품의 사용, 판매 및 수입을 모두 금지할 수 있는 권리를 부여한 국가가 있었는가 하면, 제품의 사용과 판매는 특허 침해를 구성하지 않는다고 한 국가도 있었다.[33] 리스본 회의는 일부 국가의 반대에 따라 스위스의 제안을 일부 부분적으로 수용하는 규정(제5조의4)을 신설하는 것으로 매듭지었다. 이에 의하면, "어느 제품의 제조 방법을 보호하는 특허가 존재하는 동맹국에 그 제품이 수입되는 경우, 특허권자는 수입국에서 제조된 제품에 대하여 그 국가의 법률에 의하여 방법 특허에 근거하여 자신에게 부여된 모든 권리를 그 수입 제품에 대하여 가진다."[34][35]

이 규정은 일반적으로 다음과 같이 말할 수 있다. 특허권자는 제법 특허 제도를 가지고 있는 나라에 해당 제품이 수입되는 경우, 수출국의 제법 특허 보호 여부를 묻지 않고, 그 수입 제품에 대하여 특허권을 행사할 수 있다. 이를 나눠 설명하면, ① 각 동맹국은 '수입 제품에 대하여' 제품의 수입뿐만 아니라 사용과 판매 모두에 특허권이 미치도록 할 수도 있고, 수입에만 미치도록 할 수도 있다. 당시 각국의 국내법을 반영한 것이다. ② 이 규정은 제법 특허 제도를 가지고 있는 국가에 한정하여 동맹국의 의무로 하고 있다. ③ 이 규정은 방법 특허 전반에 관한 것이 아니다. 제법 특허(brevet protégeant un procédé de fabrication dudit produit, patent protecting a process of manufacture of the said product)에 국한하고 있는 것이다.[36][37]

허용하는 것은 옳지 않다고 주장했다. *Actes de Lisbonne*, p.514. 한편 제안 설명에서는 방법 발명 특허와 물건 발명 특허 간의 차별을 막기 위한 목적도 내세웠다. *Actes de Lisbonne*, p.515.

33) Ladas, Vol.I, pp.392~393.

34) Art. 5quater: "When a product is imported into a country of the Union where there exists a patent protecting a process of manufacture of the said product, the patentee shall have all the rights, with regard to the imported product, that are accorded to him by the legislation of the country of importation, on the basis of the process patent, with respect to products manufactured in that country."

35) 이 규정은 AIPPI가 1957년 오슬로 회의에서 채택한 결의문과 거의 동일한 문장과 내용으로 되어 있다. Association Internationale pour la Protection de la Propriété Industrielle, *Annuaire 1958*, pp.17~18 참조.

36) 리스본 회의 당시 스위스 제안은 방법 특허 전반의 보호를 염두에 두었던 듯하다. 제안 설명에서 화학 물질의 방법 특허에 대해 언급하기도 했던 것이다. *Actes de Lisbonne*, p.515.

3. 예외 또는 제한

1) 특허 실시 의무

특허권은 권리자에게 독점적인 지위를 부여한다. 독점은 남용의 위험이 크다. 특허권의 경우에도 마찬가지의 위험을 안고 있다. 파리협약은 특허 발명의 불실시 또는 불충분한 실시라고 추상적으로 언급하고 있으나, 특허권 남용의 예로 볼 수 있는 사례는 적지 않다. 해당 상품을 생산하지 않는다거나 생산하더라도 시장에 충분히 공급하지 않는다거나, 또는 부당한 가격에 라이선스를 제공한다거나 특허 상품에 과도한 가격을 설정하거나, 또는 해당 상품을 직접 생산하기보다는 다른 나라에서 아주 낮은 가격에 수입하여 시장 질서를 교란하는 것 등을 들 수 있다.

각국은 특허권의 남용을 위한 각종 제어 장치를 마련하고 있다. 현저한 사례로는 불실시에 대한 제재이다. 실시 의무가 존재할 경우 외국 특허권자는 불실시로 인한 제재를 받지 않기 위하여 자본을 이동하고 기술을 이전할 것이므로 이는 국가 경제에 긍정적인 결과를 가져다준다. 해당 산업이 존재하지 않거나 미성숙한 경우 경제적인 파급효과는 더욱 크다고 할 수 있다. 그런가 하면, 특허 실시를 강제할 경우 외국 특허권자에게는 적지 않은 부담을 준다. 특허권자는 여러 국가에서 동시에 특허를 실시하기 어렵다. 그는 마케팅 측면, 비용 측면 등을 고려하여 자신에게 유리한 곳을 찾아 특허를 실시하고자 할 것이다.

실시 의무는 특허권자의 권리 남용에 대응한, 공공 이익에 합당한 제도라고 할 수 있으나 그 제재가 강력할 경우 특허권자의 이익을 지나치게 해칠 수도 있는 반면, 제재가 없거나 느슨할 경우 이는 공공 이익에 반할 수도 있는 것이다. 이렇듯 상반하는 이익을 고려하여, 특허 실시 의무는 특허권자의 권리와

---

37) 방법 발명 특허는 물건 발명 특허와는 달리, 그 발명이 실제 사용되었는지 입증하기가 무척 어렵다. 오히려 해당 방법에 의해 만들어진 제품을 통해서 간접적으로 그 사용을 추정하는 것이 보통일 것이다. 외국에서 방법 발명에 의한 것으로 추정되는 제품이 국내에 반입(수입)되는 경우 문제는 더욱 심각하다. 분쟁 시 관할 법원이 해당 방법의 사용 여부를 추적할 권한이 없기 때문이다. 이 경우 해당 발명에 대해 방법 발명에 의하여 만들어진 것으로 입증책임을 전환할 필요성이 더욱 높다 하겠다. Ladas, Vol.I, p.393. 당시 스위스는 입증책임의 전환에 관한 제안도 했으나 받아들여지지 않았다. *Actes de Lisbonne*, p.514.

사회의 이익을 각기 형량하여 균형을 찾는 것이 매우 중요하다.[38] 파리협약
제5조 A절 제2항 내지 제5항은 이에 대한 해답이라 할 수 있다. 이에 의하면,
특허 실시 의무 위반에 대하여 강제실시권을 부여하거나 특허를 몰수할 수 있
도록 규정하고 있다(제5조 A절 제2항 내지 제4항). 이 규정은 실용신안에도 준용
한다(제5조 A절 제5항).

파리동맹국은 개정회의 때마다 이 규정을 주요 의제의 하나로 삼았고 규정
형식이며 내용에 손을 댔다. 1883년 파리협약 제5조 제2항에서, "그러나 특허
권자는 특허 물품을 수입하는 국가의 법률에 따라 자신의 발명을 실시할 의무
를 진다"고 했다.[39] 비록 특허 물품의 수입이 특허의 몰수를 가져올 수는 없
지만 그럼에도 해당 특허를 실시할 의무를 부담한다는 것이다. 1900년 브뤼셀
회의에서 특허권자가 자신의 부작위를 정당화할 수 없는 경우에는 출원일로
부터 3년 후 몰수할 수 있도록 추가의정서에 담았으며(제2조), 1911년 워싱턴
회의에서는 1900년 의정서와 같은 내용을 협약 본문(제5조 제2항)에 반영했다.
출원일로부터 3년이라는 기간은 특허권자에게 심사의 지연 등으로 인해 부담
스러운 조건일 수 있었다. 또한 부작위를 정당화하는 입증책임을 특허권자가
부담하도록 했다. 1925년 헤이그 회의에서는 불실시에 따른 제재로서 몰수는
가혹하다는 의견을 받아들여, 각 동맹국은 불실시와 같은 권리 남용을 방지하
기 위하여 필요한 입법적 조치를 취할 수 있으며, 이런 조치에는 몰수도 포함
되나 몰수는 강제실시권을 통해서도 그런 남용을 방지하기에 충분하지 않은

---

38) 학자들은 오래전부터 특허 실시 의무를 부과하는 이론적 근거를 제시해왔다. 일부에서는 사
회가 특허권자에게 특허 발명을 존속기간 동안 실시할 수 있도록 하는 대신에 특허권자는 공
중이 그 발명에 접근할 수 있도록 하는 의무를 부담한다고 주장한다. Wirth, "De la Protection
des Inventions dans le Domaine de l'Union," *Annuaire de l'Association Internationale*
(1897), p.212, 234. Ladas, Vol.I, p.520에서 재인용. 이것은 사회와 발명자 간의 계약 이론에
입각한 것이라고 할 수 있다. 다른 일부에서는 사회철학적인 이론에 바탕을 두고 설명한다.
즉, "실시 의무는 [특허권자가] 사회단위로서 국가에 대하여 부담하는 의무이다. 이것은 모든
권리는 사회적인 의식을 가지고 합리적인 방법으로 행사되어야 한다는 것, 그리고 어떠한 남
용도 권리라는 이름으로 행사될 수 없다는 법적 질서의 기초에서 나온다. …… 따라서 개인은
자신의 발명 실시를 거부함으로써 공동체가 가져야 할 중요한 문화적 혜택을 빼앗아서는 안
된다." Kohler, *Deutsches Patentrecht* (1901), p.613, 618. Ladas, Vol.I, pp.520~521에서 재
인용.

39) Art. 5, alinéa 2: "Toutefois le breveté restera soumis à l'obligation d'exploiter son brevet
conformément aux lois du pays où il introduit les objets brevetés."

경우에만 할 수 있도록 했다(제5조 제2항 내지 제4항). 1934년 런던 회의와 1958년 리스본 회의를 거쳐 현재 제5조 A절 제2항 내지 제5항이 마련되었다. 하나씩 살려보기로 한다.

먼저 제2항은 "각 동맹국은 불실시의 예와 같이, 특허에 의하여 부여되는 배타적인 권리 행사로 인하여 발생할 수 있는 남용을 방지하기 위하여 강제실시권의 부여를 규정하는 입법 조치를 내릴 수 있는 권리를 가진다"[40]고 규정하고 있다. 불실시로 인한 제재는 원칙적으로 강제실시권이라는 점을 분명히 하고 있다. 이어 제3항에서는 "강제실시권의 부여가 그러한 남용을 방지하기에 충분하지 아니한 경우를 제외하고는 특허의 몰수에 관하여 규정할 수 없다. 최초 강제실시권 부여 후 2년이 종료하기 전에는 특허의 몰수나 취소를 위한 절차가 진행되지 아니한다"[41]고 하여, 부차적으로 몰수도 가능한 제재의 하나로 했다.

국내법상 강제실시권이나 몰수는 다른 근거에 의해서도 가능하다. 협약 규정은 '[특허권]의 남용을 방지하기 위'한 경우에 한정한 것이므로, 각 동맹국은 다른 근거에 의한 강제실시권이나 몰수에 관해 자율적으로 정할 수 있다. 예를 들어 국가 안전보장이나 공중 보건 등을 이유로 또는 종속 특허(dependent patent)의 경우 강제실시권을 부여하거나 특허권을 몰수할 수도 있는 것이다.[42]

강제실시권에 관해서는 제4항에서 별도로 언급하고 있다: "특허 출원일로부터 4년의 기간 또는 특허 부여일로부터 3년의 기간 중 나중에 도래하는 날 종료 전에는 불실시 또는 불충분한 실시를 근거로 강제실시권을 신청할 수 없다; 특허권자가 적법한 사유에 의하여 부작위를 정당화하는 경우 강제실시권은 거절된다. 그러한 강제실시권은 비배타적이며, 그러한 실시권을 이용하는 기업 또는 영업의 일부와 함께 이전되는 경우를 제외하고는 서브라이선스 부여의 형태로도 이전될 수 없다."[43] 이 규정은 리스본 회의에서 대폭 개정된 것

---

40) Art. 5A(2): "Each country of the Union shall have the right to take legislative measures providing for the grant of compulsory licenses to prevent the abuses which might result from the exercise of the exclusive rights conferred by the patent, for example, failure to work."

41) Art. 5A(3): "Forfeiture of the patent shall not be provided for except in cases where the grant of compulsory licenses would not have been sufficient to prevent the said abuses. No proceedings for the forfeiture or revocation of a patent may be instituted before the expiration of two years from the grant of the first compulsory license."

42) Bodenhausen, p.70.

이다. 출원일로부터 3년이라는 기간은 특허권자에게 심사 지연 등으로 인해 부담스러운 조건일 수 있어서, 부분적으로 연장(출원일로부터 4년 또는 특허 부여일로부터 3년)하고, 강제실시권의 비배타적인 성격을 명시하고, 강제실시권의 이전성을 열어놓은 것이다.

강제실시권의 요건으로서 첫째, '불실시의 예와 같이, 특허에 의하여 부여되는 배타적인 권리 행사로 인해 발생할 수 있는 남용'이 존재해야 한다. 불실시나 불충분한 실시는 특허권 남용의 예에 지나지 않는 것으로 볼 수 있다. 협약은 '불실시(failure to work)'에 대해서 정의하지 않고 있으나, 특허의 실시란 통상적으로 특허 제품을 생산하거나 특허 방법을 산업적으로 적용(industrial application)하는 것을 의미한다. 이를 뒤집어 말하면 불실시란 특허 제품을 생산하지 않거나 특허 방법을 산업적으로 적용하지 않는다면 불실시라 할 수 있다. 따라서, 특허 제품을 수입하거나 판매하는 것만으로는 특허를 실시한다고 할 수 없을 것이다.[44] 제2항은 단지 불실시만을 언급하고 있으나 제4항에서는 불충분한 실시도 강제실시권의 근거가 된다. 협약은 역시 불충분한 실시가 무엇인지 알려주지 않고 있다. 각 동맹국의 재량이 폭넓게 인정된다 할 수 있다. 특허권의 남용의 다른 예로는 앞에서 언급한 바와 같이, 부당한 가격에 라이선스를 제공한다거나 또는 특허 상품에 과도한 가격을 매기는 것 등이다.[45]

둘째, 강제실시권은 출원일로부터 4년 또는 특허 부여일로부터 3년 중 나중

---

43) Art. 5A(4): "A compulsory license may not be applied for on the ground of failure to work or insufficient working before the expiration of a period of four years from the date of filing of the patent application or three years from the date of the grant of the patent, whichever period expires last; it shall be refused if the patentee justifies his inaction by legitimate reasons. Such a compulsory license shall be non-exclusive and shall not be transferable, even in the form of the grant of a sub-license, except with that part of the enterprise or goodwill which exploits such license."

44) Bodenhausen, p.71.

45) 특허권 남용의 예는 사안마다 다르고 복잡하다. 네덜란드의 한 사건에서는 업계에서 특정 특허가 산업적으로 이용가치가 적어 라이선스를 받지 않은 경우 해당 특허권의 남용은 없다고 보았다. 다른 사건에서는 기존의 특허권자로부터 라이선스를 받지 않고서는 추후 발명을 실시할 수 없을 경우 기존 특허권자의 남용을 인정했다. 오스트리아에서 강제실시권은 단지 자발적인 라이선스를 거절했다는 이유만으로는 특허권의 남용이라 할 수 없고, 해당 발명을 실시하는 것이 공공 이익에 합치하여야만 한다고 판시한 바 있다. 독일 법원은 정당한 사용료에 라이선스를 제공하지 않는다면 이는 특허권의 남용이라 한 바 있다. 이탈리아 법원에서는 발명의 실시가 곤란하다 하여 불실시를 정당화할 수 없다고 했다. Ladas, Vol.I, p.528.

에 도래하는 날짜 이후에 부여해야 한다. 이것은 각국의 특허 제도의 차이를 최대한 반영한 것으로서, 특허권자에게 특허를 실시할 수 있는 준비기간을 주기 위한 것이다. 특허 절차가 1년을 넘기는 경우 특허 부여일이 기준일이 될 것이고, 그렇지 않은 경우에는 출원일이 기준일이 될 것이다. 이 요건은 특허의 불실시나 불충분한 실시에 대해서만 적용될 뿐, 다른 특허 남용 사유에는 적용이 없다.

강제실시권은 특허권자가 불실시를 정당화하는 경우에는 인정되지 않는다. 협약에서는 정당화 사유에 대해서 규정하고 있지 않기 때문에, 이는 국내법으로 정한 사항이다.[46] 강제실시권은 비배타적이며 이전될 수 없다. 이것은 강제실시권을 부여하는 목적을 넘지 않겠다는 취지에서 나온 것이다. 또한 해당 국가에서만 특허를 실시할 수 있도록 하고 있다.[47] 다만, 강제실시권을 이용하는 기업 또는 영업권의 일부와 함께 이전되는 경우에는 이전의 대상이 될 수 있다.

몰수의 요건은 첫째, 불실시와 같은 특허권의 남용이 존재해야 한다. 둘째, 그런 남용으로 인해 강제실시권을 부여했음에도 불구하고 그 남용을 방지하기 위하여 충분하지 않아야 한다. 불실시 등 특허권의 남용으로 인한 강제실시권 제도를 가지고 있지 않은 국가에서는 몰수에 관하여 규정할 수 없다.[48] 셋째로는 몰수에 관한 절차 진행은 최초의 강제실시권 부여일로부터 2년이 경과하여야 한다.

여기서 말하는 몰수란 넓은 의미로, 특허를 종료시키는 모든 조치를 의미한다. 무효(invalidation), 취소(revocation, annulment), 폐기(repeal) 등을 포함한다. 제5조 A절 제1항에서 언급하고 있는 몰수와 같은 의미이다.[49]

---

46) Bodenhausen, p.73.

47) Ibid.

48) Bodenhausen, p.72. 프랑스와 벨기에 법원은 불실시에 대한 강제실시권이 없는 몰수 규정을 담고 있는 국내법을 거슬러, 파리협약이 자기집행력이 있으며 따라서 강제실시권 부여를 전제로 하지 않은 몰수는 불가능하다고 판단을 내린 바 있다. Ladas, Vol.I, p.530.

49) 이에 관해서는, 제3부 제4장 2. 3) 특허 물품의 수입으로 인한 몰수 금지 참조.

2) 운송수단에 대한 예외

파리협약은 특허권의 내용이며, 그 예외에 대해 동맹국에 폭넓은 입법 재량을 용인하고 있다. 한 가지 예외가 협약에 존재한다. 협약 제5조의3이 그것이다. 이 조항은 1925년 헤이그 회의에서 신설한 것으로 그 후 회의를 거치면서도 내용상에 변경이 이뤄지지는 않았다. 이에 따르면, 선박이나 비행기와 같은 운송수단 내의 장치나 부품에 특허권이 미치더라도 그런 장치나 부품 사용은 특허 침해를 구성하지 않는다. 이것은 국가 간의 교통의 자유라는 공공 이익을 염두에 둔 것으로,[50] 일견 복잡한 문장으로 되어 있다.

다음은 어느 동맹국에서든 특허권자의 권리 침해로 간주하지 아니한다.
1. 그 국가의 수역에 다른 동맹국의 선박이 일시적으로나 우발적으로 들어가는 경우 그 선박상에서 그 특허 대상을 구성하는 장치가 선체 및 기계, 선구, 기관 그 밖의 부속물에 사용되는 것. 다만, 이러한 장치는 전적으로 선박의 필요를 위하여 사용되어야 한다;
2. 그 국가에 다른 동맹국의 항공기나 육상 운송수단이 일시적으로나 우발적으로 들어가는 경우 그 특허 대상을 구성하는 장치가 그 항공기나 육상 운송수단 또는 그 부속물의 건조나 작동에 사용되는 것.[51]

이 규정은 크게 두 가지로 나뉜다. 하나는 선박 내에 있는 특허 장치의 사용에 관한 것이고, 다른 하나는 항공기나 육상 운송수단의 건조와 작동을 위한 특허 장치의 사용에 관한 것이다. 먼저, 선체에 특허 장치가 있다거나 선박 내

---

50) Bodenhausen, p.82.

51) Art. 5ter: "In any country of the Union the following shall not be considered as infringements of the rights of a patentee:

1. the use on board vessels of other countries of the Union of devices forming the subject of his patent in the body of the vessel, in the machinery, tackle, gear and other accessories, when such vessels temporarily or accidentally enter the waters of the said country, provided that such devices are used there exclusively for the needs of the vessel;

2. the use of devices forming the subject of the patent in the construction or operation of aircraft or land vehicles of other countries of the Union, or of accessories of such aircraft or land vehicles, when those aircraft or land vehicles temporarily or accidentally enter the said country."

의 기계, 선구, 기관 또는 기타 부속물에 특허 장치가 있는 경우 그 특허 장치가 오로지 선박의 운항을 위하여 필요한 경우 그 선박이 일시적으로나 우발적으로 어느 동맹국의 수역(waters)52)에 들어온다고 하여 이를 특허권 침해로 볼 수 없다. ① 여기서 말하는 선박이란 각 동맹국이 자유로이 정할 수 있으나, 시추선과 같이 떠 있는 물체는 포함하지 않는 것으로 볼 수 있으며, 부속물이란 항해 장비, 선적이나 양륙 장비 등 선박상의 필요에 따라 다를 수 있다. ② 다른 동맹국의 선박에 한정한다. 이 규정을 자국 선박에 적용하는 여부는 각 동맹국의 입법 재량에 속한다. ③ 이 규정은 선박 내에 있는 특허 대상의 사용(use of devices forming the subject of the patent)에 한정한다. 특허 물품의 제작이나 판매는 특허권이 미친다. ④ 특허 대상이 되는 장치란 특허 물품이든 특허 방법에 의하여 취득한 물품이든 모두 포괄한다. 특허 물품이 선체에 존재할 수도 있고 기계나 선구, 기관 또는 기타 부속물에 존재할 수도 있다. ⑤ 특허 침해에 대한 면책은 일시적으로(temporarily)나 우발적으로(accidently) 수역에 들어온 경우에 한한다. 일시적이란 정기적이건 부정기적이건 가리지 않으며, 우발적이란 의도하지 않은 것으로(조난 등과 같이) 일시적인 경우가 아니더라도 상관없다. ⑥ 그런 장치의 사용은 선박 자체가 가지고 있는 기능상의 필요에 한하여 허용된다.53)

다른 하나는 항공기나 육상 운송수단의 건조와 작동을 위한 특허 장치의 사용에 관한 것이다. 특허 장치가 다른 동맹국의 항공기나 육상 운송수단 또는 그 부속물의 건조나 작동에 사용되거나 또는 그 항공기나 육상 운송수단의 부속물이 사용되는 것으로서 그 항공기나 육상 운송수단이 일시적으로나 우발적으로 그 국가에 들어가는 경우 특허권자의 권리 침해로 볼 수 없다. ① 동맹국은 항공기나 육상 운송수단을 재량으로 정할 수 있다. ② 이 규정은 다른 동맹국의 항공기나 육상 운송 수단에 관한 것으로, 자국 항공기나 육상 운송수단에 대해서는 협약상의 의무를 부담하지 않는다. ③ 이 규정 또한 특허 대상의 사용으로서, 그 사용은 항공기나 육상 운송수단의 건조나 제작, 작동상의 사용에 한정한다.

---

52) 수역이란 영토 내의 하천이나 호수뿐만 아니라 내수(internal waters)와 영해(territorial sea)를 모두 포함하는 것으로 보아야 할 것이다. Bodenhausen, p.83. 내수에는 하구, 항구, 만이 포함된다.

53) Bodenhausen, pp.82~83.

제5장 상표에 관한 규정

파리협약은 상표에 관해 자세히 규정하고 있다. 상표의 국제적 보호가 다른 보호대상에 비해 상대적으로 절실했다는 측면도 있었을 것이고, 동맹국이 합의할 수 있는 내용이 그만큼 많았다는 점도 있었을 것이다. 실체 규정 10여 개 조문에 걸쳐 상표에 관해 다루고 있다.

1. 상표 독립의 원칙

1) 원칙

상표 독립의 원칙은 특허 독립의 원칙과 마찬가지로, 상표의 보호는 자국의 법률에 따라 권리를 부여하고 그 권리의 효력은 그 국가 내에서만 미치는 것을 말한다. 그 국가의 국내법에 따라 상표의 보호 여부, 보호수준, 보호의 방법 등을 결정하면 되는 것이다. 다른 산업재산권과 마찬가지로, 상표가 출원과 등록 등의 절차를 거쳐야 하는 경우에는 그 절차에 따라 등록되고 보호를 받게 된다. 상표 독립의 원칙은 어찌 보면 당연한 것으로 협약에서 다룰 성질이 아닌 것으로 볼 수도 있다. 그럼에도 협약에서는 상표 독립의 원칙을 명시하고 있다.

상표 독립의 원칙은 협약 제6조에서, 그 예외는 제6조의5에서 다루고 있다. 이들 조항은 1883년 협약에 등장한 후 1911년 워싱턴 개정회의 이후 부분적으로 변경을 해오다 1958년 회의에서 현재의 2개 규정(제6조와 제6조의2)으로 확정을 했다. 1958년 회의를 제외하고는 모두 현행 제6조의5에 관한 것이었다. 1883년 협약은 원칙 규정을 최종의정서에서, 예외 규정을 본문 제6조에 둔 바 있다. 당시 최종의정서 제4항 1호에서는 상표의 출원과 관련하여 "각국은 국내법을 적용한다"고 했다.[1] 현행 파리협약 제6조는 1958년 리스본 회의에서 채택된 것이다.

파리협약 제6조는 크게 세 부분으로 나눠져 있다. 첫째는 상표의 출원과 등록은 보호를 받고자 하는 국가에 해야 한다는 것이고, 둘째는 그와 같은 출원과 등록은 본국에서의 해당 상표의 운명과 무관하다는 것이고, 셋째는 등록이 되면 그 상표는 다른 국가에서 등록된 상표와는 별개로 효력을 가진다는 것이다. 이들 모두 상표 독립의 원칙을 다른 측면에서 규정한 것으로, 각 조항 간에 중복 적용 가능성이 있다. 하나씩 살펴보기로 한다.

협약 제6조 제1항에 의하면, "상표의 출원과 등록을 위한 조건은 각 동맹국에서 국내법에 의하여 결정한다."[2] 이 조항은 출원과 등록에 한정하여 규정하고 있지만, 이 경우에도 속지주의의 한 측면을 천명한 데 지나지 않는다. 다만, 외국인의 상표도 내국민대우의 원칙에 따라 출원과 등록에서 내국민과 같은 이익을 누릴 수 있는 것이다. 따라서 외국인으로서 상표를 다른 동맹국에서 보호를 받고자 한다면 그 국가의 국내법에서 정한 대로 출원하고 심사 등 절차를 거쳐 등록을 받아야 하는 것이다. 여기서 말하는 조건(conditions)은 내국민대우의 원칙을 밝히고 있는 제2조 제1항에서 말하는 조건과 같은 것으로 보인다. 제2조 제1항에서 각 동맹국은 자국법에서 정한 조건과 절차에 따라 내국민과 외국인을 차별해서는 안 된다고 하고 있으므로 그 조건 중 하나가 제6조 제1항에서 말하는 출원과 등록을 위한 조건이라 할 수 있는 것이다.

제1항은 제2항과 제3항에서 말하는 상표 독립의 원칙에 의하여 일정한 제한을 받는다. 즉, 외국인 상표를 차별하기 위한 목적으로 다른 동맹국, 특히 본국의 출원이나 등록, 보호 여부를 문제 삼아 외국인 상표의 자국 내 보호를 제한하려 해서는 안 된다는 것이다. 상호주의를 이유로 한 차별을 허용하지 않겠다는 것이다.

---

1) 1883년 최종의정서 제4항 1호는 다음과 같다: "… 오로지 상표의 형태에 관한 이러한 예외에 따를 조건으로, 그리고 협약상 다른 조 규정에 따를 것을 조건으로, 각국은 자국의 법률을 적용한다." ["… Sauf cette exception, qui ne concerne que la forme de la marque, et sous reserve des dispositions des autres articles de la Convention, la législation intérieure de chacun des États recevra son application." ("… Subject to this exception, which only concerns the form of the mark, and subject to the provisions of the other Articles of the Convention, each State shall apply its domestic law.")]

2) Art. 6(1): "The conditions for the filing and registration of trademarks shall be determined in each country of the Union by its domestic legislation."

제6조 제2항에 의하면, "그러나 어느 표장의 출원, 등록 또는 갱신이 본국3) 에서 행하여지지 아니하였다는 이유로, 동맹국 국민이 어느 동맹국에서 행하는 그 표장의 등록을 위한 출원은 거절될 수 없으며 또한 등록은 무효화되지 아니한다."4) 이것은 출원 상표가 다른 동맹국(본국)에서 비록 등록을 받지 못하거나 무효가 되더라도 그로 인해 영향을 받아서는 안 된다는 것으로, 상표권의 취득과 유지가 본국에서의 운명과는 별개로 작용한다는 의미이다.5)

이 규정은 상표의 국제적 보호를 위하여 긴요한 것이다. 왜냐하면 이 규정으로 인해 어느 동맹국이든지 자국 내에서 외국인의 상표를 보호하기 위해 그 외국인의 본국에서 해당 상표가 등록될 것을 요구할 수 없기 때문이다. 본국 등록이라는 요건은 외국인에게는 차별이며, 외국인이 본국에서 등록을 기다리는 동안 다른 동맹국에서 상표가 무단으로 사용되거나 상표의 출원이 행해질 수도 있다. 또한 다른 형태의 상표나 다른 상품에 부착하기 위한 상표를 등록하고자 하더라도 본국 등록이라는 제약을 받을 경우 그 자체가 불가능하거나 어렵기 때문이다.6) 이 조항에서는 '동맹국 국민'이라 하고 있으나, 제3조상 수익자의 범주에 드는 사람에 대해서도 상표 독립의 원칙은 적용될 것이다.7)

제6조 제3항에 따르면, "어느 동맹국에서 정식으로 등록된 표장은 본국을 포함하는 다른 동맹국에서 등록된 표장과 독립적인 것으로 본다."8) 이것은 정

---

3) 이에 관해서는, 제3부 제5장 1. 2) (2) 의의 및 요건 참조.

4) Art. 6(2): "However, an application for the registration of a mark filed by a national of a country of the Union in any country of the Union may not be refused, nor may a registration be invalidated, on the ground that filing, registration, or renewal, has not been effected in the country of origin."

5) 협약 제4조에 따라, 최초 출원에 기초한 우선권 주장을 위해서는 물론 다른 동맹국 출원이 여전히 요구된다. 또한 뒤에서 언급하는 바와 같이, 제6조의5에 의거하여 본국의 등록을 요하는 예외적인 경우도 있다.

6) Ladas, Vol.II, pp.1210~1211.

7) Bodenhausen, p.88. 리스본 회의에서 국제사무국이 제안한 바에 따르면, "다른 동맹국 국민 또는 제3조의 규정의 적용에 의하여 동맹국 국민으로 간주되는 자가 어느 동맹국에 등록 출원을 하거나 등록을 받은 상표는 출원인이 속하는 국가…에서 등록되지 아니한 것을 이유로 등록을 거절하거나 무효로 할 수 없다"고 했다. 동맹국 국민뿐만 아니라 제3조에 의해 동맹국 국민으로 간주되는 사람(주소를 가지고 있거나 진정하고 실효적인 영업소를 가지고 있는 사람)도 제6조 제2항에서 다루고자 했던 것이다. 後藤, p.230.

8) Art. 6(3): "A mark duly registered in a country of the Union shall be regarded as independent of marks registered in the other countries of the Union, including the country of ori-

당하게 등록된 상표는 그 효력이 다른 국가(본국을 포함하여)에서 해당 상표의 효력이 어떻게 되든 간에 별개로 존재한다는 것이다. 해당 상표가 다른 국가에서 철회, 포기 또는 거절된다 해도 그로 인해 영향을 받지 않는다는 것이다.

제2항과 제3항은 중복 적용 가능성이 있다. 동일 표장이 본국과 다른 동맹국에서 함께 등록되는 경우나 등록의 효력을 다투는 경우를 상정한다면 제2항과 제3항이 모두 적용 규정이 될 수 있을 것이다. 그러나 제2항은 본국과 다른 동맹국 간의 관계를 상정한 것이고, 제3항은 본국 이외의 국가와 다른 동맹국 간의 관계도 상정한 것이라는 점에 다소 차이가 있다.

제6조는 서비스표에 관해서는 언급하지 않고 있다. 제1항에서는 상표라고 하고 제2항과 제3항에서는 그저 표장(mark)이라고 하고 있다. 제1항과의 관계에서 보면 일견 상표만을 염두에 둔 규정으로 보인다. 그러나 일부 주장에 의하면 제1조(보호대상에 서비스표 포함)와 제2조(내국민대우의 원칙)에 비춰 볼 때 제6조는 서비스표에도 적용된다고 한다.9)

2) 예외: ‘telle quelle(as is)’ 원칙

(1) 배경

상표 독립의 원칙을 고집할 경우 뜻하지 않은 결과를 낳을 수 있다. 어느 사업자든 통상 본국에서 산업상이나 상업상 영업소를 가지고 상품을 판매하면서 상표를 사용하고 이를 등록한다. 사업 무대를 확장하면서 국제무역에 관심을 가지게 되면 자신의 상표를 외국에서도 등록하고 사용하고자 할 것이다. 그러나 각국의 상표법이 달라 상표 등록이 여의치 않은 경우가 생길 수 있다. 이 점에서 각국의 상표법을 일정한 정도 조화 내지 통일할 필요가 있다. 사업자가 자신의 상표를 여러 외국의 상표법에 따라 맞출 필요가 없어야 하는 것이다. 즉, 본국에서 등록된 상표는 다른 국가에서도 비록 상표법상의 요건을 흠결한다 하더라도, 일정한 조건하에서 등록을 받고 보호를 받을 수도 있어야 한다. 동일한 상표는 어느 나라에서건 동일한 상품에 부착하는 것이 소비자의 입장에서도 바람직하다. 그러나 이런 취지는 상표 독립의 원칙을 엄격히 적용

gin."

9) Bodenhausen, p.88.

한다면 몰각될 수 있다. 이런 점을 염두에 둔 규정이 파리협약에 존재한다. 협약 제6조의5 A절 제1항에 의하면, "본국에서 정식으로 등록된 모든 상표는 본국에서와 같이, 이 조에서 명시한 유보에 따를 것을 조건으로 다른 동맹국에서도 출원이 수락되고 보호된다"고 하고 있다.[10]

(2) 의의 및 요건

제6조의5는 1883년 협약에 등장한 후 1911년 워싱턴 개정회의 이후 부분적으로 변경을 해오다 1958년 리스본 회의에서 전면 개정한 것이다. 즉, 1883년 최종의정서 제4항에 담겨 있던 내용을 변경하여 제6조에 넣는 한편 일부 규정을 추가 신설하고, 1883년 협약 제6조를 제6조의5로 위치를 변경했다. 1958년 리스본 회의에서는 그간 1883년 협약 해당 규정들에 대한 오해를 불식하기 위해 제6조에서 원칙을 천명한 다음, 제6조의5에서 그에 대한 예외를 적시하도록 변경한 것이다.

이른바 'telle quelle(as is)' 원칙을 규정한 제6조의5는 다음과 같은 몇 가지 요건을 갖추어야 원용할 수 있다. 첫째, 정식으로 등록되어야(regulièrement enregistrée, duly registered) 한다. 단순한 출원이나 사용으로는 요건을 충족할 수 없다. 이를 위해서 다른 동맹국은 본국의 등록 인증 등본을 제출하도록 요구할 수 있다. 공증과 같은 다른 증명은 요구되지 않는다(제6조의5 A절 제1항 2문 및 3문).

둘째로는 본국에서 등록된 것이어야 한다. 출원인의 편의에 의하여 본국 이외에 다른 동맹국에 출원된 것은 이 요건을 흠결한 것이다.[11] 협약은 본국을 특별히 정의하고 있다. 출원인이 'telle quelle' 원칙을 이용하여 등록이 용이한 국가를 선택하려는 의도를 차단하기 위한 것이다.[12] 제6조의5 A절 제2항에 의하면, ① 출원인이 어느 동맹국에 진정하고 실효적인 산업상 또는 상업상의 영업소를 가지고 있는 때에는 그 동맹국, ② 동맹 내에 그런 영업소를 가지지

---

10) Art. 6quinquiesA(1): "Toute marque de fabrique ou de commerce regulièrement enregistré e dans le pays d'origine sera admise au dépôt et protégé telle quelle dans les autres pays de l'Union, sous les réserves indiquées au présente article." ("Every trademark duly registered in the country of origin shall be accepted for filing and protected as is in the countries of the Union, subject to the reservations indicated in this Article.")(고딕 강조)

11) Bodenhausen, p.109, pp.111~112.

12) Bodenhausen, p.109.

아니한 경우 어느 동맹국에 자신의 주소를 가지고 있는 때에는 그 동맹국, 또는 ③ 동맹 내에 주소는 가지지 아니하나 동맹국의 국민인 경우 자신이 국민으로 되어 있는 국가를 본국으로 본다. 영업소가 있는 경우에는 영업소 소재 국가가 1차적으로 본국이 되고, 동맹국 내에 주소만을 두고 있는 경우에는 주소지 국가가 본국이 된다.[13] 단지 동맹국 국적만을 가지고 있다면 국적 국가가 본국이 되는 것이다. 어느 국가에 영업소가 있다면 그 국가가 주소나 국적 국가에 우선하며, 주소 국가가 국적 국가에 우선한다.

제6조의5 D절은 "어느 누구든지 보호를 주장하는 표장이 본국에서 등록되지 아니한 경우 이 조에서 규정한 이익을 받을 수 없다"고 하여 본국 등록을 조건으로 제6조의5의 이익을 누릴 수 있다고 확인하고 있다.[14] 당연한 규정이다.[15]

상표의 갱신에 관해서도 같은 이론이 적용된다. 본국의 상표 보호기간이 어느 다른 동맹국보다 짧은 경우 그 등록을 갱신하지 않는다면 그 다른 동맹국에서 등록된 상표는 취소될 것이다. 물론 상표 소유자가 본국에서 등록을 갱신한다면 다른 국가에서 해당 상표의 등록을 갱신하는 여부는 순전히 상표 소유자의 의사에 달려 있다.[16] 협약은 이 점을 주의적으로 환기하고 있다: "다만, 본국에서 표장의 등록 갱신이 그 표장이 등록된 다른 동맹국에서의 등록

---

13) Art. 6quinquiesA(2): "Shall be considered the country of origin the country of the Union where the applicant has a real and effective industrial or commercial establishment, or, if he has no such establishment within the Union, the country of the Union where he has his domicile, or, if he has no domicile within the Union but is a national of a country of the Union, the country of which he is a national."

14) Art. 6quinquiesD: "No person may benefit from the provisions of this Article if the mark for which he claims protection is not registered in the country of origin."

15) 이 규정은 연혁적인 의미가 크다. 당시 'telle quelle' 원칙이 도입되면서 상표 독립과 상표 종속 간의 분명한 차이조차 혼동하는 예가 많았다. 그 이유는 상표가 내국민대우의 원칙에 따라 통상적으로 등록되는 경우(현행 제6조)와 본국에서 정식으로 등록된 상표가 다른 동맹국에서 국내법상의 요건을 충족하지 못함에도 불구하고 등록되는 경우(현행 제6조의5) 간의 차이를 충분히 이해하지 못했기 때문이었다. 이를 극복하기 위해, 1958년 리스본 회의에서 현행 제6조의5 D절을 도입하여, 제6조의5와 제6조는 엄격히 구별된다는 점을 확인해준 것이다. 다시 말해서 상표의 형태에 관한 한, 본국에서 등록이 취소 또는 철회되거나 기타 이유로 보호가 종료될 경우 등록이 거절되거나 취소될 수 있으며 또한 보호가 부정될 수 있다. Bodenhausen, p.120.

16) 반대의 경우는 논란의 여지가 전연 없고 이 조항이 적용될 수도 없다. 왜냐하면 본국에서의 보호기간이 긴 경우 상표 소유자는 다른 동맹국에서 해당 상표의 갱신은 본국에서의 갱신 여부와 독립하여 독자적으로 갱신 여부를 결정할 것이기 때문이다.

갱신 의무를 수반하지 아니한다"(제6조의5 E절).

제6조의5는 제4조의 우선권과는 별개의 문제를 다루고 있다. 따라서 양자 간에는 아무런 관계가 없다. 양자가 동시에 작용하는 예로는 우선기간 내에 본국과 다른 동맹국에서 순차적으로 출원이 행해지고, 그 기간 내에 그 다른 동맹국에서 출원이 수락되기 전에 본국에서 정식 등록이 이뤄지는 경우이다. 이 경우 제4조에 따라 우선권이 인정되고, 제6조의5에 의거하여 '본국에서와 같이' 수락된다고 하겠다. 그러나 대개의 경우 우선기간 종료 후 본국 상표가 등록되는 것이 보통이다. 협약 제6조의5 F절은 이 경우에도 우선권의 이익을 향유한다는 점을 명시하고 있다. 즉, 우선권의 이익은 제4조에 정한 우선기간 내에 등록 출원을 한 경우 비록 본국에서의 등록이 우선기간 후에 행해진다 하더라도 그대로 존속한다는 것이다.[17] 우선권과 'telle quelle' 원칙이 별개라 는 점에서 볼 때 당연한 규정이라 할 수 있다.

이런 요건을 구비하는 상표는 '본국에서와 같이' 또는 '그대로(telle quelle, as is)' 다른 동맹국에서도 출원할 수 있고 보호를 받을 수 있다. 이를 이해하기 위해서는 연혁적인 검토가 필요하다. 당시 상황을 이해하면 좀 더 수긍하기 쉽다. 당시 문제된 사례들은 단순한 숫자나 문자, 성이나 지리적 이름, 특정 언어로 된 단어, 입체 표장, 곡을 표기한 악보 등이었다. 이들에 대해 어떤 국가에서는 상표 등록을 허용하는가 하면, 다른 국가에서는 그렇지 않았던 것이다.[18]

1883년 파리협약은 상표의 등록에 관하여 두 가지 원칙을 담고 있었다. 하나는 본국에서 정식으로 출원된 모든 상표는 다른 동맹국에서 '그대로'[19] 출원이 수락되고 보호된다는 것이고, 다른 하나는 위의 원칙은 예외적으로 상표의 형태(form) 또는 구성요소(signs of which [the trademark] is composed, what con-

---

17) Art. 6quinquiesF: "The benefit of priority shall remain unaffected for applications for the registration of marksfiled within the period fixed by Article 4, even if registration in the country of origin is effected after the expiration of such period."

18) Bodenhausen, p.108, 111. 당시 영국과 독일, 덴마크 상표법은 도형만을 등록 대상으로 하고 명칭(문자)을 제외했는가 하면, 러시아는 러시아 문자로 된 표장만을 등록 대상으로 했다. 이 경우 본국에서 등록된 상표를 다른 동맹국에서 같은 형태로 보호받을 수 없었다. 後藤, p.260.

19) 프랑스어본에서는 당시나 지금이나 'telle quelle'이라고 하고 있다. 영어본에서는 1958년 리스본 의정서까지 'in its original form'이라고 했으나, 1967년 스톡홀름 의정서 이후 'as is'라고 표현하고 있다. 표현만 바뀌었을 뿐 내용은 같은 것이다. *Records of Stockholm*, pp.27~37, 1322~1378 참조. 초기 영어본에서 사용한 '그 본래의 형태로(in its original form)'라는 표현은 협약이 의도하는 바를 담은 것이라 할 수 있다.

stitutes the trademark)에만 관련된 것으로 그 다른 동맹국에서 상표의 구성요소가 국내법상의 요건을 만족하지 못한다는 이유만으로는 보호가 부정되어서는 안 된다는 것이다.[20] 다시 말해서 상표 출원인은 다른 동맹국에서 상표 보호를 위하여 본국에서 최초로 출원을 할 필요는 없으나, 다만 본국에서 상표를 출원한 경우 다른 동맹국에서도 본래의 형태로 보호를 주장할 수 있다는 것이다.[21] 이런 원칙은 그 후의 여러 개정회의에서, 거절이나 무효의 원인 등 몇 가지 전제들을 추가적으로 담은 채, 제6조의5 A절 제1항을 도입하여 매듭지었다.

상표 출원인은 제6조와 제6조의5를 이용하여, 두 가지 경로로 외국에 등록 출원을 할 수 있다. 첫째는 제6조에 의한 출원이다. 이때 해당 외국은 자국의 법률에 따라 상표의 출원을 수리하고 등록을 결정할 수 있다. 국내법으로 출원 등에 조건을 붙이는 등 상당한 재량이 인정된다. 이때 출원인은 먼저 본국에 등록할 필요도 없다. 둘째는 제6조의5에 의한 출원이다. 이 경우 출원인은 본국

---

20) 1883년 파리협약 제6조 제1항: "본국에서 정식으로 출원된 모든 상표는 본국에서와 같이 다른 동맹국에서도 출원이 수락되고 보호된다." ("Toute marque de fabrique ou de commerce re-gulièrement déposée dans le pays d'origine sera admise au dépôt et protégee telle quelle dans tous les autres pays de l'Union.")(고딕 강조)

최종의정서 제4 제1항: "제6조 제1항은 상표를 구성하는 표지와 관련하여, 그 상표가 이 점에서 본국의 법률에 합치하고 본국에서 정상적으로 출원된 경우에, 오로지 어느 동맹국의 법률상의 조건에 합치하지 않는다는 이유로 그 상표가 그 동맹국에서 보호에서 제외될 수 없다는 의미로 이해한다. 오로지 상표의 형태에 관한 이런 예외에 따를 조건으로, 그리고 협약상 다른 조 규정에 따를 것을 조건으로, 각국은 자국의 법률을 적용한다." ["Le paragraphe 1er de l'article 6 doit être entendu en ce sens qu'aucune marque de fabrique ou de commerce ne pourra être exclue de la protection dans l'un des États de l'Union par le fait seul qu'elle ne satisferait pas, au point de vue des signes qui la composent, aux conditions de la législation de cet État, pourvu qu'elle satisfasse, sur ce point, à la législation du pays d'origine et qu'elle ait été, dans ce dernier pays, l'objet d'un dépôt régulier. Sauf cette exception, qui ne concerne que la forme de la marque, et sous reserve des dispositions des autres articles de la Convention, la législation intérieure de chacun des États recevra son application." ("Paragraph [1] of Arti-cle 6 should be understood in the sense that no trade mark may be excluded from pro-tection in one of the States of the Union for the sole reason that it does not comply, with regard to the signs of which it is composed, with the conditions of the laws of that State, provided it complies on this point with the laws of the country of origin and that it has been properly filed there. Subject to this exception, which only concerns the form of the mark, and subject to the provisions of the other Articles of the Convention, each State shall apply its domestic law.")](고딕 강조)

21) Bodenhausen, p.87, pp.107~108; Ladas, Vol.II, pp.1213~1214.

에 정식으로 등록해야 하며, 이 점에서 이런 출원은 본국 등록에 종속한다.[22]

(3) 상표의 형태

'telle quelle' 원칙은 상표의 형태에 관한 규칙을 정하여 이를 동맹국의 의무로 한 것이다. 앞에서 언급한 단순한 숫자나 문자, 성이나 지리적 이름, 특정 언어로 된 단어 등은 모두 '상표를 구성하는 기호'이므로 'telle quelle' 원칙이 적용된다. 그러나 상표의 형태와 관계가 없는 경우에는 그렇지 않다. ① 상표의 본질이나 개념, 기능에 관한 문제는 여전히 국내법으로 규율할 수 있다. 보호국가의 법에서 상표의 개념에 속하지 아니하는 것은 여전히 등록을 수리하고 보호해야 할 의무가 없다.[23][24] 어느 동맹국에서 앞에서 언급한 입체 표장이나 악보를 상표로 간주하지 않는 경우 이들이 비록 본국에서 등록되었다 하더라도 이에 대해 보호 의무를 부담하지 않는 것이다.[25] ② 등록의 조건으로 상표의 사용을 요구한다든가,[26] 출원인이 해당 국가에 산업상이나 상업상의 영업소를 가지고 있어야 한다든가 하는 것은 'telle quelle' 원칙에 따른 협약상의 구속을 받지 않는다.[27] 이들의 경우는 상표의 형태와 관련이 없는 것으로 여전히 각 동맹국의 재량에 속하는 것이다.

'telle quelle' 원칙과 관련한 각국의 판례를 보면 이 원칙과 그 예외가 어떻게 작동하는지 알 수 있다. ① 프랑스에서 독일 상표 'Bosch'는 그 자체가 이름으로 프랑스 법상 특정의 형태를 갖춘 것이 아님에도 불구하고 유효한 것으로 판단했다. ② 그리스에서 미국 Winchester Repeating Arms의 상표 'W. A.'는 문자로만 된 상표의 등록을 부인하는 그리스 법에도 불구하고 상표로서 인정

---

22) 미국—1998년 세출예산법(United States—Section 211 Omnibus Appropriations Act of 1998), Report of the Appellate Body, WT/DS176/AB/R, 2 January 2002, paras. 130~135.

23) WIPO, p.375; Ladas, Vol.II, p.1226.

24) 스위스 연방최고법원은 독일 상표 'Nitraban'과 'Nitraran'의 상표 등록을 거절한 스위스 상표국의 결정을 적법한 것으로 판단한 바 있다. 스위스에서 방어 상표나 저장 상표는 등록 대상이 아니었다. 상표국은 이들 유사 상표에 대해, 출원인이 어느 것을 사용할 의사가 있는지 확인해주길 거부하자 이들 두 상표는 방어 상표이거나 저장 상표로서 등록을 받을 수 없다고 판단했다. 연방최고법원은 또한 'telle quelle' 원칙의 적용도 부인했다. re Farbenfabriken Bayer A. G., 4 IIC (1973), p.109. Ladas, Vol.II, p.1226에서 재인용.

25) Bodenhausen, pp.110~111; WIPO, p.375; Ladas, Vol.II, p.1228.

26) 미국 상표법은 사용 또는 사용 의사를 상표 등록의 요건으로 하고 있다. 15 U.S.C. §1051 참조.

27) Bodenhausen, p.111; Ladas, Vol.II, pp.1220~1221, p1226.

되었다.[28] 입체 상표의 경우에는 국가에 따라 달리 해석하기도 한다. 1928년 오스트리아 행정법원은 오스트리아에서 입체 표장이 상표권의 대상이 되는 여부를 불문하고, 프랑스 술병의 모습이 프랑스에서 법령의 요건을 충족하는 한 오스트리아에서도 법적 보호를 받는다고 판결한 반면, 1932년 헝가리 상무부는 술병의 모습은 상표를 구성하는 것이 아니라는 이유로 프랑스 술병의 상표 등록을 거절했다.[29]

미국—1998년 세출예산법 사건[30]에서 유럽연합은 제6조의5가 상표 구성상의 모든 특징(all features)을 다루고 있다고 주장했다. 'telle quelle'이란 '본국에서와 같이'라는 의미로서 상표의 형태에 국한하는 의미가 아니며, 제6조의5에서 규정한 각종 예외는 단지 상표의 형태에 관련된 것은 아니라는 것이다. 이에 대해, WTO 상소기구(Appellate Body)는 1883년 파리협약 규정들을 보거나 이후의 개정 연혁을 보더라도 제6조의5는 상표의 형태에 관한 것이라면서 유럽연합의 주장을 배척했다.[31]

(4) 'telle quelle' 원칙의 제한

제6조의5는 속지주의적인 성격을 벗어나 치외법권적(extraterritorial) 법률효과를 가지는 규정이다. 내국민대우의 원칙을 넘어 외국인에게 더 많은 혜택을 주는 것이므로 이를 일정한 정도 제한할 필요가 있다. 1883년 협약은 상표의 등록 거절과 무효 원인을 도덕이나 공공질서에 반하는 것에 한정했기 때문에 그 후 여러 개정회의에서는 이를 확장했다. 이를 하나씩 검토하기로 한다. 이들 제한은 열거적인 것으로 이해되고 있다. 입법 의도, 즉 당시 개정회의 참석 대표들은 협약에서 예정한 경우를 제외하고는 제6조의5의 적용을 배제할 수는 없다는 의지를 가지고 있었다는 것이다.[32] 해당 규정은 제6조의5 B절로서

---

28) Ladas, Vol. II, p. 1227.

29) 後藤, p. 262.

30) 유럽연합은 1999년 미국—1998년 세출예산법의 파리협약 위반을 들어 WTO 분쟁 해결 절차에 회부했다. 2001년에는 패널 보고서가, 2002년에는 상소기구 보고서가 채택되었다. 미국 세출예산법은 쿠바 정부가 몰수한 영업과 관련된 상표와 상호의 등록을 금지했다. 이 사건에서 문제된 상표는 'Havana Club'이다. 수수료 납부를 금지함으로써 미국 내 상표 등록을 막은 것이 파리협약상의 내국민대우 원칙 등을 위반했다고 주장했다.

31) WT/DS176/AB/R, op. cit., paras. 15~16, 143~146.

32) Bodenhausen, p. 114.

다음과 같다.

이 조가 적용되는 상표는 다음의 경우를 제외하고는 등록이 거절되거나 무효화되어
서는 아니 된다.

1. 그 상표가 보호가 주장되는 국가에서 제3자가 취득한 권리를 침해하는 경우;

2. 그 상표가 식별력이 없거나 거래상 사용될 수 있는 기호나 표시로서 오로지 상품의
종류, 품질, 수량, 용도, 가치, 원산지 및 생산 시점을 표시하기 위하여 또는 보호가 주
장되는 국가에서 상용어로서 관습화되거나 확립된 선의의 거래 관행상 관습화된 경
우 그 기호나 표시로 구성되는 경우;

3. 그 상표가 도덕이나 공공질서에 반하는 경우, 특히 공중을 기망하는 경우. 어느 표
장이 표장에 관한 법률 규정과 양립하지 아니한다는 이유만으로, 그 규정 자체가 공공
질서에 관한 경우를 제외하고는, 공공질서에 반하는 것으로 보지는 아니하는 것으로
이해된다.

다만, 이 규정은 제10조의2의 적용에 따를 것을 조건으로 한다.[33]

첫째, 해당 상표의 보호가 주장되는 국가에서 제3자의 기득권을 침해하는
경우이다(제6조의5 B절 1호). 기득권에는 상표권만이 아니라 상호에 대한 권리
도 포함된다. 상표가 그림이나 독특한 상징으로 표현될 경우 저작권을 침해할
수도 있다. 국내법에 따라서는 다른 사람의 초상이나 성명에 대한 권리도 기
득권으로 간주하여 상표의 등록 거절이나 무효의 원인으로 할 수 있다.[34]

---

33) Art. 6quinquiesB: "Trademarks covered by this Article may be neither denied registration
nor invalidated except in the following cases:

1. when they are of such a nature as to infringe rights acquired by third parties in the
country where protection is claimed;

2. when they are devoid of any distinctive character, or consist exclusively of signs or
indications which may serve, in trade, to designate the kind, quality, quantity, intended
purpose, value, place of origin, of the goods, or the time of production, or have become
customary in the current language or in the bona fide and established practices of the
trade of the country where protection is claimed;

3. when they are contrary to morality or public order and, in particular, of such a nature
as to deceive the public. It is understood that a mark may not be considered contrary to
public order for the sole reason that it does not conform to a provision of the legislation
on marks, except if such provision itself relates to public order.

This provision is subject, however, to the application of Article 10bis."

둘째, 해당 상표가 식별력(distinctive character)이 없거나, 상표의 품질이나 종류 등을 설명하는 기술적인(descriptive) 것이거나 또는 보통 명칭(generic name)을 사용하는 경우이다(제6조의5 B절 2호). 그 어떤 경우이든 각각의 개별적 속성(merits)에 따라 식별력 등을 판단하여야 한다. 단지 문자나 숫자, 성명이나 지리적 이름을 사용한다는 이유만으로 등록이 거절되어서는 안 된다. 이들은 모두 넓은 의미에서 식별력이 없는 경우에 해당한다.

좁은 의미의 식별력이 없는 것은 너무 단순한 것(하나의 별이나 문자 등)이나 너무 복잡한 것(장식이나 슬로건에 가까운 것) 등이다. 기술적인 표장도 등록 거절의 원인이 된다. 특정 상품의 종류, 품질, 수량, 용도, 가격, 원산지 또는 생산 시점을 표시하기 위하여 관행상 사용되는 기호로서 문자나 그림으로 된 것은 순전히 기술적인 것이라고 할 수 있다. 상품을 관행적으로 표현하는 보통 명칭도 등록을 받을 수 없다. 보통 명칭이란 거래상 관행적으로 통용되는 명칭이나 거래 실무상 상용화된 기호나 표시를 말한다.[35)36)]

셋째, 해당 상표가 도덕이나 공공질서(공서양속)에 반하거나(contraire à la morale ou à l'ordre public, contrary to morality or public order) 공중을 기망하는 성격을 가지고 있는 경우이다. 상표에 관한 법령의 규정에 적합하지 아니하다는 이유만으로 해당 상표가 공공질서에 반하는 것은 아니다(제6조의5 B절 3호). 이 또한 상표의 개별적인 속성에 따라 공서양속에 반하는 여부를 판단하여야 한다. 도덕에 반하는 표장의 예로는 음란한 그림을 담은 것을 들 수 있다. 공공질서에 반하는 표장이란 국가의 기본적인 법적·사회적 가치와 충돌하는 것이다. 대표적인 예로는 종교적 상징이나 법적으로 금지된 정치적 집단의 표장을 생각할 수 있다. 소비자를 기망하는 것도 도덕이나 공공질서에 반하는 특별한 모습의 하나이다. 존재하지 않는 품질을 내세우거나 확인할 수 없는 상을 받았다고 하거나 또는 오인을 유발하는 지리적 표시를 하는 것 등이 이런 예이다.[37)38)]

---

34) Bodenhausen, pp.114~115.

35) Bodenhausen, pp.115~116.

36) 1957년 오스트리아에서 문자 하나로 된 상표는 상표의 형태에 관한 것이므로 'telle quelle' 원칙에 따라 인정되어야 하나, 이 상표는 특정 상품을 설명하는 데 지나지 않기 때문에 등록 거절 결정을 받았다. Decision of the Appeal Section of the Patent Office of January 30, 1957, *Prop.Ind.* (1965), p.94. Ladas, Vol.II, p.1228에서 재인용.

끝으로, 부정경쟁 행위도 상표 등록 거절의 이유가 된다(제6조의5 B절 단서). 각 동맹국은 특정 상표가 비록 위와 같은 세 가지 중 어느 하나에 해당하지 않는다 하더라도, 부정경쟁 행위의 존재만으로 상표 등록을 거절할 수 있다. 예를 들어, 경쟁업자의 유명 빌딩 사진을 복제하여 경쟁업자의 영업소와 혼동을 일으킨다거나 경쟁업자의 신용을 해치는 방법으로 상품을 비교하는 경우이다.[39] 국가마다 부정경쟁 행위의 종류와 성립 요건을 달리 규정하고 있기 때문에 이 규정은 매우 신축적으로 활용될 수 있는 약점을 안고 있다.

파리협약은 등록 거절이나 무효 원인으로서 상기 이유들을 검토할 때에는 두 가지 점에 주의할 것을 밝히고 있다. 첫째는 각 상표에 관련된 모든 사실 관계나 사실적 상황(factual circumstances)을 고려하여야 한다는 것이다. 특히 사용 기간은 중요한 고려 사항 중 하나이다(제6조의5 C절 제1항).[40] 2개의 유사한 상표가 오랜 기간 사용으로 혼동을 야기하지 않는다면 그 어느 것이든 등록을 할 수 있고, 그 등록이 서로 상표에 대한 권리 침해가 되지는 않을 것이다. 또한 어느 상표가 처음에는 식별력이 없었으나 오랜 기간 사용으로 식별력을 획득할 수도 있다. 그런가 하면, 기망의 표시가 있는 듯이 보이는 경우에도 실제 기망을 가져오지 않는다면 기망의 성격이 있다고 단정해서는 안 된다.[41]

둘째로는 본국에서 보호되는 상표의 구성부분(elements)에 변경이 가해졌다 하더라도 그 상표의 식별력을 변경하지 않고 상표 형태의 동일성에 영향을 미치지 아니하는 한 다른 동맹국에서 등록 거절될 수 없다는 것이다(제6조의5 C절 제2항).[42] 이런 비본질적인 변경의 예로는 상표의 구성부분을 번역하는 것을

---

37) Bodenhausen, p.116.

38) 오스트리아 행정법원은 캔에 담는 고기에 사용된 프랑스 상표 'Olympique'는 그리스 원산지를 암시하고 있으므로 소비자를 기망할 수 있고 따라서 제6조의5 A절을 적용해서는 안 된다는 주장을 배척했다. Decision of June 19, 1933, *Prop.Ind.* (1934), p.220. Ladas, Vol.II, pp. 1227~1228에서 재인용. 이 결정이 내려질 당시 파리협약은 1925년 헤이그 의정서에 의해 개정된 것으로, 당시 기망적 표장에 관한 규정은 존재하지 않았다.

39) Bodenhausen, p.117.

40) Art. 6quinquiesC(1): "In determining whether a mark is eligible for protection, all the factual circumstances must be taken into consideration, particularly the length of time the mark has been in use."

41) Bodenhausen, p.118.

42) Art. 6quinquiesC(2): "No trademark shall be refused in the other countries of the Union for the sole reason that it differs from the mark protected in the country of origin only in

들 수 있다. 보호국가는 해당 변경이 본질적인 것인지 여부를 판단할 수 있다.[43]

끝으로 제6조의5는 서비스표에는 적용되지 않는다. 서비스표는 1958년 리스본 회의에서 비로소 인정되었으나 이에 대해서 상표 관련 규정 모두를 준용하는 태도를 취하지 않았고, 1958년 협약을 개정하면서 굳이 '상표'라는 표현을 고집한 것도 이를 반증한다.[44]

2. 상표 보호

파리협약은 상표에 대한 권리의 내용이나 그 제한에 관해 일정한 기준을 가지고 규정하지 않고 있다. 특허와 마찬가지로 간헐적으로, 그때그때 필요한 사항을 추가해왔다. 다루는 내용도 일부에 그치고 있다.

1) 상품의 성격

상표는 상품에 부착하는 표장이다. 상품의 성격에 따라 상표의 가치가 달라진다. 상품이 이런저런 이유로 시장에 나오지 않는다면 상표의 가치도 그만큼 떨어진다. 그렇다고 하더라도 상표는 상품의 법적·제도적 규제로 인해 그 운명이 좌우되어서는 안 될 것이다.

파리협약 제7조는 제4조의4에서와 같은 취지의 규정으로, "상표가 적용되는 상품의 성격은 어떠한 경우에도 그 표장의 등록에 장애가 되지 아니한다"고 규정하고 있다.[45] 상품의 품질, 안전성 등을 이유로 다른 관련 법제도상의 제약(예를 들어 임상 실험 등의 요구)이 있다 하더라도 이로 인해 상표의 등록을 거절하는 사유가 될 수 없다는 것이다. 상표 소유자에게 상표 등록 거절로 인해 나중에 해당 상품을 판매할 수 있는 가능성마저 배제해서는 안 되기 때문

---

respect of elements that do not alter its distinctive character and do not affect its identity in the form in which it has been registered in the said country of origin."

43) Bodenhausen, pp.118~119.

44) Bodenhausen, pp.108~109.

45) Art. 7: "The nature of the goods to which a trademark is to be applied shall in no case form an obstacle to the registration of the mark."

이라 할 수 있다. 이 규정은 또한 상품 판매가 법적으로 금지되거나 또는 독점의 대상이 된 경우에도 적용된다.

2) 상표의 이전

1930년대 상당수의 국가들은 상표의 가치는 기업의 신용이나 명성에 달린 것이고 따라서 상표와 신용이나 명성은 분리할 수 없고 동시에 양도되어야 한다고 보았으며 이를 입법에 반영했다. 왜냐하면 상표 자체가 양도되어 다른 기업이 이를 사용하게 되면 상품 소비자를 기망할 수 있다고 보았기 때문이다. 그러나 상표가 기업의 신용과 함께 이전하더라도 양수인이 종전 기업의 상품에 그 상표를 부착한다는 보장도 없고, 상표 자체만을 양도한다 하더라도 그 상표를 부착한 양수인의 상품이 저급할 것이라고 속단하기도 어렵다. 오히려 기업은 상표를 중심으로 사업을 영위하고 기업의 신용은 상표 그 자체에 내재하는 것으로 볼 필요가 있다. 상표 자체만의 양도가 소비자 기망으로 이어지지 않을 수 있는 것이다.[46] 기업이 국제화되면서 그 일부가 여러 국가에 산재할 수 있다. 주사무소 소재지와 산업상·상업상의 영업소(주로 자회사)가 다를 수 있는 것이다. 기업의 업무나 신용이 한 국가에 머물지 않고 여러 국가에 미칠 수 있는 것이다. 이에 대해 어떤 국가가 국내법으로 상표의 양도를 기업 전체(본사와 자회사)의 이전을 조건으로 허용한다면 국제 상거래에 커다란 장애가 될 수 있는 것이다.[47]

이런 상황을 타개하기 위하여 파리협약 동맹국들은 1934년 런던 개정회의에서 협약 개정을 추진했다. 이 개정회의에서는 제6조의4를 신설하여, 특히 국제 상거래상의 장애를 극복하고자 했다. 이에 의하면, "상표의 양도가 동맹국의 법률에 의하여 그 상표가 속하는 업무나 신용과 동시에 이전하는 경우에 한하여 유효한 경우 그 양도의 효력은 양도된 상표를 부착한 상품을 그 동맹국에서 제조 또는 판매할 배타적 권리와 함께 그 동맹국에 존재하는 업무나 신용의 부분을 양수인에게 이전하는 것으로도 충분히 인정된다."[48] 따라서 동

---

46) Ladas, Vol. II, p. 1118.

47) Bodenhausen, pp. 104~105; Ladas, Vol. II, p. 1120.

48) Art. 6quater(1): "When, in accordance with the law of a country of the Union, the assign-ment of a mark is valid only if it takes place at the same time as the transfer of the busi-

맹국 기업은 다른 국가에 존재하는 업무나 신용이 존재하는 범위 내에서 그 업무나 신용과 함께 상표를 이전할 수 있게 되었다. 기업 전부의 이전이 아니더라도 상표를 양도할 수 있게 된 것이다.

이 규정은 다음과 같이 이해할 수 있다. ① 이 규정은 상표의 이전을 기업의 이전을 조건으로 하는 국가에 적용할 수 있는 것으로, 상표의 독자적인 이전을 허용하는 국가에 대해서는 의무 규정이 아니다.

② 이 규정은 등록 상표에 대해서나 미등록 상표에 대해서나 모두 적용된다.

③ 업무(business)란 산업상·상업상의 영업소의 기업 활동을 의미하고[49] 신용(fonds de commerce, goodwill)이란 소비자의 신뢰를 바탕으로 한 기업의 이익을 의미한다.[50] 예를 들어 상표 소유자가 어느 외국에서 제조업을 영위한다든가 상품을 수입·유통한다면 그것이 기업의 업무이고 그로부터 신용을 얻을 수 있다. 영업소가 없더라도, 업무나 신용이 존재할 수 있다. 예를 들어 외국 기업이 품질 조건을 만족하는 상품에 상표 소유자의 상표를 붙여 출시한다면 그 상표에 신용이 생길 수 있다.

④ 협약에서는 상표의 양도(assignment)라고 하고 있으나 양도는 다른 형태의 이전(transfer)을 포함하는 것으로 해석할 수 있다.[51] 위의 ③과 묶어보면, 다음과 같은 사례를 생각할 수 있다. 외국 기업이 상표 소유자로부터 노하우와 규격, 품질 기준 등에 관한 정보를 이전받고 이런 정보에 따라 해당 상표를 부착한 상품을 제조·판매한 결과 그 상표에 신용이 생기는 경우, 그 상표 소유자는 그 외국 기업에게 신용과 함께 해당 상표도 이전할 수 있을 것이다. 외국의 유통업자가 상표 소유자와 독점 판매계약을 체결하고 그 유통업자가 상표 소유자의 상표를 부착한 상품을 판매하여 그 상표에 신용이 생기는 경우, 그 상표 소유자는 자신의 상표를 그 유통업자에게 이전할 수 있을 것이다.[52]

---

ness or goodwill to which the mark belongs, it shall suffice for the recognition of such validity that the portion of the business or goodwill located in that country be transferred to the assignee, together with the exclusive right to manufacture in the said country, or to sell therein, the goods bearing the mark assigned."

49) Bodenhausen, p.105.

50) 프랑스어본에서 말하는 'fonds de commerce'이란 거래 방식, 영업소의 표지, 임차권, 고객망 등을 의미하는 것으로 'goodwill'과는 다소 다르다고 한다. Ladas, Vol.II, p.1308.

51) Bodenhausen, p.105.

52) Ladas, Vol.II, pp.1309~1310.

⑤ 상표 양도의 유효성은 그 상표에 내재된 업무나 신용이 존재하는 국가에서 그 업무나 신용과 함께 그 상표를 부착한 상품을 제조하거나 판매할 배타적인 권리가 이전되는 경우에 인정된다. 이에 따라 양도인은 그 국가에서 상표를 사용할 수도 없고 다른 사람에게 양도하거나 라이선스를 부여할 수도 없게 된다.[53]

⑥ 이 규정은 서비스표에는 적용되지 않는다. 상표를 염두에 두고 '상품'이라는 용어를 사용하고 있기 때문이다.

다만, 기업의 일부의 업무나 신용과 함께 상표를 양도함으로써 소비자가 상품의 원산지, 성격 또는 품질 등을 오인할 수 있는 때에 그 상표 양도의 유효성은 부정될 수 있다. 제6조의4 제2항이 이에 관한 규정이다: "위 규정은 양수인에 의한 표장의 사용이 실제로 공중이 오인하도록 하는 경우, 특히 그 표장이 적용되는 상품의 원산지, 성격 또는 본질적 품질에 관하여 공중이 오인하도록 하는 경우 동맹국에게 표장의 양도를 유효한 것으로 간주하도록 의무를 부과하지 아니한다."[54] 양도된 상표와 그렇지 않은 상표가 각기 유사한 상품에 부착된다면 이는 소비자로 하여금 그 출처 등에 관하여 오인을 야기할 수 있다. 이 점을 염두에 두고 비록 상표의 양도를 인정하더라도 오인을 야기할 수 있다면 그 양도는 부적법한 것으로 규정할 수 있도록 열어놓은 것이다. 이 규정은 각국에 의무를 부과하지 않는 방식을 취하고 있어서, 각 동맹국은 재량으로 상표 양도의 유효성을 긍정할 수도 있고 부정할 수도 있다.

3) 대리인에 의한 등록의 남용

상표의 등록은 통상적으로 대리인(변리사)에 의하여 행해진다. 모든 등록이 상표 소유자(proprietor of a mark or trademark)[55]의 의사대로, 자신의 이름으로

---

53) Bodenhausen, p.105.

54) Art. 6quater(2): "The foregoing provision does not impose upon the countries of the Union any obligation to regard as valid the assignment of any mark the use of which by the assignee would, in fact, be of such a nature as to mislead the public, particularly as regards the origin, nature, or essential qualities, of the goods to which the mark is applied."

55) '상표 소유자'에 관해서는, 제3부 제5장 3. 예외 또는 제한: 상품 사용 의무 각주 81) 참조.

이루지는 것은 아니다. 대리인이 상표 소유자의 허락 없이 등록을 할 경우 이에 대한 법적 조치를 강구할 필요가 있다. 파리협약은 이 점을 감안하여, 특허청이 등록 출원을 받을 때 몇 가지 조건을 구비했는지 여부를 검토할 수 있는 길을 열어놓고 있다. 즉, 제6조의7 제1항에 의하면, "어느 동맹국 내의 표장 소유자의 대리인이나 대표자가 그 소유자의 허락 없이 자신의 명의로 하나나 둘 이상의 동맹국에서 표장 등록을 출원하는 경우 그 소유자는 출원 등록에 대하여 이의를 제기하거나 그 취소를 요구할 수 있고 그 국가의 법률이 허용하는 때에는 그 대리인이나 대표자가 자신의 행위를 정당화하지 못하는 한 위 등록을 자신에게 양도하도록 요구할 수 있다."[56] 이 규정은 1958년 리스본 회의 결과 신설된 것이다.

특허청은 먼저, 등록 출원을 한 사람이 상표 소유자의 대리인이나 대표자인지 여부를 조사하여야 한다. 여기서 대리인이나 대표자는 상품 유통업자를 포함하는 넓은 개념이다. 둘째, 해당 상표를 등록 출원한 대리인이나 대표자가 어느 동맹국 내의 상표 소유자의 대리인이나 대표자인지 여부도 조사하여야 한다. '어느' 동맹국 내의 상표 소유자라도 무방하다. 본국 내의 상표 소유자일 것을 요하지 않는다. 또한 어느 동맹국 내의 상표 소유자로서 다른 동맹국 내의 상표 소유자와 다르다 하더라도 자신의 대리인이나 대표자가 등록 출원을 한 경우라면 이 규정을 적용하는 데 무리가 없다.[57]

이 규정은 상표 소유자의 허락이 없이, 대리인이나 대표자가 자신의 이름으로 상표를 출원하는 경우에 적용되는 예외적인 상황을 염두에 둔 것이다. 이 조항의 취지에 비추어 보건대 해당 상표가 동일할 필요는 없다. 유사한 것으로도 충분하다.

대리인이나 대표자에 의한 무단 출원에 대한 제재는 크게 세 가지로 볼 수 있다. 첫째는 상표 소유자가 무단 출원에 대해 이의를 제기할 수 있는 권리를 부여하는 것이다. 이것은 등록 전에 행해진다. 둘째는 등록 취소를 요구하는

---

56) Art. 6septies(1): "If the agent or representative of the person who is the proprietor of a mark in one of the countries of the Union applies, without such proprietor's authorization, for the registration of the mark in his own name, in one or more countries of the Union, the proprietor shall be entitled to oppose the registration applied for or demand its cancellation or, if the law of the country so allows, the assignment in his favor of the said registration, unless such agent or representative justifies his action."

57) Bodenhausen, p.125.

것이다. 셋째로는 이미 등록된 상표를 자신에게 양도하도록 요구하는 것이다. 이것은 상표 소유자에게 여러 가지 이점을 준다. 상표 소유자가 등록을 취소하도록 하고 다시 등록 출원을 하는 것보다 절차상 편리할 뿐만 아니라 기존 등록의 효과(제3자에 대한 대항력 포함)를 그대로 누릴 수 있기 때문이다.[58] 그러나 대리인이 자신의 행위를 정당화할 수 있다면 무단 출원의 효과가 미치지 않는다. 이런 예로는 상표 소유자가 해당 상표를 포기했다거나 해당 국가에서의 권리 취득에 소극적이었다고 믿을 만한 사유가 존재하는 것이다.[59] 넷째로는 상표 소유자가 상표의 사용을 금지할 수도 있다(제2항).[60] 이 또한 "어느 동맹국 내의 표장 소유자의 대리인이나 대표자가 그 소유자의 허락 없이 자신의 명의로 하나나 둘 이상의 동맹국에서 표장 등록을 출원하는 경우"에 적용되며 대리인 등이 자신의 행위를 정당화할 수 있는 경우에는 적용되지 않는다.

각국은 상표 소유자의 권리 행사 기간을 국내법으로 정할 수 있다(제3항). 협약은 기간을 특정하지 않고 있다. 각국이 결정할 문제이다. 대리인이나 대표자가 등록하거나 사용하는 상표가 두루 알려진 경우에는 주지 표장에 관한 제6조의2가 적용된다.

이 조항은 서비스표에도 적용된다. 제6조의7에서 단지 '표장'이라는 표현을 사용한 것도 그 때문이다.

4) 압류

각국은 상표권 등 산업재산권 침해 전반에 대해서 각기 다른 제재 수단을 가지고 있다. 이런 수단은 각국의 법계와 제도 속에서 발전했기 때문에 이를 일률적으로 조정하는 것은 무척 어렵다. 조약은 국가 간의 협상의 결과로 탄생하는 것이고, 각국은 자국의 법제도에 미치는 영향을 최소화하려는 원칙을 가지고 협상하고자 한다. 보호의 기준을 정하는 것보다 사법 제도에 변경을 가하고자 하는 경우에 타협안을 찾는 것은 더욱 어렵다.

---

58) Bodenhausen, p.126.

59) Bodenhausen, pp.126~127.

60) Art. 6septies(2): "The proprietor of the mark shall, subject to the provisions of paragraph (1), above, be entitled to oppose the use of his mark by his agent or representative if he has not authorized such use."

이런 어려움을 감안하여, 그리고 불법 상표 범람에 대한 심각성을 고려하여, 파리협약은 다른 산업재산권 분야와는 달리, 불법 상표에 대한 제재 규정을 두고 있다. 1883년 협약에서는 수입 시 압류 조항과 압류의 요청 주체에 관한 2개 조항으로 되어 있었다. 그 후 몇 차례 개정되었으나 현재 규정은 1911년 워싱턴 의정서에서 크게 벗어나지 않는다. 각국의 법현실을 반영하여 획일적인 압류 의무를 완화한 것이다.[61]

협약 제9조에 의하면, "상표나 상호를 불법으로 부착한 모든 상품은 그 표장이나 상호가 법적 보호를 받는 동맹국 내에 수입될 때 압류된다"(제1항).[62] "압류는 또한 불법 부착이 발생한 국가 또는 그 상품이 수입된 국가에서 행한다"(제2항).[63] 제1항이 수입 시에 해당 압류를 해야 한다는 원칙 규정이라면, 제2항은 압류 주체 국가를 밝히고 있다. 제1항에 따른 압류 국가는 수입 국가이고, 제2항에 따른 압류 국가는 불법 부착 국가 또는 수입 국가이다. 제1항과 제2항이 부분적으로 중복 규정하고 있는 셈이다. 어쨌든 제9조는 불법 상표 부착 행위가 발생하지 않은 국가에서 해당 상품을 수출할 경우라든가(대체로 수출국에서 불법 부착 행위가 발생하므로 이런 경우는 일반적인 경우라고 할 수 없다), 동맹국 영역 내에서 통과 화물이 수송되는 경우에는 적용되지 않는다.

압류를 하기 위해서는 해당 상표가 상표 부착 국가나 수입국에서 보호를 받아야 한다. 예를 들어, 등록을 효력발생 요건으로 하는 국가에서는 등록 상표만이 보호를 받는 것이다. 불법성 판단은 보호국가의 법률에 따라야 하기 때문이다. 불법행위는 불법 부착의 경우 해당 상표의 부착으로 완성되고, 수입의 경우에는 수입 시부터 계속된다. 불법성에 대한 인식은 필요하지 않고 객관적으로 상표가 불법으로 부착된 것으로 충분하다.[64]

---

61) 압류가 협약상의 의무인지 여부를 둘러싸고 자의적인 해석이 나오는가 하면, 압류에 관한 입법 조치를 하지 않는 국가도 있었다. Ladas, Vol.II, pp.1278~1279.

62) Art. 9(1): "All goods unlawfully bearing a trademark or trade name shall be seized on importation into those countries of the Union where such mark or trade name is entitled to legal protection."

63) Art. 9(2): "La saisie sera également effectuée dans le pays où l'apposition illicite aura eu lieu, ou dans le pays où aura été importé le produit." ("Seizure shall likewise be effected in the country where the unlawful affixation occurred or in the country into which the goods were imported.")

64) Ladas, Vol.II, p.1282; 後藤, p.302.

압류는 검찰이나 기타 관할 기관의 요청에 의해서도 할 수 있고, 이해관계자의 요청에 의하여 할 수도 있다. 어떤 경우이든 동맹국의 국내법에 따라 정할 문제이다(제3항).[65] 수입 시 압류가 허용되지 않는 국가에서는 수입의 금지 또는 국내 반입 물품의 압류로 이를 대신할 수 있다(제5항).[66] 이 또한 불가능한 경우에는 내국민대우의 원칙에 따라, 자국민에게 인정되는 소송 및 구제절차를 외국인에 대해서도 허용하여야 한다(제6항).[67]

이 규정을 종합하면 동맹국의 국내법에 따라 수입 시 압류(seizure on importation), 수입 금지(prohibition of importation) 또는 국내에서의 압류 조치(seizure inside the country)가 행해진다. 수입 시 압류를 허용하면 압류를, 압류를 허용하지 않으면 수입 금지 또는 국내에 반입된 물품의 압류를, 이 세 가지 중 어느 하나도 허용하지 않으면 그 밖의 국내 구제절차를 따른다.[68] 각 동맹국은 이 중 어느 하나를 선택하되, 그런 제재 내지 구제는 제9조상의 행위를 "효과적으로 억제하기 위하여 … 충분한 법적 구제조치를 보장"해야 한다(제10조의3).[69]

통과 화물(goods in transit)에 대해서는 압류 규정을 적용하지 않는다(제4항). 제9조가 수입국 내에서 상표권의 침해를 미리 방지하기 위한 취지를 가지고 있으므로, 단순한 통과 화물은 침해 가능성이 없으므로 압류의 필요성이 없는 것이다.[70]

이들 규정은 바람직한 구제 방법을 나열한 데 지나지 않으며 내국민대우의 원칙을 구제 수단과 관련하여 확인하고 있는 것이다. 중요한 것은 오히려 특

---

65) Art. 9(3): "Seizure shall take place at the request of the public prosecutor, or any other competent authority, or any interested party, whether a natural person or a legal entity, in conformity with the domestic legislation of each country."

66) Art. 9(5): "If the legislation of a country does not permit seizure on importation, seizure shall be replaced by prohibition of importation or by seizure inside the country."

67) Art. 9(6): "If the legislation of a country permits neither seizure on importation nor prohibition of importation nor seizure inside the country, then, until such time as the legislation is modified accordingly, these measures shall be replaced by the actions and remedies available in such cases to nationals under the law of such country."

68) Ladas, Vol. II, p. 1282.

69) Art. 9(1): "All goods unlawfully bearing a trademark or trade name shall be seized on importation into those countries of the Union where such mark or trade name is entitled to legal protection."

70) 後藤, p. 302. 항해의 자유 측면에서 바라보기도 한다. Ladas, Vol. II, p. 1282.

정 구제 방법을 법률에 반영할 경우 그것이 협약에 의하여 의무적인 것이 된다는 것이다.

3. 예외 또는 제한: 상표 사용 의무

많은 국가에서는 등록 상표에 대해 일정한 기간을 정하여 그 사용을 강제하고 있다. 상표의 사용 강제는 독점에 따른 폐해를 막기 위한 것이라는 점에서, 특허 실시 의무와 기본적으로 동일한 목적을 가지고 있다. 그러나 특허의 독점과 상표의 독점은 성격이 다르다. 특허의 실시는 공중의 이익과 직접적인 관련이 있다. 왜냐하면 그 불실시로 인하여 공중이 발명의 혜택을 누릴 수 없기 때문이다. 반면, 상표는 상표 소유자가 직접 사용하고자 하는 것이기 때문에 그 불사용이 공중의 이익에 직접적인 영향을 주지 않는다. 상표 사용 의무는 단지 잠자는 상표의 독점으로 인하여 새로운 상표의 출현을 막아서는 안된다는 입법 정책적 판단을 바탕에 깔고 있다. 파리협약 제5조 C절은 이에 관해 규정하고 있다. 제1항은 상표 불사용에 대한 제재 규정으로 1925년 헤이그 의정서에서 신설된 것이고, 제2항과 제3항은 각기 다른 형태의 상표 사용에 대해서, 그리고 공동 상표 소유자의 상표 사용에 대한 것으로 모두 1934년 런던 회의에서 신설되었다.

상표권은 다른 동일 또는 유사한 상표의 등록 출원을 막는 것이므로 이에 초점을 맞추어, 사용 의무를 부과하는 것이 통상적인 입법례이다.[71] 파리협약은 이를 반영하여 어느 동맹국에서 상표의 사용을 의무화하고 이를 지키지 않는 때에는 등록 취소가 가능하도록 하고 있다. 제5조 C절 제1항에 의하면, "어

---

71) WIPO 자료에 의하면, 대부분의 국가들이 사용 의무를 부과하고 있다. Summary of Replies to the Questionnaire on Trademark Law and Practice (SCT/11/6), WIPO Doc. SCT/14/5, February 14, 2005, pp.136~138 참조. 한국 정부는 이례적으로 상표 사용 의무에 대한 WIPO의 질의에 대해 'N/A'라고 답하고 있다. 우리 상표법은 청구일 전 계속하여 3년 이상 상표를 사용하지 않는 경우 취소심판 대상으로 하고 있다(제117조). 이 규정을 제재 규정으로 본다. 대법원 1983.4.12. 선고, 80후20 판결; 이우권, 「상표불사용 취소심판제도에 관한 고찰」, ≪지식재산21≫, 통권 49호(1998년 봄호). 한국 정부의 답변은 이런 의견을 반영한 듯하다. 그러나 제재 규정 위반이든 사용 의무 규정 위반이든 그 법률 효과가 동일하다면(취소) 양자를 구별할 실익이 있는지 궁금하다.

느 국가에서 등록 표장의 사용이 의무적인 경우 그 등록은 상당한 기간 후 그리고 관련자가 그 부작위를 정당화하지 못하는 경우에만 취소될 수 있다."[72] 이 규정은 서비스표에는 적용되지 않는다. 연혁적인 이유로 그 가능성이 차단되어 있기 때문이다. 왜냐하면 이 규정은 1925년 헤이그 의정서에 처음 들어간 것으로, 서비스표 보호 규정은 1958년 리스본 의정서에서 신설된 것이기 때문이다.[73]

상표의 사용은 일반적으로 그 상표를 부착한 상품의 판매를 의미하지만 이보다 넓은 의미로도 '사용'을 정의할 수 있다.[74] 상표의 사용을 구체적으로 살펴보면, 해당 상품이나 용기, 포장, 레이블 등에 부착하는 것, 해당 상품을 판매 등의 목적으로 시장에 출하하는 것, 해당 상품과 관련하여 광고에 넣거나 상업문서에 표시하는 것 등을 들 수 있다. 상표를 부착한 상품이 특정 점포에서만 판매되더라도 불사용이라 할 수 없다. 또한 장래의 판매를 위하여 광고하는 행위도 사용이라 할 수 있다. 명목적인 사용은 진정한 사용이 아니다. 이것은 상표 보호를 위한 목적으로 사용하는 것으로, 시장의 반응을 점검하기 위한 상품의 출하도 진정한 사용이라 할 수 있다. 사용 요건을 충족하기 위하여 모든 지정 상품을 판매할 필요는 없으며 하나의 상품을 내놓을 수도 있을 것이다.[75] 상표의 사용을 좁게 정의하면 상표 취소 가능성이 높아질 것이고, 넓게 정의하면 그 가능성이 낮아질 것이다. 협약에서 사용에 대해 특별히 정의하지 않고 있어서 국내법상의 재량이 넓게 인정된다 할 수 있다.

제5조 C절 제1항은 '등록' 상표의 불사용으로 인한 등록 취소에 관한 것이다. 따라서 상표권의 효력발생을 출원이 아닌 사용에 두는 국가에 대해서는 적용 여지가 없다.[76] 상표의 등록 취소는 상표 소유자에게는 결정적인 제재 수단이다. 따라서 일정한 제한하에서 그 제재가 확정되어야 한다. 첫째로 들 수 있는 것은 불사용을 정당화하는 사유의 존재이다. 이는 각국이 국내법으로

---

72) Art. 5C(1): "If, in any country, use of the registered mark is compulsory, the registration may be cancelled only after a reasonable period, and then only if the person concerned does not justify his inaction."

73) 리스본 회의에서는 제5조 C절 제1항이 서비스표에까지 확대하기를 원하지 않았다. Bodenhausen, p.75.

74) Bodenhausen, p.75; WIPO, p.369.

75) WIPO(TM), p.46.

76) 사용하지 않을 경우 해당 권리가 자연적으로 소멸할 것이다.

정할 문제이지만 대체로 법적·경제적 여건이 상표 소유자의 지배를 벗어나 상표의 사용을 불가능하게 하는 경우가 정당화 사유로 인정된다. 일반적인 예로는 천재지변(force majeur)이나 전시사변, 시장의 부재 등을 들 수 있다. 또한 정부 규제로 인한 상품의 제조, 수입 등이 금지되는 예도 전형적인 사례라 할 수 있다.[77] 둘째로는 시간적으로 상당한 기간(reasonable time) 동안 상표가 사용되지 않아야 한다. 상당한 기간의 의미는 사안에 따라 각국이 결정할 문제이다.[78]

상표는 어디에서건 '동일'할 필요는 없다. 시장의 상황에 맞추어 변형을 가하는 것이 상표 소유자의 이익에 합당하다 할 수 있다. 상표 소유자는 상표의 식별력(식별성, distinctive character)을 해치지 않으면서 상표상의 문자를 번역한다든가 기타 변경을 가하여 상표 사용의 효용을 높이고자 할 것이다.[79] 파리협약 제5조 C절 제2항은 이에 부응하여, "소유자가 어느 동맹국에서 등록된 형태의 표장의 식별성을 변경하지 아니하는 구성요소와 다른 구성요소를 가지고 있는 형태로 상표를 사용하는 것은 등록의 무효화를 수반하지 아니하며 그 표장에 부여된 보호를 축소하지 아니한다"[80]고 하고 있다. 다시 말해서, 상표 소유자(proprietor)[81]가 등록 상표의 형태상 식별력을 변경하지 않은 채로

---

77) Bodenhausen, p.76; WIPO, p.370.

78) 대개의 국가에서 3년 내지 5년의 유예기간을 인정하고 있다. SCT/14/5, op. cit., pp.136~138 참조. 우리 법 제119조 제1항 3호에서는 "상표권자·전용사용권자 또는 통상사용권자 중 어느 누구도 정당한 이유 없이 등록 상표를 그 지정 상품에 대하여 취소심판청구일 전 계속하여 3년 이상 국내에서 사용하고 있지 아니한 경우" 취소심판 청구의 대상으로 하고 있다.

79) 後藤, p.212에서는 그 취지를 적절히 설명하고 있다: "동일한 상표가 2개 이상의 동맹국에서 등록되는 경우 1개 동맹국…에서 등록 상표가 그 형태로 사용되는데 반해, 다른 동맹국…에서는 상품의 명칭, 품질, 용도, 효능 등의 표시를 그 국가의 언어로 번역하여 그 등록 상표를 사용하는 경우가 있다. … 상표의 요부가 아닌 부기적 부분에 상표의 식별성을 바꾸지 않는 범위에서 변경을 가하는 것으로 해석된다. … 결국 동일성의 문제로 바꿔 처리할 수 있는가가 문제가 된다."

80) Art. 5C(2): "Use of a trademark by the proprietor in a form differing in elements which do not alter the distinctive character of the mark in the form in which it was registered in one of the countries of the Union shall not entail invalidation of the registration and shall not diminish the protection granted to the mark."

81) 파리협약 제5조 C절 제2항에서 언급하고 있는 소유자(propriétaire, proprietor)는 상표권자(owner of trademark right)와는 다르다. 일부 국가에서는 등록 상표 소유자(owner of a registered trademark)는 등록 상표에 대한 권리자로 추정될 뿐이다. 미국—1998년 세출예산법 (United States—Section 211 Omnibus Appropriations Act of 1998), Report of the Panel, WT/

구성요소에 변경을 가하여 상표를 사용한다 하더라도 이를 불실시라 할 수 없으며 따라서 이를 근거로 상표의 등록을 무효화할 수 없고 또한 제3자에 의한 침해는 원래 형태의 상표에 대한 권리 침해로 간주한다는 것이다.[82]

상표는 어느 한 사업자만이 사용하지 않는 경우도 많다. 상표 소유자의 의사에 반하지 않는 한 둘 이상의 사업자가 동일한 상표를 사용한다 하더라도 이를 이유로 상표 등록이 거절되어서는 안 될 것이다. 협약 제5조 C절 제3항은 이 문제를 다루고 있다: "보호가 주장되는 국가의 국내법 규정에 따라 표장의 공동 권리자로 간주되는 산업상 또는 상업상의 영업소가 동일하거나 유사한 상품에 동일한 표장을 동시에 사용한다 하더라도 등록을 금지할 수 없으며 어느 동맹국에서든 그 표장에 부여된 보호를 어떠한 방법으로도 축소하지 아니한다. 다만, 그러한 사용은 공중이 오인하는 결과를 가져와서는 아니 되며 공공 이익에 반하여서는 아니 된다."[83] 즉, 보호국가의 국내법에 의하여 공동 상표 소유자로 간주되는 여러 영업소들이 각기 동일 또는 유사한 상품에 동일한 상표를 동시에 사용함으로 인해 어떠한 동맹국에서도 해당 상표 등록을 거절할 수 없도록 하고 있다. 그러나 이 규정은 적용범위가 매우 좁다. 즉, 공동 상표 소유자가 동일한 상표를 사용하는 경우에만 적용될 뿐, 상표 소유자와 라이선시나 프랜차이지가 동시에 사용하는 경우는 적용되지 않는다. 다만, 협정상의 의무와는 별개로, 각 동맹국은 국내법으로 라이선시나 프랜차이지에 의한 상표의 사용만으로 상표 사용 의무를 다한 것으로 할 수 있음은 물론이다.

다만, 공동 상표 소유자에 의한 동일한 상표의 사용이 공중의 오인을 야기하거나 또는 공공 이익에 반하는 경우 상표 등록이 거절되거나 무효화될 수 있다(제5조 C절 제3항 단서). 이런 예로는 동일한 상표의 사용으로 인해 공중으

DS176/R, 6 August 2001, para. 8.99 참조. 한편, 제6조의7 제1항에서는 표장 소유자(titulaire de la marque, proprietor of a mark)라고 하고 있다. TRIPS협정도 상표, 특허, 산업디자인과 관련하여 '소유자'라는 표현을 사용하고 있다.

82) Bodenhausen, p.77.

83) Art. 5C(3): "Concurrent use of the same mark on identical or similar goods by industrial or commercial establishments considered as co-proprietors of the mark according to the provisions of the domestic law of the country where protection is claimed shall not prevent registration or diminish in any way the protection granted to the said mark in any country of the Union, provided that such use does not result in misleading the public and is not contrary to the public interest."

로 하여금 상품의 출처를 오인하게 하거나 동일한 상표를 부착한 공동 상표 소유자의 각 상품의 품질이 다를 경우를 생각할 수 있다.

4. 주지 상표의 보호

1) 주지 상표의 의의

파리협약상 주지 상표(marque notoire, well-known mark)[84]는 매우 두터운 보호를 받고 있다. 주지 상표는 각국 국내법에서 상표의 보호를 위한 일정한 방식(등록 등)이나 조건(사용 등)도 생략한 채 보호받을 수도 있다는 점에서 예외적인 특례라 하지 않을 수 없다. 경제가 발전하고 소비가 늘수록 새롭거나 유명한 상품에 대한 소비욕구가 높아지게 되고, 그런 상품을 판매하는 기업은 다른 나라에 시장을 개척하고자 할 때 비록 그 나라에서 사용되거나 등록된 적이 없는 자신의 상표라도 보호를 받고 싶어 할 것이다. 파리협약은 일정한 조건을 만족할 경우, 속지주의를 거슬러 주지 상표를 보호하는 태도를 보이고 있다.

파리협약 제6조의2 제1항에 의하면, "동맹국은 이 협약상의 혜택을 받을 권리가 있는 사람의 표장으로서 등록 국가나 사용 국가의 권한 있는 당국에 의하여 그 국가에서 두루 알려진 것으로 간주되고 또한 그 표장이 동일 또는 유사한 상품에 사용되는 경우, 직권으로 할 수 있도록 자국 법률이 허용하는 경우 직권으로 또는 이해당사자의 요청으로, 그 표장을 복제하거나 모방 또는 번역하여 혼동을 일으킬 수 있는 상표의 등록을 거절하거나 취소하고 또한 그 사용을 금지할 것을 약속한다. 이 규정은 표장의 본질적인 부분이 그런 두루 알려진 표장의 복제나 그것과 혼동을 일으킬 수 있는 모방인 경우에도 적용

---

84) 프랑스어본에서는 'mark de fabrique ou de commerce notoirment connu'라고 하고 있다. 프랑스 사전에 따르면, 'notoire'는 "많은 숫자의 사람들에게 알려진(connu d'un très grand nombre de personnes)"이라는 의미의 형용사이다. http://www.larousse.fr/ 참조. 공간적 개념이라기보다는 인적 관계 속에서 파악할 수 있는 개념으로 보인다. 그렇다면 'marque notoire' 의 의미는 '널리 알려진' 것이라기보다는 '잘 알려진' 것이라거나 '두루 알려진' 것이 본래의 뜻에 가까울 수도 있겠다. 이런 점에서 우리 상표법 해석상 '주지 상표'라는 표현은 본래 의미에 상당히 근접한 것이다.

된다."[85]

이 조항은 1925년 헤이그 회의에서 처음 도입되어 1934년 회의와 1958년 회의에서 개정되었다. 1958년 회의에서는 상표 등록의 거절과 취소뿐만 아니라 상표 사용도 금지할 수 있도록 하여 주지 상표의 보호 범위를 넓혔다.

이 조항이 등장한 근거로 다음과 같은 점을 든다. 첫째, 혼동을 야기할 수 있는 상표를 등록하거나 사용하는 것은 부정경쟁 행위에 해당한다는 것이고, 둘째, 동일하거나 유사한 상품에 충돌하는 상표가 사용되면 이는 오인을 야기함으로써 소비자의 이익을 해칠 수 있다는 것이고, 셋째, 상표로부터 얻은 신용과 명성은 존중되어야 한다는 것이다.[86] 보다 현실적인 이유는 누군가가 외국의 주지 상표에 대한 권리를 자국 내에서 취득하여 그 상표의 진정한 소유자의 상표 사용을 방해하려 할 뿐만 아니라 고액의 대가를 요구하는 상황에 대처하기 위한 것이었다.[87]

2) 보호의 내용

주지 상표의 협약상 보호는 동일·유사 상표의 등록 거절이나 등록 취소 형태를 띤다. 국내법상 이의 절차(opposition procedure)나 무효나 취소 절차(invalidation or cancellation procedure)가 등록 거절이나 등록 취소를 위해 활용될 것이다. 협약은 더 나아가 사용 금지를 통해서도 주지 상표를 보호할 수 있도록 하고 있다. 주지 상표 보호에 충실하기 위한 추가적 장치를 마련하고 있는 것이다. 이런 등록 거절, 등록 취소 또는 사용 금지는 이해당사자의 요청으로 개시할 수도 있고, 국내법으로 이해당사자의 요청을 불문하고 직권으로 개시할

---

85) Art. 6bis(1): "The countries of the Union undertake, ex officio if their legislation so permits, or at the request of an interested party, to refuse or to cancel the registration, and to prohibit the use, of a trademark which constitutes a reproduction, an imitation, or a translation, liable to create confusion, of a mark considered by the competent authority of the country of registration or use to be well known in that country as being already the mark of a person entitled to the benefits of this Convention and used for identical or similar goods. These provisions shall also apply when the essential part of the mark constitutes a reproduction of any such well-known mark or an imitation liable to create confusion therewith."

86) Bodenhausen, pp.90~91; WIPO, p.372.

87) 後藤, p.238.

수도 있다.

주지 상표가 동맹국 내에서 보호를 받기 위해서는 다음과 같은 요건을 충족해야 한다. 첫째, 상표가 보호를 받고자 하는 국가 내에서 두루 알려져야 한다. 주지성은 해당 상표가 그 국가에서 등록되거나 사용되기 전이라도 기업 광고나 홍보를 통해서도 획득할 수 있고, 소비자(일반 공중이든 유통업계이든)가 외국 소식을 접하여 해당 상표를 알게 됨으로써 주지성을 얻을 수도 있다. 파리협약은 단지 그 국가에서 두루 알려질 것만을 요구할 뿐 그 내용이나 정도에 대해서는 침묵하고 있어서 국내법이나 법원 재량이 넓게 인정된다. 어떤 국가에서 두루 알려졌다고 할 때 그것은 "해당 표장이 어떤 기업에 속하는 것으로서 해당 국가에서 거래상(in commerce) 두루 알려진 것으로 충분하다."[88] 표장 소유자가 누구인지까지 알 필요는 없다.[89] 제6조의2 제1항은 단지 '두루 알려진 것으로 간주(considered … to be well known)'될 것을 요구할 수 있을 뿐이다. 해당 상표의 등록이나 사용은 요건으로 명시되어 있지 않다. 그러나 사용 요건 부과는 동맹국의 재량에 속한다.[90]

둘째, 주지 상표를 복제하거나 주지 상표와 혼동을 야기할 수 있는 상표의 사용(모방이나 복제)이 등록 거절 등의 대상이 된다. 복제(reproduction)는 동일한 상표를 사용하는 것이다.[91] 모방(imitation)이나 번역(translation)은 유사한 상표를 사용하는 것으로 그런 사용은 혼동을 야기할 수 있다. 모방이나 번역이 혼동을 야기하는 경우뿐만 아니라 혼동을 야기할 수 있는(liable to create confusion) 경우도 요건을 충족하는 것으로 하고 있다. 또한 주지 상표의 보호

---

88) Bodenhausen, p.92. 널리 알려진 것으로 충분한 것이지 동맹국 국민 등 파리협약 수익자의 상표라는 것까지 알려질 것을 요건으로 하지는 않는다. 또한 주지 상표와 충돌하는 상표를 등록하거나 사용하는 사람이 전자 상표가 두루 알려진 것이라고 인식할 필요도 없다. Ibid. 1934년 런던 회의에서 미국은 주지 상표 보호의 요건으로서 보호를 받고자 하는 국가에서 해당 상표가 두루 알려져 있는 여부와 관계없이, 침해자가 어느 동맹국에서 해당 상표가 이미 사용되고 있다는 사실을 인식해야 할 것을 제안한 바 있었으나 받아들여지지 않았다. Ladas, Vol.II, p.1252.

89) Ladas, Vol.II, p.1254.

90) 이런 결론은 협약의 연혁을 고려한 해석에 따른 것이다. 1958년 리스본 회의에서 사용을 보호의 요건으로 삼을 수 없다는 제안이 나온 적 있으나 받아들여지지 않았다. Bodenhausen, p.91; Ladas, Vol.II, p.1253.

91) 복제란 우리 상표법에서는 상표 사용의 하나로서 '상표를 표시하는 행위'를 말한다. 제2조 11호 등 참조.

는 표장의 본질적인 부분(essential part of the mark)이 혼동을 야기할 수 있을 정도로 주지 상표를 복제하거나 모방하는 경우에도 미친다(제6조의2 제1항 2 문). 이렇게 볼 때, 제6조의2가 예정한 상표의 사용이란 ① 충돌하는 상표가 주지 상표를 복제하거나, ② 충돌하는 상표가 혼동을 야기할 수 있도록 주지 상표를 모방하거나 번역하거나, ③ 충돌 상표의 본질적인 부분이 주지 상표를 복제하거나, ④ 충돌 상표의 본질적인 부분이 혼동을 야기할 수 있도록 주지 상표를 모방하는 것을 포함한다.[92]

주지 상표의 존재를 알지 못하고 등록을 부여한 다른 상표에 대해서는 취소할 수 있는 길이 열려 있다. 또한 해당 상표의 사용을 금지할 수 있는 길도 있다. 협약 제6조의2 제2항에서는 "그러한 표장의 취소 요청에 대하여는 등록일로부터 최소한 5년의 기간이 허용된다. 동맹국은 사용 금지 요청 기간에 관하여 규정할 수 있다"고 하고 있다. 다시 말해서 상표 소유자는 각국의 국내법에서 정한 기간 내에 상표의 등록 취소나 사용 금지를 요청할 수 있으며, 그 기간은 등록 취소의 경우 최소 5년이고, 사용 금지의 경우에는 국내법상 정한 기간이다. 그러나 주지 상표의 존재를 알고 있는 악의의 상표 등록 출원인이나 상표 사용자에 대해서는 기간의 제약이 없이 그 등록 취소나 사용 금지가 가능하다. 협약 제6조의2 제3항에 의하면, "악의로 등록되거나 사용되는 상표의 취소나 사용의 금지 요청에 대하여는 기간의 제한을 정하지 아니한다"고 하고 있다. 기존의 주지 상표의 명성에 기대어, 이와 동일하거나 유사한 다른 상표를 등록하거나 사용하여 소비자에게 혼동을 야기하고자 하는 의사를 가지고 있는 경우 악의가 존재한다고 할 수 있다.

이 조항도 제5조 C절과 마찬가지로 서비스표에는 적용되지 않는다. 그 이유는 앞에서 언급한 것과 다르지 않다. 제5조의 C절 제1항에 '동일 또는 유사한 상품'이라 하여 이 점을 간접적으로 확인하고 있다.

---

92) Ladas, Vol. II, p.1256.

5. 국가 및 국제기구 표장의 보호

1) 규정 도입 배경

모든 국가나 국제기구는 여러 식별 기호(distinctive sign) 또는 표장(emblem)[93] 을 사용한다. 이들 국가나 국제기구가 자신의 권위를 상징하기 위하여 사용하는 기호나 표장에는 기장이나 문장 등이 있다. 누구든지 허락을 받지 않은 채 이런 표장을 사용하게 되면 그 국가나 국제기구의 위신을 훼손할 뿐 아니라 일반 공중이 해당 표장을 부착한 상품의 출처를 오인할 수도 있다.[94] 이에 파리협약은 그 사용을 제한하는 장치를 마련하고 있다. 제6조의3이 그것이다.

이 조항은 1925년 헤이그 개정회의에서 신설되어 1934년 런던 회의에서 부분 개정되고, 1958년 리스본 회의에서 대폭 개정되어 오늘에 이르고 있다.[95] 처음에는 국가의 문장만을 보호하다가 1958년 회의에서 국제기구의 문장도 보호대상으로 추가했다.

2) 보호의 방법 및 보호대상

파리협약은 국가나 국제기구의 식별 기호 자체를 보호하는 태도를 취하지 않는다. 이런 식별 기호는 기업의 상표와는 달리, 상업적인 목적으로 제작되지도 않을 뿐만 아니라 품질을 보증한다거나 소비자로 하여금 해당 상표를 연상하여 구매 동기를 유발하는 역할도 하지 않는다. 파리협약은 이런 점에 주목하여, 국가나 국제기구의 식별 기호를 상표로 등록하거나 사용하는 것을 금지함으로써 간접적인 보호를 꾀하고 있다.

---

93) 여기서 사용하는 표장(emblem)은 상표의 표지로서 표장(mark)과는 구별된다.

94) 1925년 헤이그 회의에서 네덜란드 정부와 국제사무국이 마련한 설명 자료에 따르면, 국가 표장의 남용이 오랫동안 문제되었다는 점, 이런 남용은 주권의 상징에 대한 국가의 권한을 침해하고, 일반 공중이 상품의 원산지에 대해 오인할 수 있다는 점이 지적되었다. 그런 표장 등을 상업적·산업적으로 이용하는 것은 부정경쟁의 일종으로 보았다. *Actes de la Haye*, pp.243~244.

95) 1883년 협약 최종의정서 제4 제2항은 'telle quelle' 원칙의 예외로, 공공 문장과 장식(public armorial bearings and decorations)의 사용은 공공질서에 반하는 것으로 규정한 바 있다. 국가 등의 식별 기호 보호에 관한 최초의 규정인 셈이다.

(1) 국가의 표장

(가) 보호대상

제6조의3 제1항 (a)에 의하면, "동맹국은 권한 있는 당국의 허락을 받지 아니하고, 동맹국의 문장, 국기, 그 밖의 표장 및 동맹국이 채택한 감독용 또는 증명용 공식 기호와 인장 및 문장학상 이들의 모방을 상표나 상표의 구성요소로 하여 등록하는 것을 거절하거나 무효화하고 또한 사용하는 것을 적절한 조치에 의하여 금지하기로 합의한다."[96]

보호대상은 문장(armorial bearing), 국기(flag), 그 밖의 표장(other emblem), 감독용이나 증명용 공식 기호와 인장(official sign and hallmark)이다. 동맹국의 국가 형태가 어떠하든 그 국가 표장은 보호를 받는다. 연방 국가(Union)를 구성하는 주나 지방자치단체와 같은 하위 조직은 독자적으로 국가가 될 수 없기 때문에 이런 하위 조직이 채택한 표장은 보호를 받지 못한다.[97] 감독 내지 증명을 위한 공식 기호나 인장은 귀금속이나 버터나 치즈, 육류에 붙이는 것으로, 이런 기호를 국가의 허락 없이 부착하는 것은 등록이 거절되거나 그 사용이 금지된다.[98]

국가의 표장과 관련하여 다음 몇 가지를 짚어보기로 한다. 첫째, 국가 표장과 동일하거나 유사한 상표는 등록을 받을 수 없거나 그 사용이 금지되지만 유사성의 범위는 제한적이다. 즉, 문장학(heraldry) 관점에서 모방이라 할 수 있는 상표만이 등록을 받을 수 없거나 사용이 금지된다. 예를 들어, 국가 표장에 담겨 있는 사자나 곰, 태양과 같은 상징과 유사한 상징이 상표의 구성부분으로서 독자적으로 식별력이 있다면 이런 상표는 등록이 거절되거나 사용이 금지되지 않는다.[99]

---

96) Art. 6ter(1)(a): "The countries of the Union agree to refuse or to invalidate the registration, and to prohibit by appropriate measures the use, without authorization by the competent authorities, either as trademarks or as elements of trademarks, of armorial bearings, flags, and other State emblems, of the countries of the Union, official signs and hallmarks indicating control and warranty adopted by them, and any imitation from a heraldic point of view."

97) 이 조항을 도입한 1925년 헤이그 회의에서는 국가의 문장에는 당시 왕조의 가문(家紋)이나 연합국가(federation) 소속국의 문장 등이 포함되는 것으로 만장일치 합의를 보았다. *Actes de la Haye de 1925*, p.544.

98) Bodenhausen, pp.96~97.

둘째, 국제기구 표장의 경우, 뒤에서 보는 바와 같이, 어느 상표가 국제기구와의 관련성을 공중에게 암시하지 않거나 상표 사용자와 국제기구 간의 관계를 공중이 오인하지 않는다면 해당 상표의 등록이나 사용은 허용된다.[100) 협정은 국가 표장에 대해서는 언급하지 않고 있다. 국가 표장의 경우 이런 관련성이 없더라도, 공중의 오인이 없더라도 해당 상표의 등록이나 사용은 허용되지 않는다고 볼 수 있다.[101)

셋째, 이상의 규정은 상표에 관한 것으로, 서비스표에는 적용되지 않는다. 서비스표가 널리 활용되는 점을 감안한다면 이 규정을 확대 적용할 필요는 있지만 아직 현실화되지 않고 있다. TRIPS협정도 이 점에 대해서는 여전히 침묵하고 있다. 물론 동맹국이 재량으로 국가 표장을 서비스표에 확대 적용할 수 있다.[102)

(나) 보호에 대한 제한

감독이나 증명을 위한 공식 기호는 보호가 제한된다. 즉, 그런 기호를 사용하는 동일 또는 유사한 상품에 사용할 경우에만 보호를 받는다(제2항). 해당 기호를 담은 상표를 상표에 부착하는 이외의 방법으로 사용하는 것, 예를 들어 광고선전에 사용하는 것은 가능한 것이다.

(2) 국제기구의 표장

(가) 보호대상

국가 표장에 관한 규정[제6조의3 제1항 (a)]은 동맹국을 당사국으로 하는 정부 간 국제기구의 문장(armorial bearing), 기장(flag), 그 밖의 표장(other emblem), 약칭(abbreviation) 및 명칭(name)에 대하여도 준용된다[제6조의3 제1항 (b)].[103)

99) Article 6ter of the Paris Convention: Legal and Administrative Aspects, Document prepared by the Secretariat, WIPO Doc. SCT/15/3, October 14, 2005, p.3.

100) 이에 관해서는, 제3부 제5장 5. 2) (2) (나) 보호에 대한 제한 참조.

101) Bodenhausen, p.98.

102) 1994년 상표법조약은 체약당사자로 하여금 파리협약 제6조의3을 서비스표에 적용하도록 의무화하고 있다. 제16조 참조.

103) Art. 6ter(1)(b): "The provisions of subparagraph (a), above, shall apply equally to armorial bearings, flags, other emblems, abbreviations, and names, of international intergovernmental organizations of which one or more countries of the Union are members,

여기서는 특별히 국제기구의 약칭이나 명칭을 명시하고 있다. 국가의 명칭이나 약칭은 보호를 하지 않는 반면, 국제기구의 그것은 보호를 하는 것이다. 국제기구의 약칭이란 UN, WIPO, WTO 등을 말한다.[104] 협약은 또한 정부 간 국제기구의 표장만을 언급하고 있어서, 비정부 간 국제기구(international non-governmental organization)의 표장은 보호를 받지 못한다.

국제기구의 표장과 관련해서도 두 가지 검토할 점이 있다. 첫째, 국제기구가 감독 내지 증명을 위한 공식 기호나 인장을 채택한다 하더라도 이에 대해서는 보호가 미치지 않는다. 제6조의3 제1항 (b)에서 이런 표장에 대해 언급하지 않고 있어서 제6조의3 제1항 (a)를 준용할 수 없기 때문이다.

둘째, 준용되는 것도 있다. 즉, 국제기구 표장과 유사한 상표는 등록을 받을 수 없거나 그 사용이 금지되지만 문장학 관점에서 모방이라 할 수 있는 상표만이 등록을 받을 수 없거나 사용이 금지되는 것이다.

(나) 보호에 대한 제한

국제기구의 표장의 보호도 일정한 제한을 받는다. 첫째, 현행 국제 조약에서 이미 이에 대한 보호를 하는 경우에는 제6조의3 제1항 (b)가 적용되지 않는다[제6조의3 제1항 (b) 단서].[105] 이미 보호하고 있는 표장에 대해 중복 보호할 필요가 없거나 보호 상충의 문제가 생기기 때문인 듯하다.[106]

둘째, 어느 상표가 해당 국제기구와 이 기구 표장을 담은 상표 간의 관련성을 암시하지 않거나 또는 어느 상표 사용자와 해당 국제기구 간의 관계를 공중이 오인하지 않는 경우에는 적용되지 않는다[제1항 (c) 2문].[107]

---

with the exception of armorial bearings, flags, other emblems, abbreviations, and names, that are already the subject of international agreements in force, intended to ensure their protection."

104) UN의 다른 공식 언어의 약칭도 보호를 받는다. 프랑스어 약칭인 ONU, OMPI, OMC 등이 그 예이다.

105) 기왕의 국제 조약에서 표장을 보호하는 예로는 1949년 군대 병상자의 조건 완화를 위한 제네바협약에서 보호하는 적십자(red cross)를 들 수 있다. Bodenhausen, pp.97~98. '기존'의 국제 조약은 아니지만 1982년 올림픽 상징의 보호에 관한 나이로비조약에서는 올림픽 상징을 표장으로 등록하지 못하도록 하거나 사용하는 것을 금지하고 있다.

106) Bodenhausen, p.97.

107) Art. 6ter(1)(c): "No country of the Union shall be required to apply the provisions of sub-paragraph (b), above, to the prejudice of the owners of rights acquired in good faith

(3) 보호의 확장

국가의 문장, 즉 국장(State armorial bearing)은 원칙적으로 제6조의3 제1항 (a)에 의한 보호를 받는다. 그런 국장과 동일하거나 유사한 상표는 등록을 받을 수 없고 사용할 수 없는 것이다. 국장은 이런 보호에 더하여, 상품 원산지의 오인을 야기할 수 있도록 거래상 사용된다면 그런 무단 사용은 금지된다(제9항). 상품 포장이나 상품 디자인에, 또는 광고물에 국장을 넣는 것도 그것이 오인을 야기할 수 있다면 허용되지 않는 것이다.[108] 이 규정은 국장에 국한하고 있어서 국기나 다른 국가 표장(State emblem)에 대해서도 적용된다 단언하기는 어렵다. 물론 국제기구 표장에 대해서는 적용 여지가 없다.

또한 제6조의5 B절 제3항(도덕이나 공공질서에 반하거나 공중을 기망하는 성격의 상표에 대해서는 'telle quelle' 원칙이 적용되지 않는다는 것)에 따라 각국에 부여된 권리는 그대로 행사할 수 있다(제10항). 다시 말해서, 국가나 국제기구의 표장을 담은 상표가 보호국가에서 도덕이나 공공질서에 반하거나 공중을 기망하는 성격을 가지고 있다면 그런 상표는 여전히 등록이 거절될 수 있는 것이다. 국가나 국제기구의 표장을 담은 상표는 제6조의3 제1항 (a)에 의해서도, 제6조의5 B절 제3항에 의해서도 등록 거절될 수 있는 것이다. 중첩 적용 가능성을 배제할 수는 없으나 보호 확장의 측면을 가지고 있다는 점 또한 부인할 수 없다.

3) 법적 효과

협약에서는 국가나 국제기구의 표장을 상표나 상표의 구성요소로 하여 등록하거나 사용하려 할 때 그 등록을 거절하거나 무효화하거나 또는 그 사용을 금지하고 있다. 간접적인 방법으로 그런 표장을 보호하는 것이다.

---

before the entry into force, in that country, of this Convention. The countries of the Union shall not be required to apply the said provisions when the use or registration referred to in subparagraph (a), above, is not of such a nature as to suggest to the public that a connection exists between the organization concerned and the armorial bearings, flags, emblems, abbreviations, and names, or if such use or registration is probably not of such a nature as to mislead the public as to the existence of a connection between the user and the organization."

108) Bodenhausen, p.103; SCT/15/3, op. cit., p.8.

제6조의3 제1항 (a)는 '권한 있는 당국의 허락을 받지 아니하'는 경우에 그 등록이나 사용을 막고 있다. 따라서 권한 있는 당국이 그 등록이나 사용을 허락한다면 누구든지 자유로이 등록하거나 사용할 수 있다. 또한 제6조의3 제8항에서는 동맹국 내에서 자국민이 국가 표장을 사용하도록 허락을 받은 경우에는 그 표장을 사용할 수 있을 뿐만 아니라 다른 국가의 표장과 유사하다 하더라도 역시 사용할 수 있도록 하고 있다.109)

제6조의3은 원칙적으로 소급효를 인정하지 않는다. 파리협약은 이와 관련하여 세 가지를 밝히고 있다. 첫째, 국기의 보호는 헤이그 의정서 채택 시점(1925년 11월 6일) 전에 등록된 상표에 대해서는 미치지 않는다(제5항).

둘째, 국기를 제외한 국가 표장과 국제기구 표장은 제6조의3 제3항에서 정한 통지를 접수한 후 2개월 후에 등록되는 상표에만 적용된다(제6항). 국기는 의무적인 통지 대상이 아니므로 2개월이라는 기간을 필요로 하지 않는다.

셋째, 국제기구 표장의 경우 어느 동맹국에 대하여 파리협약 해당 의정서가 효력을 발생하기 전에 신의칙에 따라 권리를 취득한 경우에는 해당 표장을 보호할 의무가 없다(제6조의3 제1항 (c) 1문). 어느 동맹국이 1958년 리스본 의정서에 가입한 경우에는 그때부터, 1967년 스톡홀름 의정서에 가입하는 경우에는 그때부터 그 국가에 대해 효력이 발생하므로 그 국가에서 그 전에 권리를 취득한 경우에는 기득권을 존중하는 것이다. 이 조항은 위 제6항의 특별 규정으로 우선 적용된다.110)

넷째, 악의의 경우에는 소급효를 부분적으로 인정하고 있다. 즉, 국가 표장을 악의로 상표 등록을 한 경우에는 어떠한 경우에도 취소될 수 있다. 심지어 헤이그 의정서 채택 전에 등록되었다 하더라도 마찬가지이다(제7항).111) 보호대상은 국가 표장(State emblem), 기호(sign)와 인장(hallmark)이다. 국장과 국기는 포함하지 않고 있어서 해석상 논란이 될 수 있다.

---

109) 제8항은 제1항 (a)와 중복 적용될 가능성이 있다.

110) SCT/15/3, op. cit., p.8.

111) Art. 6ter(7): "In cases of bad faith, the countries shall have the right to cancel even those marks incorporating State emblems, signs, and hallmarks, which were registered before November 6, 1925."

4) 통보 제도 및 절차

국기 이외의 국가 표장은 그 명단을 WIPO 국제사무국을 통하여 동맹국에 통보하여야 하며 통보를 접수한 지 2개월 후부터 보호된다. 국가 표장은 그 자체만이 아니라 그 변경도 통보의 대상이다. 통보를 접수한 국가는 이를 공개하여야 한다[제3항 (a) 및 제6항]. 다른 동맹국은 이의가 있을 경우에는 통보를 수령한 때로부터 12개월 내에 이를 국제사무국을 통하여 관계 국가에 통보할 수 있다(제4항).[112] 이 경우 국제 분쟁으로 비화할 수 있으며 이는 협약에서 정한 절차나 기타의 분쟁 해결 절차를 거쳐 해결될 것이다. 국기는 통보의 대상이 아니다. 국기는 이미 두루 알려졌다고 보기 때문인 듯하다. 일부 국가는 국기도 통보하고 있다. 통보 요건은 그다지 엄격하지 않다.

국제기구의 표장은 WIPO 국제사무국을 통하여 동맹국에 통보하여야 하며 통보를 접수한지 2개월 후부터 보호된다[제3항 (b) 및 제6항]. 파리협약은 국제기구 표장의 통보에 대해서 국가 표장의 경우와는 규정 형식을 달리하고 있다.[113] 국가 표장이든 국제기구 표장이든 통보가 모두 의무적이라는 점은 같지만, 국제기구 표장은 통보가 보호의 요건이라는 점에서 양자 간에 차이가 있다. 각 동맹국은 국제기구의 표장에 대해서도 이의를 제기할 수 있다. 그 절차 및 방법 등은 국가 표장의 경우와 같다(제4항).

1992년 파리동맹 총회는 제6조의3 제1항 (b) 및 제3항 (b)의 해석에 관한 지침을 채택했다.[114] 이에 의하면 국제기구가 설립한 프로그램, 조직 및 약정이 영속적인 기구로서 특정한 목적을 가지고 독자적인 권리·의무의 주체가 될 경

---

112) 파리협약은 이의 제기의 근거에 대해서는 침묵하고 있으나, 이미 통보된 다른 표장(자국의 것이든 다른 국가의 것이든 또는 국제기구의 것이든)과 충돌한다거나, 해당 표장이 통보될 성질의 것이 아니라거나, 해당 표장이 보호를 요청하는 국가나 국제기구의 표장이 아니라는 것을 이유로 내세울 수 있다. SCT/15/3, op. cit., p.7.

113) 국가 표장의 명단 통지 의무는 국제기구의 그것보다 엄격하지 않다. 전자에 관하여는 제6조의3 제3항 (a)에서 "동맹국은… 상호 통보할 것을 합의한다"고 규정하고 있는 반면에, 후자에 관하여는 제6조의3 제3항 (b)에서 "이 조 제1항 (b)호의 규정은 국제기구가 국제사무국을 통하여 동맹국에 통보하는 경우에 한하여 그 국제기구의 문장, 기장, 그 밖의 표장, 약칭 및 명칭에도 적용한다"고 하고 있다.

114) Guidelines for the Interpretation of Article 6ter(1)(b) and (3)(b) of the Convention for the Protection of Industrial Property, Report adopted by the Assembly, September 29, 1992, WIPO Doc. P/A/XIX/4 참조.

우 그런 프로그램 등의 표장에 대해서도 통보 대상으로 정했다.[115]

6. 서비스표 및 단체표장

1) 서비스표

서비스표는 자타 서비스의 식별 표지이다. 이것은 상표에 대응하는 개념이라 할 수 있다. 파리협약은 서비스표를 상표와 마찬가지로 보호하지 않고 있다. 제6조의6에서는 "동맹국은 서비스표를 보호할 것을 약속한다. 동맹국은 그러한 표장의 등록에 관하여 규정할 의무는 없다"고 하고 있다.[116]

이 규정은 1958년 리스본 개정회의에서 처음 도입되었다. 상표와 유사한 보호를 하려는 시도는 무산되고 각 동맹국에 보호 의무만을 부과한 채 매듭지어졌다. 서비스표의 보호에 관한 법률을 제정하더라도 반드시 상표법이나 서비스표 보호에 관한 법률을 제정할 필요는 없으며 부정경쟁방지법을 통해서 그 보호에 관하여 규정하면 그만이다. 서비스표 보호를 위한 법률의 근거를 마련하지 않을 경우 그 등록에 관한 규정을 마련할 필요도 없다. 따라서, 협약 제6조의6 제2문에서는 등록에 관한 입법상의 의무도 면제해주고 있는 것이다.

2) 단체표장

단체표장(collective mark)은 출처, 제조방법, 품질 등을 공유하는 여러 기업이 상표 소유자의 통제 아래 다른 표장과 구별하기 위한 표지이다. 상표 소유자는 제조업자나 배포업자 등을 대표하는 협회인 것이 보통이다. 단체표장은 상표나 서비스표처럼 어느 기업의 상품이나 서비스를 다른 기업의 그것과 식

---

115) WIPO가 제6조의3 시스템에서 보유하고 있는 국가나 국제기구 표장은 2016년 3월 말 현재 3277개이다. http://www.wipo.int/ipdl/en/6ter/search-struct.jsp 참조. 2005년 8월 말 현재 통보 요청은 모두 262건으로, 국가가 요청한 것이 121건(국가 수로는 64개국), 국제기구가 요청한 것이 141건(국제기구 수로는 118개)이다. SCT/15/3, op. cit., p.12.

116) Art. 6sexies: "The countries of the Union undertake to protect service marks. They shall not be required to provide for the registration of such marks."

별하는 표장이라기보다는 여러 다른 기업들의 상품이나 서비스가 공통으로 가지고 있는 지리적 표시나 품질을 나타내거나 보증하는 표장이다.

협약 제7조의2 제1항에서는 "동맹국은 어느 단체의 존재가 본국의 법률에 반하지 아니하는 경우 그 단체가 산업상이나 상업상의 영업소를 가지지 아니한다 하더라도 그 단체에 속하는 단체표장의 출원을 수락하고 그 표장을 보호할 것을 약속한다"고 하고 있다. 이 규정은 1911년 워싱턴 개정회의에서 신설되었다. 협약에서 보호하는 표장은 제조업자나 판매업자 단체의 표장이다. 국가나 공공기관의 표장은 보호대상이 아니다. 협약에서는 '본국'에 대해서 정의하지 않고 있으나 해당 단체의 국적 국가로 이해된다. 해당 단체는 "본국의 법률에 반하지 아니하"여야 한다. 해당 단체가 법령에 반하지 아니한다는 사실을 입증할 필요는 없다. 단체의 존재가 법에 반한다는 사실이 증명되면 그 등록을 거절하거나 보호하지 않을 수 있다는 의미이다.117) 많은 단체는 산업상이나 상업상의 영업소를 가지지 않는 것이 보통이다. 따라서 영업소의 존재 여부가 그 보호 여부에 영향을 미치지는 않는다. 오로지 회원에 의한 단체표장의 사용을 통제할 수 있으면 그만이다.

각 동맹국은 단체표장의 등록과 보호에 관하여 별도의 요건을 정할 수도 있으며, 공공 이익에 반하는 경우에는 그 등록이나 보호를 거절하거나 부정할 수도 있다(제2항). 이런 조건에는 단체의 성격이나 표장의 성격, 보증의 내용 등에 관한 것들을 들 수 있다. 또한 단체표장의 양도를 금지할 수도 있다.118) 여기서 공공 이익이란 공공질서보다는 넓은 의미로 이해할 수 있다.

그러나 어떤 경우에도 "어느 단체의 존재가 본국의 법률에 반하지 아니하는 경우에는 그 단체가 보호가 주장되는 국가에서 설립되지 아니하거나 그 국가의 법률에 따라 구성되지 아니하였다는 이유로 이런 표장의 보호는 부정되지 아니한다"(제3항).

---

117) Bodenhausen, pp.130~131.
118) Bodenhausen, pp.131~132.

제6장 산업디자인에 관한 규정

산업디자인은 이미 1883년 협약에 자리 잡았다. 당시 협약에서는 산업재산권의 대상으로 산업디자인을 포함시켰고(제2조), 산업재산권에 대해 우선권의 이익을 누릴 수 있도록 했고(제4조), 국제박람회 전시 상품의 임시 보호대상으로 산업디자인을 포함시켰으며(제11조), 산업재산권청의 업무의 하나로 산업디자인의 공개 업무를 수행하도록 했다(제12조). 1925년 헤이그 회의에서는 산업디자인의 수입으로 인한 몰수를 금지하고(제5조 제6항 신설), 1934년에는 불실시로 인한 몰수도 금지했다(제5조 B절 신설).

1958년 리스본 회의에서는 동맹국에게 산업디자인 보호 의무를 부과했다(제5조의5). 비로소 산업디자인의 실질적인 보호의 길을 연 것이다. 당시 각국의 제안서들은 산업디자인의 정의에서 비롯하여 산업디자인 보호를 위한 각 동맹국의 의무, 그리고 신규성 및 보호기간 등에 이르기까지 산업디자인의 보호에 관한 보편적인 규범을 마련하려는 의욕을 담고 있었다. 그러나 리스본 회의는 각 동맹국이 산업디자인을 보호하도록 의무를 부과하는 규정만을 남겨둔 채 폐회함으로써 산업디자인의 국제적 보호를 위한 제도의 조화와 통일은 여전히 미흡한 채 현재에 이르고 있다 하겠다.

1. 산업디자인의 보호

파리협약 제5조의5에서는 "산업디자인은 모든 동맹국에서 보호된다"고 규정하고 있다.[1] 산업디자인의 정의, 권리의 내용, 보호기간 및 보호 방법은 모두 각국의 재량에 속한다. 따라서 각국은 독자적인 법률인 산업디자인법으로 보호할 수도 있겠고, 저작권이나 부정경쟁방지법으로 보호할 수도 있겠다.

---

1) Art. 5quinquies: "Industrial designs shall be protected in all the countries of the Union."

조약이 직접 적용되는 국가에서는 비록 산업디자인에 관한 국내법을 마련하지 않더라도 권리자가 이 조항을 그대로 원용하여 손해배상 등을 청구할 수도 있다는 주장도 있지만,[2] 제5조의5는 산업디자인의 정의에서부터 보호기간에 이르기까지 아무런 해답을 주지 않고 있기 때문에 실제 집행력이 있는 규정으로 각국의 법원에서 받아들일 수 있는지 의문이다.

2. 디자인 권리자의 의무

디자인 권리자는 특허권자와 마찬가지로 실시 의무를 진다. 각국은 이 의무를 특허 실시 의무에 상당하는 것으로 보고 있다. 따라서 그 내용 및 법적 효과도 유사하다. 또한 과거에는 국내법으로, 산업디자인의 실시를 간접적으로 강제하기 위하여 디자인 물품의 수입으로 인한 몰수를 명시하기도 했다. 이런 각국의 관행을 극복하기 위하여, 1925년 헤이그 회의에서 산업디자인 물품(articles corresponding to [the industrial designs])의 수입으로 인한 몰수를 금지하는 규정을 도입했다. 1934년 런던 회의에서는 불실시로 인한 몰수를 금지하는 구절을 추가하여 현재 규정(제5조 B절)이 되었다.[3] 실시란 산업디자인을 표현하고 구현한 물품의 '제조'를 통상적으로 의미한다.[4] 특허의 실시와 같은 맥락에서 산업디자인 물품의 수입이나 판매는 실시라고 할 수 없을 것이다. 몰수의 의미는 특허의 경우와 마찬가지로 디자인에 대한 권리를 종료시키는 모든 조치를 의미한다.[5]

파리협약은 불실시에 대하여 몰수할 수 없다고 하고 있을 뿐, 다른 제재 조치에 대해서는 언급하지 않고 있다. 1934년 런던 회의에서 영국 정부와 국제사무국은 불실시나 수입으로 인해 산업디자인을 몰수도 할 수 없고 강제실시권에 의해 산업디자인의 보호를 제한할 수도 없다고 제안했으나 일부 국가의

---

2) Bodenhausen, p.86.

3) Art. 5, Section B: "The protection of industrial designs shall not, under any circumstance, be subject to any forfeiture, either by reason of failure to work or by reason of the importation of articles corresponding to those which are protected."

4) Bodenhausen, p.74.

5) 특허의 불실시, 몰수 등에 관해서는, 제3부 제4장 3. 1) 특허 실시 의무 참조.

반대로 강제실시권에 의한 보호 제한 금지 규정은 받아들여지지 않았다. 강제실시권은 여전히 동맹국의 입법 재량에 속하는 것이라 할 수 있다.[6] 한편, 산업디자인 물품의 수입으로 인한 제재는 몰수 자체를 금지할 수 없다는 점에서, 특허의 경우와 같다고 할 수 있으나 몰수 금지 요건이 특허의 예에 비추어 완화되어 있다. 디자인 권리자가 수입했는가 여부, 그리고 해당 물품이 어느 동맹국에서 제조된 후 수입되었는가 여부를 묻지 않고 산업디자인 물품이 단지 수입되었다는 이유로 몰수를 할 수 없도록 하고 있기 때문이다.

---

6) 당시 제안은 다음과 같다: «La protection des dessins et modèles ne peut être ni atteinte par une déchéance quelconque, ni limitée par une licence obligatoire, soit pour défaut d'exploitation, soit pour introduction d'objets conformes à ceux qui sont protégés». 이에 대해 유고슬라비아와 체코슬로바키아는 'ni limitée par une licence obligatoire' 구절의 삭제를 주장했고 이것이 받아들여졌다. *Actes de Londres*, p.380, 460.

제7장 기타 보호대상에 관한 규정

1. 상호의 보호

상호는 1883년부터 협약상 보호되어왔다. 협약 제8조는 "상호는 출원이나 등록의 의무 여부 또는 상표의 일부를 구성하는 여부를 묻지 아니하고 모든 동맹국에서 보호된다"고 하고 있다.[1] 제1조에서는 상호를 산업재산권의 하나로 분류하고, 이어 제2조에서는 내국민대우의 원칙이 모든 산업재산권에 적용된다는 점을 밝히고 있다. 따라서, 제8조는 상호의 보호가 국제규범상 실질적인 보호를 향유한다는 점을 확인하는 규정이라 할 수 있다. 이어 제9조에서는 불법 부착 상호 및 허위 표시 상호는 압류의 대상이 된다고 하고 있다. 그러나 이것이 전부일 뿐, 다른 규정이 존재하지는 않는다. 이것은 각국마다 상호의 개념이 다르고 그 보호 방법과 요건이 다르기 때문에 그 이상의 최소한의 보호 규정을 협약에 담는 것조차 힘들었기 때문으로 여겨진다. 다만, 협약에서 인정하는 상호에 대한 권리는 대체로 제3자에 의한 동일 상호 또는 유사 상호의 사용을 금지하는 것이라고 할 수 있다.

구체적으로 다음과 같은 점을 지적할 수 있다. 첫째, 상호는 기업의 식별 표지로서, 상품이나 서비스 식별 표지인 상표와는 구별된다. 협약은 상호를 정의하지 않고 있어서, 각 동맹국이 상호의 개념을 달리 정의할 수도 있다.[2] 동일한 대상이라 하더라도 어떤 국가에서는 보호를 받고, 다른 국가에서는 보호를 받지 못할 수도 있다. 정의의 부재는 국제적 보호의 불확실성을 높인다. 보호 방법도 국가마다 달리할 수 있다. 민법이나 상법에 의해 보호할 수도 있고, 특별법으로 보호할 수도 있다. 부정경쟁방지법에 의해 보호할 수도 있다.

---

[1] Art. 8: "A trade name shall be protected in all the countries of the Union without the obligation of filing or registration, whether or not it forms part of a trademark."

[2] 우리 상법상 상호는 상인의 영업 표지를 나타내는 이름 또는 명칭으로, 상인이 아닌 사업자의 명칭은 상호가 아니다. 또한 등기 하지 않으면 제3자에게 대항할 수 없다(제25조 제2항).

둘째, 상호 보호의 요건과 상호의 효력도 각국이 정할 문제이지만, 국가에 따라서는 보호의 요건으로 등기나 등록을 요구하기도 한다. 이 경우 내국민대우의 원칙을 적용한다면 등록하지 않은 상호는 비록 외국 상호라 하더라도 보호받을 수 없다. 그러나 협약 제8조에서는 출원이나 등록이 보호의 요건이 아니므로 보호국가에서 상호의 등록을 요구한다 하더라도 이를 근거로 그 보호를 부정할 수 없도록 하고 있기 때문에 자국의 상호에 대한 등록 요건을 외국 상호에도 적용할 수는 없다.3) 다만, 등록을 전후하여 정도의 차이가 있을 뿐 등록 전의 상호에 대해서도 일정한 보호를 해줄 경우 협약상 내국민대우의 원칙을 위반한 것은 아니라 할 것이다.

셋째, 협약에서는 출원이나 등록 이외의 요건에 관해서는 침묵하고 있다. 국가에 따라서는 혼동을 일으킬 수 있는 상호에 대해 사용의 요건이나 주지성의 요건을 요구하기도 한다. 그러나 이런 요건을 충족하지 못한 상호는 혼동을 야기할 여지가 없기 때문에 보호 자체가 불가능하다고 보는 것이 타당할 것이다.4)

넷째, 상호 보호의 요건으로 기타 경쟁 관계의 존재를 요구할 수도 있는가? 등기나 등록을 요건으로 상호를 보호하면서 그 상호가 기존의 상호와 차별적일 것을 요구하는 국가 중 상당수는 상호가 사용되는 분야를 한정할 것을 요구하지 않는다. 반면, 다른 일부 국가에서는 상호의 사용 분야를 한정하여 보호하기도 한다. 전자에 의하면 경쟁 관계의 존재는 불필요할 것이고, 후자에 따르면 경쟁 관계가 상호 보호의 요건이 될 것이다. 또한 대부분의 국가에서는, 부정경쟁의 법리 적용을 별론으로 한다면, 주지 상호에 대하여 영업의 실체와 그다지 관계가 없다 하더라도 더욱 두터운 보호를 받는 것이 일반적이다. 따라서 경쟁 관계의 존재가 반드시 상호의 보호를 위하여 필요한 것은 아니라고 할 수 있다. 두 기업 간의 관계에 대한 혼동을 야기할 수 있다면 그것으로 충분하다고 보는 것이다.5)

다섯째, 상호의 보호와 상표의 보호는 별개의 문제이다. 특정 상호가 상표

---

3) 이는 내국 상호에 대한 역차별이라 할 수 있다. 협약 제2조 제2항에서도 주소나 영업소의 소재 요건을 다른 동맹국 국민에게 부과할 수 없도록 하고 있는바, 마찬가지의 법리가 작용한다고 할 수 있다.

4) Bodenhausen, p.134. 이에 관한 국가 관행에 대해서는, Ladas, Vol.Ⅲ, pp.1554~1561 참조.

5) Ladas, Vol.Ⅲ, pp.1561~1563.

그 자체이거나 상표의 일부를 이룬다 하더라도 그 상호는 독자적으로 보호된다. 해당 상표가 보호되지 않더라도 상호의 보호에는 영향을 미치지 않는다는 것이다.

상호의 침해에 대한 구제 방법으로서 압류는 상표의 경우와 같다(제9조).[6]

2. 출처표시 등의 보호

파리협약은 그 보호대상으로서 출처표시와 원산지명칭을 포함하고 있으나(제1조 제1항) 그 개념이나 보호수준에 대해서는 아무런 언급을 하지 않고 있다. 단지, 출처표시의 보호 방법에 관해서 규정을 하나 두고 있다. 제10조가 그것으로, 이 규정은 출처표시에 관한 것이지만 원산지명칭 보호를 위해서도 원용할 수 있다. 왜냐하면 원산지명칭은 출처표시의 부분집합이기 때문이다.[7]

협약 제10조는 1883년 협약에 이미 존재했으나 1958년 리스본 회의에서 보호 범위를 확대했다. 종전에는 "출처표시로 특정 지방의 이름을 허위로 부착한 상품으로서 그러한 표시가 가상의 상호와 결합하거나 사기의 의사를 가지고 사용될 경우에" 제9조(불법 상표 등 부착 상품에 대한 압류 등)를 적용하도록 했을 뿐이다.[8]

1958년 개정된 협약 제10조 제1항에 의하면, "전 조의 규정은 상품 출처 또는 생산자, 제조자 또는 상인의 신분의 허위 표시를 직접적으로나 간접적으로 사용하는 경우에 적용한다"고 하여, 상표와 상호의 침해에 대한 구제 방법으로서 압류 등에 관한 제9조의 규정이 출처 허위 표시에 대해서도 적용되도록 하고 있다.[9]

---

6) 이에 관해서는, 제3부 제5장 2. 4) 압류 참조.

7) 양자 간의 차이에 관해서는, 제1부 제1장 5. 1) 지리적 표시의 개념 참조.

8) 1880년 파리 회의 당시에 초안 기초자인 자게르슈미트(Jagerschmidt)는 '제네바 시계제조업자 베르나르(Bernard, fabricant d'horlogerie, à Genève)'의 예를 들면서, "베르나르라는 이름의 제조업자가 제네바에 없는 경우 이것은 사기임이 분명하다. 이것은 제네바 시계업을 해치는 것이지만 실제 여러 국가의 입법에 의해서도 처벌이나 제재를 받지 않는다"고 설명했다. *Actes de Paris 1880*, p.78.

9) Art. 10(1): "The provisions of the preceding Article shall apply in cases of direct or indirect use of a false indication of the source of the goods or the identity of the producer, manu-

이 조항은 출처를 허위로 표시하는 경우뿐만 아니라 생산자, 제조자 또는 판매자의 신분을 허위로 표시하는 경우에도 적용되도록 하고 있다. 이는 다음과 같이 나눠볼 수 있다. 첫째, 출처표시(indication of source)는 어느 국가, 지역 또는 특정 장소에서 기원하는 상품이나 서비스를 가리키는 표현이나 기호를 의미한다. 정의에서 알 수 있듯이, 지리적인 명칭에 국한하지 않는다. 어느 국가나 지역 또는 특정 장소를 상징하는 경우에도 제10조 제1항이 적용될 수 있는 것이다.[10)]

둘째, 이 조항은 허위의 표시에 대해서만 적용된다. 비록 출처에 오인을 야기한다 하더라도 그것이 허위가 아닌 한 제재를 받을 수 없는 것이다. 예를 들어, 복수의 국가에서 동일한 지명을 가지고 있고 그중 어느 하나가 널리 알려져 있다 하더라도, 다른 나라에서 동일한 지명을 사용하여 공중이 그 출처를 오인할 수 있다 하더라도—진정한 출처임에도 오인을 야기할 수 있는—제재 대상이 될 수는 없는 것이다.[11)]

셋째, 이 조항은 직접적이거나 간접적인 허위 표시에 대해서도 적용된다. 직접적인 허위 표시란 상품에 직접 허위의 출처를 표시하는 것이다. 간접적인 허위 표시란 허위의 출처를 광고하고 해당 상품에는 출처표시를 하지 않는다거나 해당 상품에 허위의 출처를 상징할 수 있는 그림을 넣어 허위의 출처표시를 대신하는 것이다.[12)]

넷째, 이 조항은 생산자, 제조자 또는 상인의 신분(identity)의 허위 표시를 직접적으로나 간접적으로 사용하는 경우에도 적용된다.

다섯째, 허위의 출처표시 등은 제9조에 따른 제재를 받는다. 즉, 해당 상품은 동맹국 내 수입 시 압류되거나, 국내법상 수입 시 압류가 허용되지 않으면 수입 금지되거나 국내에서 압류된다. 국내법으로 그 어느 것도 허용하지 않으면 국내법에서 정한 구제 절차에 따른다.

이 규정과 관련하여 생길 수 있는 어려운 문제 중 하나는 어느 국가에서 출처표시로 간주되는 것이 다른 국가에서는 단지 보통 명칭에 지나지 않는 경우

---

facturer, or merchant."

10) 그런 예로, 수공예품에 대한 허위의 표시가 있다. Bodenhausen, p.139.

11) WIPO(Handbook), p.125.

12) Bodenhausen, p.139.

에 관한 처리 문제이다.[13] 이것은 일반 공중의 오인을 야기할 수 있는 경우를 생각한다면 간단히 처리하기도 어렵다 할 수 있다. 그러나 협약 규정은 허위의 표시가 아닌 한 비록 오인을 야기할 수 있다 하더라도 적용될 수는 없다. 궁극적으로 보호국가의 국내법으로 결정할 사항이다.

제10조 제2항은 구제 방법을 강구할 수 있는 이해관계자를 다음과 같이 규정하고 있다: "자연인이든 법인이든, 그러한 상품의 생산, 제조 또는 거래에 종사하는 생산자, 제조자 또는 상인이 출처가 허위로 표시된 지방이나 그 지방이 속한 지역 또는 허위로 표시된 국가에서 설립된 경우 또는 허위의 출처표시가 사용되는 국가에서 설립된 경우에는 어떠한 경우에도 이해당사자로 본다."[14]

상표나 상호 또는 제조자가 허위 표시의 대상이 된다면 이들 상표 소유자 등은 이해관계자가 분명하다. 그러나 '지리적 표시'에 대한 권리자는 확정하기 곤란하다. 이 점을 고려하여 이와 같이 이해관계자를 협약에서 특정한 것이라 할 수 있다. 허위 표시의 대상 지방, 지역 및 국가의 제조자 등은 그 허위 표시로 인해 경제적인 영향을 받을 수 있기 때문에 직접적인 이해관계자라 할 수 있다. 한편, 협약 규정은 이보다 한 걸음 더 나아가 실제 허위 출처표시가 사용되는 국가에서 생산·제조 및 판매에 종사하는 사람도 이해관계자로 보고 있다. 허위 표시가 실제 사용되는 국가에서 생산 등을 영위하는 경우에는 일종의 부정경쟁 행위로 인한 불이익을 받는다는 점에서 간접적인 이해관계자라고 할 수 있기 때문이다.[15]

---

13) 1880년 파리 회의 당시에 'eau de cologne'(쾰른의 물이라는 뜻으로, 향수의 보통 명칭), 'cuir de Russie'(러시아 가죽이라는 의미로, 샤넬의 향수), 'velours d'Utrecht'(위트레흐트 벨벳이라는 의미로, 프랑스에서 대량 생산) 등이 거론되었다. Bodenhausen, p.139.

14) Art. 10(2): "Any producer, manufacturer, or merchant, whether a natural person or a legal entity, engaged in the production or manufacture of or trade in such goods and established either in the locality falsely indicated as the source, or in the region where such locality is situated, or in the country falsely indicated, or in the country where the false indication of source is used, shall in any case be deemed an interested party."

15) Bodenhausen, p.140.

3. 부정경쟁에 대한 보호

파리협약에서 부정경쟁에 관한 규정을 도입할 당시 이에 관한 각국의 제도는 매우 달랐다. 법률로 보호하는 나라가 있는가 하면, 판례로 보호하는 나라도 있었다. 입법례나 판례가 다양한 만큼 이에 관한 국제규범을 만드는 것은 쉽지 않은 일이었다.

부정경쟁에 대한 보호의 원칙은 1900년 브뤼셀 회의에서 처음 도입되었다. 조문도 간단했다. 1900년 브뤼셀 추가의정서 제6조는 파리협약에 제10조의2를 추가하는 개정을 하면서, "협약 국민(제2조 및 제3조)은 모든 동맹국에서 부정경쟁에 대하여 국민에게 부여하는 보호를 향유한다"[16]고 했다. 원칙적인 규정만을 둔 셈이다. 그 후 1911년 워싱턴 회의에서는 실질적인 내용에 변화를 주지 않은 채 부정경쟁에 대한 보호를 동맹국의 의무로 하는 방식으로 개정했다.[17] 1925년 헤이그 회의에서는 부정경쟁 행위의 유형을 두 가지 신설했다. 하나는 경쟁업자의 상품과 혼동을 야기하는 행위(제1유형)이고, 다른 하나는 경쟁업자의 상품의 신용을 해치는 허위의 주장(제2유형)이다. 1958년 리스본 회의에서는 오인을 야기하는 표시나 주장을 부정경쟁의 행위의 또 다른 유형(제3유형)으로 추가하는 한편, 이들 세 가지 부정경쟁 행위 각각에 대해 '효과적인 보호'를 천명하고 '충분한 법적 구제' 의무를 부과했다.

제10조의2 제1항에 의하면, "모든 동맹국은 동맹국 국민에게 부정경쟁에 대한 효과적인 보호를 보장할 의무를 부담한다"고 하고 있다.[18] 이 규정 자체만으로는 다른 조항들의 예에서 보듯이,[19] 부정경쟁에 대한 효과적인 보호를

---

16) Art. 10bis: "Les ressortissants de la Convention (art. 2 et 3), jouiront, dans tous les États de l'Union, de la protection accordé aux nationaux contre la concurrence déloyale." ["Nationals of the Convention (Articles 2 and 3, shall enjoy, in all the States of the Union, the protection granted to nationals against unfair competition."] WIPO에서 제공한 영어본[WIPO, *Paris Convention Centenary*, 1983, p.216]에서도 'ressortissant'을 'natioanal'이라고 하고 있으나 정확한 번역은 아니다. 'ressortissant'이란 '신민과 시민(subjets ou citoyens)'을 포괄하는 의미이기 때문이다. 이 조문은 문장이 어색하여 해석이 필요하다. 즉, '어느 동맹국의 신민이나 시민'은 '다른 동맹국 국민(nationals)'과 같은 대우를 받는다는 것이다.

17) Art. 10bis: "All the contracting countries undertake to assure to nationals of the Union effective protection against unfair competition."

18) Art. 10bis(1): "The countries of the Union are bound to assure to persons entitled to the benefits of the Union effective protection against unfair competition."

보장받기는 어렵다. 비록 동맹국이 '효과적인 보호'를 해야 할 의무는 가지지만 협약은 보호의 방법에 대해서는 침묵하고 있다. 입법적으로 보호대상, 보호의 요건, 보호수준, 보호 방법 등에 관하여 구체적으로 정할 수도 있고, 판례상으로 '효과적인 보호'를 하는 것으로도 충분한 것이다.

제1항상의 '효과적인 보호'만으로는 협약이 목적하는 바를 충분히 달성하기 어렵다. 이 점이 여러 차례 개정회의에서 제기되면서 이에 부응하여 제2항과 제3항이 등장하게 된다. 제2항은 부정경쟁 행위를 다음과 같이 정의하고 있다: "산업상이나 상업상으로 정직한 관행에 반하는 경쟁 행위는 부정경쟁 행위가 된다."[20] 경쟁에 대한 정의는 국가마다 다를 수는 있다. 넓은 의미로는 동종 업계에서 다른 업자의 명성을 이용하여 부당하게 이익을 취하는 경우도 포함할 수 있다. 산업상 또는 상업상의 관행이란 국내 관행뿐만 아니라 국제 관행도 포함해야 할 것이다.[21]

제3항은 부정경쟁 행위의 구체적인 예로서 다음 세 가지를 들고 있다.

특히, 다음은 금지된다.
1. 어떠한 방법으로든지 경쟁업자의 영업소, 상품 또는 산업상이나 상업상의 활동과 혼동을 야기하는 모든 행위;
2. 경쟁업자의 영업소, 상품 또는 산업상이나 상업상의 활동의 신용을 해치는 거래 과정에서의 허위 주장;
3. 표시나 주장을 통하여 상품의 성격, 제조 공정, 특징, 용도 적합성 또는 수량에 관하여 공중이 오인할 우려가 있는 경우 그 표시나 주장.[22]

---

19) 예를 들어, 제3부 제5장 6. 서비스표 및 단체표장 및 제3부 제7장 1. 상호의 보호 참조.

20) Art. 10bis(2): "Any act of competition contrary to honest practices in industrial or commercial matters constitutes an act of unfair competition."

21) Bodenhausen, p.144.

22) Art. 10bis(3): "The following in particular shall be prohibited:
1. all acts of such a nature as to create confusion by any means whatever with the establishment, the goods, or the industrial or commercial activities of a competitor;
2. false allegations in the course of trade of such a nature as to discredit the establishment, the goods, or the industrial or commercial activities of a competitor;
3. indications or allegations the use of which in the course of trade is liable to mislead the public as to the nature, the manufacturing process, the characteristics, the suitability for their purpose or the quantity of the goods."

하나씩 살펴보기로 한다. 첫째는 혼동(confusion)을 야기하는 행위, 즉 "어떠한 방법으로든지 경쟁업자의 영업소, 상품 또는 산업상이나 상업상의 활동과 혼동을 야기하는 모든 행위"이다. 표장이나 상징, 레이블, 슬로건 등으로 혼동을 야기할 수도 있고, 포장이나 상품의 모양이나 색깔 등으로 혼동을 야기할 수도 있다.[23] 동일하거나 유사한 상표나 상호를 사용하여 혼동을 일으키는 경우에는 상표법이나 관련 법률에서 다룰 것이고 이것으로 협약상의 의무는 다하는 것이다. 부정경쟁에 관한 특별법이 아니라 하더라도 문제가 되지 않는다. 오히려 부정경쟁방지법상 문제가 되는 것은 포장이나 상품의 외관 기타 식별표지일 것이다. 또한 영업소 소재지 등에 관하여 혼동을 일으키는 경우도 생각할 수 있다. 선의나 악의는 제재의 정도를 별론으로 한다면, 부정경쟁 행위 구성에 영향을 미치지 않는다.[24] 또한 혼동이 실제 일어났느냐는 묻지 않는다. 혼동의 가능성만으로 충분하다.[25]

둘째는 허위의 주장으로 경쟁업자의 신용을 해치는(신용훼손, discrediting) 행위이다. 이것은 "경쟁업자의 영업소, 상품 또는 산업상이나 상업상의 활동의 신용을 해치는 거래 과정에서의 허위 주장"을 말한다. 신용훼손 행위는 소비자에게 부정확한 정보를 제공함으로써 소비자를 유인한다는 점에서는 아래 셋째의 오인 야기 행위와 같지만, 자신의 상품 등에 대한 허위 주장이 아니라 경쟁업자에 대한 허위 주장이라는 점에서는 다르다. 신용훼손 행위는 경쟁업자에 대한 공격을 수반한다. 경쟁업자를 직접적으로 지칭할 필요는 없으며 경쟁업자를 암시하는 표시를 하는 것으로도 충분하다. 신용훼손 방법은 경쟁업자의 신분(인종, 국적, 종교, 정치적 신념 등)에 관해 언급하는 것뿐만 아니라 그의 상품이나 서비스, 가격, 근로자, 신용 등급 등에 관해 언급하는 것을 포함한다.[26] 해치려는 의사가 없더라도 부정경쟁 행위를 구성한다.[27]

셋째는 오인을 야기하는(misleading) 행위이다. 즉, "표시나 주장을 통하여 상품의 성격, 제조 공정, 특징, 용도 적합성 또는 수량에 관하여 공중이 오인할 우려가 있는 경우 그 표시나 주장"이 그것이다. 이 경우는 위 둘째의 경우처럼

---

23) WIPO(Unfair Competition), p.27.

24) Bodenhausen, p.145.

25) WIPO(Unfair Competition), pp.27~28.

26) WIPO(Unfair Competition), pp.44~46.

27) Bodenhausen, p.145.

주로 경쟁업자의 상품 등에 관한 허위의 주장이 아니라, 자신의 상품 등과 관련한 허위의 주장 등이 문제가 된다. 또한 이런 표시나 주장은 '상품의 성격, 제조 공정, 특징, 용도 적합성 또는 수량'에 관한 것이다. 상품의 출처나 '산업상이나 상업상의 활동'에 관한 표시나 주장이 오인을 야기하는 경우는 포함하지 않는다. 상품의 출처에 관해서는 출처표시 보호 규정(제10조)이 적용될 것이고, '산업상이나 상업상의 활동'에 관해서는 위 첫째 경우에 비춰 판단해야 할 것이다.

오인을 야기하는 행위는 일반적으로 경쟁업자 간의 상품이나 서비스에 대해 착각(false impression)을 일으키는 것이라 할 수 있다. 오인을 야기하는 행위는 허위의 표시나 주장뿐만 아니라 소비자가 착각할 수 있는 표시나 주장을 포함한다.[28] 이런 행위를 금지하는 것은 소비자가 부정확한 정보에 의하여 착각하게 되면 결국에는 소비자뿐만 아니라 정직한 경쟁업자에게도 피해를 입히기 때문이다. 또한 파리협약은 공중이 오인할 우려가 있는(liable to mislead the public) 표시나 주장을 금지하고 있다. 따라서 소비자가 실제 오인하든 오인할 우려가 있든 모두 금지 대상인 것이다. 표시나 주장은 모든 종류의 전달 행위를 포함한다. 구술이나 문자, 상징의 방법으로 할 수도 있고, 상표나 레이블, 광고, 포스터 등에 표시할 수도 있다. 광고가 가장 두드러진 방법임은 물론이다.[29]

첫째와 둘째 유형은 전통적인 부정경쟁의 범주에 속하는 것으로서, 주로 생산자 보호를 염두에 두고 있는 반면, 셋째 유형은 생산자 보호와 소비자 보호를 모두 염두에 두고 있다. 이들 세 가지 유형에 공통적인 것은 자신의 상품이나 서비스의 품질이나 가격상의 경쟁력에 의존하기보다는 다른 사람(경쟁업자)의 성취 결과를 부당하게 이용하거나 허위나 오인 야기 표시를 통해 소비자의 수요에 영향을 미침으로써 경쟁의 우위를 지키려는 시도라는 점이다.[30] 부정경쟁 행위가 그 어떤 유형에 속하든 동맹국의 재량이 상당히 작용할 수밖에 없다. 왜냐하면 협약은 혼동이나 신용훼손 또는 오인에 대해 구체적인 기준을

---

28) 예를 들어, 빵에 화학 물질 첨가를 금지하는 국가에서 어느 빵을 광고하면서 '화학 성분이 들어 있지 않다'고 한다면 그 주장이 비록 진실한 것이지만 소비자에게 특별한 무엇인가 있는 것으로 착각하게 할 수 있기에 허용되지 않는 것이다. WIPO(Unfair Competition), p.39.

29) WIPO(Unfair Competition), pp.37~40.

30) WIPO(Unfair Competition), p.24.

제시하지 않고 있기 때문이다. 협약은 오인이나 혼동 주체의 범위(평균 소비자인지 특정 분야 소비자인지), 혼동의 종류[상품 출처 혼동에 국한하는지 아니면 소속에 관한 혼동(confusion as to affiliation)이나 후원에 관한 혼동(confusion as to sponsorship)을 포함하는지)], 오인의 정도(과장 표시나 광고를 포함하는지) 등에 대해 해답을 주지 않고 있는 것이다.

제8장 공통 규정

1. 수수료 납부 의무

특허권자나 상표권자 등은 수수료를 납부할 의무를 진다. 이런 의무 위반에 대한 제재는 몰수를 수반한다. 많은 국가에서는 이런 엄격한 제재를 완화하기 위하여 유예기간을 두고 있다. 1925년 헤이그 회의와 1958년 리스본 회의에서는 각국 간의 제도상의 차이를 극복하기 위하여 두 가지 합의를 끌어냈다. 첫째는 유예기간에 관한 것이고, 둘째는 특허의 회복에 관한 것이다. 현재의 규정은 두 차례 회의의 결과이다.

파리협약 제5조의2 제1항에 의하면, "국내법으로 규정하는 과징금의 부과를 조건으로, 산업재산권의 유지를 위한 수수료의 지급은 6개월의 유예기간이 허용된다"고 하고 있다.[1] 여기서 말하는 수수료는 '산업재산권의 유지'를 위한 수수료, 즉 연차 수수료를 말한다. 권리의 취득(acquisition)이나 갱신(renewal)에는 적용이 없다.[2] 최초 등록(수수)료는 권리 설정을 위한 것으로 산업재산권의 효력발생 요건이기 때문에 유예기간의 적용 여지가 없다. 또한 일시에 완납하는 경우에도 위 조항은 적용되지 않는다.

6개월은 협약에서 정한 최소한의 기간이다. 수수료 납부가 지연될 경우 해당 수수료와 지연에 따른 과징금을 모두 납부하여야 한다. 유예기간 동안에는 해당 산업재산권이 잠정적으로 효력을 유지하지만, 그 기간이 경과한 후에도 수수료를 납부하지 않을 경우 해당 산업재산권은 납부해야 할 날짜로 소급하여 효력을 상실한다.[3]

---

1) Art. 5bis(1): "A period of grace of not less than six months shall be allowed for the payment of the fees prescribed for the maintenance of industrial property rights, subject, if the domestic legislation so provides, to the payment of a surcharge."

2) Bodenhausen, p.81.

3) WIPO, p.368. 보덴하우센(Bodenhausen)은 소급효는 각국이 결정할 문제라고 보고 있다. Boden-

다른 산업재산권과는 달리, 특허권은 비록 그 효력이 상실되더라도 회복할 수 있도록 하고 있다. 제5조의2 제2항은 "동맹국은 미납을 이유로 말소한 특허의 회복에 관하여 규정할 권리를 가진다"고 하여 수수료의 미납으로 인한 불이익을 최소화할 수 있는 길을 열어놓았다.[4] 이것은 각 동맹국이 국내법으로 특허권의 회복을 재량으로 정할 수 있을 뿐 협약상 의무 사항은 아니다.

2. 국제박람회 전시 상품에 대한 산업재산권 보호

파리협약 체결 배경 중 빼놓을 수 없는 것으로, 국제박람회(국제전시회)에 출품한 상품에 대한 산업재산권의 적절한 보호를 통한 박람회의 활성화가 있다. 파리협약 체결 당시 발명이나 창작물은 주로 국제박람회를 통하여 유럽 각지에 전파되었다.[5] 그럼에도 불구하고 박람회에 등장하는 발명이나 창작물이 전시나 공표, 제3자에 의한 실시 등으로 인해 신규성을 상실하는가 하면, 해당 발명이나 창작물을 제3자가 무단으로 이용함으로써 발명자나 창작자에게 산업상의 피해도 안겨주었다. 박람회 개최국은 임시방편으로 참가자들의 불만을 덜기 위하여 노력했으나[6] 이들은 '모든' 국가에서 자신의 발명이나 창작물이 보호받기를 원했다.

현재의 제11조 제1항의 골격은 이미 1880년 파리 회의에서 완성되었다. 이에 의하면, "동맹국은 국내법에 따라, 자국 영토 내에서 개최되는 공식 또는 공인 국제박람회에 전시되는 상품과 관련된 특허를 받을 수 있는 발명, 실용신안, 산업디자인 및 상표에 대한 임시적인 보호를 부여하여야 한다."[7] 이는 다

---

hausen, p.80.

4) Art. 5bis(2): "The countries of the Union shall have the right to provide for the restoration of patents which have lapsed by reason of non-ayment of fees."

5) 각국은 화물 운송료를 할인해주거나, 관세상의 혜택을 부여하거나 또는 여행이나 운송상의 불편을 덜어주는 방법으로 박람회 개최를 적극 후원했다. Ladas, Vol.I, p.543.

6) 발명 등을 박람회에 유치하기 위해 유럽 각국은 1928년 국제박람회에 관한 협약도 채택했다.

7) Art. 11(1): "The countries of the Union shall, in conformity with their domestic legislation, grant temporary protection to patentable inventions, utility models, industrial designs, and trademarks, in respect of goods exhibited at official or officially recognized international exhibitions held in the territory of any of them."

음과 같이 설명할 수 있다.

첫째, 이 규정은 임시적인 보호에 대한 의무만을 원칙으로 천명할 뿐, 그 보호의 방법에 관해서는 각국에 맡기고 있다. 따라서 각국은 임시 보호를 위한 의무만을 부담할 뿐이다. 임시 보호의 기산점, 보호기간, 임시 보호를 주장하기 위한 조건이나 방식 등은 여전히 각국에 위임한 것이다.[8] 보호 방법은 여러 가지를 생각할 수 있다. 하나는 제4조와 같이 우선권 제도를 마련하는 것이고, 다른 하나는 일정한 유예기간을 두고 이 기간 동안 출원하는 발명 등에 대하여 신규성을 잃지 않도록 하는 것이다. 또한 박람회에 참가한 창작자에게 선사용권을 부여하여 제3자에 의한 무단 실시를 막는 것도 생각해볼 수 있다.[9]

우선권 제도를 통해서 임시 보호를 할 경우 제4조상의 우선권과 중복하는 문제가 생긴다. 즉, 제11조에 근거를 둔 우선기간 내에 제4조에 의한 우선권을 주장하는 출원을 할 경우 우선기간이 연장되는 효과를 가져올 수 있는 것이다. 협약은 이 점에 대하여, "그러한 임시적 보호는 제4조에서 정한 기간을 초과하지 아니한다"라고 분명히 하고 있다(제11조 제2항 1문).[10] 이는 발명이나 상표 등이 박람회에 전시되지 않았다 하여 불평등한 대우를 받는 것을 막기 위한 것이라 할 수 있다. 다만, 박람회가 출원일에 앞서 열리는 경우 나중에 제4조에서 정한 우선권을 주장할 경우 비록 우선기간의 연장은 허용되지 않으나, 우선기간의 기산점을 상품의 박람회 반입일로 할 수 있도록 각국에 일부 재량의 여지를 제공하고 있다(제11조 제2항 2문). 이런 재량은 발명자나 창작자에게는 매우 중요하다. 비록 출원을 하지 않더라도 임시 보호의 방법은 필요하기 때문이다.

둘째, 임시 보호의 대상은 특허, 실용신안, 상표 및 산업디자인이다. 서비스표나 상호는 그 대상이 아니다. 물론 각국이 재량으로 국내법상 이에 대해서도 임시 보호를 할 수 있다.

셋째, 협약상의 임시 보호는 '국제'박람회에 대해서만 미친다. 그것도 공식 또는 공인 박람회여야 한다. 국제박람회란 외국에서 상품이 반입된다는 것을

---

8) Ladas, Vol.I, pp.544~545, 551; Bodenhausen, p.150.

9) Bodenhausen, p.150; WIPO, p.369.

10) Art. 11(2): "Such temporary protection shall not extend the periods provided by Article 4. If, later, the right of priority is invoked, the authorities of any country may provide that the period shall start from the date of introduction of the goods into the exhibition."

전제로 하지만, 실제 그 상품이 전시되어야 하는 것은 아니다. 외국 상품의 전시가 인정되는 것만으로 협약에서 말하는 국제박람회의 지위를 가진다. 공식(official) 박람회란 정부가 조직, 지휘, 운영 등을 하는 것이고, 공인(officially recognized) 박람회란 정부의 공식 승인을 받아 해당 정부의 지휘와 책임하에 열리는 것을 말한다.[11] 임시 보호를 위한 제반 요건의 충족 여부에 대해서는 보호국가의 법이 적용된다. 박람회 개최 국가의 법이 적용될 필요는 없다.[12] 공식 박람회 또는 공인 박람회 여부를 판별하는 것은 쉬운 일이 아니다. 이 때문에 일부 국가는 국제사무국에 이런 박람회 명단을 제공하여 이를 공표하도록 하기도 한다. 다른 일부 국가는 공보를 통하여 이 사실을 공개하기도 한다.

넷째, 동맹국은 자국 내의 국제박람회뿐만 아니라 다른 동맹국에서 개최된 국제박람회에 대해서도 임시 보호의 의무를 진다. 이것은 발명자나 창작자가 국제박람회용 발명이나 창작물에 대한 임시 보호를 받기 위해서 반드시 필요한 것이다. 자국 내의 박람회용 발명이나 창작물에 대해서만 임시 보호를 한다면 이는 국제박람회용 발명이나 창작물 보호에 부합하지 않기 때문이다.

다섯째, 각 동맹국은 해당 상품이 전시된 사실 및 반입일을 증명하기 위하여 필요하다고 인정하는 경우 그 증거서류를 요구할 수 있다(제11조 제3항). 이것은 각국이 국내법으로 국제박람회에 출품한 물품과 관련된 산업재산권을 임시적으로 보호하기 위해서는 일정한 입증서류를 요구할 수 있기 때문이다. 즉, 해당 물품의 동일성을 확인하고 해당 물품이 박람회에 반입된 날짜를 확인한 경우 임시 보호를 할 수 있도록 한 것이다. 이런 입증서류로는 박람회 당국이 발행한 문서를 들 수 있다.

3. 산업재산권 표시

출원인은 특허, 상표, 산업디자인 등의 출원이나 등록 출원 사실을 표기하기를 원한다. 실제 그런 표기의 예도 많다. 일부 국가에서는 산업재산권의 표시를 상품에 부착할 것을 법으로 요구하기도 한다. 이런 입법 태도는 제3자에

---

11) Bodenhausen, p.151; Ladas, Vol.I, p.548.
12) Bodenhausen, pp.150~151.

게 산업재산권의 존재를 알림으로써 그 침해를 방지하고자 하는 뜻에서 비롯된 것이다. 그러나 그 표시는 산업재산권 보호의 요건은 아니다. 표시 부착을 강제한다면 그 표시의 생략으로 인해 권리자가 받는 불이익이 너무 크다고 할 수 있기 때문이다. 협약 제5조 D절은 이 점을 확인하고 있다: "보호받을 권리를 인정하기 위한 조건으로 상품상에 특허, 실용신안, 상표 등록 또는 산업디자인 기탁의 사실을 표시하거나 언급하는 것을 요구하여서는 아니 된다."[13]

다만, 각국 국내법상의 강제 규정을 따르지 않을 경우 권리의 속성은 해치지 않은 채 다른 불이익을 줄 수는 있다. 예를 들어, 형사 제재의 요건으로 또는 손해배상의 요건으로 고의나 과실 요건을 완화하여 가해자에게 불리한 제도를 마련한다거나 입증책임을 전환하도록 할 수 있을 것이다.

4. 산업재산권청(특허청)

산업재산권은 배타적이고 독점적인 권리이다 보니 일단 권리가 발생하면 제3자의 이익과 충돌하기 쉽다. 이 때문에 창작자의 권리와 일반 공중 간의 이익 교량은 산업재산권 입법 정책상 중요한 고려 사항이다. 산업재산권을 부여하기 위하여 일정한 요건과 엄격한 절차에 따르도록 하는 것도 산업재산권을 둘러싼 이해관계를 감안한 것이다.

일정한 방식을 요구하고 이를 충족한 보호대상에 대하여 배타적이고 독점적인 권리를 부여하기 위해서는 국가기관이 개입할 필요가 있다. 이런 목적을 위하여 각국은 산업재산권을 관장하는 국가기관을 설치하여 운영하고 있다. 이런 국가기관은 산업재산권의 보호대상을 정하고, 이에 대한 심사 과정을 거쳐 기탁이나 등록을 통해서 권리를 설정하고 이를 일반 공중에 공개하는 행정행위를 한다.

파리협약은 이런 산업재산권 업무를 추진할 기관의 설립을 요구하면서 아울러 이 기관으로 하여금 특허, 실용신안, 상표 및 산업디자인을 일반 공중에

---

13) Art. 5D: "No indication or mention of the patent, of the utility model, of the registration of the trademark, or of the deposit of the industrial design, shall be required upon the goods as a condition of recognition of the right to protection."

게 공지하도록 의무화하고 있다(제12조 제1항). 아울러 공보 발행도 의무적인 것으로 하고 있다. 공보는 정기적으로 발행해야 하며, 이에는 특허권자(proprie-tors of patents)의 성명과 특허 발명의 간단한 명칭(brief designation), 그리고 등록 상표의 복제물이 기재되어야 한다(제12조 제2항).[14]

파리협약 동맹국들은 산업재산권청이나 특허청을 두어 산업재산권 법제도를 시행하고 있다. 산업재산권청은 위에서 언급한 것 이외의 보호대상, 예를 들어 저리적 표시에 대한 정보를 공지할 수도 있을 것이다. 협약은 공개할 정보에 대해 언급하지 않고 있어서 동맹국의 의무의 범위는 명확하지 않다. 그러나 대개의 동맹국이 출원일을 포함한 출원 관련 정보, 등록일을 포함한 등록 관련 정보, 그 밖의 각종 절차 관련 정보를 공개하고 있다.

5. 권리의 집행

파리협약 집행 규정은 산발적으로 흩어져 있고, 그 내용도 제한적이다. 산업재산권법의 조화와 통일이 얼마나 어려운 것인지 간접적으로 확인할 수 있다. 해당 규정은 크게 두 가지이다.

첫째, 상표나 상호의 불법 부착 상품에 대해 수입 시 압류할 수 있다. 이 규정은 앞에서 보았듯이, 동맹국에게 광범위한 재량을 허용하고 있다.[15] 동맹국은 ① 수입 시 압류, ② 수입 금지 또는 국내에서의 압류, ③ 그 밖의 국내 구제 절차를 선택적으로 마련할 수 있는 것이다.

둘째, 제10조의3 제1항은 "동맹국은 제9조, 제10조 및 제10조의2에서 언급한 모든 행위를 효과적으로 억제하기 위하여 다른 동맹국 국민에게 충분한 법적 구제조치를 보장할 것을 약속한다"고 하고 있다.[16] 보호대상은 상표와 상호(제9조), 출처표시(제10조) 및 부정경쟁방지(제11조)에 국한한다. '충분한 법

---

14) 현행 제12조는 1883년 협약 제12조와 최종의정서 제5항에 나눠 규정하던 것을 그 후 부분적으로 개정하다가 1934년 런던 의정서에서 마무리되었다.

15) 이에 관해서는, 제3부 제5장 2. 4) 압류 참조.

16) Art. 10ter(1): "The countries of the Union undertake to assure to nationals of the other countries of the Union appropriate legal remedies effectively to repress all the acts referred to in Articles 9, 10, and 10bis."

적 구제조치(appropriate legal remedies)'는 침해에 대한 금지청구권, 손해배상 등 민사 구제조치뿐만 아니라 형사 제재도 포함할 수 있다.17) 그런 '충분한 조치' 여부는 국제법에 의해 판단해야 하지만 각 동맹국의 재량이 폭넓게 인정된다 할 수 있다.

6. 특별협정

협약 제19조는 특별협정을 예정하고 있다. 즉, "동맹국은 이 협약의 규정에 저촉되지 아니하는 한, 별도로 상호 간에 산업재산권의 보호를 위한 특별협정을 체결할 권리를 유보한다."18) 이에 근거를 두고 1890년대 이후 다수의 특별협정이 등장했다.19) 다자조약뿐만 아니라 양자조약도 체결되었다.20) 특별협정은 더 높은 수준의 보호를 염두에 둘 수도 있지만, 어떤 경우에도 파리협약 규정에 합치하여야 한다.

---

17) Ladas, Vol.II, p.1281 참조.

18) Art. 19: "It is understood that the countries of the Union reserve the right to make separately between themselves special agreements for the protection of industrial property, in so far as these agreements do not contravene the provisions of this Convention."

19) 이에 관해서는, 제2부 제2장 4. 2) 동맹 조약과 특별협정 참조.

20) 양자조약에 관해서는, Ladas, Vol.I, pp.193~201 참조.

제9장 협약의 의의와 한계

1. 협약의 의의

파리협약은 산업재산권 전반을 아우르는 다자조약으로서, 당시 협상 참가국들이 산업재산권 법제가 정비되지 않은 가운데 산업재산권 제도의 국제적 조화를 도모하고 유도한 점에서 그 의의가 자못 크다 하겠다. 산업재산권법(특히 특허법)의 통일적인 국제규범을 만들고자 한 초기의 시도는 각국이 안고 있는 현실을 도외시한 것으로, 처음부터 희망에 지나지 않는 것이었다. 파리협약은 당시 상황에 비춰 볼 때 최선의 결과였다. 구체적으로는 다음과 같은 성과를 꼽을 수 있다. 첫째, 내국민대우의 원칙을 도입함으로써 국제적 보호를 위한 토대를 제공했다. 이 원칙은 기본적으로 내국민과 외국인 간의 차별을 금지하는 것으로, 일정한 보호수준이 담보되면 산업재산권의 국제적 보호가 튼실해질 수 있는 역할을 한다. 또한 파리협약은 "각 동맹국의 법률이 내국민에 대하여 현재 부여하거나 장래에 부여할 이익"을 다른 동맹국 국민에게 부여하도록 하고 있다. 어느 동맹국이 국내법으로 보호수준을 높이면 그 혜택은 내국민뿐만 아니라 다른 국가 국민도 받게 된다. 이 과정이 반복되면서 다른 국가들도 영향을 받아 국제적 보호수준이 점차 높아지기도 했다.

둘째, 각국 간의 제도상의 차이를 무릅쓰고 최소한의 제도적 통일을 가져다주었다. 대표적으로는 우선권 제도 도입을 들 수 있다. 당시 외국 출원인에게 우선권을 인정하는 국내법은 존재하지 않았다. 오히려 상당수의 국가들은 외국 특허 발명이 공개되면 특허를 거절하거나 무효화했다. 산업재산권이 이제는 우선권 제도로 인해 국제적으로 보호받을 수 있게 된 것이다. 또 다른 예로는, 특허 물품의 몰수에 관한 것이다. 프랑스의 경우 특허권자가 외국에서 제작된 물품을 수입할 때 해당 특허는 몰수하도록 했다. 파리협약은 이런 국내 제도를 허용하지 않았다.[1]

셋째, 파리협약은 동맹국 간에 특별협정을 체결할 수 있는 길을 열어놓고

표 6 · 특허법 보유 국가

	1873	1884	1900	1911	1925	1934	1958*	1967*
선진국	9	11	16	17	19	20	20	20
동유럽	1	2	3	4	7	7	8	8
개발 도상국 등	12	15	26	32	47	50	67	92
합계	22	28	45	53	73	77	94	118

주 *: 발췌 대상 문헌상의 숫자를 그대로 가져옴.
자료: UNCTAD, The Role of the Patent System in the Transfer of Technology to Developing Countries, TD/B/AC.11/11. 後藤, p.25에서 발췌.

있다. 파리협약은 만장일치 방식에 의해서만 개정할 수 있기 때문에 모든 동맹국을 만족시킬 수 있는 구조가 아니다. 파리협약에서 미처 다루지 못했거나 다룰 수 없는 문제를 다른 조약을 통해 보충함으로써 산업재산권의 국제적 보호를 강구할 수 있는 수단을 마련하고 있는 것이다. 표장의 국제 등록에 관한 마드리드협정이나 산업디자인의 국제 등록에 관한 헤이그협정, 상품의 허위 또는 기망 출처표시 방지를 위한 마드리드협정, 원산지명칭의 보호 및 국제 등록을 위한 리스본협정, 특허나 상표 등의 분류 조약 등이 그것으로, 이들은 모두 파리협약의 특별협정이다.[2]

파리협약은 각국으로 하여금 산업재산권 제도를 정비하고, 국제적 보호 체제에 참여하도록 함으로써 산업재산권의 국제적 보호에 선도적인 역할을 했다. 파리협약이 발효한 1884년만 하더라도 특허법을 가지고 있던 국가는 28개국에 지나지 않았으나, 1900년 45개국, 1911년 53개국, 1925년 73개국, 1934년 77개국, 1958년 94개국, 1967년 118개국으로 점차 증가했다. 파리협약에 맞춰, 그리고 국제적인 추세에 따라 산업재산권 법제가 자리 잡은 것이다.

2. 협약의 한계

파리협약은 여러 측면에서 한계를 나타낸 바 있다. 첫째, 보호수준과 관련

---

1) Ladas, Vol.I, pp.65~66.
2) 後藤, pp.25~26. 이와는 다른 뉘앙스로 설명하기도 한다. 즉, 마드리드협정(표장)이나 헤이그협정은 오히려 조약의 특수한 성격—일반적 성격의 조약(파리협약)에 포함시킬 수 없는 실용적인 성격—으로 인해 독자적으로 채택되었다고 한다. Ladas, Vol.I, p.137.

하여 보호대상을 열거하고 있지만 보호대상을 정의하지 않고 있고, 또한 개별 산업재산권의 내용에 대해서도 거의 침묵하고 있다. 예를 들어, 협약 제5조의5 는 "산업디자인은 모든 동맹국에서 보호된다"고 규정하고 그 보호 방법이며 내용은 각 동맹국에 맡기고 있다. 협약상 의무는 '원칙'에 그치고, 그 시행은 각 동맹국의 국내법에 의존하다 보면 보호수준은 매우 낮은 상태에 머물게 된다. 보호수준이 낮으면 내국민대우 원칙이 위력을 발휘하지 못한다.

둘째, 파리협약은 집행 규정이 매우 미흡하다. 부분적인 집행 규정(압류 등에 관한 규정)이 존재하지만 산업재산권의 침해를 억제하는 효과는 지극히 제한적이다.

셋째, 각국의 국내법이 파리협약에 위반되는 경우 이를 판단하고, 위반을 치유할 수 있는 국제적인 장치가 존재하지 않는다. 협약의 해석과 적용에 관한 분쟁을 국제사법법원(International Court of Justice)에 회부하여 판단을 받을 수도 있지만 그것은 해당 동맹국이 이 법원의 관할을 수락해야만 가능하다(제28조). 아직까지는 국제사법법원을 활용한 사례가 없다.

제4부 베른협약

국제지적재산권법
개정판

제1장 협약 연혁

베른협약은 파리협약과 더불어 지적재산권 조약의 근간이 되는 조약이다. 파리협약은 산업재산권 분야의 최초 다자조약이고, 베른협약은 저작권 분야의 최초 다자조약이다. 베른협약은 파리협약에 비한다면 보다 진일보한 모습을 보이고 있다. 보호대상, 권리의 종류 및 내용, 권리의 제한, 보호기간 등에서 구체적으로 접근하고 있기 때문이다. 이런 연유로, 베른협약은 한편으로는 저작권의 국제적 '조화와 통일'의 목표를 충실히 다져왔고, 다른 한편으로는 지난 100여 년간 각국 저작권법 체계를 잡는 데에도 크게 기여했다.

TRIPS협정은 베른협약 실체 규정 준수 의무를 각 회원국에 부과하고 있고,[1] 2000년 이후 FTA에서도 베른협약 가입을 의무화하거나 그 실체 규정을 협정상의 의무로 하고 있다. 베른협약이 여전히 저작권의 국제적 보호에 중추적인 역할을 하고 있는 것이다.

1. 협약의 탄생

19세기 들어 유럽 내에서, 유럽과 미주 국가들 간에 문화 교류가 활발해지면서 더불어 무단 복제 문제가 유럽 각국에서 부각되기 시작했다. 영국 저작자들은 아일랜드와 미국에서, 프랑스 저작자들은 유럽 대륙 내에서 무단 복제로 인해 가장 피해를 보았다. 그 해결책으로 영국은 1946년 프러시아를 시작으로 유럽 여러 국가들과 양자협정을 체결했고, 프랑스는 1843년 사르데냐와 협정을 맺은 이후 유럽 각국과 양자협정을 체결했다. 유럽 각국도 프랑스와 영국의 선례를 따라 다수의 양자협정을 맺었다.[2] 1886년 베른협약이 체결될

---

1) TRIPS협정 제9조 제1항.
2) 최초의 양자조약은 1827년부터 1829년 사이 프러시아와 다른 독일 국가들 간에 체결된 것들이

때까지 100건 이상의 양자협정이 존재했다.

1858년 브뤼셀에서 문학·예술 재산권 회의(Congress on Literary and Artistic Property)가 열렸다.[3] 참가자들은 이 회의에서 저작권의 국제적 보호 필요성에 공감한 가운데 결의안을 채택했다. 저작자는 복제권과 공연권을 향유해야 한다는 것을 주로 언급하면서, 복제권의 경우 저작자에게 사후 50년의 보호기간을 주장했다. 그 후 몇 차례 국제회의에서도 참가자들은 1858년 결의안에 찬동했다. 1878년 프랑스 파리에서 국제박람회와 동시에 국제문학회의가 개최되었다.[4] 이 회의에서는 자연법 사상이 반영된 저작자의 권리가 주창되었다. 이 권리는 법에 의해서 주어지는 것이 아니라는 점, 항구성을 가진다는 점, 그 보호는 내국민대우의 원칙에 따른다는 점이 제시되었다. 이 회의에서 국제문학협회(International Literary Association)[5] 설립이 결정되었다. 이 협회는 설립 이후 매년 국제회의를 개최하고 저작권의 국제적 보호 활동을 계속하면서, 국제 동맹의 필요성을 역설했다.[6]

1883년부터 1886년까지 매년 스위스 정부 초청으로 베른에서 네 차례 국제회의가 열렸다. 1883년에는 ALAI 회의, 1884년부터 1886년까지는 세 차례 외교회의가 개최되었다. 1885년 외교회의에서는 의제에 대한 실질적인 결과가 도출되었다. 1886년 9월 9일에는 베른협약이 정식으로 채택되었는바,[7] 협약문은 1885년 외교회의 결과를 확인하고 마무리한 것이다.[8] 협약은 1887년 12

다. 미주 대륙에서는 살바도르와 콜롬비아만이 스페인과 양자협정을 체결했다. Ricketson & Ginsburg, p.27, pp.29~32.

3) 1815년 비엔나 회의 이후 유럽 내에서는 국제적 관심사를 논의하는 국제회의가 유행처럼 번졌다.

4) 당시 프랑스의 위고, 러시아의 투르게네프 등 저명한 작가들이 참석했다. Ricketson & Ginsburg, p.49.

5) 1879년 1차 회의에는 회장 위고를 비롯하여, 롱펠로, 에머슨, 테니슨, 디스레일리, 도스토옙스키, 톨스토이 등이 참석했다. 이 협회는 1884년 국제문학예술협회(Association littéraire et artistique internationale: ALAI)로 명칭을 변경했다. Ricketson & Ginsburg, pp.50~51.

6) Ricketson & Ginsburg, pp.44~52.

7) Actes de la 3me Conférence internationale pour la protection des oeuvres littéraire et artistique réuni à Berne du 6 au 9 septembre 1886.

8) 1885년 외교회의에는 아르헨티나, 벨기에, 프랑스, 독일, 아이티, 온두라스, 이탈리아, 네덜란드, 노르웨이, 파라과이, 스페인, 스웨덴, 스위스, 튀니지, 영국, 미국 등 16개국이 참여했고, 1886년 외교회의에는 벨기에, 프랑스, 독일, 아이티, 이탈리아, 일본, 리베리아, 스페인, 스위스, 튀니지, 영국, 미국 등 12개국이 참석했다.

월 5일 발효했다.[9]

　1886년 베른협약은 21개 조문으로 구성되었다. 각 조문을 차례대로 간략히 소개하면 다음과 같다.

　① 체약국은 문학·예술저작물 저작자 보호를 위한 동맹을 구성한다(제1조).

　② 동맹국 국민(ressortissant)인 저작자는 다른 동맹국에서 그 동맹국이 현재나 장래에 국내법으로 내국민에게 부여하는 권리를 향유한다. 이 권리 향유는 저작물의 본국에서 정한 조건과 방식에 따르고, 이 권리는 그 본국에서 부여하는 보호기간을 초과하지 아니한다(제2조).

　③ 이 협약은 저작물의 발행자에게도 동등하게 적용된다(제3조).

　④ 문학·예술저작물은 서적, 팸플릿, 그 밖의 저술; 연극 또는 악극 저작물; 음악 작곡; 소묘, 회화, 조각 및 판화 저작물; 석판화, 지리적 도표; 설계도, 스케치 및 지리학, 지형학, 건축학 또는 과학에 관한 조형 저작물을 포함한다(제4조).

　⑤ 동맹국 국민인 저작자는 원저작물의 발행으로부터 10년간 번역물의 작성과 번역 허락에 대한 배타적인 권리를 가진다(제5조).

　⑥ 적법한 번역물은 원저작물로 보호된다(제6조).

　⑦ 신문이나 정기간행물 기사는 저작자나 발행자가 명시적으로 금지하는 경우를 제외하고는 원본으로 또는 번역되어 복제될 수 있다. 이런 금지는 정치적 토론 기사에는 적용되지 않으며, 시사 보도나 기타 사실의 복제에는 적용되지 아니한다(제7조).

　⑧ 수업 또는 학술 목적으로 저작물의 발췌(emprunts)의 자유에 관하여는 이 협약이 동맹국 법률의 효과에 영향을 주지 아니한다(제8조).

　⑨ 제2조의 규정은 연극이나 악극 저작물의 공연(représentation public)에 적용된다. 그 저작자는 번역권의 존속기간 중에 그 번역물의 공연으로부터 보호된다. 제2조의 규정은 음악저작물(발행 저작물의 경우에는 저작자가 명시적으로 금지한다고 표시하는 때)의 공연에도 적용된다(제9조).

　⑩ 이 협정은 불법 복제에 포함되는 각색, 편곡 등 저작물의 간접적 무단 이용에 적용된다(제10조).

　⑪ 이 협정에 의한 보호를 위하여 저작물의 저작자는 자신의 이름이 통상적인 방법으

---

9) 2016년 7월 15일 기준으로 172개 동맹국이 참여하고 있다. http://www.wipo.int/export/sites/www/treaties/en/documents/pdf/berne.pdf 참조.

로 저작물에 표시되는 경우 반대의 증거가 없는 한 그 저작자로 간주되며, 침해 소송을 제기할 수 있다(제11조).

⑫ 인쇄저작물은 수입 시 압류될 수 있다(제12조).

⑬ 이 협약은 각 동맹국 정부가 국내법으로 저작물의 유통, 공연 또는 전시 또는 제작을 통제하거나 금지할 수 있는 권한에 영향을 미치지 아니하는 것으로 이해된다(제13조).

⑭ 이 협약은 효력발생 당시 본국에서 공유 상태에 놓이지 아니한 모든 저작물에 적용된다(제14조).

⑮ 동맹국 정부는 이 협정에 반하지 아니하는 한 상호 간 특별협정을 체결할 권리를 유보하는 것으로 이해된다(제15조).

⑯ 문학·예술저작물 보호를 위한 국제동맹사무국(Bureau de l'Union international pour la protection des oeuvres littérraire et artistique)을 둔다(제16조).

⑰ 동맹 체제의 완성을 위해 개정회의에 이 협약을 회부한다. 이 협약의 어떠한 변경도 동맹국의 만장일치에 의하지 아니하고는 동맹을 구속하지 아니하는 것으로 이해된다(제17조).

⑱ 이 협약의 당사국이 아닌 국가는 이 협약에 가입할 수 있다(제18조).

⑲ 이 협약에 가입하는 국가는 언제든지 식민지에 대하여 가입할 권리도 가진다(제19조).

⑳ 이 협약은 비준서의 교환 3개월 후 효력을 발생하며, 폐기하지 아니하는 한 무기한 효력을 가진다(제20조).

㉑ 이 협약은 1년 내에 비준된다(제21조).

2. 개정회의

베른협약은 1886년 체결 이후 여러 차례 개정되어 오늘에 이르고 있다. 1908년 베를린, 1928년 로마, 1948년 브뤼셀, 1967년 스톡홀름, 그리고 1971년 파리 개정회의에서 다섯 차례에 걸쳐 개정되었고, 1979년 한 차례 수정되었다.[10] 1896년의 파리 회의에서는 추가의정서(Additional Act)를, 1914년 베른 회의에서는 추가의정서(Additional Protocol)를 채택하는 방식으로 실질적인 개

---

10) 수정(amendment)은 개정(revision)과 구별되는 것으로, 동맹 집행부 등에 관한 변경을 의미한다. 협약 제26조 및 제27조 참조.

정이 이뤄지기도 했다.[11]

베른협약은 개정회의 결과 채택된 개별 의정서(베를린 의정서, 파리 의정서 등)를 각기 통칭하는 의미로도 쓰인다. 정확하게는 예를 들어, 베른협약 파리 의정서라고 한다. 각 의정서는 별개의 조약이다. 동맹국마다 비준이나 가입을 달리할 수 있기 때문에 구속받는 의정서가 다를 수 있다. 조약상의 의무도 각기 다를 수 있다. 베른협약에서는 가장 최근의 의정서의 구속을 받는 국가는 다른 동맹국과의 관계에서 후자 국가가 구속을 받는 의정서를 같이 적용받도록 하여, 조약 충돌을 막고 있다.[12] 파리협약과 마찬가지로, 공통적으로 적용되는 의정서를 정함으로써 의정서 간의 저촉 문제를 해결하고 있는 것이다.[13]

1) 1896년 파리 개정회의

이 회의에서는 다음과 같이 개정했다. ① 연결점으로 국적 외에 발행을 추가했다. ② 번역권에 대한 10년 보호기간을 삭제하되, 원저작물 최초 발행 후 10년 이내에 번역권을 행사하지 않으면 소멸한다. ③ 신문이나 정기간행물에 발행된 연재소설은 허락 없이 원본으로 또는 번역되어 복제될 수 없다. ④ 침해 복제물은 동맹국에서 압류될 수 있다.[14]

2) 1908년 베를린 개정회의

이 회의에서는 종전 여러 문건으로 존재하던 협약을 하나로 통일하는 작업을 하면서,[15] 동시에 다음과 같은 개정도 병행했다. 먼저, 보호대상을 크게 확

---

11) 다른 개정회의 결과 채택된 의정서(Act)와 구별된다. 이 점에서 공식적인 개정(amendment)으로 부르지 않는다. 그러나 협약의 실질적인 개정이라는 점에서 차이는 없다.

12) 베른협약 제28조 내지 제29조의2 및 제32조 참조.

13) 2016년 7월 15일 기준으로 172개 동맹국 중 파리 의정서 이외의 의정서 실체 규정의 구속을 받는 국가는 10개국에 지나지 않는다(로마 의정서: 레바논, 몰타, 뉴질랜드, 파키스탄, 짐바브웨/브뤼셀 의정서: 바하마, 차드, 피지, 마다가스카르, 남아프리카). 의정서 간 저촉 문제는 중요성이 크게 떨어졌다 할 수 있다. http://www.wipo.int/export/sites/www/treaties/en/documents/pdf/berne.pdf 참조.

14) *Actes de la Conférence réuni à Paris du 15 avril au 4 mai 1896.*

15) 1886년 협약에는 추가 조항(Additional Article), 최종의정서(Final Protocol)가 있었고, 1896

장했다. ① 건축저작물, 무용저작물, 무언극을 예시 저작물로 추가했다. ② 번역, 각색, 편곡 및 그 밖의 변형, 그리고 수집물도 원저작물로 보호한다. ③ 국내법이 허용하는 한 산업적 목적의 미술저작물도 보호한다. ④ 이 협약은 사진저작물과 그와 유사한 과정으로 제작된 저작물에도 적용된다.

또한 ① 내국민대우의 원칙이 국내법으로 내국민에게 부여하는 권리뿐만 아니라 "이 협약이 특별히 부여하는 권리"에도 미치도록 했다. ② 권리의 향유와 행사는 방식을 조건으로 하지 아니한다(무방식주의). 그런 향유와 행사는 본국에서의 보호와 독립적이다. ③ 본국의 개념을 수립했다. ④ 보호기간은 저작자 사후 50년으로 한다. 모든 동맹국에서 보호기간이 다를 경우 보호가 주장되는 국가의 법률에 따르되, 본국에서 정한 기간을 초과하지 아니한다. 사진저작물, 익명저작물 및 이명저작물의 보호기간은 보호가 주장되는 국가에서 정한 기간을 따르되, 본국에서 정한 기간을 초과하지 아니한다. ⑤ 번역권에 대한 차별을 철폐했다. ⑥ 신문이나 정기간행물에 실린 연재소설이나 단편소설 등은 허락 없이 복제될 수 없다. 복제가 금지되지 아니하는 한 신문 기사는 다른 신문에서 복제할 수 있다. 이 협약상의 보호는 시사 보도나 단순히 언론 보도의 성격을 가지는 기타 사실에는 적용되지 아니한다. ⑦ 이 협약의 규정은 연극이나 악극 저작물의 공연(représentation publique) 및 음악저작물의 공연(exécution publique)에 적용된다(음악저작물의 경우 금지 표시 요건을 삭제했다). ⑧ 음악저작물 저작자는 저작물을 기계적으로 복제하는 장치에 수록(adaptation)하거나 그런 장치로 공연하는 것에 대한 배타적인 권리를 가진다. 이 조항의 적용에 관한 조건은 각국의 입법에 따라 결정된다. ⑨ 저작자는 영상화에 의한 저작물의 복제와 공연(représentation publique)에 대한 배타적인 권리를 가진다. 영상제작물은 문학·예술저작물과 같이 보호를 받는다.[16]

3) 1914년 베른 개정회의

베른협약은 국적 외에 발행을 연결점으로 하여 외국인의 저작물을 보호하

년 개정 협약에는 추가의정서(Additional Act)와 해석선언(Interpretative Declaration) 등이 존재했다. 1908년 베를린 의정서는 이들 문건을 하나로 만든 것이다.

16) *Actes de la Conférence réuni à Berlin du 14 octobre au 14 novembre 1908 avec les Actes de ratification*(이하 *Actes de Berlin*).

고 있다. 어느 동맹국 내에서 비동맹국 국민이 자신의 저작물을 발행할 경우 보호를 받을 수가 있는 것이다. 1914년 회의 결과 채택한 추가의정서(Additional Protocol)는 동맹국 국민이 비동맹국에서 보호를 받을 수 없는 불합리함을 시정하기 위하여 채택되었다. 즉, 비동맹국이 동맹국 국민에게 충분한 보호를 하지 못할 경우 비동맹국 국민에 대한 보호를 제한할 수 있도록 했다.

4) 1928년 로마 개정회의

이 회의에서는 인격권 도입과 방송권 신설을 주요 개정 사항으로 했다. ① 강의, 강연, 설교 등 구술저작물을 저작물의 예시에 넣었다. ② 저작자는 성명 표시권과 동일성유지권을 가진다. 이런 권리의 행사를 위한 조건은 동맹국의 입법에 맡긴다. ③ 공동 저작물의 보호기간은 최후 생존자의 사망일로부터 계산한다. ④ 정치, 경제 또는 종교적인 시사 문제에 관한 기사는 명시적으로 유보하지 아니하는 한 복제될 수 없다. 이런 의무 위반에 대한 법적 효과는 보호가 주장되는 국가의 입법에 맡겨 결정된다. ⑤ 저작자는 방송(radiodiffusion)에 의한 공중전달에 대한 배타적인 권리를 가진다.[17]

5) 1948년 브뤼셀 개정회의

이 회의에서는 다음과 같은 개정을 했다. ① 저작물의 예시에 영상저작물, 사진저작물, 응용미술저작물을 포함시켰다. ② 건축저작물의 본국에 관한 규정을 신설했다. ③ 동맹국의 국내법이 허용하는 한 저작자 사망 후에도 재산권이 존속하다면 인격권을 유지한다. ④ 이 협약에서 부여하는 보호기간은 저작자 사후 50년으로 한다. 어느 동맹국에서 사후 50년을 초과하는 보호기간을 부여하는 경우 그 기간은 보호가 주장되는 국가의 법률에 따르되, 본국에서 정한 보호기간을 초과하지 아니한다. 영상저작물, 사진저작물 및 응용미술저작물은 보호가 주장되는 국가의 법률에 따른다. 익명저작물과 이명저작물은 발행 후 50년으로 한다. ⑤ 신문 기사나 정기간행물의 짧은 인용 또는 언론 요약은 허용된다. ⑥ 저작자는 방송 또는 다른 무선 방법에 의한 공중전달, 유선이

---

17) *Actes de la Conférence réuni à Rome du 7 mai - 2 juin 1928*(이하 *Actes de Rome*).

나 재방송에 의한 공중전달, 확성기나 이와 유사한 장치에 의한 공중전달에 대한 배타적인 권리를 가진다. 이 권리의 행사 조건은 동맹국의 입법에 맡겨 결정한다. 이런 조건은 인격권 및 정당한 보수를 받을 권리를 해치지 아니한다. 일시적 녹음·녹화는 동맹국의 입법에 맡긴다. ⑦ 시사 사건 보도를 목적으로 저작물을 짧게 발췌하는 조건은 동맹국의 입법에 맡겨 결정한다. ⑧ 문학저작물의 저작자는 공개낭송(récitation publique)에 대한 배타적인 권리를 가진다. ⑨ 저작자는 각색, 편곡 및 기타 변경에 대한 배타적인 권리를 가진다. ⑩ 음악저작물 저작자는 기계적 복제 장치에의 녹음에 대한 배타적인 권리를 가진다. 이 권리의 적용에 관한 유보와 조건은 각 동맹국의 입법에 의하여 결정된다. 이런 유보와 조건은 정당한 보수를 받을 권리를 해치지 아니한다. ⑪ 저작자는 저작물 원본의 최초 이전 후의 판매에 대하여 양도할 수 없는 권리(추급권)를 가진다. 그 보호는 저작자가 속하는 동맹국에서 허용하고 보호가 주장되는 국가에서 허용하는 범위 내에서 주장될 수 있다.[18]

6) 1967년 스톡홀름 개정회의

이 회의에서는 다음과 같이 개정했다. ① 무용저작물과 무언극에 대한 고정요건을 삭제했다. ② 연결점으로 상시거소를 새로 도입했다. ③ 영상저작물의 본국에 관한 규정을 신설했다. ④ 저작자에게 공식적으로 복제에 대한 배타적인 권리를 인정하면서 3단계 기준을 도입했다. 이에 따라, 복제권과 관련한 다른 규정들도 함께 정리했다. ⑤ 보호기간을 재정비하여, 50년이라는 기간을 획일적으로 적용하도록 했다. 일반 저작물의 보호기간은 사후 50년으로, 영상저작물과 익명저작물 및 이명저작물은 공중에 제공된 때로부터 50년으로, 사진저작물과 응용미술저작물은 창작 후 25년으로 했다. ⑥ 영상저작물에 대한 저작권 귀속과 권리 행사 등에 관한 규정을 신설했다. ⑦ 복제권과 번역권 관련 개발도상국 특례 규정을 의정서(Protocol Regarding Developing Countries) 형태로 도입했다. 그 외에도 기존 여러 규정을 상당히 다듬고, 고쳤다.[19]

---

18) *Documents de la Conférence réuni à Bruxelles du 5 au 26 juin 1948*(이하 *Documents de Bruxelles*).

19) *Records of the Intellectual Property Conference of Stockholm*, June 11 to July 14, 1967(이하 *Records of Stockholm*).

이 회의에서는 또한 총회와 집행위원회 등 집행부를 설치하는 등 관리 규정과 종결 규정(협약의 개정, 협약의 비준·가입, 유보, 경과 조항 등)을 대폭 수정했다.

7) 1971년 파리 개정회의

이 회의는 세계저작권협약 개정회의와 함께 개최되어, 1967년에 채택된 개발도상국 관련 의정서(Protocol)를 개발도상국 특례 규정(제21조)과 해당 부속서(Appendix)로 나누었을 뿐 실질적인 내용의 변경은 없었다.

제2장 주요 원칙

1. 내국민대우의 원칙

1) 연결점 및 내국민대우의 원칙

베른협약은 제3조에서 일반 저작물의 연결점으로 국적, 발행 및 상시거소를 인정하는 한편, 영상저작물과 건축저작물과 같은 특수한 성격의 저작물의 경우에는 각기 영상제작자의 주사무소와 상시거소를, 건축저작물의 소재지를 연결점으로 두고 있다.[1] 한편 협약 제5조 제1항은 이른바 내국민대우의 원칙을 적시하고 있다: "저작자는 이 협약에 따라 보호되는 저작물에 관하여, 본국 이외의 동맹국에서 각 법률이 현재 또는 장래에 내국민에게 부여하는 권리 및 이 협약이 특별히 부여하는 권리를 향유한다"고 하고 있다.

연결점은 협약상의 이익을 누릴 수 있는 사람을 정하는 것이다. 연결점은 어느 저작자와 어느 국가를 맺어주는 인연 내지 기준이다. 이런 인연으로 인해 협약상 수익자가 되면 그 저작자는 본국 이외의 동맹국에서 이 협약이 특별히 부여하는 권리, 그리고 그 국가 법률이 현재나 장래 부여하는 권리를 향유하는 것이다. 다시 말해서, 연결점과 내국민대우의 원칙이 함께 작용하여 저작권의 국제적 보호 체계가 갖춰지는 것이다. 이 점은 파리협약 체계와 같다. 다만, 파리협약은 동맹국 국민이 다른 동맹국에서 보호를 받는 형식을 취하고 있는 반면, 베른협약은 저작자가 본국 이외의 모든 동맹국에서 보호를 받는 형식을 취하고 있다. 특이한 입법 형식이라 할 수 있는데, 이것은 베른협약상 연결점으로 발행이 중요한 역할을 하기 때문이라 할 수 있다.

---

1) 이에 관해서는, 제2부 제4장 2. 2) (5) 기타 연결점 참조.

2) 본국의 개념

베른협약 제5조 제4항은 본국을 정의하고 있다.

본국은 다음과 같이 본다.
(a) 최초로 어느 동맹국에서 발행된 저작물의 경우, 그 국가. 서로 다른 보호기간을 부여하는 여러 동맹국에서 동시에 발행된 경우에는 입법상 가장 짧은 보호기간을 부여하는 국가;
(b) 어느 비동맹국과 어느 동맹국에서 동시에 발행된 저작물의 경우, 후자의 국가;
(c) 미발행 저작물 또는 최초로 어느 비동맹국에서 발행되었으나 어느 동맹국에서 동시에 발행되지 아니한 저작물의 경우, 저작자가 자국 국민인 동맹국. 다만,
 (i) 영화저작물의 제작자가 어느 동맹국에 주사무소나 상시거소를 가지는 영화저작물의 경우, 본국은 그 국가이고
 (ii) 어느 동맹국에 세워진 건축저작물 또는 어느 동맹국에 소재한 건물이나 그 밖의 구조물에 포함된 그 밖의 예술저작물의 경우, 본국은 그 국가이다.[2]

일반적으로 저작자는 국적 국가에 거주한다. 자신의 저작물도 국적 국가에서 발행한다. 이 경우 저작자의 국적지와 상시거소, 저작물의 발행 장소는 동일하다. 이 경우 저작자의 본국(국적)과 저작물의 본국이 일치하게 마련이므로, 협약에서 저작물의 본국에 관한 규정을 둘 필요가 없다. 사람은 국적이 없

---

2) Art. 5(4): "The country of origin shall be considered to be:
  (a) in the case of works first published in a country of the Union, that country; in the case of works published simultaneously in several countries of the Union which grant different terms of protection, the country whose legislation grants the shortest term of protection;
  (b) in the case of works published simultaneously in a country outside the Union and in a country of the Union, the latter country;
  (c) in the case of unpublished works or of works first published in a country outside the Union, without simultaneous publication in a country of the Union, the country of the Union of which the author is a national, provided that:
  (i) when these are cinematographic works the maker of which has his headquarters or his habitual residence in a country of the Union, the country of origin shall be that country, and
  (ii) when these are works of architecture erected in a country of the Union or other artistic works incorporated in a building or other structure located in a country of the Union, the country of origin shall be that country."

는 경우도 있고, 국적 국가에 거주하지 않는 경우도 있다. 베른협약은 이런저런 상황에 대비하여, 우선 적용될 본국을 정하고 있다. 협약에서 말하는 저작물의 본국이란 동맹국 내 발행을 기준으로 크게 두 가지로 나뉜다. 첫째, 발행저작물에 대해서는, ① 어느 동맹국에서 최초로 발행된 저작물의 경우 그 최초 발행 국가가 본국이다. ② 여러 동맹국에서 동시 발행된 경우 가장 짧은 보호기간을 부여하는 국가가 본국이다. ③ 동맹국과 비동맹국에서 동시 발행된 경우 동맹국이 본국이다.

둘째, 동맹국 내 미발행 저작물에 대해서는, ① 저작자의 국적 국가가 본국이다. 비동맹국 내에서 발행되었다 하더라도 마찬가지이다. 협약은 미발행 저작물의 저작자가 비동맹국 국민이거나 또는 무국적자나 난민인 경우 본국이 무엇인지 언급하지 않고 있다. 협약 제3조 제2항에서 어느 동맹국에 상시거소를 가지고 있는 저작자를 그 국가의 국민과 동등한 법적 지위를 가지는 것으로 보고 있기 때문에(Authors … who have habitual residence … be assimilated to nationals of that country) 그 저작자에 대하여는 상시거소 국가를 본국으로 보아야 할 것이다.[3]

② 영상저작물의 경우 제작자의 주사무소나 상시거소가 있는 동맹국이 본국이다. 영상저작물은 다수의 저작자가 간여하므로 이들 다수 저작자와의 관계를 고려하여 본국을 정하는 것은 매우 복잡한 법률 관계를 야기한다. 이 점을 고려하여 주사무소 등을 근거로 본국을 정할 수 있도록 한 것이다. 그러나 이것은 비동맹국에서 발행되었거나 아직 발행되지 않은 저작물을 염두에 둔 것으로 그 적용은 매우 제한적이다.

③ 건축저작물의 경우 그 저작물이 세워져 있는 동맹국이, 건물이나 구조물에 들어 있는 그 밖의 예술저작물의 경우는 그 건물 등이 소재하고 있는 동맹국이 본국이다.

제5조 제4항은 다음과 같은 점에서 의의를 찾을 수 있다. ① 베른협약에서 본국이라 할 때에는 저작물의 본국(country of origin of the work)을 의미한다. 저작물의 국적이라 할 수 있는데, 물론 저작자의 국적과는 매우 다른 개념이고, 파리협약 등에서 말하는 본국과도 다른 개념이다.[4]

---

3) Masouyé, p.37.
4) 상표의 본국에 관해서는, 제3부 제5장 1. 2) (2) 의의 및 요건 참조.

② 저작물의 본국을 정할 때 발행이 국적 등에 우선 적용된다. 일반 공중은 저작자를 알기보다는 저작물을 아는 것이 보통이기 때문이라 한다.[5] 발행 기준의 우선 적용은 협약의 국제주의 정신을 잘 말해준다.

③ 본국의 개념은 여러 연결점을 가지고 정하기 때문에 실제 적용상 곤란한 점이 생길 수 있다. 예를 들어, 벨기에 국적의 저작자가 네덜란드에 상시 거주하면서 프랑스에서 저작물을 최초 발행한 경우 그 저작물의 본국은 프랑스이다. 이 저작자가 어느 비동맹국에서 저작물을 최초 발행한 경우 본국은 국적 국가인 벨기에이다. 그러나 이 저작물이 벨기에, 네덜란드, 프랑스 등에서 동시에 발행되는 경우(이들 국가의 보호기간도 같다면) 본국은 여럿 존재한다.[6]

④ 본국의 개념으로 인해 보호수준과 보호기간이 영향을 받기도 한다.[7]

3) 본국에서의 보호

협약상 내국민대우 원칙은 저작물의 본국 이외의 동맹국에서 미치는 원칙이다. 그 반대의 경우, 즉 본국에서의 보호는 내국민대우의 원칙이 작용하지 않는다. 협약은 마치, 확인 규정과 같은 제5조 제3항을 두고 있다. 이에 의하면, "본국에서의 보호는 국내법에 의하여 지배된다. 다만, 저작자가 이 협약에 따라 보호되는 저작물의 본국의 국민이 아닌 경우에는 그 본국에서 자국민과 같은 권리를 향유한다."[8]

제5조 제3항 본문은 간명한 원리를 밝히고 있다. 즉, 저작물의 본국에서의 보호는 그 국가의 국내법으로 정한다는 것이다. 이 조항만을 보면, 국내법이

---

5) H. Schack, *Zur Anknüpfung des Urheberrechts im internationalen Privatrecht*, 1979. Boytha, "Some Private International Law Aspects of the Protection of Authors' Rights," *Copyright* (October 1988), p.408에서 재인용.

6) 어쨌든 베른협약상 본국의 개념은 여러 곳에서 사용된다. 첫째, 보호지법 원칙의 예외(제2조 제7항), 내국민대우의 원칙(제5조), 보호기간의 예외(제7조 제8항), 소급보호(제18조) 등이 그 것이다.

7) 응용미술저작물의 보호(제2조 제7항), 보호기간의 비교(제7조 제8항), 소급보호(제18조) 등이 그것이다.

8) Art. 5(3): "Protection in the country of origin is governed by domestic law. However, when the author is not a national of the country of origin of the work for which he is protected under this Convention, he shall enjoy in that country the same rights as national authors."

협약 수준으로 보호하든, 그에 미치지 못하는 보호를 하든 국내법 문제에 지나지 않는다는 원리를 천명하고 있다. 그러나 제5조 제3항 단서는 이 원리를 제약하고 있다. 저작자가 저작물의 본국 국민이 아닌 경우에는 그 본국에서 자국민의 권리와 같은 권리를 가지도록 하고 있다. 이것은 다음과 같은 논리로 설명할 수 있다. ① 베른협약은 저작물의 본국을 독특하게 정의하고 있어서, 그 본국과 저작자의 본국이 다를 경우가 생길 수 있다. ② 베른협약은 저작물의 발행을 기본적인 기준으로 하여 본국을 정하고 있고, 본국 이외의 국가에서는 내국민대우를 받도록 하고 있으므로, 이 경우 본국에서의 보호 방법을 정할 필요가 있다. ③ 저작자가 저작물의 본국 국민이 아니라 하더라도 그 저작자에게는 저작물의 본국에서 내국민과 같은 권리를 부여하여야 한다.

결론적으로, 저작물의 본국과 저작자의 국적 국가가 같은 경우에는 제5조 제3항 본문이 적용되고, 저작물의 본국과 저작자의 국적 국가가 다른 경우에는 제5조 제3항 단서가 적용된다. 후자의 경우 저작물 발행 국가는 자국 국민에 부여하는 권리를 해당 저작자에게 부여해야 한다. 또 다른 의미의 내국민대우인 셈이다.

여기서 한 가지 생각해볼 것이 있다. 즉, 저작물의 본국과 저작자의 국적이 같은 경우 그 저작자는 자국법이 아닌 협약 규정을 들어 저작권 보호를 받을 수 있는가 하는 것이다. 조약의 직접 적용을 인정하는 국가에서 저작자는 협약상의 보호를 주장할 여지가 있다. 자국 법률이 협약상의 보호수준보다 낮게 규정하고 있거나 해당 규정이 미흡하다면 그 가능성은 상존한다 하겠다. 그러나 앞에서 이미 지적했듯이,[9] 협약은 국제 관계를 정하는 것이고, 자국민의 대우는 전적으로 국내법에 따르는 것이므로 협약상의 보호를 부정하는 것이 타당하다고 본다.

4) 보호 제한

협약은 발행을 연결점의 하나로 하고 있어서, 비동맹국 국민도 자신의 저작물을 다른 동맹국에 최초 발행하면 모든 동맹국에서 보호를 받을 수 있다. 비동맹국 국민은 동맹국에 상시거소를 가지고 있더라도 역시 협약상 보호를 향

---

9) 파리협약 관련 규정 해설에 관해서는, 제3부 제2장 2. 1) (1) 국적 참조.

유한다.[10] 이 점은 동맹국 국민의 처지에서 보면 부당하다. 자국민은 비동맹국에서 보호를 받지 못하는 반면, 비동맹국 국민은 협약상 연결점 기준을 활용하여 동맹국에서 보호를 받을 수 있기 때문이다. 1914년 베른 개정회의에서는 이런 부당한 상황을 타개하기 위해 보복 조치를 취할 수 있는 규정을 도입했고, 이 규정은 1967년 스톡홀름 개정회의에서 부분적으로 수정되었다.

협약 제6조 제1항 1문에서는 "어느 비동맹국이 어느 동맹국의 국민인 저작자의 저작물을 충분한 방법으로 보호하지 아니하는 경우에, 후자의 국가는 최초 발행일에 그 비동맹국의 국민이고 어느 동맹국에 상시 거주하지 아니하는 저작자의 저작물에 주는 보호를 제한할 수 있다"고 하고 있다.[11] 최초 발행이라는 뒷문 보호(back-door protection to Berne)에 대한 동맹국의 제재 가능성을 열어놓은 것이다.[12] 이에 대해서는 몇 가지 검토할 필요가 있다. ① 제재 요건은 "비동맹국이 … 충분한 방법으로 보호하지 아니하는 경우(Where any country outside the Union fails to protect in an adequate manner)"에 한정한다. 단순히 보호하지 않는다고 제재 수단을 발동할 수는 없다. '충분한 방법으로' 보호하지 않는 경우에 한한다.

② 최초 발행 국가만이 제재할 수 있다. 비동맹국 국민 저작자가 그 국가에 상시거소를 가지고 있다면 제재는 허용되지도 않는다. 예를 들어, 비동맹국 국민이 동맹국 A에서 최초 발행한 경우, 동맹국 B는 동맹국 A 국민 저작자가 그 비동맹국에서 불충분한 보호를 받는다는 이유로 그 비동맹국에게 제재 조치를 취할 수 없다. 제재 조치는 동맹국 A만이 할 수 있는 것이다.

③ 그러나 동맹국 A가 제재 조치를 취하면 동맹국 B도 유사한 제재를 할 수 있다(제6조 제1항 2문).[13]

---

10) 이 점은 파리협약에서 비동맹국 국민이 어느 동맹국 내에 영업소를 두고 있는 경우 다른 동맹국에서 협약상의 이익을 향유하는 것과 같은 맥락으로 이해할 수 있다. 이에 관해서는, 제3부 제2장 2. 1) (2) 주소 및 영업소 참조.

11) Art. 6(1), 1st sentence: "Where any country outside the Union fails to protect in an adequate manner the works of authors who are nationals of one of the countries of the Union, the latter country may restrict the protection given to the works of authors who are, at the date of the first publication thereof, nationals of the other country and are not habitually resident in one of the countries of the Union."

12) 미국이 1989년 3월 협약에 가입하면서 베른협약 제6조의 의미가 크게 퇴색했다.

13) Art. 6(1), 2nd sentence: "If the country of first publication avails itself of this right, the

④ 해당 제재는 보호를 제한하는(may restrict the protection) 것이다. 전면적인 보호 부정은 허용되지 않는다.14)

이를 위해서는 WIPO 사무총장에게 통보하여야 하며, 사무총장은 이를 동맹국에 전달하여야 한다(제6조 제3항). 이런 상호주의에 의한 제한은 기존에 발행된 저작물에 대한 저작자의 권리에 영향을 미치지 않는다(제6조 제2항). 다시 말해서 소급효에 의한 제한을 할 수 없도록 함으로써 저작자의 기득권을 존중하는 것이다.

2. 무방식주의 및 독립의 원칙

협약 제5조 제2항에서는 "그러한 권리의 향유와 행사는 어떠한 방식에 따를 것을 조건으로 하지 아니한다; 그러한 향유와 행사는 저작물의 본국에서 보호가 존재하는지 여부와 관계가 없다"고 하고 있다.15) 이 규정은 이른바 자동보호의 원칙(principle of automatic protection) 또는 무방식주의(principle of no formality)와 독립의 원칙을 천명한 것이다.

1886년 베른협약은 본국에서 정한 조건과 방식을 따를 것을 조건으로 권리를 향유하도록 규정했으나, 1908년 베를린 개정회의에서 무방식주의로 선회했다. 이 점에서 등록과 같은 방식을 보호의 요건으로 하고 있는 산업재산권과 크게 구별된다.

무방식주의를 이해하기 위해서는 연혁을 살펴볼 필요가 있다. 1886년 협약에서는 권리의 향유(la jouissance)를 본국의 '조건과 방식(conditions et formalité)'에 따르도록 하다가, 1908년 베를린 의정서에서는 권리의 향유와 행사(la joui-

---

other countries of the Union shall not be required to grant to works thus subjected to special treatment a wider protection than that granted to them in the country of first publication."

14) 특정한 방식을 요구할 수도 있고, 보호기간을 제한할 수도 있으며, 특정 권리(예를 들어 방송권)를 부인할 수도 있다. 캐나다가 저작권법으로 이런 제한을 가한 적이 있다. Ricketson & Ginsburg, pp. 253~255.

15) Art. 5(2): "(2) The enjoyment and the exercise of these rights shall not be subject to any formality; such enjoyment and such exercise shall be independent of the existence of protection in the country of origin of the work. ……"

ssance et l'exercice)를 '어떠한 방식(aucune formalité)'에도 따르지 않도록 개정했다. 16)17)

무방식주의를 설명하기는 무척 어렵다. 대체로 방식이란 복제물의 납본 또는 기탁(deposit), 등록(registration), 저작권 표시(copyright notice) 등을 들고 있다.18) 방식을 갖추지 않으면 보호받지 못하거나 보호를 잃는 것으로 보기도 한다.19) 등록의 경우와 같이, 등록된 사실에 일정한 법적 효과(예를 들어 추정력)를 부여한다면 그것은 권리의 향유에는 영향을 미치는 것이 아니므로 무방식주의에 어긋나는 것은 아니다. 또한 납본을 행정상의 의무로 하여 그 위반에 대해 제재한다고 하더라도 역시 권리 향유에는 영향을 미치지 않으며 따라서 베른협약에 합치한다.20) 이런 설명은 권리의 향유에 관한 것으로, 그 행사에 대한 설명이 되기 어렵다.

베른협약은 권리의 행사에도 방식을 금지하고 있다. 등록이나 납본을 소송 조건으로 하는 것이 대표적인 예이다.21) 그러나 예를 들어, ① 양도계약에 서면 형식을 요구하는 것은 허용된다고 한다.22) 그것은 등록과 같이 공익 보호를 위한 것(public-protective)과는 근본적으로 다른 것으로, 저작자를 보호하기

---

16) 전자가 방식주의를 적극적으로 요구하는 형식의 문장으로 되어 있다면, 후자는 방식주의를 금지하는 형식으로 되어 있다.

17) 과거 일부 국가에서는 이런 방식을 권리의 향유와 행사의 요건으로 삼는 예가 많았다. 이것은 저작권의 국제적 보호에 걸림돌로 작용하여, 1952년 세계저작권협약이 나온 배경이기도 하다. 이 협약에서는 방식을 요구하는 국가에서 다른 당사국 국민의 저작물이 비록 등록과 같은 방식을 갖추지 않더라도 단순히 ⓒ 표시만으로 방식 요건을 충족하는 것으로 하여 해당 저작물을 보호하는 절충안을 채택했다. 현재 대다수의 국가들이 베른협약 당사국이므로 이런 저작권 표시 방법은 연혁적인 의미가 강하다고 할 수 있다. 현재에도 방식주의를 고집하는 국가가 있다. 미국 저작권법에 의하면, 미국을 '본국'으로 하는 저작물에 대하여 등록을 소제기 요건으로 하기도 한다. 이것은 본국 저작물과 다른 저작물 간의 차별을 의미한다. 이런 차별을 극복하기 위하여 미국인이 협약 규정을 들어 차별 철폐를 주장할 수도 있는가. 이것은 앞에서 보았듯이, 국가 간의 관계에서 빚어진 문제가 아니므로 불가능하다고 할 수 있다. 이에 관해서는, 제4부 제2장 1. 3) 본국에서의 보호 참조.

18) Masouyé, p.33; Ficsor, p.41; Nordemann et al., p.78.

19) Masouyé, p.33; Ficsor, p.41.

20) Ficsor, p.41.

21) 종전에 프랑스가 납본을 소송 조건으로 하는 제도를 가지고 있었다. 1988년 영국 저작권법상 서면 등의 방법으로 주장(assertion)하지 않으면 성명표시권 침해가 발생하지 않는다는 규정(제78조)은 무방식주의에 합치하기 어렵다는 의견도 있다. Ricketson & Ginsburg, p.326.

22) Nordemann et al., pp.77~78; Ricketson & Ginsburg, pp.326~327.

위한 것(author-protective)이라는 것이다.[23] 이런 의견은 설득력이 떨어진다. 이 의견은 1908년 개정회의 당시 위원회 보고서 설명에 의존한 것이라 할 수 있는데, 당시 위원회는 방식이란 용어는 조건과 방식 모두를 염두에 둔 것이라고 간단한 설명만을 보고서에 남기고 있을 뿐이다.[24][25] 먼저, 권리의 행사가 무엇인지 살펴볼 필요가 있다. 통상 권리의 행사라 할 때에는 저작권 라이선스를 부여하든가 권리 구제 절차를 진행하는 것을 말한다. 문헌에서는 저작권의 양도도 권리 행사의 한 유형으로 보기도 한다. 국가 관행을 보면, 권리 행사의 요건으로 방식을 요구하는 사례로서 소송의 조건으로 등록이나 납본을 요구하는 경우가 있을 뿐, 이런 등록이나 납본을 권리의 양도나 라이선스의 성립 여부와 연계하는 사례는 찾아보기 힘들다. 등록을 소송 조건으로 한다면 그것은 물론 권리의 행사에 방식을 요구하는 것으로 협약 위반이다.

조약법에 관한 비엔나협약상의 조약해석론(문언해석론)에 의한다면, 방식과 조건은 아무래도 서로 다른 것으로 이해해야 한다고 본다. 방식을 등록과 같은 형식적인 절차를 의미하는 것으로 새긴다면 서면 형식의 요구는 베른협약상 방식이 될 수 없고, 따라서 협약 위반이 될 수 없다.

② 양도 등록에 법적 효과(예를 들어 대항력)를 부여하는 것은 양도 자체를 금지하는 것은 아니므로 역시 무방식주의와 양립할 수 있다.

③ 등록을 추가적인 구제(법정 손해배상 등)의 수단으로 활용하는 것도 무방식주의에 어긋나지 않는다고 본다. 협약은 최소한의 보호수준을 예정하면서 이보다 낮은 수준의 보호를 금지하고 있을 뿐이므로, 협약에서 정한 보호수준을 넘는 경우—내국민대우의 원칙을 준수하는 한—이에 대해 협약 위반이라 할 수는 없을 것이다.

독립의 원칙("그러한 향유와 행사는 저작물의 본국에서 보호가 존재하는지 여부와 관계가 없다")은 내국민대우 원칙과 연결해서 생각해볼 수 있다. 베른협약상 내국민대우 원칙은 저작자가 해당 저작물의 본국 이외의 동맹국에서 그 국가 국민이 가지는 것과 같은 권리를 향유하는 것이므로, 본국에서의 보호 여부, 보

---

23) Ricketson & Ginsburg, p.327.

24) *Actes de Berlin*, p.237.

25) Ricketson & Ginsburg, p.327에서는 고정 요건도 방식으로 보고 있다. 방식의 개념을 넓게 보기 때문이다. 그러나 그렇게 보는 것은 곤란하다고 본다. 고정이 보호의 요건은 분명하지만 방식이라 할 수는 없는 것이다. Ficsor, p.28.

호수준의 정도, 방식의 요구와는 아무런 관련이 없는 것이다. 독립의 원칙은 이 점을 확인해주고 있다 하겠다. 본국에서의 보호는 전적으로 그 국가의 법률에 따를 뿐이다(제5조 제3항).

3. 높은 수준의 보호

베른협약은 최소한의 보호(minimum protection)를 예정한 조약이다. 이것은 동맹국들 간의 관계에서 일정한 수준 이상으로 저작권 보호를 가져오는 효과가 있다. 국가에 따라서는, 또는 일부 국가들 간에는 더 높은 수준의 보호를 꾀할 수도 있다. 보호수준의 상향은 개별 국가에 의해서도 할 수 있고, 동맹국들 간에도 할 수 있다. 베른협약은 이 두 가지를 염두에 둔 규정을 가지고 있다.

먼저, 제19조에서는 "이 협약의 규정은 어느 동맹국에서 입법에 의하여 부여될 수 있는 더욱 광범위한 보호의 혜택을 주장하는 것을 배제하지 아니한다."[26] 이 규정은 1908년 베를린 개정회의에서 도입되어 그 후 약간의 수정을 거쳤다. 어떠한 경우에도 협약과 충돌해서는 안 된다. 국내법 규정이 협정 규정과 충돌한다면, 결과적으로 높은 수준의 보호를 한다고 해서 정당화될 수는 없다.

베른협약 제20조는 동맹국들 간의 관계를 염두에 둔 규정이다: "동맹국 정부는 그들 사이의 특별협정이 저작자에게 이 협약보다 더 광범위한 권리를 부여하거나 이 협약에 반하지 아니하는 다른 규정들을 담고 있는 한, 그 협정을 체결할 권리를 유보한다. 이런 조건을 충족하는 기존의 협정 규정들은 그대로 적용된다."[27]

이 조항은 1886년 협약에 이미 들어 있던 것으로, 1908년 부분적으로 수정되었다. 이 조항은 베른협약 체결 당시 존재했던 다수의 양자조약의 계속적인

---

26) Art. 19: "The provisions of this Convention shall not preclude the making of a claim to the benefit of any greater protection which may be granted by legislation in a country of the Union."

27) Art. 20: "The Governments of the countries of the Union reserve the right to enter into special agreements among themselves, in so far as such agreements grant to authors more extensive rights than those granted by the Convention, or contain other provisions not contrary to this Convention. The provisions of existing agreements which satisfy these conditions shall remain applicable."

효력을 인정할 필요성에서 비롯된 것으로, 파리협약에도 유사한 조항이 있다. 파리협약상의 특별협정은 상당수 체결된 바 있으나,[28] 베른협약 특별협정은 1996년에야 비로소 등장했다. WIPO 저작권조약과 WIPO 실연·음반조약이 그것이다.

특별협정은 베른협약보다 더 광범위한 권리(more extensive rights)를 부여하는 경우에 한하여 허용된다. 또한 특별협정은 베른협약과 충돌하는 규정을 둘 수도 없다.

---

28) 이에 관해서는, 제2부 제2장 4. 2) 동맹 조약과 특별협정 참조.

제3장 보호대상 및 수익자

1. 저작물의 예시

베른협약 제2조 제1항은 보호대상을 예시하고 있다.

'문학·예술저작물'이란 표현은 그 표현의 형태나 방식이 어떠하든 간에

서적, 소책자 및 그 밖의 문서;

강의, 강연, 설교 및 그 밖의 같은 성격의 저작물;

연극 또는 악극 저작물;

무용저작물과 무언극;

가사가 있거나 또는 없는 작곡;

영화와 유사한 과정에 의하여 표현된 저작물을 포함하는 영상저작물;

소묘, 회화, 건축, 조각, 판화 및 석판화;

사진과 유사한 과정에 의하여 표현된 저작물을 포함하는 사진저작물;

응용미술저작물;

도해, 지도, 설계도, 스케치 및 지리학, 지형학, 건축학 또는 과학에 관한 3차원 저작물
과 같은 문학, 학술 및 예술의 범위에 속하는 모든 제작물을 포함한다.[1] (편의상 단락
나눔)

---

1) Art. 2(1): "The expression 'literary and artistic works' shall include every production in the
literary, scientific and artistic domain, whatever may be the mode or form of its expression,
such as books, pamphlets and other writings; lectures, addresses, sermons and other works
of the same nature; dramatic or dramatico-musical works; choreographic works and enter-
tainments in dumb show; musical compositions with or without words; cinematographic
works to which are assimilated works expressed by a process analogous to cinematogra-
phy; works of drawing, painting, architecture, sculpture, engraving and lithography; photo-
graphic works to which are assimilated works expressed by a process analogous to photo-
graphy; works of applied art; illustrations, maps, plans, sketches and three-dimensional
works relative to geography, topography, architecture or science."

이 조항은 1886년 베른협약 이후 개정회의 때마다 예시 대상이 늘어나기도 하고(1908년 건축저작물, 무용저작물 및 무언극 추가, 1928년 강의, 강연 및 설교 추가, 1948년 영상저작물, 사진저작물, 응용미술저작물 추가), 요건의 일부를 삭제하기도 하면서(1967년 무용저작물과 무언극에 대한 고정 요건 삭제) 오늘에 이르고 있다.

이 조항은 예시 규정에 지나지 않는다. 협약상 보호대상은 '문학·예술저작물(literary and artistic works)'이다. '문학, 학술 및 예술의 범위'에 속하는 모든 제작물을 '포함한다.' 그 밖의 저작물도 보호 요건을 갖추면 보호받는 저작물(protected work)이 될 수 있음은 물론이다.[2] 예시 대상은 문자저작물과 구술저작물을 비롯하여 도형저작물에 이르기까지 매우 광범위하다. 각국 저작권법도 베른협약의 예를 따라 거의 비슷한 순서의 예시 규정을 두고 있다.

모든 저작물이 보호되는 것은 아니다.[3] 많은 국가에서는 저작권을 보호받기 위하여 독창성(originality)과 아이디어의 표현(expression of ideas)이라는 두 가지 요건을 공통적으로 요구하고 있다. 산업재산권 분야에서 볼 수 있는 신규성은 요건이 되지 않는다.[4] 독창성이 있는 저작물만이 보호를 받을 수 있을 뿐이다. 또한 아이디어 그 자체는 보호를 받을 수 없고, 그 표현만이 보호를 받을 수 있다. 협약은 이에 대해 모두 침묵하고 있다. 이것은 각국의 법제와 관행이 매우 다르기 때문에 성문화되지 못했다고 할 수 있다. 먼저, 독창성 요건과 관련하여 그간의 여러 외교회의 준비문서를 보면, 저작물은 지적 창작물[5]이라야 보호를 받을 수 있으며, 그 요건은 독창성이라는 것이다.[6] 또한 '시사

---

2) 영미법계에서는 거의 대부분 녹음물을 저작물의 범주에 넣고 있고, 일부에서는 방송도 저작물에 포함시키고 있다.

3) 저작물(work)이라는 말은 두 가지 의미를 담고 있다. 하나는 저작권법에 의하여 보호를 받는 객체(subject-matter)라는 의미이고, 다른 하나는 저작권법상 보호 요건을 판단하기 전 단계의 단순한 제작물이라는 의미이다. 국제적으로도 두 가지 의미로 모두 사용하는 것 같다. 전자의 경우 보호 저작물(protected work or copyrighted work)이라 하기도 한다. 여기서는 편의상 두 가지 의미를 차별 없이 사용하기로 한다.

4) 신규성은 독창성과 구별된다. 예를 들어, 동일한 장소에서 동일한 풍경을 그린 회화 두 점이 있다고 할 때 양자는 각기 독창성은 있으나 그중 어느 하나는 신규성이 없는 것이다. 두 편의 시가 우연히 같다 하더라도 나중에 작성한 것이 작가의 독자적인 시적 감각과 표현에 의한 것이라면 이 또한 신규성은 없으나 독창성은 있다.

5) 제2조 제5항(수집물 보호)에 지적 창작물(intellectual creation)이라는 용어가 등장한다.

6) Ficsor, p.23.

보도나 단순히 언론 보도의 성격을 가지는 그 밖의 사실(news of the day or mis-cellaneous facts having the character of mere items of press information)'에 대하여 보호를 부정하는 것도 독창성이 보호의 요건이라는 점을 간접적으로 시사하는 것이라 할 수 있다(제2조 제8항).[7] 시사 보도 그 자체가 저작물이 아니라는 뜻은 아니다. 저작물로 간주할 수 있을 정도의 지적인 노력을 담은 시사 보도는 보호된다.[8]

다음으로, 베른협약은 아이디어 그 자체를 명시적으로 보호대상에서 배제하지 않고 있으나, '그 표현의 형태나 방식이 어떠하든 간에(whatever may be the mode or form of its expression)'라는 구절과 '문학, 학술 및 예술의 범위에 속하는 모든 제작물(production)'(고딕 강조)이라는 용어 사용은 아이디어를 보호대상으로 고려하지 않았다는 점을 보여준다.

일부 국가에서는 보호 요건으로서 고정(fixation)을 요구하는 경우도 있다.[9] 협약은 이 점을 반영하여, 제2조 제2항에서, "다만, 저작물 일반이나 특정한 범주의 저작물이 유형적인 형태로 고정되어 있지 아니하는 한 보호되지 아니한다고 규정하는 것은 동맹국의 입법에 맡긴다"고 하고 있다.

2. 2차적 저작물

처음에는 번역이 관심을 받았다. 1886년 협약은 적법한 번역물(traductions licit-es)을 원저작물(ouvrages originaux)로 보호했던 것이다. 1908년 베를린 의정서에서는 번역, 각색, 편곡 및 그 밖의 변형을 원저작물로 보호했다. 이후 부분적 수정을 거쳐 현행 규정으로 이어지고 있다. 현행 제2조 제3항에서는 "문학 또는 예술 저작물의 번역, 각색, 편곡 및 그 밖의 변경은 원저작물에 대한 저작권을 해치지 아니하고, 원저작물로서 보호된다."[10]

---

7) Art. 2(8): "The protection of this Convention shall not apply to news of the day or to mis-cellaneous facts having the character of mere items of press information."

8) Masouyé, p.23.

9) 미국 저작권법 제102조 (a) 참조.

10) Art. 2(3): "Translations, adaptations, arrangements of music and other alterations of a lite-rary or artistic work shall be protected as original works without prejudice to the copyright

번역(translation)은 다른 언어로 표현하는 것이고, 각색(adaptation)은 주로 장르를 바꾸어 표현하는 것이다. 편곡(arrangement of music)은 가락이나 박자 등에 변경을 가하여 만들어진다. 협약에서 말하는 '그 밖의 변경(other alteration)'은 번역 등을 제외한 모든 형태의 변경을 의미한다. 그 예로 캐리커처나 패러디를 들기도 하고, 소스코드에서 오브젝트코드로 변경하는 예를 들기도 한다.[11]

이런 번역, 각색, 편곡 등은 모두 2차적 저작물(derivative work)이다. 2차적 저작물은 원저작물로서 보호된다(protected as original works). 번역이나 편곡 등에 창작행위가 있는 것이고 그 창작행위는 다른 저작물 창작행위와 같은 것이므로, 이런 창작물도 다른 원저작물과 같은 수준으로 보호를 받는 것이다.

2차적 저작물은 기존 저작물을 변경하여 새롭게 만들어진 저작물이다. 이런 속성으로 인해 2차적 저작물과 기존 저작물과의 관계를 고려하여 "원저작물에 대한 저작권을 해치지 아니"하여야 한다. 이것은 두 가지 의미가 있다. 첫째, 원저작물의 저작권을 침해할 경우, 2차적 저작물의 성립과 보호와는 별도로 법적 책임을 부담해야 한다. 둘째, 제3자가 2차적 저작물을 이용하고자 한다면 그 저작자뿐만 아니라 원저작자의 허락도 받아야 한다.

3. 수집물

수집물(collection)은 1908년 베를린 의정서에서 처음 등장했다. 당시 번역, 각색, 편곡 등과 함께 원저작물로 보호하도록 한 것이다. 1948년 브뤼셀 개정 회의 결과 수집물에 관하여 독립 항(제2조 제3항)을 두었고 이것이 현행 제2조 제5항이 되었다.

제2조 제5항에 의하면, "내용의 선택과 배열로 인하여 지적 창작물이 되는 백과사전 및 선집과 같은 문학 또는 예술 저작물의 수집물은 그 수집물을 구성하는 각 저작물에 대한 저작권을 해치지 아니하고, 지적 창작물로서 보호된다."[12]

---

in the original work."

11) Ficsor, p.29.

12) Art. 2(5): "Collections of literary or artistic works such as encyclopaedias and anthologies which, by reason of the selection and arrangement of their contents, constitute intellectual

협약은 수집물의 전형적인 예로 백과사전과 선집을 들고 있으나 이에 한정하는 것은 아니다. 기존 저작물의 '선택과 배열로 인하여(by reason of the selection and arrangement)' 지적 창작물(intellectual creation)이 된다면 무엇이든 보호를 받을 수 있다.[13] 데이터베이스가 그런 예라 할 수 있다. 협약에서는 수집물이라고 하고 있으나, 많은 국가들은 이를 편집물(compilation)로 보고 있다. 모두 '선택과 배열'이라는 특징에서 나오는 것으로 성질상 같은 것이다.[14]

협약은 단지 '문학 또는 예술 저작물의 수집물'이라고 하고 있다. 협약상의 의무는 저작물의 수집물에 한정한다 할 수 있다. 국내법으로 보호대상을 넓히는 것, 예를 들어 '자료의 수집물'도 보호대상으로 하는 것은 얼마든지 가능하다.[15] TRIPS협정은 '자료의 편집물'을 보호하도록 함으로써 해석상의 논란을 줄였다.

수집물 보호는 "그 수집물을 구성하는 각 저작물에 대한 저작권을 해치지 아니"하여야 한다. 이 구절은 수집물과 수집물 구성 저작물(소재 저작물) 간의 관계를 규정한 것으로, 2차적 저작물과 기존 저작물 간의 관계에서 보듯이, 수집물을 제작하면서 소재 저작물 저작자의 허락을 받지 않을 경우 그 저작자의 저작권을 침해하는 것이 되고, 제3자가 수집물을 이용하고자 한다면 수집물 저작자와 소재 저작물 저작자 모두의 허락을 받아야 한다.

4. 비보호 저작물

보호대상 저작물은 독창성 등 요건을 충족해야 한다. 이런 요건을 충족했다 하여 모두 보호를 받는 것은 아니다. 협약은 특정한 종류의 저작물을 비보호대상으로 하고 있다. 한편으로는 공공 이익을 고려하면서, 다른 한편으로는 그

---

creations shall be protected as such, without prejudice to the copyright in each of the works forming part of such collections."

13) 여기서 말하는 지적 창작물이란 '독창성이 있는 저작물'이라 보아도 무방하다.

14) TRIPS협정 제10조 제2항에서는 '자료의 편집물(collection of data)'이라고 하고 있다. 이에 관해서는, 제5부 제3장 2. 2) 보호대상 참조.

15) 자료의 수집물은 베른협약상 보호대상이라는 의견도 있다. 제2조 제1항에서 "문학, 학술 및 예술의 범위에 속하는 모든 제작물", 즉 독창적인 창작물은 보호하기 때문이라는 것이다. Ficsor, p.31. 그러나 이는 논리의 비약이 있는 듯하다.

남용을 막기 위한 것이라 할 수 있다.

베른협약 제2조 제4항에 의하면, "입법, 행정 및 사법적 성격의 공문서와 그 문서의 공식 번역물에 부여하는 보호는 동맹국의 입법에 맡겨 결정한다."16) 1948년 브뤼셀 개정회의에서는 공문서의 번역문에 한정하여 동맹국의 재량을 허용했으나, 1967년 스톡홀름 개정회의에서는 동맹국의 재량 범위를 넓혔다. 공문서의 번역문뿐만 아니라 공문서 그 자체에 대해서도 보호를 부정할 수 있도록 한 것이다.17)

이런 공문서에는 법령이나 판례가 대표적이다. 동맹국이 재량으로 이런 공문서 보호 여부를 결정할 수 있다. 다시 말해서, 보호할 수도 있고 보호를 부정할 수도 있는 것이다. 비보호대상으로 하더라도, 국가기관이 발행하는 모든 자료가 비보호대상이 되는 것은 아니다. 오직 공문서(official text)와 공식 번역물(official translation)만이 이에 해당한다.18)

한편, 베른협약 제2조의2 제1항도 동맹국이 비보호대상으로 삼을 수 있는 특정한 종류의 구술저작물을 명시하고 있다. 즉, "정치적 연설 및 재판 절차에서의 진술을 전 조에서 규정한 보호로부터 전부 또는 일부 배제하는 것은 동맹국의 입법에 맡긴다."19) 이 규정은 1928년 로마 의정서에 처음 등장하여 그 후 부분적인 수정을 거쳤다.

이 규정은 각 동맹국이 언론의 자유 내지 정보의 자유, 공개재판을 받을 권리라는 공공 목적을 위하여 저작권을 부정하거나 제한할 수 있는 근거가 된다. 이 규정은 다음과 같은 점에 주목할 필요가 있다. 첫째, 동맹국은 저작권 보호를 전면 부정할 수도 있고 일부 배제할 수도 있다. 둘째, 정치적 연설과 재판상의 진술에 한한다. 셋째, 해당 저작자는 자신의 저작물의 수집물 제작에 대한 배타적인 권리를 가진다(제2조의2 제3항). 그 밖의 공개 강연에 대해서는 별

---

16) Art. 2(4): "It shall be a matter for legislation in the countries of the Union to determine the protection to be granted to official texts of a legislative, administrative and legal nature, and to official translations of such texts."

17) 브뤼셀 의정서는 해당 내용을 번역 등의 보호에 관한 항에서 다루었으나(현행 제2조 제3항), 1967년 스톡홀름 의정서는 항을 별도로 독립시켰다(현행 제2조 제4항).

18) Masouyé, p. 20.

19) Art. 2bis(1): "It shall be a matter for legislation in the countries of the Union to exclude, wholly or in part, from the protection provided by the preceding Article political speeches and speeches delivered in the course of legal proceedings."

도의 규정(제2조의2 제2항) 적용을 받는다.[20]

국내법으로 그 발행이나 배포가 금지된 저작물이라 하더라도 보호를 부정하거나 제한할 수 없다. 중국―지적재산권 사건에서 WTO 패널은 중국 저작권법 제4조 1문("법에 의하여 그 발행 및/또는 전파가 금지된 저작물은 법에 의하여 보호되지 아니한다.")이 베른협약에 합치하지 않는다고 판정했다. 패널은 내용 심사(content review)를 이유로 이를 통과하지 못한 저작물과 그 통과를 위해 삭제된 저작물의 일부분에 대해 보호가 부정되고 있다는 점, 그리고 내용 심사를 받지 않은 저작물과 심사 결과를 기다리는 저작물은 잠재적으로 보호가 부정될 수 있다면서 이런 보호 부정은 베른협약상 허용되지 않는다는 것이다. 중국은 검열의 존재로 사적 권리의 집행이 불필요하다는 점을 지적하기도 했으나 패널은 받아들이지 않았다. 패널은 베른협약 제17조(협약 규정이 동맹국 정부가 저작물의 유통이나 전시를 통제하거나 금지할 권리에 영향을 미치지 않는다)[21]는 공공질서를 이유로 한 검열을 인정하고 있지만, 저작권과 정부 검열은 각기 다른 권리나 이익에 관한 것으로, 검열이 저작권 보호를 부정하는 근거가 될 수 없다고 판단했다.[22]

5. 특수한 저작물

베른협약은 일부 저작물의 경우 다른 저작물과 차별되게, 또는 특별한 방법으로 보호하고 있다. 이에 해당하는 저작물로는 응용미술저작물, 사진저작물, 그리고 영상저작물이 있다. 베른협약은 ① 제2조 제1항에서 응용미술저작물을 저작물의 하나로 예시하면서도, 그 보호의 범위와 조건에 대해서는 국내법상의 재량을 인정하고 있다. 보호기간도 차별하고 있다.[23] ② 사진저작물도

---

20) 이에 관해서는, 제4부 제4장 4. 1) 공개 연설 등 참조.

21) Art. 17: "The provisions of this Convention cannot in any way affect the right of the Government of each country of the Union to permit, to control, or to prohibit, by legislation or regulation, the circulation, presentation, or exhibition of any work or production in regard to which the competent authority may find it necessary to exercise that right."

22) 중국―지적재산권(China―Measures Affecting the Protection and Enforcement of Intellectual Property Rights), Report of the Panel, WTO Doc. WT/DS362/R, 26 January 2009, paras. 7.103~7.139.

차별하고 있다. 역시 보호대상의 하나로 예시하고 있지만, 보호기간을 달리하고 있다.[24] ③ 영상저작물도 저작물의 하나로 예시하고 있다. 또한 특례 규정을 두어, 저작권 보호, 저작권의 귀속, 이용 편의를 위한 규정 등을 두고 있다.[25]

6. 저작자

저작권법상의 권리 체계는 보호대상으로서 저작물을 정하고, 이어서 이런 저작물을 창작한 사람을 확정한 뒤에, 이들이 법상으로 가지는 권리의 종류와 내용을 획정함으로써 완성된다. 저작물 창작자를 통상 저작자라고 한다. 이 저작자가 베른협약상 수익자(beneficiary)가 된다.

베른협약은 저작자를 중심으로 권리 체계를 구성하면서도, 정작 저작자가 누구인지에 대해서는 침묵하고 있다. 협약에서 저작자를 정의하지 못하는 이유는 국내법상의 차이에서 연유한다고 할 수 있다. 어떤 국가는 개인 창작자에 국한하여 저작자의 지위를 부여하는가 하면, 어떤 국가는 법인도 저작자가 될 수 있도록 하고 있다. 독창성 요건의 엄격성 여부도 저작자의 지위에 영향을 준다.

베른협약은 전문에서 "문학·예술저작물의 저작자의 권리를 … 보호하기 위한 희망"에서 협약을 체결한다고 하고 있고, 제6조의2에서는 자연인을 상정하고 인격권을 부여하고 있다 할 수 있고, 제15조에서 자신의 이름이 통상적으로 표시되면 그것으로 침해 소송을 제기하기에 충분하다고 규정한 것은 분명히 자연인 저작자를 우선적으로 염두에 둔 것이다. 이들 규정은 1886년 협약에서도 존재했던 것으로, 이 협약은 당시 프랑스 등 대륙법계 국가들이 체결을 주도했다. 베른협약 초기에는 저작자와 자연인을 거의 등식 관계로 파악했던 듯하다.

그렇지만, 1967년 스톡홀름 개정회의 결과 등장한 영상저작물에 관한 특례

---

23) 이에 관해서는 각각, 제2부 제4장 5. 3) (4) 보호지법 원칙의 예외, 제4부 제4장 3. 5) 사진 및 응용미술 저작물 참조.

24) 이에 관해서는, 제4부 제4장 3. 5) 사진 및 응용미술 저작물 참조.

25) 이에 관해서는, 제4부 제4장 5. 영상저작물에 관한 특례 참조.

규정(협약 제14조의2)은 애써 저작자라는 표현을 회피하고 있다. 이 조 제1항에서는 "영상저작물의 저작권자(owner of copyright)는 … 원저작물의 저작자와 같은 권리를 향유한다"(고딕 강조)고 하고 있는 것이다. 협약에서 명시적으로 저작자를 자연인으로 한정하거나, 아니면 법인 저작자를 부정하는 규정을 두지 않은 이상, 법인 저작자를 인정하고 있는 국내법이 협약에 불합치한다고 볼 여지는 없다고 할 수 있다.

제4장 보호되는 권리

협약상의 수익자는 내국민대우 원칙에 따라 '이 협약에 따라 보호되는 저작물에 관하여' 적어도 '이 협약이 특별히 부여하는 권리'를 향유한다. 최소한의 보호의 원칙은 실체 규정에 의해 구현되는 것으로, 협약의 기본 골격을 구성한다. 이 원칙에서 가장 중요한 것은 이런 협약상의 권리의 종류와 내용을 정하고, 그 제한의 조건과 범위를 획정하는 것이다. 베른협약은 크게 두 가지 종류의 권리를 담고 있다.

1. 인격권

인격권(droits moraux, moral rights)은 저작권법상 재산권과 더불어 양대 축을 이루는 권리이다. 인격권의 연혁은 18세기 계몽주의 운동으로 거슬러 올라간다. 이런 인격권 사상은 프랑스 혁명으로 인해 유럽 전역에 전파되었다. 이런 사상을 바탕으로 유럽 대륙에서는 인격권과 재산권을 하나의 저작권으로 파악하는 일원론, 양자가 독자적인 권리로서 병존한다는 이원론 등 이론적인 배경을 다듬어왔다. 반면, 영미법계 국가에서는 저작권에 대해 기본적으로 재산적인 측면에서 접근해왔다.[1]

베른협약은 제6조의2 제1항에서 두 가지의 인격권을 부여하고 있다: "저작자의 재산권과 독립하여, 그리고 이 권리의 양도 후에도, 저작자는 저작물의 저작자라고 주장할 권리 및 이 저작물과 관련하여 그의 명예나 명성을 해치는 왜곡, 절단, 그 밖의 변경 또는 그 밖의 훼손 행위에 대하여 이의를 제기할 권리를 가진다."[2] 즉, 성명표시권(right to claim authorship, right of paternity)과 동

---

[1] 최근 이런 움직임에 약간의 변화가 생기고 있다. 이에 관해서는, 제1부 제1장 4. 2) 저작권 보호의 역사 참조.

일성유지권(right of integrity)이 그것이다.

인격권은 1928년 로마 의정서에 처음 등장하여, 그 후 부분적인 변경을 거쳐 오늘에 이르고 있다. 인격권은 저작물이 인격의 발현이라는 데에서 출발한 권리이다. 각국마다 인격권의 종류는 다양하지만 협약은 두 가지만을 명시하고 있다.

성명표시권은 글자 그대로 자신이 저작자임을 주장할 수 있는 권리이다. 저작자 표시에 특별한 방법을 요구하는 것은 아니다. 대체로 원본에, 복제물의 표지에, 그 밖에 사람들이 지각할 수 있는 방법으로 표시한다면 충분하다. 적극적인 의미로는 자신의 실명이나 이명(pseudonym)을 표시할 것을 요구할 권리이며 소극적으로는 익명으로 남을 권리를 의미한다.[3] 이것은 이른바 출처표시 의무와는 구분된다. 출처표시 의무도 저작자의 성명 등을 표시하도록 하는 것이지만 이것은 권리 제한을 통해 저작물을 이용할 경우에 요구되는 것으로, 그 위반에 대해서는 별도의 구제나 제재 절차가 따르게 된다.[4] 어떠한 방법으로든지 저작자의 성명을 표시하지 않으면 성명표시권 위반이 될 수도 있고, 출처표시 위반이 될 수도 있다.

동일성유지권은 자신의 저작물의 왜곡(distortion), 절단(mutilation), 변경(modification), 기타 훼손 행위(derogatory action)를 방지할 권리이다. 저작물의 변경은 여러 형태를 띤다. 저작물의 형식을 변경할 수도 있고, 내용을 변경할 수도 있다. 협약은 단지 왜곡, 절단, 변경, 기타 훼손 행위를 변경의 형태로 제시하고 있으나, 주로 내용의 변경에 집중하고 있는 듯하다. 그러나 '그 밖의 훼손 행위'는 그렇지 않은 듯 보인다. 이 구절은 1948년 브뤼셀 회의에서 추가된 것으로, 저작물의 변경보다는 저작물의 성격에 변화가 생기고(흔히, 기존 저작물을 바탕으로 한 음란물 제작을 예로 든다) 그에 따라, 뒤에서 보듯, 저작자의 명예나 명성을 해치는 것을 겨냥한 듯하다.[5] 국가에 따라서는 제목의 변경도 침해

---

2) Art. 6bis(1): "Independently of the author's economic rights, and even after the transfer of the said rights, the author shall have the right to claim authorship of the work and to object to any distortion, mutilation or other modification of, or other derogatory action in relation to, the said work, which would be prejudicial to his honor or reputation."

3) 이명이나 익명 저작물에 대해서는 보호기간 등의 특칙이 있다. 이에 관해서는, 제4부 제4장 3. 4) 익명 및 이명 저작물 참조.

4) 이에 관해서는, 제4부 제4장 4. 3) 인용, 4) 수업 목적 이용 및 5) 시사 보도 목적 이용 참조.

5) Masouyé, p.42 참조.

유형의 하나로 보기는 하지만, 협약상의 동일성유지권 침해로 보기는 곤란하다고 본다.

그 어떤 경우이든 동일성 자체의 변경만으로는 동일성유지권 침해가 되지 않는다. 저작자의 명예(honor)나 명성(reputation)을 해쳐야만 침해가 되는 것이다. 저작자의 명예나 명성이 인격의 핵심이 되는 요소이고, 이런 요소에 대한 위해(prejudice)가 없다면 인격권 침해를 물어서는 안 된다고 본 것이다.

인격권은 특수한 성격의 권리이다. 협약에서는 몇 가지 특징을 명시하고 있다. ① 재산권과는 별개의 독립한 권리이다("Independently of the author's economic rights"). 인격권은 재산권과는 별도로 존재하고, 그 행사도 별도로 할 수 있다는 것이다. 저작권은 인격적 속성과 재산적 속성을 모두 가지고 있고, 저작자는 이런 각각의 속성에 따라 권리를 향유하고 이전하고 행사할 수 있다는 의미로 볼 수 있다.

② 독립한 권리라는 다른 측면은 인격권은 재산권의 이전과 별개로 존재한다는 것이다("even after the transfer of the [economic] rights"). 재산권을 양도한다 하더라도 인격권은 여전히 저작자에게 남아서, 그가 직접 성명표시권이나 동일성유지권 침해에 대해 주장할 수 있는 것이다.

③ 저작자 사망 후에도 인격권은 계속 유지된다. 이 점은 제6조의2 제2항 1문에서 밝히고 있다: "전항에 따라 저작자에게 부여되는 권리는 그의 사망 후에 적어도 재산권의 만료까지 계속되고, 보호가 주장되는 국가의 입법에 따라 권한을 받은 사람이나 단체에 의하여 행사될 수 있다."[6] 이 조항은 스톡홀름 의정서에서 채택된 것으로, 종전 협약보다 동맹국의 재량 여지를 크게 좁힌 것이다. 인격권의 항구성을 인정하는 국가의 입장이 반영되었다고 할 수 있다. 저작자 사망 후의 인격권 행사는 동맹국의 법률이 지정한 사람이나 단체가 행사할 수 있도록 하여야 한다. 다만, 비준이나 가입 당시 저작자 사망 후 인격권 중 일부를 인정하지 않았던 국가는 이를 그대로 유지할 수 있도록 허용하고 있다(제6조의2 제2항 단서). 높은 수준의 인격권 보호를 인정하되, 경과 규정을 통해 자국의 기존 제도를 활용할 수 있도록 열어놓은 것이다.[7] 영미법계 국가

---

6) Art. 6bis(2), 1st sentence: "The rights granted to the author in accordance with the preceding paragraph shall, after his death, be maintained, at least until the expiry of the economic rights, and shall be exercisable by the persons or institutions authorized by the legislation of the country where protection is claimed."

는 인격권 침해를 보통법(common law), 특히 명예훼손에 대한 보호 측면에서
접근하고 있다. 이들 국가에서는 저작자 사망 후에 인격권 침해에 대한 소송
을 제기할 수 없다는 점을 받아들인 것이다.[8]

인격권 침해에 대한 구제는 보호가 주장되는 국가의 법률에 따른다. 제6조
의2 제2항은 이 점을 명시하고 있다: "이 조에서 의하여 부여되는 권리를 보전
하기 위한 구제의 방법은 보호가 주장되는 국가의 입법의 지배를 받는다."[9]
이 조항은 이른바 보호지법 원칙을 천명한 제5조 제2항[10])과 같은 맥락으로 이
해할 수 있다. 저작자의 인격권 측면에서 볼 때에는 중복의 여지가 있다. 이
조항의 의미는 영미법계의 관행, 즉 기존의 보통법에 의한 구제를 확인해준다
는 데 있다.[11] 구제(redress)의 방법은 민사 구제(civil remedy)일 수도 형사 제
재일 수도 있다. 동맹국에 재량을 부여한 것이다.[12]

2. 재산권

1886년 베른협약은 복제권과 번역권을 부여했으나 복제권을 명시적인 권
리로 규정하지 않았다. 연극이나 악극 저작물의 공연권도 부여했으나 역시 명
시적인 권리로 언급하지 않았다. 1908년 베를린 의정서에서는 연극이나 악극

---

7) 제6조의2 제2항 단서: "다만, 이 의정서를 비준하거나 또는 이에 가입할 당시에, 저작자의 사망
   후에 전항에 규정된 모든 권리의 보호를 입법으로 규정하지 아니한 국가는 이러한 권리 중 일
   부를 저작자가 사망한 후에는 존속하지 아니하도록 할 수 있다." ("However, those countries
   whose legislation, at the moment of their ratification of or accession to this Act, does not
   providefor the protection after the death of the author of all the rights set out in the pre-
   ceding paragraph may provide that some of these rights may, after his death, cease to be
   maintained.")
8) 협약 제6조의2 제2항 단서에서 '이러한 권리 중 일부(some of these rights)'를 부정한다는 것이
   그런 의미이다. Masouyé, p.44.
9) Art. 6bis(3): "The means of redress for safeguarding the rights granted by this Article shall
   be governed by the legislation of the country where protection is claimed."
10) 제5조 제2항: "… 이 협약의 규정과는 별도로, 보호의 범위와 저작자의 권리를 보호하기 위하
    여 주어지는 구제의 방법은 오로지 보호가 주장되는 국가의 법률의 지배를 받는다."
11) Ficsor, p.45.
12) Masouyé, p.44.

저작물 외에 음악저작물의 공연권을 부여했고(역시 명시적인 언급은 없었다), 음악저작물 저작자의 기계적 복제에 대한 배타적 권리 및 기계적 복제 장치에 의한 공연에 대한 배타적 권리를 인정했고, 1928년 로마 의정서에서는 방송에 의한 공중전달에 대한 배타적인 권리를 부여했다. 1948년 브뤼셀 의정서에서는 방송권 등 공중전달에 대한 배타적인 권리를 부여하면서 기존 방송권을 확대 인정했고, 문학저작물 저작자의 공개낭송에 대한 배타적인 권리를 신설했고, 각색, 편곡 및 기타 변경에 대한 배타적 권리를 부여했다. 1967년 스톡홀름 의정서에서는 비로소 복제에 대한 배타적 권리를 부여했다.

1) 복제권

복제권은 재산권 중에서 가장 오래된 권리이고, 핵심 권리 중 하나이다. 베른협약 개정 연혁을 보면 복제권은 언제나 주목을 받았고, 그만큼 개정도 어려운 과정을 거쳤음을 알 수 있다. 처음에는 특정한 복제행위를 금지하거나 허용하는 방식으로 간접적으로 권리를 인정했다. 1908년에는 음악저작물의 기계적 복제 장치에 수록하는 데 대한 배타적인 권리와 영상화에 의한 저작물 복제에 대한 배타적인 권리를, 1948년에는 기계적 복제 장치의 녹음에 대한 배타적인 권리를 인정하는 등 부분적인 개정에 그쳤다. 1948년에 복제권을 명시적으로 부여하려는 제안도 나왔으나 참여국의 지지를 받지 못했다. 복제권이 명시적으로, 현재와 같은 모습을 띠게 된 것은 1967년 스톡홀름 개정회의 결과이다. 오랫동안 협약상의 권리로 공식 인정을 받지 못했다는 것은 매우 이례적인, 비정상적인 것이었다.[13]

제9조는 크게 두 가지 내용을 담고 있다. 하나는 권리 부여이고, 다른 하나는 그 예외 내지 제한이다.[14] 제9조 제1항에서는 "이 협약이 보호하는 문학·예술저작물의 저작자는 어떠한 방법이나 방식으로, 이 저작물의 복제를 허락할 배타적 권리를 가진다"고 하고 있다.[15] 이 조에서 일반적 복제 개념을 수용

---

13) Proposals for Revising the Substantive Copyright Provisions (Articles 1 to 20), Prepared by the Government of Sweden with the Assistance of BIRPI(이하 Proposals for Substantive Provisions), Doc. S/1, *Records of Stockholm*, p.111.

14) WIPO에서 베른협약에 편의상 붙인 제목은 '예외(exceptions)'라고 하고 있으나, 제한에 가까운 것이다. 이에 관해서는, 제5부 제3장 2. 5) 제한 또는 예외 참조.

하면서 종전 관련 규정, 예를 들어 음악저작물의 기계적 복제, 영상화에 의한 복제 등 관련 권리 해당 부분은 삭제되었다.

복제란 어떤 방법으로든지 유형물에 고정하는 것을 말한다.[16][17] 이에는 타자, 인쇄, 사진, 사진 복사, 미술적 방법에 의한 복제(소묘, 주조, 조각, 판화, 날염 등), 기계적 복제(mechanical reproduction),[18] 영상적 복제, 자기적 복제(테이프, 카세트, 마이크로필름, 디스크 등) 등을 생각할 수 있다.[19]

한편, 제9조 제3항에서는 "녹음이나 녹화는 이 협약의 적용상, 복제로 간주한다"고 하고 있다.[20] 제1항상의 복제는 물론 녹음이나 녹화를 포함한다. 중복 규정임이 분명하다. 이 규정은 연혁적인 의미가 짙다. 스톡홀름 회의 당시 기존 규정(음악저작물의 기계적 복제와 영상화에 의한 복제 관련 권리) 삭제에 대한

---

15) Art. 9(1): "Authors of literary and artistic works protected by this Convention shall have the exclusive right of authorizing the reproduction of these works, in any manner or form."

16) Masouyé, p.54. 1967년 스톡홀름 회의에서 오스트리아는 "복제란 모든 방법에 의한 저작물의 유형적 고정"이라고 정의하면서, 이에 속하는 복제의 사례를 예시하는 제안을 한 바 있다. 이 제안은 참가국의 지지를 받지는 못했다. 이들은 '어떠한 방법이나 방식으로(in any manner or form)'의 복제 개념이 오스트리아의 제안만큼이나 포괄적이라고 지적하기도 하고, 포괄적 예시는 예시 내에 포함되지 않은 다른 형태의 복제를 둘러싸고 논란을 가져올 수 있다고 비판하기도 했다. Ficsor, pp.55~56.

17) 최초 복제를 고정이라 하고, 이런 고정물을 바탕으로 유형물에 다시 담는 것을 복제라고 하기도 한다. 로마협약 제7조 제1항 (b), 제13조 (b) 등 참조. 따라서 복제에는 고정과 좁은 의미의 복제 등 두 가지 의미가 있다고 할 수 있다. 고정과 복제의 예로는 각기 수기 형식의 원고와 이를 가지고 만든 인쇄물, 그리고 마스터테이프와 이를 가지고 만든 유형의 음반(이것은 저작인접권 대상으로서 음반과는 구별된다)을 생각해볼 수 있다.

18) 기계적 복제란 전기적·전자적 방법으로 녹음물이나 녹화물에 저작물을 고정하는 것을 말한다. 동조화(synchronization, 연기자의 입과 기타 동작에 일치하도록 말이나 기타 음향 효과를 시청각 고정물에 부가하는 것)에 대한 권리를 별도로 논의하는 경우도 있으나 이것은 기계적 복제의 일종이다. 협약 제9조 제3항은 녹음이나 녹화가 복제임을 분명히 하고 있다.

19) 스톡홀름 회의 당시 오스트리아가 제안한 복제의 예시를 통해 당시에 고려했던 복제 수단이 무엇인지 알 수 있다. 그대로 옮겨본다: "Reproduction shall consist in the material fixation of the work by all methods that permit of indirect communication to the public. It can be accomplished, in particular, by printing, drawing, engraving, photographing, casting and all processes of the graphic and plastic arts, and by mechanical, cinematographic, or magnetic recording. In the case of architectural works, reproduction shall also consist in the repeated execution of a plan or standard draft." Doc. S/13, *Records of Stockholm*, p.611.

20) Art. 9(3): "Any sound or visual recording shall be considered as a reproduction for the purposes of this Convention."

우려가 존재했다.[21] 당시 오스트리아는 복제는 공연을 포함해서는 안 된다는 점, 복제는 녹음과 녹화를 포함해야 한다는 점 두 가지가 받아들여지는 것을 전제로 자신의 제안을 철회했다. 위원회(Main Committee I)가 이를 받아들여 이 규정이 등장한 것이다.[22] 실질적인 의미는 없다 하겠다.

제9조는 단지 복제권의 전면적 인정과 이른바 3단계 기준(three-step test) 도 입이 어우러진 조항이다. 이에 관해서는 권리 제한 측면에서 검토하기로 한다.[23]

2) 넓은 의미의 공중전달권

베른협약 초기에는 복제권과 번역권, 그리고 공연권을 명시적으로든 묵시 적으로든 마련했다. 개정회의 때마다 새로운 권리가 생기고, 그것도 저작물마 다 다른 종류의 권리가 생기다 보니 매우 복잡한 모습을 띠고 있다. 무형의 이 용에 대한 권리라 할 수 있는 공중전달권 분야가 특히 그러하다. 협약에서 인 정하고 있는 넓은 의미의 공중전달권[24]에는 공연권, 공중전달권, 방송권, 공 개낭송권 등 여러 종류가 있다. 저작물의 종류별로 다른 권리를 부여한다.

공연권은 1886년 연극 및 악극 저작물에서 시작했다(représentation publi- que). 1908년에는 음악저작물에도 공연권(exécution publique)이 생겼다. 이들 권리는 모두 해당 이용행위를 금지하는 방법에 의한 간접적인 권리 부여에 그 쳤다. 1908년에는 또한 음악저작물의 기계적 복제 장치에 의한 공연(exécution publique)에 대한 배타적 권리가 부여되면서 배타성을 내용으로 하는 권리가 처음 등장했다. 1928년에는 문학·예술저작물의 방송에 의한 공중전달(commu- nication au public par radiodiffusion)에 대한 배타적 권리가 신설되었다. 1948년 에는 이 권리를 확대하여, 문학·예술저작물의 방송(radiodiffusion) 또는 다른 무 선 방법에 의한 공중전달(communication publique), 유선이나 재방송에 의한 공 중전달, 확성기나 이와 유사한 장치에 의한 공중전달에 대한 배타적 권리를 부 여했고, 문학저작물의 공개낭송(récitation publique)에 대한 배타적 권리를 신

---

21) Masouyé, p.57; Ficsor, p.55.

22) Doc. S/13, *Records of Stockholm*, p.1144.

23) 이에 관해서는, 제5부 제3장 2. 5) 제한 또는 예외 참조.

24) 이 용어는 필자가 설명의 편의상 임의로 붙인 것이다.

설 규정했다. 이들 조문은 현행 제11조부터 제11조의3까지 3개조에 걸쳐 있다.

(1) 연극, 악극 및 음악 저작물
제11조 제1항은 다음과 같다.

연극·악극 및 음악 저작물의 저작자는 다음을 허락할 배타적 권리를 향유한다.
(i) 어떠한 방법이나 절차에 의한 경우를 포함하는, 그의 저작물의 공연;
(ii) 그의 저작물의 실연의 공중에의 전달.[25]

연극저작물과 악극저작물의 공연권은 1886년 협약에서, 음악저작물의 공연권은 1908년 베를린 의정서에서 수용되다가, 그 후 회의를 거치면서 현재의 모습을 갖추게 되었다. 그 사이 1948년에는 연극저작물, 악극저작물 및 음악 저작물의 전형적인 이용 형태가 공연이라는 점에 착안하여 이들 저작물의 공연권을 1개 조문으로 통합했다.

제11조 제1항 (i)에서 언급하고 있는 공연(la représentation et l'exécution publiques)[26]이란 생실연(live performance)과 녹음·녹화물에 의한 실연에 대한 권리를 포함한다.[27][28] 이 규정에서 '어떠한 방법이나 절차에 의한(by any means or process)'이라는 표현은 1967년 의정서에서 추가된 것으로, 음악저작물의 기계적 복제 장치에 의한 공연에 관한 종전 규정을 삭제하면서 이를 감안하여

---

25) Art. 11: "(1) Authors of dramatic, dramatico-musical and musical works shall enjoy the exclusive right of authorizing:
   (i) the public performance of their works, including such public performance by any means or process;
   (ii) any communication to the public of the performance of their works."

26) 영어본에서는 'public performance'라고 한다. 프랑스어본은 종전 연극과 악극 저작물의 공연과 음악저작물의 공연을 각기 달리 표현한 것을 그대로 유지하고 있는 것이다.

27) 이런 예로서, 비디오 테이프에 그대로 담은 연극을 일반 공중에 실연하는 것을 들 수 있다. 이 경우 비디오 테이프는 연극의 녹화물이라 할 수 있다. 영상저작물의 복제물이라 할 수는 없는 것이다. 영상저작물에 대해서는 별도의 조항에 의하여, 공연권과 공중전달권이 부여된다. 이에 관해서는, 제4부 제4장 5. 영상저작물에 관한 특례 참조.

28) 공연권은 실연권이라 불러도 무방하다. 저작자의 권리는 공중에 대한 실연(performance to the public), 다시 말해서 공연(public performance)에 대해서만 권리를 가질 뿐, 사적인 실연에 대해서는 권리가 미치지 않기 때문에 양자는 같은 것이다. 이런 실연권은 저작인접권으로서 실연자의 권리(performers' right)와는 구별된다.

등장한 것이다.29)

이 권리는 사적인 실연에 대해서는 미치지 않는다.30) 공적 실연(공연)의 반대 해석상 당연한 것이다. 공적 영역이든 사적 영역이든 그 범위가 정해져야만 해당 권리의 범위와 내용이 정해질 수 있다. 협약은 이에 대해 아무런 해답을 제시하지 않고 있다. 국내법상의 재량이 널리 인정된다 할 수 있다.

제11조 제1항 (ii)에서 말하는 공중전달이란, 제11조 제1항 (i)에서 언급하고 있는 공연과 제11조의2에서 다루고 있는 방송권 등을 제외한 것이다. 모든 종류의 저작물에 대한 권리를 부여하고 있는 제11조의2는 제11조 제1항 (ii)의 특별 규정(lex specialis)이므로, 제11조의2가 우선 적용되기 때문이다.31) 그 결과 제11조 제1항 (ii)가 적용되는 범위는 제한적이다. 대표적인 예로는 케이블 텔레비전에 의한 공중전달을 생각할 수 있다.

연극 및 악극 저작물의 번역물에 대해서도 원저작물과 마찬가지로 동일한 권리, 즉 공연권과 공중전달권을 가진다(제11조 제2항).32) 연극 및 악극 저작물의 저작자에게만 주어진 권리이다. 음악저작물은 그 성질상 번역 대상이 아니기 때문이다. 이 권리는 원저작물과 2차적 저작물 간의 관계에 비춰 보면 당연한 규정이다.

(2) 문학·예술저작물

문학·예술저작물, 즉 모든 범주의 저작물에 대해서는 제11조의2 제1항에서 규정하고 있다. 조문도 다음과 같이 복잡하다.

문학·예술저작물의 저작자는 다음을 허락할 배타적 권리를 향유한다.

(i) 그의 저작물을 방송하거나 또는 그 밖의 무선송신의 방법으로 기호, 소리 또는 영상을 공중에 전달하는 것;

(ii) 원기관 이외의 기관이 유선이나 재방송에 의하여 저작물의 방송물을 공중에 전달

---

29) Ficsor, p.68.

30) 이것은 사적 복제에서 상정하고 있는 것보다는 넓은 개념으로 보인다.

31) Masouyé, p.65; Ficsor, p.68.

32) Art. 11(2): "Authors of dramatic or dramatico-musical works shall enjoy, during the full term of their rights in the original works, the same rights with respect to translations thereof."

하는 것;

(iii) 확성기나 기호·소리 또는 저작물의 방송물을 송신하는 그 밖의 유사한 장치에 의하여 공중전달하는 것.[33]

베른협약은 연극, 악극 및 음악저작물(제11조)과 어문저작물(제11조의3)에 대해 독특한 종류의 공중전달권을 명시하면서도, 모든 저작물에 적용되는 공중전달권에 관한 규정을 두고 있다. 제11조의2가 후자에 관한 것이다. 제11조의2와 전자 규정들은 일반 규정과 특별 규정의 관계에 있다. 따라서 특별 규정을 먼저 적용하되, 특별 규정이 적용되지 않는 경우에는 일반 규정을 적용하게 된다.

협약에서는 이 권리를 크게 세 가지로 나누고 있다.

첫째, 방송권과 기타 무선송신에 대한 권리이다. 여기서 방송이란 무선을 의미하는 것으로, 유선에 의한 공중전달은 별도의 개념이다. 또한 소리나 영상(image)의 전달이므로 라디오와 텔레비전 방송 모두를 포괄한다. 중요한 것은 신호의 송출(emission of signal)로서 수신 여부는 별개의 문제이다. 이것은 구체적으로 다음과 같이 설명할 수 있다.[34] ① 송신은 일반 공중이 직접 수신하고자 의도한 것이어야 한다. 이런 송신은 공중의 개념을 전제로 한 것으로, 예를 들어 아마추어 방송은 방송의 개념에 들어가지 않는다. ② 수신기가 존재하여야 하고, 일반 공중은 어떠한 내용의 방송물이 수신기에 전달되는지 알지 못한다. 녹음물이나 녹화물을 듣거나 보기 위해서도 일정한 장치가 필요하나, 이런 장치가 방송 수신기와 다른 점은 이용자가 무엇을 듣거나 볼 것인지 이미 알고 있다는 점이다. ③ 헤르츠파에 의한 신호의 송출이어야 한다. 송신 안테나와 수신 안테나 간에 직접 연결되는 것으로, 어느 한 방송사가 수신을

---

33) Art. 11bis(1): "Authors of literary and artistic works shall enjoy the exclusive right of authorizing:

(i) the broadcasting of their works or the communication thereof to the public by any other means of wireless diffusion of signs, sounds or images;

(ii) any communication to the public by wire or by rebroadcasting of the broadcast of the work, when this communication is made by an organization other than the original one;

(iii) the public communication by loudspeaker or any other analogous instrument transmitting, by signs, sounds or images, the broadcast of the work."

34) Masouyé, pp.66~67.

위한 모든 작업을 처리한다. 유선 방송은 당연히 배제된다. ④ 위성방송은 방송의 일종으로 보는 것이 일반적이다.[35]

이상에서 방송이란 원방송사업자의 방송(primary broadcasting)만을 의미한다. 재방송은 다른 방송사업자에 의한 무선의 공중전달을 의미하므로 여기에 포함되지 않는다. 또한 방송은 무선송신 방법 중 하나이다. 제11조의2 제1항 (i)에서 "방송… 그 밖의 무선송신의 방법으로 … 공중에 전달하는 것(the broadcasting … or the communication thereof to the public by any other means of wireless diffusion)"이라고 하고 있는 것도 이 때문이다. 전형적인 무선송신으로 방송을 예정하는 한편, 다른 무선송신의 가능성도 열어놓은 것이라 할 수 있다.

둘째, 유선재송신과 재방송에 대한 권리이다. 이 권리는 원방송 이후의(시간적으로는 동시에 이뤄지지만) 이용에 대한 권리이다. 이 권리는 다른 방송사업자의 재방송이나 다른 유선사업자의 공중전달에 대한 것이다. 이런 이용 형태는 원방송에서 예정한 공중 이외의 새로운 범주의 공중을 대상으로 한 것이므로 이에 대해 저작자의 권리가 미치도록 한 것이다. 예를 들어, 공동 안테나(community antenna)로 다수의 가구에 전달하거나 다수의 호텔 객실에 전달하는 것이 대표적인 예에 속한다.

셋째, 확성기 등에 의한 공중전달에 대한 권리이다. 즉, 확성기나 기호·소리 또는 저작물의 방송물을 송신하는 기타 유사한 장치에 의한 공중전달에 대한 권리이다. 이런 이용 형태는 연극저작물 등의 공연과 유사한 것이다. 공중 앞에서, 기계장치의 도움으로 저작물을 전달하는 것이다.

제11조의2는 위와 같이 방송권 등 세 가지 종류의 이용 형태에 관해 규정하고 있는바, 넓은 의미의 공중전달의 일종이다. 다른 규정에서도 이와 유사한 형태의 공중전달에 관해 규정하고 있다. 연극저작물 등에 관한 제11조와 문학저작물에 관한 제11조의3에서는 '공중전달(any communication to the public)', 영상저작물에 관한 제13조에서는 '유선에 의한 공중전달(communication to the public by wire)' 등으로 표현하고 있다. 이미 언급했듯이, 제11조의2는 이들 규정의 특별 규정이다. 1948년 브뤼셀 의정서 제11조는 연극, 악극 및 음악 저작

---

35) 위성방송과 관련하여 아직 해결하지 못한 문제는 위성방송의 이용 행위지가 어디인가, 위성방송에 적용되는 준거법이 무엇인가 하는 것이다. 이미 위성방송이 보편화했음에도 국가마다 달리 접근하고 있다.

물에 공연권 등을 부여하면서, 단서로 "제11조의2… 규정의 적용은 유보된다"고 규정한 바 있다. 제11조의2가 적용되는 한 제11조는 적용 배제된다는 것이다. 이런 해석은 여전히 유효하고, 따라서 제11조의2의 특별법적 성격은 그대로 유지되는 것이다.[36]

제11조의2는 넓은 의미의 공중전달 측면에서 보면, 유선에 의한 공중전달의 경우(위 둘째에 해당하는 권리의 경우)는 원사업자 이외의 사업자에 의한 공중전달에 대해서만 권리를 부여하고 있다. 유선송신 그 자체에 대한 권리가 없는 것이다. 반면, 연극저작물 등에 관한 제11조, 문학저작물에 관한 제11조의3, 영상저작물에 관한 제13조에서는 유선송신에 대한 권리를 부여하고 있다.[37] 제11조의2가 적용되지 않는 이런 이용 형태에 대해서는 이들 규정이 적용되어, 해당 저작물의 저작자는 유선송신에 대한 배타적인 권리를 향유, 행사할 수 있을 것이다. 이에 해당하지 않는 저작물을 제2조 예시 규정에서 추출해 보면 소묘, 회화 등 좁은 의미의 미술저작물, 건축저작물, 사진저작물, 응용미술저작물, 도형저작물 등이 있다. 이들 저작물의 주요 이용 형태는 무형의 이용으로서 공중전달이 아니라는 점에서 일견 수긍할 수 있으나 그런 이유로 저작물 간에 차별을 두는 것이 타당한지는 의문이다.

이상을 종합해볼 때 다음과 같은 결론을 도출할 수 있다. ① 모든 저작자는 제11조의2에서 말하는 방송권과 공중전달권을 가진다. ② 연극, 악극 및 음악저작물의 저작자는 제11조상의 공연권을 가지고, 어문저작물의 저작자는 제11조의3에서 말하는 공개낭송권을 가진다.[38] ③ 연극, 악극 및 음악저작물의 저작자는 유선사업자의 원송신에 대하여 권리를 가진다.

문학·예술저작물 저작자의 방송권 등은 각 동맹국이 법률로 제한할 수 있다(제11조의2 제2항). 이에 관해서는 뒤에서 서술한다.[39]

(3) 문학저작물

문학저작물의 저작자는 공개낭송권(right of public recitation)을 가진다(제11

---

36) Ficsor, p.69, 78.
37) 이런 유선송신에는 원송신(primary transmission)도 있을 것이고, 원방송을 녹음·녹화하여 나중에 송신하는 것도 있을 것이다.
38) 공개낭송권에 관해서는, 제4부 제4장 2. 2) (3) 문학저작물 참조.
39) 이에 관해서는, 제4부 제4장 4. 6) 방송권 등의 제한 참조.

조의3).

> (1) 문학저작물의 저작자는 다음을 허락할 배타적 권리를 향유한다.
> (i) 어떠한 방법이나 절차에 의한 공개낭송을 포함하는, 그의 저작물의 공개낭송;
> (ii) 그의 저작물의 낭송의 공중에의 전달.
> (2) 문학저작물의 저작자는 원저작물에 대한 그의 권리의 전 기간 동안에, 번역물에
> 관하여 같은 권리를 향유한다.[40]

공개낭송의 대상이 되는 저작물은 문학저작물 내지 어문저작물(literary work)이다. 베른협약 제2조 예시 규정상 서적이나 팸플릿 등 문자저작물, 강연이나 강의 등 구술저작물이 이에 해당한다. 따라서 문학저작물 이외에는 인정되지 않는 권리이다. 다른 저작물은 그 성질상 낭송의 대상이 될 수 없기 때문이다.

제11조의3 제1항에서 인정하는 권리는 두 가지이다. 하나는 공개낭송권이다. 이 권리는 공중 앞에서 읽거나 낭송하는 데에 대한 권리이다. 공개낭송은 공중 앞에서 직접 할 수도 있고 녹음물을 재생하는 방법으로도 할 수 있다. 이 점은 제11조 제1항에서 말하는 연극저작물 등의 공연권의 경우와 같다. 대개의 국가에서는 공개낭송권을 별도로 인정하기보다는 공연권에 포함시키고 있다. 다른 하나는 공중전달권이다. 이것은 공개낭송의 공중전달에 대한 권리로서, 제11조 제1항에 따라 연극저작물 등의 저작자가 가지는 공중전달권에 상당하는 권리이다.

문학저작물의 저작자는 자신의 번역물의 공개낭송과 공중전달에 대해서도 역시 배타적인 권리를 가진다(제11조의3 제2항). 연극저작물 등의 공연권 관련 규정(제11조 제2항)과 역시 같은 취지, 같은 내용으로 되어 있다.

---

40) Art. 11ter: "(1) Authors of literary works shall enjoy the exclusive right of authorizing:
(i) the public recitation of their works, including such public recitation by any means or process;
(ii) any communication to the public of the recitation of their works.
(2) Authors of literary works shall enjoy, during the full term of their rights in the original works, the same rights with respect to translations thereof."

3) 번역권과 각색권

베른협약은 번역권과 각색권을 분리 규정하고 있다. 번역권은 1886년 베른 협약 당시부터 배타적인 권리로 인정되었고, 각색권은 1908년 베를린 의정서에서 간접적으로 규정했다. 각색이나 편곡, 변형은 간접적인 부정이용(appropriations indirectes, indirect appropriation)의 형태로 파악하여 금지하는 형식을 취했다. 1948년 브뤼셀 의정서는 여전히 각색권을 번역권과 분리 규정하고 있으나, 배타적인 권리를 부여하는 것으로 했다. 해당 규정은 각기 제8조와 제12조이다. 제8조에 의하면, "이 협약이 보호하는 문학·예술저작물의 저작자는 원저작물에 대한 권리의 보호기간 동안 그의 저작물을 번역하고 이의 번역을 허락할 배타적 권리를 향유한다"[41]고 하고 있고, 제12조에서는 "문학 또는 예술저작물의 저작자는 그의 저작물의 각색, 편곡 및 그 밖의 변경을 허락할 배타적 권리를 향유한다"고 하고 있다.[42] 내용상의 차이는 없다. 모두 2차적 저작물로서 보호를 받는 것이다.[43]

번역과 각색, 편곡 및 기타 변경은 제2조 제3항에서 정하고 있는 보호대상과 같다. 그 개념도 같다. 번역은 언어를 변경한 것이고 각색은 장르를 변경한 것이며, 편곡은 음악적 요소를 변경한 것이다.[44] 이런 저작물은 제2조 제3항에 의해 독창적 저작물(original work)로서 보호를 받지만, 원저작물 저작자는 제12조에 의해 이런 번역, 각색, 편곡 등에 대한 배타적인 권리를 가지는 것이다. 원저작물의 저작자의 허락이 없는 번역, 각색, 편곡 등은 번역권, 각색권, 편곡권 등을 침해하는 것이다.

한편, 제11조 제2항과 제11조의3 제2항에서는 각기 원저작자가 번역물의 공연이나 공중전달과 공개낭송이나 공중전달에 대한 배타적인 권리를 가진다고 하고 있다. 이들 규정은 원저작물이 번역되어 공연 등의 방법으로 이용될

---

41) Art. 8: "Authors of literary and artistic works protected by this Convention shall enjoy the exclusive right of making and of authorizing the translation of their works throughout the term of protection of their rights in the original works."

42) Art. 12: "Authors of literary or artistic works shall enjoy the exclusive right of authorizing adaptations, arrangements and other alterations of their works."

43) 베른협약 제14조 제1항에서는 원저작자가 영상적 각색에 대하여 배타적인 권리를 가진다는 점을 별도로 밝히고 있다.

44) 이에 관해서는, 제4부 제3장 2. 2차적 저작물 참조.

때 원저작자가 해당 번역물의 공연 등에도 배타적인 권리를 가진다는 점을 밝히고 있는 것이다. 그러나 베른협약은 번역물 이외의 다른 2차적 저작물이 공연 등의 방법으로 이용되는 경우, 그리고 공연 이외의 방법으로 이용되는 경우 원저작자의 권리에 대해서는 특별히 언급하지 않고 있다. 그 이유는 다음과 같이 설명할 수 있다. 제2조 제3항은 "문학 또는 예술 저작물의 번역, 편곡 및 그 밖의 변경은 원저작물의 저작권을 해치지 아니하고, 원저작물로서 보호된다"(고딕 강조)고 하고 있다. 2차적 저작물을 공연하거나 그 밖의 방법으로 이용하려면 해석상 원저작자의 허락을 받아야 함은 물론이다. 이 규정에 의해 번역물을 공연하거나 공연 이외의 방법으로 이용하려면 원저작자의 허락을 받아야 하는 것이다. 이렇게 볼 때 위 제11조 제2항과 제11조의3 제2항은 확인 규정에 지나지 않는다. 어쨌든 입법상 완결성은 부족하다.[45]

번역권은 공공 이익 목적에서 적지 않은 제한을 받고 있다. 공문서의 공식 번역문(제2조 제4항), 정치적 연설과 재판 절차상의 진술, 공개 연설에 대한 제한(제2조의2), 번역물의 복제권 제한(제9조 제2항), 인용에 의한 제한(제10조 제1항), 수업 목적 이용에 의한 제한(제10조 제2항), 강제허락에 의한 제한(제11조의2, 제13조) 및 개발도상국 특례 규정에 의한 제한(제30조 제2항 및 부속서 제II조) 등의 대상이 된다. 이 점은 나중에 살펴보기로 한다.[46]

4) 추급권

저작자나 그 상속인이 미술저작물 등이 전매될 때마다 생기는 수입의 일정 부분에 대하여 가지는 권리를 추급권(droit de suite)이라 한다. 베른협약은 저작자나 또는 국내법으로 권한을 받은 자연인이나 단체는 미술저작물의 원본이나 어문저작물이나 음악저작물의 원고가 저작물의 최초 이전 후에 전매될 경우 그 이익에 대하여 양도할 수 없는 권리를 향유한다고 하고 있다(제14조의

---

45) 베른협약 제14조의2 제1항에서는 "각색되거나 복제된 저작물에 대한 저작권을 해치지 아니하는 한, 영화저작물은 원저작물로서 보호된다"고 하여 원저작물과 영상저작물 간의 관계를 고려하여 규정하고 있다. 로마협약 제1조는 "이 협약에 의하여 부여되는 보호는 문학·예술저작물에 대한 저작권 보호를 손상시키지 아니하고, 어떠한 경우에도 이에 영향을 미치지 아니한다"고 하고 있다. 저작권과 저작인접권과의 관계를 명시하고 있는 점도 주목할 만하다.

46) 이에 관해서는, 해당 규정 참조.

3 제1항).[47]

많은 저작자들은 생계 유지를 위하여 자신의 저작물을 헐값에 파는 반면, 저작물의 유통에 간여하는 사람들은 오히려 큰 수입을 얻는 일이 적지 않다. 저작자가 이런 수입에 대하여 일부 몫을 가질 수 있도록 한다는 취지에서 추급권 제도가 생겨났다. 1948년 브뤼셀 의정서에서 인정되었다.

추급권은 협약상의 제도이나 그 보호 여부와 보호수준은 국내법에서 정한다. 다시 말해서 추급권은 "저작자가 속한 국가의 입법으로 그와 같이 허용한 경우에, 그리고 이 보호가 주장되는 국가가 허용하는 범위 내에서만 각 동맹국에서 주장될 수 있다"(제14조의3 제2항).[48] 징수의 절차와 금액도 국내법으로 정한다(제14조의3 제3항).

상당수의 국가(주로 유럽 국가)에서는 추급권을 시행하고 있다. 추급권 제도를 가지고 있는 나라에서는 상호주의에 의하여 외국인에 대해서 이 권리를 부정할 수도 있다. 또한 추급권을 동시에 가지고 있는 나라들 간의 보호수준 차이로 인한 상호주의도 허용된다.[49]

3. 보호기간

1) 개정 연혁

1886년 베른협약은 보호기간에 관해 별도의 규정을 두지 않고, 본국에서 정한 보호기간을 초과하지 않도록 규정하는 데 그쳤다. 1908년에는 사후 50년이라는 기본적인 보호기간을 두면서도 동맹국마다 보호기간이 서로 다를 때에는 본국에서 정한 기간을 초과하지 않도록 했다. 사진저작물, 익명 및 이명 저

---

47) Art. 14ter(1): "The author, or after his death the persons or institutions authorized by national legislation, shall, with respect to original works of art and original manuscripts of writers and composers, enjoy the inalienable right to an interest in any sale of the work subsequent to the first transfer by the author of the work."

48) Art. 14ter(2): "(2) The protection provided by the preceding paragraph may be claimed in a country of the Union only if legislation in the country to which the author belongs so permits, and to the extent permitted by the country where this protection is claimed."

49) Masouyé, p.91.

작물에 대해서는 단지 보호국가에서 정한 기간을 따르되, 본국에서 정한 기간을 초과하지 않도록 했다.[50] 1948년에는 보호기간 사후 50년을 협약상의 의무로 했다. 어느 동맹국이 50년을 초과하는 보호기간을 부여하는 경우에는 그 기간은 보호국가의 법률에 따르되, 본국에서 정한 보호기간을 초과하지 않아도 되도록 했다. 익명 및 이명 저작물은 발행 후 50년으로 하고, 영상저작물, 사진저작물과 응용미술저작물은 보호국가의 법률에 따르도록 했다. 1967년 스톡홀름 개정회의에서는 1948년 브뤼셀 의정서를 부분적으로 개정했다. 이 개정회의에서 영상저작물과 익명 및 이명 저작물은 공중에 제공된 때로부터 50년, 사진저작물과 응용미술저작물은 창작 후 25년으로 했다.

2) 원칙

현행 협약상 보호기간은 저작자 생존기간 및 사후 50년이다(제7조 제1항).[51] 이보다 긴 보호기간을 국내법으로 정할 수도 있다(제7조 제6항). 저작권은 저작물의 공공적 성격에 비추어 무기한 인정될 수는 없으나, 적어도 상속인이 부모를 기릴 수 있는 기간 동안은 보장되어야 한다는 점이 고려되어 그 존속기간을 사후 50년(50 years post mortem)으로 정한 것이다. 이것은 또한 1948년 브뤼셀 개정회의에서 정한 것으로, 제2차 세계대전으로 저작권 보호가 실질적으로 중단되었던 점도 작용한 결과였다.

3) 영상저작물

영상저작물은 저작자의 동의를 얻어 일반 공중에 공개된 후 50년간 보호된다(제7조 제2항).[52] 이 기간 동안 공개되지 않을 경우 창작(제작) 후 50년간 보

---

50) 1908년 베를린 의정서 제7조 제1항에서는 협약상의 보호기간을 사후 50년으로 했으나, 제2항에서 "그러한 보호기간이 모든 동맹국에서 획일적으로 채택되지 아니할 경우", 다시 말해서 보호기간을 사후 50년으로 하지 않을 경우 본국의 보호기간을 따르는 것으로도 협약상의 의무는 충족할 수 있도록 했다.

51) Art. 7(1): "The term of protection granted by this Convention shall be the life of the author and fifty years after his death."

52) Art. 7(2): "However, in the case of cinematographic works, the countries of the Union may provide that the term of protection shall expire fifty years after the work has been made

호된다. 공중에 공개된다는 것(available to the public)은 발행보다는 넓은 개념이다. 상영을 위한 복제물을 배포하는 것과 상영하는 것 모두가 공개라 할 수 있다.[53] 여기서 한 가지 지적할 것은, 저작자의 동의를 얻지 못한 채 공개된 영상저작물은 보호기간 기산에 영향을 미치지 않는다는 점이다.

4) 익명 및 이명 저작물

익명저작물(anonymous works)과 이명저작물(pseudonymous works)은 합법적으로 일반 공중에 공개된 이후 50년간 보호를 받는다(제7조 제3항).[54] '합법적으로(lawfully)'라는 표현은 저작자의 동의를 얻은 경우뿐만 아니라 저작자를 알 수 없는 민간전승물(folklore)의 공개도 염두에 둔 것이다.[55] 이들 저작물의 저작자가 이 기간 동안 자신의 신원을 밝힌 경우 그 보호기간은 통상적인 저작물의 예와 같이, 저작자의 생존기간과 사후 50년이 된다. 실명저작물에 대한 보호기간이 적용되는 것은 당연한 것이다. 마찬가지로, 이명저작자의 신원을 아는 데 아무런 지장이 없는 경우에 통상적인 보호기간을 적용한다. 다만, 저작자가 사망한 지 50년이 지났다고 추정하는 것이 합리적인 경우 그 기간을 초과하여 보호할 필요는 없다.

---

available to the public with the consent of the author, or, failing such an event within fifty years from the making of such a work, fifty years after the making."

53) Masouyé, p. 47.

54) Art. 7(3): "In the case of anonymous or pseudonymous works, the term of protection granted by this Convention shall expire fifty years after the work has been lawfully made available to the public. However, when the pseudonym adopted by the author leaves no doubt as to his identity, the term of protection shall be that provided in paragraph (1). If the author of an anonymous or pseudonymous work discloses his identity during the above-mentioned period, the term of protection applicable shall be that provided in paragraph (1). The countries of the Union shall not be required to protect anonymous or pseudonymous works in respect of which it is reasonable to presume that their author has been dead for fifty years."

55) Masouyé, p. 48.

5) 사진 및 응용미술 저작물

이들 저작물은 창작 후 25년 보호된다(제7조 제4항).[56] 협약에서는 이들 저작물이 "예술저작물로 보호되는 한" 25년의 보호기간을 향유한다고 하고 있다. 이것은 당연한 것으로, 이들 저작물이 보호되는 저작물이 아니라면 저작권법상 보호기간을 예정할 필요도 없을 것이기 때문이다. 다만, 이 규정은 사진저작물과 응용미술저작물을 다른 예술저작물과 같이 취급할 것인지에 대하여 논란이 있었으므로 그 타협의 결과가 협약에 반영된 것이라 할 수 있다.

6) 기산점

보호기간은 저작자의 사망 또는 저작물의 공개나 창작 다음 해 1월 1일부터 기산한다(제7조 제5항).[57] 협약에서는 공동 저작물에 대하여 별도의 기산점을 두고 있다. 공동 저작물은 다수의 저작자가 참여한 저작물로서, 저작자의 사망에 맞추어 일일이 각각의 기여분에 보호기간을 예정하는 것은 매우 불편한 일이다. 또한 많은 국가에서는 공동 저작물을 정의하면서 각자의 기여분을 분리할 수도 없고 각각 독립하여 존재한다고 말하기도 어려운 저작물이라 하여, 그 각각의 저작자에 따라 보호기간을 기산할 수도 없도록 하고 있다. 협약에서는 공동 저작물에 대한 정의는 없으나, 이런 사정을 고려하여 최종 생존자의 사망 시점에 맞추어 보호기간을 기산하도록 하고 있다(제7조의2).[58]

---

56) Art. 7(4): "It shall be a matter for legislation in the countries of the Union to determine the term of protection of photographic works and that of works of applied art in so far as they are protected as artistic works; however, this term shall last at least until the end of a period of twenty-five years from the making of such a work."

57) Art. 7(5): "The term of protection subsequent to the death of the author and the terms provided by paragraphs (2), (3) and (4) shall run from the date of death or of the event referred to in those paragraphs, but such terms shall always be deemed to begin on the first of January of the year following the death or such event."

58) Art. 7bis: "The provisions of the preceding Article shall also apply in the case of a work of joint authorship, provided that the terms measured from the death of the author shall be calculated from the death of the last surviving author."

7) 예외

보호지법 원칙에 의하면, 보호국가의 법을 적용하여 저작권 보호 여부, 침해에 대한 구제 방법 등을 해결하게 된다. 협약에서는 보호기간에 관하여, "어떠한 경우에도 그 기간은 보호가 주장되는 국가의 입법의 지배를 받는다"(제7조 제8항)고 하여 보호지법 원칙을 재차 언급하고 있다.[59] 따라서 이것은 주의 규정에 지나지 않는다. 그러나 제8항 단서에서 "다만, 그 국가의 입법으로 다르게 규정하지 아니하는 한, 그 기간은 저작물의 본국에서 정한 기간을 초과할 수 없다"고 하여 그 예외를 인정하고 있다. 이것은 내국민대우의 원칙의 예외이기도 하다.[60]

4. 재산권의 제한

베른협약은 권리 제한 규정이 산만하게 흩어져 있다. 한 조문에서 특정 권리와 그 제한을 동시에 규정하기도 하고, 별도 조항에서 권리 제한을 규정하기도 한다. 저작권, 특히 그중 재산권은 무제한의 권리가 아니다. 1884년 외교회의 의장이었던 드로즈(Numa Droz)는 폐막 연설에서 '공공 이익(public interest)으로 의한 절대적 보호의 한계'를 역설한 바 있다.[61] 이런 공공 이익이 저작자의 사적 이익보다 우위에 있는 경우가 있고, 베른협약은 이에 대해 권리 제한 규정으로 화답하고 있다고 할 수 있다.

관련 규정을 보면, 공개 연설 등에 대한 제한(제2조의2 제2항), 복제권 제한의 일반 조항(제9조 제2항), 인용(제10조 제1항), 수업 목적 이용(제10조 제2항), 시사 보도 목적 이용(제10조의2), 방송권 등의 제한(제11조의2 제2항), 음악저작물에 대한 제한(제13조), 번역권의 제한, 부차적 유보 등이 있다.

---

59) Art. 7(8): "In any case, the term shall be governed by the legislation of the country where protection is claimed; however, unless the legislation of that country otherwise provides, the term shall not exceed the term fixed in the country of origin of the work."

60) 이에 관해서는, 제2부 제4장 5. 3) (4) 보호지법 원칙의 예외 참조.

61) Ricketson & Ginsburg, p.756.

1) 공개 연설 등

베른동맹국은 정치적 연설이나 재판 절차에서의 진술에 대해서, 앞에서 보았듯이, 공공 목적에 의하여 저작권 보호를 전면 부정할 수도 있고, 일부 배제할 수도 있다(제2조의2 제1항). 전면 부정한다면 해당 저작물은 보호받지 못하는 저작물이 될 것이고, 일부 배제한다면 '제한 또는 예외'[62]의 범주에서 다룰 것이다. 일부 권리에 한정해서(예를 들어 복제권이나 방송권) 권리 자체를 부정하거나 배타성을 완화할 수도 있겠다. 이는 국내법으로 정할 일이다.

한편, 제2조의2 제2항은 또 다른 형태의 구술저작물 제한 규정이다. 이에 의하면, "또한 강의, 강연 및 기타 공중에 전달하는 같은 성격의 저작물이 언론에 의하여 복제·방송되고, 유선에 의하여 공중에 전달될 수 있는 조건과, 이 협약 제11조의2 제1항에서 예정하고 있는 공중전달의 대상이 될 수 있는 조건은, 그러한 사용이 정보의 목적에 의하여 정당화되는 경우에, 동맹국의 입법에 맡겨 결정한다."[63]

제2조의2 제1항과 제2항은 유사한 저작물을 대상으로 하면서도 보호를 배제하거나 제한하는 방법이 다소 다르다. ① 전자는 구술저작물 중 정치적 연설과 법정 진술에 국한한다. 후자는 공개 연설이면 모두 해당한다. ② 전자에 의해서는 해당 저작물에 대한 보호를 부정할 수 있지만, 후자에 의해서는 저작물 이용 조건만을 정할 수 있다. ③ 전자는 목적상의 제한을 두지 않고 있으나, 후자는 해당 저작물의 사용이 정보의 목적을 가지고 있어야 한다.

제2항은 동맹국이 법률로 해당 저작물을 이용할 수 있는 조건을 결정(to determine the conditions)할 수 있도록 하고 있다. 이용 조건을 결정하는 것이므로 보호 자체를 부정할 수는 없는 것이고, 따라서 동맹국은 입법적으로 권리제한의 방법을 채택할 수밖에 없다. 배타적인 권리 대신 보상청구권을 부여하든가, 권리 행사에 일정한 조건을 붙이는 것이 통례라 하겠다.

---

62) '제한 또는 예외' 및 '제한과 예외'라는 표현은 TRIPS협정에서 볼 수 있다.

63) Art. 2bis(2): "It shall also be a matter for legislation in the countries of the Union to determine the conditions under which lectures, addresses and other works of the same nature which are delivered in public may be reproduced by the press, broadcast, communicated to the public by wire and made the subject of public communication as envisaged in Article 11bis(1) of this Convention, when such use is justified by the informatory purpose."

이런 국내법 규정은 다음과 같은 협약상의 조건에 따라야 한다. ① 대상 저작물은 공개적으로 전달되는 연설이나 강연이다. 정치적 연설이나 재판 절차상의 진술도 이 범주에 속할 수 있고, 따라서 국내법으로 다른 공개 연설과 같이 다룰 수도 있을 것이다. 그 연설이나 강연이 시사적일 필요는 없다. 텔레비전이나 라디오 강연이 이런 예에 속한다.

② 해당 저작물의 이용이 "정보의 목적에 의하여 정당화(justified by the informatory purpose)"되어야 한다. 규정상 설교(sermon)는 명시되지 않고 있다.[64] 그러나 설교가 정보 목적으로 이용된다면 여전히 제2조의2 제2항에 의한 제한 사유에 해당하고 따라서 허락 없이 이용할 수 있다고 봐야 할 것이다.

③ 이용 형태는 언론기관이 복제하거나 방송하거나 또는 유선에 의해 공중 전달하는 것이 있고, 언론기관이 아니더라도 누구든지 제11조의2 제1항에서 예정하고 있는 방송, 유선에 의한 공중전달 또는 확성기에 의한 공중전달 등의 방법으로 전달하는 것이 있다.

이런 저작물의 수집물 제작은 전적으로 저작자가 배타적인 권리를 행사한다(제2조의2 제3항). 이것은 제1항상의 정치적 연설이나 재판 절차상의 진술의 경우와 같은 이유에 기인한다. 이런 이용 형태에 대한 권리를 제한하는 것은 언론의 자유 등을 이유로 정당화될 수 없는 것이다.

2) 일반 조항: 3단계 기준

베른협약 제9조 제2항이 이른바 3단계 기준을 제시하고 있는 일반 조항이다. 제9조는 제1항에서 "문학·예술저작물의 저작자는 … 저작물의 복제를 허락할 배타적 권리를 가진다"고 하면서, 제2항에서 3단계 기준(three-step test)을 밝히고 있다. "어떤 특별한 경우에 그러한 저작물의 복제를 허용하는 것은 동맹국의 입법에 맡긴다. 다만, 그러한 복제는 저작물의 통상적인 이용과 충돌하지 아니하여야 하며, 저작자의 합법적인 이익을 부당하게 해치지 아니하여야 한다"고 하고 있다.[65]

---

64) 설교는 1928년 로마 의정서에 들어 있었으나 1967년 개정회의에서 삭제했다.

65) Art. 9(2): "It shall be a matter for legislation in the countries of the Union to permit the reproduction of such works in certain special cases, provided that such reproduction does not conflict with a normal exploitation of the work and does not unreasonably prejudice

1967년 스톡홀름 개정회의 당시 협상 국가들은 일반적인 복제권을 도입하기로 하고, 아울러 불가피하게 그 예외를 설정해야 한다는 데 합의했고, 그 결과 이 조항이 나왔다. 개정회의에서 주최국인 스웨덴이 국제사무국의 협조를 얻어 마련한 협상안66)은 제9조 제2항에서 세 가지 예외를 예정했다. ① 사적 사용 목적, ② 사법적 또는 행정적 목적, ③ 그 복제가 저작자의 합법적 이익에 반하지 아니하고 저작물의 통상적 이용과 충돌하지 아니하는 특별한 경우가 그것이다.67) 이런 협상안은 1964년 연구반 보고서에 기반을 두고 있다. 당시 보고서는 세 가지 측면에서 국내법에 의한 예외는 제한되어야 한다고 보았다. ① 베른협약에 이미 존재하는 다른 예외 규정을 고려해야 한다. 새로운 규정은 동맹국이 가지는 강제허락에 대한 권한을 제한하는 방향으로 작용하지 않아야 한다. ② 예외는 분명히 명시한 목적(예를 들어, 사적 사용, 맹인의 이익 등)으로만 활용되어야 한다. 특정한 목적이 없다면 허용되지 않는다. ③ 예외는 해당 저작물과 경제적인 경쟁을 해서는 안 된다. 저작자에게 상당한 경제적인, 실질적인 중요성을 가지는 저작물의 이용은 그 저작자에게 유보되어야 한다.68) 1967년 개정회의에서는 협상안 제9조 제2항에서 두 가지 예시(사적 사용 목적과 사법적 또는 행정적 목적)를 삭제하고, 수정을 거쳐 현행 제9조 제2항을 끌어냈다.

당시 위원회(Main Committee I)는 회의 보고서에서 3단계 기준을 해석하는 논리적 순서를 다음과 같이 제시하고 있다: "복제가 저작물의 통상적인 이용과 충돌한다고 본다면, 복제는 아예 허용되지 않는다. 복제가 저작물의 통상적인 이용과 충돌하지 않는다고 본다면, 다음 단계는 그 복제가 저작자의 합법

---

the legitimate interests of the author."

66) 이 협상안은 여러 해에 걸친 작업의 결과이다. 개정회의 준비를 위해 스웨덴 정부와 국제사무국은 합동으로 연구반(Study Group)을 만들고, 이 연구반은 1963년과 1964년 두 차례에 걸쳐 보고서를 발표했다. 1965년 정부 간 전문가 회의에서 각국 정부는 1964년 보고서에 대해 의견을 개진했다. Proposals for Substantive Provisions, *Records of Stockholm*, p.75.

67) Art. 9(2): "It shall be a matter for legislation in the countries of the Union to permit the reproduction of such works

(a) for private use;

(b) for judicial or administrative purposes;

(c) in certain particular cases where the reproduction is not contrary to the legitimate interests of the author and does not conflict with a normal exploitation of the work."

68) Proposals for Substantive Provisions, *Records of Stockholm*, p.112.

적 이익을 해치지 않는지 보는 것이다. 그렇지 않은 경우에 한하여, 어떤 특별한 경우에 강제허락을 도입하거나 대가 없는 사용을 규정하는 것이 가능하다. 실제적인 예는 여러 목적의 복사복제이다. 그 복사복제가 매우 많은 양의 복제물 제작을 수반한다면, 그것은 저작물의 통상적인 이용과 충돌하기 때문에 허용될 수 없다. 그 복사복제가 산업적으로 사용하기 위하여 다소 많은 양의 복제물 제작을 수반한다면, 그것은 국내법에 따라 공정한 보상이 지급된다는 조건하에서 저작자의 합법적인 이익을 해치지 않을 것이다. 소량의 복제물이 만들어진다면, 그 복사복제는 특히 개인적 사용이나 학술적 사용을 위하여 무상으로 허용될 수 있다."[69]

이렇게 탄생한 3단계 기준은 TRIPS협정에서 복제권에 한정하지 않고, 모든 권리에 대한 예외와 제한에 관한 일반 규정으로 격상되었다. TRIPS협정은 더 나아가 상표나 산업디자인, 특허 분야의 예외와 제한 규정에서도 3단계 기준 일부를 차용하면서 그 중요성이 더해졌다. 그럼에도 규정이 안고 있는 모호함으로 인해 해석에 어려움이 있고, 그에 따라 각국의 예외와 제한 규정을 둘러싼 논쟁은 아직도 계속되고 있는 형편이다. 3단계 기준의 해석은 뒤에서 자세히 다루기로 한다.[70] 복제권뿐만 아니라 다른 권리에 대한 제한과 예외의 측면을 아울러 검토함으로써 종합적인 그림을 그릴 수 있기 때문이다.

3) 인용

일반적으로 인용이란 남의 말이나 글을 자신의 말이나 글 속에 끌어 쓰는 것을 말한다.[71] 저작권법상 인용이란 다른 사람의 말과 글에 국한하지 않는다. 자신의 주장을 뒷받침하거나 논평, 비판 등을 위하여 다른 사람의 저작물의 일부를 복제하거나 기타 이용하기 위하여 짧게 따는 것이라 할 수 있다. 인용 대상 저작물의 대표적인 예로는 어문저작물을 들 수 있으며, 사진저작물이나 미술저작물, 영상저작물이나 음악저작물 등 대부분의 저작물도 인용 대상이 될 수 있을 것이다.[72]

---

69) Report on the Work of Main Committee I (Substantive Provisions of the Berne Convention: Articles 1 to 20)(이하 Report of the Committee), *Records of Stockholm*, pp.1145~-1146.

70) 이에 관해서는, 제5부 제3장 2. 5) 제한 또는 예외 참조.

71) 국립국어원, 표준국어대사전. http://stdweb2.korean.go.kr/main.jsp 참조.

1886년 베른협약은 수업이나 학술 목적의 짧은 발췌의 자유를 인정한 바 있고, 1948년 브뤼셀 의정서에서 공식적으로 인용(courtes citations, 짧은 인용)을 예외의 하나로 받아들였다. 신문 기사나 정기간행물로부터 짧은 인용이나 언론 요약을 허용한 것이다. 현행 제10조 제1항은 1967년 스톡홀름 개정회의 결과 중 하나이다. 이에 의하면, "이미 적법하게 공중에 제공된 저작물을 인용하는 것은 허용된다. 다만, 그 인용이 공정한 관행과 양립하고, 그 범위가 목적에 의하여 정당화되는 정도를 넘지 아니하여야 하며, 이 경우 언론 요약의 형태로 신문 기사와 정기간행물을 인용하는 것을 포함한다."73)

인용(citation, quotation)의 사전적 정의는 다른 사람의 말과 글을 가져오는 것 또는 음악이나 미술의 일부를 가져오는 것이다.74) 우리 사전 정의보다 넓게 보고 있다. 협약상 허용되는 인용은 다음 몇 가지 조건을 충족해야 한다. ① 인용 대상 저작물은 발행, 기타의 방법으로 이미 나와 있는 것(made available to the public)이어야 한다. 공개되지 않은 저작물(미발행 저작물 등)은 인용 대상에서 제외된다. 발행 이외의 방법은 신문이나 정기간행물뿐만 아니라 방송이나 다른 매체를 감안한 것으로, 어문저작물 이외에 다른 저작물도 인용 대상이 될 수 있다는 것을 암시한다.

② 인용 대상 저작물은 적법하게 공개된 것이어야 한다. 불법적인 방법으로 공개되는 저작물의 인용은 허용되지 않는다.

③ 인용은 공정한 관행(fair practice)에 합치하여야 한다. 인용 대상 저작물의 크기, 인용 분량 등이 중요한 판단 요소로 작용한다. 또한 인용 대상 저작물의 시장에 미치는 영향도 고려하여야 한다. 동맹국의 재량이 적지 않게 작용하리라 본다.

---

72) 1967년 스톡홀름 개정회의 협상안은 인용의 필요성을 1963년 연구반 보고서를 들어 설명하고 있다. 첫째, 언론의 임무는 독자들에게 정치, 경제, 종교, 문화 등의 분야의 시사 문제를 전달하는 것이고, 기존 신문 기사의 상당량을 복제하지 않으면 소기의 목적을 달성할 수 없다는 점, 둘째, 저작자 또한 일정한 양을 복제해야만 자신의 의견이 정확하게 전달될 수 있다는 점을 든다. Proposals for Substantive Provisions, *Records of Stockholm*, p.116.

73) Art. 10(1): "It shall be permissible to make quotations from a work which has already been lawfully made available to the public, provided that their making is compatible with fair practice, and their extent does not exceed that justified by the purpose, including quotations from newspaper articles and periodicals in the form of press summaries."

74) https://en.oxforddictionaries.com/definition/quotation 참조.

④ 그 범위가 목적에 의하여 정당화되어야 한다(justified by the purpose). 즉, 인용에 정당한 사유가 있어야 한다. 예를 들어, 대상 저작물을 감상하도록 할 목적의 '인용'은 인용의 목적에서 벗어날 수 있다. 이 또한 동맹국에게 일정한 정도 재량이 용인된다 하겠다. 어떤 경우이든 인용 개념 그 자체가 공정한 관행이나 정당성 판단에 영향을 줄 것이다.

언론 보도의 목적상 신문 기사나 정기간행물에 실린 글을 요약하는 것도 인용에 상당한 것으로 보고 있다. 이른바 언론 요약(press summary)은 인용의 범위를 넘는다 하더라도 면책이 되는 것이다. 언론 요약은 독자 등으로 하여금 자신의 의견 형성을 위하여 여러 간행물에서 발췌하여 제공하는 것이므로 인용의 범주에 가두어 판단할 수는 없을 것이다.[75] 언론 요약은 신문 기사나 정기간행물을 대상으로 한다. 앞에서 본 좁은 의미의 인용과는 구별된다.

인용을 위해서는 출처와 저작자 표시가 있는 경우에 그 성명을 명시하여야 한다: "이 조의 전항들에 따라 저작물이 사용되는 경우에, 출처 및 저작자의 성명이 나타나는 경우에는 그 성명을 명시한다"(제10조 제3항).[76] 이 규정은 일견 불필요한 것으로 보인다. 저작자는 제6조의2에 따라 성명표시권을 가지고 있기 때문이다. 1948년 브뤼셀 회의에서 이 규정을 도입한 취지가 성명표시권 보호에 있었다는 점, 1967년 스톡홀름 회의에서도 위원회(Main Committee I) 참석 대표들은 제6조의2가 제10조를 포함한 예외 규정들에서 예정하고 있는 여러 형태의 이용에 모두 적용된다는 데 공감을 표시한 적이 있다는 점에 비춰 보면,[77] 이 규정은 주의 규정임을 알 수 있다. 그럼에도 이 규정은 여전히 의미가 있다. 즉, 출처는 저작자의 성명과는 구별되는 것으로, 성명표시권을 보호하는 제6조의2가 출처 명시를 강제하기 위하여 적용될 수가 없으므로 이 규정에 의해 비로소 인용 주체에게 출처 명시를 의무화하고 있는 것이다.

이 규정의 성격에 대해서는 견해가 갈릴 수 있다. 출처 명시를 면책 요건의 하나로 볼 수도 있고,[78] 면책 요건이라기보다는 별도의 협약상의 의무라고 볼

---

75) Masouyé, p.59. 이에 반대하는 의견도 있다. Ficsor, p.62.

76) Art. 10(3): "Where use is made of works in accordance with the preceding paragraphs of this Article, mention shall be made of the source, and of the name of the author if it appears thereon."

77) Ricketson & Ginsburg, p.795.

78) Ricketson & Ginsburg, p.802 참조. 이에 의하면, 제10조 제3항은 제10조의2 제1항과 규정 형

수도 있다. 필자는 후자 견해가 설득력이 있다고 본다. 왜냐하면, 제10조 제3항 전단 구절("이 조의 전항들에 따라 저작물이 사용되는 경우에")을 보면 면책 요건이라 하기 어렵기 때문이다. 따라서 국내법상 출처 명시 위반이 민사 구제나 형사 제재를 수반하는지 여부를 별론으로 한다면, 인용 요건을 갖추지 않아 저작권 침해가 된다고 할 수는 없는 것이다. 물론 국내법으로 협약을 이행하면서 출처 명시를 인용의 요건으로 넣을 수도 있을 것이다. 동맹국이 재량으로 정하기 나름이다.

4) 수업 목적 이용

수업 목적의 저작물 이용은 인류 역사상 아주 오래된 관행이다. 베른협약 초기부터 이에 관심을 가지고 관련 면책 규정을 마련했다. 1886년 협약은 수업이나 학술 목적으로 저작물을 발행물에 사용하기 위한 목적의 발췌의 자유를 인정한 바 있다. 현행 제10조 제2항은 1948년과 1967년 개정회의에서 이용 범위를 넓히는 한편, 요건을 제한하는 개정을 거친 것이다. 이에 의하면, "정당화되는 범위 내에서, 수업을 위하여 문학·예술저작물을 예시의 방법으로 발행물, 방송물 또는 녹음물이나 녹화물에 이용하는 것을 허용하는 것은 동맹국의 입법 및 동맹국들 사이에 존재하고 있거나 체결될 특별협정에 맡긴다. 다만, 그러한 사용은 공정한 관행과 양립하여야 한다."[79]

이 규정을 보면 다음 몇 가지 점을 추출할 수 있다. ① 면책 요건은 인용의 예와 같이, 그 이용은 공정한 관행에 합치해야 하고, 그 범위는 목적에 의하여 정당화될 수 있어야 한다. 이들 요건은 앞에서 서술한 바와 같다.[80]

② 대상 저작물을 예시(illustration)의 방법으로 이용해야 한다. 예시의 사전

식이 다르다는 점에 주목하고 있다. 후자는 전자와는 달리, 후자 규정 위반의 법적 효과는 보호국가의 법에 따르도록 하고 있다는 것이다. 보호국가에서 국내법으로 민사책임을 묻든 가벼운 형사벌로 제재하든 재량을 가진다는 것이다.

79) Art. 10(2): "It shall be a matter for legislation in the countries of the Union, and for special agreements existing or to be concluded between them, to permit the utilization, to the extent justified by the purpose, of literary or artistic works by way of illustration in publications, broadcasts or sound or visual recordings for teaching, provided such utilization is compatible with fair practice."

80) 이에 관해서는, 제4부 제4장 4. 3) 인용 참조.

적 의미를 통해서는 그 의미를 파악하기 어려우나,[81] 양적인 제한을 암시할 수도 있다. 장편 전부를 사용하는 것은 허용되지 않을 수 있기 때문이다.[82]

③ 이용 형태에는 제약이 없다. 복제에 국한하지 않는다. "발행물, 방송물 또는 녹음물이나 녹화물에 이용하는 것(utilization … in publications, broadcasts or sound or visual recordings)"을 허용하고 있기 때문이다. 간행물에 실을 수도 있으며, 방송에 담을 수도 있는 것이다.

④ 협약에서는 말하는 수업은 사립이나 공립을 가리지 않고 초등학교부터 대학교에 이르기까지 모든 교육기관에서 이루어지는 수업을 말한다. 이런 교육기관을 벗어나는 수업, 예를 들어 모든 사람에게 개방된 수업은 포함되지 않는다.[83] 수업이 대면 교육만을 의미하는지, 아니면 통신 교육이나 원격 교육을 포함하는지 여부도 논란이 될 수 있다. 협약은 단지 수업(enseignement, teaching)이라고만 할 뿐이므로 배제할 이유는 없다고 주장할 수도 있다.[84]

수업 목적으로 저작물을 이용하더라도 출처를 명시하고 저작자의 성명을 밝혀야 한다(제10조 제3항). 출처 명시 의무 등의 의미는 인용의 경우와 같다.[85]

5) 시사 보도 목적 이용

베른협약 제10조의2에서는 비슷한 성격의 제한 규정을 두 가지 두고 있다. 하나는 신문 기사나 방송 저작물을 다른 언론기관이 이용하는 것이고(제1항), 다른 하나는 시사 보도 목적으로 저작물을 이용하는 것이다(제2항). 1886년 베른협약은 신문이나 정기간행물 기사는 저작자나 발행자가 명시적으로 금지하

---

81) 사전적 정의는 '그림으로 보여주는 것' 또는 '예시나 그림 등을 사용하여 설명하는 것'이다. https://en.oxforddictionaries.com/definition/illustrate 참조.

82) Ficsor, p.63. 1967년 스톡홀름 개정회의 협상안은 기존 의정서(브뤼셀 의정서)상의 영어 표현 'excerpts'를 'borrowing'으로 대체할 것을 제안했다. 후자가 프랑스어 'emprunts'에 가깝다는 것이다. 우리 표현으로는 '차용'이라 할 수 있다. 이에 대해 일부 협상 대표들은 면책 대상 이용 형태가 넓다고 문제 제기했고, 그 대신 '예시의 방법에 의한 이용'이라는 표현을 사용하기로 했다. Report of the Committee, *Records of Stockholm*, p.1147. 준비문서(회의록)를 봐도 'borrowing'이 무슨 이유로 'illustration'으로 바뀌었는지 분명하지는 않다.

83) Report of the Committee, *Records of Stockholm*, p.1148.

84) Ricketson & Ginsburg, pp.792~793.

85) 이에 관해서는, 제4부 제4장 4. 3) 인용 참조.

는 경우를 제외하고는 원본으로 또는 번역되어 복제될 수 있다고 규정한 바있다. 이것이 제1항의 기원이다. 이후 1908년과 1928년 부분 개정을 거쳐, 1967년 현행과 같이 개정되었다. 제2항은 1948년 개정에서 출발한다. 1948년 브뤼셀 의정서는 시사 사건 보도를 목적으로 저작물을 짧게 발췌하는 것은 국내법으로 정할 수 있도록 했다. 현행 제2항은 1967년 스톡홀름 회의에서 개정된 것이다.

(1) 다른 언론기관에 의한 이용

제10조의2 제1항에서는 "경제, 정치 또는 종교적인 시사 문제에 관하여 신문이나 정기간행물에 발행된 기사 및 같은 성격의 방송 저작물이 언론에 의하여 복제되거나, 방송되거나, 유선으로 공중에 전달되는 것을 허용하는 것은 그 복제, 방송 또는 전달이 명시적으로 유보되지 아니한 경우에, 동맹국의 입법에 맡긴다"고 하고 있다.[86]

개정 과정을 거치면서 그간의 기술 발전을 감안하여, 이용 대상도 넓어지고, 이용 형태도 확대되었다. 하나씩 살펴보기로 한다.[87] ① 이용 대상 저작물은 경제·정치 또는 종교적인 시사 문제에 관하여 신문이나 정기간행물에 발행된 기사 및 같은 성격의 방송 저작물이다. 시사성이 없는 기사는 면책의 대상이 되지 않는다. 또한 시사 문제가 경제, 정치와 종교에 국한한다고 말하기는 어려울 듯하다. 보는 시각에 따라, 예를 들어 문화 분야를 경제나 종교 분야에 얼마든지 넣을 수 있기 때문이다. 동맹국의 재량이 크게 작용하리라 본다.

---

86) Art. 10bis(1): "It shall be a matter for legislation in the countries of the Union to permit the reproduction by the press, the broadcasting or the communication to the public by wire of articles published in newspapers or periodicals on current economic, political or religious topics, and of broadcast works of the same character, in cases in which the reproduction, broadcasting or such communication thereof is not expressly reserved. Nevertheless, the source must always be clearly indicated; the legal consequences of a breach of this obligation shall be determined by the legislation of the country where protection is claimed."

87) 스톡홀름 개정회의 준비를 위한 연구반의 1963년 보고서는 이런 관행은 지난날의 것으로 특히 소규모 신문사에는 의미가 있었지만, 이제는 도덕 관념에 합당하지 않다면서 기존 조항의 삭제를 제안했다. 복제의 필요성이 있다면 인용의 범주에서 처리하는 것이 옳다고 보았다. 그러나 이런 주장은 개정회의에서 지지를 받지 못했다. 헝가리, 체코, 폴란드는 '정보의 자유로운 유통(free flow of information)'의 중요성을 강조하면서 오히려 면책의 범위가 확장되었다. Proposals for Substantive Provisions, *Records of Stockholm*, pp.859~860.

② 이용 형태는 신문사는 신문 발행의 방법으로, 방송사는 방송의 방법으로 이용하는 것이다. 신문 기사를 정기간행물 기사에 실을 수도 있고, 그 반대의 경우도 가능하다. 신문이나 정기간행물 기사를 방송사가 받아 방송할 수도 있고, 그 반대의 경우도 역시 가능하다.

③ 저작자가 전재 금지를 명시적으로 표시하는 경우에는 허용되지 않는다. 이런 의미에서 이 규정은 소극적인 면책 규정이라 할 수 있다. 그러나 기사 등에서 전재 금지 표시를 하지 않는 경우 매우 유용한 장치가 될 것이다.

④ 이와 같이 저작물을 사용할 경우 출처를 표시하여야 한다(제1항 2문 전단). 출처표시 의무는 시사 보도 목적 사용에 대한 면책 조건은 아니다. 제10조의2 제1항 2문 후단 규정("이 의무 위반의 법적 효과는 보호가 주장되는 국가의 입법에 따라 결정된다")도 이런 해석을 간접적으로 뒷받침한다. 인용의 경우에는 출처와 함께 저작자의 성명표시도 의무화하고 있으나 여기서는 출처표시만을 의무화하고 있다. 출처를 넓게 보면 저작물의 제목, 저작물의 위치 정보뿐만 아니라 저작자의 성명도 포함할 수 있지만, 협약은 출처와 저작자의 성명을 구별하는 태도를 보이고 있다.

(2) 시사 보도 목적 이용

이 규정은 정보의 자유(liberté d'information, freedom of information)를 위한,[88] 좁은 의미의 시사 보도 목적 이용이라 할 수 있다. 시사 보도는 현장과 시간이 중요한데, 이때 일일이 저작자의 사전 허락을 받아야 한다면 그런 보도는 불가능할 것이다. 1967년 개정회의 준비문서는 국가 수반의 행사, 군악대 행진과 같은 공공 행사, 스포츠 경기, 동상 제막식이나 전시회 행사 등의 예를 들면서 이때 해당 저작물이 사용될 필요가 있다고 설명한다.[89] 1967년 스톡홀름 의정서 제10조의2 제2항은 1948년 브뤼셀 의정서 해당 규정[90]에 비해 이용 형

---

88) Rapport général, *Documents de Bruxelles*, p.100.

89) Proposals for Substantive Provisions, *Records of Stockholm*, pp.118~119.

90) 브뤼셀 의정서 제10조의2: "사진, 영화 또는 방송의 방법으로, 시사 사건을 보도하려는 목적으로 만들어진, 문학·예술저작물의 짧은 발췌물을 녹음, 녹화, 복제 및 공중전달하는 조건은 동맹국의 입법에 맡겨 결정한다." ("It shall be a matter for legislation in countries of the Union to determine the conditions under which recording, reproduction, and public communication of short extracts from literary and artistic works may be made for the purpose of reporting current events by means of photography or cinematography or by radio dif-

태는 넓어졌으나 요건은 엄격해졌다. 이에 의하면, "사진, 영화, 방송 또는 유선에 의한 공중전달의 방법으로 시사 사건을 보도하려는 목적으로, 그 사건의 과정에서 보이거나 들리는 문학 또는 예술 저작물을 보도의 목적상 정당화되는 범위 내에서 복제하고 공중에 제공하는 조건은 동맹국의 입법에 맡겨 결정한다."91)

하나씩 보기로 한다. ① 이용 대상은 시사 사건 과정에서 보이거나 들리는 저작물이다. 저작물의 종류에는 제한이 없다. 그런 예로, 사건 당시 보이는 미술품을 사진으로 복제하여 신문에 제공한다든가,92) 어떤 작곡가의 흉상 제막식에서 연주되는 그의 작품을 영화나 방송으로 제공하는 것이다.93)94) 그러나 사건 과정과 관련이 없는 저작물은 이용할 수 없다. 예를 들어, 사건 과정에서 들리는 음악을 나중에 영화나 방송 프로그램에 동조화(synchronization)하는 것, 음악가의 사망일을 기념하기 위한 콘서트를 열면서 그의 작품을 공연하는 것은 허용되지 않는다.95)

② 이용 형태는 복제 및 공중에 제공하는(made available) 것이다. 후자는 베른협약상 공연, 방송 및 공중전달뿐만 아니라 당시 예상할 수 없었던 수단에 의한 전달도 허용된다고 본다.

③ 정보 목적에 의하여 정당화되어야 한다(justified by the informatory purpose). 정보 목적 외에는 허용되지 않는다.

④ 저작물을 복제하고 공중에 제공하는 조건은 동맹국에 따른다. 규정만을 보면 동맹국은 조건만을 결정할 수 있는 것으로 되어 있다. 이 조 제1항과는

---

fusion.")

91) Art. 10bis(2): "It shall also be a matter for legislation in the countries of the Union to determine the conditions under which, for the purpose of reporting current events by means of photography, cinematography, broadcasting or communication to the public by wire, literary or artistic works seen or heard in the course of the event may, to the extent justified by the informatory purpose, be reproduced and made available to the public."

92) 보이거나 들리는 것을 그 상태로 보여주거나 들려준다는 의미는 아니다. 협약은 '보이거나 들리는 문학·예술저작물을 … 복제하고 공중에게 제공하는' 것을 허용하고 있다.

93) Proposals for Substantive Provisions, Records of Stockholm, pp.118~119; Masouyé, p.62.

94) 1963년 연구반 보고서는 시사 사건 보도 과정에서 보이거나 들리는 저작물은 산만하고, 짧아서 그것이 저작권이 간여할 일인지 의문을 제기하기도 했다. Proposals for Subtantive Provisions, Records of Stockholm, p.119.

95) Proposals for Substantive Provisions, Records of Stockholm, pp.118~119; Masouyé, p.62.

다르다. 제1항에서는 "공중에 전달되는 것을 허용하는 것은 … 동맹국의 입법에 맡긴다"고 하고 있다.[96] 이런 규정 형식은 다른 곳에도 있다(방송권 제한에 관한 제11조의2 제2항과 음악저작물에 대한 제13조 제1항). 이런 조건은 통상 강제허락에 따른 보상금 지급 조건을 의미한다.[97] 일부 학자들은 이에 동조한다.[98] 이 규정은 단지 저작물을 '복제하고 공중에 제공하는 조건'을 동맹국이 국내법으로 정할 수 있도록 열어놓고 있다는 것이다. 그러나 일정한 요건을 충족한다면 복제 등 "이용할 수 있다"고 해석하는 것이 타당하다고 본다.[99]

6) 방송권 등의 제한

(1) 강제허락 제도

방송권 제한 규정은 1928년 방송권이 도입된 때로 거슬러 올라간다. 1948년 방송권 이외에 공중전달권으로 범위가 넓어지면서 그 제한도 함께 확대되었다. 제11조의2 제2항에 의하면, "전 항에서 언급한 권리가 행사될 수 있는 조건은 동맹국의 입법에 맡겨 결정한다. 다만, 이러한 조건은 이를 정한 국가에서만 적용된다. 어떠한 경우에도 저작자의 인격권 및 합의가 없는 경우에 권한 있는 기관이 정할, 정당한 보수를 받을 권리를 해치지 아니하여야 한다."[100]

---

96) 제10조의2 제1항과 제2항은 각기 다르다:
   "It shall be a matter for legislation … to permit the reproduction …, the broadcasting or the communication to the public by wire ……";
   "It shall also be a matter for legislation in the countries of the Union to determine the conditions under which … literary or artistic works … may … be reproduced and made available to the public."
   전자가 복제 등의 행위가 면책되는 구조라면, 후자는 그 조건만을 정할 수 있을 뿐이다.

97) 이에 관해서는, 제4부 제4장 4. 6) 방송권 등의 제한 참조.

98) Henri Desbois, André Françon, André Kerever, *Les conventions internationales du droit d'auteur et des droits voisins*, Dalloz, 1976, p.201; Sam Ricketson, *Berne Convention for the Protection of Literary and Artistic Works: 1886-1986*, Kluwer, 1986, p.509. Ficsor, p.67 에서 재인용.

99) Ficsor, p.67에서는 이 조항이 정보의 자유라는 이름으로 제안되었고 그것은 시장 실패의 상황을 염두에 둔 것이 아니며, 제11조의2 제2항이나 제13조 제1항과 같이 보상금 관련 규정이 존재하지 않는다는 점을 지적하면서 국내법으로 자유 이용을 허용할 수 있다고 본다.

100) Art. 11bis(2): "It shall be a matter for legislation in the countries of the Union to determine the conditions under which the rights mentioned in the preceding paragraph may

이 조항은 방송권을 다른 권리와 차별해서는 안 된다는 주장과 문화적·사회적 이익을 보호하기 위하여 공공 부분이 개입해야 한다는 의견 대립의 결과 그 타협으로 도출된 것이다.[101] 제11조의2 제1항에 의한 방송권 등은 각 동맹국이 그 행사 조건을 정하도록 하고 있는바, 그것은 일반적으로 동맹국이 강제허락(compulsory licence) 제도의 근거를 제공하는 것으로 해석된다.[102] 그러나 행사 조건에 관한 것이라면 어느 것이든 상관없다. 집중관리단체를 통한 권리 행사로 제한하든가, 포괄 허락[103] 방식에 의한 권리 행사로 제한하는 것이 허용되는 것이다.[104]

몇 가지 요건을 충족하거나 이용자가 준수해야 할 의무가 있다. ① 강제허락 제도는 그 국가 내에서만 효력을 가진다. 국경을 넘는 위성방송에 대해서는 이 제도가 허용되지 않는다고 할 것이다. ② 인격권을 침해하는 방법으로 운영될 수 없다. 이것은 확인 규정이라 볼 수 있다. ③ 보상금을 지급해야 한다. 보상금은 정당한(equitable) 수준이어야 한다. 동맹국에게 재량이 상당히 주어지는 것이라 할 수 있다.

(2) 일시적 녹음·녹화

한편, 제11조의2 제3항에서는 이른바 일시적 녹음·녹화 내지 일시적 기록(ephemeral recording)에 관해 규정하고 있다. 이 조항 또한 1948년 방송권 관련 규정(제11조의2)이 개정되면서 함께 들어온 것이다 이에 의하면, "다르게 규정하지 아니하는 한, 이 조 제1항에 따라 부여되는 허락은 방송되는 저작물을 소리나 영상을 기록하는 장치에 의하여 기록하도록 허락하는 것을 의미하지 아니한다. 다만, 방송사업자가 자체의 시설에 의하여 제작되고 자신의 방송물에 사용되는 일시적 기록물에 관한 규칙은 동맹국의 입법에 맡겨 결정한다. 이

---

be exercised, but these conditions shall apply only in the countries where they have been prescribed. They shall not in any circumstances be prejudicial to the moral rights of the author, nor to his right to obtain equitable remuneration which, in the absence of agreement, shall be fixed by competent authority."

101) Rapport général, *Actes de Rome*, p.210.

102) Masouyé, p.70; Ficsor, p.79.

103) 포괄 허락(blancket licence)이란 통상적으로 기간을 정하여 특정 종류의 저작물에 대하여 권리의 전부나 일부에 대한 라이선스를 제공하는 계약이라 할 수 있다.

104) Masouyé, p.70; Ficsor, p.79.

기록물을 그 예외적인 기록적 성격으로 인하여 공식 기록보존소에 보존하는 것은 그러한 입법에 의하여 허용된다."105)

이 규정의 취지는 충분히 납득할 수 있다. 녹음·녹화와 실제 방송 간에는 일정한 시차가 존재하고, 이것은 방송 기술상 불가피한 측면이 있다. 한 국가 안에 시차가 있다면 더욱 그러하다. 그러나 방송권과 복제권은 별개의 권리이 므로, 각 권리를 엄격히 적용한다면 복제 허락을 받아야 할 터이지만, 이것은 방송 현실에 비춰 볼 때 방송사업자에게 지극히 불편한 일이다. 이 조항 또한 타협의 산물이다. 그만큼 신축적인 해석을 가능하게 한다. ① 이 조항 제1문에 따르면, 제1항에 따른 허락은 방송되는 저작물의 녹음·녹화를 수반하지 않는 다. 확인 규정이라 할 수 있다. 방송권 허락과 복제권 허락은 별개이기 때문이다.

② 이 조항 제2문에서 말하는 녹음·녹화는 일시적이어야(ephemeral) 한다. 이에 대해 협약은 해답을 주지 않고 있다. 국가에 따라서 적게는 1개월에서 1 년까지 해석한다.106)107) 협약 규정상 방송 횟수에 대한 언급을 하지 않고 있 으므로, 그 일시적인 기간 내에서는 제한을 받지 않는다고 본다. 그러나 실제 로 횟수의 문제는 제1항에 따른 계약에서 반복 방송을 허용하는 여부에 달린 것이라 할 수 있다. 반복 방송을 허락하지 않는다면 의미가 없기 때문이다.

③ 이 면책 규정은 "방송사업자가 자체의 시설에 의하여 제작되고 자신의 방송물에 사용되는" 경우에 한한다. 자신의 시설(장치도 포함한다고 본다)로 기 왕에 방송권을 확보한 경우에 한정한다. 다른 사람이 녹음·녹화물을 제작한 다면 저작자의 허락을 받아야 한다. 또한 방송사업자가 자신이 방송하는 경우 에 한한다. 자신이 제작한 프로그램을 다른 사업자로 하여금 방송하게 한다면 이 또한 요건에 벗어나는 것이다.

---

105) Art. 11bis(3): "In the absence of any contrary stipulation, permission granted in accordance with paragraph (1) of this Article shall not imply permission to record, by means of instruments recording sounds or images, the work broadcast. It shall, however, be a matter for legislation in the countries of the Union to determine the regulations for ephemeral recordings made by a broadcasting organization by means of its own facilities and used for its own broadcasts. The preservation of these recordings in official archives may, on the ground of their exceptional documentary character, be authorized by such legislation."

106) 여기서 말하는 일시적 녹음·녹화와 일시적 복제(ephemeral copy)와는 크게 다른 개념이다. 저작권법에서 후자는 디지털 환경에서 발생하는 순간적이고 부수적인 복제를 말한다.

107) Masouyé, p.72.

④ 공적 기록보관소에서 이런 녹음·녹화물을 기록적 성격에 근거하여 저작자의 허락을 받지 않고 보관할 수도 있다. 보존 목적으로만 허용되므로—협약은 '예외적인 기록적 성격'이라는 점을 강조하고 있다—보관본을 가지고 다시 방송한다면 여전히 허락을 받아야 한다.

7) 음악저작물에 대한 제한

음악저작물을 명시하면서 그 저작자에게 권리를 부여하기 시작한 것은 1908년 베를린 개정회의로 거슬러 올라간다. 1908년 베를린 의정서는 음악저작물 저작자에게 기계적 복제에 대한 권리와 복제 장치로 공연하는 데 대하여 배타적인 권리를 부여하는 한편, 해당 조항의 적용 조건을 국내법에 맡긴 바 있다. 그 후 부분적인 개정 뒤에, 1967년 스톡홀름 회의에서 현재 규정으로 개정했다. 해당 조항은 제13조로, 그 제1항은 다음과 같다.

> 각 동맹국은 음악저작물의 저작자에게, 그리고 어느 가사의 저작자가 그 가사를 그 음악저작물과 함께 기록하도록 이미 허락한 경우 그 가사의 저작자에게, 그러한 가사와 함께 그 음악저작물의 녹음을 허락하도록 부여한 배타적 권리에 대한 유보와 조건을 스스로 부과할 수 있다. 다만, 그러한 모든 유보와 조건은 이를 부과한 국가에 대하여만 적용되고 어떠한 경우에도 합의가 없는 경우에는 권한 있는 기관이 정할, 정당한 보수를 받을 권리를 해치지 아니하여야 한다.[108]

이 규정은 1967년 스톡홀름 회의에서 일반적 복제권을 신설하면서 기존 음악저작물의 기계적 복제권에 관한 규정이 불필요해졌고, 기존 기계적 복제 장치에 의한 공연 규정도 연극저작물, 악극저작물 및 음악저작물의 공연권 규정

---

108) Art. 13(1): "Each country of the Union may impose for itself reservations and conditions on the exclusive right granted to the author of a musical work and to the author of any words, the recording of which together with the musical work has already been authorized by the latter, to authorize the sound recording of that musical work, together with such words, if any; but all such reservations and conditions shall apply only in the countries which have imposed them and shall not, in any circumstances, be prejudicial to the rights of these authors to obtain equitable remuneration which, in the absence of agreement, shall be fixed by competent authority."

내로 흡수되면서 해당 내용을 삭제하고, '유보와 조건'에 관한 부분만 남은 것이다. 제13조는 다소 복잡한 듯 보이지만 간단한 내용을 담고 있다. ① 음악저작물에 대한 배타적 권리는 '유보와 조건(reservations and conditions)'의 대상이 된다. 권리 자체를 배제할 수는 없지만, 강제허락은 허용하고 있는 것이다. 종전 기계적 복제 장치에 의한 공연권도 강제허락 대상이었으나 이를 배제함으로써 부분적으로 권리를 확장한 셈이다. ② 음악저작물에 가사가 붙은 경우 그 가사도 강제허락의 대상이 된다. 악극저작물도 강제허락 대상이 된다고 보기도 한다.[109] ③ 강제허락의 조건으로, 저작자가 녹음을 이미 허락한 경우에 한한다. 최초 녹음에 대한 권리는 여전히 배타적인 권리로 남아 있다. ④ 강제허락은 해당 국가에 한해 효력이 있다. ⑤ 저작자는 정당한 보상을 받을 권리를 가진다. ⑥ 녹음물이 어느 국가에서 침해라고 하는 경우 그 녹음물은 수입 시 압류될 수 있다(제13조 제3항). 비록 강제허락을 통해 녹음물이 제작되었다 하더라도 다른 국가에서 강제허락을 허용하지 않을 경우 그 국가는 수입 시 해당 녹음물을 압류할 수 있는 것이다. 1908년 베를린 의정서에서 이미 채택한 규정이다.

8) 번역권의 제한

번역권을 규정하고 있는 제8조는 그 제한에 대해 언급하지 않고 있다.[110] 1967년 개정회의 위원회 보고서는 "제2조의2, 제9조 제2항, 제10조 제1항 및 제2항, 제10조의2 제1항 및 제2항은 원래의 형태뿐만 아니라 번역으로도 이용할 가능성을 사실상 암시하고 있다"는 일반적 합의(generally agreed)가 존재한다고 확인해주고 있다. 다만, 이 경우 해당 조문상의 요건을 충족해야 하고 인격권을 침해해서는 안 된다는 점을 부기하고 있다.[111] 해당 조문은 정치적 연설과 재판 절차상의 진술 및 공개 연설(제2조의2), 복제권의 제한(제9조 제2항), 인용과 수업 목적 이용(제10조 제1항 및 제2항), 시사 보도 목적 이용(제10조의2

---

109) Masouyé, p.79.
110) 번역권의 예외 또는 제한이라 할 수 있는 것이 두 가지 있다. 첫째, 제2조 제4항은 공문서뿐만 아니라 공문서의 공식 번역물도 보호대상에서 배제하고 있다. 둘째, 부속서는 특례 규정으로 개발도상국을 위해 번역권을 제한하고 있다.
111) Report of the Committee, *Records of Stockholm*, p.1165.

제1항 및 제2항)이다. 한편, 방송권 등에 관한 제11조의2, 음악저작물에 관한 제13조에서 허용하고 있는 적법한 사용에 대해서는 협상 국가들 간에 이견을 보였다고 한다.[112]

복제권이나 다른 권리가 제한을 받음에도 불구하고, 그 제한에 따른 이용 형태를 원어에 국한한다면 외국 저작물의 이용은 사실상 무의미해진다. 해당 외국어에 능통한 이용자 외에는 해당 저작물을 감상할 수 없기 때문이다. 이런 점에서 협상 국가들은 번역권이 제한될 필요성을 인정하고, 번역권에 대한 묵시적 예외(implied exceptions)를 수용한 것이다.

조약법에 관한 비엔나협약 제31조는 "조약은 용어의 문맥상, 그리고 조약의 대상과 목적에 비추어, 그 조약의 용어에 부여되는 통상적 의미에 따라 성실하게 해석"되어야 한다고 하고 있고, 문맥(context)의 하나로 '조약의 체결에 관련하여 모든 당사국 간에 이루어진 그 조약에 관한 합의'를 들고 있다. 또한 문맥과 함께 '조약의 해석 또는 그 조약 규정의 적용에 관한 당사국 간의 추후의 합의'와 '조약의 해석에 관한 당사국의 합의를 확정하는 그 조약 적용에 있어서의 추후의 관행'도 고려하도록 하고 있다. 위 합의는 '조약에 관한 합의'나 '조약의 해석…에 관한 합의'로 볼 수 있다. 따라서, 동맹국은 위에서 열거한 제한 규정을 번역권에도 준용할 수 있다. 다만, 일반적 합의가 존재하지 않는 경우 해석상 '묵시적 예외'의 존재에 대해 동맹국들 간에 다툴 수 있다. 이것은 '조약의 해석에 관한 추후의 관행'이 크게 작용할 것이다. 그런 국가 관행에 다른 동맹국의 묵시적 동의(acquiescence)가 존재한다면 그런 관행은 용인된다 하겠다.

9) 부차적 유보

베른협약의 연혁을 보면 두 가지의 묵시적 예외가 받아들여지고 있다. 하나는 앞에서 언급한 번역권의 제한이고, 다른 하나는 이른바 부차적 유보(minor reservation)이다. 후자는 방송권이 등장한 1948년 브뤼셀 의정서 채택을 위한 개정회의에서 집중적인 논의가 이뤄졌다. 1948년 전까지 각국은 다양한 종류의 예외 규정을 가지고 있었다. 1933년 국제사무국 조사에서는 종교 의식에서의 음악 공연, 군악대에 의한 콘서트, 자선 공연, 특정 축제나 기념일에 조직된

---

112) Ibid.

공연 등을 예시한 바 있다.[113]

　당시 회의록을 통해 간접적으로 묵시적 예외가 허용되는지, 그렇다면 그 범위는 어떤지 확인할 수밖에 없다. 회의록과 같은 준비문서(travaux préparatoires)는 비엔나협약 제32조에 따라 해석의 보조 수단으로 사용된다. 브뤼셀 개정회의 회의록은 "[브뤼셀 개정회의]는 이러한 배타적인 권리는 국내법에서 예정한 일부 부차적 예외(certaines exceptions mineures), 즉 종교적·문화적 또는 애국적 목적으로 로마 체제[114]하에 이미 수락되고 있는 예외와 불합치하지 않는다는 것을 인정했다. …… [브뤼셀 개정회의]는 그러나 그 예외는 제한적인 성격을 가지며, 특히 공연이나 낭송은 저작자의 배타적인 권리를 회피하기 위하여 '비영리 목적(sans but de lucre)'이라는 것으로 충분하지 않다는 것을 지적했다."[115] 이로부터 다음과 같은 잠정적 결론을 내릴 수 있다. ① 묵시적 예외로서, 협약상 배타적 권리에 대한 예외가 존재하고, 각 동맹국은 그 예외나 제한 규정을 유지할 수 있다. 당시 브뤼셀 회의 보고서(Rapport général)에서는 종교의식과 군악대를 위하여, 그리고 교육의 필요상(necessités de l'enseignement et de la vulgarisation) 예외가 필요하다고 하고 있다.[116] 이 보고서에서 제시한 예외는 단지 예시에 지나지 않는 것으로 볼 수 있다. ② 그런 예외나 제한은 제11조(연극저작물 등의 공연권 등), 제11조의2(문학·예술저작물의 방송권 등), 제11조의3(문학저작물의 공개낭송권 등), 제13조(음악저작물에 대한 제한) 및 제14조(영상저작물의 공연권 등)에 대한 예외나 제한이다.[117] ③ 영리 목적은 어떠한 경우에도 허용되지 않는다. 영리 목적은 여전히 해석의 여지가 있다(직접 영리에 국한하는지, 아니면 간접 영리도 포함하는지). ④ 이런 예외나 제한은 '예외적인' 상황을 염두에 둔 것이다. 일부에서는 이런 부차적 예외에는 미소의 원칙(de minimus rule)이 작용한다고 한다. 저작자에게 상당한 영향을 주지 않는 경우(no significance)에 한하여 허용된다는 것이다.[118]

　미국—저작권법 제110조 사건에서 WTO 패널은 부차적 예외의 허용 여부,

---

113) *Droit d'Auteur*, 1933, p.114. Ricketson & Ginsburg, p.830에서 재인용.

114) 1928년 로마 의정서 체제를 말한다.

115) Travaux préparatoires et débats, *Documents de Bruxelles*, pp.263~264.

116) Rapport général, *Documents de Bruxelles*, p.100.

117) Ibid.

118) Ficsor, p.73; Ricketson & Ginsburg, pp.833~835.

예외의 범위와 요건에 관해 판단한 바 있다. 간단히 짚어보면, ① EC는 브뤼셀 회의와 스톡홀름에서 예시한 경우에 한정하여 예외가 허용된다고 주장했으나 패널은 이에 동의하지 않았다. 각 회의에서 일부 국가들이 제시한 사례가 서로 다를 뿐만 아니라 회의 기록을 보더라도 그런 사례는 예시적인 것이라는 점을 확인할 수 있다고 했다.[119] ② 이런 예외는 오로지 비영리적인 이용에 국한하는 여부에 대해, 어떠한 상황에서도 저작권자에게 조금이라도 경제적 영향을 주는 사용조차 허용하지 않는다고 판단할 수 없다면서, 예를 들어 어린이 교육이나 성인 교육은 일정한 정도 저작권자에게 영향을 줄 수밖에 없는 것으로, 저작물의 비영리적 이용이 결정적인 요건이 되기는 어렵다는 점을 지적했다.[120] ③ TRIPS협정에서 베른협약 준수 의무 규정을 두고 있고, 이들 조약에 모두 당사국으로 되어 있는 국가는 3단계 기준을 통해 부차적 예외를 해석해야 한다고 보았다.

10) 그 밖의 제한

제한 규정은 저작자에게 부여된 배타적 권리를 제한하는 것으로, 일부 특별한 경우에 한정하는 것이 보통이다. 협약의 대상과 목적[121] 내지 협약 정신에 비추어 해석한다면 제한적 해석이 타당한 듯 보인다. 협약에는 배타적 권리의 제한과 관련하여 모호한 규정이 존재한다. 대표적으로 다음 세 가지를 들 수 있다.

① 제2조의2 제2항은 강의나 강연 등에 대해 면책을 해주고 있다. 여기서 예정한 이용 형태는 언론기관이 복제하거나 방송하는 것, 또는 유선에 의해 전

---

119) 일부 국가 사례를 보면, 호주에서는 호텔이나 게스트하우스 구내에서 무선으로 공연하는 것, 벨기에에서는 공중전달의 목적이 저작물 그 자체에 있지 않은 경우 그 공중전달, 핀란드와 덴마크에서는 저작물의 공연이 행사의 주요 내용이 아닌 경우 그 공연, 뉴질랜드에서는 교육기관에서 음악저작물을 공연하는 것 등이 있다. 미국—저작권법 제110조(United States—Section 110(5) of US Copyright Act), Report of the Panel, WT/DS160/R, 15 June 2000, para. 6.55 and note 67 참조.

120) WT/DS160/R, op. cit., paras. 6.56~6.58.

121) 베른협약 전문은 "동맹국은 저작자의 문학·예술저작물에 대한 권리를 … 보호하기를 희망 (desire to protect … the rights of authors in their literary and artistic works)"하여 협약을 체결한다고 하고 있다.

달하는 것이 있는가 하면, 언론기관 이외의 사람이 제11조의2 제1항에서 예정하고 있는 방송, 유선에 의한 공중전달 또는 확성기에 의한 공중전달을 하는 것이다. ② 제10조 제2항은 수업 목적을 위해 저작자의 허락 없이 이용할 수 있는 규정이다. 이 규정은 특별히 복제에 국한하지는 않지만, "발행물, 방송물 또는 녹음물이나 녹화물에 이용하는 것(utilization … in publications, broadcasts or sound or visual recordings)"을 허용하고 있다. 또한 이 조항은 '수업(teaching)'이라고만 할 뿐이어서, 예를 들어 당시 예정하지 못했던 원격 교육을 포함할 수 있는지 의문이 제기될 수도 있다. ③ 제10조의2 제1항은 언론기관 간에 신문 기사 등을 이용하도록 허용하고 있는 규정이다. 이용 형태는 '복제되거나, 방송되거나, 유선으로 공중에 전달되는 것'이다.

이들 3개 규정을 보면, 허용되는 이용 형태가 한정되어 있음을 알 수 있다. 정보 전달 수단의 발달로 인해 다른 이용 형태도 권리 제한을 통해 허용될 수 있는지 살펴볼 필요가 있다. 일부 학자들은 위 두 번째와 세 번째의 경우 부분적으로 이용 형태를 확장하는 것으로 해석할 수 있다고 보고 있다. 두 번째(제10조 제2항)의 경우 수업 목적으로 방송물을 학급이나 강의실에서 공연할 수도 있다고 하는가 하면,[122] 세 번째(제10조의2 제1항)의 경우 방송물의 2차적 이용(예를 들어, 확성기에 의한 공연이나 방송되고 있는 프로그램의 공연)을 할 수 있다고 한다. 방송은 허용하면서 일반 공중이 그 방송물을 보거나 들을 수 없다면 모순되기 때문이라고 한다.[123] 이런 해석은 조약상 제한 규정을 완화하는 해석임에 분명하다.

몇 가지 점에서 검토해볼 만한 주제이다. 먼저, 이들과 다른 규정, 즉 제10조의2 제2항은 시사 사건 보도 목적으로 저작물을 이용할 수 있도록 하고 있는데, 그 이용 형태는 복제 및 공중에 제공하는(made available) 것이다. 공중에 제공한다는 것은 기술 발전에도 불구하고 어떠한 수단으로든 공중에 제공하는 모든 이용 형태를 포함하려는 입법 의지가 담겨 있다고 본다. 이런 점은 이들 3개 규정을 엄격하게 해석해야 한다는 부담을 준다. 그러나, 이런 제한적 해석을 수용하더라도, ① 협약상 부여되지 않은 권리[예를 들어 WIPO 저작권조약상 '이용제공권(right of making available)']에 대한 제한은 원시적으로 불가능한

---

122) Masouyé, p.60; Ricketson & Ginsburg, pp.793~794.

123) Masouyé, p.61.

것이므로, 협약상의 권리로부터 예상할 수 없는 이용 형태에 대해서 권리 제한 규정은 적용될 수 없다는 점, ② 협약상의 제한 규정이 열거 규정이라 할 수는 없을 것이고, 따라서 각 동맹국이 협약에 없는 '독자적인' 제한 규정을 도입하는 데 협약 규정을 근거로 인해 제약을 받는다고 할 수는 없을 것이다. 다만, 각국의 독자적인 규정이라 하여 국제규범상의 제약이 없는 것은 아니다. 다른 조약(TRIPS협정, WIPO 저작권조약 등)상의 제한 규정, 특히 3단계 기준과의 합치 문제가 여전히 남기 때문이다.

5. 영상저작물에 관한 특례

1) 영상저작물에 관한 권리 관계

영상저작물은 저작물 중에서 특이한 성격을 가지고 있다. 다른 대부분의 저작물과는 달리, 제작에 참여하는 인원이 많고, 각자가 영상저작물에 기여하는 바가 다르기 때문에 권리 관계가 매우 복잡하다. 영상제작자는 이들과 계약을 체결하여 영상저작물을 제작하고 유통한다. 이런 계약은 각 참여자의 권리가 무엇인지 확정해야만 유효하게 된다. 저작권법은 이 점에서 중요한 역할을 한다. 제작 참여자 중에는 영상저작물의 기초가 되는 원저작물(기존 저작물)의 저작자가 있는가 하면, 영상저작물 제작 과정에 참여하면서 영상저작물의 일부로서 저작물(촉탁 저작물)을 창작하는 저작자도 있다.[124] 전자 저작물의 예로는 소설과 같은 어문저작물을 들 수 있고, 후자 저작물의 대표적인 예로는 시나리오나 대본과 같은 어문저작물도 있고, 영화를 위하여 제작한 음악저작물이나 미술저작물도 있다.[125]

아래에서 살펴보는 바와 같이, 어떠한 입법 태도를 취하든 영상저작물이 2

---

124) 영상저작물은 시나리오, 대본, 촬영, 미술, 음악, 조명, 의상, 컴퓨터그래픽, 무대장치 등을 위하여 많은 기여자를 필요로 한다. 이들이 저작자인지, 그리고 이들의 제작물이 저작물인지 여부는 각국의 법제가 다르기 때문에 일률적으로 말할 수 없다. 여기서는 이런 제작물을 편의상 촉탁 저작물이라고 하기로 한다.

125) 영상저작물에는 실연자도 간여한다. 실연자에 관해서는 로마협약 등 다른 조약이 존재한다. 베른협약 규정은 단지 저작권과 관련한 것이다.

차적 저작물이라는 점에는 이론이 없다. 따라서 ① 영상제작자는 영상저작물 제작을 위하여 기존 저작물 저작자나 촉탁 저작물 저작자와 계약으로, 아니면 저작권법 특례 규정을 이용하여 해당 저작물을 이용해야 한다. ② 기존 저작물의 저작자는 영상저작물과 별도로 자신의 기여 부분을 이용할 수 있다. 기존 저작물은 원저작물로서 영상저작물과 같은 2차적 저작물로 인하여 그 권리 행사에 영향을 받지 않기 때문이다. 또한 영상저작물 제작을 위한 촉탁 저작물이라 하여도 대본이나 음악과 같이, 별도 이용이 가능한 경우 영상저작물과 분리하여 이용할 수도 있다. 이 또한 계약이나 특례 규정으로 해결해야 한다.

각국은 영상저작물에 대한 권리 귀속과 그 이용에 관해서 다양한 방법으로 접근한다. 몇 가지 입법례가 있다. 첫째는 영상저작물 그 자체의 저작권을 제작자에게 귀속시키는 방식이다. 이 경우 영상저작물 자체의 이용에 관해서 별도의 특례 규정은 필요하지 않다. 다만, 기존 저작물이나 촉탁 저작물에 대한 권리는 계약으로 또는 특례 규정으로 해결한다.

둘째는 영상저작물을 공동 저작물로 보는 것이다. 이 경우 제작자는 영상저작물 자체에 대한 저작권이 없기 때문에 다수의 공동 저작자로부터 권리 처리를 위한 계약을 체결해야 한다. 이 방법은 기존 저작물과 촉탁 저작물에 대한 권리 처리뿐만 아니라, 영상저작물 자체의 이용에 대한 권리 처리도 필요하다. 창작자 원칙에는 충실하지만 영상저작물의 이용을 위해서는 다소 불편한 제도적 접근법이다.

셋째는 법적 양도 간주 내지 추정 규정을 두어 별단의 약정이 없을 경우 영상저작물의 이용을 위한 권리가 이전되는 것으로 간주 내지 추정하는 것이다. 이것은 영상저작물의 법적 지위를 정하는 것이 아니고, 단지 영상저작물의 이용 편의를 위한 규정이다. 영상저작물은 공동 저작물로 볼 수도 있고, 제작자 단독 저작물로 볼 수도 있다. 영상저작물 자체의 이용 편의 측면에서는 첫째의 접근법과 유사하다.[126]

---

126) Masouyé, p.82. Survey on National Protection of Audiovisual Performances, August 25, 2005, WIPO Doc. AVP/IM/03/02 Rev.2 and Annexes I to III에서는 원시 귀속, 일견 추정, 법정 양도 간주 등 세 가지 접근법이 있다 한다. 두 번째 일견 추정 방법은 당사자 약정으로 달리 정하지 않으면 참여계약 체결로 해당 이용허락이나 양도가 이뤄진 것으로 추정하는, 번복될 수 있는 추정(rebuttable presumption) 규정을 두는 입법례를 말한다. WIPO 자료가 현실에 가까운 것이라 할 수 있다.

2) 베른협약 규정과 의미

영상저작물은 1908년 이후 개정회의에서 중요 의제 중 하나였다. 1908년 베를린 의정서는 저작자에게 영상화에 의한 저작물의 복제와 공연에 대한 배타적 권리를 부여한 바 있고, 1948년에는 저작자의 영상적 각색과 복제 및 배포에 대한 권리를 인정하면서, 영상저작물을 원저작물로 보호하는 규정을 두었다. 이 조항은 1967년 스톡홀름 의정서에서 일부 개정되는 한편, 제14조와 제14조의2 제1항으로 나뉘게 되었다. 한편, 스톡홀름 개정회의는 제14조의2 제2항 내지 제3항을 두어 권리의 귀속과 이전에 관한 규정을 신설했다.

(1) 영상저작물의 성격

베른협약은 먼저 제2조 제1항에서 영상저작물을 저작물의 하나로 예시하면서, 제14조의2 제1항에는 영상저작물 보호를 천명하고 있다. 후자 규정에 의하면, "영상저작물은 각색되거나 복제된 저작물에 대한 저작권에 영향을 미치지 아니하고, 원저작물로서 보호된다. 영상저작물의 저작권자는 전 조에서 언급한 권리를 포함하는, 원저작물의 저작자와 같은 권리를 향유한다"고 하고 있다.[127]

이 규정은 몇 가지 점에서 의의가 있다. ① 번역, 각색, 편곡 등 2차적 저작물 보호 규정(제2조 제3항)과 같은 의미를 가진다. 즉, 영상저작물도 다른 2차적 저작물과 같이 '원저작물(original work)'로서 보호하는 것이다. ② 영상저작물 보호는 기존 저작물(또 다른 의미의 원저작물)에 대한 저작권에 '영향을 미치지 아니(without prejudice to)'한다. 원저작물과 2차적 저작물 간의 관계를 분명히 하여, 기존 저작물의 저작권은 영향을 받지 않는 것이다. ③ 영상저작물 저작권자[128]는 원저작자가 영상저작물의 제작과 이용 관련한 권리(영상적 각색, 복제, 공연, 유선에 의한 공중전달)도 가진다. 영상저작물을 원저작물로 하여 다

---

127) Art. 14bis(1): "Without prejudice to the copyright in any work which may have been adapted or reproduced, a cinematographic work shall be protected as an original work. The owner of copyright in a cinematographic work shall enjoy the same rights as the author of an original work, including the rights referred to in the preceding Article."

128) '저작자'가 아니라 '저작권자(owner of copyright)'라고 하고 있다. 이에 관해서는, 제4부 제3장 6. 저작자 참조.

른 영상저작물이 제작되는 경우를 염두에 둔 것이다.

(2) 원저작자의 권리

원저작자는 2차적 저작물로서 영상저작물의 제작과 이용 관련하여 일정한 권리를 가진다. 베른협약 제14조 제1항은 이 점을 명시하고 있다.

> 문학 또는 예술 저작물의 저작자는 다음을 허락할 배타적 권리를 가진다.
> (i) 이 저작물의 영화적 각색과 복제 및 그와 같이 각색되거나 복제된 저작물의 배포;
> (ii) 그와 같이 각색되거나 복제된 저작물의 공연 및 유선에 의한 공중에의 전달.[129]

원저작자는 영상저작물과 관련하여 두 가지 종류의 권리를 가진다. 첫째는 영상적 각색(cinematographic adaptation)과 복제 및 영상저작물의 복제와 배포에 대한 배타적인 권리이다. 영상저작물을 제작하기 위해서는 원저작물을 각색하고 필요한 경우 복제한다. 이런 각색과 복제를 위해서는 원저작자의 허락을 받아야 하는 것이다. 이는 당연한 규정에 지나지 않는다. 또한 원저작자는 그와 같이 각색되어 제작된 영상저작물이 배포되는 경우에도 배타적인 권리를 가진다. 베른협약은 일반 저작물에 대한 배포권을 명시하지 않고 있다는 점에서 특별한 의미를 가진다.

둘째는 영상저작물의 공연과 유선에 의한 공중전달에 대한 배타적인 권리이다. 이 권리는 연극저작물 등의 공연권과 문학저작물의 공개낭송권에 상응하는 권리이다. 원저작자는 또한 제11조의2에서 규정하고 있는 방송권 등에 대해서도 권리를 가진다. 제11조의2가 특별 규정이기 때문이다.[130]

영상저작물 관련 원저작자의 권리는 강제허락의 대상이 아니다(제14조 제3항).[131] 여기서 한 가지 주의할 점은, 음악저작물의 저작자가 음반 제작을 허

---

129) Art. 14(1): "Authors of literary or artistic works shall have the exclusive right of authorizing:
　(i) the cinematographic adaptation and reproduction of these works, and the distribution of the works thus adapted or reproduced;
　(ii) the public performance and communication to the public by wire of the works thus adapted or reproduced."

130) 이에 관해서는, 제4부 제4장 2. 2) (2) 문학·예술저작물 참조.

131) Art. 14(3): "The provisions of Article 13(1) shall not apply."

락한 경우 다른 음반제작자는 여전히 제13조 제1항에 의거하여 강제허락 제도를 통해 다른 음반을 만들 수도 있는 점이다.[132]

(3) 영상저작물 저작자의 권리

영상저작물이 다른 저작물의 '원저작물'이 되는 경우가 있다. 영화를 바탕으로 오페라를 만드는 것이 그런 예이다. 이 경우에도 2차적 저작물에 관한 일반 원리가 작용할 것이지만, 제14조 제2항은 이 점을 확인하고 있다. 즉, "문학·예술저작물로부터 파생된 영상제작물을 다른 예술적 형태로 각색하는 것은 영상제작물의 저작자가 허락하는 것에 영향을 미치지 아니하고, 원저작물의 저작자의 허락을 받아야 한다"(제14조 제2항).[133] 따라서 영상저작물을 원저작물로 한 2차적 저작물이 제작된다면 영상저작물의 저작자는 영상저작물에 대하여, 그리고 영상저작물을 기초로 한 2차적 저작물에 대하여 모두 권리를 가진다.

(4) 영상저작물에 대한 권리 귀속과 권리 이전

앞에서 보았듯이, 영상저작물의 저작권 귀속에 관해서는 다양한 입법례가 존재한다. 베른협약은 이 점을 감안하여, ① 영상저작물에 대한 권리의 주체를 영상저작물의 '저작자'가 아니라 '저작권자(owner of copyright)'라고 하는 한편(제14조의2 제1항), ② 저작권의 소유(ownership of copyright), 즉 저작권의 귀속은 보호국가의 법률이 정하는 바에 따라 정하도록 하고 있다[제14조의2 제2항 (a)].[134]

영상저작물의 저작권을 제작자에게 귀속시키거나 법정 양도 간주 규정을 가지고 있는 국가에서는 영상저작물 자체의 유통을 위한 별도 규정은 필요하지 않다. 이 경우 원저작물이 2차적으로 이용되기 때문에 오로지 원저작자와

---

132) Masouyé, p.84.

133) Art. 14(2): "The adaptation into any other artistic form of a cinematographic production derived from literary or artistic works shall, without prejudice to the authorization of the author of the cinematographic production, remain subject to the authorization of the authors of the original works."

134) Art. 14bis(2)(a): "Ownership of copyright in a cinematographic work shall be a matter for legislation in the country where protection is claimed."

의 법적 관계에만 관심을 가지면 된다. 그러나 이런 제도를 가지고 있지 않은 국가에서는 제작 참여자(촉탁 저작자)가 영상저작물의 제작과 유통을 방해할 수 없도록 할 필요가 있다. 베른협약은 이 경우에 관하여 언급하고 있다. 즉, 국내법으로 영상저작물의 제작에 참여한 사람을 그 저작물의 저작자로 하는 국가에서 그 기여에 대한 약정을 한 저작자는 "그 저작물의 복제, 배포, 공연, 유선에 의한 공중에의 전달, 방송, 기타 공중전달, 본문의 자막 삽입 또는 더빙에 대하여 이의를 제기할 수 없다"고 하고 있다[제14조의2 제2항 (b)].[135]

이른바 합법성 추정(presumption of legitimation)이라 할 수 있다.[136] 굳이 양도 추정이라는 표현을 사용하지 않은 것은 이들 저작자로부터 양도를 받지 못한 채 영상저작물의 이용만을 허락받는 경우도 생각할 수 있기 때문이다. 당사자들 간의 계약으로 달리 정할 수 있음은 물론이다. 예를 들어 영상저작물의 이용 범위를 극장 상영용에 한정한다거나 영상저작물의 이용에 따른 대가를 나누는 것이 그것이다. 이런 저작자에는 촬영, 미술, 조명, 의상, 화장, 조연출 등을 담당하는 사람들이 있다. 시나리오나 대본 작가, 음악저작물 저작자 또는 감독은 합법성 추정의 대상이 될 수 없다. 감독을 그 대상으로 할 경우 WIPO 사무총장에게 문서로 통보하여야 하며 사무총장은 이 사실을 다른 동맹국에 알려야 한다(제14조의2 제3항).

위 저작자가 한 약정은 구두에 의하든 서면에 의하든 구별하지 않는다. 각국에 맡겨진 문제이기 때문이다. 다만, 양도계약을 문서로 할 것을 요구하는 입법례가 존재하는바, 그 국가에서는 구두의 양도계약은 효력을 상실한다. 예를 들어, 국가 A는 양도계약의 형태를 가리지 않고 법적 효력을 인정하고 국가 B는 문서에 의한 양도계약만을 인정한다고 할 때, 국가 A에 본사를 두고 있는 영화 제작자가 해당 저작자들로부터 양도받은 것으로 구두 약정을 한 채 국가 B에서 영화를 상영한다면 그 저작자들은 계약의 무효를 주장하며, 국가 B의

---

135) Art. 14bis(2)(b): "However, in the countries of the Union which, by legislation, include among the owners of copyright in a cinematographic work authors who have brought contributions to the making of the work, such authors, if they have undertaken to bring such contributions, may not, in the absence of any contrary or special stipulation, object to the reproduction, distribution, public performance, communication to the public by wire, broadcasting or any other communication to the public, or to the subtitling or dubbing of texts, of the work."

136) Masouyé, p.86; Ficsor, p.90.

법률에 의거하여 그 영화의 상영을 금지하거나 상영에서 나오는 수익의 배분을 요구할 수 있을 것이다. 베른협약은 이런 법적 불안정을 해결하기 위하여 서면을 요구하는 국가는 이를 WIPO 사무총장에게 문서로 통보하여야 하며 사무총장은 다른 동맹국에 이 사실을 전달하도록 하고 있다[제14조의2 제2항(c)].

제5장 권리의 집행

 권리의 집행은 국내법, 특히 보호국가의 법을 적용하여 해결하는 것이 베른 협약의 원칙이다. 협약에서는 저작자가 특정 권리를 가지고 있다고 밝히고 있을 뿐, 저작자가 이들 권리를 국내적으로 어떻게 행사하고 침해가 발생하는 경우 어떻게 구제 수단을 채택할 것인지에 대해서는 침묵하고 있다. 다만, 저작권의 조화와 통일이라는 관점에서 한정적으로 국제규범을 설정하고 있는데, 두 가지가 있다.

 첫째, 협약 제15조에서는 특정인이 침해 소송을 제기하기 위해서 저작자라는 점을 증명하여야 하는바, 입증의 편의를 위한 규정을 두고 있다. 이 규정은 1886년 베른협약에도 존재했던 것으로, 1967년 스톡홀름 의정서에서 영상저작물과 민간전승물에 관한 조항이 추가되었다. ① 먼저 일반 규정으로 제15조 제1항이 있다: "이 협약이 보호하는 문학 또는 예술 저작물의 저작자를, 다른 증거가 없는 한, 그 저작물의 저작자로 보고, 따라서 그가 동맹국에서 침해 소송을 제기할 수 있도록 하기 위해서는 통상의 방법으로 저작물 위에 그의 성명이 나타나는 것으로 충분하다. 이 항은 저작자가 채택한 성명이 이명이라 할지라도 그의 신원을 나타내는 데 의심이 없는 한 적용된다."[1]

 ② 영상저작물에 대해서도 통상적인 방법으로 영상저작물에 성명이 표시되는 경우 그를 제작자로 추정하고 있다(제15조 제2항).[2] 다른 일반 저작물과 유

---

1) Art. 15(1): "In order that the author of a literary or artistic work protected by this Convention shall, in the absence of proof to the contrary, be regarded as such, and consequently be entitled to institute infringement proceedings in the countries of the Union, it shall be sufficient for his name to appear on the work in the usual manner. This paragraph shall be applicable even if this name is a pseudonym, where the pseudonym adopted by the author leaves no doubt as to his identity."

2) Art. 15(2): "The person or body corporate whose name appears on a cinematographic work in the usual manner shall, in the absence of proof to the contrary, be presumed to be the maker of the said work."

사한 규정이 영상저작물에도 존재하는 이유는 영상저작물은 그에 관한 일부 특례 규정이 존재하고 이에 입각하여 제작자의 이용 편의를 돕고 있으므로 이에 대한 별도 규정도 필요하다 하겠다.

③ 저작자의 신분을 알 수 없는 이명저작물과 익명저작물의 경우에는 저작물에 성명이 표시된 발행인이 저작자를 대신하는 것으로 간주한다. 발행인은 이런 자격으로 저작자의 권리를 행사할 수 있다. 저작자가 자신의 신분을 드러내는 경우 제작자는 이런 권능을 상실한다(제15조 제3항).[3]

④ 익명저작물의 일종으로, 저작자를 알 수 없는 경우가 있다. 협약은 이에 대해 다음과 같은 요건을 갖추면 대표자를 선임하여 필요한 경우 구제 방법을 강구할 수 있도록 하고 있다. i) 저작물이 미발행 상태이어야 하고, ii) 저작자의 신분을 알 수 없어야 하고, iii) 해당 저작자가 동맹국의 국민이라고 추정할 수 있어야 한다. 이때 동맹국은 국내법으로 저작자를 위하여 권리를 보호하고 행사할 수 있는 대표자를 선임할 수 있다[제15조 제4항(a)]. 이와 같이 대표자를 선임하는 경우 이를 WIPO 사무총장에게 문서로 통지하여야 하며 사무총장은 이 사실을 다른 동맹국에 전달하여야 한다[제15조 제4항 (b)].

이 조항은 민간전승물의 보호를 염두에 둔 규정이다. 보호 여부는 전적으로 국내법에 맡겨져 있다. 따라서 민간전승물을 보호하는 법률을 가지고 있고 이런 보호가 외국의 민간전승물에 대해서도 미치는 경우에 한하여 의미가 있는 조항이라 할 수 있다. 익명저작물이 발행된 경우에는 익명저작물에 관한 제15조 제3항이 적용된다.

둘째, 침해 복제물은 압류의 대상이 된다. 복제물이 수입되는 경우 해당 저작물이 수출국에서 보호기간의 만료 등으로 인해 보호가 되지 않는다고 하더라도 수입국에서는 보호를 향유하고 있다면 여전히 압류의 대상이 된다. 압류에 관해서는 국내법으로 정한다(제16조). 재판 절차에 의하든 세관 당국의 직권에 의하든 법에서 정하기 나름이다.[4] 이 규정은 1886년 베른협약에 이미 있

---

3) Art. 15(3): "In the case of anonymous and pseudonymous works, other than those referred to in paragraph (1) above, the publisher whose name appears on the work shall, in the absence of proof to the contrary, be deemed to represent the author, and in this capacity he shall be entitled to protect and enforce the author's rights. The provisions of this paragraph shall cease to apply when the author reveals his identity and establishes his claim to authorship of the work."

4) 제13조 제3항에서는 음악저작물의 강제허락을 허용하면서, 이와 같이 강제허락을 통하여 제작

었던 것으로, 1908년 부분 개정을 거친 것이다.

한 복제물을 다른 동맹국에 수출하는 경우 후자 국가에 강제허락 제도가 없다면 침해 복제물이 되고 따라서 이것은 압류의 대상임을 밝히고 있다. 이에 대해서는 제16조가 적용될 수도 있을 것이다.

제6장 소급보호

소급보호(retroactive protection)는 베른협약에서 인정하고 있는 중요한 원칙 중 하나이다. 이 원칙은 베른협약 효력발생 당시 존재했던 저작물[1]에 대하여 —본국 이외의—다른 동맹국에서도 보호해야 한다는 당위성에 입각하여 인정된 원칙이었다. 왜냐하면 당시 저작권에 관한 다자조약을 체결하기 위한 동기의 하나는 소급보호를 허용함으로써 국제적으로 저작권 보호를 굳건히 확보할 필요가 있었기 때문이다. 소급보호가 없이는 베른협약 체결의 의의가 크게 감퇴할 수밖에 없었다. 현재 제18조에 규정되어 있는 소급보호에 관한 규정은 몇 차례 개정을 거쳐 이루어진 것이다. 이 규정은 오늘날에 와서 주요 국가들거의 대부분이 베른동맹국으로서 완전한 소급보호를 해주고 있기 때문에 연혁적인 의미가 훨씬 크다고 할 수 있다. 소급보호에 관한 법리 논쟁은 베른협약이 발효한 후에 여러 동맹국 내에서, 나중에는 이 협약에 가입하는 국가들내에서 심각한 수준에 달했다. 소급보호 규정은 1994년 TRIPS협정에도 경과규정의 하나로 반영된 바가 있고, 소급보호는 새로운 조약이 체결될 때마다 여전히 현실적인 문제로 등장하는 문제이므로 그 존재 의미가 퇴색했다고 할 수는 없다.

베른협약 제18조가 소급보호에 관한 규정이다. 이 규정은 1886년 협약 체결 당시부터 존재했으며, 1896년과 1908년 부분 개정을 거친 후 현재에 이르고 있다.

1. 소급보호의 의미

저작권법상 소급보호란 그 법률이나 협약의 효력발생일 당시에 존재하는

---

1) TRIPS협정 제70조에서는 기존 저작물(existing work)이라는 표현을 쓴다.

저작물(또는 저작물에 대한 권리)을 '소급적으로' 보호해주느냐 여부에 관한 문제라고 할 수 있다. 베른협약은 이를 본국을 기준으로 파악하고 있다. 즉, 어느 저작물이 본국에서 보호되고 있을 때 이를 다른 국가의 국내법이나 협약에서 '소급하여' 보호하는 것이라 할 수 있다.

국제적인 측면에서 소급보호는 두 가지 의미로 쓰일 수 있다. 하나는 협약이 어느 국가에 대하여 효력이 발생하는 시점(이하 '기준시점'이라 한다)에 존재하는—베른협약상 본국이 아닌—외국 저작물을 그 시점 전에 이용(복제, 공연, 방송, 번역 등)했다고 하더라도 이에 대하여 저작자의 권리가 미칠 수 있다는 의미이고, 다른 하나는 기준시점 당시 존재하는 외국 저작물을 그 시점 이후에 이용하는 경우 이에 대하여 저작자의 권리가 미치도록 한다는 의미이다. 후자의 경우 소급보호의 의미는 본국에서 보호가 향유되고 있음에도 불구하고 기준시점까지는 다른 국가에서 보호되지 않던 저작물을 기준시점 이후에 보호해준다는 것으로, 이는 종전에 보호해주지 않던 저작물에 대한 보호라는 측면에서 소급보호라고 할 수 있다. 전자의 의미의 소급보호를 인정하게 되면 이는 법률불소급의 원칙과 충돌하는 결과를 가져온다. 그러나 후자의 의미의 소급보호를 인정한다고 하더라도 법률불소급의 원칙에 반하지 않는다. 이것은 저작권법 특유의 문제라고 할 수 있다.

다른 한편으로, 저작권의 소급보호란 두 가지 내용을 담고 있다. 하나는 저작물에 관한 것이고 다른 하나는 개별 권리에 관한 것이다. 예를 들어 번역권이 10년간 존속하도록 법으로 정한 경우 이 권리는 10년이 지나면 일반 공중이 자유로이 이용할 수 있으나 일정 시점을 기준으로 번역권에 대해서도 다른 권리와 마찬가지로 50년간 존속하도록 한다면 그 시점부터 역으로 기산하여 발행된 지 10년이 지난 저작물에 대하여 번역권을 인정하는 여부에 관하여 소급보호의 문제가 발생한다고 할 수 있다. 이런 점에서 새로이 신설되는 권리도 소급보호의 이익을 누리게 된다.[2]

---

2) 소급보호와 소급효는 다른 것이다. 소급효란 법률의 규정을 법률 시행 전으로 거슬러 올라가 효력이 생기도록 하는 것 또는 어느 법률에서 정한 법률 요건의 효력을 그 요건의 성립 전으로 거슬러 올라가 생기도록 하는 것으로, 이것은 법률불소급의 원칙 또는 소급효 금지의 원칙에 입각하여 다뤄지는 것이다. 즉, 일정한 법률적 사실에 대하여 효력발생 시점을 법률이나 조약에 의하여 소급한다는 의미이다.

2. 소급보호의 필요성과 그 제한

어느 특정 저작물이 특정 국가에서 창작되었다고 하여 다른 국가에서 그 보호 근거를 상실한다면 이는 저작자에게 커다란 불이익이 아닐 수 없다. 저작권 보호의 근본 취지는 저작물의 창작 장소가 어디냐 또는 저작자의 국적이 무엇이냐를 묻지 않고, 저작자의 창작적 노력에 대한 대가를 부여하는 데 있다고 할 수 있다. 저작물은 그 내용 여하에 따라서는 국제적으로 즐길 수 있는 대상이 된다. 이것은 곧 저작물의 국제적인 유통을 전제로 한다. 이를 위해서는 저작물의 국제적 보호가 요구된다고 할 것이다. 국제적인 보호가 이뤄지지 않는다면 저작권 보호는 완전할 수 없고 따라서 저작자의 노력에 대한 대가는 감소할 수밖에 없다.

그렇다고 하여 자국의 법률에 따라 자유로이 이용할 수 있는 외국 저작물을 신의칙에 의하여 저작자의 허락 없이 무상으로 이용한 사람에 대하여 저작권 침해를 이유로 민형사상의 책임을 묻는다면 이는 법률불소급의 원칙에 맞지 않는다고 할 것이다. 비록 저작자의 허락이 없는 저작물의 이용이 도덕적으로 비난의 대상은 되더라도 법적 책임까지 물을 수는 없는 것이다. 이런 상황 인식으로 인해 저작권에 관한 초기의 국제협약(주로 양자협약)에서는 잠정적인 조치로서 양자의 이익을 조화하는 규정을 마련하기도 했다.[3]

3. 베른협약상 소급보호

협약 제18조는 다음과 같다.

(1) 이 협약은 효력발생 당시에 본국에서 보호기간의 만료에 의하여 아직 공유에 놓이지 아니한 모든 저작물에 대하여 적용된다.

(2) 다만, 어느 저작물이 종래 부여된 보호기간의 만료에 의하여, 보호가 주장되는 국가에서 공유에 놓인 경우에 그 저작물은 새로이 보호되지 아니한다.

---

3) Sam Ricketson, *The Berne Convention for the Protection of Literary and Artistic Works: 1886-1996* (Kluwer, 1987), pp.666~667, notes 3-5 참조.

(3) 이 원칙의 적용은 그러한 효과를 가지는 기존의 또는 장래 체결될 동맹국 사이의 특별 협약에 담긴 규정에 따를 것을 조건으로 한다. 그러한 규정이 없는 경우에 각 국가는 자국에 대하여 이 원칙의 적용에 관한 방법을 규율한다.

(4) 전항들의 규정은 또한 동맹국에 새로 가입하는 경우 및 제7조의 적용에 의하여 또는 유보의 포기에 의하여 보호가 확대되는 경우에도 적용한다.[4]

제1항은 소급보호의 일반 원칙을 정한 것이다. 따라서 보호기간의 만료만이 저작물이 공유에(into the public domain)에 놓이게 될 수 있는 요인이 되며 방식 요건의 미비와 같은 이유는 허용되지 않는다. 비록 방식 요건의 결여로 인해 보호가 되지 않는다고 하더라도 본국 이외의 다른 동맹국에서는 보호를 주장할 수 있다.[5]

제1항은 협약의 "효력발생 당시에(at the moment of its coming into force)"라는 구절에 비추어 두 가지 의미를 가진다. 하나는 1886년 베른협약이 효력을 발생할 당시 소급보호의 원칙을 정한 것이라는 의미로서, 어떻게 보면 당연한 규정이라고 할 수 있으며 효력발생 후 동맹국들 사이의 관계에서 소급보호는 이 규정에 의하여 더 이상 논의의 여지가 없는 것이라고 할 수 있다. 다른 하나는 베른협약이 수 차례 개정되면서 각 개정회의의 결과 별도의 의정서가 체결되었는데, 이들 개정 의정서가 효력을 발생할 경우 소급보호 규정의 계속적인 적용을 위하여 필요하다는 점이다.

---

4) Art. 18: "(1) This Convention shall apply to all works which, at the moment of its coming into force, have not yet fallen into the public domain in the country of origin through the expiry of the term of protection.

(2) If, however, through the expiry of the term of protection which was previously granted, a work has fallen into the public domain of the country where protection is claimed, that work shall not be protected anew.

(3) The application of this principle shall be subject to any provisions contained in special conventions to that effect existing or to be concluded between countries of the Union. In the absence of such provisions, the respective countries shall determine, each in so far as it is concerned, the conditions of application of this principle.

(4) The preceding provisions shall also apply in the case of new accessions to the Union and to cases in which protection is extended by the application of Article 7 or by the abandonment of reservations."

5) 1883년 협약안은 보호기간의 만료라는 요건을 제외하고, 완전하고 절대적인 소급보호를 규정한 현재의 제1항만으로 구성되었다.

제2항은 제1항의 단서 규정이라 할 수 있다. 보호기간을 사후 50년보다 적게 규정한 국가가 추후의 개정 의정서에 가입하거나 이를 비준함으로써 50년의 보호기간을 설정한 경우 이 새로운 보호기간 채택 당시 보호기간이 만료하면 다시는 보호기간을 연장할 수 없도록 한 것이다.[6]

제3항은 소급보호의 완전하고 절대적인 적용을 제한하는 규정이다. 양자협정이나 국내법으로 소급보호의 적용에 대한 조건을 부과하거나 제한을 가할 수 있도록 하고 있는 것이다. 이 규정은 1884년 협약안 제15조 단서가 그 모태로서, 이것은 여러 국가에서 소급보호에 대한 예외 내지 제한의 필요성을 제기하면서 추가된 것이다. 단서에서는 "다만, 공동의 합의에 의하여 결정된 유보나 조건이 있는 경우에는 그러하지 아니하다"고 하고 있다.[7] 이것은 나중에 제3항의 기초가 된다. 이 단서는 1886년 최종의정서 제4항에서 구체화되어, ① 협약 효력발생 당시 공유에 놓이지 아니한 저작물에 대한 협약의 적용은 그런 효과를 가지는 기존의 또는 장래 체결될 동맹국 사이의 특별협정에 담긴 관련 규정에 따라야 하며, ② 동맹국 사이에 그런 규정이 없는 경우에 각 국가는 각각 국내법으로 제14조(1884년 협약안 제15조에 상당하는 규정)에서 정한 원칙이 적용될 방법을 규율할 수 있도록 하고 있다. 이 규정은 그 후 본문에 편입되어 1908년 베를린 개정회의에서 현재의 규정으로 확정되었다.

이 규정은 "협약의 효력발생 당시 일부 국가에서 존재하는, 저작자의 허락이 없이 외국 저작물을 합법적으로 복제하거나 실연해왔던 사람들의 이익을 고려하는 사실상의 상황"을 감안하여야 할 필요성에서 비롯된 것으로 각 동맹국에게 무조건인 소급보호를 제한할 수 있는 권능을 부여한 것이다.[8]

이를 다음과 같이 몇 가지로 나누어 설명할 수 있다. 첫째, 각 동맹국은 국내법으로, 기준시점에 존재하고 있는 외국 저작물을 그 시점 전에 이용하는 행위에 대하여 면책할 수 있는가? 제3항의 규정 취지는 기존의 외국 저작물을 저작자의 허락 없이 합법적으로 이용했던 사람들의 이익을 고려하여 이들에게

---

6) Report of Conference in Berlin, 1908, in WIPO, *The Berne Convention for the Protection of Literary and Artistic Works from 1886 to 1986*, p.158.

7) 프랑스어 표현은 다음과 같다: "sous les réservés et conditions à determiné d'un commun accord."

8) Report of Conference in Paris, 1896, in WIPO, op. cit., p.141; Report of Conference in Berlin, 1908, in WIPO, op. cit., p.158.

책임을 추궁하지 않도록 하는 데 있는 것이므로, 각 동맹국은 이에 의거하여 국내법으로 기준시점 전의 이용행위에 대하여 저작권 침해가 되지 않도록 정할 수 있는 권한이 있다고 본다. 이 조항을 이와 같이 해석해야만 법률불소급의 원칙이라는 법정신에도 합당하게 된다.[9]

둘째, 기준시점을 기산점을 하여 일정 기간 동안 발생하는 특정 이용행위를 저작권 침해로 하지 않도록 할 수 있는가? 베른협약 성립 초기에 다수의 국가들은 일정 기간(대체로 3년에서 5년)을 정하여 그 기간 동안에 이루어진 특정 이용행위를 합법화하는 국내법 규정(경과 규정)을 두기도 했다. 그리고 일정 기간 동안 복제물의 발행을 허용하거나 복제물의 제작을 위한 기기의 이용을 허용하기도 했다.[10]

셋째, 각 동맹국은 기준시점 전에 창작된 저작물에 의거하여 그 후 2차적으로 발생한 권리, 예를 들어 번역자 등 2차적 저작물 작성자의 권리를 국내법으로 보호할 수 있는가? 국가 관행은 이에 대하여 긍정적인 해답을 주고 있다. 이들 국가 관행은 한결같이, '합법적으로' 2차적 저작물이 작성된 경우 그 저작자는 원저작물의 저작권 보호 여부와는 관계없이 저작권법상의 권리를 향유할 수 있도록 하고 있는 것이다. 2차적 저작물에 대한 이런 저작권 보호는 기준시점 전에 창작된 외국 저작물을 일절 보호하지 않는 법제하에서 특히 중요한 의미를 가진다. 다시 말해서 원저작물의 이용은 저작자의 허락이 없이도 합법적인 행위가 되고, 그 저작물에 기초하여 창작된 2차적 저작물은 후자 저작자의 허락을 받아야 한다는 것이다.[11]

넷째, 기준시점 전에 창작된 외국 저작물을 그 후에도 저작자의 허락 없이 계속 이용할 수 있는가? 이것이 가장 큰 문제라고 할 수 있다. 베른협약 성립

---

9) 1995년 우리 저작권법을 개정하면서 부칙 제4조 제1항에서 "이 법 시행 전에 회복저작물 등을 이용한 행위는 이 법에서 정한 권리의 침해행위로 보지 아니한다"는 것도 같은 취지의 규정이다.

10) 유럽 각국은 19세기 말에서 20세기 초까지 제18조 제3항에 의거하여 소급보호의 원칙을 국내법으로 제한한 바 있다. 그 예를 보면 ① 베른협약 발효 후 일정 기간 동안 복제물 제작을 위한 기기의 이용, ② 협약 발효 당시 제작된 복제물의 유통, ③ 협약 발효 후 연주를 위한 악보의 이용 등이 저작권 침해가 아니라는 것 등을 들 수 있다. "De la rétroactivité prévue par l'article 18 de la Convention d'union," *Le droit d'auteur*, Vol. 39 (1926), p. 117.

11) 많은 국가들은 ① 영화 제작을 위하여 합법적으로 각색한 경우 각색자는 그 각색물에 대하여 공연권을 향유하거나, ② 합법적으로 번역물이 발행된 경우 번역자는 그 번역물에 대하여 복제권, 배포권, 공연권을 향유하도록 한 바 있다. Ibid.

초기의 국가 관행으로 볼 때 이를 위한 경과 규정이 일부 눈에 띄는 것도 사실이다.[12] 그러나 포괄적으로 소급보호를 부정했던 사례들이 일부 있긴 하지만 이것을 베른협약 제18조 제3항에 의존하는 것은 이론상 무리가 있는 것으로 보인다.[13]

제4항은 새로이 가입하는 국가를 위한 규정 등을 담고 있다. 신규 가입국에 제1항과 제3항을 적용하는 것은 별다른 문제가 없다. 다만, 새로 가입하는 국가는 협약의 구속을 받지 않아왔으므로 제2항이 적용될 수는 없다고 하겠다. 제4항의 규정은 보호기간의 연장으로 인한 경우와 번역권과 관련한 유보의 포기로 인한 경우 소급보호를 인정하는 내용도 포함한다.

---

12) 일부 국가에서는 ① 협약 발효 전 인쇄 이외의 방법으로 고정되었거나 공연된 무용저작물과 무언극에 대하여 비보호를 선언하거나, ② 협약 발효 전 발행 또는 공연된 연극, 악극 저작물에 대하여 비보호를 선언하거나, ③ 번역권이 공유에 놓인 경우 소급보호를 부정했던 적이 있다. Ibid.

13) 미국은 1988년 베른협약시행법(Berne Convention Implementation Act of 1988)을 제정하여 협약이 미국에 대하여 효력을 발생하는 시점(1989년 3월 1일)에 "미국에서 공유에 놓인 저작물" 모두에 대하여 저작권 보호를 부여하지 않았으나, 1994년 우루과이 라운드 협정법(Uruguay Round Agreements Act)을 제정하여 소급보호를 부분적으로 인정하는 방향으로 저작권법을 개정했다.

제7장 개발도상국 특례 규정

많은 저작물은 과학과 학술, 문화와 예술의 수준을 높이는 역할을 한다. 이런 저작물은 선진국에서 주로 창작되는 반면, 개발도상국은 이런 저작물을 소비하는 것이 보통이다. 권리자가 자신의 연구 성과나 문화 상품에 대해 어느 국가에서든지 통상의 저작권 보호수준을 요구할 수 있지만 그런 요구가 개발도상국에는 부담이 될 수도 있다. 과도한 거래 비용과 사용료 지급으로 인해 학문과 예술이 장애를 받을 수 있기 때문이다. 베른협약은 이런 개발도상국의 처지를 받아들여 복제와 번역에 한정하여 저작자의 권리를 제한할 수 있도록 하고 있다(제21조 및 부속서). 개발도상국 특례 규정은 1967년 의정서(Protocol)와 같은 내용을 담고 있다. 1967년 의정서는 정족수 부족으로 발효 가능성이 낮아 이를 현실화할 필요성에서, 1971년 파리 개정회의에서 해당 내용을 제21조 본문과 부속서로 나누고 부속서를 협약의 불가분의 일부로 한 것이다. 같은 개정회의에서 채택된 1971년 개정 세계저작권협약상의 내용과 골격이 같다.[1]

특례 규정은 개발도상국만이 원용할 수 있다. 개발도상국 여부는 이를 주장하는 국가가 스스로 선택(self-election)하는 것이지만, 다소 객관적인 기준이 필요하다. 즉, 그 국가는 유엔 총회의 관행상 개발도상국으로 인정되어야 한다. 이런 기준을 충족한 개발도상국이 부속서상의 특례 규정을 원용하는 여부는 재량의 문제이다. 특례 규정을 원용하고자 할 경우에는 WIPO 사무총장에게 통보해야 하며 사무총장은 이 사실을 동맹국에 알려야 한다. 통보는 언제든지 할 수 있으며, 따라서 비준이나 가입 당시뿐만 아니라 그 후에도 할 수 있다. 통보에 대한 효력은 10년간이며 연장할 수 있다.[2] 특례 규정은 해당 국가가

---

1) 1960년대 아시아와 아프리카에는 많은 국가가 탄생했다. 이들 국가는 1963년 브라자빌에서 베른협약상 개발도상국 특례 규정의 필요성을 제기했고, 이들의 요구가 1967년과 1971년 개정회의에서 반영된 것이다. Masouyé, pp.146~147.

2) 파리 의정서는 1974년 10월 10일 발효했으므로 그 전에 한 통지는 발효한 때로부터 10년간, 즉

그 원용을 철회하거나 개발도상국의 지위를 상실하면 원용할 수 없다. 다만, 통보 기간 내에 그런 사실이 도래한 경우 그때로부터 3년 또는 해당 기간 만료일 중 나중에 도래하는 날에 효력을 잃는다. 통보 기간 중 재고가 있는 경우 계속 배포할 수 있다. 다른 동맹국은 특례 규정의 원용을 근거로 해당 개발도상국에 대하여 상호주의를 적용할 수 없다(부속서 제I조).[3]

1. 강제허락의 요건 등

첫째, 신청인은 번역 및 복제에 대한 허락을 요청했으나 거절되었다는 사실 또는 상당한 노력을 했음에도 불구하고 저작권자를 찾지 못했다는 사실을 입증해야 한다. 이에 관한 구체적인 절차는 국내법으로 정할 문제이다. 저작권자를 찾지 못한 경우 신청서 사본을 권한 있는 기관, 저작물 발행인, 그리고 지정된 국내 또는 국제정보센터에 송부해야 한다(부속서 제IV조 제1항).

둘째, 강제허락의 결과 발행된 번역물과 복제물에는 저작자의 성명을 표시해야 한다. 어떤 경우이든 저작물의 제목이, 번역물의 경우에는 원저작물의 제목이 나타나야 한다. 올바른(correct) 번역과 정확한(accurate) 복제가 보장되어야 한다[부속서 제IV조 제6항 (b)].

셋째, 이런 강제허락은 비배타적인 것이고 양도의 대상이 되지 아니한다. 강제허락은 해당 국가 영토 내에서만 효력을 가진다. 해당 번역물이나 복제물은 수출할 수 없다(부속서 제II조 제1항, 제III조 제1항, 제IV조 제4항).

넷째, 저작권자는 시장 가격에 상당하는 정당한 보상금을 받아야 한다. 이런 보상금의 송금은 보장되어야 하며 가급적 국제통화로 지급되어야 한다[부속서 제IV조 제6항 (a)].

이런 요건을 구비하여 부여받은 강제허락이라 하더라도 해당 번역물이나

1984년 10월 10일까지 유효하다.

3) 2016년 7월 15일 현재 알제리아, 방글라데시, 쿠바, 쿠웨이트, 베트남, 예멘 등 6개국은 번역권과 복제권에 관한 제II조와 제III조의 권능을, 사모아와 태국은 번역권의 강제허락에 대하여 제 II조의 권능을 원용하고 있다. 번역권의 단기 보호 제도를 원용하는 국가로는 보스니아·헤르체고비나, 키프러스, 세르비아, 슬로베니아 등 4개국이 있다. http://www.wipo.int/export/sites/www/treaties/en/documents/pdf/berne.pdf 참조

복제물이 번역권자나 복제권자 또는 그의 동의를 얻어 해당 국가에서 통상적인 가격에 배포되는 경우 종료한다. 재고가 있는 때에는 이를 소진할 때까지 배포할 수 있다(부속서 제II조 제6항 및 제III조 제6항).

2. 번역권

개발도상국 국민은 누구든지 강제허락 제도를 통해서 번역물을 만들 수 있다. 이를 위해서는 몇 가지 요건을 충족해야 한다.[4] 첫째, 적어도 3년간 번역물이 해당 국가에서 일반적으로 사용되는 언어로 발행되지 않아야 한다. 선진국에서 일반적으로 사용되지 않는 언어로 번역하고자 하는 경우 그 기간은 1년으로 단축될 수 있다.[5] 다시 말해서 선진국과 해당 개발도상국에서 일반적으로 사용되는 언어라 할 수 있는 영어, 프랑스어 등은 3년의 기간이 적용되고, 개발도상국 자체 언어로서 선진국에서 사용되지 않는 언어인 경우 1년의 기간을 적용할 수 있는 것이다. 그러나 선진국에서 일반적으로 사용되는 언어라 하더라도 해당 국가들이 모두 동의하는 경우 3년의 기간 대신 당사자들이 정한 기간(1년 이상)을 적용할 수도 있다. 이 경우 영어와 프랑스어, 그리고 스페인어는 제외된다. 번역물은 인쇄물이나 이와 유사한 형태의 복제에 한정한다. 녹음·녹화물은 강제허락의 대상이 될 수 없다.

둘째, 이런 강제허락은 수업, 학술 및 연구 목적에 한하여 허용된다. 초등학교부터 대학교 과정에 이르기까지 뿐만 아니라 직업훈련원이나 재교육기관도 염두에 두었다고 할 수 있다. 기업 부설 연구소나 기타 영리 목적 연구기관은 비록 연구 목적의 단체이긴 하지만 강제허락을 원용할 수 있는 곳으로 보지 않는다.[6]

개발도상국은 방송의 공익적 성격에 높은 관심을 보이고 있다. 교육 교재가 부족한 상황에서 교육과 정보 전달을 방송에 의존하는 경향도 강하다. 이런 점에서 부속서에서는 개발도상국 방송사업자에게 강제허락을 통해서 발행된

---

4) 개발도상국 국민이란 국가나 지방자치단체를 포함하는 것으로 보는 것이 일반적이다. 교육과 학술 목적상 인정되는 강제허락 제도의 특성에 비추어 자연적이라 할 수 있다. Masouyé, p.155.

5) '일반적으로 사용되는 언어(language in general use)'가 공식 언어일 필요는 없다.

6) Masouyé, p.157.

번역물을 다음과 같은 조건하에서 방송할 수 있도록 열어놓고 있다. ① 번역물이 해당 국가의 법률에 따라 제작되고, ② 방송 목적이 과학기술 분야의 성과를 수업을 위하여 또는 특정 집단 전문가에게 전달하기 위한 목적을 가지고, ③ 해당 국가 영토 내의 수신자를 대상으로 방송되고, ④ 번역물의 이용을 통해서 아무런 영리를 취하지 않아야 한다. 방송사업자는 해당 시청각 방송물에 담긴 다른 내용도 번역하여 이용할 수 있다. 이 경우 번역물의 방송을 위한 상기 조건을 모두 충족해야 함은 물론이다. 이런 방송물은 방송사업자가 동의하는 경우 다른 방송사업자도 이용할 수 있다(부속서 제II조).

개발도상국은 위와 같은 강제허락 제도를 번역권 단기 보호 제도로 대체할 수도 있다. 이 제도는 1896년 파리 개정회의 결과 추가의정서에 채택된 것으로, 번역권에 한정하여 저작물의 최초 발행 후 10년간 번역물이 특정 국가에서 일반적으로 사용되는 언어로 발행되지 않은 경우 그 국가에서 번역권이 소멸하는 것을 말한다. 이 제도는 연혁적으로 개발도상국 여부를 가리지 않고 모든 동맹국과 비동맹국에게 적용되었으나 기존 동맹국인 선진국은 이 제도를 활용하지는 않고 있기 때문에 이제는 개발도상국에게만 의미가 있다고 할 수 있다. 즉, 기존 동맹국으로서 파리 개정 베른협약을 비준하거나 이에 가입하려는 개발도상국이나 베른협약에 처음 가입하는 개발도상국만이 이 제도의 혜택을 받을 수 있다. 이를 위해서는 몇 가지 조건을 충족해야 한다. ① 비준이나 가입 당시 WIPO 사무총장에게 이 제도를 원용하겠다고 통지해야 한다. ② 이 제도와 강제허락 제도를 모두 원용할 수는 없으며 둘 중 하나를 선택적으로 활용하여야 한다. 어느 하나의 권능을 이미 원용한 때에는 다른 제도를 선택할 수도 없다. 원용한 제도를 포기하는 경우 다른 제도를 선택할 여지도 없다(부속서 제V조 제1항 내지 제2항).

개발도상국의 지위를 나중에 상실한 동맹국이라 하더라도 상호주의를 전제로 하여 번역권 단기 보호 제도를 계속 원용할 수 있다[제30조 제2항 (b) 및 부속서 제V조 제3항].[7]

---

7) 번역권 단기 보호제도를 원용한 국가가 종전에는 상당수에 달했으나, 앞에서 보았듯이 지금은 보스니아-헤르체고비나, 크로아티아, 키프러스, 슬로바키아, 슬로베니아 등 5개국에 지나지 않는다.

3. 복제권

복제권의 강제허락도 개발도상국에게는 중요하다. 모든 저작물이 강제허락의 대상이 되는 것은 아니다. 첫째, 인쇄 형태나 이와 유사한 형태의 발행 저작물에 대해서 강제허락을 할 수 있다. 둘째, 합법적으로 제작된 시청각 고정물과 그 내용이 해당 국가에서 일반적으로 사용되는 언어로 번역·수록된 경우 그 번역물도 강제허락의 대상이 된다. 이때 시청각 고정물은 오로지 조직적 교육 활동의 목적으로 기획·발행되어야 한다(부속서 제III조 제7항).

복제권의 강제허락은 다음과 같은 몇 가지 요건을 충족하여야 한다. ① 어느 저작물이 최초 발행 후 해당 개발도상국에서 5년의 기간 동안(수학을 포함하는 자연과학과 기술에 관한 저작물은 3년; 소설, 시, 연극, 음악 저작물 및 미술 서적은 7년) 저작권자에 의하여 또는 그의 동의를 얻어 해당 국가에서 통상적인 시장 가격에 배포된 적이 없어야 한다. 어느 저작물이 기왕에 배포된 경우에도 해당 개발도상국에서 위 기간이 경과한 후에 6개월 동안 판매되지 않은 경우에도 마찬가지로 강제허락을 받을 수 있다. ② 3년의 기간을 적용하는 저작물의 경우 제IV조상의 절차(저작자를 알 수 있는 경우에는 그로부터 복제 허락이 거절되었다는 것, 저작자를 찾을 수 없는 경우에는 강제허락을 부여할 권한이 있는 기관에 신청서를 송부한 사실)를 완료한 날로부터 6개월이 지나야 한다. 5년이나 7년의 기간을 적용하는 저작물의 경우에는 신청서를 송부한 날로부터 3개월이 경과하여야 한다. ③ 6개월 또는 3개월이 지난 후라 하더라도 해당 저작물의 복제물이 배포되는 경우 강제허락이 부여되지 않는다(부속서 제III조 제1항 내지 제4항).

제8장 협약의 의의와 한계

1. 협약의 의의

베른협약은 저작권에 관한 다자조약으로서 130년가량 저작권의 국제적 보호에 크나큰 기여를 했다. 문필가들이 열정적으로 참여하고 프랑스와 스위스 등 일부 국가들이 협상 장소뿐만 아니라 협상 자료를 제공하면서 독려했다. 비정부 간 기구로서 국제문학예술협회(ALAI)의 공헌도 협약 탄생 과정에서 빼놓을 수 없다.

1886년 협약 체결에 이르기까지 협상 대표들은 통일적인 국제 저작권 규범에 대한 강한 의욕을 보였고, 그 결과 저작권의 국제적 '조화와 통일'은 상당히 결실을 보았다. 이런 초기 선구자들의 노력은 헛되지 않았다. 일련의 개정에서도 이런 분위기가 이어졌기 때문이다. 다음과 같은 몇 가지 성과는 주목할 만하다.

첫째, 베른협약은 내국민대우 원칙을 천명하고 있다. 저작자가 동맹국에서 '각 법률이 현재 또는 장래에 내국민에게 부여하는 권리'뿐만 아니라 '이 협약이 특별히 부여하는 권리'를 향유하도록 하고 있다. 이 점에서 파리협약보다 강화된 내국민대우 원칙을 지지하고 있다. 이 원칙은 최소한의 보호 원칙과 결합할 때 비로소 실질적인 효과를 거둘 수 있다.

둘째, 베른협약 실체 규정은 동맹국으로 하여금 높은 수준의 '최소한 보호' 기준을 실천하도록 요구하고 있다. 협약이 개정될 때마다 보호대상은 넓어지고 새로운 권리가 등장했다. 동맹국에 유보하는 조항들을 점차 삭제하면서, 동맹국의 입법 재량을 줄였다. 저작권의 국제적 '조화'를 넘어 부분적인 '통일'도 이뤄졌다. 협약 실체 규정 상당수가 구체적이어서 각국이 국내법으로 수용하기에도 수월했다.

셋째, 협약은 무방식주의를 토대로 하여 저작권의 국제적 보호를 꾀하고 있다. 무방식주의는 저작물의 창작과 유통 과정을 생각한다면 어쩔 수 없는 선택이었다. 당시 입안자들의 선택은 우연이라 해도 적절한 것이었다. 무방식주의는 '국제적 저작권 보호'에 획기적인 전기를 마련해주었던 것이다. 각국의 방식주의에 대한 집착은 1952년 세계저작권협약 탄생으로 이어지기도 했으나 이는 곧 부질없는 것으로 판명났다.

2. 협약의 한계

베른협약이 높은 수준의 저작권 보호를 담보하고는 있지만, 각국 간의 법체계와 법제도상의 차이마저 극복한 것은 아니다. 협약이 통일된 '국제 저작권법'이 아닌 만큼, 이 점을 한계라고 지적하기에는 무리가 있다. 오히려 기술 발전에 따라 새로운 내용을 반영하면서, 기존 조항을 그대로 둔 채 새로운 조항을 추가하는 방식으로 개정을 거듭하면서 조항들 간의 관계를 둘러싸고 해석 논란을 일으킬 수 있는 여지가 생겼다.

무엇보다도, 파리협약의 경우와 마찬가지로, 집행 규정이 미흡하다는 점, 그리고 협약의 해석과 적용에 관한 분쟁 해결 방법이 마땅치 않다는 점이 결정적인 약점이라 하겠다.[1] 더 나아가, 디지털 환경에서는 저작물의 창작과 이용 형태가 종전과는 비교할 수 없이 달라졌음에도 협약은 이에 대해 응답을 하지 못하고 있다는 점이다. 이들 약점은 상당 부분 1994년 TRIPS협정과 1996년 WIPO 저작권조약의 등장으로 보완되었다.

---

[1] 이 점에 관해서는, 제3부 제9장 2. 협약의 한계 참조. 베른협약 제33조도 조약의 해석·적용에 관한 국제 분쟁을 분쟁 당사국의 국제사법법원 관할 수락을 조건으로 이 법원에 의해 해결할 수 있도록 하고 있다.

국제지적재산권법
개정판

제5부 TRIPS협정

국제지적재산권법
개정판

제1장 WTO 체제하의 TRIPS협정

1. 1947년 GATT 체제

1) GATT의 발족

1944년 미국을 중심으로 한 연합국 대표들은 미국 뉴햄프셔 브레튼우즈 (Bretton Woods)에 모여 전후 경제질서를 논의하기 위한 국제회의(The United Nations Monetary and Financial Conference)를 열었다. 이 회의에서는 종전 무분별한 통화 절하, 일방적인 무역 조치에 따른 국제경제의 혼란을 극복하기 위한 방안으로, 달러를 기축통화로 한 고정환율 제도를 창설하고, 전후 복구를 위한 자본을 제공하고, 국제무역 질서를 마련하고자 했다. 국제통화 제도는 국제통화기금(International Monetary Fund: IMF) 설립으로 구체화되었다. 이 기금은 환율을 모니터링하면서 국제수지 적자 국가에 유동성을 제공했다. 전후 복구를 위해서는 국제부흥개발은행(International Bank for Reconstruction and Development: IBRD)을 설립했다. 이 기구는 초기에 유럽의 전후 복구를 위해, 나중에는 개발도상국의 경제 발전을 위해 필요한 자본을 제공해왔다.

브레튼우즈 체제의 완성을 위해 미국 정부는 1945년 국제무역기구(International Trade Organization) 설립안을 제시하는 한편, 1946년 유엔 경제사회이사회는 국제무역기구 헌장의 제정과 관세인하, 그리고 국제무역 규범 제정을 목적으로 한 무역 및 고용에 관한 유엔회의(United Nations Conference on Trade and Employment) 소집을 결의했다. 이 회의는 쿠바 아바나에서 1947년 11월부터 1948년 3월 사이에 열렸다. 이 회의를 위해 세 차례 준비위원회가 개최되었는바, GATT는 1947년 10월 제네바에서 열린 준비위원회에서 채택되었다. GATT는 동시에 채택된 잠정 적용 의정서(Protocol of Provisional Application)에 의해 1948년 1월 1일 '잠정적으로' 발효했다.

GATT는 '관세 및 무역에 관한 일반협정(General Agreement on Tariffs and

Trade)'의 영문 약칭이다. 명칭에서도 알 수 있듯이 국제무역 규범이면서, 국제기구라는 이중적인 성격을 가지고 있다. 1948년 3월 회의에서 국제무역기구 헌장이 채택되었으나 각국의 사정(주로 미국 의회의 반대에 기인한다)으로 설립이 무산되면서 국제무역기구를 대신하는 사실상의 국제기구의 역할도 수행해 왔던 것이다.

GATT 체제는 1948년 발족 이래 여덟 차례에 걸친 다자간 무역협상을 개최했다. 초기에는 주로 관세인하에 초점을 맞추었다. 그러나 관세인하만으로는 자유무역[1]으로 인한 경제적 효과를 충분히 누릴 수 없었다. 비관세장벽(non-tariff barrier)이 가로 놓여 있었기 때문이다. GATT 당사국[2]들은 1973~1979년 제7차 라운드(도쿄 라운드)에서 처음으로 반덤핑,[3] 정부 보조금, 국내 무역 규제 등 비관세장벽에 대한 논의를 본격화하면서 GATT의 활동 영역을 넓혔다.

그러나 이런 노력도 국제 교역의 변화를 적절히 수용하지 못했다. 1980년대 들어 서비스가 선진국의 경우 국내총생산에서 차지하는 비중이 재화(상품)보다 더 커졌고, 전 세계적으로는 무역액의 20%를 차지했음에도 불구하고 여전히 GATT 체제 밖에 놓여 있었다. 농산물은 아예 교역 대상에서 제외되었다. 그런가 하면 1980년대 들어 선진국을 중심으로 위조 상품 문제가 부각되면서 GATT 체제의 변화를 예고했다. 우루과이 라운드는 이런 배경하에서 출범

---

1) 고전 경제학자 스미스(Adam Smith)는 1776년 국부론에서 무역이 경제적 이익을 가져다준다는 사실을 설파했고, 리카르도(David Ricardo)는 1817년 '정치경제학과 조세의 원리'에서 비교우위(comparative advantage) 이론으로 이를 발전시켰다. 이 이론은 기회비용이 적게 드는 제품에 특화하고 이를 수출하게 되면 수출국(공급자의 후생 증가)이나 수입국(소비자의 후생 증가) 모두에게 이익이 된다는 것으로, 국제무역의 이론적 근거를 제공하고 있다. 현재에도 유효한 이론이다. 국제무역은 이런 경제적 효과 외에, 소비자에게 다양한 기호의 상품을 제공할 수 있고, 규모의 경제를 실현할 수 있으며(이 점은 특히 소규모 경제에는 효과가 크다), 경쟁을 촉진시켜 보이지 않는 손이 제대로 작동하게 하고, 기술의 발전을 가속화시킨다. N. Gregory Mankiw, *Principles of Economics*, 6th ed. (South-Western Cengage Learning, 2011), pp.180~182. 1846년 영국은 보호무역 정책으로 시행되던 옥수수법을 폐기했는바, 이것이 비교우위 이론을 현실에 적용한 최초의 사례로 보고되고 있다. 1876년에는 영국과 프랑스가 최혜국대우에 입각한 최초의 관세인하 조약(Cobden-Chevalier Treaty)을 체결했다. Craig VanGrasstek, *The History and Future of the World Trade Organization*, WTO, 2013, pp.40~41.

2) GATT에서는 '체약국(contracting party)'이라 한다. GATT 체약국들이 집단적으로 의사결정하기도 하는데, 이때에는 '체약국단(CONTRACTING PARTIES)'이라고 한다. 우리 GATT 공식 번역문에서는 체약당사자라는 표현 대신에, '체약국'이라고 하고 있다. 이하에서도 이 표현을 그대로 따르기로 한다.

3) 이 주제는 1964~1967년 제6차 케네디 라운드에서도 다뤄진 바 있다.

했다.

1986년 9월 시작된 우루과이 라운드는 GATT 체제하의 제8차 다자간 무역 협상이다. 지난 협상에서는 주로 상품 교역에 중점을 둔 반면, 우루과이 라운드는 상품뿐만 아니라 각종 비관세장벽, 서비스, 농산물, 지적재산권 등을 포괄하는 광범위한 주제를 다뤘다. 이제까지 GATT 협상에서는 볼 수 없었던 미증유의 협상 의제를 안고 출발했던 것이다.

2) GATT 체제하의 지적재산권

(1) GATT 제20조

1947년 GATT 제20조는 '일반 예외(general exceptions)'를 열 가지 열거하면서, 그중 하나로 지적재산권 보호를 GATT의 의무에서 제외하고 있다. 이에 의하면, "다음의 조치가 동일한 조건하에 있는 국가들 간의 자의적이거나 정당화될 수 없는 차별의 수단을 구성하거나 국제무역에 대한 위장된 제한을 구성하는 방식으로 적용되지 아니한다는 요건을 조건으로, 이 협정의 어떠한 규정도 체약당사자가 이러한 조치를 채택하거나 시행하는 것을 방해하는 것으로 해석되지 아니한다. …… (d) 통관의 시행, 제2조 제4항 및 제17조하에서 운영되는 독점의 시행, 특허, 상표 및 저작권의 보호, 그리고 기망적 관행의 방지와 관련된 법률 또는 규정을 포함하여 이 협정의 규정에 불합치하지 아니하는 법률 또는 규정의 준수를 확보하기 위하여 필요한 조치"이다.[4][5](고딕 강조)

제20조 (d)는 다음과 같이 설명할 수 있다. ① 해당 '법률 또는 규정'이 GATT

---

4) Article XX (General Exceptions): "Subject to the requirement that such measures are not applied in a manner which would constitute a means of arbitrary or unjustifiable discrimination between countries where the same conditions prevail, or a disguised restriction on international trade, nothing in this Agreement shall be construed to prevent the adoption or enforcement by any contracting party of measures: ……
(d) necessary to secure compliance with laws or regulations which are not inconsistent with the provisions of this Agreement, including those relating to customs enforcement, the enforcement of monopolies operated under paragraph 4 of Article II and Article XVII, the protection of patents, trade marks and copyrights, and the prevention of deceptive practices; ……"

5) 허용되는 다른 예외 조치로는 공중 도덕, 인간의 생명이나 건강 등을 보호하기 위해 필요한 조치가 있다.

규정에 불합치하지 아니해야 하고(not inconsistent with the provisions of this Agreement), ② 그 조치는 해당 법률 또는 규정의 준수를 확보하기 위한 조치여야 하고, ③ 그 조치는 자의적이거나 정당화될 수 없는 차별(arbitrary or un-justifiable discrimination)의 수단이 되거나 국제무역에 위장된 제약(disguised re-striction on international trade)이 되는 방식으로 적용되어서는 안 된다.6) 이런 조건을 충족하는 한 지적재산권 보호 법령과 그 법령의 이행을 위한 조치는 제20조의 예외에 속하는 것이다.

GATT 제20조가 GATT 의무의 중심을 이루고 있는 내국민대우와 최혜국대우 원칙의 예외가 되는지 여부에 대해서는 여러 해석이 가능하다. 해석의 난점은 규정의 모호함에서 비롯된다. 극단적으로 두 가지 해석이 가능하다. 지적재산권 법령은 '이 협정의 규정에 불합치하지 아니하여야' 하므로 GATT의 최혜국대우와 내국민대우의 원칙이 지적재산권 보호에도 미쳐야 한다고 해석할 수도 있고, GATT는 상품에 관한 규범에 지나지 않는 것이고 지적재산권 보호는 파리협약이나 베른협약에 맡기고자 한 입법 의도에 초점을 맞춰서 최혜국대우와 내국민대우의 원칙 모두에 대한 예외가 된다고 해석할 수도 있다. 중간적으로 제20조는 적어도 최혜국대우의 원칙의 예외로 작용한다는 해석도 가능하다.7) 학자들은 GATT 해석 관행8)에서 입법 의도가 차지하는 비중을 고려할 때 일반 예외로서 최혜국대우나 내국민대우 원칙의 예외라는 해석에 힘을 싣는 듯하다.9)

GATT 패널은 몇 차례 제20조를 검토한 바 있다. 1983년 미국—용수철조립품 사건에서 GATT 패널은 특허 위반에 근거한 미국 국제무역위원회(Interna-tional Trade Commission: ITC)의 자동차 용수철조립품의 미국 내 반입과 판매 금지명령(exclusion order)이 GATT 제20조 (d) 위반이라는 캐나다의 제소에 대

---

6) 미국—관세법 제337조(United States—Section 337 of the Tariff Act of 1930), Report by the Panel adopted on 7 November 1989, L/6439, 36S/345(이하 미국—관세법 제337조 패널 보고서), in GATT Index, pp.573~574.

7) 이런 해석은 제20조 본문에서 "동일한 조건하에 있는 국가들 간의 자의적이거나 정당화될 수 없는 차별"이나 "국제무역에 대한 위장된 제한"을 금지하고 있는 점에 주목한다.

8) Jackson(1969), pp.17~32.

9) J. H. Reichman, "Intellectual Property in International Trade: Opportunities and Risks of a GATT Connection," 22 *Vanderbilt Journal of Transnational Law* (1989), pp.829~836; Jackson (1969), pp.511~512, 742~743.

해 검토했다. 패널은 금지명령이 제20조에서 말하는 조치라는 점, 그 금지명령이 일부 자동차 용수철조립품의 수입에 대한 것으로 모든 외국 제품에 적용되어 캐나다 제품에 대해 부당하고 불합리한 차별의 수단이 되는 방법으로 적용되지 않았다는 점, 그 금지명령이 특허권자의 라이선스 받은 제품 수입을 금지한 것이 아니므로 국제무역에 대한 위장된 제약이 되는 방법으로 적용되지 않았다는 점, 그 금지명령은 민사상의 수단으로는 충분한 구제를 받을 수 없어 그 필요성이 인정된다는 점 등을 들어 미국의 조치가 GATT를 위반하지 않는다고 판정했다.[10]

1989년 미국―관세법 제337조 사건에서 GATT 패널은 관세법 제337조상의 특허권 집행 절차가 내국민대우 원칙을 규정한 GATT 제3조 제4항[11]에 위반된다는 유럽경제공동체(EEC)의 제소에 대해 검토했다. EEC는 관세법 해당 규정상의 절차가 미국의 자국 제품에 부여하는 대우에 비해 불리한 대우를 하고 있으며, 관세법에 따른 ITC의 금지명령 절차는 일견 GATT상의 이익이 무효로 되거나 침해된 것으로 보아야 한다고 주장했다.

GATT 패널은 대체적인 수단이 합리적으로 기대될 수 있을 경우에는 해당 조치의 필요성이 정당화될 수 없다면서, ① 국내 제품과 관련한 특허 사건은 미국 연방 지방법원 관할로 하고 외국 제품에 대해서는 미국 ITC 관할로 하는 것, ② 제소기간에 차별이 존재한다는 점, ③ 제337조는 반소(counterclaim)를 허용하지 않는다는 점, ④ 미국 연방법원의 금지명령(injunction)은 별도로 개별 집행 절차를 따라야 하지만, ITC의 금지명령은 미국 세관이 자동적으로 집행한다는 점 등을 들어, 결론적으로 미국 관세법 제337조는 미국 특허를 침해했다고 의심되는 수입 제품이 미국 제품에 부여하는 것보다 불리한 대우를 하여 GATT 제3조(내국민대우의 원칙) 제4항에 합치하지 않는다는 것, 그리고 이런 불합치가 제20조 (d)에 의하여 정당화될 수 없다고 판단했다.[12]

---

10) 미국―용수철조립품(United States―Import of certain automotive spring assemblies), Report of the Panel adopted on 26 May 1983, L/5333, 30S/107. 이 보고서는 GATT 체제 내에서 최초의 특허 사건을 다룬 것이다.
11) 제3조(내국과세 및 규칙에 관한 내국민대우): "…… 4. 체약국 영역의 제품으로서 다른 체약국의 영역에 수입된 제품은 동 국내에서의 판매, 판매를 위한 제공, 구입, 수송, 분배 또는 사용에 관한 모든 법률, 규칙 및 요건에 관하여 국내 원산의 동종 제품에 부여하고 있는 대우보다 불리하지 아니한 대우를 부여하여야 한다. ……"
12) 미국―관세법 제337조 패널 보고서.

위 두 건의 판정은 다소 상반되는 판단을 하고 있다. 전자는 미국 국내법에 따른 조치가 제20조 (d)에 따라 내국민대우 원칙이나 최혜국대우 원칙의 예외가 된다는 것이고, 후자는 미국 국내법이 내국민대우 원칙과 양립할 수 없다는 것이다. 물론 제20조 (d)상의 일정한 조건 충족 여부로 내국민대우 원칙이나 최혜국대우 원칙 위반 여부를 판단해야 하겠지만, 후자 판정에 의하면 적어도 제20조 (d)가 내국민대우 원칙의 적용을 아예 배제하는 근거가 되는 것은 아니라고 보고 있는 것이다.

(2) GATT 제9조

1947년 GATT 제9조는 원산지 표시(marks of origin)[13]에 대해 규정하고 있다. 원산지 표시는 최혜국대우를 해야 하며(제1항), 원산지의 사기적 표시나 오인을 야기하는 표시로부터 소비자를 보호할 수 있는 법령의 채택이 수출국의 산업에 미치는 불편을 최소화해야 하며(제2항), 그런 법령이 수입 제품의 표시로 인해 해당 제품의 비용을 증가시키거나 제품의 가치를 감소시켜서는 안된다는 것이다(제4항). 특히 "체약국은 다른 체약국의 영역의 제품의 식별력 있는 지역적 또는 지리적 이름으로서 그 법령에 의하여 보호되는 것을 훼손하는, 제품의 진정한 원산지를 그릇되게 나타내는 방법으로 상호를 사용하는 것을 방지할 목적으로 상호 간에 협력하여야 한다. 각 체약국은 다른 체약국이 자국에 통고한 제품의 이름에 대하여 앞 문장에서 규정한 약속의 적용에 관하여 그 체약국이 할 수 있는 요청이나 설명에 대하여 충분하고 호의적인 고려를 하여야 한다"(제9조 제6항).[14]

각국은 소비자 보호를 목적으로 수입품에 대한 라벨 부착이나 표시를 의무

---

13) 파리협약에서 말하는 출처표시(indication of source)나 원산지명칭(appellation of origin)과 같은 것은 아니다.

14) Art. IX.6: "The contracting parties shall co-operate with each other with a view to preventing the use of trade names in such manner as to misrepresent the true origin of a product, to the detriment of such distinctive regional or geographical names of products of the territory of a contracting party as are protected by its legislation. Each contracting party shall accord full and sympathetic consideration to such requests or representations as may be made by any other contracting party regarding the application of the undertaking set forth in the preceding sentence to names of products which have been communicated to it by the other contracting party."

화할 수 있다. 제9조는 이런 정부 정책, 즉 표시 부착에 대한 과도한 규제가 비관세장벽으로서 자칫 보호주의 정책 효과를 가져올 수 있다는 점을 고려해 나온 것이다. 제9조는 단지 협력 의무와 호의적인 고려(full and sympathetic consideration) 의무를 부과하고 있을 뿐이다. 제9조는 최혜국대우의 원칙이 적용되지만, 내국민대우의 원칙이 미치지는 않는다. 왜냐하면 제9조는 수입 제품(imported products)에 국한하여 규정하고 있기 때문이다.[15]

제9조는 제20조에서 다루고 있는 지적재산권 예외와는 별개로 봐야 하지만, 국내법상 표시 강제(marking requirement)는 산업재산권의 하나인 지리적 표시 보호와 일정 정도 같은 목적(소비자 보호)을 가지고 있다고 볼 수 있다. 이와 관련, GATT 패널은 제9조상의 원산지 표시 보호에 대해 소극적인 태도를 보였다. 1987년 GATT 패널은 일본의 수입 주류에 대한 관행에 관한 보고서를 채택하면서, 일본에서 영어 단어(위스키와 브랜디), 프랑스어 단어(와인), 포도 품종 이름[리슬링(Riesling)이나 세미용(Semillon)] 등을 라벨에 표기하는 것이 그 본래의 진정한 원산지(true origin of a product)를 그릇되게 나타내지(misrepresent) 하지 않는 한 식별력 있는 지역적 또는 지리적 이름을 훼손하는 것으로 보지 않았다.[16]

(3) 기타 조항

GATT 제12조에서는 GATT 회원국에게 국제수지상의 문제로 수입 제한을 허용하고 있고, 제18조에서는 개발도상국 특례 조항으로서 여러 형태의 수입 제한을 허용하고 있지만, 각기 제12조 제3항 (c)(iii)와 제18조 B절 제10항에서 각기 그런 수입 제한은 "특허, 상표, 저작권 … 준수를 막을 수 있는 조치에는 적용되지 아니하도록(not to apply restrictions which would … prevent compliance with patent, trade mark, copyright, or …)" 하고 있다.

---

15) Jackson(1969), pp.459~461.

16) 일본—수입 와인(Japan—Customs duties, taxes and labelling practices on imported wines and alcoholic beverages), Report of the Panel adopted on 10 November 1987, L/6216, 34S/83, in GATT Index, pp.289~290.

2. WTO 체제

1) WTO

WTO는 GATT 체제하의 제8차 다자간 무역 협상, 즉 우루과이 라운드의 결실이다. WTO는 설립협정, 즉 1994년 4월 15일 '세계무역기구 설립을 위한 마라케시협정(Marrakesh Agreement Establishing the World Trade Organization)'[17])에 의해 이 협정 발효일인 1995년 1월 1일 탄생했다. WTO는 지난 1947년 이후 잠정적인 국제기구로 역할을 해왔던 GATT를 대체하는 새로운 국제기구이기도 하다. 1940년대 말 빛을 보지 못한 세계무역기구(ITO)의 환생이라 할 만하다.

WTO는 우루과이 라운드 협상 결과로 타결된 각종 무역협정을 관장한다. 이에는 상품, 서비스, 지적재산권, 분쟁 해결, 무역 정책 검토 등을 아우르는 17개 조약을 비롯한 20여 개의 조약이 있다. WTO는 이런 기본적인 기능 외에 회원국이 현안을 논의하고 다자간 무역 협상을 진행할 수 있도록 협상의 장을 마련하고, 분쟁 해결 제도의 행정을 처리하고, 각국의 무역 정책을 모니터링하고,[18]) 개발도상국에 대한 협력 프로그램을 제공하는 등의 기능을 가지고 있다.[19])

WTO의 최고 의사결정 기구는 각료회의(Ministerial Conference)이다. 각료회의는 전체 회원국 대표로 구성되며 최소 2년을 주기로 개최된다. 각료회의는 WTO의 기능 수행을 위하여 필요한 조치를 하고 각종 무역협정에서 예정한 사항에 대해 결정할 수 있는 권한을 가진다. 하위 집행부로는 일반이사회(General Council)가 있다. 일반이사회도 전체 회원국 대표로 구성된다는 점에서는 각료회의와 같지만, 각료회의 회기 사이에 WTO 기능을 수행한다는 점에서 차이가 있다. WTO협정에서는 일반이사회가 필요에 따라(as appropriate) 회합한다고 하고 있으나 실제로는 각료회의를 대신하여 WTO의 기능을 상시

---

17) 약칭 마라케시협정 또는 WTO협정(WTO Agreement)이라 한다. 이 협정은 17개의 다자간 무역협정(Multilateral Trade Agreements)을 부속서 1, 2, 3에 각기 담고 있다. 이들 협정 또한—영문으로는 다소 다르지만—WTO협정(WTO Agreements)이라 한다. TRIPS협정은 마라케시협정 부속서 1다(Annex 1C)에 수록되어 있다.

18) 무역 정책 검토 제도(Trade Policy Review Mechanism)가 그것이다.

19) WTO협정 제3조 참조.

적으로 수행하고 있다. 일반이사회는 또한 분쟁 해결과 무역 정책 검토 제도와 관련하여 각기 분쟁해결기구(Dispute Settlement Body: DSB)와 무역정책검토기구(Trade Policy Review Body)의 기능도 수행한다.[20] WTO협정은 특별히 상품무역이사회(Council for Trade in Goods, Goods Council), 서비스무역이사회(Council for Trade in Services, Services Council), 무역 관련 지적재산권 이사회(Council for Trade-Related Aspects of Intellectual Property Rights, TRIPS Council) 등 3개 이사회를 별도로 두고 있다. 이들은 자신의 활동을 일반이사회에 보고한다. WTO는 행정 사무 처리를 위해 사무국(Secretariat)을 두고 있다. 사무국은 일반이사회가 임명하는 사무총장(Director-General)이 총괄한다. 일반이사회는 사무총장의 권한과 임무를 정한다.[21]

2) 도하 라운드

WTO는 여러 현안을 가지고 논의의 장을 펼치고 있다. WTO가 당면하고 있는 도전이자 과제로 ① WTO 내부 행정과 의사결정 구조를 개혁하는 것, ② 사회의 다양한 주제를 의제로 삼는 것(노동자의 권리, 인권, 환경 등), ③ 가난의 문제, 특히 개발도상국의 요구를 받아들이는 것, ④ 양자 간이나 다자간 자유무역협정과 공존할 수 있는 방안을 찾는 것 등 네 가지가 제시되기도 한다.[22][23] 무엇보다도 다자간 무역협상이 최우선 과제라 할 수 있다.

WTO는 국제기구로서 무역협정을 관장하는 기본적인 업무를 가지고 있지만, 이들 협정을 개선하기 위한 다자간 무역협상을 추진하는 과제도 안고 있다. WTO 설립 이후 최초의 다자간 무역협상이 이른바 도하 라운드라는 이름

---

20) WTO협정 제4조 참조.

21) WTO협정 제5조 참조.

22) Mitsuo Matsushita, Thomas J. Schoenbaum & Petros C. Mavroidis, *The World Trade Organization: Law, Practice and Policy*, 2nd ed. (The Oxford University Press, 2006), pp.907~914.

23) WTO는 협정상의 특정 의무에 국한된 기능을 수행하는 것은 아니다. WTO협정들에서 간헐적으로 다루고 있거나 어디에서도 다루지 않은 문제를 전반적으로 검토할 수도 있다. WTO가 당면한 과제로 보고 있는 것으로는, 지역 간 협정, 무역과 환경, 무역과 투자, 경쟁 정책, 정부조달의 투명성, 무역 원활화(trade facilitation, 예를 들어, 무역 절차 간소화), 전자상거래, 무역과 노동권 등이 있다. World Trade Organization, *Understanding the WTO*, 5th ed., 2015, pp.63~75.

으로 진행되고 있다. 도하 라운드는 2001년 11월 14일 도하에서 채택한 각료선언으로 공식 출범했다. 도하 라운드는 무역 장벽을 낮추고 일부 무역협정을 개정하기 위한 목적으로 19개의 의제를 작업 계획에 넣었다.[24]

이들 의제는 크게 다섯 가지 범주로 나눌 수 있다. 기존 무역 규범의 개정, 개발도상국의 이해 반영, 노동이나 환경과 같은 범지구적 문제, 경쟁 정책이나 투자 또는 전자상거래와 같은 새로운 문제, 분쟁 해결 제도의 개선 등이 그것이다.[25] 특히 앞의 두 가지가 회원국에게 현실적으로 다가오는 의제들이다. 첫째는 종전 라운드와 마찬가지로, 관세와 비관세장벽을 낮추고 시장 접근을 용이하게 하기 위해 기존 협정들을 개정하는 것이다. 농산물, 비농산물 및 서비스 분야가 시장 접근 이슈의 중심에 있다. 무역협정의 이행 문제(Implementation-Related Issues and Concerns)도 이 범주에 넣을 수 있다.[26]

둘째는 개발도상국 문제이다. 도하 라운드는 개발도상국이 WTO에서 다수를 차지하는 만큼 이들의 요구사항을 작업 계획의 핵심으로 삼았다. 각료선언은 "우리는 이 선언에서 채택한 작업 계획의 중심에 개발도상국의 필요와 이해관계를 놓고자 한다. 우리는 마라케시협정 전문을 상기해볼 때 개발도상국, 특히 최빈국이 자신의 경제 개발의 필요에 맞는 세계 무역 성장에서 일정한 몫을 차지할 수 있도록 보장하기 위하여 적극적인 노력을 계속할 것"[27]이라고 하면서 의제 곳곳에 개발도상국의 필요와 이해관계를 담은 주제를 포함시키고 있다. 도하 라운드 의제 중에는 '최빈국(least-developed countries)'이 포함되어 있고, 또 다른 의제인 '무역 관련 지적재산권(Trade-Related Aspects of Intellec-

---

24) Ministerial Declaration, adopted on 14 November 2001, WTO Doc. WT/MIN(01)/DEC/1, 20 November 2001(이하 Ministerial Declaration 2001).

25) Matsushita et al., op. cit., pp.928~931.

26) 도하 라운드 전후하여 약 100개의 이슈가 협정(들)의 이행 문제로 제기되었다. 도하 각료선언에서는 이 중 40개가량에 대해서 결정을 했고 나머지는 협상 대상으로 했다. Implementation-Related Issues and Concerns, Decision of 14 November 2001, WTO Doc. WT/MIN(01)/17, 20 November 2001 참조. 특히 개발도상국은 1998년 제2차 각료회의에서 복잡했던 우루과이 라운드 협상 결과를 이해할 수 있을 만한 충분한 재정적·인적 자원이 부족하여 이들 협정을 이행하는 데 어려움을 겪었다는 점을 지적하는 한편, 협상 결과 중에는 개발도상국의 이해가 충분히 반영되지 못했다고 주장하면서 이에 대한 재균형(re-balance)을 요구하기까지 했다. 도하 각료선언은 이런 요구의 일부를 받아들여 협정 이행 문제를 작업 계획의 최우선순위에 넣었다. https://www.wto.org/english/thewto_e/minist_e/min01_e/brief_e/brief07_e.htm 참조.

27) Ministerial Declaration 2001, para. 2 참조.

tual Property Rights)' 분야에서도 개발도상국 문제가 가장 비중 있게 다뤄지고 있다. 이런 이유에서 도하 라운드를 도하 개발 라운드(Doha Development Round)라고 하기도 한다.28)

도하 라운드는 2005년 1월 1일(분쟁 해결 양해는 2003년 5월 31일, 와인과 증류주 지리적 표시 등록 제도는 2003년 제5차 각료회의)까지 공식적인 협상을 종료할 것을 예정했다. 2003년 칸쿤 각료회의, 2005년 홍콩 각료회의 등에서 부분적인 성과(특히 지적재산권 분야)는 거두었으나 2008년 세계 금융위기 이후 보호무역 움직임이 커지면서 2015년 말까지 결실을 맺지 못하고 있다.

3. TRIPS협정

1) 선진국과 개발도상국의 대립

지적재산권은 양면성을 가진다. 한편으로 지적재산권 제도에 의한 보상 체계는 창작과 혁신을 유인하는가 하면, 다른 한편으로 지적재산권의 배타적인 성격은 높은 사용료와 거래 비용을 수반하게 되고 이로 인해 오히려 창작과 혁신에 대한 접근을 어렵게 하기도 한다. 국제적으로나 개별 국가 차원에서나 지난 2세기 동안 지적재산권 보호수준은 점진적으로 높아졌다. 지적재산권의 역사를 통해 확인할 수 있는 것은, 그 수준은—TRIPS협정이나 FTA와 같은 외생적인 요인이 특별히 작용하지 않는 한—각국이 처한 경제적 환경과 일정한 관계 속에서 움직였다는 점이다. 선진국과 개발도상국 간에 지적재산권을 바라보는 시각의 차이는 이런 경제 환경과 역사적 인식에서 비롯된 것이다.

선진국은 창작과 혁신을 유도하기 위해 지적재산권의 보호수준을 높이고 그 효과적인 집행에 주력하는 반면, 개발도상국은 모방을 통한 창작과 혁신, 이를 통한 경제 발전 전략에 미련을 버리지 못하고 낮은 보호수준을 주창한다. 이 점을 요약하면 다음과 같이 설명할 수 있다: "한편으로 국내에서 자유 시장의 원리를 신봉하는 선진국들은 세계 모든 곳에서 지적 상품에 대한 고도

---

28) Matsushita et al., op. cit., pp.928~931. 도하 라운드 전체 이슈에 관해서는, https://www.wto. org/english/tratop_e/dda_e/dohasubjects_e.htm 참조.

의 규제된 시장(저작자와 발명자가 '자신이 뿌린 씨를 거둘' 수 있는 시장)을 원하고, 다른 한편으로 국내에서 자유 경쟁을 제한하는 개발도상국은 지적 상품에 대한 총체적인 비규제 세계 시장('경쟁이 교역의 생명줄'이 되는 시장)을 바라고 있다."29)

이런 시각의 차이는 1970년대 이후 WIPO를 무대로 한 국제 협상에서 두드러졌다. 1960년대를 거치면서 대부분의 식민지들이 독립하고 이후 남북 간의 정치적·경제적인 대립 상황이 지속되고, 거기에 동서 간의 갈등도 더해져 실체법 분야에서 지적재산권의 국제적 조화(international harmonization) 노력은 대부분 실패했다.30)31)

특허 분야의 갈등은 저간의 상황을 극명히 보여주었다. WIPO에서는 1974년부터 개발도상국 중심으로 파리협약 개정을 시도했다. 1974년부터 1978년까지 임시 전문가그룹(Ad Hoc Group of Experts)과 정부 간 준비위원회(Preparatory Intergovernmental Committee)에서 논의를 거친 뒤 1980년부터 1984년 사이 다섯 차례에 걸친 외교회의에서 주로 의결정족수, 산업재산권의 정의, 특허권자의 실시 의무 등을 다뤘으나 선진국과 개발도상국의 입장 차이(만장일치를 둘러싼 대립, 특허 남용이나 불실시에 관한 대립 등)와 공산주의 국가들과 자본주의 국가들 간의 입장 차이(발명자증을 국제규범에 공식 반영하는 여부)를 확인하는 데 그쳤다.32)

1980년대 들어서도 특허법 조화(patent law harmonization)와 상표법 조화

---

29) Reichman, op. cit., p.747.

30) 1960년대만 해도 부분적인 성과가 있었다. 1967년 스톡홀름 개정회의에서는 파리협약을 일부 개정하여, 발명자증에도 우선권의 이익을 누릴 수 있도록 했다. 같은 개정회의에서 베른협약은 상당한 수준으로 개정되었다. 이에 관해서는 … 베른협약은 1971년 파리 회의에서도 개정된 바 있다. 이른바 '개발도상국 특례 규정'을 신설하여 개발도상국의 요구를 수용한 것이다. 이 특례 규정은 개발도상국을 위해 번역권과 복제권을 제한하는 내용을 담고 있다.

31) 1974년 유엔무역개발회의(UNCTAD)의 보고서는 남북 문제를 다음과 같이 설명한 바 있다: "현존하는 350만 건의 특허 중 개발도상국에 의해 부여된 것은 6% 정도(20만 건)에 지나지 않는다. 게다가 이 중 약 5/6는 외국인이 소유하고 있고 개발도상국 국민이 소유한 것은 고작해야 1/6, 즉 전 세계의 1%에 지나지 않는다. 더욱이 개발도상국이 외국인에게 부여한 특허의 약 90~95%는 개발도상국의 생산 과정에서 전혀 사용되지 않고 있다. 외국인에게 부여된 특허의 압도적 다수는 생산에 사용되는 것이 아니라 수입독점에 사용되고 있다." UNCTAD, The Role of the Patent System in the Transfer of Technology to Developing Countries, TD/B/AC.11/19. 後藤, p.27에서 재인용.

32) Basic Proposals, Memorandum by the Director General, WIPO Doc. PR/DC/3, June 25, 1979 참조.

(trademark law harmonization)를 위한 활동은 계속되었다. 1983년부터 WIPO 에서는 발명 공개 예외 기간(grace period) 논의를 시작으로 실체법 전반에 대한 협상이 전개되었다. 이를 위해 1984년부터 1990년까지 열한 차례의 전문가 위원회(Committee of Experts)가, 1991년에는 외교회의가 개최되었으나 조약 채택에는 이르지 못했다.33)34) TRIPS협정 체결 이후 WIPO 활동이 다시 활기를 띠면서 1995년 이후에는 특허 출원 절차 개선에 초점을 맞춰(출원일 요건 완화, 출원서 기재 표준화 등) 2000년 외교회의에서 특허법조약을 채택했다.

한편, WIPO에서는 1987년부터 상표의 국제적 보호를 위해 1989년부터 1993년 사이 여섯 차례의 전문가위원회(Committee of Experts) 회의가 열렸다. 초기에는 실체 규정 전반에 대해 논의하다가 1992년 3차 전문가위원회 이후에는 주로 출원, 등록 등 국내 절차 개선에 논의를 집중했다. 이런 논의를 기반으로 1994년 외교회의에서 상표법조약이 채택되었다.35)

저작권 분야는 우루과이 라운드 협상이 마무리될 즈음부터 WIPO를 무대로 활동이 본격화되었다. 베른협약 의정서(Possible Protocol to the Berne Convention) 와 실연자 및 음반제작자의 권리 보호에 관한 협정(Possible Instrument for the Protection of Rights of Performers and Producers of Phonograms) 체결을 위해 각기 1991년부터 1996년까지 일곱 차례, 1993년부터 1996년까지 다섯 차례 전문가위원회의 검토를 거친 끝에 1996년 외교회의가 개최되어 WIPO 저작권조약과 WIPO 실연·음반조약이 탄생했다.36) 다른 지적재산권 분야에 비해 괄목

---

33) History of the Preparations of the Patent Law Treaty, WIPO Doc. PLT/DC/5, December 21, 1990 참조.

34) 특허법 조화 노력이 모두 수포로 돌아간 것은 아니다. 예를 들어, 1991년 외교회의에 제출된 협상 기초제안서(basic proposal)의 내용 중 일부는 우루과이 라운드 협상을 거쳐 TRIPS협정에 반영되기도 했다. The "Basic Proposal" for the Treaty and the Regulations, submitted by the Director General of WIPO to the Diplomatic Conference for the Conclusion of a Treaty Supplementing the Paris Convention as far as Patents are Concerned, the Hague, June 3 to 28, 1991, WIPO Doc. PLT/DC/3, December 21, 1990 참조. 예를 들어 TRIPS협정 제27조 제1항은 기초제안서 제10조를 기초로 만들어졌다. UNCTAD-ICTSD, p.354; Gervais, p.220.

35) History of the Preparations for the Trademark Law Treaty, Memorandum prepared by the International Bureau, May 4, 1994, WIPO Doc. TLT/DC/INF/2 참조.

36) Basic Proposal for the Substantive Provisions of the Treaty of the Treaty on Certain Questions Concerning the Protection of Literary and Artistic Works To be Considered by the Diplomatic Conference, prepared by the Chairman of the Committee of Experts, August 30, 1996, WIPO Doc. CRNR/DC/4; Basic Proposal for the Substantive Provisions of the

할 만한 성과를 거두었다 할 수 있다.

2) 우루과이 라운드 출범

(1) 출범 배경: 지적재산권 분야

19세기 후반 유럽 국가를 중심으로 지적재산권의 국제적 보호에 관심을 기울인 끝에 파리협약과 베른협약이 탄생했다. 이들 협약이 지적재산권 보호의 국제적 흐름을 타고 여러 차례 개정을 거치면서 창작자의 권리 보호에 상당한 역할을 했다.[37] 1971년 베른협약 파리 의정서 이후 지적재산권 각 분야에서 국제적인 조화 노력은 지지부진했다. 선진국과 개발도상국 간의 입장 차이는 여전히 좁혀지지 않았다.

WIPO에서의 개정 실패는 어느 정도 예견된 것이기도 하다. WIPO에서는 ─대개의 국제기구가 그러하듯이─주권 평등의 원리에 입각한 협상 방식을 벗어나지 않는다. 협상 편의상 그룹별(선진국, 아시아·태평양 지역, 남미 지역, 아프리카 지역 등) 조정을 통해 집단적인 의사표시를 하기도 하지만 주권 평등의 원리가 여전히 협상의 기본 전제인 것이다. 때에 따라서는, 특히 외교회의에서는 주요 국가들만이 모여 쟁점을 토론하고 합의점을 찾으려 한다. 이런 방식은 임기응변에 지나지 않는다. WIPO에서는 또한 특허와 상표, 저작권을 각기 주제로 다루고 있고, 논의의 중심은 언제든지 보호수준을 둘러싸고 있다. 보호수준의 높낮이에 대한 토론은 갑론을박에 그칠 뿐, 각각의 이해관계를 조정하는 균형점을 찾기란 매우 어려운 것이다.

우루과이 라운드는 이런 교착 상태를 일거에 해결했다. 선진국들은 1987년 이후 우루과이 라운드 개시와 더불어 WIPO를 무대로 한 지적재산권 협상을 잠시 접고, GATT로 협상의 무대를 옮겼다. 몇 가지 배경 내지 계기가 이런 전략의 조정, 상황의 변화를 가져왔다. 첫째, 선진국은 각국 국내법 간의 차이를

Treaty for the Protection of the Rights of Performers and Producers of Phonograms To be Considered by the Diplomatic Conference, prepared by the Chairman of the Committee of Experts, August 30, 1996, WIPO Doc. CRNR/DC/5 참조.

37) 파리협약과 베른협약을 '위대한 협약(Great Conventions)'이라고 통칭한다. 19세기 조약이 아직까지 생생히 살아 있는 것만으로도 그 위대함을 알 수 있다. 그뿐만 아니라 1994년 TRIPS협정, 2000년대 각종 FTA가 이들 조약을 주춧돌로 삼아 플러스 요소를 추가하는 방식으로 체결되는 것도 우연이 아니다.

조정하는, 지적재산권의 조화만으로는 그 충분한 보호에 한계가 있다고 인식하기 시작했다. 그리하여 지적재산권 보호를 국제무역 규범과 연계하는 전략에 관심을 돌렸다. 선진국은 지적 창작물에 비교우위가 있는 반면, 개발도상국은 제조업 중심의 상품에 비교우위가 있다. 상품 중에는 발명이나 상표, 저작물이나 디자인을 체화한 것이 많다. 이런 상품(지적 상품)이 위조품이나 해적품으로서 교역의 대상이 된다면 선진국의 비교우위는 무력해질 수 있다. 무역의 자유라는 이름으로 지적 상품이 창작자의 희생을 강요할 수는 없었다. 1980년대 이후 제조업 중심에서 서비스와 기술, 정보와 지식 분야에 주력하면서 지적재산권을 국제무역 규범의 틀 내에서 다뤄야 한다는 믿음이 커졌다. 다시 말해서, 자유무역(free trade)을 신봉하되 무임승차(free ride)는 용인할 수 없다는 것이다.

기술의 발전은 전략의 변화를 가져오는 촉매 역할을 했다. 컴퓨터의 활용과 통신망의 발달은 모방과 복제를 쉽게 가능하게 했다. 개발도상국은 선진국의 기술을 모방하고 창작물을 베끼는 성장 전략, 발전 모델을 채택하고자 하는 욕구가 커졌다. 그에 반해, 선진국은 반대의 처지에 놓였다. 개발도상국의 성장 전략은 자국 산업을 위협할 뿐만 아니라 지적재산권이 추구하는 혁신에도 장애가 된다고 믿었다.[38]

둘째, GATT 체제의 변화 움직임도 GATT 체제 내에서 지적재산권을 논의할 수 있는 구실을 제공했다. GATT는 1970년대 중반까지만 하더라도 상품 교역에 중점을 둔 국제규범이었다. 지적재산권도 예외에 속할 뿐이었다. 선진국과 개발도상국을 막론하고 지적재산권은 WIPO에서, 국제무역은 GATT에서 다룬다는 인식이 확고했다. 국제무역과 지적재산권은 별도의 규범 체계라고 보았던 것이다. 1970년대 중반 이후 국제무역 환경이 제조업에서 서비스 중심으로 이동하기 시작하면서 GATT 체제 내에서 이를 수용할 필요가 생겼다. 1970년대 도쿄 라운드에서 비관세장벽에 관한 논의를 시작하면서 서비스 교역에 대해서도 국제규범 속에 담을 수 있는 환경이 조성되었다. 이 과정에서 일부 선진국은 지적재산권도 '무역 규범' 속에 편입하려 시도했다.

---

38) GATT 규범 논의 초기에는 교역 대상 중 지적재산권 관련 상품이 10% 미만이었으나 1986년에는 27%에 달했다고 한다. R. Michael Gadbaw, "Intellectual Property and International Trade: Merger or Marriage of Convenience?," 22 *Vanderbilt Journal of Transnational Law* (1989) 223, p.232.

셋째, 파리협약과 베른협약은 권리의 효과적인 집행을 위한 국내 구제 절차나 제재 장치를 거의 가지고 있지 않았고, 더 나아가 이들 조약의 해석과 적용에 관한 분쟁이 발생할 경우(특히 동맹국 국내법이 외국인 권리자를 충분히 보호하지 못할 경우) 이를 해결할 수 있는 절차도 유명무실했다는 점은 선진국에게 매우 불만족스러운 것이었다. 선진국은 기존 태도(국제무역 규범은 GATT를 무대로, 지적재산권 규범은 WIPO를 무대로 국제적 조화를 꾀한다는)를 바꿔 이런 문제들을 GATT 체제에서 극복하고자 했다. GATT 체제는 규범의 이행을 확보하고, 각국의 무역 법령이나 조치를 점검하는 다양한 제도도 가지고 있다. 분쟁의 사전 예방 효과도 있는, 매력적인 제도를 가지고 있는 것이다.[39] 파리협약과 베른협약, 특히 파리협약은 보호수준이 매우 낮고 기술적인 발전도 수용하지 못하고 있어서 선진국에게 실체법 분야의 조화와 통일에 대한 기대도 어느 때보다 높았다.

넷째, GATT 체제하에서는 미국이나 유럽, 일본과 같은 주요 통상 선진국의 '지분'이 협상에서 막대한 영향력을 가지고 있다. GATT는 또한 광범위한 분야에 걸친 국제규범을 체제 내에 가지고 있다. 각국이 이런 분야 전반을 협상 대상에 올려놓고 자신의 이해관계에 따라 주고받으면서 이를 일괄 타결하는 방식으로 협상을 진행할 수도 있다. 지적재산권 협상 결과가 WTO협정에 반영될 수 있었던 것은 이런 GATT 체제의 성격과 협상 방식으로 가능했다 할 수 있다. GATT 체제는 통상 선진국에게 매력적인 무대였던 것이다.

다섯째, 선진국뿐만 아니라 개발도상국에도 다자간 체제를 통한 지적재산권 규범 제정이 필요하다는 인식이 생기기 시작했다. 직접적인 원인은 선진국의 압력이었다. 특히 미국은 자국 산업의 경쟁력 확보를 위하여 지적재산권의 강력한 보호를 정책의 우선순위에 두고 국내적으로 제도를 개선하고 대외적으로는 무역법을 동원하면서까지 강력한 정책을 추진했다.[40] 개발도상국은 위조 상품 교역을 방지하고자 하는 선진국의 입장에 부분적으로 동조하기 시작했다.

---

39) 1979년 '통지, 협의, 분쟁 해결 및 감시에 관한 양해(Understanding Regarding Notification, Consultation, Dispute Settlement and Surveillance)' 참조.
40) 이에 관해서는 제2부 제2장 1. 2) 국제 제도의 도약 참조.

(2) 우루과이 라운드 출범

1986년 9월 20일 우루과이 푼타델에스테에서 열린 각료회의에서 다자간 무역협상(Multilateral Trade Negotiations), 이른바 우루과이 라운드 출범을 공식화하는 각료선언41)이 채택되었다. 각료선언은 협상 수행을 위해 무역협상위원회(Trade Negotiations Committee: TNC)를 설치했다. 협상 의제는 상품 분야 14개와 서비스 분야 1개 등 모두 15개로 정했다.42) TNC 산하에 상품협상그룹(Group of Negotiations on Goods)과 서비스협상그룹(Group of Negotiations on Services)을 두었다. 지적재산권은 상품 분야 중 하나로, '위조 상품 교역을 포함한 지적재산권의 무역 관련 측면(Trade-related aspects of intellectual property rights, including trade in counterfeit goods)'이라는 이름으로 선정되었다.

상품 분야 협상의 목적은 무역자유화를 증진시키고, GATT의 역할을 강화하여 다자간 무역 체제를 개선하고 확대하고, 국제 경제 환경에 GATT의 적응력을 높이고, 국내적으로나 국제적으로 협력 활동을 배양하는 것으로 했다. 서비스 분야도 서비스 무역의 확대와 점진적인 자유화를 목적으로 다자간의 원칙과 규칙을 만들고자 했다.

협상의 원칙은 투명성, 균형적인 양허, 개발도상국에 대한 특혜, 선진국의 상호주의 배제 등 일곱 가지가 있으나 눈에 띄는 것은 이른바 일괄 타결(single undertaking) 방식이다.43) 일괄 타결 방식이란 각각의 협상 의제는 전체로서 불가분의 패키지의 일부이고 개별적으로 합의될 수 없는 것이어서 협상 의제

---

41) Ministerial Declaration on the Uruguay Round, GATT Doc. MTN.DEC, 20 September 1986 (이하 Ministerial Declaration 1986).

42) 상품 14개 분야는 다음과 같다: 관세, 비관세, 열대 제품, 천연자원 제품, 직물과 의류, 농산물, GATT 규정, 긴급 수입제한조치(safeguard), MTN(Multilateral Trade Negotiations) 협정, 보조금과 상계조치, 분쟁 해결, 위조 상품 교역을 포함한 지적재산권의 무역 관련 측면, 무역 관련 투자 조치, 그리고 GATT 체제의 기능. 김기홍, 『GATT, 우루과이 라운드, 그리고 한국』, (한울, 1991), 30~32쪽 참조.

43) 1986년 각료선언 협상 원칙: "(ii) 협상의 개시, 수행 및 협상 결과의 이행은 일괄 타결의 일부로 본다." (ii) 전문은 다음과 같다: "General Principles Governing Negotiations ...... (ii) The launching, the conduct and the implementation of the outcome of the negotiations shall be treated as parts of a single undertaking. However, agreements reached at an early stage may be implemented on a provisional or a definitive basis by agreement prior to the formal conclusion of the negotiations. Early agreements shall be taken into account in assessing the overall balance of the negotiations."

전체에 대한 합의로서 종결되는 것을 말한다.⁴⁴⁾ 우루과이 라운드는 협상 의제가 전례 없이 많아 종전 방식(à la carte approach)을 버리고 새로운 방식을 택한 것이다. 협상이 진행되면서 일괄 타결은 단지 협상 방식에 머물지 않고 협상 참가국이 협상 결과에도 동의를 해야 한다는 의미가 더해졌다.⁴⁵⁾ 이런 방식은 협상 참가국으로 하여금 의제 전체에 걸쳐 주고받기(tradeoffs)를 하도록 했다.⁴⁶⁾ 한 분야의 협상 결과에 만족할 수 없다면 이를 다른 분야에서 메울 수 있어 전체를 거부할 수 없는 것이다.⁴⁷⁾

3) 우루과이 라운드 지적재산권 협상

(1) 우루과이 라운드 이전

1970년대 위조 상표를 부착한 상품이 범람하면서 각국, 특히 선진국은 이를 GATT 체제 내에서 해결할 수 있는 방법을 모색했다. 1977년 도쿄 라운드 협상 과정에서 국제위조방지연합(Anti-counterfeiting Coalition)이 설립되었다. 이 것은 100여 개의 다국적 기업으로 구성된 비정부 간 국제기구로서 위조 상표의 방지를 위하여 조직된 것이었으나 그 후 활동 범위를 넓혀 지적재산권 전 분야의 보호 강화를 위하여 노력했다. 이 기구는 1979년 GATT 도쿄 라운드에서 미국과 EC가 공동으로 위조 상품의 수입 억제 조치에 관한 협정(Agreement on Measures to Discourage the Importation of Counterfeit Goods)⁴⁸⁾안을 제시하는

---

44) "모든 것이 합의되지 않는 한 아무것도 합의되지 않는다(Nothing is agreed to until every-thing is agreed)"는 격언이 일괄 타결의 정신을 잘 표현해주고 있다.

45) VanGrassteck, op. cit., p.49. WTO 설립협정 제2조는 그 의미를 확인해주고 있다. "부속서 1, 2 및 3에 포함된 협정 및 관련 법적 문서(이하 '다자간 무역협정'이라 한다)는 이 협정의 불가분의 일부를 구성하며, 모든 회원국에 대하여 구속력을 갖는다." ["The agreements and associated legal instruments included in Annexes 1, 2 and 3 (hereinafter referred to as 'Multilateral Trade Agreements') are integral parts of this Agreement, binding on all Members."]

46) 우리나라에서는 패키지에 담긴 의제를 주고받는다는 점에 주목하여 패키지딜(package deal)이라는 표현을 많이 사용했다.

47) 이런 협상 방식은 지적재산권 분야에서 보면 선진국의 입장이 깊게 반영되고, 이에 개발도상국이 양보하는 모습으로 나타났다. 개발도상국은 다른 분야에서 자신의 이익을 찾을 수 있다고 판단했다.

48) Agreement on Measures to Discourage the Importation of Counterfeit Goods, GATT Doc. L/4817, 31 July 1979. 이 협정안은 위조 상품 교역이 합법적인 거래자의 이익을 해치고 소비

데 적지 않은 역할을 했다.[49]

1982년 이후 GATT 각료회의, GATT 총회 등에서 위조 상품 교역 문제가 지속적으로 논의 대상에 포함되었다. GATT는 전문가그룹으로 하여금 위조 상품 교역에 관한 연구도 위탁했다. 1984년 새로운 라운드 의제를 정하기 위한 준비위원회가 설치되었다.[50] 준비위원회는 1986년 1월부터 7월까지 전문가 그룹의 보고서를 바탕으로 아홉 차례 회의를 진행했다. 선진국과 개발도상국 간에는 지적재산권을 의제로 채택하는 여부를 놓고 찬반이 갈렸다. 미국과 EC 등 선진국은 위조 상품 교역의 심각성을 주로 제기했고, 인도와 브라질 등 개발도상국은 지적재산권 문제는 WIPO에서 논의하는 것이 적절하다는 의견을 제시했다. 캐나다와 일본 등 일부 선진국은 위조 상품을 규제하기 위한 일방적인 조치가 자칫 무역 장벽의 수단으로 될 수 있음을 경고하면서 이를 방지하기 위해서는 다자간 협상으로 해결하는 것이 바람직하다는 의견을 내놓기도 했다.[51] 1986년 3월 회의에서 미국이 지적재산권의 전반적인 보호를 의제로 삼을 것을 제안하고 7월에는 이를 구체화한 제안을 내놓았다.[52] 이 제안은 우루과이 라운드 협상이 위조 상품 교역에 한정하지 않고 지적재산권 전반에 걸쳐 벌어지는 계기를 제공했다.

협상의 타개책으로 스위스와 콜롬비아는 타협안[53]을 제시하고 이를 준비

자를 기망한다는 점에 주목하여 위조 상품 교역을 억제하기 위한 목적으로, 국경 조치를 주요 내용으로 하고 있다.

49) Ross & Wasserman, pp.2259~2260.

50) Ross & Wasserman, pp.2261~2262.

51) Preparatory Committee, Record of Discussions, Discussions of 17-20 March, GATT Doc. PREP.COM(86)SR/3, 11 April 1986, pp.9~14 참조.

52) GATT Doc. PREP.COM(86)W/46, 8 July 1986. 미국의 제안은 선진국의 광범위한 지지를 받았지만 여전히 일부 개발도상국(브라질, 아르헨티나, 인도)의 강력한 반대에 부딪혔다. Preparatory Committee, Record of Discussions, Discussions of 8-31 July, GATT Doc. PREP.COM (86)SR/9, 26 August 1986, pp.7~9 참조. 미국의 제안은 지적재산권 침해가 국제무역의 왜곡과 장애가 된다는 점을 지적했다. ["Infringement of intellectual property rights (e.g., patents and copyrights) can severely distort and impede international trade by depriving innovators, creators and inventors of rewards and opportunities generated by innovations that enhance production and export capacity and demand for traded goods and services."](고딕 강조) 이 내용은 1986년 각료선언과 1994년 TRIPS협정 전문("국제무역에 대한 왜곡과 장애를 줄이기를 희망하고")에도 반영되어 있다. 미국은 또한 분쟁 해결이나 집행 장치가 기존 국제규범상 미흡하다는 점도 지적했다.

위원회를 거쳐 각료회의에 상정했다. 브라질은 의제로서 지적재산권을 제외하는 제안54)을 다른 9개 개발도상국의 지지를 받아 각료회의에 상정했다. 1986년 9월 우루과이 라운드의 공식 출범을 알리는 각료선언에서는 10여 개의 협상 의제를 채택하고 그중 하나로 지적재산권을 포함시켰다. 각료선언에 따르면, TRIPS 협상그룹의 임무는 국제무역에 대한 왜곡과 장애(distortions and impediments to international trade)를 줄이고, 지적재산권을 충분하고 효과적으로 보호하고, 지적재산권 집행 조치와 절차가 합법적인 무역의 장벽이 되어서는 안 된다는 목표를 가지고 위조 상품의 국제 교역에 관한 다자간의 틀 내에서 원칙과 규칙을 만드는 것이다.55)

우루과이 라운드 출범 전에 다국적 기업과 이들의 입장을 대변하는 선진국들이 가지고 있었던 초기 목표는 1986년 3월 미국의 제안을 계기로 지적재산권 보호에 관한 일반 원칙과 기준, 권리의 집행을 포함하는 원대한 목표로 바뀌기 시작했다. TRIPS협정이 다소 복잡한 이름을 가지게 된 것도 '무역 관련(trade-related)'이라는 수식어가 붙었기 때문이다. 그만큼 국제무역과 지적재산권과의 밀접한 관계를 강조한 것이라 할 수 있는데,56) 이것은 수사적인 표현

---

53) Preparatory Committee, Draft Ministerial Meeting, Revision, GATT Doc. PREP.COM(86)W/47/Rev.2, 30 July 1986.

54) Preparatory Committee, Draft Ministerial Declaration, Revision, GATT Doc. PREP.COM(86)W/41/Rev.1, 16 July 1986.

55) Ministerial Declaration 1986. 협상 의제(subjects for negotiation)로서 정식 명칭은 '위조 상품을 포함한 지적재산권의 무역 관련 측면(Trade-related aspects of intellectual property rights, including trade in counterfeit goods)'으로, 다음과 내용을 담고 있다: "In order to reduce the distortions and impediments to international trade, and taking into account the need to promote effective and adequate protection of intellectual property rights, and to ensure that measures and procedures to enforce intellectual property rights do not themselves become barriers to legitimate trade, the negotiations shall aim to clarify GATT provisions and elaborate as appropriate new rules and disciplines.
Negotiations shall aim to develop a multilateral framework of principles, rules and disciplines dealing with international trade in counterfeit goods, taking into account work already undertaken in the GATT.
These negotiations shall be without prejudice to other complementary initiatives that may be taken in the World Intellectual Property Organization and elsewhere to deal with these matters."

56) 협상 당시만 하더라도 지적재산권을 경제적인 측면에서 분석한 논문도 많지 않았고, 게다가 지적재산권 보호 강화가 국제무역을 증진하거나 이를 유도한다는 실증적인 자료도 거의 없었

일 뿐 협상을 진행하면서 목표의 수정이 일어나고 그러면서 점차 완전한 형태의 국제규범을 모색하고 이를 실현해가는, 선진국 주도의 '지적재산권 혁명'이 일어난 것이다.

(2) 우루과이 라운드 협상

1986년 9월 각료선언 이후 1987년 2월 각료들은 협상 구조와 계획에 합의했다. 초기 단계에는 '지적재산권의 무역 관련 측면'과 '위조 상품의 교역'을 의제로 삼았다. TRIPS 협상그룹은 1987년 다섯 차례 회의를 개최했다. 1987년 10월과 11월 미국과 스위스, 일본과 EC가 제안서를 제출했다. 미국은 지적재산권 침해의 효과적인 억제를 위해 국경 조치, 지적재산권을 보호하기 위한 기준과 규범, 국제 분쟁 해결 등에 관심을 보였고, EC는 지적재산권 의제 내에 디자인과 모형, 지리적 표시, 신품종, 집적회로 배치설계 등도 포함시킬 것을 주장했다.[57]

1988년에는 상당수의 국가들이 제안서를 냈다.[58] 개발도상국들은 지적재산권의 과도한 보호로 인하여 기술에 대한 접근이 방해받을 수 있다는 우려를 표명했다. 사회적 이익이 지적재산권자의 이익 못지않게 중요하다는 점을 강조했다. 1989년 4월 각료들은 향후 지적재산권 분야 협상 범위에 합의했다. GATT의 원칙을 지적재산권에 적용하는 것, 지적재산권에 관한 충분한 기준과 원칙을 마련하는 것, 지적재산권의 집행을 위한 효과적이고 충분한 수단을 제공하는 것, GATT 절차 적용 등을 통해 분쟁 예방과 해결을 위한 효과적이고 신속한 절차를 마련하는 것 등이 그것이다. 4월 합의에 따라 1989년에는 두 차례 회의가 소집되었다. 1차 회의는 GATT 원칙을 지적재산권에 적용하는 문제에 집중했고, 2차 회의는 지적재산권 보호에 관한 충분한 기준에 관하여 다루었다. 최빈국에 대한 추가 경과기간을 부여하는 데 합의한 것 이외에 협상의 실질적인 결과는 없었다.[59]

다는 점에서 협정 제목에 '무역 관련'이란 표현은 다소 의아한 측면이 있다. Keith E. Maskus and Mohan Penubarti, "How trade-related are intellectual property rights?," 39 *J. Int. Econ.* (1995), p.228.

57) Ross & Wasserman, pp.2266~2267.

58) 1988년 2월부터 10월 사이 선진국과 개발도상국을 가리지 않고 10개에 가까운 제안서가 나왔다.

59) Ross & Wasserman, pp.2267~2272.

1990년 들어 협정문 형태의 제안서가 5개 나왔다.[60] 선진국은 포괄적인 내용을 담은 협정문안을, 개발도상국은 지적재산권을 공공정책 차원에서 접근한 협정문안을 제시했다. 특히, 미국은 특허 대상에 대한 예외에 침묵한 반면, EC는 공공정책이나 위생에 반하는 발명을 특허 대상에서 예외로 하는가 하면 개발도상국은 더 넓은 범위의 예외를 제시했다. 지리적 표시에 관해서도 미국과 EC의 입장은 갈렸다. 미국은 보통 명칭으로 되지 않은(non-generic) 지리적 표시 보호를, EC는 모든 지리적 표시를 보호하고자 했다. 1990년 7월 지적재산권 협상그룹 의장이 초안(이른바 아넬(Anell) 초안)[61]을 내놓았다. 이 초안은 추후 협상 기초 자료로 활용하기 위한 것으로 협상국 간의 합의 여부, 협상 그룹의 입장 등을 담았다. 1990년 12월 브뤼셀 각료회의를 앞두고 협상은 자주, 그리고 깊이 있게 진행되었다. 1990년 12월 지난 몇 개월간의 협상을 담은 협정안(이른바 브뤼셀 초안)[62]이 브뤼셀 각료회의에 제출되었다.[63]

지적재산권 분야는 상당 부분 합의가 이뤄졌으나 농산물 협상에 어려움을 겪으면서 협상 전체가 교착상태에 빠지기도 했으나, 1991년 2월 협상 전체를 재개하기로 합의하면서 협상 의제를 15개에서 7개로 줄였다. 7개 중 하나인 지적재산권 협상은 브뤼셀 초안을 중심으로 이어졌다. 1991년 7월 GATT 사무총장은 TNC 회의에서 최종적인 정치적 타협(tradeoffs) 시점이 되었다고 선언했다. 10월과 11월 협상은 강도 높게 진행되어 타결(deal-making) 단계로 들어갔다. 11월 GATT 사무총장은 지적재산권 의제 중 해결 과제를 3부문으로 나누었다. 보호 기준의 수준과 성격에 관한 20개 이슈, 지리적 표시 관련 와인과 증류주에 대한 추가 보호 이슈, 컴퓨터 프로그램 보호와 대여권 이슈 등이 그것이다. 12월 GATT 사무총장은 지적재산권과 다른 의제 간에 연계하여 합의할 쟁점이 존재한다고 지적했다. 이에는 농산물 협상과 지리적 표시 이슈가 있고, 섬유 협상과 상표, 산업디자인 및 집행 이슈가 있었다.[64]

---

60) EC, 미국, 스위스, 일본, 그리고 개발도상국 그룹 등이 제안했다.

61) Status of Work in the Negotiating Group, Chairman's Report to the GNG, GATT Doc. MTN.GNG/NG11/W/76, 23 July 1990.

62) Agreement on Trade Related Aspects of Intellectual Property Rights, including Trade in Counterfeit Goods, in Draft Final Act Embodying the Results of the Uruguay Round of Multilateral Trade Negotiations, GATT Doc. MTN.TNC/W/35, 26 November 1990 and GATT Doc. MTN.TNC/W/35/Rev.1, 3 December 1990.

63) Ross & Wasserman, pp.2273~2275.

1991년 후반기에는 공식 협상 외에 비공식 실무 협의에 집중했다. 주요 협상국이 참여하는 10 플러스 10, 주요 통상 4개국(미국, EC, 일본 및 캐나다)이 모인 쿼드(Guad) 그룹, 양자 간 협상이 그것이다. 쿼드 그룹 회의에서는 저작권 집중관리(유럽의 복제보상금 제도 관련)와 대여권에 대해 논의했다. 1991년 12월 20일 GATT 사무총장은 최종안[이른바 던켈(Dunkel) 초안][65]을 마련했다. 국가마다 성과를 얻었다. 일본은 대여권을 얻었고, 미국은 저작인격권 의무를 부담하지 않게 되었고, EC는 지리적 표시에 높은 수준의 보호를 받았다. 개발도상국은 식물과 미생물을 특허 대상에서 배제할 수 있었고 경과기간의 이익을 받았다. 인도를 제외하고는 모든 국가가 일괄 타결 방식으로 인해 최종안을 받아들이는 분위기였다. 인도는 여전히 유보적인 태도를 견지했다. 미국은 자국 내에서 심각한 도전을 받았다. 제약산업은 경과기간에 대해서, 그리고 개발 중인 신약에 대한 특허 보호를 인정받지 못한 데 강한 불만을 표시했다. 또한 미국영화협회는 내국민대우 원칙의 예외로 인하여 유럽 복제보상금 제도의 혜택을 받을 수 없었다는 점, 미국 저작권 제도가 반영되지 않았다는 점 등에 비판을 가했다.[66]

4) TRIPS협정 개요

TRIPS협정도 WTO 설립협정과 동시에 1995년 1월 1일 발효했다. 이 협정은 조문의 수로 보나 그 규율하는 내용으로 보나 WTO 체제하에서 비중 있게 다뤄지고 있다. 모두 7부로 구성된 이 협정은 일반 원칙[제1부(제1조 내지 제8조)], 최소한의 보호에 관한 기준[제2부(제9조 내지 제40조)], 지적재산권의 집행[제3부(제41조 내지 제61조)], 지적재산권의 취득 및 유지[제4부(제62조)], 분쟁의 예방과 해결[제5부(제63조 내지 제64조)], 경과 규정[제6부(제65조 내지 제67조)], 기타 종결 규정[제7부(제68조 내지 제73조)] 등 73개조로 되어 있다.

방대한 조문을 가지고 있으나 협정 전체를 일별해보면 생각보다 간단한 구

---

64) Ross & Wasserman, pp.2276~2280.

65) Agreement on Trade Related Aspects of Intellectual Property Rights, including Trade in Counterfeit Goods (Annex III), Draft Final Act Embodying the Results of the Uruguay Round of Multilateral Trade Negotiations, GATT Doc. MTN.TNC/W/FA, 20 December 1991.

66) Ross & Wasserman, pp.2280~2287.

조이다. 이렇게 된 이유는 무엇보다도 협정 체결 과정에 참여한 국가들이, 기존에 파리협약과 베른협약 등 지적재산권에 관한 다자간 국제 조약이 존재하고 이들 국가 대부분이 이들 협약 당사국으로 되어 있어서 별도로 그 내용을 반복하여 나열한다거나 달리 규정할 필요성을 느끼지 못했기 때문이다. 또한 지적재산권 분야 협상은 파리 플러스 및 베른 플러스를 염두에 두고 출발했기 때문이다.67) 다시 말해서, TRIPS협정은 기존의 지적재산권 관련 조약을 존중하면서 그에 바탕을 두고 추가적인 의무를 각국에 부담하는 방식을 택하고 있는 것이다.

각 분야마다 기본 골격은 다음과 같이 크게 세 가지로 나누어볼 수 있다. 첫째, 저작권과 저작인접권은 각기 베른협약과 로마협약, 집적회로 배치설계는 워싱턴조약, 그리고 산업재산권은 파리협약상의 내국민대우의 원칙을 기본적으로 따르면서, 이에 추가하여 최혜국대우의 원칙을 준수하도록 했다. 둘째, 파리협약(제1조 내지 제12조 및 제19조)과 베른협약(제1조 내지 제21조)상의 실체규정, 그리고 워싱턴조약상의 주요 실체 규정(제2조 내지 제5조, 제6조 제1항, 제2항, 제4항 및 제5항, 제7조, 제12조 및 제16조 제3항)을 회원국의 의무로 하고 있다. 셋째, 상기 협약과 조약에서 언급하지 않은 보호대상과 권리에 대하여 추가적으로 규정함으로써 파리 플러스와 베른 플러스 정신을 구체화했다.

TRIPS협정은 지적재산권이 국제적으로 보호될 수 있도록 조약 당사국이 일정한 의무를 부담하는 것,68) 지적재산권의 보호대상과 보호의 내용과 한계 등 기준(standards)을 정하는 것,69) 보호가 국내에서 충분하고 효과적으로 이뤄질 수 있도록 구제와 제재의 수단(enforcement)을 정하는 것, 조약의 효력발생과 소멸 및 조약의 변경 등을 위한 각종 장치를 마련하는 것, 당사국 간에 조약의 해석이나 적용에 관해 분쟁이 생길 경우 이를 해결하기 위한 제도와 장치를

---

67) 이런 방식은 파리협약과 베른협약에서 규정한 내용을 '기정사실'로 하여, 아직 이들 협약에 가입하지 않은 WTO 회원국으로 하여금 자연스럽게 이들 협약에 참여하도록 유도하는 효과도 있었을 것이다. 아닌 게 아니라, 1994년 이후 2000년 1월까지 파리동맹국은 157개국으로 41개국이 늘었고, 베른동맹국은 141개국으로 50개국이 증가했다.

68) 이것은 '기준'이라는 측면의 일부이다.

69) 지적재산권은 창작자에게 창작물에 일정한 권리를 부여하는 것이다. 어느 나라든 국내법은 개개의 창작물의 종류와 범위를 특정하고 권리의 종류와 내용을 한정하는 방식을 취한다. 이에는 보호대상, 권리의 종류와 내용 및 그 제한, 강제허락, 보호기간 등이 있다. TRIPS협정은 각국마다 다른 제도를 일정한 수준으로, '기준(standards)'이라는 이름으로 정하고 있다.

두는 것을 주요 내용으로 한다.

TRIPS협정은 파리협약 플러스 측면에서 더욱 괄목할 만하다. 보호대상을 확대하고, 보호대상이 무엇인지 구체적으로 특정하고, 보호기간을 정한 것이 그런 예이다. 또한 파리협약과 베른협약에서 담지 못했던 집행 규정을 두고, 국제 분쟁을 WTO의 강제 관할에 둠으로써 각국의 조약 이행을 실질적으로 담보하는 등 놀라울 정도로 완비된 조약이다. 이제까지 체결된 지적재산권 조약은 그 어떤 것도 이렇게 망라적이면서 실효적인 법적 장치를 갖춘 적이 없었다.

WTO 체제는 지적재산권이 새로운 무역 규범 속에 편입되었다는 것을 뜻한다. 종전 국제무역과 지적재산권은 서로 다른 무대(GATT와 WIPO)에서 별도로 논의되던 것이 WTO 체제로 접어들면서 2개의 정책 의제가 합쳐지게 된 것이다.[70] 의제의 결합은 WTO 체제상 보복 조치를 생각하면 더욱 현실성 있게 다가온다. 어느 국가가 다른 국가를 상대로 지적재산권을 제대로 이행하지 않을 경우 TRIPS협정 위반을 근거로, 다자간 WTO 체제하의 보복 조치도 가능하기 때문이다. 가히 '무역 관련(trade-related)'이라는 수식어가 지적재산권에 붙음으로써 지적재산권이 통상 문제의 하나라는 인식을 가감 없이 보여주는 사례라 할 수 있다. WTO 이후 FTA 체결 과정에서도 지적재산권이 협상의 핵심 의제 중 하나로 부상한 것도 WTO 체제가 가져온 효과 중 하나로 볼 수 있다.

WTO 설립협정은 1994년 4월 15일 모로코 마라케시에서 채택되었고, 1995년 1월 1일 발효했다.[71] TRIPS협정은 WTO 설립협정의 부속서 중 하나(부속서 1다, Annex 1C)로서, 후자 협정과 같이 발효하고, WTO 회원국은 TRIPS협정 당사국으로서 협정상의 의무를 부담한다. 다만, TRIPS협정 적용일[72]은 WTO 설립협정 발효일로부터 1년 뒤, 즉 1996년 1월 1일이므로 WTO 회원국은 이때부터 협정상의 의무를 부담하게 된다. 2016년 7월 29일 기준으로 WTO는 164개 회원국(EU 포함)으로 구성되어 있다.[73]

---

70) Gadbaw, op. cit., p.224.
71) WTO 설립협정에서는 발효일은 각료회의에서 정하도록 했고, 최종의정서에서는 1995년 1월 1일을 발효 시한으로 정한 바 있다.
72) 협정 적용일에 관해서는, 제5부 제12장 1. 1) 협정 적용일 참조.
73) https://www.wto.org/english/thewto_e/whatis_e/tif_e/org6_e.htm 참조.

제2장 기본 원칙

1. 대상과 목적

비엔나협약 제31조는 조약 해석의 일반 규칙을 천명하고 있는바, 그중 제1
항에서는 "조약은 용어의 문맥상, 그리고 조약의 대상과 목적에 비추어, 그 조
약의 용어에 부여되는 통상적 의미에 따라 성실하게 해석된다"고 하고 있다.
'대상과 목적(object and purpose)'은 조약 해석의 요소 중 하나인 것이다. TRIPS
협정상 이에 해당하는 것은 전문(preamble)과 제7조 및 제8조 제1항이 있다.
이 점은 WTO 패널 보고서에서도 간접적으로 확인할 수 있다.[1]

1) 전문

전문은 적지 않은 양으로 되어 있는데, ① "국제무역에 대한 왜곡과 장애를
줄이기를 희망하고",[2] "지적재산권을 집행하는 조치와 절차 그 자체가 합법적
인 무역에 대한 장벽이 되지 아니하도록 보장하기를 희망하며",[3] ② "지적재
산권의 효과적이고 적절한 보호를 증진할 필요성을 고려하여",[4] "무역 관련
지적재산권의 취득 가능성, 범위 및 사용에 관한 적절한 기준과 원칙의 제공…
에 관한 새로운 규칙과 규율의 필요성을 인정하며",[5] ③ "국내 법제도의 차이

---

1) 캐나다—의약품 특허 사건에서 캐나다와 EC는 모두 비엔나협약에서 말하는 대상과 목적은
   TRIPS협정 전문과 제7조 및 제8조 제1항에서 찾아볼 수 있다는 점에 동의했고, WTO 패널도
   간접적으로 확인해주고 있다. 캐나다—의약품 특허(Canada—Patent Protection of Pharmaceutical
   Products), Report of the Panel, WT/DS114/R, 17 March 2000, paras. 7.23~7.26, para. 7.92.
2) "Desiring to reduce distortions and impediments to international trade"
3) "Desiring to … ensure that measures and procedures to enforce intellectual property rights
   do not themselves become barriers to legitimate trade"
4) "taking into account the need to promote effective and adequate protection of intellectual
   property rights"

를 고려한, 무역 관련 지적재산권의 집행을 위한 효과적이고 적절한 수단의 제공…에 관한 새로운 규칙과 규율의 필요성을 인정하며",6) ④ "개발 및 기술 목표를 포함한 지적재산권 보호를 위한 국내 제도의 기본 공공정책 목표를 인정하며"7) 등의 표현이 눈에 띈다.

베른협약에도 전문이 있다.8) 이에 의하면, 동맹국들은 "문학·예술저작물의 저작자의 권리를 가능한 한 효과적이고 획일적인 방법으로 보호하기를 함께 희망"하여 협약을 체결한다고 선언하고 있다. 이 협약은 간단하면서도 명료한 목적을 가지고 있다. 반면, TRIPS협정은 지적재산권의 효과적이고 적절한 보호의 필요성을 고려할 것을 요구하는 한편, 그 집행이 무역에 장애가 되어서는 안 된다는 점도 지적하는 등, 상충하는 듯한 이해관계를 형량하여 협정을 해석해야 하는 어려움을 안겨주고 있다. 예를 들어, 국경 조치의 과도한 집행은 무역에 장애가 될 수도 있는가 하면, 국가의 공공정책 목표에 집착하게 되면 지적재산권의 보호가 약화되는 측면이 있는 것이다.

2) 목표와 원칙

제7조는 '목표(objectives)'라는 이름으로, 제8조 제1항은 '원칙(principles)'이라는 이름으로 협정의 '대상과 목적'을 정하고 있다. 제7조에 의하면, "지적재산권의 보호와 집행은 기술 지식의 생산자와 사용자에게 상호 이익이 되고 사

---

5) "Recognizing, ⋯ the need for new rules and disciplines concerning: ⋯ the provision of adequate standards and principles concerning the availability, scope and use of trade-related intellectual property rights"

6) "Recognizing, ⋯ the need for new rules and disciplines concerning: ⋯ the provision of effective and appropriate means for the enforcement of trade-related intellectual property rights, taking into account differences in national legal systems"

7) "Recognizing the underlying public policy objectives of national systems for the protection of intellectual property, including developmental and technological objectives"

8) 1883년에 채택된 파리협약에는 전문이 존재했으나 그 뒤 사라졌다. 당시 전문에 의하면, "[동맹국들은] 공동의 합의로, 각기 자국의 산업과 상업의 완전하고 효과적인 보호를 보장하고, 발명자의 권리와 공정한 상거래 보장에 기여하기를 함께 희망하여(Egalement animés du désir d'assurer, d'un commun accord, une complète et efficace protection à l'industrie et au commerce des nationaux de leurs États respectifs et de contribuer à la garantie des droits des inventeurs et de la loyauté des transactions commerciales)" 협약을 체결한다고 했다.

회적 및 경제적 복지를 조장하는 방법으로, 기술 혁신의 증진과 기술의 이전과 전파에 기여하고, 권리와 의무의 균형에 기여한다."[9]

제8조 제1항은 다음과 같다: "회원국은 자국의 법률과 규칙을 제정하거나 개정할 때에 공중 보건 및 영양 상태를 보호하고, 자국의 사회적·경제적 및 기술적인 발전에 매우 중요한 분야의 공공 이익을 증진시키기 위하여 필요한 조치를 채택할 수 있다. 다만, 그러한 조치는 이 협정의 규정과 합치하여야 한다."[10] 이와 같은 맥락의 규정이 GATT 제20조에도 존재한다. 제8조 제1항은 GATT 규정에서 힌트를 얻은 듯하다. GATT 제20조는 일반 예외(general exceptions)라고 하여, 체약국이 공중 도덕, 인간의 생명이나 건강 보호, 지적재산권 보호 등을 위하여, 일정한 조건을 충족할 것을 전제로, 필요한 수입 제한 등 국내 조치를 취할 수 있도록 허용하고 있다. 제8조 제1항에서도 한 가지 조건을 붙이고 있다. 즉, 그런 조치는 "이 협정의 규정과 합치하여야 한다."

이들 규정은 개발도상국의 입장이 상당히 반영된 것이다. 이들 규정상의 목표나 원칙은 지적재산권의 보호라는 목표 내지 목적과의 관계 설정에 어려움이 있다. 이들 목표나 원칙은 결국 '권리와 의무의 균형' 문제로 귀착한다. 그럼에도 이들 규정이 협정 해석에 어떤 지침을 제공할 수 있는지 의심이 간다. 먼저, 제7조에서 말하는 '기술 혁신(technological innovation)'은 각국이 처한 상황에 따라 얼마든지 달리 해석될 여지가 있다. 창작물을 주로 이용하는 국가는 약한 보호를 하는 것이, 창작물을 주로 생산하는 국가는 강한 보호를 하는 것이 자국의 기술 혁신을 장려할 수 있기 때문이다. 그런가 하면, 권리자와 이용자 간의 '상호 이익'이나 '사회적 및 경제적 복지'는 현실적인 목표라기보다는 궁극적인 정책 목표에 가까운 것이다.

둘째, 이들 목표와 원칙은 다른 규정을 통해 간접적으로 달성될 수도 있다.

---

9) Art. 7: "The protection and enforcement of intellectual property rights should contribute to the promotion of technological innovation and to the transfer and dissemination of technology, to the mutual advantage of producers and users of technological knowledge and in a manner conducive to social and economic welfare, and to a balance of rights and obligations."

10) Art. 8.1: "Members may, in formulating or amending their laws and regulations, adopt measures necessary to protect public health and ·nutrition, and to promote the public interest in sectors of vital importance to their socio-economic and technological development, provided that such measures are consistent with the provisions of this Agreement."

예를 들어, 개발도상국과 최빈국에 대한 협정 적용일 유예(제65조 제2항 및 제66조 제1항), 개발도상국과 최빈국을 위한 국제협력(제66조 제2항 및 제67조) 등이 있다.[11]

셋째, 제8조 제1항은 특별히 '공중 보건'을 언급하고 있다. 그럼에도 공중 보건을 위한 회원국의 조치는 협정 규정과 합치할 것을 요구하여, 실제 균형을 위한 법적 장치로는 미흡하다. 오히려 협정상 다른 규정이 공중 보건을 위한 입법 정책을 포함한 여러 조치를 허용하고 있다. 이 점에서 제8조 제1항은 '원칙' 규정이다. ① 공중 보건을 이유로 상표 사용을 규제할 수 있다.[12] ② 제27조 제2항은 회원국이 '인간, 동물 또는 식물의 생명이나 건강을 보호하기 위하여' 필요한 경우 보호대상 발명을 특허 대상에서 배제할 수 있도록 하고 있다.[13] 제27조 제3항에서는 '인간이나 동물의 치료를 위한 진단, 치료 및 외과적 방법'을 특허 대상에서 배제하고 있는바, 공중 보건도 그 근거[14]의 하나가 될 수 있다.[15] ③ 공중 보건을 이유로 강제실시권을 발동할 수 있다. ④ 공중 보건의 필요에 의하여 정부 제출 자료를 공개할 수 있다.[16]

2. 연결점 및 내국민대우의 원칙

1) 연결점

TRIPS협정은 기본적으로 국적을 연결점으로 하고 있다. 협정 제1조 제3항 1문에서는 "회원국은 다른 회원국 국민에 대하여 이 협정에 규정된 대우를 부여한다"고 하여 국적이 연결점이라는 점을 분명히 하고 있다.[17] 그러나 같은

---

11) 이에 관해서는, 각기 제5부 제12장 1. 효력 발생, 제5부 제13장 2. 국제협력 참조.

12) 이에 관해서는, 제5부 제4장 5. 5) (2) 사용 규제 참조.

13) 이에 관해서는, 제5부 제7장 2. 2) (1) 제27조 제2항 참조.

14) 이에 관해서는, 각기 제5부 제7장 5. 강제실시권, 제5부 제14장 2. 1) TRIPS협정과 공중 보건 참조.

15) 이에 관해서는, 제5부 제7장 2. 2) (2) 제27조 제3항 참조.

16) 이에 관해서는, 제5부 제9장 3. 2) 정부 제출 자료 참조.

17) 회원국들이 동일한 관세지역을 구성하는 경우 이 관세지역에 주소를 가지고 있거나 영업소를 가지고 있는 경우에도 마찬가지로 회원국 국민으로 간주한다. TRIPS협정 각주 1 참조.

조항 2문에서는 "관련 지적재산권에 관하여, 다른 회원국 국민은, 세계무역기구의 모든 회원국이 파리협약(1967년), 베른협약(1971년), 로마협약 및 집적회로에 관한 지적재산권 조약의 회원국이라고 할 경우 이들 조약에 규정된 보호의 적격 요건을 충족하는 자연인 또는 법인으로 양해된다"고 하여 이들 조약상의 연결점은 모두 TRIPS협정상의 연결점으로 되도록 하고 있다. 이 규정의 의의는 WTO 회원국으로 하여금 파리협약 등의 당사국이 아니라 하더라도 이들 조약에서 예정한 모든 연결점 요건을 충족하는 사람에게 TRIPS협정상의 대우를 하도록 강제하고 있다는 데 있다.

로마협약은 실연자와 음반제작자, 그리고 방송사업자를 수익자로 하고 있다. 이들 수익자는 각기 독자적인 연결점을 두고 있다. ① 실연자의 경우 다른 체약국에서 행해진 실연, 협약상 보호되는 음반에 고정된 실연, 그리고 협약상 보호되는 방송에 실린 실연을 보호한다. ② 음반제작자의 경우 다른 체약국의 국민의 음반, 다른 체약국에서 최초 고정된 음반, 그리고 다른 체약국에서 최초 발행된 음반을 보호한다. ③ 방송사업자의 경우 다른 체약국에 주사무소가 소재하는 방송사업자의 방송, 그리고 다른 체약국에 소재하는 송신기에서 송신하는 방송을 보호한다.[18]

로마협약은 체약국으로 하여금 음반의 경우 발행 대신에 고정만을 연결점으로 하도록 허용하고 있고, 방송의 경우 주사무소 소재지와 송신 장소가 어느 한 체약국에서 이루어지는 경우에 한정하여 보호할 수 있도록 열어놓고 있다. 이 경우 해당 국가는 유엔 사무총장에 통보하여야 한다.[19] TRIPS협정은 이런 체약국의 유보 권능을 그대로 인정하고 있다. 다만, 통보는 TRIPS이사회에 기탁하도록 하고 있다(제1조 제3항).[20]

---

18) 각기 협약 제4조, 제5조 및 제6조 참조.

19) 각기 협약 제5조 제3항 및 제6조 제2항.

20) 우리나라의 경우 1995년 9월 22일 다음과 같은 통보를 했다: "In accordance with Article 1, paragraph 3 of the TRIPS Agreement, the Government of the Republic of Korea notifies the Council for TRIPS as follows:
   - Korea will not apply the criterion of publication for the protection of the producers of phonograms as provided for in Article 5.3 of the Rome Convention;
   - Korea will protect broadcasts only if the headquarters of the broadcasting organization is situated in another Contracting State and the broadcast was transmitted from a transmitter situated in the same Contracting State as provided for in Article 6.2 of the Rome Convention." WTO Doc. IP/N/2/KOR/1, 3 October 1995 참조.

워싱턴조약은 다른 체약국 국민이거나 다른 체약국에 거주하는 자연인 및 다른 체약국에 진정하고 실효적인 영업소를 가지고 있는 자연인이나 법인을 조약상 수익자로 하고 있다.[21]

2) 내국민대우의 원칙

TRIPS협정 제3조 제1항은 내국민대우의 원칙을 적시하고 있다. 즉, "각 회원국은 파리협약(1967년), 베른협약(1971년), 로마협약 또는 집적회로에 관한 지적재산권 조약에 각각 이미 규정한 예외에 따를 것을 조건으로, 지적재산권의 보호에 관하여 자국 국민보다 불리한 대우를 다른 회원국의 국민에게 부여할 수 없다. 실연자, 음반제작자 및 방송사업자에 관하여, 이 의무는 이 협정에 규정된 권리에 관하여만 적용된다. 베른협약(1971년) 제6조 또는 로마협약 제16조 제1항 (b)에 규정된 가능성을 원용하려는 회원국은 동 조항에 규정된 바에 따라 무역 관련 지적재산권 이사회에 통보하여야 한다."

내국민대우의 원칙에 관한 일반적인 설명[22] 외에 다음 몇 가지에 주목할 필요가 있다. 첫째, 실연자와 음반제작자, 그리고 방송사업자에 관해서는 이 협정에서 정하는 바에 따라 내국민대우의 원칙이 적용된다. 다시 말해서 저작인접권은 기존 조약상의 내국민대우가 아니라 TRIPS협정상의 '대우'가 내국민과 동일하게 인정되는 것이다.[23]

둘째, "회원국은 어느 회원국의 관할 내에 있는 송달 주소지 지정 또는 대리인의 임명을 포함한 사법 및 행정 절차와 관련하여, 제1항에서 허용되는 예외를 이용할 수 있다. 다만, 그러한 예외는 이 협정의 규정과 양립하는 법률과 규칙의 준수를 확보하기 위하여 필요한 경우 및 그러한 관행이 무역에 대하여 위장된 제한이 되지 아니하는 방법으로 적용되는 경우에 한한다"(제3조 제2항).

---

21) 조약 제5조 참조.

22) 이에 관해서는, 제2부 제4장 3. 1) 내국민대우의 원칙 참조.

23) 저작인접권에 관하여는 기존 조약(로마협약)상의 내국민대우의 원칙 적용을 배제하고 있다. 이것은 몇 가지 점에서 설명이 가능하다. 첫째, 로마협약은 파리협약이나 베른협약과는 달리 보편성을 확보하지 못했다는 점이다. 둘째, 대륙법계와 영미법계 간에 저작권과 저작인접권 사상의 근원이 다르기 때문에 그 보호를 위한 입법 방법도 양자 간에 다르다. 국제 조약상 이들 법계 간의 차이를 조화하기 위해서는 기존 조약상의 내국민대우 원칙을 그대로 TRIPS협정에 수용하기에는 무리가 따른다.

회원국은 사법 및 행정 절차와 관련하여 내국민대우 원칙에 예외를 둘 수 있지만, 그 예외는 TRIPS협정 규정과 양립해야 하고, 무역의 장애로 작용해서는 안 된다. 다시 말해서 권리의 집행 규정과 충돌하는 예외는 허용되지 않는다는 것, 그리고 GATT에서 오랜 관행상 인정되어온 것으로 오로지 선의의 조치만이 인정된다는 것이다.[24)]

셋째, 파리협약 등 이 조항에서 열거된 조약에서 인정하는 예외는 여전히 허용된다. 파리협약상 인정되는 '내국민에게 부과하는 조건 및 방식', 상호주의 등이 이에 해당한다. 베른협약 제6조상의 상호주의를 원용할 경우나 로마협약 제16조 제1항 (d)상의 상호주의를 원용할 경우[25)] TRIPS이사회에 통보하여야 한다.

넷째, 제5조에 따른 예외도 있다. 제5조에 의하면, "제3조와 제4조에 따른 의무는 지적재산권의 취득과 유지에 관하여 세계지적재산권기구의 주관하에 체결된 다자간 협정에 규정된 절차에는 적용되지 아니한다"고 하고 있다.[26)] 이 예외는 내국민대우 원칙의 예외일 뿐만 아니라 최혜국대우 원칙의 예외이기도 하다. 이런 다자조약은 마드리드협정(출처표시), 마드리드협정(표장)과 마드리드 의정서, 헤이그협정, 리스본협정, 특허협력조약, 상표법조약, 특허법조약, 부다페스트조약 등이 있다. 이들 조약은 지적재산권의 국제적 보호에 반드시 필요한 것이지만 이들 조약상의 혜택을 그대로 TRIPS협정 당사국에 인정한다면, 이는 이들 조약 비당사국이 조약에 가입하지도 않고 조약상의 혜택을 누릴 수 있다는 점에서 비당사국에 대한 상대적 특혜라 할 수 있다. TRIPS

---

24) Gervais, p.101.

25) 로마협약 제13조는 방송사업자의 권리를 정하고 있다. 이 조 (d)는 일반 공중이 입장료를 내고 접근할 수 있는 장소에서 텔레비전 방송물이 전달되는 경우 이에 대하여 권리를 인정하고 있다. 당사국은 이 권리의 행사에 관한 조건을 국내법으로 정할 수 있다. 따라서, 예를 들어 보상청구권으로 할 수도 있는 것이다. 더 나아가 협약 제16조는 각 당사국이 이마저 유보할 수 있도록 허용하고 있다. 다른 당사국은 이런 유보를 하는 국가에 대하여, 그 국가에 해당 방송사업자의 주사무소가 있는 경우 제13조 (d)상의 권리를 부여하지 않을 수 있다. 다시 말해서, 상호주의에 의한 차별이 허용된다. 이것은 물론 로마협약 당사국에게만 의미가 있는 것이다. 당사국이 아니라면 그런 의무도 부담하지 않기 때문이다. 제13조 (d)와 같은 관행은 전 세계적으로 거의 존재하지 않는다. 따라서 그다지 무게가 있는 조항은 아니다.

26) Art. 5: "The obligations under Articles 3 and 4 do not apply to procedures provided in multilateral agreements concluded under the auspices of WIPO relating to the acquisition or maintenance of intellectual property rights."

협정은 이런 기존 조약 당사국에 대한 기득권을 인정하기 위해 예외로 두고 있는 것이다.

3. 최소한의 보호의 원칙

이 협정은 저작권에서 부정경쟁에 이르기까지 실체 규정을 통해서 최소한의 기준(minimum standards)을 정하고, 권리의 구제와 침해에 대한 제재에 관한 규정을 두고 있다. 따라서 각국이 이보다 높은 수준의 보호를 하는 것은 자유이다(제1조 제1항 2문).[27]

이 원칙과 관련하여 두 가지 점을 지적할 필요가 있다. 하나는 기존 조약 준수 의무이고, 다른 하나는 지적재산권 정의와 관련한 것이다. 먼저 TRIPS협정은 기존 조약에서 정한 최소한의 보호 의무를 그대로 회원국에게 부과하고 있다. 파리협약 제1조 내지 제12조 및 제19조, 그리고 베른협약 제1조 내지 제21조 및 부속서는 최소한의 보호의 원칙을 천명한 것으로 이들 규정은 그대로 TRIPS협정 당사국이 준수해야 할 원칙이다(제2조 제1항 및 제9조 제1항). 다만, 베른협약 제6조의2에서 정한 인격권은 TRIPS협정 당사국의 의무가 아니다. 다시 말해서 TRIPS협정 당사국은 베른협약상의 인격권을 제외하고는 기존 지적재산권의 양대 산맥을 이루고 있는 파리협약과 베른협약의 실체 규정을 지켜야 하는 것이다.

둘째로는 지적재산권의 개념이다. 이 협정 제1조 제2항에 의하면, "이 협정의 적용상 '지적재산'이라는 용어는 제2부 제1절 내지 제7절의 대상인 모든 범주의 지적재산을 말한다." 즉, 저작권 및 관련 권리(제1절), 상표(제2절), 지리적 표시(제3절), 산업디자인(제4절), 특허(제5절), 집적회로의 배치설계(제6절), 미공개정보(제7절), 일곱 가지를 보호대상으로 하고 있다. 따라서 이 범주에 들지 않는 대상은 이 협정이 미치지 않는다.

협정에서 언급하지 않고 있는 보호대상으로는 실용신안(utility model)이 있

---

27) Art. 1.1, 2nd sentence: "Members may, but shall not be obliged to, implement in their law more extensive protection than is required by this Agreement, provided that such protection does not contravene the provisions of this Agreement."

다. 그러나 실용신안이 특허의 범주에 든다면 협정 적용에는 무리가 없다.[28] 이 협정은 부정경쟁 행위에 대해서도 언급하지 않고 있으나, 파리협약이 부정경쟁방지를 위한 규정을 두고 있고 이 규정은 또한 TRIPS협정에서 미공개정보 보호를 위해 원용하고 있어서 실질적으로 보호를 받는다고 할 수 있다.

상호도 TRIPS협정의 보호대상 중 하나이다. WTO 상소기구는 첫째, TRIPS 협정 제1조 제2항에서 '제2부 제1절 내지 제7절의 대상(the subject of Sections 1 through 7 of Part II)'에는 위 7개 보호대상만이 아니라 다른 종류의 지적재산, 예를 들어 식물 변종도 포함한다는 점, WTO 회원국은 TRIPS협정 제2조 제1항에 의해 파리협약상의 실체 규정상 의무도 부담하고 있고 그중 상호 보호에 관한 제8조가 포함된다는 점, 협상 대표들이 파리협약 제8조를 TRIPS협정에서 배제하고자 하려는 의도가 있었다면 그렇게 할 수 있었음에도 불구하고 그렇게 하지 않았다는 점 등을 들어 회원국은 TRIPS협정상 상호를 보호할 의무가 있다고 판단했다.[29]

TRIPS협정은 기존 조약과는 별개의 조약이다. 따라서 기존 조약상 당사국이 부담하는 의무는 그대로 존재한다(제2조 제2항).[30] 파리협약이나 베른협약 또는 로마협약이나 워싱턴조약상 당사국 간에 존재하는 상호 의무는 그대로 이들 조약 당사국 간에 준수되어야 한다. 거의 모든 실체 규정이 TRIPS협정에 반영되어 있으므로 그다지 의미 있는 것은 아니다. 다만, 이들 조약상의 관리 규정과 로마협약과 워싱턴조약상 일부 실체 규정은 TRIPS협정 당사국에 적용되지 않으므로 이 점에서 이 조항의 의미를 찾을 수는 있다.

---

28) WIPO(TRIPS), p.7에서는 TRIPS협정이 실용신안은 언급하지 않았다 하여 협정 적용 대상이 아니라고 하고 있으나, 실용신안은 넓은 의미의 특허 중 하나이고, 어느 회원국이 특허 요건 (신규성, 진보성 및 산업상 이용 가능성)을 완화하여 실용신안을 보호하고 있다면 그 회원국은 파리협약에 따른 내국민대우를 해야 하므로 TRIPS협정(이 협정은 파리협약 실체 규정 준수 의무를 부과하고 있다)상의 보호대상이 된다.

29) 미국—1998년 세출예산법(United States—Section 211 Omnibus Appropriations Act of 1998), Report of the Appellate Body, WT/DS176/AB/R, 2 January 2002, paras. 334~341.

30) Art. 2.2: "Nothing in Parts I to IV of this Agreement shall derogate from existing obligations that Members may have to each other under the Paris Convention, the Berne Convention, the Rome Convention and the Treaty on Intellectual Property in Respect of Integrated Circuits."

4. 권리 소진의 원칙

권리 소진의 원칙이란 특허권이나 상표권 또는 저작권의 행사로 인해 제작된 물품이 시장에 유통되는 경우 해당 권리자가 이에 대하여 재차 권리를 행사할 수 없다는 원리를 말한다. 특허권자는 업으로서 특허 발명을 실시할 권리를 독점한다. 마찬가지로 상표권자도 등록 상표를 사용할 권리를 독점한다. 실시권이나 사용권은 가장 기본적인 권리이다. 그러나 이런 권리가 무제한적으로 인정되는 것은 아니다. 특허권자나 상표권자가 권리를 정당하게 행사한 결과 제작된 특허 물품이나 상품이 시장에 나온 경우 그에 대하여 해당 권리는 이미 소진되었다고 보기 때문이다.

국내법에 따라서 특허 발명의 실시나 상표의 사용은 특허 물품을 수입하는 행위[31] 또는 상품이나 상품의 포장에 상표를 표시한 경우 그 상품을 수입하는 행위를 포함하기도 한다. 이 경우 실시권이나 사용권은 수입 행위에 대해서도 미친다. 그렇다면 특허권자나 상표권자는 이런 수입 행위에 대해서 어떤 경우이든 권리를 주장할 수 있고 해당 특허 물품이나 상품의 수입을 금지할 수 있는 권리마저 가진다고 할 수 있을까.

또한 저작권의 경우, 저작권자는 저작물을 배포할 권리를 가지지만, 한번 저작물이 시장에 나온 경우 그에 대하여는 권리를 주장할 수 없다. 배포권은 "판매 또는 그 밖의 소유권 이전을 통하여 저작물의 원본이나 복제물을 공중이 이용할 수 있도록 허락할" 권리이다.[32] 배포는 수입을 포함하지 않는 개념이다. 개별 국내법으로 수입권(right of importation)을 별도로 부여하지 않는 한 권리 소진이란 국제 소진에 지나지 않는 것이다. 즉, 수입권이 존재하지 않는다면 해당 권리는 '국제적으로 소진'된 것이다.[33]

특허 물품이나 상표를 부착한 상품이 국제 교역의 대상이 되면서 권리 소진의 원칙을 둘러싼 논쟁이 가열되고 있다. 논쟁의 초점은 다음과 같은 것이다. 즉, 권리 소진이란 국경을 무시한 국제 소진(international exhaustion)을 의미하는가, 아니면 국내 소진(national exhaustion)을 의미하는가 하는 것이다. 국제

---

31) TRIPS협정 제28조 제1항 참조.

32) WIPO 저작권조약 제6조 참조.

33) 국가에 따라서는 수입권을 인정하기도 한다. 이때에는 저작권과 관련해서도 이론적 대립이 생길 수 있다.

소진을 주장하는 입장에 의하면, 특허 물품이나 상표 상품이 비록 국경을 넘는다 하더라도 이미 해당 권리는 국제적으로 소진된 것이므로 다시 수입 행위에 대하여 권리를 주장할 수 없다는 것이다. 다시 말해서 특허권자나 상표권자는 불법 물품이나 상품에 대해서는 정당하게 권리 행사를 한 적이 없으므로 여전히 수입을 거절할 수 있으나, 다른 국가에서 정당하게 특허권이나 상표권 또는 실시권이나 사용권을 부여받아 제작한 물품이나 상품에 대해서는 아무런 권리도 주장할 수 없게 된다. 이른바 진정 상품의 병행수입(parallel importation, parallel import)은 허용되는 것이다. 반면, 국내 소진을 주장하는 논자들은 특허권자나 상표권자의 권리는 특허 독립의 원칙이나 상표 독립의 원칙에 의거하여 국내라는 지역적 범위 내에서만 효력이 미칠 뿐 다른 국가에는 미치지 아니하므로 불법 물품이나 상품의 수입뿐만 아니라 병행수입도 금지할 수 있는 권리를 가진다고 한다.

개발도상국과 일부 선진국은 국제 소진 이론을 주장한다. 이들에 의하면, 이 이론을 관철하게 되면 소비자는 가장 싼 물품이나 상품을 수입할 수 있고 이는 결국 가격이 하향 평준화함으로써 소비자의 이익에 부합한다는 것이다. 무역자유화라는 WTO 정신에 가장 합당한 것이라는 것이다. 반면, 미국과 유럽연합 등 상당수의 선진국은 국내 소진 내지 지역 소진(regional exhaustion) 이론에 의존하여 자국의 입장을 천명한다. 이들은 각국마다 독점규제법이 지적재산권 분야에 적용되지 않거나 또는 제한적으로 적용된다는 점, 그리고 특허 독립이나 상표 독립의 원칙 등에 비추어 국내 소진 이론을 관철하고자 한다. 가격 차별을 통하여 독점적인 이익을 극대화하기에는 국내 소진 이론이 적합한 것이다.

한편, TRIPS협정은 WTO협정 체제 내에 있는 것으로 무역자유화와 적지 않은 연결을 맺고 있다. 진정한 의미에서 '무역 관련' 협정이라면 무역자유화에 근접한 국제 소진 이론을 채택했을 것이지만 지적재산권은 각국마다 독점규제법이 적용되지 않거나 제한적으로 적용되는 점에 비추어 국내 소진 이론도 이론적으로 튼튼한 기반을 가지고 있다.

우루과이 라운드 협상과정을 볼 때, 이런 견해의 대립은 병행수입 인정 여부에 초점이 맞춰져 있는 것으로, 그 본질보다는 병행수입의 허용으로 인한 사회적·문화적·경제적인 파급효과를 저울질하면서 생긴 것이라 할 수 있다. 이것은 선진국과 개발도상국 간의 대립일 뿐만 아니라 선진국 간의 미묘한 갈등도 안고 있었다.

TRIPS협정 제6조는 "이 협정에 따른 분쟁 해결의 목적을 위하여 제3조와 제 4조의 규정을 조건으로, 이 협정의 어떠한 규정도 지적재산권의 소진 문제를 다루기 위하여 사용되지 아니한다"고 하여 권리 소진의 원칙을 각국의 국내법에 맡겨버렸다.[34] 분쟁의 여지를 사전에 차단하면서 문제 해결을 차후로 미룬 것이다. 각 회원국이 어떠한 태도를 취하든 내국민대우의 원칙과 최혜국대우의 원칙은 그대로 준수해야 한다.

5. 반경쟁 관행의 통제

1) 의의

지적재산권은 법률에 의하여 인정되는, 배타적이고 독점적인 권리이다. 한편, 독점과 같은 경쟁 제한 행위는 다른 법률(독점규제법)에 의하여 일정한 규제를 받는다. 지적재산권 행사가 경우에 따라서는 독점규제법상 경쟁 제한 행위에 해당할 수 있고, 이때 이런 권리 행사는 법적 규제를 받을 수도 있을 것이다. 이른바 지적재산권의 남용을 둘러싼 지적재산권과 경쟁 정책(competition policy) 간의 관계는 지적재산권 제도의 정착과 더불어 끊임없이 주목을 받았다.

양자 간 긴장 관계의 양 극단에는 지적재산권 지상주의와 독점규제법 지상주의가 있다. 전자는 지적재산권의 행사에는 독점규제법이 미치지 못한다는 것이고, 후자는 독점규제법 위반은 어떤 경우에도 적용되어야 한다는 것이다.[35] 미국은 초기 반경쟁 원칙을 엄격하게 시행하다가 점차 완화하는 모습을 보여 왔다. 제2차 세계대전 이후 1970년대까지 반독점법은 지적재산권에 적대적인 태도를 견지하다가 1980년대 이후 이런 태도에 변화가 일어났다. 그간의 변화

---

34) Art. 6: "For the purposes of dispute settlement under this Agreement, subject to the provisions of Articles 3 and 4 nothing in this Agreement shall be used to address the issue of the exhaustion of intellectual property rights."

35) L. Kaplow, "The Patent-Antitrust Intersection: A Reappraisal," 97 *Harvard Law Review* (1984), p.1818. Pedero Roffe and Christoph Spennemann, "Control of Anti-Competitive Practices in Contractual Licenses," in Correa & Yusuf, pp.297~298에서 재인용.

를 집약한 것이 1995년 지적재산권의 라이선스에 관한 지침36)이다. 이 지침은 세 가지 원칙을 담고 있다: "(a) 정부는 반독점 분석의 목적상 지적재산권이 본질적으로 다른 형태의 재산권에 상당하는 것으로 간주한다; (b) 정부는 지적재산권이 반독점 측면에서 시장지배력을 가져온다고 추정하지 않는다; (c) 정부는 지적재산권 라이선스가 기업으로 하여금 생산요소를 보충적으로 결합한다는 점, 그리고 일반적으로 경쟁 친화적(procompetitive)이라는 점을 인정한다."37) 이에 따라, 미국 정부는 특정 종류의 라이선스를 그 자체로 위법한 것으로 판단하지 않고, 개개의 라이선스에 대해 합리성의 원칙(rule of reason)을 적용하기 시작했다.38)

일찍이 1948년 국제무역기구 설립을 위한 아바나 헌장(Havana Charter)은 경쟁 제한 관행(restrictive business practices)에 관한 규정을 둔 바 있다. 1976년 이후 유엔무역개발위원회(United Nations Conference on Trade and Development: UNCTAD)는 기술 이전에 관한 행위 규범(code of conduct) 제정을 위해 노력한 바, 10년 동안의 협상 결과로 1985년 행위 규범 초안39)이 나왔다.40) 이 초안에서는 열네 가지의 경쟁 제한 행위를 담기도 했다. 그 후 UNCTAD 활동은 남북 간의 국제경제질서에 대한 입장 차이를 확인한 채 결실을 보지는 못했다.

2) 협정 규정

우루과이 라운드 협상에서 선진국과 개발도상국 간의 입장 차이는 여전했다. 개발도상국, 특히 인도는 지적재산권의 강화는 기술 공급자의 독점적 지위 남용의 기회를 넓히고, 라이선스에 제한적 조건을 부과하게 되면 이는 국제무역을 왜곡할 수 있다고 우려를 표명했고,41) 이런 우려를 부분적으로 반영하

---

36) Antitrust Guidelines for the Licensing of Intellectual Property, Issued by the U.S. Department of Justice and the Federal Trade Commission, April 6, 1995. 이것은 미국 법무부와 연방무역위원회의 반독점 집행에 관한 정책 설명 자료라 할 수 있다.

37) Antitrust Guidelines, op. cit., General principles.

38) Roffe and Spennemann, op. cit., p.300.

39) UNCTAD, Draft International Code of Conduct on the Transfer of Technology, as at the close of the sixth session of Conference on 5 June 1985, UN Doc. TD/CODE TOT/47.

40) Roffe and Spennemann, op. cit., pp.308~310.

41) Roffe and Spennemann, op. cit., pp.311~313.

여 협정 제8조 제2항과 제40조가 등장했다. 협정 제8조 제2항에 의하면,

이 협정의 규정과 합치하는 것을 조건으로, 권리자에 의한 지적재산권의 남용 또는 불합리하게 무역을 제한하거나 국제적 기술 이전에 부정적 영향을 미치는 관행의 이용을 방지하기 위하여 적절한 조치가 필요할 수 있다.[42]

제8조는 '원칙(principles)'이라는 제목하에, 제1항에서는 공중 보건의 보호, 공공 이익의 증진을 위하여 필요한 조치를 채택할 수 있다고 규정하고 있고, 제2항에서는 위와 같이 지적재산권의 남용 등을 방지하기 위하여 적절한 조치가 필요할 수 있다고 규정하고 있다.[43] 제1항과 제2항 모두 넓게 보면 공공 이익 측면에서 일정한 조치가 필요하고, 회원국은 필요한 범위에서 해당 조치를 강구할 수 있다는 의미를 지닌다.

제8조 제2항의 특별 규정이라 할 수 있는 것으로, 제40조가 있다. 이에 의하면,

1. 회원국은 경쟁을 제한하는 지적재산권에 관한 일부 라이선스 관행 또는 조건이 무역에 부정적 영향을 줄 수 있고 기술 이전 및 전파를 방해할 수 있다는 데 합의한다.

2. 이 협정의 어떠한 규정도 회원국이 특정한 경우에 관련 시장의 경쟁에 부정적 영향을 주는 지적재산권의 남용이 되는 라이선스 관행 또는 조건을 자국의 법에 명시하는 것을 금지하지 아니한다. 위에서 규정된 바와 같이, 회원국은 그 회원국의 관련 법률과 규칙에 비추어, 예를 들어 배타적인 일방적 양도 조건, 유효성에 대한 이의 제기 금지 조건 및 강제적인 패키지 라이선스를 포함할 수 있는 이러한 관행을 금지 또는 통제하기 위하여, 이 협정의 그 밖의 규정과 합치하는 적절한 조치를 채택할 수 있다. ......[44]

---

42) Art. 8.2: "Appropriate measures, provided that they are consistent with the provisions of this Agreement, may be needed to prevent the abuse of intellectual property rights by right holders or the resort to practices which unreasonably restrain trade or adversely affect the international transfer of technology."

43) 제1항과 제2항은 규정 형식이 다소 다르다. 전자는 "회원국은 … 필요한 조치를 채택할 수 있다(Members may … adopt measures necessary …)"고 적극적인 표현을 쓰고 있는 반면, 후자는 "적절한 조치가 필요할 수 있다(Appropriate measures … may be needed)"고 소극적인 표현을 쓰고 있다. 뉘앙스가 다르다.

44) Art. 40: "1. Members agree that some licensing practices or conditions pertaining to intel-

제8조 제2항은 세 가지를 규정하고 있다. 첫째는 지적재산권의 남용이고, 둘째는 무역을 제한하는 관행이고, 셋째는 기술 이전에 부정적 영향을 주는 관행이다. 한편, 제40조는 경쟁 제한 라이선스 관행에 관해 규정하고 있다. 양자는 공통점과 차이점을 가지고 있다. 공통점으로, ① 양자는 모두 공공 이익 측면에서 회원국이 일정한 조치(적절한 조치)를 취할 수 있다는 점을 명시하고 있다. 즉, 이들 규정은 모두 지적재산권의 보호와 공공 이익 간의 균형 차원에서 마련된 규정이라는 점이다. ② 그런 조치는 어떤 경우에도 협정 규정에 합치해야 한다는 것을 분명히 하고 있다.

차이점으로, ① 제8조 제2항은 지적재산권의 남용, 무역 제한 관행 및 기술 이전 부정적 영향 관행 등 세 가지 경우를 적시하고 있는 반면, 제40조는 '경쟁을 제한하는 … 라이선스 관행(licensing practices … which restrain competition)' 또는 '경쟁에 부정적인 영향을 주는 관행(licensing practices … having adverse effect on competition)'에 한정하여 규정하고 있다. 제40조 제목에서는 '반경쟁 관행(anti-competitive practices)'이라는 표현을 사용하고 있다. 제8조에서 지적재산권의 남용, 무역 제한 관행 및 기술 이전 부정적 영향 관행이 모두 국내 경쟁 정책에서 다룰 수 있는, 넓은 의미의 경쟁 제한 관행에 속하는 것이라면, 제40조는 좁은 의미의 경쟁 제한 관행에 관한 것이라 할 수 있다.[45][46] ② 전자는

---

lectual property rights which restrain competition may have adverse effects on trade and may impede the transfer and dissemination of technology.

2. Nothing in this Agreement shall prevent Members from specifying in their legislation licensing practices or conditions that may in particular cases constitute an abuse of intellectual property rights having an adverse effect on competition in the relevant market. As provided above, a Member may adopt, consistently with the other provisions of this Agreement, appropriate measures to prevent or control such practices, which may include for example exclusive grantback conditions, conditions preventing challenges to validity and coercive package licensing, in the light of the relevant laws and regulations of that Member. ……"

45) 그러나 이런 구별은 다소 인위적이고, 큰 의미는 없다. 제40조상의 경쟁 제한 행위에 지적재산권의 남용이나 무역 제한 관행 또는 기술 이전 부정적 영향 관행을 넣지 못할 이유도 없기 때문이다. 이하에서는 편의상 제8조 제2항과 제40조를 나누어 전자를 넓은 의미의 경쟁 제한 관행이라 하고 후자를 좁은 의미의 경쟁 제한 관행이라 하겠다.

46) 우리 '독점규제 및 공정거래에 관한 법률'에서는 장을 달리하여, 다음과 같은 행위 내지 관행을 규제 대상으로 하고 있다: ① 시장지배적 지위의 남용 금지, ② 기업결합의 제한 및 경제력 집중의 억제, ③ 부당한 공동행위의 제한, ④ 불공정거래행위 및 특수관계인에 대한 부당한 이익 제공의 금지, ⑤ 사업자단체의 금지행위, ⑥ 재판매가격 유지행위의 제한.

지적재산권의 남용 등에 해당하는 어떠한 관행에든 적용할 수 있는 반면, 후자는 계약 관행에만 적용되는 규정이다. 전자는 특허권의 불실시나 거래 거절 등 단독 행위도 포함하지만, 후자는 계약 관계에서 발생하는 경쟁 제한 관행 내지 행위에 국한하는 것이다. 이런 점에서 제40조는 제8조 제2항의 특별 규정이라 할 수 있다.

3) 제8조 제2항

제8조 제2항은 제7조에서 규정하고 있는 협정의 목표(objectives)를 실현하는 원칙(principles) 규정이다. 제7조가 '기술 지식의 생산자와 사용자의 상호 이익', '사회적 및 경제적 복지', '기술의 이전과 전파', '권리와 의무의 균형' 등을 언급하고 있다는 점을 상기할 필요가 있다. 제8조 제2항은 넓은 의미의 경쟁 제한 행위를 규제함으로써 협정의 목적인 상호 이익, 기술 이전, 균형 등을 실현할 수 있는 것이다.

넓은 의미의 경쟁 제한 행위와 관련해서는 파리협약에도 규정이 존재한다. 협약 제5조 A절 제2항에 의하면, 동맹국은 "특허에 의하여 부여되는 배타적인 권리 행사로 인하여 발생할 수 있는 남용을 방지하기 위하여 강제실시권의 부여를 규정하는 입법 조치를 내릴 수 있는 권한을 가진다"고 하고 있다. '권리 행사로부터 발생하는 남용'의 예로 불실시를 들고 있다. 이에 따라, 동맹국은 불실시 이외의 경쟁 제한 행위에 대해서도 규제할 수 있는 권한을 가지는 것이다.

제8조 제2항은 회원국이 지적재산권의 남용이나 그 밖의 경쟁 제한 행위를 규제할 수 있다는 점을 확인해주는 조항이라 할 수 있는바, 이에는 지적재산권을 남용하는 행위, 불합리하게 무역을 제한하는 관행 및 국제적인 기술 이전에 부정적인 영향을 주는 관행이 있다. ① 협정은 지적재산권의 남용이 무엇인지 언급하지 않고 있다. 협정상 일정한 조건(TRIPS 합치성 요건)을 충족하는 한, 국내법으로 정할 문제이다. 국내법으로 일정한 권리 행사를 '남용'이라고 정의하고 이에 대해 적절한 조치를 취할 수 있는 것이다. 경쟁 제한 행위의 한 유형으로 남용을 정의하더라도 무방하다.

② 불합리하게 무역을 제한하는 관행도 경쟁 제한 행위의 하나로 들 수 있다. 협정은 불합리한(unreasonable) 관행에 대해서만 규제가 가능하도록 하고

있다. 미국 등 일부 국가에서 정하고 있는 합리성 원칙(rule of reason)에 따른 규제가 이런 예라 할 수 있다.[47]

③ 국제적인 기술 이전에 부정적인 영향을 주는 관행도 규제 대상이다. 경쟁 제한 행위 유형에 속하지 않더라도 그 자체로 기술 이전에 부정적인 영향을 준다면 대상이 되는 것이다. 또한 국제적인 기술 이전(international transfer of technology)에만 적용된다. 일견 당연한 규정으로 보인다. 왜냐하면 국내적인 상황에 대해서는 국제 조약으로서 협정이 적용될 여지가 없다고 볼 수 있기 때문이다. 그러나 협정에서 정한 조건을 충족하지 못하는 한 해당 규제를 할 수 없다는 점에서 의의가 있다. 다시 말해서, 국제 기술 이전은 협정 규정과 합치해야 하지만 국내 기술 이전과 관련해서는 그런 의무가 존재하지 않는 것이다.

이런 규제 대상 행위는 TRIPS협정상의 지적재산권 관련 행위를 말한다. 일반적인 경쟁 제한 행위나 관행은 적용 대상이 아니다. 협정이 다른 행위나 관행에 관해 적용될 여지가 없기 때문이다. 특허의 불실시, 거래 거절과 같은 단독 행위, 라이선스 계약상의 각종 경쟁 제한 행위 등이 대표적인 예라 할 수 있다. 반면, 학자에 따라서는 기업의 합병, 합작 투자, 상품의 가격 담합, 유통 계약 등에 부분적으로 지적재산권 관련 내용이 포함되었다 하더라도 제8조 제2항은 적용 여지가 없거나 그 가능성이 낮다고 보고, 시장 분할의 경우에는 약정의 무게 중심이 어디에 있는가에 따라 적용 여부를 판단할 수 있다고 주장하기도 한다.[48] 협정은 단지 지적재산권의 남용 등에 대해 규제할 수 있는 권한을 확인해주고 있다는 점, 약정의 일부가 지적재산권 관련 내용을 담고 있다면 그 부분에 대해서는 얼마든지 규제를 할 수 있다는 점을 생각해보면 굳이 약정 내지 관행의 종류를 나눠가며 그 구분에 따라 협정 규정 적용 여부를 판단할 필요는 없다고 본다.

회원국이 국내법으로 넓은 의미의 경쟁 제한 행위를 규제할 때에도 협정상 일정한 의무를 부담한다. 즉, 제8조 제2항은 "이 협정의 규정과 합치하는 것을 조건으로" 할 것을 요구하고 있다. 국내법상의 규제는 합치성 요건(consistency requirement)을 충족해야 하는 것이다. 경쟁 제한 행위에 대한 규제가 협정에서 예정하고 있는 지적재산권 보호와 집행을 불가능하게 하거나 지극히 곤란

---

47) UNCTAD-ICTSD, p.548.
48) UNCTAD-ICTSD, pp.547~548; Roffe and Spennemann, op. cit., p.313.

하게 한다면 협정상 허용되지 않는 것이다.[49] 결론적으로, 경쟁 제한 행위에 대한 지나친 규제가 협정상의 원칙, 보호 기준, 집행 등 해당 규정에 합치하지 않는다면 그것은 곧 협정 위반이 되는 것이다.

규제의 방법이며 내용은 국내법에 맡겨져 있다. 제31조에서와 같이 강제실시권에 의해 규제할 수도 있고,[50] 그 밖에 다른 제재나 처벌을 내릴 수도 있다. 그 어떤 경우이든 협정과 합치해야 하고, 협정 규정에 비춰 그 적절성을 판단하게 될 것이다.

4) 제40조

제40조는 좁은 의미의 경쟁 제한 관행 또는 반경쟁 관행에 관하여 다루고 있다. 다음과 같이 설명할 수 있다. ① 규제 대상은 무역에 부정적인 영향을 줄 수 있거나 기술 이전이나 전파를 방해할 수 있는 지적재산권에 관한 일부 라이선스 관행이나 조건이다.[51] ② 특허뿐만 아니라 협정상의 보호대상 모두에 정부의 규제가 미칠 수 있다. ③ 계약 관행이나 조건에 국한한다. 이 점에서 제8조 제2항과 구별된다. ④ 합치성 요건을 충족해야 한다. 이 점은 제8조 제2항과 같다. ⑤ 대표적으로는 배타적인 일방적 양도 조건(exclusive grantback conditions), 유효성에 대한 이의 제기 금지 조건(conditions preventing challenges to validity) 및 강제적인 패키지 라이선스(coercive package licensing)가 그것이다.[52]

---

49) 학자에 따라서는 비례성 요건(proportionality requirement)도 충족해야 한다고 한다. 제8조 제2항에서 "적절한 조치가 필요할 수 있다"고 하고 있으므로, 그 조치는 적절해야 하고(appropriate) 남용 등을 방지하기 위해 필요해야(needed) 한다는 것이다. UNCTAD-ICTSD, pp.553. 이것이 요건이라 보기엔 무리가 있다. 왜냐하면 지적재산권의 남용 등을 방지하기 위하여 "적절한 조치가 필요할 수 있다(appropriate measures … may be needed)"라고 하여, 회원국이 적절한 조치를 취하는 것을 방해하지 않는다는 의미로 새겨야 하고(균형 측면을 생각해보자), 합치성 원칙에 의해 과도한 규제는 협정상 허용되지 않는다는 점에서 조치의 적절성(appropriateness)을 판단할 수도 있기 때문이다.

50) 이에 관해서는, 제5부 제7장 5. 강제실시권 참조.

51) 협정 제40조에서 "회원국은 … 라이선스 관행 또는 조건이 무역에 부정적 영향을 줄 수 있고 기술 이전 및 전파를 방해할 수 있다는 데 합의한다"(고딕 강조)고 하여 'and' 조건을 붙이고 있으나 무역에 영향을 미치는 라이선스와 기술 이전에 영향을 주는 라이선스는 종류가 다른 것이고, 협정은 문맥상(in the context) 이런 라이선스를 모두 규제하고자 한다고 해석하는 것이 타당하기 때문이다. UNCTAD-ICTSD, p.557 참조.

52) 1985년 행위 규범 초안에서 제시한 열네 가지는 1990년 브뤼셀 초안에도 그대로 등장한 바

일방적 양도 조건이란 수급자가 취득한 기술에서 나온 개량 기술을 공급자나 그가 지정한 기업에 이전하도록 요구하는 것을, 유효성에 대한 이의 제기 금지 조건이란 특허 등의 유효성에 대한 이의 제기를 금지하는 것을 말한다.[53] 라이선스 계약에 이런 조건이 붙으면 협정상의 요건을 충족하게 된다. 강제적인 패키지 라이선스란 특허 분야에서 주로 사용하는 용어로, 라이선시에게 해당 특허 외에 다른 특허를 추가적으로 라이선스 받도록 강요하는 것이다.[54] 그 외에 다른 관행이나 조건도 합치성 요건을 충족하는 한 허용된다.

어느 회원국이든 지적재산권자가 자국 국내법 규정에 위반하는 경쟁 제한 관행을 가지고 있는지 조사할 수 있다. 이때 필요한 경우 다른 회원국에 필요한 정보를 요청할 수 있다. 다른 회원국은 관련 자료를 가지고 있을 수 있기 때문이다. 협정은 이 경우 일정한 의무를 회원국에게 부과하고 있다. ① 요청 국가는 다른 회원국 국민이나 그 국가에 주소를 가지고 있는 권리자가 경쟁 제한 행위를 하고 있다고 믿을 경우 후자 국가에 관련 정보를 요청할 수 있다. ② 요청을 받은 국가는 협의(consultation)에 응해야 한다.[55] ③ 요청을 받은 국가는 관련 자료를 제공하는 방법으로 협조하여야 한다. 공개 자료뿐만 아니라 비공개 자료도 포함한다. 비공개 자료의 경우 관련 자료의 비밀을 보장하는 것을 조건으로 제공해야 한다. 비밀 보장에 관해서는 국내법으로 정할 수도 있고 상호 협의하여 정할 수도 있다(제40조 제3항).

한편, 어느 회원국에 국적이나 주소를 가지고 있는 권리자가 다른 회원국에서 경쟁 제한 관행 위반을 이유로 소송 절차에 따라야 하는 경우, 그 권리자의

있으나 이 중 세 가지만 최종적으로 반영된 것이다.

53) UNCTAD, Draft International Code of Conduct on the Transfer of Technology, op. cit., Chap.4 참조. 행위 규범 초안상 정의 규정은 각국 대표의 합의를 얻지 못해 대괄호(sqaure bracket)가 상당히 남아 있다. 여기서는 미완성 정의를 편의상 일부 옮긴 것이다.

54) 1985년 행위 규범 초안에서는 끼워팔기 약정(tying arrangements)라고 하여, 수급자에게 추가적인 기술, 미래 발명, 개선 기술, 상품이나 서비스 등을 강요하는 것이라고 정의하고 있다. 강제적 패키지 라이선스는 끼워팔기의 일종이라 할 수 있다.

55) 제40조 제3항 1문은 "각 회원국은 요청이 있는 경우 다른 회원국과 협의하여야 한다(Each Member shall enter, upon request into consultations with other Member)"고 하고 있는 반면, 2문은 "요청 받은 회원국은 … 협의에 충분하고 호의적인 고려를 제공한다(The Member addressed shall accord full and sympathetic consideration to … consultations with the requesting Member)"고 하여, 양자가 다소 모순되게 규정하고 있다. 협의 의무이든 고려 의무이든 존재하는 것이다.

국적 국가나 주소지 국가도 또한 위와 같은 절차대로 다른 회원국에 협의를 요청할 경우 그 다른 회원국은 위와 같은 협의 의무와 협조 의무를 부담한다 (제40조 제4항).

경쟁 제한 관행 관련 제도 중에는 여전히 각국의 재량 영역에 속하는 분야가 적지 않다. 이들 제도도 물론 TRIPS협정에 합치하는 경우에 한하여 허용되는 것은 물론이다.[56]

6. 무방식주의와 방식주의

1) 저작권과 산업재산권

저작권과 산업재산권을 구별하는 특징 중 하나로 전자는 무방식주의(principle of no formality)를 근간으로 하고 있고, 후자는 방식주의(principle of formality)를 바탕으로 하고 있다는 점을 든다. 베른협약 제5조 제2항 1문이 그 원리를 간명하게 밝히고 있다: "그러한 권리의 향유와 행사는 어떠한 방식에 따를 것을 조건으로 하지 아니한다." 반면, 파리협약은 곳곳에서 방식주의를 예정한 규정을 두고 있다. 제2조 제1항 2문에서는 "따라서 동맹국 국민은 내국민에게 부과하는 조건과 방식에 따를 것을 조건으로 내국민과 동일한 보호를 받으며 또한 권리의 침해에 대하여 내국민과 동일한 법률상의 구제를 받는다"고 하고 있고, 제6조 제1항에서는 "상표의 출원과 등록을 위한 조건은 각 동맹국에서 국내법에 의하여 결정한다"고 하고 있다.

산업재산권에서 말하는 방식은 주로 등록을 의미한다. 각국은 특허 등 산업재산권을 등록할 경우에 일정한 법률적 효과를 부여하고 있는데, 그중 강력하기로는 등록으로 배타적인 권리가 발생하도록 하는 것이다. TRIPS협정은 각

---

56) 저작권 분야에서도 저작권과 경쟁법과의 관계를 고려하여 특수한 형태의 정부 감독 기능이 존재한다. 이것은 행정부나 사법부가 저작권자의 독점적 지위에 따른 남용을 방지하기 위한 것이다. 저작권은 개별적으로 행사하기 어려운 측면이 많다. 이런 개별적 행사를 대신하는 단체로 이른바 집중관리단체(collective society)가 있다. 집중관리단체는 한 분야의 저작물을 독점적으로 이용허락 해주는 것이 보통이다. 많은 국가(대체로 영미법계 국가)에서는 이런 단체의 독점적 지위를 제어하기 위하여 저작권심판소(Copyright Tribunal) 또는 저작권사용료 중재심판소(Copyright Arbitration Royalty Tribunal) 등을 두고 있다.

국의 입법례에 따라, 그리고 파리협약에서 묵시적으로, 때로는 부분적으로 인정하고 있는 방식주의를 전면으로 수용하고 있다. 제62조가 그것이다. 이 조문 하나로 제4부['지적재산권의 취득, 유지 및 관련 당사자 간 절차(Acquisition and Maintenance and Related Inter Partes Procedures)']가 구성되어 있다.

2) 절차와 방식

제62조 제1항에 따르면, "회원국은 제2부 제2절 내지 제6절에 규정된 지적 재산권의 취득 또는 유지의 조건으로 합리적인 절차와 방식의 준수를 요구할 수 있다. 이러한 절차 및 형식은 이 협정의 규정과 일치하여야 한다."[57]

이 규정은 대부분의 WTO 회원국이 등록 제도를 가지고 있다는 점을 적극적으로 받아들이고 있다. 방식(formality)은 주로 등록을 염두에 둔 것이고, 절차는 그런 절차를 말한다. 방식은 특허 등의 취득을 위해서나 유지를 위해서나 필요한 것이다. 임의 규정이므로 회원국이 그런 제도를 '합리적으로' 유지하는 한, 그리고 협정상의 원칙(예를 들어 내국민대우의 원칙)을 준수하는 한 TRIPS협 정에 합치한다는 점을 밝히고 있는 것이다.

제2부 제2절은 상표, 제3절은 지리적 표시, 제4절은 산업재산권, 제5절은 특허, 그리고 제6절은 집적회로 배치설계를 보호대상으로 하고 있다. 제1절 저작권과 관련 권리, 제7절 미공개정보 보호는 해당되지 않는다. 저작권과 관련 권리는 무방식주의 원칙 때문에 제외된 것이고, 미공개정보는 등록과 같은 방식을 보호 요건으로 하지 않기 때문에 제외된 것이다.

등록은 절차상의 요건이면서 비용과 시간을 필요로 한다. 등록에 과도한 비용과 지나친 시간을 소비한다면 이는 지적재산권 제도의 본래 취지와도 양립하지 않는다. 특히 심사의 지연과 관련하여 제62조 제2항에서 규정하고 있다.[58] 이에 따르면, "지적재산권의 취득이 권리의 부여 또는 등록을 조건으로 하는 경우, 회원국은 부여 또는 등록 절차가 권리 취득을 위한 실질적 조건의 준수

---

57) Art. 62.1: "Members may require, as a condition of the acquisition or maintenance of the intellectual property rights provided for under Sections 2 through 6 of Part II, compliance with reasonable procedures and formalities. Such procedures and formalities shall be consistent with the provisions of this Agreement."

58) 이에 관해서는 제62조 제4항에서도 간접적으로, 부분적으로 언급하고 있다.

를 조건으로, 보호기간의 부당한 단축을 회피하기 위하여 그 권리의 부여 또는 등록을 합리적 기간 내에 허용하도록 보장한다."[59] 예를 들어 특허 심사 지연은 필연적으로 20년간의 보호기간을 단축하는 결과를 가져온다. 이 규정은 부당한 단축(unwarranted curtailment)을 막기 위한 것이라 할 수 있다.

지적재산권의 취득과 존속을 위한 절차, 직권 취소 절차, 그리고 이의 신청, 취소, 무효 등 당사자 간 절차는 민사상의 권리 시행 절차에 관한 제41조 제2항 및 제3항의 규정을 준용하여야 한다(제62조 제4항).[60] 즉, 절차는 '공정하고 공평하여야'(제41조 제2항) 한다. 또한 "결정은 가급적 서면으로 하며 그 결정의 이유를 기재"해야 하고, "결정은 부당한 지연 없이 … 제공"되어야 하고, "결정은 … 증거만을 기초로" 해야 한다(제41조 제3항).

행정적 결정은 사법 심사의 대상이 된다. 사법 심사 기관은 사법부에 한정하지 않으며 준사법기관도 포함한다. 이의 신청이나 직권 취소 절차의 경우 법원에 의한 무효 확인 절차가 존재하는 경우 사법 심사 대상에서 제외된다(제62조 제5항).[61]

---

59) Art. 61.2: "Where the acquisition of an intellectual property right is subject to the right being granted or registered, Members shall ensure that the procedures for grant or registration, subject to compliance with the substantive conditions for acquisition of the right, permit the granting or registration of the right within a reasonable period of time so as to avoid unwarranted curtailment of the period of protection."

60) Art. 61.4: "Procedures concerning the acquisition or maintenance of intellectual property rights and, where a Member's law provides for such procedures, administrative revocation and inter partes procedures such as opposition, revocation and cancellation, shall be governed by the general principles set out in paragraphs 2 and 3 of Article 41."

61) Art. 61.5: "Final administrative decisions in any of the procedures referred to under paragraph 4 shall be subject to review by a judicial or quasi-judicial authority. However, there shall be no obligation to provide an opportunity for such review of decisions in cases of unsuccessful opposition or administrative revocation, provided that the grounds for such procedures can be the subject of invalidation procedures."

제3장 저작권

1. 베른협약과 로마협약

저작권에 관한 조약으로 베른협약이 있다면, 저작인접권에 관해서는 1961년 로마협약이 있다. TRIPS협정에도 이들 두 조약이 등장한다. 이미 지적했듯이, 베른협약은 저작권 보호에 관한 기본 조약이면서, 보호대상, 권리의 종류와 내용, 권리 제한, 보호기간에 이르기까지 자세하게, 구체적으로 접근하고 있기 때문에, TRIPS협정이 지향하고 있는 '베른 플러스' 요소가 다른 분야(특허나 상표 등)에 비해 현저히 적다.

로마협약은 당사국 수를 보면 보편적인 조약이라 하기 어렵다. 우루과이 라운드 협상이 진행 중이던 1987년 말까지 30개국이 가입했을 뿐이다.[1] 각국이 저작인접권을 바라보는 태도가 다르기 때문에 빚어졌던 일이다. 그럼에도 TRIPS협정은 로마협약 상당 부분을 협정 내에 반영하여 저작인접권의 국제적 조화를 꾀하고 있다. 이런 점에서, 로마협약을 간단히 살펴볼 필요가 있다.

로마협약은 19세기 말 이후 녹음 기술이 발명되고 라디오와 영화 및 텔레비전 매체가 등장하면서, 특히 저작물을 공연하는 실연자의 경제적 타격을 염려한 나머지 이들을 보호하기 위한 일련의 노력의 결실이었다. 사람들은 새로운 매체가 나타나기 전에는 실연자의 직접 공연을 통해서 저작물을 즐길 수 있었다. 이제 라디오 등이 출현하면서 실연자의 매개 없이도 저작물에 접근하고, 이를 즐길 수 있게 된 것이다.

먼저 국제노동기구(International Labour Organization: ILO)가 이런 사정을 목도하고, 1920년대부터 실연자 보호를 위한 방안을 모색한 바 있다. 1950년대 들어 국제사무국(BIRPI)과 유네스코(UNESCO)도 이런 작업에 참여하면서, 1961

---

[1] 그 후 꾸준히 당사국이 증가하여 2016년 10월 14일 기준으로 모두 92개국이 로마협약에 참여하고 있다. http://www.wipo.int/export/sites/www/treaties/en/documents/pdf/rome.pdf 참조.

년 10월 26일 이들 3개 국제기구가 주최한 외교회의가 로마에서 개최되어 '실연자, 음반제작자 및 방송사업자의 보호를 위한 국제협약(International Convention for the Protection of Performers, Producers of Phonograms and Broadcasting Organisations, 로마협약)'이 탄생하게 되었다. 이 협약은 1964년 5월 18일 발효했다.

로마협약은 실연(performance)과 음반(phonogram), 그리고 방송(broadcast)을 보호대상으로, 실연자와 음반제작자, 그리고 방송사업자를 협약상 수익자로 하고 있다. 각 보호대상과 수익자, 권리의 내용은 TRIPS협정 관련 규정을 검토하면서 같이 보기로 하고, 여기서는 각 권리 주체가 가지는 권리를 간단히 살피기로 한다.

실연자는 방송권과 공중전달권, 그리고 고정권과 복제권을 가진다. 음반제작자는 복제권만을 가진다. 실연자와 음반제작자는 상업용 음반의 2차 사용에 대한 보상청구권을 가진다. 방송사업자는 재방송권과 고정·복제권 및 공중전달권을 가진다. 각기 가지는 권리의 종류가 다르고, 권리의 성질이며 내용에도 차이가 있다.

로마협약상 보호기간은 20년이다. 계산 기준은 실연자의 경우 실연한 때 또는 음반에 고정된 경우에는 고정된 때이고, 음반제작자의 경우 고정된 때이고, 그리고 방송사업자의 경우 방송된 때이다.

로마협약 당시 저작인접권은 저작권에 비하여 보조적이라는 사상이 지배적이었다. 따라서 권리 제한도 폭넓게 인정되었다. ① 사적 사용, ② 시사 사건의 보도와 관련한 짧은 축약(short excerpts), ③ 방송사업자의 일시적 고정, ④ 교육·학술 목적의 사용 등을 들고 있다. 이런 제한은 저작권의 제한의 경우에서 볼 수 있는 '엄격한 요건'을 충족하지 않아도 허용되는 것이다.

2. 저작권

1) 베른협약과의 관계

TRIPS협정이 베른협약상 최소한의 보호의 원칙에 바탕을 두면서 베른 플러스 정신에 입각하여 체결되었으므로, 협정 규정이 베른협약 규정을 가급적 준용하는 방식을 택한 것은 자연스러운 일이다. 다만, 이 협정이 기존의 다른 조약과는 별개의 독립적인 조약이라는 점에 유의한다면, 다음과 같은 규정은 쉽게 납득할 수 있다: "회원국은 베른협약(1971년) 제1조 내지 제21조 및 그 부속서를 준수하여야 한다. 다만, 회원국은 이 협약 제6조의2에 의하여 부여되거나 그로부터 발생하는 권리에 관하여 어떠한 권리나 의무를 부담하지 아니한다"(제9조 제1항).[2]

이 규정이 가지는 의미는 매우 크다. ① WTO 회원국은 베른협약상의 보호대상에 대해 저작권 보호를 해야 한다. 적어도 베른협약에서 예시하고 있는 저작물이 모두 보호대상이 된다(협약 제2조 제1항, 제3항 등). ② 저작자는 협약상의 모든 권리를 향유한다(협약 제8조, 제9조 및 제11조 내지 제12조, 제14조 등). ③ 저작자의 권리는 협약에서 규정한 예외나 제한에 따른다(제2조의2, 제9조 내지 제10조의2, 제11조의2 제2항, 제13조 등). ④ WTO 회원국은 협약에서 부여한 보호기간을 수용해야 한다(제7조 및 제7조의2). ⑤ 개발도상국은 번역권과 복제권을 제한할 수 있다(제21조 및 부속서). 다만, WTO 회원국은 협약 제6조의2에 의한 권리(성명표시권과 동일성유지권)나 그로부터 발생한 권리를 부여할 의무는 없다. 베른협약 실체 규정 중 유일하게 제6조의2를 준수할 의무가 없는 것이다. 이것은 미국의 주장을 받아들인 것이다. 미국 저작권법은 모든 저작자에게 인격권을 부여하지 않고 있다.

2) 보호대상

베른협약은 1971년 스톡홀름 회의를 끝으로 더 이상 개정되지 않았다. 그후 컴퓨터가 본격 보급되면서 컴퓨터 프로그램과 컴퓨터를 통하여 검색·이용할 수 있는 데이터베이스가 각국의 관심을 모았다. 1980년대 들어 각국은 저작권법을 개정하여 컴퓨터 프로그램과 데이터베이스를 보호대상으로 분명히 했다. TRIPS협정은 이런 국내외 동향을 반영하여 컴퓨터 프로그램과 데이터베이스를 보호대상으로 추가했다. 먼저, "컴퓨터 프로그램은 그것이 원시코드이든 목적코드이든 베른협약(1971년)상 어문저작물로서 보호된다"고 하고 있

---

2) Art. 9(1): "Members shall comply with Articles 1 through 21 of the Berne Convention (1971) and the Appendix thereto. However, Members shall not have rights or obligations under this Agreement in respect of the rights conferred under Article 6bis of that Convention or of the rights derived therefrom."

다(제10조 제1항).3) '어문저작물로서(as literary works)'라는 표현은 컴퓨터 프로그램의 성질에 비추어 가능한 모든 경우 어문저작물이 향유하는 보호수준을 컴퓨터 프로그램에 그대로 부여한다는 의미이다. 베른협약은 저작물의 종류에 따라 다른 종류의 권리를 부여하고 있다. 어문저작물 저작자는 복제권(제9조), 방송권과 공중전달권(제11조의2), 공개낭송권(제11조의3) 등을 가지고, 해당 권리는 협약상의 예외나 제한 규정에 따라 제한을 받는 것이다. 컴퓨터 프로그램 저작자는 이런 보호수준을 향유한다. 보호기간도 어문저작물 보호기간에 관한 규정에 따른다.

다음으로, TRIPS협정은 데이터베이스에 관하여 언급하고 있다. 제10조 제2항에 의하면, "기계 가독 형태이든 또는 그 외의 형태이든, 자료나 그 밖의 소재의 편집물로서, 그 내용의 선택 또는 배열로 인하여 지적 창작물이 되는 경우 그와 같이 보호받는다. 그러한 보호는 자료 또는 소재 그 자체에까지 확장하지 아니하고 그 자료 또는 소재 그 자체에 존속하는 저작권에 영향을 미치지 아니한다."4) 이것은 다음과 같이, 몇 가지로 나누어 설명할 수 있다. ① 이 규정은 베른협약상 존재하는 수집물(collection)에 관한 규정(제2조 제5항)을 확인하고 있다. 후자 규정에서는 "내용의 선택과 배열로 인하여 지적 창작물이 되는 … 문학·예술저작물의 수집물"이라고 하고 있는바, 이것은 TRIPS협정 규정과 별반 다르지 않다. 즉, 편집물과 수집물이라는 용어의 차이만 있을 뿐, "내용의 선택 또는 배열(selection or arrangement of their contents)"이라는 점에서는 동일하다.5) 다만, 베른협약은 '문학·예술저작물의 수집물'에 국한하고 있으나, TRIPS협정은 이를 넓혀 소재가 저작물이든 아니든 묻지 않고 저작권 보호를 하도록 요구하고 있다.

---

3) Art. 10(1): "Computer programs, whether in source or object code, shall be protected as literary works under the Berne Convention (1971)."

4) Art. 10(2): "Compilations of data or other material, whether in machine readable or other form, which by reason of the selection or arrangement of their contents constitute intellectual creations shall be protected as such. Such protection, which shall not extend to the data or material itself, shall be without prejudice to any copyright subsisting in the data or material itself."

5) 베른협약과 TRIPS협정에서는 각기 '선택과 배열', '선택 또는 배열'이라 하고 있다. 베른협약 영어본은 'and'라고 하고 있으나 프랑스어본(영어본과 해석상 충돌할 경우 프랑스어본이 우선한다)은 'ou(or)'라고 하고 있다.

② 베른협약에서는 수집물의 예시로 백과사전과 선집을 들고 있으나, TRIPS 협정은 "기계 가독 형태이든 또는 그 외의 형태이든"이라는 표현을 사용하여 전자적 데이터베이스도 보호대상으로 분명히 했다는 점이다. 이것을 두고 베른 플러스 요소가 있다고 말하기는 어렵다. 베른협약상 소재의 선택이나 배열에 독창성이 있다면 그것이 전자적인 것이든 아니든 보호대상이기 때문이다.

③ 편집물의 보호는 편집물의 소재가 되는 원저작물에 대한 저작권을 해치지 않는다. 원저작물에 대한 권리는 원저작자에게 별도로 귀속된다. 다시 말해서 편집물을 제작하거나 이용하기 위해서는 원저작자의 허락을 받아야 하며, 제3자가 편집물을 이용하기 위해서는 원저작자와 편집물 저작자 모두의 허락을 받아야 한다. 이 또한 베른협약 규정과 다르지 않다.

TRIPS협정은 이른바 아이디어와 표현의 이분법(idea-expression dichotomy)을 천명하고 있다. 즉, "저작권 보호는 표현에는 적용되나 사상, 절차, 운용 방법 또는 수학적인 개념 그 자체에는 적용되지 아니한다"(제9조 제2항).[6] 저작권법상 보호대상은 일반적으로 독창성(originality)과 아이디어의 표현(expression of ideas)이라는 두 가지 요건을 갖춰야 한다. 이 중 베른협약도 그렇듯이, TRIPS협정도 독창성 요건에 대해서는 침묵하고 있다. 베른협약 개정회의 준비문서를 통해서 독창성이 저작물 성립 요건이라는 점을 확인할 수 있지만,[7] 여전히 각국이 독창성의 정도 내지 요건에 대해 달리 보고 있어서 이를 조화하기는 매우 곤란하기 때문이라고 짐작할 수 있다. TRIPS협정이 베른협약과 다른 것은 두 번째 요건에 대해서 언급하면서, 아이디어(사상)뿐만 아니라 '절차, 운용 방법 또는 수학적 개념(procedures, methods of operation or mathematical concepts)'을 아이디어의 영역에 속하는 것으로 예시하고 있다는 것이다. 이 점은 저작권법상 보호대상을 한정하는 효과가 있을 것이다.

3) 권리(대여권)

베른협약은 복제권, 공연권, 방송권, 공중전달권 등에 관하여 규정하고 있

---

6) Art. 9(2): "Copyright protection shall extend to expressions and not to ideas, procedures, methods of operation or mathematical concepts as such."

7) 이에 관해서는, 제4부 제3장 1. 저작물의 예시 참조.

다. 영상저작물에 대해서는 배포권도 인정하고 있다. 각국 국내법을 보면, 배포권을 별도의 권리로 포괄적으로 인정하는가 하면, 그렇지 않은 예도 있다. 후자의 입법례에 따르더라도 저작자는 복제권 행사에 수반하여 배포권도 묵시적으로 행사하는 것이 보통이다. 다시 말해서 배포권은 명시적으로나 묵시적으로 인정된다. TRIPS협정은 이들 권리를 회원국의 의무로 하는 동시에, 새로운 권리 한 가지를 추가하고 있다. 대여권이 그것이다.

제11조에 의하면, "회원국은, 적어도 컴퓨터 프로그램과 영상저작물에 관하여, 저작자나 권리승계인에게 그 저작권 보호 저작물의 원본이나 복제물의 공중에 대한 상업적 대여를 허락하거나 금지할 권리를 부여한다. 회원국은 영상저작물에 관하여, 그러한 대여가 그 저작물의 광범위한 복제를 야기하여 그 회원국이 저작자나 권리승계인에게 부여한 배타적 복제권을 실질적으로 침해하지 아니하는 경우에는 이러한 의무에서 면제된다. 이러한 의무는 컴퓨터 프로그램에 관하여, 프로그램 그 자체가 대여의 본질적인 대상이 아닌 경우 대여에 대하여 적용하지 아니한다."[8]

협정은 저작자에게 '저작물의 원본이나 복제물의 공중에 대한 상업적 대여'에 대한 권리를 부여하고 있다. 협정에서는 대여 그 자체를 정의하지 않고 있다. 배포의 일부일 수도 있고,[9] 배포와 별도의 이용 형태일 수도 있다.[10] 대부분의 국내법은 대여를 배포의 일부로 하고 있다. 대여를 이와 같이 정의한다면, 권리 소진의 원칙에 의하여 배포권은 1회 행사로 소멸하게 되므로 대여에

---

8) Art. 11: "In respect of at least computer programs and cinematographic works, a Member shall provide authors and their successors in title the right to authorize or to prohibit the commercial rental to the public of originals or copies of their copyright works. A Member shall be excepted from this obligation in respect of cinematographic works unless such rental has led to widespread copying of such works which is materially impairing the exclusive right of reproduction conferred in that Member on authors and their successors in title. In respect of computer programs, this obligation does not apply to rentals where the program itself is not the essential object of the rental."

9) 배포를 "저작물의 원본 또는 그 복제물을 공중에게 대가를 받거나 받지 아니하고 양도 또는 대여하는 것"이라고 정의한다면 대여를 포함한다. 우리 저작권법 제2조 제23호; 미국 저작권법 제106조 제3항 참조.

10) 배포를 "판매 또는 그 밖의 소유 이전을 통한 저작물의 원본이나 복제물을 공중에 제공하는 것"으로 정의한다면 배포는 별도의 이용 형태이다. WIPO 저작권조약 제6조 참조. 이 조약은 일반적인 배포권을 처음으로 명시하고 있다.

대해 아무런 권리를 행사할 수 없게 된다. 이로 인해 저작자의 이익은 적지 않은 타격을 받을 수 있다.

우루과이 라운드 협상 당시 음반과 컴퓨터 프로그램 대여가 상관행으로 자리 잡은 현실을 보고 대여를 전형적인 이용 형태로 하여 이에 대해 대여권을 부여하는 입법례가 등장했다. 협상 국가들은 이런 상황을 고려하여 대여권을 부여하게 된 것이다.

대여(rental)란 영리 목적으로 일반 공중에게 저작물의 원본이나 복제물의 점유를 이전하는 것이다. 권리 소진 원칙의 예외로서 대여를 통한 배포에 대해서는 그대로 권리를 인정하는 것이다. 이 규정은 다음과 같이 관찰할 수 있다. ① 대여권은 배타적인 권리이다. 규정상으로는 단지 '허락하거나 금지할 권리(right to authorize or to prohibit)'라고 하고 있으나 그 성격이 다른 것은 아니다.11) 배타적인 권리라는 점에는 후술하는 바와 같이, 음반의 경우에 인정될 수 있는 보상청구권은 허용되지 않는다.12) ② 대여권이 미치는 보호대상은 컴퓨터 프로그램과 영상저작물이다. 협정은 '적어도 컴퓨터 프로그램과 영상저작물에 관하여' 대여권을 부여하도록 하고 있다. 다른 저작물에 대해서는 보호 의무가 없다고 할 수 있다. ③ 모든 대여가 대여권의 대상은 아니다. 상업적인 대여에 국한한다.13) ④ 영상저작물에 대해서는 복제권이 실질적으로 침해되는 광범위한 복제를 수반하지 않는 한 대여권을 부여하지 않을 수도 있다. 다시 말해서 침해 기준(impairment test)에 따라 대여권 인정 여부가 결정된다. 대여 행위가 무단 복제로 연결되는 점에 주목하여 이런 기준이 등장했다고 할 수 있다. '광범위한 복제(widespread copying)' 존재 여부에 대한 판단은 각 회원국에게 맡겨진 것이다. 재량의 정도가 크다 할 수 있다. ⑤ 컴퓨터 프로그램 "그 자체가 대여의 본질적인 대상(essential object)이 아닌 경우"는 대여권이 미치지 않는다. 컴퓨터 프로그램은 종류도 많아(운영 체제, 유틸리티 프로

---

11) '배타적 권리(exclusive right)'라는 표현은 제11조 2문(대여권), 제13조(제한과 예외), 제14조 제4항(음반 대여권), 제16조 제1항(등록 상표 소유자의 권리), 제28조 제1항(특허권), 제30조 (특허권에 대한 예외) 등에서 사용하고 있다. 베른협약에서는 '배타적 권리'라는 표현이 일반적이다.

12) 이에 관해서는, 제5부 제3장 3. 2) (2) 음반제작자의 권리 참조.

13) 일부 국가에서는 공공 대출(public lending)이라 하여, 비상업적 대여에 대해 별도의 권리를 부여하기도 한다.

그램, 응용 프로그램 등) 일괄적으로 설명하기도 곤란하다. 협정이 예정한 전형적인 사례는 디스크(플로피디스크, CD 등)에 담긴 프로그램을 대여의 방법으로 유통하는 것이다. 이런 유통은 복제권에 심각한 영향을 줄 수 있고, 이 경우 프로그램 그 자체가 대여의 본질적인 대상인 것이다. 그러나 예를 들어, 비디오게임의 경우 대여의 본질적인 대상이 영상저작물인지 아니면 프로그램인지, 데이터베이스를 수록한 CD가 검색 프로그램으로 작동할 때 대여의 본질적 대상이 데이터베이스인지 아니면 프로그램인지 여부에 대해 해답을 주지는 못하고 있다.[14]

대여권은 TRIPS협정 체결 당시만 하더라도 필수적인 것으로 여겨졌고 권리자에게는 매력적인 것이었으나, 2000년대 이후 대여 관행이 점차 사라지면서 이제는 문헌상의 권리로 남아 있다.

4) 보호기간

베른협약상 보호기간은 원칙적으로 저작자의 생존기간과 사후 50년이다. 영상저작물과 익명 및 이명 저작물에 대하여는 별도의 보호기간을 두고 있다. 영상저작물 등은 공개(available to the public)나 창작에 의존하여 보호기간이 정해진다. 공개는 발행보다는 넓은 개념으로서, 공연과 방송 등을 포함한다. 또한 사진저작물과 응용미술저작물은 적어도 창작 후 25년간 보호된다.

TRIPS협정은 이런 베른협약 규정을 한 가지 점에서 수정하고 있다. 보호기간은 최소한 발행 후 50년으로 하고, 그 기간 동안 발행되지 않는 경우에는 창작 후 50년으로 한다는 것이다. 다시 말해서, 베른협약 동맹국 간에 사후 50년을 지키는 여부는 별론으로 하고, TRIPS협정 당사국 간에는 발행 후 50년 또는 창작 후 50년이 보호기간의 기준인 것이다. 이를 적용한다면, 영상저작물이나 무명 또는 익명 저작물이 발행 이외의 방법으로 먼저 공표되고 나중에 발행되는 경우 베른협약 규정을 적용하는 경우에 비하여 보호기간이 길어진다. 그 반대의 경우도 생각할 수 있다. 공표 후 50년간 발행되지 않은 경우 보호기간은 창작 후 50년이므로, 저작자는 베른협약 규정을 적용할 경우에 비하여 단기의 보호기간을 향유할 것이다.[15] 베른협약과 TRIPS협정 모두에 참여

---

14) Ricketson & Ginsburg, p.691.

하고 있는 국가 내에서 보호를 받는 저작물은 양 조약상의 이익을 모두 누릴 수 있다. 원용하는 조약 규정에 따라 더욱 긴 보호기간을 주장할 수 있기 때문이다. 이런 보호기간은 국내법으로 정해지기 마련이고, 국내법은 양 조약상의 의무를 모두 만족해야 하므로 저작자는 실제적으로는 최장의 보호기간을 향유할 것이다.

이 기준은 사진저작물과 응용미술저작물에는 적용되지 않는다.

5) 제한 또는 예외

(1) 협정 규정과 의의

TRIPS협정은 '제한과 예외(limitations and exceptions)'라고 하여 일반 규정하나(제13조)를 두고 있다. 일반적으로 '제한'과 '예외'는 구별 없이 사용하는 경향이지만, 양자 간에는 개념상 차이가 있다. 미국—저작권법 제110조 사건에서 WTO 패널은 양자를 구분하면서, 예외(exceptions)는 법에서 예정한 어떤 권리를 부인(derogation)하는 것이고, 제한은 그런 권리를 일정한 정도 축소(reduction)하는 의미가 있다면서 양자 간에는 중복 영역도 있다고 보고 있다.[16]

협정 제13조에 의하면, "회원국은 배타적 권리에 대한 제한 또는 예외를 저작물의 통상적인 이용과 충돌하지 아니하고 권리자의 합법적인 이익을 부당하게 해치지 아니하는 어떤 특별한 경우로 한정한다."[17] 이 규정은 이른바 3단계 기준(three-step test)을 제시하고 있다. 일부 국가에서는 이 기준의 전부나 일부를 그대로 국내법 규정에 반영하기도 하고, TRIPS협정 다른 규정(제26조 제2항 및 제30조)에서도 이 기준의 일부(통상적 이용 충돌 금지와 합법적 이익 저해 금지)를 차용할 정도로 이 기준이 매력이 있는 듯하다. 그러나 표현의 모호함으로 인해 적용에 어려움이 많다.

먼저 이 조항을 이해하기 위해서는 이 조항 해당 구절이 도입된 1967년 스

---

15) WIPO(TRIPS), pp. 20~22.

16) 미국—저작권법 제110조(United States—Section 110(5) of US Copyright Act), Report of the Panel, WT/DS160/R, 15 June 2000, para. 6.107.

17) Art. 13: "Members shall confine limitations or exceptions to exclusive rights to certain special cases which do not conflict with a normal exploitation of the work and do not unreasonably prejudice the legitimate interests of the right holder."

톡홀름 회의로 돌아갈 필요가 있다. 이 기준은 일반적인 복제권을 도입하면서 그에 따라 불가피한 예외를 설정해야 한다고 합의한 데에서 비롯된 것이다. 당시 회의 보고서는 3단계 기준 해석의 논리적 순서를 제시하고 있다. 즉, "복제가 저작물의 통상적인 이용과 충돌한다고 본다면, 복제는 아예 허용되지 않는다. 복제가 저작물의 통상적인 이용과 충돌하지 않는다고 본다면, 다음 단계는 그 복제가 저작자의 합법적인 이익을 해치지 않는지 보는 것이다. 그렇지 않은 경우에 한하여, 어떤 특별한 경우에 강제허락을 도입하거나 대가 없는 사용을 규정하는 것이 가능하다."[18] 여기서 보면 3단계 기준 중 어느 한 기준 내지 단계(step)라도 어긋나면 어떠한 예외나 제한은 허용되지 않는 것이다. 이런 의미에서 누적적인(cumulative) 요건이다.[19] 이 회의 보고서는 통상적 이용 충돌 금지를 1단계, 합법적 이익 저해 금지를 2단계, '어떤 특별한 경우'를 3단계로 하고 있다. 그러나 일반적으로 3단계는 협정 규정 순서에 따라 '어떤 특별한 경우'를 1단계로 하고 나머지를 각기 2단계와 3단계로 놓고 있다.[20] 형식적인 구분에 지나지 않는다.

3단계 기준은 베른협약 제9조 제2항에서, 그리고 TRIPS협정 제13조에서 규정하고 있다. 양자는 규정 형식상의 차이 외에는 같은 내용으로 되어 있다. 비교 삼아 베른협약 제9조 제2항을 인용하기로 한다: "어떤 특별한 경우에 그러한 저작물의 복제를 허용하는 것은 동맹국의 입법에 맡긴다. 다만, 그러한 복제는 저작물의 통상적인 이용과 충돌하지 아니하여야 하며, 저작자의 합법적인 이익을 부당하게 해치지 아니하여야 한다."[21][22]

---

18) Proposals for Revising the Substantive Copyright Provisions (Articles 1 to 20), Prepared by the Government of Sweden with the Assistance of BIRPI(이하 Proposals for Substantive Provisions), Doc. S/1, *Records of Stockholm*, p.112.

19) WT/DS160/R, op. cit., para. 6.97.

20) 피처(Ficsor)는 어떤 예외가 특별한 경우에 한정하지 않는다면 그것으로 다른 두 가지 기준을 살펴볼 필요도 없이 베른협약상 허용되지 않기 때문에 '어떤 특별한 경우' 기준이 첫 번째라고 한다. Ficsor, p.57.

21) Art. 9(2): "It shall be a matter for legislation in the countries of the Union to permit the reproduction of such works in certain special cases, provided that such reproduction does not conflict with a normal exploitation of the work and does not unreasonably prejudice the legitimate interests of the author."

22) 미국—저작권법 제110조 사건에서 EC는 베른협약은 동맹국이 국내법으로 복제를 '허용'하도록 하고 있지만, TRIPS협정은 회원국이 제한이나 예외를 '한정'하도록 하고 있다는 점을 지적

TRIPS협정 제13조는 다음과 같은 점에서 의의를 찾을 수 있다. ① 제13조에 따른 3단계 기준은 종전 베른협약상 복제권에 대한 제한과 예외에만 적용되는 것이 아니라 모든 권리에 대한 제한과 예외에 적용되는 일반 기준이 되었다. 23)

② 이 기준의 역할은 회원국의 국내법이나 제도가 TRIPS협정에 합치하는지 판별하는 데 있다. 국내법이나 제도가 이 기준에 합치하는 한 협정상의 의무를 충족하는 것이다.

③ TRIPS협정은 제13조 외에는 달리, 권리에 대한 제한이나 예외 규정들을 두지 않고 있다. 그렇지만 협정상 WTO 회원국은 베른협약상의 예외를 그대로 원용할 수 있으므로(제3조 제1항) 추가적인 제한 규정을 도입하지 않는다 하더라도 베른협약상의 예외 규정에 합치하는 제한 규정을 국내법상 도입, 유지할 수 있다.

④ 베른협약상의 기존 제한 규정과 TRIPS협정 제13조 간의 관계는 쉽게 설명하기 곤란하다. 베른협약 일부 규정은 협정 제13조와 양립할 수 있는 것으로 보이고,24) 일부 규정은 양립 여부가 불분명하고,25) 일부 규정은 협정 제13조에 불합치하는 것으로 보인다.26) 양립 여부가 불분명하거나 불합치하는 경우라면, 협약 규정들과 협정 제13조는 각기 특별법과 일반법의 관계로 설명이 가능하다.27) 미국—저작권법 제110조 사건에서 WTO 패널은 베른협약 제11

하고 있으나, 패널은 양자 규정이 다르지 않다고 보았다. WT/DS160/R, op. cit., para. 6.78, 6.81. 베른협약과 TRIPS협정 규정 간의 차이 중 하나로, 전자는 '저작자의 합법적 이익'이라고 하고 있는 반면, 후자는 '권리자의 합법적인 이익'이라 하고 있다.

23) 미국—저작권법 제110조 사건에서 EC는 TRIPS협정 제13조는 협정에서 추가된 권리(대여권)에 국한하여 그 제한이나 예외에 관한 규정이라고 주장했다. 베른동맹국은 특별협정을 맺어 더욱 광범위한 보호를 할 수 있고 따라서 다른 합의(TRIPS협정)로 베른협약상의 보호수준을 낮춰서는 안 된다는 점, TRIPS협정 제2조 제2항에서 기존 조약(베른협약 포함)상의 의무를 훼손해서는 안 되도록 규정하고 있는 점을 이유로 들고 있다. 패널은 EC의 주장을 배척하면서, 제13조는 협정상의 배타적인 권리에 국한하지 않고 베른협약상의 다른 배타적 권리에도 적용된다고 했다. WT/DS160/R, op. cit., paras. 6.75~6.77, 6.80~6.82.

24) 예를 들어, 인용은 공정한 관행에 합치해야 하고, 목적에 의해 정당화되는 범위에서만 가능하다(제10조 제2항).

25) 예를 들어, 시사 보도 목적 이용은 전재 금지 표시가 없는 한 얼마든지 신문이나 정기간행물 기사를 복제할 수 있고(제10조의2), 정보 목적에 의해 정당화되는 한 보이거나 들리는 저작물을 공중에 제공할 수 있다(제10조의2 제2항).

26) 문학·예술저작물 저작자가 가지는 방송권 등은 일정한 조건(정당한 보상 및 인격권 존중)을 충족하는 한 강제허락의 대상이 된다(제11조의2 제2항).

조의2 제2항과 TRIPS협정 제13조는 서로 다른 상황에 적용되는 것으로 보고 있을 뿐,[28] 양자 간의 관계(특별법과 일반법 간의 관계 여부)에 대해서는 언급하지 않고 있다. 그러나 스톡홀름 개정회의 당시 제9조 제2항 초안 설명 자료에 의하면 동맹국이 이 규정을 국내법으로 수용할 때 고려 요소 중 하나로, 베른 협약상 이미 존재하는 예외 규정들을 고려해야 한다는 점을 들었다. 기존 예외 규정들(제10조, 제10조의2 및 제11조의2 제3항)은 해당 규정이 예정한 경우의 한계를 정하고 있다는 것이다. 또한 동맹국이 음악저작물의 녹음과 관련하여 가지는 강제허락에 대한 권한을 제한해서는 안 된다는 점도 지적했다.[29] 이런 스톡홀름 준비문서는 양자 간에 특별법과 일반법 간의 관계라는 해석에 힘을 실어주고 있다 하겠다.

(2) 3단계 기준의 해석

3단계 기준에 따르면 제한이나 예외는 ① '어떤 특별한 경우(certain special cases)'에 한정해야 하고, ② 저작물의 통상적 이용(normal exploitation)과 충돌하지 않아야 하며, ③ 저작자의 합법적 이익(legitimate interests)을 해쳐서는 안된다. 하나씩 보기로 한다.

① '어떤 특별한 경우'(제1단계): 스톡홀름 회의 협상안 제9조 제2항은 "복제가 저작자의 합법적인 이익에 반하지 아니하고 저작물의 통상적인 이용과 충돌하지 아니하는 한, 어떤 특별한 경우에 그러한 저작물의 복제를 허용하는 것은 동맹국에 맡긴다"고 규정한 바 있다.[30] '어떤 특별한 경우에(in certain particular cases)'라는 표현은 현행 베른협약 표현('in certain special cases')과 흡사하다. 당시 설명 자료에 의하면 분명히 특정한 목적(clearly specified purposes)이 있는 경우 예외는 허용되는 것으로 본 것이다. 미국—저작권법 제110조 사건에서 WTO 패널은 국내법상의 제한이나 예외는 첫째, 분명히 정해져야 하고(clear-

---

27) Ricketson & Ginsburg, pp.856~860.

28) WT/DS160/R, op. cit., para. 6.87.

29) Proposals for Substantive Provisions, *Records of Stockholm*, p.112.

30) Art. 9(2): "It shall be a matter for legislation in the countries of the Union to permit the reproduction of such works ⋯⋯
(c) in certain particular cases where the reproduction is not contrary to the legitimate interests of the author and does not conflict with a normal exploitation of the work."

ly defined), 둘째, 그 범위가 좁아야 한다(narrow in its scope and reach)고 해석한다.31) 패널은 공공정책적 목적 또는 특정한 목적은 '어떤 특별한 경우'와 같은 것으로 볼 수 없으며 공공정책적 목적을 이유로 1단계 기준을 정당화할 수 없다고 본다.32) 다른 주장을 하는 학자도 있다. 그는 예외나 제한은 첫째, 범위가 제한되어야 하고, 둘째, 명확한 법적·정치적 정당성을 가져야 한다고 주장한다. 후자의 경우 베른협약 역사를 통해 확인할 수 있다고 한다.33)

② 통상적 이용과의 충돌 금지(제2단계): 이 기준은 다른 기준들에 비해 보다 선명하다. 스톡홀름 회의 협상안 설명 자료에 의하면 "예외는 저작물과 경제적인 경쟁을 해서는 안 된다"고 하면서 "상당한 경제적인 또는 실세적인 중요성을 가지거나 가질 수 있는 저작물의 모든 이용 형태는 저작자에게 유보되어야 한다"고 지적했다.34) WTO 패널도 '통상적인 이용'이란 경험적인 측면과 규범적인 측면이 있다면서, 스톡홀름 회의 준비문서가 설득력이 있다고 보았다. 패널은 국내법상의 예외나 제한에 의한 저작물의 이용이 저작권자의 부가가치 창출 수단과 경제적으로 경쟁을 함으로써 상당한 상업적 이익을 빼앗는다면 그것은 곧 저작물의 통상적인 이용과 충돌한다고 판단했다.35)

③ 합법적 이익 저해 금지(제3단계): WTO 패널은 각각의 단어를 사전적으로 분석하면서 이 단계를 검토하고 있는바—조약법에 관한 비엔나협약에 따르면 '용어에 부여되는 통상적인 의미'를 찾는 것이 조약 해석의 기본 원칙이다—결론적으로, 어떤 예외나 제한이 저작권자의 수입에 부당한 손실을 야기하거나 야기할 수 있다면 권리자의 합법적 이익의 저해는 불합리한 정도에 도달한 것이다. 단순한 저해(prejudice)만으로 이 요건에 해당하는 것은 아니고 그것은 '부당한' 또는 '불합리한(unreasonable)' 것이어야 한다.36) 그 정도는 양적으로 측정할

---

31) WT/DS160/R, op. cit., paras. 6.108~6.109, 6.112~6.113. 같은 의견: Ricketson & Ginsburg, pp.766~767.

32) WT/DS160/R, op. cit., paras. 6.111~6.112.

33) 스톡홀름 개정회의 협상안 설명 자료에서 '여러 공공·문화적 이해관계(various public and cultural interests)'에 대해 고려해야 한다는 점을 지적한 바 있고, 베른협약 제한 규정들이 공공정책적 고려에 기반을 둔 것이라는 점도 제시하고 있다. Ficsor, pp.57~58.

34) Proposals for Substantive Provisions, Records of Stockholm, p.112.

35) WT/DS160/R, op. cit., para. 6.166, paras. 6.178~6.183.

36) 영어본에서는 "[limitations or exceptions to exclusive rights which] do not unreasonably prejudice the legitimate interests of the right holder"라고 하고 있으나, 프랑스어본은 "[les limi-

필요가 있으며, 하나의 방법으로는 배타적 권리의 경제적 가치, 예를 들어 해당 권리의 라이선스로 인한 가치를 측정하는 것이다.[37] 스톡홀름 회의 보고서도 같은 맥락에서 지적하고 있다. 즉, 제한이나 예외는 어떠한 경우에도 저작자의 합법적인 이익을 해치기 마련이다. 따라서 오직 부당한 저해만이 허용되지 않는다.[38] 합법적 이익의 저해 여부는 양적 판단이 주가 되는 만큼, 강제허락에 의해 보상금을 지급한다면 그 저해는 발생하지 않을 수도 있다는 것이다.[39]

3. 저작인접권

TRIPS협정은 프랑스 등 대륙법계 국가에서 즐겨 사용하는 저작인접권(droits voisins, neighboring rights)이라는 용어 대신에, 관련 권리(related rights)라는 표현을 쓰고 있다. 전자의 용어는 영미법계 국가에서는 생소한 것이다. 영미법계에서는 저작인접권이라는 사상이 희박할 뿐만 아니라 그 보호를 위한 접근법도 매우 다르기 때문이다.[40] TRIPS협정은 이런 접근법의 차이에 따라 '관련 권리'라는 표현을 채택한 것이다. 물론 그 개념과 내용은 로마협약을 상당한 정도로 차용하고 있어서, 대륙법계의 개념이나 내용과 유사한 측면이 많다. 그 범위 내에서는 양 법계 간의 조화가 이뤄졌다 할 수 있다.

---

tations des droits exclusifs ou exceptions à ces droits] ne causent un préjudice injustifié aux intérêts légitimes du détenteur du droit"(고딕 강조)라고 하고 있다. 부당하다는 것은 정당화될 수 없는 것이기도 하다.

37) WT/DS160/R, op. cit., para. 6.166, paras. 6.223~6.229.

38) Summary Minutes (Main Committee I), *Records of Stockholm*, p.883.

39) "그 복사복제가 산업적으로 사용하기 위하여 다소 많은 양의 복제물 제작을 수반한다면, 그것은 국내법에 따라 공정한 보상이 지급된다는 조건하에서 저작자의 합법적인 이익을 해치지 않을 것이다." Report on the Work of Main Committee I (Substantive Provisions of the Berne Convention: Article 1 to 20), *Records of Stockholm*, p.1145~1146.

40) 이에 관해서는, 제1부 제1장 4. 2) 저작권 보호의 역사 참조.

1) 실연자의 권리

(1) 실연의 개념

협정에서는 보호대상으로서 실연을 정의하지 않고 있다. 국제적으로 실연의 개념은 로마협약을 끌어와 설명하는 것이 일반적이다. 로마협약에 의하면, 실연자란 "배우, 가수, 연주자, 무용가와 그 밖의 문학 또는 예술 저작물을 연기, 가창, 전달, 표현, 연주 또는 달리 실연하는 자를 말한다"[제3조(a)].[41] 협약은 실연을 직접 정의하지 않고 실연자를 정의하면서 실연자의 연기, 가창 등의 행위를 실연이라고 간접적으로 정의하고 있다.

실연자는 자신의 예술적 재능을 담아 저작물을 연기, 가창 등에 구현한다. 이런 행위는 저작물을 해석하는 것이다.[42]

(2) 실연자의 권리

TRIPS협정상 실연자의 권리는 넓은 의미의 복제권과 넓은 의미의 공연권으로 나뉜다. 전자는 다시 고정권과 복제권으로, 후자는 방송권과 공중전달권으로 세분된다. 협정 제14조 제1항에 의하면, "실연의 음반에의 고정과 관련하여, 실연자는 자신의 허락을 받지 아니하고 행하여지는 다음의 행위를 금지할 가능성을 가진다: 자신의 비고정 실연의 고정과 그러한 고정의 복제. 실연자는 또한 자신의 허락을 받지 아니하고 행하여지는 다음의 행위를 금지할 가능성을 가진다: 무선 수단에 의한 방송과 자신의 생실연의 공중에의 전달."[43]

다음과 같은 점에 주목해야 한다. ① 협정상의 권리는 '금지할 가능성(possi-

---

41) Art. 3(a): "'performers' means actors, singers, musicians, dancers, and other persons who act, sing, deliver, declaim, play in, or otherwise perform literary or artistic works;"

42) 프랑스 저작권법에서는 실연자를 예술가·해석자(artiste-interprète)라고 한다. WIPO 실연·음반조약에서는 이런 점을 정의 규정에 포함시켰다: "배우, 가수, 연주자, 무용가와 그 밖의 문학 또는 예술 저작물 또는 민속 표현물을 연기, 가창, 전달, 표현, 연주, 해석 또는 달리 실연하는 자를 말한다"[제2조 (b)](고딕 강조).

43) Art. 14.1: "In respect of a fixation of their performance on a phonogram, performers shall have the possibility of preventing the following acts when undertaken without their authorization: the fixation of their unfixed performance and the reproduction of such fixation. Performers shall also have the possibility of preventing the following acts when undertaken without their authorization: the broadcasting by wireless means and the communication to the public of their live performance."

bility of preventing)'을 가지는, 소극적인 권리이다.[44] 배타적인 권리가 아니다. 회원국이 권리의 성격을 이렇게 설정한다면, 해당 권리는 양도 등 방법으로 이전될 수 없고, 따라서 실연자는 집중관리단체(collecting society)에 자신의 권리를 관리하도록 위임할 수 없다. 이것은 1961년 로마협약 체결 당시에 우려했던 문제를 그대로 반영하고 있는 것으로, 이제 그 의의는 상당히 퇴색했다고 할 수 있다. 당시 저작자들은 자신의 권리 행사가 실연자에 대한 배타적인 권리 부여로 방해를 받을 수 있다고 주장했던 것이다.[45] 또한 실연자에게 금지 권한을 주는 것은 그의 동의나 허락 여부를 묻지 않는 실연의 이용을 배제하는 것이다. 따라서 이런 실연은 강제허락이나 법정허락의 대상이 될 수 없다.

② 넓은 의미의 복제권에는 고정권과 복제권이 있다. 고정이란 영상이나 소리를 최초로 매체에 담는 것을 말한다. 생실연을 녹음하는 것, 방송을 위하여 녹음·녹화하는 것 등이 이에 해당한다. 로마협약상 복제란 고정 이외에, 유형물에 담는 것이다. 인쇄, 타자, 사진, 기계적 복제, 영상적 복제 등이 있다. 청각 실연의 복제는 주로 음반 제작 형태를, 시청각 실연은 비디오 제작 형태를 띤다. 음악의 예를 들면, 마스터링이 고정이고 유형의 음반 제작이 복제이다. 디지털 기술의 등장으로 복제 영역이 넓어졌다. 디지털 파일로 만드는 것도 복제의 일종이다. 이렇게 볼 때, 실연자가 가지는 권리는 비고정 실연(unfixed performance)의 최초 고정(first fixation)과 고정 실연(fixed performance)의 복제에 대한 권리라 할 수 있다.

③ 넓은 의미의 공연권에는 방송권과 공중전달권이 있다. 이런 권리도 생실연에 대해서만 인정될 뿐, 고정 실연에 대해서는 인정되지 않는다. 이런 권리는 실연자의 허락을 받지 않고 생실연을 동시에 방송하거나 공중전달하는 경우에 미친다. 협정은 방송이나 공중전달의 개념을 정의하지 않고 있다. 기존 국제 조약상의 정의를 따를 수밖에 없을 것이다. 베른협약상 방송이란 무선의 방법에 의한, 헤르츠파에 의한 송신을 의미한다. 한편, 공중전달에 관해서는

---

44) "금지할 가능성을 가진다"는 직역은 다소 어색하다(그저 "금지할 수 있다"고 하더라도 해석상 문제는 없다).

45) 이런 우려를 반영한 조항이 로마협약 제1조이다. 이에 의하면, "이 협약에 의하여 부여되는 보호는 문학·예술저작물에 대한 저작권의 보호를 손상시키지 아니하고, 어떠한 경우에도 이에 영향을 미치지 아니한다. 따라서, 이 협약의 어떠한 규정도 그러한 보호를 해치는 것으로 해석될 수 없다."

국제 조약으로부터 도움을 받을 수 없다. 조약마다 각기 달리 규정하고 있기 때문이다. TRIPS협정에서는 그저 '공중전달'이라고만 하고 있어서 그 범위를 둘러싸고 논란이 될 수 있다. 넓은 의미로 새겨도 무방할 것 같다. 유선송신, 확성기를 통한 전달 등 방송 이외의 형태에 의한 공중전달 모두를 의미한다고 볼 수 있다. 다만, 디지털 송신은 협정 당시 예정한 이용 형태라 하기는 어렵다. 조약의 '목적과 대상'에 비춰 보면 제외되리라 본다.

TRIPS협정상의 권리는 로마협약상 인정되는 실연자의 권리와 대동소이한 듯 보인다. 그러나 들여다보면 여러 차이가 보인다. ① 로마협약은 어떠한 실연이든 보호한다. 그러나 TRIPS협정은 "실연의 음반에의 고정과 관련하여," 고정권과 복제권을 부여한다. 청각 실연에 국한하여 고정권과 복제권이 인정되는 것이다.[46] ② 로마협약은 비고정 실연의 방송과 공중전달에 대한 권리를 부여하고 있는 반면, TRIPS협정은 생실연의 방송과 공중전달에 대한 권리를 부여한다. 전자는 비고정 실연에 대한 권리를 부여하면서 '방송 실연(broadcast performance)'은 제외하고 있다.[47] 비고정 실연에는 생실연과 방송 실연이 있고, 방송 실연은 로마협약에서도 권리의 예외로 인정하고 있으므로 실제 권리 집행상의 차이는 생기지 않는다. ③ 로마협약은 실연자에게 고정 실연의 방송이나 공중전달에 대한 권리를 부정하는 대신에, 국내법으로 재방송에 대한 보호에 관해 규율할 수 있도록 열어놓고 있는 반면(제7조 제2항), TRIPS협정은 이에 대해 아무런 규정을 두지 않고 있다. ④ 로마협약은 실연자에게 판매용 음반의 2차 사용에 대한 보상청구권을 부여하고 있으나(제12조),[48] TRIPS협정은 아무런 규정을 두지 않고 있다. 로마협약상 이 권리는 판매용 음반이 방송이

---

46) 로마협약 제7조 제1항 (c)는 특히, ① 실연자의 동의 없는 고정(이런 예로는, 생실연을 허락 없이 녹음·녹화하여 대량 복제하는 것을 생각할 수 있다), ② 실연자가 동의한 목적과 다른 목적으로 이루어진 복제, ③ 실연자의 권리 제한으로 인해 비록 실연자의 동의 없이 고정이 이루어지더라도 이런 고정 목적과 다른 목적으로 이루어지는 복제 등에 복제권이 미치도록 했다. TRIPS협정도 이 점에서는 같은 취지의 규정이라 할 수 있다. WIPO(TRIPS), pp.23~24.

47) Art. 7(1): "The protection provided for performers by this Convention shall include the possibility of preventing:
(a) the broadcasting and the communication to the public, without their consent, of their performance, except where the performance used in the broadcasting or the public communication is itself already a broadcast performance or is made from a fixation; ……"(고딕 강조)

48) 협약 당사국은 이 규정을 유보할 수 있다[제16조 제1항 (a)]. 규정 전체를 적용하지 않을 수도 있고, 일부 이용에 국한하여 적용하지 않을 수도 있다.

나 공중전달의 '직접' 대상이 될 때 실연자와 음반제작자에게 인정되는 것이다. 직접적으로 이용된다는 요건으로부터 재방송의 경우는 제외된다.

2) 음반제작자의 권리

(1) 음반의 개념

협정은 음반을 정의하지 않고 있지만, 로마협약상의 개념과 다르지 않다고 본다. 로마협약에 의하면, 음반이란 "실연의 소리 또는 그 밖의 소리를 오로지 청각적으로 고정한 것을 말한다"[제3조(b)].[49] '음반(phonogram)'이라는 용어가 가지는 뉘앙스에서 유형물로서의 음반으로 오해하는 경우도 있으나 보호대상 '음반'은 무체물로서 저작인접권 내지 '관련 권리'의 객체인 것이다.

음반제작자란—역시 로마협약 정의를 가져오면—"실연의 또는 그 밖의 소리를 최초로 고정한 자연인이나 법인을 말한다"[제3조(c)].[50]

(2) 음반제작자의 권리

음반제작자가 TRIPS협정상 가지는 권리는 복제권이다. 즉, "음반제작자는 그 음반의 직접적이거나 간접적인 복제를 허락하거나 금지할 권리를 향유한다"(제14조 제2항).[51] 로마협약과 규정(제10조)도 같다. 음반제작자는 단지 금지할 수 있는 권리뿐만 아니라 허락할 수 있는 적극적인 권리도 가지는 것이다.

이에 더하여, 음반제작자는 대여권을 가진다. 다만, 1994년 4월 15일 음반의 대여와 관련하여 권리자에 대한 보상 제도를 실시하는 국가에 대하여는 음반의 상업적 대여가 권리자의 복제에 대한 배타적인 권리를 실질적으로 침해하지 아니하는 경우 그 제도를 유지할 수 있도록 열고 있다.[52] 이때에도 그런 상업적 대여가 권리자의 복제권을 실질적으로 침해해서는 안 된다(제14조 제4

---

49) Art. 3(b): "'Phonogram' means any exclusively aural fixation of sounds of a performance or of other sounds;"

50) Art. 3(c): "'Producer of phonograms' means the person who, or the legal entity which, first fixes the sounds of a performance or other sounds;"

51) Art. 14.2: "Producers of phonograms shall enjoy the right to authorize or prohibit the direct or indirect reproduction of their phonograms."

52) 이 규정은 일본과 같이 1994년 전부터 대여권 제도를 도입한 경우에 원용할 수 있는 것이다. 일본은 1984년 저작권법을 개정하여 대여권 규정을 신설했다.

항). TRIPS협정상 대여권은 음반제작자에게만 명시적으로 인정되고 있다. TRIPS협정상 특기할 만한 사항으로, 저작자와 실연자 등은 각 회원국의 법률에 따라 대여권 향유 여부가 결정된다는 점이다.

3) 방송사업자의 권리

(1) 방송의 개념

방송 개념은 베른협약이나 로마협약에 의해 국제규범상으로는 정형화한 것이다. 로마협약에 의하면, 방송이란 "공중이 수신하도록 무선의 수단에 의하여 소리 또는 영상과 소리를 송신하는 것을 말한다"[제3(f)].[53]

로마협약도 방송사업자에 대해서 정의하지 않아 각 회원국의 재량으로 방송사업자의 범주가 정해질 수밖에 없다. 대체로 방송의 기획, 제작, 편성 등에 책임을 지고, 방송을 송출하는 사업자라고 정의할 수 있다.

(2) 방송사업자의 권리

방송사업자는 고정과 복제에 대한 권리, 재방송에 대한 권리, 그리고 공중전달에 대한 권리를 가진다. 협정 제14조 제3항 1문에 의하면, "방송사업자는 자신의 허락을 받지 아니하고 행하여지는 다음의 행위를 금지할 권리를 가진다: 고정, 고정물의 복제, 무선의 방법에 의한 방송물의 재방송 및 텔레비전 방송물의 공중에의 전달."[54] 고정권과 복제권은 실연자에게 인정되는 것과 같다. 앞의 설명으로 대체해도 무리가 없다.

재방송권은 다른 방송사업자에 의한 무선의 방법에 의한 동시 송신에 대한 권리를 말한다. TRIPS협정이 역시 이에 대해 침묵하고 있지만 로마협약상 재

---

53) Art. 3(f): "'Broadcasting' means the transmission by wireless means for public reception of sounds or of images and sounds;"

54) Art. 14.3: "Broadcasting organizations shall have the right to prohibit the following acts when undertaken without their authorization: the fixation, the reproduction of fixations, and the rebroadcasting by wireless means of broadcasts, as well as the communication to the public of television broadcasts of the same. Where Members do not grant such rights to broadcasting organizations, they shall provide owners of copyright in the subject matter of broadcasts with the possibility of preventing the above acts, subject to the provisions of the Berne Convention (1971)."

방송의 정의와 다르지 않다고 본다. 이에 의하면, 재방송이란 "어느 방송사업자가 다른 방송사업자의 방송을 동시에 방송하는 것을 말한다"[제3조(g)].[55] 무선의 방법에 의한, 헤르츠파에 의한 동시 송신인 것이다. 따라서 유선재송신은 제외된다. 이 권리는 방송사업자에게 중요하다. 많은 방송물이 다른 방송사업자의 무단 방송 위험에 노출되어 있기 때문이다. 또한 방송사업자는 공중전달권도 가진다. 이 권리는 비록 텔레비전 방송물에 국한하고 있으나 아주 폭넓은 보호를 암시한다.[56]

TRIPS협정에 의하면, "회원국은 방송사업자에게 그러한 권리를 부여하지 아니하는 경우, 베른협약(1971년) 규정을 따를 것을 조건으로, 방송물의 저작권자가 위 행위를 금지할 수 있도록 하여야 한다"(제14조 제3항 2문). 방송물(subject matter of broadcasts)은 거의 모두 저작물이라 할 수 있다. 따라서 방송물에 대한 저작권을 가지는 사람이 존재하고 이 권리자가 위에서 언급한 제반 권리를 행사할 수 있다면 그것으로 TRIPS협정상의 의무는 충족하는 것이다.

제14조 제3항 1문과 2문을 함께 보면 해석상 난점도 있거니와 보호의 측면에서도 보호 제한 내지 균형의 측면에서 문제를 안고 있다. 먼저, 보호 측면에서 볼 때, 방송물이 모두 저작물인 것은 아니다. 대표적인 예로 스포츠 중계를 들 수 있다. 이런 방송물이 저작물로 보호를 받지 못한다면 보호에 공백이 생길 수 있다. 국내법으로 저작인접권에 의한 보호도 하지 않을 수 있기 때문이다. 반면, 방송사업자가 저작인접권에 의한 보호를 받는다 할 때, 공중전달권의 범위가 무척 넓다. 따라서 어떠한 공중전달 행위도 방송사업자의 허락을 받아야 하는 것이다. 이런 광범위한 보호를 하는 국가는 아직 없다. 일부에서는 제1문과 제2문은 선택적 관계에 있다면서도 제2문에 의한 금지 가능성을 부여하는 것으로 충분하다고 한다. 인접권 부여에 의한 과도한 보호 우려가 없는 듯한 뉘앙스를 담고 있다.[57] 그러나 협정상 규정 형식을 보면, "회원국은 방송사업자에게 그러한 권리를 부여하지 아니하는 경우(Where Members do

---

55) Art. 3(g): "'Rebroadcasting' means the simultaneous broadcasting by one broadcasting organisation of the broadcast of another broadcasting organisation."

56) 로마협약상의 공중전달권은 매우 제한적이다. 텔레비전 방송물이 입장료를 받는 장소에서 공중전달될 때 인정되는 권리인 것이다. 이 권리조차 당사국이 유보할 수 있다. 협약 제13조 (d) 및 제16조 제1항 (d) 참조.

57) WIPO(TRIPS), pp. 26~27.

not grant such rights to broadcasting organizations)"라고 하여, 그런 권리를 부여한다면 그 해당 권리를 부여할 의무가 있는 것으로 읽힐 수도 있는 것이다.

4) 보호기간

실연자와 음반제작자는 각기 실연과 고정 행위 이후 50년간 보호를 받는다. 로마협약 이래 인정되었던 20년의 보호기간이 대폭 늘어난 것이다. 방송사업자는 방송 행위 이후 20년간 보호된다. 로마협약과 마찬가지이다. 보호기간의 기산점은 로마협약과 같이, 연도 말(12월 31일)이다(제14조 제5항).

협정에서는 실연과 음반의 보호기간 계산 기준을 고정이나 실연으로 하고 있다. ("The term of protection … to performers and producers of phonograms shall last … from the end of the calendar year in which the fixation was made or the performance took place.") 음반은 고정을 기준으로 할 수밖에 없으므로, 실연은 실연이든 고정이든 각 회원국이 국내법으로 정할 수 있는 것으로 볼 수도 있다. 이에 비해 로마협약은 깔끔하다. 음반과 음반에 고정된 실연은 고정을 기준으로, 음반에 고정되지 않은 실연은 실연을 기준으로 한다(제14조).

5) 예외 또는 제한

실연자, 음반제작자 및 방송사업자의 권리는 일정한 예외와 조건 속에서 인정된다. 이런 예외나 조건은 로마협약 규정을 원용하고 있다(제14조 제6항).[58] 주요한 것으로는, 제15조상의 제한과 예외, 제16조상의 유보 등을 들 수 있다. 로마협약 제15조 제1항에서는 저작인접권의 제한으로서 네 가지, 즉 ① 사적 사용, ② 시사 사건의 보도와 관련한 짧은 축약, ③ 방송사업자의 일시적 고정, ④ 수업이나 학술 연구 목적의 사용 등을 들고 있다.

이런 로마협약상의 제한은 베른협약상의 복제권 제한에 관한 3단계 기준

---

58) Art. 14.6: "Any Member may, in relation to the rights conferred under paragraphs 1, 2 and 3, provide for conditions, limitations, exceptions and reservations to the extent permitted by the Rome Convention. However, the provisions of Article 18 of the Berne Convention (1971) shall also apply, *mutatis mutandis*, to the rights of performers and producers of phonograms in phonograms."

(특히 "저작물의 통상적인 이용과 충돌하지 아니하여야 하며 저작자의 합법적인 이익을 불합리하게 해치지 아니하여야 한다")의 충족 여부나, 인용의 경우에서 볼 수 있는 조건("공정한 관행과 양립하고, 그 범위가 목적에 의하여 정당화되"어야 한다)의 충족 여부를 묻지 않는다. 수업이나 학술 연구 목적이라면 양적 제한도 없다. 베른협약에 비해 권리 제한이 현저하다. 또한 협약 당사국은 제16조에 의거하여 일부 권리(상업용 음반의 방송 또는 공중전달 보상청구권, 텔레비전 방송의 공중전달권)를 유보할 수 있다. 유보하기 위해서는 협약에서 정한 바에 따라 유엔 사무총장에게 통보하여야 한다.

이런 예외와 제한은 소급보호에 관해서는 적용되지 않는다. 실연자와 음반 제작자의 소급보호 문제는 오로지 베른협약 제18조에 의하여 규율된다(제14조 제6항 단서).

제4장 상표

우루과이 라운드 지적재산권 협상은 위조 상품의 교역을 억제하고자 한 데에서 출발했다. 그런 만큼 선진국은 높은 수준의 상표 보호에 힘을 기울였고 협상 결과는 선진국에 만족할 만한 것이었다. TRIPS협정 상표 규정은 파리협약에서 미흡한 내용을 상당히 보충하고 있을 뿐 아니라, 새로운 내용도 적지 않게 담고 있다.

TRIPS협정은 상표를 개념 정의하여 보호대상을 특정하고, 권리의 내용을 정하고, 보호기간을 설정하고, 예외를 정하는 등 협정 규정을 따라 국내법의 골격을 만들 수 있을 만큼 구체적으로 접근하고 있다.

1. 파리협약

파리협약은 상표의 국제적 보호를 위한 여러 규정을 두고 있다. ① 내국민 대우를 기본 원칙으로 하여, 상표의 보호와 침해에 대한 구제를 내국민과 동등하게 받을 수 있도록 하고 있다(제2조 및 제3조). ② 상표에 대해 우선권을 인정하고 있다(제4조). 어느 동맹국에서 최초 출원하고 6개월 이내에 다른 동맹국에서 추후 출원할 경우 후자 국가에서 최초 출원의 효과를 누릴 수 있다. ③ 상표 불사용에 대한 제재 규정을 두어, '상당한' 기간이 경과하면 취소할 수 있도록 하고 있다(제5조 C절). ④ 상표 독립의 원칙에 따라 상표 출원과 등록은 국내법에 따르도록 하고 있다(제6조). ⑤ 상표 독립의 원칙의 예외로, 상표의 형태에 관해서는 예외적으로 본국 등록 상표에 종속하도록 하고 있다(제6조의5). ⑥ 주지 상표에 대한 강력한 보호를 요구하고 있다(제6조의2). ⑦ 상표의 이전을 업무나 신용의 전부나 일부와 함께 이전하는 것을 조건으로 하는 국가의 경우 상표의 이전을 제한적으로 허용하고 있다(제6조의4). ⑧ 서비스표에 대해 제한적인 보호를 하고 있다(제6조의6). ⑨ 단체표장과 상호에 대한 규정도 있

❡ 마드리드협정

마드리드협정은 상표의 국제적 등록에 관한 조약으로, 기업의 국제화에 부응하여 채택되었다. 1891년 4월 14일 체결된 이 협정의 공식 명칭은 표장의 국제 등록에 관한 마드리드협정(Madrid Agreement Concerning the International Registration of Marks)이다. 이 협정은 1892년 7월 15일 효력을 발생한 후 몇 차례 개정되었다.

이 협정은 상표나 서비스표 소유자가 자신의 상표나 서비스표를 국제적으로 보호받기 위하여 해당 국가에 일일이 등록 출원하는 절차를 생략할 수 있도록 한 것이다. 즉, 한 언어로 한 번 출원하고 1회 수수료를 납부하는 것으로 다수 국가에서 보호받을 수 있도록 한 것이다.

이 협정에 의하면, 어느 누구든지 동맹국에 진정하고 실효적인 산업적·상업적 영업소를 가지고 있는 경우, 그런 영업소가 없는 경우에는 그 국가에 주소를 가지고 있는 경우, 또는 주소도 없는 경우에는 그 국가 국민인 경우 국제 상표 등록을 할 수 있다.

출원인은 영업소 등의 연결점을 통해 관계를 맺은 국가, 즉 '본국'에 출원하여 등록을 받으면 이를 근거로 국제적 보호를 위한 국제 출원을 할 수 있다. 국제 출원을 할 때에는 보호를 받고자 하는 국가를 하나나 둘 이상 지정하여야 한다. 추가적으로 다른 국기도 지정할 수 있다. 지정 국가는 역시 마드리드협정 동맹국이어야 한다.

국제 출원은 본국 관할청(office of origin)을 통하여 WIPO 국제사무국에 한다. 국제사무국은 형식에 대해서만 등록 출원서를 검토한 연후에 국제 등록부에 기재하고 이를 관계 관할청에 통보하고 국제 공보(WIPO Gazette of International Marks)에 공개한다.

등록은 본국 출원일로 소급하여 발효한다. 국제 등록으로 인한 효과는 해당 상표가 개별 국가에 출원되어 등록된 것과 같이 해당 국가 모두에서 보호된다. 물론 단일 국제 등록(한 번의 등록 절차와 관련 국가 모두에서 동일한 보호를 받는다)이라 할 수는 없다. 등록은 등록 관할청이 거절하지 않는 한 자동적으로 등록된다. 각 관할청은 등록을 거절하고자 할 때에는 그 사유와 함께 국제 등록 후 1년 내에 국제사무국에 통지하여야 한다.

국제 등록으로 인한 보호는 5년간 본국에서 해당 상표의 효력에 의존한다. 본국에서 포기, 취소 또는 무효가 될 경우 자동적으로 국제 등록도 효력을 잃는다. 기존의 상표 소유자가 국제 등록에 대하여 취소나 무효 심판 청구를 할 경우 해당 절차에 따라 효력을 상실하도록 하고 이를 국제 등록에도 영향을 미치도록 한 것이다. 국제 등록은 20년간 효력을 가지며 수수료의 납부로 갱신할 수 있다.

❡ 마드리드의정서

마드리드협정은 100년 동안 동맹국 수를 충분히 확보하지 못했다. 의정서 채택 당시인 1989년만 해도 주요 산업 국가로서 미국, 일본, 영국 등이 동맹에 참여하지 않았다. 협정은 다음과 같은 문제를 안고 있었다. 첫째, 본국 등록만을 국제 등록의 요건으로 하여, 본국의 등록 심사가 6개월 이상 걸리는 경우 파리협약상의 우선권 제도를 이용할 수 없었다. 둘째, 기존의 상표 소유자가 본국에서 국제 등록 상표에 대하여 등록 취소나 무효 심판 청구를 성공적으로 이끌 경우 모든 지정 국가에서 효력을 상실한다는 것은 지나치다는 것이다. 특히 기득권을 가지는 기존 상표가 그 본국에서만 실질적으로 보호를 받을 경우 다수 국가에 효력을 미치는 국제 등록 상표가 무효화된다면 그 피해는 무척 크다 할 수 있다. 셋째, 등록 거절에 대한 통지 기간이 1년으로 매우 짧기 때문에 상표 심사에 장기간을 소요한다거나 기득권자가 이의 신청을 할 경우 통지 의무를 다하지 못할 수 있다는 것이다.

마드리드의정서(Protocol Relating to the Madrid Agreement Concerning the International Registration of Marks)는 이런 협정상의 문제를 해결하기 위하여 탄생한 것으로, 1989년 6월 27일 채택되어 1995년 12월 1일 발효했다. 의정서에 의하면, 국제 등록의 요건으로 본국 등록뿐만 아니라 본국 출원에 대해서도 인정하고 있다. 이에 따라 출원인이 출원일로부터 6개월 이내에 다른 국가에 출원한다면 우선권의 이익을 향유할 수 있도록 했다. 또한 국제 등록 표장의 소유자가 해당 표장의 효력을 잃을 경우 이를 각국의 국내 등록으로 변경(transformation)하여 출원할 수 있도록 했다. 또한 거절에 대한 통지 기간을 18개월로 확대했다. 의정서에서는 최근의 각국 국내법 동향을 감안하여 보호기간을 10년으로 단축했다.

의정서 체결의 또 다른 목적은 유럽공동체 상표법과의 조화였다. 이에 따라, 먼저 의정서에서는 마드리드협정상의 체약당사국(contracting States) 대신 체약당사자(contracting parties)라는 용어를 사용하여 국가 이외의 국제법 주체도 적격 당사자가 될 수 있도록 열어놓았고, 더 나아가 파리협약의 동맹국 중 어느 한 국가라도 회원국으로 가입하고 있는 국제기구가 존재하고 이런 국제기구 내에 상표 등록 관할청이 존재한다면 이런 국제기구도 체약당사자가 될 수 있도록 했다. 따라서 유럽공동체 상표 등록이나 출원을 근거로 국제 등록을 할 수 있으며 또한 다른 국가에서도 본국 등록이나 출원을 근거로 유럽공동체 상표를 획득할 수 있게 되었다.

마드리드의정서는 마드리드협정과는 별개의 조약이다. 그러나 협정이나 의정서 당사자 모두가 파리협약상의 특별 동맹에 속하고, 양 조약은 동일한 내부 기관으로서 총회를 두고 예산도 함께 집행한다.

의정서 당사자로서 협정을 비준하지 않거나 이에 가입하지 않은 국가들에 대해서는 전적으로 의정서상의 규정만을 적용한다. 이와 반대로 의정서에 참여하지 않은 국가들 간에는 협정만으로 당사자 간의 관계를 규율한다. 협정 당사국과 의정서 당사자 간에는 아무런 조약 관계가 존재하지 않으므로 이들 간에는 그 어느 것도 적용되지 않는다.

문제는 협정이나 의정서에만 참여하는 국가와 양자 모두에 참여하는 국가 간의 관계이다. 의정서에서는 이른바 세이프가드 조항을 두어, 의정서 규정이 협정과 의정서에 모두 참여하고 있는 당사자에 대해서는 효력을 가지지 않는다고 하고 있다. 이것을 풀어 말하면, ① 양자 모두에 참여하는 국가들 간에는 협정만이 적용되고, ② 협정 당사국들과 양자 모두의 당사국들 간에는 협정이 적용되고, ③ 의정서 당사자들과 양자의 당사자들 간에는 의정서가 적용된다.

2016년 10월 14일 기준으로 마드리드협정 동맹국은 55개국이고, 마드리드의정서 당사자(국제기구도 당사자가 될 수 있다)는 98개이다. 마드리드협정 동맹국은 모두 마드리드의정서 당사국이다(http://www.wipo.int/export/sites/www/treaties/en/documents/pdf/madrid_marks.pdf 참조).

2014년 마드리드 시스템에 등록된 표장은 모두 62만 3482건에 이른다. 2014년에는 5만 1937건이 등록되었고, 2만 8596건이 갱신되었다(Madrid Yearly Review, WIPO, 2016 참조).

다(제7조의2 및 제8조). ⑩ 불법 상표 부착 상품에 대한 수입 시 압류 등을 의무화하는 등 부분적인 집행 규정도 있다(제9조). 또한 ⑪ 부정경쟁에 대한 효과적인 보호를 요구하고 있다(제10조의2). 여기에는 경쟁업자의 상품과 혼동을 야기하거나 상품의 성격이나 특징과 관련하여 오인을 야기할 수 있는 행위가 포함된다.

2. 보호대상

1) 상표의 개념

TRIPS협정 제15조 제1항 1문에 의하면, "어느 사업자의 상품이나 서비스가 다른 사업자의 상품이나 서비스와 식별될 수 있는 표지 또는 표지의 결합은 상표가 될 수 있다."[1] TRIPS협정은 상표를 국제 조약에서는 처음으로 정의하

---

1) Art. 15.1, 1st sentence: "Any sign, or any combination of signs, capable of distinguishing the

고 있는바, 상표의 국제적 보호를 위한 첫걸음을 내딛은 것이라 할 수 있다. 상표의 기본 속성, 즉 식별력 또는 식별성(distinctiveness, distinctive character)을 반영하고 있는 한편, 서비스표를 넓은 의미의 상표의 개념 속에 넣고 있다는 점에서 의의가 있다.

이 규정은 식별력을 갖춘 기호는 상표가 될 수 있다(capable of constituting a trademark)는 것이다. 따라서 그것은 반드시 보호를 받아야 한다는 것(entitled to protection)이 아니라 보호를 받을 수 있는 자격이 있다는 것(qualifies for protection)에 지나지 않는다. 등록이 필요한 경우에는 등록을 받을 수 있는 자격이 있다는 것(eligible for registration)이다. 따라서 회원국은 그런 상표를 반드시 등록해야 할 의무를 부담하지 않는다.[2] 식별력이 있는 경우에도 일정한 근거하에서 등록을 거절할 수 있다.[3]

2) 서비스표

파리협약도 원칙적으로 서비스표를 보호한다. 제1조에서 서비스표를 산업재산권 보호대상으로 특정하고 제6조의6에서는 동맹국으로 하여금 서비스표를 보호하도록 의무화하고 있다. 어느 동맹국이든 제2조에 따른 내국민대우를 다른 동맹국 국민 등에게 해야 하므로, 그 국가에서 국내법으로 서비스표를 보호할 경우 이를 모든 동맹국 수익자에게도 확대 적용해야 한다. 그러나 서비스표 보호에 적극적이지 않은 국가에서 서비스표 보호는 낮은 수준에 머물 수밖에 없다. 파리협약이 서비스표에 대해 상표와 같은 수준의 보호를 하지 않기 때문이다. 서비스표에 대해서는 우선권(제4조)을 비롯하여, 'telle quelle' 원칙(제6조의5), 주지 상표의 보호(제6조의2), 국가 표장 등의 보호(제6조의3) 및 상표의 이전(제6조의4) 관련 규정이 적용되지 않는다. 상표 사용 의무(제5조 C절)와 국제박람회 전시 상품 관련 상표의 임시 보호(제11조) 규정도 적용 대상이 아니다.[4]

---

goods or services of one undertaking from those of other undertakings, shall be capable of constituting a trademark."

2) WT/DS176/AB/R, op. cit., p.46.

3) 이에 관해서는, 제5부 제4장 3. 4) 등록 거절 사유 참조.

4) 파리협약은 상표 독립의 원칙을 규정한 제6조에서 서비스표에 관해 언급하지 않고 있으나 이

반면, TRIPS협정은 파리협약에 비해 높은 수준의 보호를 하고 있다. ① 상표를 넓게 정의하여, 상품 표지뿐만 아니라 서비스 표지도 상표의 범주에 포함시키고 있고, 서비스표도 등록할 수 있도록 하고 있다(제15조). ② 등록 서비스표 소유자는 배타적인 권리를 가지고(제16조 제1항) 서비스표가 주지성을 얻은 경우 주지 상표와 같은 보호를 받을 수 있고(제16조 제2항 및 제3항), ③ 상표 사용 의무(제19조 제1항)와 상표 사용 규제(제20조)도 서비스표에 적용되며, ④ 파리협약상의 우선권 적용 대상을 서비스표에도 확대하고 있다(제62조 제3항). 상표의 개념을 넓게 보는 것에 상응하여 그 실질적 보호를 강화하기 위한 것이라 할 수 있다. 그러나 파리협약상 국가나 국제기구 표장의 보호 규정(제6조의 3), 'telle quelle' 원칙(제6조의5)과 국제박람회 전시 관련 상품의 임시 보호 규정(제11조)은 여전히 서비스표에는 적용되지 않는 것으로 보인다.

3. 등록 요건

1) 등록주의와 사용주의

상표권 취득을 위한 제도로 사용주의(first-to-use system)와 등록주의(first-to-file system)가 양극단에 존재한다.[5] 사용주의는 사용에 근거하여 상표에 대한 권리 취득을 인정하는 제도로서, 해당 상표를 누가 먼저 사용했는가 여부에 따라 권리자가 결정된다. 사용주의는 여러 다양한 주장에 기반을 두고 있다. 상표권을 인격권으로 파악하여, 그 상표를 사용하는 사람에게 보호를 해줘야 한다는 주장, 상표가 사용되어야만 상표의 실제적 기능에 부합하는 것이고 충돌하는 상표 간의 혼동을 방지함으로써 일반 공중을 보호할 수 있다는 주장 등이 그것이다. 사용주의는 상표가 가지는 신용을 보호하는 장점이 있는가 하면, 법적 안정성에 취약하다는 단점도 있다. 특히, 상표의 가치를 높이기 위해 막대한 시간과 비용을 들이더라도 그에 앞선 선사용자가 등장하면 그런 투자가

규정은 서비스표에 적용된다고 본다. 이에 관해서는, 제3부 제5장 1. 상표 독립의 원칙 참조.

5) 특허의 경우 선발명(first-to-invent)과 선출원(first-to-file)으로 설명하듯이, 상표의 경우 선사용 (first-to-use)과 선출원(first-to-file)으로 설명할 수 있다.

수포로 돌아갈 수 있다는 치명적인 약점이 있다.[6] 과거 상당수의 국가들이 사용주의를 받아들였으나 이제 이런 국가가 존재하는지는 확인되지 않고 있다.

등록주의는 사용주의의 단점을 극복하기 위하여, 다시 말해서 법적 안정성을 확보하기 위하여 등장했다. 등록주의는 기업의 입장에서 상표 사용을 위해 시간과 비용 부담을 줄여주는 장점도 있다. 상표를 미리 사용하지 않더라도 등록 출원만으로 상표권을 취득할 수 있기 때문이다. 기업 활동이 국제화되면서 그 장점은 더욱 돋보인다. 등록주의는 먼저 출원한 상표에 대해 권리를 인정하는 제도로서, 출원일을 확보하는 것이 무엇보다 중요하다. 출원인은 일정한 조건을 갖춰 출원을 하고, 이런 조건을 충족하는 상표는 등록부에 기재되고, 이와 같이 등록된 상표는 등록일로부터 일정 기간 상표권을 취득하게 된다. 등록주의도 단점이 없는 것은 아니다. 진정한 사용자가 상표권을 취득할 수 없다든가, 누군가 상표를 선점함으로써 부당한 이익을 얻을 수도 있는 것이다.[7]

등록주의는 20세기 중반 이후 각국에 자리 잡기 시작했다. 파리협약상 우선권 제도는 이런 움직임을 가속화하는 역할을 했다. 6개월의 우선기간을 활용하여 선출원의 효과를 볼 수 있기 때문이었다. 오늘날 거의 모든 국가들은 등록주의를 취하거나 사용주의와 등록주의를 병존시키거나[8] 등록주의에 사용주의적 요소를 감안하는 절충적인 제도를 가지고 있다.[9]

---

6) Tsoutsanis, pp.13~15.

7) 등록제도의 단점은 주지 상표의 보호, 악의의 상표 등록 방지 등의 방법으로 일부 극복할 수도 있다.

8) WIPO가 2005년 발표(2003년 조사)한 자료에 의하면, 미등록 상표, 이른바 보통법상의 상표 (common law mark)를 보호하는 국가는 조사 대상 72개국 중 36개국이 있다. 이들 국가에서는 등록주의와 사용주의가 병존하는 셈이다. Summary of Replies to the Questionnaire on Trademark Law and Practice (SCT/11/6), WIPO Doc. SCT/14/5, February 14, 2005 pp.126~135 참조.

9) 위 WIPO 자료에 의하면, 사용을 등록의 조건으로 하고 있는 국가는 조사 대상 72개국 중 5개국, 사용 의사를 조건으로 하고 있는 국가는 20개국이 있다. 출원 시 사용의 입증을 요구하는 국가는 1개국(이란), 등록 전 사용을 요구하는 국가는 4개국(캐나다, 자메이카, 슬로바키아, 미국)이 있다. SCT/14/5, op. cit., pp.39~42 참조.

2) TRIPS협정의 태도

TRIPS협정은 등록 상표이든 미등록 상표이든 모두 보호하는 태도를 보이고 있다. 두 가지 측면에서 이를 확인할 수 있다. 먼저, TRIPS협정은 파리협약 준용 규정(제2조 제1항)을 통해 파리협약을 회원국이 준수하도록 하고 있는바, 파리협약은 등록 상표와 미등록 상표를 가리지 않고 보호하고 있다는 점이다.[10] 더 나아가 TRIPS협정은 사용에 근거한 상표도 보호하고 있다는 점이다(제16조 제1항 3문). 그러나 협정 규정 대부분은 상표 등록에 관한 것으로, 그만큼 등록 상표에 더욱 관심을 기울이고 있다. TRIPS협정은 등록 제도가 무엇보다도 법적 안정성이라는 분명한 장점이 있고, 세계 각국이 이제는 어떤 형태로든 등록 제도를 받아들이고 있다는 현실을 반영한 것이라 할 수 있다.

3) 등록 대상 표장

제15조 제1항 2문에서는 "그러한 기호, 특히 사람의 이름을 포함하는 단어, 문자, 숫자, 도형, 색채의 결합 및 그러한 표지의 결합은 상표로서 등록될 수 있다"[11]고 하여, 상표의 구성요소로서 사람의 이름(personal name), 단어(word), 문자(letter), 숫자(numeral), 도형(figurative element), 색채의 결합 및 이들 표지의 결합을 예시하고 있다. 제15조 제1항 1문은 상표를 넓게 정의하고 있지만, 제2문은 등록 대상으로 기호 내지 표지의 종류를 예시함으로써 보호대상을 좁히고 있다. 즉, 단어, 문자, 숫자, 도형, 색채의 결합 또는 이들 표지의 결합에 한정하고 있다. 따라서 회원국은 입체 표장이나 단일 색채 등에 대해서는 등록을 수락할 의무를 부담하지 않는다.[12]

또한 시각적으로 인식할 수 없는 상표에 대해서도 등록을 거절할 수 있다.

---

10) 예를 들어, 주지 상표는 본국 등록 여부를 묻지 않고 높은 수준의 보호를 하고 있고, 침해 상품에 대한 압류도 등록 여부에 따라 차별하지 않는다.

11) Art. 15.1, 2nd sentence: "Such signs, in particular words including personal names, letters, numerals, figurative elements and combinations of colours as well as any combination of such signs, shall be eligible for registration as trademarks."

12) TRIPS협정상 회원국이 보호할 의무가 있는 색채 상표란 색채들을 결합한(combination of colours) 표장이나 색채와 다른 기호가 결합한(combination of such signs) 표장이다.

제15조 제1항 4문은 이 점을 규정하고 있다: "회원국은 등록의 요건으로 표지가 시각적으로 인식될 것을 요구할 수 있다."[13] 상표는 시각적으로 인식될 수 있는(visually perceptible) 표지도 있고, 그렇지 않은 표지(예를 들어 냄새 표지와 소리 표지)도 있지만, TRIPS협정상의 의무는 전자에 국한하고 있는 것이다. 따라서 냄새 상표나 소리 상표는 협정상 의무적인 등록 대상은 아니다.[14]

식별력은 상표 보호의 절대적 요건이다. 위와 같은 구성요소로 된 표지라 하더라도 식별력이 없으면 등록 대상이 될 수 없다. 협정은 식별력에 대해 해답을 주지 않고 있어서 회원국에게 재량 여지를 주고 있다. 이런 예로는, 상품의 종류, 품질 등을 표시한 기술적 기호(descriptive sign),[15] 지리적 이름, 보통 명칭(generic name, generic term)[16] 등이 있다. 그러나 이런 표지들이 내재적으로 식별력이 없다 하더라도 사용을 통하여 식별력이 생긴다면[17] 등록 대상이 될 수도 있다. 협정 제15조 제1항 3문은 이 점을 밝히고 있다: "표지가 관련 상품이나 서비스를 내재적으로 식별할 수 없는 경우, 회원국은 등록 여부를 사용을 통하여 얻어진 식별력에 따르도록 할 수 있다."[18] 이 규정은 임의 규정(may provision)으로 규정 적용 여부는 회원국 재량에 속한다.

주로 기술적 표지나 보통 명칭이 2차적인 의미를 얻어 상표 등록 대상이 될 것이다. 상품의 모양(shape)이나 포장(packaging)이 기능적 또는 실용적 목적을 가지고 있는 경우 그 모양이나 포장은 기술적 표지의 하나로서 내재적으로

---

13) Art. 15.1, 4th sentence: "Members may require, as a condition of registration, that signs be visually perceptible."

14) 'telle quelle' 원칙의 예외이기도 하다. 이에 관해서는, 제3부 제5장 1. 2) 예외: 'telle quelle(as is)' 원칙 참조.

15) 파리협약은 기술적 표지의 예로서, 상품의 종류, 품질, 수량, 용도, 가치, 원산지 및 생산 시점을 들고 있다. 제6조의5 B절 2호 참조.

16) 파리협약은 보통 명칭을 '상용어로 관습화된 것(customary in the current language)' 또는 '확립된 거래 관행상 관습화된 것(customary in the established practices of the trade)'이라 하고 있다. 제6조의5 B절 2호 참조. 보통 명칭이란 '상품에 보통으로 사용하는(generic)' 명칭으로서, 통상 상품의 종류(자동차, 침대 등)에 해당한다. UNTAD-ICTSD, p.231 and note 250.

17) 획득 식별력(acquired distinctiveness)은 강학상 2차적인 의미(secondary meaning)와 혼용하기도 한다. 후자 표현은 주로 미국에서 쓰는 것으로, 사용을 통해 식별력이 생긴 상표를 2차적 의미를 획득한 상표라고 하는 것이다.

18) Art. 15.1, 3rd sentence: "Where signs are not inherently capable of distinguishing the relevant goods or services, Members may make registrability depend on distinctiveness acquired through use."

식별력이 없는 것이지만 사용을 통하여 식별력을 획득할 수 있는 것이다.[19] 보통 명칭은 문자 등 다른 요소와 결합하여 그 자체로 식별력을 가질 수도 있지만, 보통 명칭을 보통으로 사용하지 않는 방법으로 사용된 결과 2차적인 의미를 얻게 되면 식별력이 생길 수도 있다.[20]

협정 제15조 제1항 3문은 사용을 통해 식별력을 획득한 경우만을 등록의 조건으로 예정하고 있으나, 광고 선전을 통해 식별력을 얻는 경우도 배제하는 것은 아니다. 이 규정이 임의 규정이고, 실제 광고 선전을 통해 식별력을 얻는 상표도 얼마든지 생각할 수 있기 때문이다. 이 점에서 사용은 식별력 획득의 예시라 봐도 무방하다.[21]

4) 등록 거절 사유

제15조 제1항은 보호대상으로서 식별력을 기본적인 요건으로 하는 상표를 정의하고, 등록 대상 상표의 구성요소를 예시하는 한편, 어떤 표지가 비록 내재적으로 식별력이 없다 하더라도 사용을 통하여 2차적인 의미를 획득하면 상표 등록을 받을 수 있도록 규정하고 있다. 그렇지만 식별력이 있다고 하여 모두 등록 적격이 있는 것은 아니다. 제15조 제2항은 이에 관해 언급하고 있다: "제1항은 회원국이 다른 근거로 상표의 등록을 거절하는 것을 금지하는 것으로 이해되지 아니한다. 다만, 그 근거가 파리협약(1967년) 규정을 훼손하여서는 아니 된다."[22]

제15조 제2항은 식별력 이외에, 다른 근거(other grounds)에 의한 등록 거절을 허용하고 있다. 파리협약에서 다른 근거의 예를 찾아볼 수 있다. 주지 상표의 사용(제6조의2), 국가 표장 등의 사용(제6조의3)은 등록 거절 사유에 해당한다. 또한 파리협약 제6조의5에 의한 등록 거절 사유도 존재한다. 파리협약 제6조의5 B절에서는 본국에서 등록된 상표라 하더라도 다른 동맹국에서 등록 거

---

19) Gervais, p. 167 and note 57.

20) '애플' 컴퓨터가 그런 예이다. UNTAD-ICTSD, p. 231 and note 250.

21) Carvalho(TM), p. 296.

22) Art. 15.2: "Paragraph 1 shall not be understood to prevent a Member from denying registration of a trademark on other grounds, provided that they do not derogate from the provisions of the Paris Convention (1967)."

절되는 사유를 나열하고 있다.[23] 이에는 제3자의 권리를 침해하는 경우, 식별력이 없거나 상품의 품질 등을 기술하는 데 지나지 않거나 보통 명칭을 사용하는 경우, 그리고 도덕이나 공공질서에 반하거나 또는 공중을 기망하는 경우가 있다.

미국—1998년 세출예산법 사건에서 WTO 상소기구는 미국에서 출원인이 상표의 진정한 소유자가 아니라는 이유로 상표 등록을 거절한 것은 TRIPS협정에 합치한다고 보았다. 이런 거절 사유가 '다른 근거'의 사례인 것이다. EC는 '다른 근거'란 파리협약에서 명시적으로 예정한 예외에 한정한다고 주장했으나, WTO 상소기구는 이런 주장을 배척했다. 제15조 제2항은 파리협약 규정을 훼손하지 않을 것을 요구할 뿐,[24] WTO 회원국은 국내법에 따라 등록 거절 사유를 결정할 수 있다고 보았다. 이런 해석은 파리협약 제6조 제1항에서 "상표의 출원과 등록을 위한 조건은 각 동맹국에서 국내법에 의하여 결정한다"는 것에 부합한다는 것이다.[25]

어떤 상품이나 서비스는 국민 건강을 해칠 수도 있고, 공서양속[26]에 반할 수도 있다. 국가마다 국내법으로 이런 상품이나 서비스에 정도를 달리하여 규제를 한다. 상표도 이런 상품이나 서비스와 일정한 연관성을 가진다. 상표는 이런 상품이나 서비스를 식별하는 것을 본질적인 기능으로 하고 있기 때문이다. TRIPS협정은 이에 대해, 양자 간의 연관성에도 불구하고 상표 등록을 회원국의 의무로 하고 있다. 협정 제15조 제4항은 "어떠한 경우에도 상표가 사용될 상품이나 서비스의 성격은 그 상표의 등록에 장애가 되지 아니한다"[27]고

---

23) 제6조의5에 의한 등록 거절 사유는 일반 등록 거절 사유도 될 수 있다. 우루과이 라운드 협상 당시 EC 제안을 참고할 만하다: "Protection shall, in particular, be denied to marks which are (i) devoid of any distinctive character, (ii) contrary to public policy or to accepted principles of morality, (iii) of such a nature as to deceive the public, for instance as to the nature, quality or geographical origin of the goods or services, and (iv) in conflict with earlier rights." Guidelines and Objectives Proposed by the European Community for the Negotiations on Trade Related Aspects of Substantive Standards of Intellectual Property Rights, GATT Doc. MTN.GNG/NG11/W/26, 7 July 1988 참조.

24) 예를 들어, 파리협약 제6조 제2항에서는 본국에서 출원되지 않았다거나 등록되지 않았다 하더라도 이를 이유로 출원을 거절하거나 등록을 무효화해서는 안 된다고 하고 있다.

25) WT/DS176/AB/R, op. cit., pp.49~52.

26) 파리협약 제6조의5에서는 동맹국으로 하여금 공서양속에 반하는 ('상품'이 아닌) '상표' 등록을 거절할 수 있도록 하고 있다.

하고 있다. 이것은 파리협약 제7조와 같은 취지를 담고 있다.[28] 파리협약 규정과 한 가지 다른 점은 협정 규정은 좁은 의미의 상표와 서비스표 모두에 적용된다는 점이다.[29] 다시 말해서, 비록 상표 등록을 허용한다 하더라도, 담배와 같이 제조·판매를 규제한다거나 의약품과 같이 품목 허가나 제조 허가를 받도록 하는 것은 여전히 가능한 것이다.

5) 등록 요건으로서 사용

국가에 따라서는 상표의 사용을 등록 요건으로 하기도 한다.[30] TRIPS협정은 이들 국가의 사정을 고려하여, 상표 사용을 조건으로 등록을 받을 수 있도록 길을 열어놓고 있다: "회원국은 사용을 등록 요건으로 할 수 있다"(제15조 제3항 1문).[31]

상표의 사용에 바탕을 두고 출원과 등록 제도를 운영하는 제도(절충 제도)는 사용주의의 장점을 가지고 있다. 즉, 실제 상품이나 서비스와 연관된 상표의 사용을 보장해주고, 사용하지 않는 상표의 범람을 막는 장점이 있는 것이다. 그렇지만 이런 제도는 국제적인 시장 전략을 추구하는 기업에게는 적지 않은 부담으로 작용할 수도 있다.[32] 이런 부담을 줄이기 위하여 사용주의적 요소를 완화할 필요가 있다. 즉, 일정 기간 상표를 실제 사용하지 않더라도 출원할 수

---

27) Art. 15.4: "The nature of the goods or services to which a trademark is to be applied shall in no case form an obstacle to registration of the trademark."

28) 우리 상표법에는 이에 관한 규정이 없다. 특허청은 이에 대하여, 거절 결정 사유에 상품의 성격을 근거로 한 경우는 포함되지 않으며, 상표 등록의 취소심판에 관한 규정에서 관계 법령에 의해 상품의 시판이 이루어지지 않는 경우 그것이 정당한 이유에 의한 불사용으로 인정하고 있다고 하여, TRIPS협정상의 의무를 이행하고 있다고 판단하고 있는 것 같다. 특허청(TRIPS), 96쪽.

29) 파리협약에 관해서는, 제3부 제5장 2. 1) 상품의 성격 참조.

30) 협정 체결 당시 미국, 캐나다 등이 이런 제도를 가지고 있었다. 미국은 당시 사용을 (등록 요건이 아닌) 출원 요건으로 했으나 1988년 상표법 개정으로 사용 의사만을 가지고 출원할 수 있는 길을 열었다. 캐나다 현행 상표법은 여전히 사용을 등록 요건으로 두고 있다. 사용이나 예정 사용(proposed use)을 근거로 상표 출원은 할 수 있다. 캐나다는 2014년 상표법을 개정하여, 사용을 등록 요건에서 삭제했다. 이 개정법은 2016년 말 현재 시행되지 않고 있다. http://www.lexology.com/library/detail.aspx?g=5dfc1dfa-916f-47da-afff-ff4b3c9bb551 참조.

31) Art. 15.3, 1st sentence: "Members may make registrability depend on use."

32) UNTAD-ICTSD, pp.232~233.

있는 길을 열어주고, 그 기간 내에 상표를 실제 사용하지 않으면 그 출원을 거절하도록 하는 것이다. 사용주의의 장점을 최대한 살리되—기업의 입장에서—그 단점을 줄이기 위한 방편이라 할 수 있다. 협정은 이에 대해 다음과 같이 밝히고 있다: "다만, 상표의 실제 사용이 등록 출원의 요건이 되어서는 아니 된다. 출원은 의도된 사용이 오로지 출원일로부터 3년의 기간이 종료하기 전에 이루어지지 아니하였다는 이유만으로 거절되어서는 아니 된다"(제15조 제3항 2문 및 3문).[33] 즉, 상표 사용 요건은 사용 의사(intention to use)만으로 충족할 수 있고, 출원 이후 3년 이내에 사용되지 않으면 그 출원은 거절될 수 있는 것이다.[34]

4. 상표 공개 및 이의 신청

제15조 제5항에서는 상표의 공개와 이의 신청 또는 취소 청구에 관하여 규정하고 있다. 이에 의하면, "회원국은 등록 전이나 등록 후 신속히 모든 등록 상표를 발행하여야 하며, 등록 취소 청구를 위하여 합리적 기회를 제공하여야 한다. 또한, 회원국은 상표 등록에 관한 이의 신청 기회를 제공할 수 있다."[35]

---

33) Art. 15.3, 2nd and 3rd sentences: "However, actual use of a trademark shall not be a condition for filing an application for registration. An application shall not be refused solely on the ground that intended use has not taken place before the expiry of a period of three years from the date of application."

34) 미국 상표법은 우루과이 라운드 출범 전만 하더라도 사용(use in commerce)을 출원 요건으로 삼았다. 1988년 상표법 개정법(Trademark Law Revision Act)을 통해 사용 의사(bona fide intention to use the mark in commerce)에 기반을 둔 출원을 허용했다. 사용 의사를 밝힌 경우 출원인은 6개월 이내에 상표의 실제 사용을 증명해야 하고 그때 비로소 해당 상표가 등록된다. 실제 사용은 최장 3년까지 연장할 수 있다. 15 U.S.C. §1051. 이 개정은 미국 기업이 받았던 상대적인 불이익을 해소하기 위한 측면도 고려한 것이다. 당시 외국 기업은 상표를 실제 사용하지 않고서도 파리협약상의 우선권에 근거하여 미국에 상표를 출원하여 등록을 받을 수 있었다. James Boyle and Jennifer Jenkins, *Intellectual Property: Law & The Information Society—Cases & Materials*, 2nd ed. (Center for the Study of the Public Domain, 2015), p.134.

35) Art. 15.5: "Members shall publish each trademark either before it is registered or promptly after it is registered and shall afford a reasonable opportunity for petitions to cancel the registration. In addition, Members may afford an opportunity for the registration of a trademark to be opposed."

상표 공개 제도는 상표권자에게 부여하는 독점적 권리에 대응하는 것이라 할 수 있다. 파리협약 제12조 제2항에서는 등록 상표 공보 발행을 동맹국의 의무로 하고 있다. 따라서 이 규정에 의하면, 파리협약 동맹국은 비록 상표 등록 전에 상표를 공개하는 것만으로는 협약상의 의무를 다하는 것이 아니다. 공보 발행은 별도의 의무인 것이다. TRIPS협정 제15조 제5항에서 '등록 전이나 등록 후'에 상표 공개를 의무화하고 있지만, TRIPS협정 회원국은 파리협약 제12조 준수 의무를 부과하고 있으므로(제2조 제1항), 등록 전 상표 공개만으로는 협정상의 의무를 다한 것이라 할 수는 없을 것이다.[36] 공보는 인쇄물로 발행할 수도 있고, 전자적인 형태로 발행할 수도 있다. 등록 상표는 '신속히(promptly)' 발행되어야 한다. 사안에 따라 상황에 비춰 판단할 수밖에 없다.

이의 신청 제도는 등록을 막기 위한 것이라면, 등록 취소 제도는 이미 등록된 상표의 효력을 소멸시키는 것을 말한다. TRIPS협정에 의하면, 등록 취소 제도는 의무적인 것이고, 이의 신청 제도는 국내법에 위임한 것이다. 등록 취소 청구를 위해서는 청구인에게 '합리적인 기회(reasonable opportunity)'를 제공해야 한다. 청구인에게 시간상으로나 절차상 부당한 조건을 요구한다면 협정상의 의무를 다하지 않은 것으로 볼 수 있다.

5. 상표 보호

1) 부여되는 권리

상표권자는 등록 상표를 사용할 독점적이고 배타적인 권리를 가진다. 이 권리는 상표권자가 자신의 상표를 사용할 수 있는 적극적인 권리(positive right) 뿐만 아니라 해당 상표를 다른 사람이 사용하지 못하도록 금지할 수 있는 소극적인 권리(negative right)를 포함한다. TRIPS협정 제16조 제1항 1문은 소극적 권리에 관해서만 다루고 있다. 즉, "등록 상표의 소유자는 어느 상품이나 서비스에 관하여 그 상표가 등록된 경우, 모든 제3자가 그의 동의 없이 거래 과정에서 그 상품이나 서비스와 동일하거나 유사한 상품이나 서비스에 대하

---

36) WIPO(TRIPS), p.34.

여 동일하거나 유사한 기호를 사용함으로써 혼동 가능성을 가져올 때에는 그 사용을 금지할 수 있는 배타적인 권리를 가진다."[37]

이 규정은 상표 소유자[38]의 권리를 조약상 처음으로 인정하고 있는 것으로,[39] 다음과 같이 설명할 수 있다. 첫째, 이 규정은 등록 상표에 한정하여 적용된다. 미등록 상표의 보호는 협정상 의무가 아닌 것이다.

둘째, 협정상 주어진 권리는 '거래 과정에서(in the course of trade)' 사용하는 것을 금지하는 것이다. 이에 대해 다음과 같이 해석할 수 있다. ① 제16조 제1항 1문은 단지 사용을 금지하도록 하고 있을 뿐, 등록을 금지하도록 하지는 않고 있다. 등록의 금지 여부는 제15조 제1항과 파리협약 제6조의5 'telle quelle' 원칙에 따라 판단해야 한다. ② '거래 과정에서' 사용되는 경우 금지된다. 이 규정은 주로 상품이나 서비스의 판매, 거래 제공, 광고나 홍보 등에 사용되는 것을 염두에 둔 것이다. 그러나 예를 들어, 언론기관이 상품의 품질 등을 독자에게 전달하기 위하여 상표를 표시한다 하더라도 그것은 '거래 과정에서' 사용하는 것은 아니다.[40]

---

37) Art. 16.1, 1st sentence: "The owner of a registered trademark shall have the exclusive right to prevent all third parties not having the owner's consent from using in the course of trade identical or similar signs for goods or services which are identical or similar to those in respect of which the trademark is registered where such use would result in a likelihood of confusion."

38) 협정은 등록 상표 소유자(owner of a registered trademark)라는 표현을 제16조와 제21조에서, 상표 소유자(owner of the trademark, trademark owner)라는 표현을 제17조와 제19조에서 사용하고 있다. 엄밀히 말하면 상표 소유자는 상표권자와는 구별된다. 미국의 경우 등록 상표 소유자(owner of a registered trademark)는 등록 상표에 대한 권리자로 추정될 뿐이다. 미국─1998년 세출예산법(United States─Section 211 Omnibus Appropriations Act of 1998), Report of the Panel, WT/DS176/R, 6 August 2001, para. 8.99 참조. 이 장에서는 편의상 상표권자와 상표 소유자를 혼용하기로 한다.

39) 파리협약은 내국민대우의 원칙에 입각하여 상표 보호를 강제하고 있으나 보호의 내용과 범위는 각 동맹국의 국내법에 맡겨놓고 있을 뿐이다.

40) 이것은 제17조에서 말하는 예외에 해당한다고 보기도 한다. UNCTAD-ICTSD, p. 236. 또한 일부에서는 언론기관이 경쟁업자의 후원으로 허위 보도를 한다면 파리협약 제10조의2 제3항 3호(부정경쟁 행위의 한 유형으로, 상품의 성격이나 특징 등에 관해 공중을 오인하게 할 우려가 있는 경우) 위반이 될 수 있다고 해석하기도 한다. Carvalho(TM), p. 354. 그러나 이 규정이 경쟁업자의 행위(act of competition)를 규율하는 것이고, 그것도 거래 과정에서(in the course of trade) 공중의 오인을 야기할 수 있는 주장이나 표시를 금지하는 것이므로, 이러한 예가 이 규정을 위반하는지 여부는 다퉈질 수 있다.

셋째, 이 규정은 동일하거나 유사한 상품이나 서비스에 동일하거나 유사한 상표[41])를 사용함으로써 혼동 가능성(likelihood of confusion)[42])을 야기할 때 그 사용을 금지하는 것이다. 동일 상품이나 서비스에 동일 상표를 사용하는 것은 전형적인 상표 위조(trademark counterfeiting)에 해당한다.[43]) 문제가 되는 것은 유사한 상품이나 서비스에 유사한 상표를 사용하는 것이다. 이것은 혼동 이론에 의해 해결하게 된다.[44]) 원칙적으로, 어느 상품과 관련한 상표의 사용이 소비자에게 상품의 출처에 대해 혼동을 야기하거나 야기할 우려가 있는 경우 여러 요인들을 감안하여 침해 판단이 내려진다. 혼동 이론의 구체적 내용과 범위는 각 회원국의 재량에 맡겨졌다 할 수 있다. 다만, 협정에서는 "동일한 상품이나 서비스에 대하여 동일한 기호를 사용하는 경우에 혼동 가능성은 추정된다"(제16조 제1항 2문)고 하고 있다.[45]) 이 추정은 절대적인 추정으로 반증에 의해 뒤집을 수 없는 것으로 이해된다.[46])

---

41) 필자는 편의상 상표라고 적고 있지만 협정상의 용어는 '기호(sign)'이다. 동일하거나 유사한 기호라 하고 있으므로 단지 상표만을 의미하지 않는다. 지리적 표시도 포함하는 것이다. 즉, 제16조 제1항은 등록 상표와 동일하거나 유사한 상표뿐만 아니라 등록 상표와 동일하거나 유사한 지리적 표시의 사용도 금지하고 있는 것이다. EC—상표·지리적 표시(European Communities—Protection of Trademarks and Geographical Indications for Agricultural Products and Foodstuffs), Report of the Panel, WT/DS174/R, 15 March 2005, paras. 7.599, 7.601 and 7.625 참조.

42) 'likelihood'는 'possibility'와는 다른 의미가 있다고 한다. 전자는 '진실이나 사실과 같은 것'을 의미하는 것으로 단순한 가능성(possibility)과는 구별된다는 것이다. Carvalho(TM), pp.350~351. 'likelihood'에 들어맞는 한글 번역을 찾기 어려워 부득이 '가능성'이라는 용어를 사용하기로 한다.

43) 상표 위조는 상표의 복제와 같은 의미로 사용하는 것이 보통이다. 등록 상표의 복제란 그와 동일한 상표를 지정 상품과 동일한 상품이나 서비스에 사용하는 것을 말하고, 등록 상표의 모방이란 그와 유사하거나 다른 상표를 지정 상품과 다른 상품이나 서비스에 사용하는 것을 말한다. Carvalho(TM), p.349.

44) 혼동 이론상 유사한 상품이나 서비스라 할 때 그 유사성은 상품이나 서비스 분류상의 기준과는 아무런 관련이 없다. 단지 상품이나 서비스의 성격에서 그 관련성을 찾아야 한다. 예를 들어, 컴퓨터와 소화기는 니스 분류(Nice classification)상 같은 상품류(제9류)에 속하지만 관련 상품이라 할 수 없는 것이다(그 반대의 경우도 생각할 수 있다).

45) Art. 16.1, 2nd sentence: "In case of the use of an identical sign for identical goods or services, a likelihood of confusion shall be presumed."

46) 추정에는 절대적인 추정과 상대적인 추정이 있다. 후자는 반증으로, 뒤집을 수 있지만 전자는 그럴 수 없다. TRIPS협정 제34조 제1항과 같이, '반대의 증거가 없는 한(in the absence of proof to the contrary)'이라는 구절이 있는 경우 상대적인 추정 규정으로, 그런 구절이 없는

2) 선행 권리의 보호

제16조 제1항은 등록 상표 보호에 관한 규정이다. 제1문은 그 권리의 내용을, 제2문은 제1문상의 보호의 요건 중 혼동 가능성에 대한 입증 문제를 다루고 있다. 제3문에서는 이들 규정의 효과를 제한하고 회원국 의무의 한계를 규정하고 있다. TRIPS협정 제16조 제1항 3문에 의하면, "위의 권리는 기존 선행 권리를 해치지 아니하며 회원국으로 하여금 사용에 근거하여 권리를 부여하도록 할 가능성에 영향을 미치지 아니한다."[47] 이 규정은 2개의 서로 다른 내용을 담고 있다. 하나는 선행 상표에 대한 권리에 관한 것이고, 다른 하나는 사용에 근거한 상표권 발생에 관한 것이다. 후자는 사용주의 국가의 입장을 반영하여, 사용에 기반을 둔 상표권 발생을 인정하는 것으로 확인 규정에 가까운 것이다. 문제는 전자의 규정 중 '기존 선행 권리(existing prior rights)'를 둘러싼 해석에 있다.

이 규정의 취지는 분명하지 않아 그만큼 해석이 어렵긴 하지만 두 가지 의미가 있는 것으로 보인다. 첫째 의미는 서로 충돌하는 상표가 사용되는 경우 이들 상표를 모두 계속 사용할 수 있도록 허용한다는 것이다. 어느 상표의 등록 여부와 관계없이, TRIPS협정 발효 전후를 불문하고 생길 수 있는 상황이다. 특히, 미등록 상표를 보호하는 국가에서 어느 미등록 상표를 일정 지역에 한정하여 사용하고 있다면 그런 이른바 보통법상의 상표는 등록 상표와 병존할 수 있다.[48] 이 규정은 "[등록 상표권]은 기존 선행 권리를 해치지 아니하며(The

---

제16조 제1항 2문은 절대적인 추정 규정으로 해석할 수밖에 없다. Carvalho(TM), p.351. 절대적 추정은 법정 의제에 상당한 것이라 하겠다.

47) Art. 16.1, 3rd sentence: "The rights described above shall not prejudice any existing prior rights, nor shall they affect the possibility of Members making rights available on the basis of use."

48) 미국 상표법상 등록 상표와 미등록 상표는 모두 보호를 받는다. 1968년 미국 제7순회법원은 선사용 상표인 일리노이 주 마툰(Mattoon) 지역의 'Burger King'과 연방 상표법에 의해 전국적인 효력을 가지고 있는 등록 상표 'Burger King'은 서로 다른 지역에서 병존할 수 있다고 판시했다. *Burger King of Florida, Inc. v. Hoots*, 403 F.2d 904 (7th Cir. 1968). EU 상표법 지침 제14조 제3항도 선사용자 보호에 관한 규정을 두고 있다. ("A trade mark shall not entitle the proprietor to prohibit a third party from using, in the course of trade, an earlier right which only applies in a particular locality, if that right is recognised by the law of the Member State in question and the use of that right is within the limits of the territory in

rights ··· shall not prejudice any existing rights)"라고 하여, '저해 금지(without prejudice)'49) 형식의 문장으로 되어 있다. 기존 선행 권리는 어떠한 경우에도 존중을 받아야 한다는 것이다.50) 따라서 국가에 따라, 등록 상표권과 병존할 수 있는 다른 권리(예를 들어 보통법상 상표에 대한 권리)가 존재한다면 그 권리도 보호를 받아야 하는 것이다.

둘째 의미는 기존 선행 권리는 단지 상표에 대한 권리에 국한하지 않는다는 것이다. 상호나 지리적 표시, 저작물, 디자인에 대한 권리도 '기존 선행 권리'가 될 수 있다.

3) 예외 또는 제한

상표권도 다른 지적재산권과 마찬가지로 공공 목적에 의한 제한을 받는다. TRIPS협정 제17조는 "회원국은 상표에 의하여 부여된 권리에 대하여, 기술적 용어의 공정 사용과 같이 한정적인 예외를 규정할 수 있다"고 하고 있다.51) 이 때 상표 소유자와 제3자 간에 법익 교량을 하여야 한다(제17조 단서).

이 조항은 상표 소유자가 가지는 권리로 인해 다른 사람이 그 상표를 사용하는데 불편을 겪을 수 있으므로 이를 방지하기 위해 그 권리를 일정하게 제한할 필요에서 나온 것으로, TRIPS협정에서 상표에 대한 권리를 국제 조약상 처음 부여한 만큼 그 예외를 명시하는 것이 체계상 적절하다 할 수 있다.

TRIPS협정은 지적재산권 전반에 걸친 일반 예외가 존재하지 않는다.52) 각

---

which it is recognised.") Directive (EU) 2015/2436 of the European Parliament and of the Council of 16 December 2015 to approximate the laws of the Member States relating to trade marks 참조. Carvalho(TM), p.356 and note 733에서 재인용.

49) 사전적 의미는 '어떠한 행위나 판단의 결과 발생하는 피해 또는 손상(harm or injury that results or may result from some action or judgement)'이다. http://www.oxforddictionaries.com/definition/english/prejudice 참조.

50) EC―상표·지리적 표시 사건에서 패널은 "해치지 아니한다(shall not prejudice)"의 의미는 다른 권리에 "영향을 줘서는 안 된다(shall not affect)"는 것이다. WT/DS174/R, op. cit., paras. 7.607~7.608.

51) Art. 17: "Members may provide limited exceptions to the rights conferred by a trademark, such as fair use of descriptive terms, provided that such exceptions take account of the legitimate interests of the owner of the trademark and of third parties."

52) GATT에는 특허권, 상표권 및 저작권 전반에 적용되는 일반 예외 규정(제20조)이 있다. 이에

분야별 예외 규정을 별도로 두고 있다. 상표권에 관해서는 제17조가 있고, 저작권에 관해서는 제13조, 산업디자인 보호에 관해서는 제26조 제2항, 특허권에 관해서는 제30조가 있다. 각 규정마다 공통점이 있는가 하면, 상이점도 있다. 이들 4개 규정은 공통적으로 배타적인 권리 행사를 부인하거나 제한하고 있다. 한편, 제13조와 제26조 제2항 및 제30조는 통상적 이용 충돌 금지와 합법적 이익 저해 금지를 공통적인 예외의 조건으로 두고 있다. 반면, 제17조는 그런 조건을 찾아볼 수 없다. 그것은 상표와 상표권이 가지고 있는 특징에서 나왔다 할 수 있다. 무엇보다도 상표는 다른 보호대상과는 달리, 상표 소유자가 직접 사용하는 것이 보통이기 때문이다.

TRIPS 예외 규정은 몇 가지 점에서 의의가 있다. 첫째, 협정은 한정적인 예외(limited exceptions)를 설정하도록 하고 있다. WTO 패널에 의하면, '한정적인 예외'라는 용어는 좁은 예외(narrow exception)를 내포하는 것으로, 그것은 권리의 부분적 감축(small diminution)을 가져오는 것을 의미한다. 한정적인 예외를 결정할 때에는 권리가 어느 정도 줄어드는지 고려하여야 한다.[53] 협정은 예외의 하나로 '기술적 용어의 공정 사용(fair use of descriptive terms)'을 예시하고 있다. 이와 관련하여 다음과 같은 점을 지적해야겠다. ① 기술적 용어는 기술적 표지(descriptive sign)와는 일견 구별된다. 기술적 표지의 예로는 상품의 종류, 품질, 수량, 용도, 가치, 원산지 및 생산 시점을 들 수 있는데,[54] 이런 의미의 기술적 표지는 협정 제17조에서 말하는 기술적 용어와 매우 흡사하다. ② 기술적 표지는 등록 거절 사유의 하나이다. 그 자체로 식별력이 없기 때문이다. 그러나 기술한 표지가 식별력을 획득하면 상표로 등록될 수 있다. 상표권의 예외로서 '기술적 용어의 사용'이란 주로 이런 상표를 사용하는 경우 또는 상표의 구성요소로 상표 내에 기술적 용어가 들어 있는 경우 그 용어를 사용하는 경우에 생각할 수 있다. ③ '기술적 용어의 공정 사용'이란 상표권의 예외의 예시로서 다른 예외도 얼마든지 존재한다. ④ 일부에서는 '기술적 용어의 공정 사용'의 예로서, 비교 광고에 다른 사람의 상표를 사용하는 것,[55] 언론기관

관해서는, 제5부 제1장 1. 2) (1) GATT 제20조 참조.

53) WT/DS114/R, op. cit., paras. 7.30~7.32; WT/DS174/R, op. cit., para. 7.651.

54) 파리협약 제6조의5 B절 2호 참조.

55) UNCTAD-ICTSD, p. 242.

이 보도 과정에서, 출판사가 각종 사전류에 기술적 용어로 해당 상표에 대해 언급하는 것을 든다.[56]

둘째, 협정은 상표에 의하여 부여된 권리(rights conferred by a trademark)에 대한 예외를 규정하고 있다. 등록 상표에 대한 예외뿐만 아니라 비등록 상표에 대해서도 예외를 정할 수 있음은 물론이다.

셋째, 예외는 상표 소유자와 제3자의 합법적인 이익을 고려하여야 한다. 상표 소유자의 합법적인 이익(legitimate interests)은 '상표에 의하여 부여된 권리'(제16조 제1항)와는 다른 의미로서, 공공정책이나 사회 규범 측면에서 정당화될 수 있는 이익을 포괄한다.[57] 이런 이익이란 상표 소유자가 상표의 식별력을 유지함으로써 그 상표가 기능할 수 있도록 하고, 해당 상품이나 서비스와 관련하여 그 상표를 사용하는 데 대한 이익을 포함한다. 이런 이익을 고려할 때에는 그 표장의 경제적 가치 또한 고려해야 한다.[58] 한편, 제3자의 합법적인 이익은 일괄해서 설명하기 어렵다. 라이선시나 소비자의 이익이 다르고, 기자나 작가의 이익이 다르다. 후자의 경우에는 일견 표현의 자유라는 헌법적인 가치를 떠오르게 한다.

파리협약은 제6조의5에서 상표 독립의 원칙의 예외로서 이른바 'as is' 원칙을 채택하고 있다. 상표의 본국에서 정당하게 출원된 상표는 다른 동맹국에서도 본래의 형태로 출원할 수 있다는 원칙으로 상표의 형태(구성요소)가 국내법상의 요건을 충족하지 못할 경우에도 상표 보호가 부정될 수 없다는 것이다. 그러나 동맹국은 제3자의 기득권을 침해하거나, 식별력이 없거나, 공공질서에 반하거나 공중을 기망하는 상표 출원은 거절할 수 있고 그 등록은 무효로 할 수 있다.[59] TRIPS협정 제17조는 상표권의 예외를 정한 것으로 파리협약 규정과는 구별되나, 상표의 형태가 동일성을 유지한 채 다른 국가에 출원되는 경우 양자 규정의 중복 적용 문제가 제기될 수 있을 것이다.

---

56) UNCTAD-ICTSD, p. 236; Carvalho(TM), p. 392.

57) WT/DS114/R, op. cit., para. 7.69.

58) WT/DS174/R, op. cit., para. 7.664.

59) 이에 관해서는, 제3부 제5장 1. 2) (4) 'telle quelle' 원칙의 제한 참조.

4) 보호기간

협정에서는 최초 등록과 등록 갱신 기간을 최소 7년으로 하고 있고, 등록은 무기한 갱신될 수 있도록 하고 있다(제18조).[60] 특허권이나 저작권, 디자인권 등은 공익 목적상 존속기간이 일정 기간으로 한정되지만, 상표권에는 그런 기간적 제한이 존재하지 않는다. 상표권은 권리자의 의사에 따라 그 효력을 상실할 뿐이다.

협상 당시 대부분 국가들은 최초 10년을, 영국 등 영미법계 일부 국가는 최초 7년을 존속기간으로 제안했다.[61] 협상 과정에서 7년 기간에 대한 합의 과정은 분명하지 않으나, 상표 등록 갱신 수수료가 등록 관청에 적지 않은 수입을 가져다준다는 점, 그러면서도 잦은 등록 갱신은 행정적인 부담도 준다는 점 등을 함께 고려하여 보호기간에 합의한 것으로 보인다.[62] 보호기간은 등록을 기산점으로 한다. 이 점에서 특허권과 대비된다.[63][64]

5) 사용 의무와 사용 규제

(1) 사용 의무

협정은 파리협약에서처럼 상표 사용 의무를 부과하고 불사용에 대한 제재를 규정하고 있다. 즉, 제19조 제1항에서는 "등록을 유지하기 위하여 사용이 요구되는 경우, 상표 소유자가 그 사용상의 장애의 존재에 근거한 유효한 사유를 제시하지 아니하는 한 그 등록은 최소 3년간 계속 불사용 후에만 취소될 수 있다. 상표에 의하여 보호되는 상품이나 서비스에 대한 수입 제한이나 그 밖의 정부의 요구조건과 같이 상표 소유자의 의사와는 무관하게 발생하는 상표

---

60) Art. 18: "Initial registration, and each renewal of registration, of a trademark shall be for a term of no less than seven years. The registration of a trademark shall be renewable indefinitely."

61) Existence, Scope and Form of Generally Internationally Accepted and Applied Standards/Norms for the Protection of Intellectual Property, note prepared by the International Bureau of WIPO, GATT Doc. MTN.GNG/NG11/W/24, 5 May 1988, p.23.

62) UNCTAD-ICTSD, p.244; Carvalho(TM), pp.399~401.

63) 특허권의 보호기간은 출원일로부터 20년이다. 이에 관해서는, 제5부 제7장 3. 4) 보호기간 참조.

64) 상표법조약에서는 10년으로 하고 있다.

사용상의 장애가 되는 상황은 불사용에 대한 유효한 사유로 인정된다"고 하고 있다.[65]

이 규정은 파리협약 해당 규정(제5조 C절 제1항)과 마찬가지로 사용의 개념을 정의하지 않고 있다. 이에는 해당 상품이나 용기, 포장, 레이블 등에 부착하는 것, 해당 상품을 시장에 내놓은 것, 해당 상품이나 서비스와 관련하여 광고에 넣거나 상업문서에 표시하는 것 등을 포괄한다고 할 수 있다. 이에 해당하지 않으면 불사용이라 할 수 있으나 여전히 회원국이 재량을 발휘할 수 있다.

상표는 단독 상표 소유자만이 사용하는 것은 아니다. 공동 상표 소유자가 다수 존재한다면 이들 모두 동일한 상표를 사용할 수 있다. 파리협약은 이 점을 확인하면서 이 경우에 불사용으로 인한 제재를 할 수 없도록 하고 있다.[66] TRIPS협정은 이에 더 나아가, 상표권이 라이선스 등의 방법으로 다른 사람이 사용하더라도 상표 소유자의 통제하에 놓인 경우에는 등록의 유지의 목적상 상표 사용으로 인정하는 규정을 명시적으로 두고 있다(제19조 제2항). 그러나 상표 소유자의 통제를 벗어난 경우, 예를 들어 상표 소유자가 상품의 품질 감독을 하지 않는 등 상표 관리에 소홀한, 이른바 무방비 라이선스(naked license)는 이 규정의 혜택을 받을 수 없을 것이다.[67]

불사용이 곧바로 등록 취소가 되는 것은 아니다. 일정한 조건을 구비해야 한다. 첫째는 불사용을 정당화하는 사유가 존재하지 않아야 한다. 파리협약은 '관련자가 불사용을 정당화하지 못하는 경우(if the person concerned does not justify his inaction)'라고 하고 있는 반면, 협정은 '상표 소유자의 의사와는 무관하게 발생하는 상표 사용상의 장애가 되는 상황(circumstances arising independently of the will of the owner of the trademark which constitute an obstacle to the use of the trademark)'이라고 하고 있다. 협정은 그 예시로 정부의 수입 규제나

---

65) Art. 19.1: "If use is required to maintain a registration, the registration may be cancelled only after an uninterrupted period of at least three years of non-use, unless valid reasons based on the existence of obstacles to such use are shown by the trademark owner. Circumstances arising independently of the will of the owner of the trademark which constitute an obstacle to the use of the trademark, such as import restrictions on or other government requirements for goods or services protected by the trademark, shall be recognized as valid reasons for non-use."

66) 파리협약상 상표의 사용에 관해서는, 제3부 제5장 3. 예외 또는 제한: 상표 사용 의무 참조.

67) UNCTAD-ICTSD, p.245.

그 밖의 조치를 들고 있다.

정당화 사유와 관련하여 파리협약은 동맹국에 상당한 재량을 부여하는 반면, TRIPS협정은 다소 까다로운 요건 두 가지를 요구하고 있다. 하나는 상표 소유자의 의사와 무관한 상황이 발생해야 한다는 것이고, 다른 하나는 그런 상황이 상표 사용에 장애가 되어야 한다는 것이다. 파리협약은 사용자의 통제 밖에 있는 법적·경제적 상황을 모두 정당화의 근거로 보고 있으며, 그런 예로 수입 금지, 전쟁 및 시장 부재를 들기도 한다.[68] 그러나 TRIPS협정은 그런 상황의 존재만으로 정당화될 수 없는 것이다.

이런 요건을 충족한다는 전제하에, 불사용에 대한 유효한 사유의 예로는 협정에서 예시하고 있는 정부의 수입 규제(import restrictions)나 그 밖의 정부의 요구조건(other governmental requirements)이 있다. 후자의 예로는 정부의 제조나 판매 금지 또는 이에 대한 승인 등 규제 조치 등을 들 수 있다. 그러나, 예를 들어, 불가항력에 의하여 상품의 원료 공급원을 변경할 필요가 있을 때 이런 상황이 비록 상표 소유자의 의지와는 무관하지만 다른 대체재가 존재한다면 그것은 상표 사용에 장애로 작용할 수 없다.[69][70]

둘째는 일정 기간 불사용되어야 한다. 협정은 파리협약상 '상당한 기간 후'를 '최소 3년간 계속 불사용 후(after an uninterrupted period of at least 3 years of non-use)'로 대체했다.

(2) 사용 규제

국가에 따라서는—특히 개발도상국에서—상표 사용 방법에 대해 일정한 조건을 붙이기도 한다. 어떤 국가에서는 국내 라이선시가 자신의 상표와 함께 라이선서의 상표를 사용할 것을 요구하기도 하고, 어떤 국가에서는 상품에 부착할 상표의 위치를 지정하기도 한다. 또한 외국 상표에 대해 국내 사정에 적합

---

68) WIPO, p.370; Bodenhausen, p.76.

69) Carvalho(TM), p.407.

70) WTO 회원국 법령에서 정당화 사유로 들고 있는 사례를 보면, 불가항력, 전쟁, 원재료 수급의 곤란, 국유화, 의약품 등에 대한 시판 승인상의 지연, 수입이나 수출 규제, 공장 화재로 인한 생산 중단, 국가 독점을 침해하는 상표의 사용 등이 있다. 한편, 그 사유로 적절하지 않은 예로는 자금 부족, 근로자의 부족, 원재료 취득의 곤란, 상품 시판의 곤란, 기업 운영의 통상적인 어려움 등이 있다. Carvalho(TM), pp.409~410.

제4장 상표 479

한 형태로 변형할 것을 요구하기도 한다.[71] 이런 일종의 상표 사용 규제는 개발도상국 법률에서 근거를 찾을 수 있다. 협상 당시 인도는 상표가 해당 상품의 품질을 보증하는 기능을 해야 한다면서 상표 사용에 규제가 필요하다는 점을 강조했다. 한편, 브라질은 라이선서의 상표와 함께 라이선시의 상표가 부착되어야 한다고 주장한 바 있다. 이런 주장은 국내 라이선시가 라이선스 종료로 인하여 소비자를 잃어서는 안 된다는 점을 염두에 둔 것이다.[72] 인도와 브라질의 주장은 각기 다소 다른 배경을 가지고 있었으나 모두 개발 지향적인 정책 목표(development-oriented objective)를 추구하기 위한 것이었다.[73]

제20조는 이런 개발도상국의 외국 상표권자에 대한 규제에 대응하기 위한 목적에서 나온 것이다. 이에 의하면, "거래 과정에서의 상표의 사용은 다른 상표와의 사용, 특별한 형태로의 사용 또는 어느 사업자의 상품이나 서비스와 다른 사업자의 상품이나 서비스와 식별력을 저해하는 방법으로의 사용과 같은 특별한 요건에 의하여 부당하게 방해를 받지 아니한다"(제20조 1문).[74] 다른 상표와 동시 사용은 라이선시의 상표와 라이선서의 상표의 동시 사용을, 특별한 형태로의 사용은 번역 사용이라든가 크기나 색깔의 사용을 의미하는 것이다. 상표의 식별력을 저해하는 방법으로의 사용이란 상표의 크기를 줄이거나 위치를 한정함으로써 소비자가 상표를 인식하기 곤란하도록 사용하는 것을 의미한다고 할 수 있다.[75]

이에 대해 두 가지 해석이 가능하다. 하나는 제20조상의 세 가지 예시는 모두 전형적인 부당한 방해에 해당하는 것으로 금지된다고 해석하는 것이고, 다른 하나는 위 세 가지 예시는 단지 방해의 예시에 불과한 것으로 부당한 경우에 한하여 금지된다고 해석하는 것이다. 선진국은 전자의 해석을, 개발도상국은 후자의 해석을 지지하는 입장이다.[76] 협상 연혁에 비춰 보면 후자의 해석

---

71) UNCTAD-ICTSD, p.246.

72) Carvalho(TM), pp.418~419.

73) UNCTAD-ICTSD, p.246.

74) Art. 20, 1st sentence: "The use of a trademark in the course of trade shall not be unjustifiably encumbered by special requirements, such as use with another trademark, use in a special form or use in a manner detrimental to its capability to distinguish the goods or services of one undertaking from those of other undertakings."

75) UNCTAD-ICTSD, p.246.

76) Carvalho(TM), pp.426~427. 특허청(TRIPS), 116쪽에서는 협정상 세 가지를 '부당한 제한'의

이 타당하다고 주장하는 학자가 있다. 그에 의하면, 제20조는 어느 회원국이 상표 사용에 특별한 요건을 부과함으로써 그 사용이 부당하게 방해를 받지 않도록 하는 것이다. 이것은 다음과 같이 설명할 수 있다. 첫째, 이 규정은 '거래 과정에서의 사용'에 국한하여 회원국의 규제를 제한하고 있다. 해당 상품의 광고에 상표 사용을 금지하거나 제한하는 것, 의약 처방에 상표 사용을 금지하거나 제한하는 것은 거래 과정에서의 사용이 아니라고 할 수 있으므로 그런 규제는 허용된다 하겠다. 둘째, 해당 규제는 상표 사용을 '부당하게 방해'하지 않아야 한다. 상표의 크기와 색깔을 요구하거나 경고 표시를 부착하도록 함으로써 상표의 식별력을 저해하여 매출 감소로 이어진다면 그 사용에 방해(encumbrance)가 생긴다고 할 수 있다. 그렇지만 그것이 '정당화될 수' 있다면 허용된다고 보아야 할 것이다. 무역에 대한 위장된 제한(제3조 제2항)이나 국가들 간의 자의적인 차별(GATT 제20조)은 부당한(unjustifiable) 것으로 허용되지 않는다. 예를 들어, 고가의 사치품에 대한 상표 사용 금지가 이에 해당한다.[77]

한편, 제20조는 중복 적용 가능성이 있는, 그에 따라 상호 충돌할 수 있는 규정(2문)을 두고 있다. 이에 의하면, "이것은 상품이나 서비스를 생산하는 사업자를 나타내는 상표를 그 사업자의 해당 특정 상품이나 서비스를 식별하는 상표에 연계하지 아니하고, 그와 함께 사용하도록 요구하는 것을 배제하지 아니한다"(제20조 2문).[78] 다시 말해서, 회원국은 외국 상표를 라이선스 받아 상품을 제조하거나 서비스를 제공하는 라이선시에게 자신의 상표("상품이나 서비스를 생산하는 사업자를 나타내는 상표")[79]와 함께 외국 상표("특정 상품이나 서비스를 식별하는 상표")도 부착하도록 의무화할 수 있는 것이다.[80] 이는 외국 상

예로 들고 있다.

77) Carvalho(TM), pp.422~426.

78) Art. 20, 2nd sentence: "This will not preclude a requirement prescribing the use of the trademark identifying the undertaking producing the goods or services along with, but without linking it to, the trademark distinguishing the specific goods or services in question of that undertaking."

79) 제조업자나 판매업자와 같은 상품이나 서비스 라인을 지칭하는 상표를 의미한다. Carvalho(TM), p.427. "상품이나 서비스를 생산하는 사업자를 나타내는 상표"라는 표현에 기술적인 착오가 있다. 사업자를 나타내는 상표(trademark identifying the undertaking)란 상호를 의미하기 때문이다. Carvalho(TM), p.430.

80) 이 규정은 브라질의 요구를 반영한 것으로, 당시 브라질의 주장은 다음과 같다: "의약품에 부착되는 상표는 국민 건강에 매우 중요한 영향을 준다. 국내업자가 외국 유명 제약회사, 예를

표 소유자가 라이선시가 개척한 시장을 라이선스 계약 종료 후 장악할 수도 있다는 불안감을 씻어줄 수 있는 조항이지만,[81] 제20조 1문과 중복 적용되거나 상충할 가능성이 있는 조항이다. 그러나 이 규정은 제1문과 같이 '정당화' 여부를 묻지 않고 있으므로 제1문의 특별 규정이라 할 수 있고, 이 점에서 상충 가능성은 없다 하겠다.[82]

공중 보건의 측면에서 제20조를 검토해볼 수 있다. 협정은 제8조 제1항에서 회원국으로 하여금 "공중 보건…을 보호하…기 위하여 필요한 조치를 채택할 수" 있도록 하고 있고, 제20조는 공공정책의 요청에 따라 '특별한 요건(special requirements)'을 부과할 수 있도록 하고 있다. 예를 들어 담배 포장에 충격적인 사진을 인쇄하도록 한다거나,[83] 담배 포장에서 상표를 제거하도록 하는 것이다.[84] 전자의 경우는 제20조에 따라 정당화되는 것으로 볼 수 있지만,[85] 후자의 경우는 간단하지 않다. 상표의 제거는 식별 표지로서 상표의 기본적인 기능과 충돌할 여지가 있기 때문이다. 이것은 제17조에 따른 예외라 할 수도 있고,[86] 또는 제20조상의 '특별한 요건'에 해당한다고 볼 수도 있다.[87]

6) 라이선스 및 양도

상표는 그 재산적인 성격으로 인해 자유로이 이전될 수 있다. 다만, 일부 국

들어 바이엘의 라이선스를 받아 약품을 생산하는 경우 그 국내업자가 바이엘 상표만 부착해 판매함으로써 소비자가 바이엘이 직접 만든 약품으로 오인할 우려가 있다. 따라서 바이엘 외에 국내업자의 상표를 명시할 필요가 있다." 특허청(TRIPS), 116쪽 각주 46).

81) Blakeney, p.59.

82) Carvalho(TM), p.427.

83) Carvalho(TM), pp.424~425.

84) 1994년 캐나다에서는 담배 포장에 아무런 장식이나 상표를 넣지 못하도록 하는, 이른바 단순 포장(plain packaging) 정책 채택을 두고 논란을 겪은 적이 있다. 단순 포장만으로는 소비자의 구매 의욕을 자극하지 않으며 따라서 담배 소비를 줄일 수 있다는 것이었다. J. Keon, "Intellectual Property Rules for Trademarks and Geographical Indications: Important Parts of the New World Trade Order," in Correa & Yusuf, p.155. 호주는 2012년 이 정책을 골자로 한 법률(Tobacco Plain Packaging Act)을 제정한 바 있다.

85) Carvalho(TM), pp.424~425.

86) 이런 입장은, Keon, op. cit., p.155.

87) 이런 입장은, Carvalho(TM), p.397.

가에서는 소비자가 특정 상품이나 서비스를 구매할 때 해당 상표가 가지는 신용에 의존한다는 점에 주목하여 상표의 이전을 해당 업무나 신용이 동시에 이전하는 경우에 한하여 허용하기도 한다. 파리협약 제6조의4는 기업의 일부 이전과 동시에 이뤄지는 상표의 양도를 허용하고 있다.[88]

TRIPS협정은 파리협약과는 다른 측면에서 라이선스와 양도에 관해 다루고 있다. 제21조에 의하면, "회원국은 상표의 사용허락 및 양도에 관하여 조건을 부과할 수 있다. 상표의 강제 사용허락은 허용되지 아니하며 등록 상표의 소유자는 상표가 속한 영업의 이전과 함께 또는 별도로 자신의 상표를 양도할 권리를 가진다."[89] 이에 대해 하나씩 살펴보자. 먼저, 회원국으로 하여금 상표의 라이선스와 양도에 조건을 붙일 수 있도록 허용하고 있다. 따라서 회원국은 ① 형식적인 조건으로서, 라이선스나 양도를 문서에 의할 것을 요구할 수도 있고, 제3자와의 관계에서 등록을 요구할 수도 있다.[90] ② 실질적인 조건으로서, 계약의 내용에 관하여 일정한 조건을 요구할 수도 있다. 상표권의 남용, 부당한 무역 제한 등을 방지하기 위하여 조건을 붙이거나(제8조 제2항) 또는 경쟁을 제한하는 행위를 금지할 수 있다(제40조).[91] 또한 라이선서가 라이선시에 대한 품질 통제를 요구할 수도 있는 것이다. 이것은 상표의 출처표시 기능과 품질보증 기능을 확보하기 위하여 필요한 것이다. 무방비 라이선스(naked license)를 금지할 수도 있는 것이다.[92]

둘째, 협정 제21조는 또한 상표의 강제 라이선스(compulsory license)를 인정하지 않고 있다. 이 점은 다음과 같이 설명할 수 있다. 즉, 상표의 강제 라이선스는 상표의 기본적인 기능인 출처표시 기능과 양립하기 어렵고, 상표의 불사용은 다른 규정에 의한 제재(제19조 제1항)로 충분하기 때문이다.[93] 어느 국가도 강제 라이선스를 허용하지 않고 있다.[94]

---

88) 이에 관해서는, 제3부 제5장 2. 2) 상표의 이전 참조.

89) Art. 21: "Members may determine conditions on the licensing and assignment of trademarks, it being understood that the compulsory licensing of trademarks shall not be permitted and that the owner of a registered trademark shall have the right to assign the trademark with or without the transfer of the business to which the trademark belongs."

90) Carvalho(TM), pp.443~444.

91) Carvalho(TM), p.444.

92) UNCTAD-ICTSD, p.248; Carvalho(TM), pp.447~448.

93) UNCTAD-ICTSD, p.248; 특허청(TRIPS), 118쪽.

셋째, 등록 상표 소유자는 상표가 속한 영업의 이전과 함께 또는 별도로 자신의 상표를 양도할 수 있다. 파리협약 제6조의4는 상표와 영업이나 신용이 동시에 이전되는 경우에 한하여 상표 이전을 유효한 것으로 하는 국가의 경우, 업무나 신용의 일부(어느 한 국가에 존재하는 업무나 신용)와 함께 상표 이전을 허용하고 있다. 해당 국가는 업무나 신용의 전부 이전을 상표 이전의 조건으로 삼을 수는 없으나 일부 이전에 대해서는 여전히 조건을 부과할 수 있는 것이다. TRIPS협정은 이런 조건을 제거함으로써 어느 국가든지 상표 이전을 영업 이전과 함께 할 것을 요구할 수 없도록 했다. 따라서 회원국은 상표 그 자체의 이전을 허용해야 한다. 상표 자체가 거래 대상이 될 수 있는 것이고, 따라서 무방비 라이선스도 가능하게 된 것이다.[95][96] 그러나 파리협약과 TRIPS협정 규정상의 차이로 아직 파리협약이 적용될 여지가 있다. TRIPS협정은 '영업'(파리협약은 '영업이나 신용')만을 언급하고 있기 때문이다. 상표 소유자가 어느 국가에서 영업을 영위하지 않는 경우에는 여전히 파리협약상의 의무를 준수해야 한다. 예를 들어, 상표 소유자가 어느 국가에서 상품을 판매하지는 않지만 상표 광고 등으로 신용을 얻은 경우 그 국가에서 상표를 이전하려면 해당 신용도 함께 이전해야 한다.[97]

6. 주지 상표의 보호

1) 주지 상표 보호의 확대

주지 상표(well-known trademark)는 파리협약에서 이미 두텁게 보호하고 있다. 이에, TRIPS협정은 한 발 더 나아가, 보호대상을 좁은 의미의 상표뿐만 아니라 서비스표에까지 확장하는 한편, 주지성의 판단 기준을 구체적으로 제시함으로써 회원국의 재량 범위를 축소하고 있다. 회원국이 파리협약 실체 규정

---

94) WIPO(TRIPS), p.37.
95) 물론 앞에서 언급한 것처럼, 회원국은 상표의 양도나 라이선스에 조건을 붙일 수 있고 그에 따라 무방비 라이선스를 허용하지 않을 수도 있다.
96) UNCTAD-ICTSD, p.249.
97) Carvalho(TM), p.464.

을 준수해야 한다는 점을 상기한다면, TRIPS협정은 파리협약 플러스를 담고 있는 것이다.

제16조 제2항에 의하면, "파리협약(1967년) 제6조의2는 서비스에 준용된다. 회원국은 어느 상표가 두루 알려진 것인지 판단할 때 그 상표의 홍보 결과 그 회원국 내에서 얻어진 인식을 포함하여 관련 분야 공중의 그 상표에 대한 인식을 고려하여야 한다."[98]

이 규정은 주지 상표에 관한 파리협약 제6조의2를 준용하여 주지 서비스표도 보호대상으로 했다. TRIPS협정 제15조에서 상표를 정의하면서 서비스표를 포함하고 있으나, 협정 제2조 제1항에서는 오로지 파리협약 실체 규정을 준수하도록 의무를 부과하고 있을 뿐이므로, TRIPS협정에서 별도로 서비스표에 관한 규정을 두지 않는다면 위 상표의 정의는 무색해진다. 준용 규정은 이 점에서 의의가 있다.

또한 TRIPS협정이 준용 방식으로 주지 상표를 보호하는 태도를 가지고 있으므로, 그 보호 방법은 파리협약에서와 같이 주지 상표와 동일하거나 유사한 상표의 등록을 거절하거나 등록을 무효화하거나 그 사용을 금지하는 것이다. 주지 상표 소유자는 적극적으로 다른 회원국에 등록하여 보호받을 수도 있음은 물론이다.

주지 상표는 등록 적격을 갖춘 것에 한하여 보호된다. 다시 말해서, 등록 대상 표지가 될 수 없거나 식별력이 없다면 보호를 받을 수 없다. 예를 들어, 협정은 시각적으로 인식할 수(visually perceptible) 없는 표지에 대해서는 등록을 거절할 수 있도록 하고 있고, 주지 상표가 그런 상표에 해당한다면 보호를 받을 수 없는 것이다.[99]

---

98) Art. 16.2: "Article 6bis of the Paris Convention (1967) shall apply, mutatis mutandis, to services. In determining whether a trademark is well-known, Members shall take account of the knowledge of the trademark in the relevant sector of the public, including knowledge in the Member concerned which has been obtained as a result of the promotion of the trademark."

99) Carvalho(TM), pp.374~375.

2) 주지성 판단 기준

협정 제16조 제2항은 주지성 판단에 관해 구체적인 기준을 제시하고 있다. 첫째, 파리협약은 단지 "권한 있는 당국에 의하여 그 국가에서 두루 알려진 것으로 간주되는 표장(a mark considered by the competent authority of the country … to be well known)"이라고 하여, 판단의 주체를 권한 있는 당국(competent authority)으로 하고 있다. TRIPS협정 제16조는 "회원국은 어느 상표가 두루 알려진 것인지 판단할 때(In determining whether a trademark is well-known, Members ……)"라고 하여 판단 주체를 회원국으로 하고 있다. 양자 간의 차이는 눈에 띄지 않는다. 궁극적으로 판단 주체는 권한 있는 당국이 될 것이다.

둘째, 파리협약은 주지성 판단 기준에 대해 언급하지 않고 있는 반면, TRIPS협정은 이에 대해 기준을 제시함으로써 권한 있는 당국의 재량 범위를 축소하고 있다. 즉, 주지성 여부는 관련 분야 공중의 상표에 대한 인식(knowledge of the trademark in the relevant sector of the public)을 고려하여 판단해야 한다. 일반 공중에게 두루 알려질 필요도 없으며, 해당 상품이나 서비스 분야 종사자에게 두루 알려진 것만으로도 주지성이 있는 것이다. 아울러, 주지성은 상표의 홍보 결과 회원국 내에서 얻어진 인식(지명도)을 포함하여 판단하도록 요구하고 있다. 상품이나 서비스를 출시할 필요도 없이 광고와 홍보만으로도 주지성을 얻을 수 있는 것이다.[100]

파리협약 제6조의2는 주지 상표 보호의 요건으로 주지성과 혼동 가능성을

---

100) 1999년 파리동맹 총회와 WIPO 총회 합동 회의에서 주지 표장에 대한 공동 권고문을 채택했다. WIPO, Joint Recommendation Concerning Provisions on the Protection of Well-known Mark, adopted by Assembly of the Paris Union for the Protection of Industrial Property and the General Assembly of the World Intellectual Property Organization, September 20 to 29, 1999, WIPO Publication No.845 (E) 참조. 이 권고문은 주지 표장에 대한 지침을 제공하기 위한 목적을 가지고, 이름 그대로 베른동맹국과 WIPO 회원국에게 권고하는 형식을 취하고 있다. 이에 따르면, 표장의 주지성을 판단할 때 ① 관련 분야 공중의 표장에 대한 인식이나 인지의 정도, ② 표장 사용의 기간, 정도 및 지역적 범위, ③ 광고나 홍보를 포함하는, 표장 판촉의 기간, 정도 및 지역적 범위, ④ 표장의 등록 또는 출원의 기간 및 지역적 범위, ⑤ 표장에 대한 권리의 집행 기록, ⑥ 표장의 가치 등 여섯 가지를 고려 사항으로 들고 있다 [제2조 제1항 (b)]. 더 나아가 '관련 분야 공중'으로 다음을 예시하고 있다. ① 표장이 적용되는 상품이나 서비스의 실제적 또는 잠재적 소비자, ② 그 상품이나 서비스 배포 채널 종사자, ③ 그 상품이나 서비스를 취급하는 업계(제2조 제2항).

요구하고 있다. 국가에 따라서는 사용 요건을 부과하기도 한다. TRIPS협정이 주지성 판단 기준(판촉 결과 얻어진 인식)을 새로이 제시하고 있는 만큼 굳이 사용 요건까지 요구하는 것은 무리가 있다는 주장도 설득력이 있다. 이 조항의 도입 취지가 유명 상표의 거래(trademark trafficking)를 막기 위한 것으로, 실제 사용을 요구하는 것은 이런 취지에 맞지 않다는 점도 지적하고 있다.101)

3) 희석화 방지

더 나아가 제16조 제3항은 주지 상표의 상품이나 서비스와 유사하지 않은 상품이나 서비스에도 파리협약 제6조의2를 준용할 수 있도록 하고 있다: "파리협약(1967년) 제6조의2는 어느 상품이나 서비스에 관하여 어느 상표가 등록된 경우 그 상품이나 서비스와 유사하지 아니한 상품이나 서비스에 준용된다. 다만, 그 상품이나 서비스에 대한 그 상표의 사용은 그 상품이나 서비스와 그 등록 상표의 소유자 간의 관련성을 나타내고 또한 등록 상표의 소유자의 이익이 그 사용으로 인하여 손해를 입을 우려가 있는 경우에 한한다."102)

이 규정은 유럽공동체의 제안103)에 비롯된 것으로, 유명 상표(famous trademark, trademark with a reputation)를 보호하기 위한 이른바 희석화 방지 규정으로 이

---

101) Carvalho(TM), pp.361~363. TRIPS 점검 회의 당시 오스트리아는 파리협약 제6조의2에 따르면 주지 상표 보호를 위해서는 오스트리아 내에서의 사용을 요건으로 하고 있다고 답변하면서도, 전 세계적인 광고 캠페인을 통해 주지성 요건을 충족할 수 있다고 했다. 이것이 제16조 제2항의 정신에 부합한다는 것이다. WTO Doc. IP/Q2/AUT/1, August 13, 1997. Carvalho(TM), pp.361~362에서 재인용.

102) Art. 16.3: "Article 6bis of the Paris Convention (1967) shall apply, mutatis mutandis, to goods or services which are not similar to those in respect of which a trademark is registered, provided that use of that trademark in relation to those goods or services would indicate a connection between those goods or services and the owner of the registered trademark and provided that the interests of the owner of the registered trademark are likely to be damaged by such use."

103) "Protection shall, as far as possible, also extend under trademark law or other law to the use in the course of trade of any sign which is identical with, or similar to, the trademark in relation to goods or services which are not similar to those for which the trademark is registered, where the latter has a reputation and where use of that sign without due cause takes unfair advantage of or is detrimental to the distinctive character or the repute of the trademark." GATT Doc. MTN.GNG/NG11/W/26, op. cit.

해되고 있다.104) 이 규정은 파리협약 제6조의2 및 TRIPS협정 제16조 제2항과
는 다른 의미를 가지고 있다. 첫째, 파리협약 제6조의2와 TRIPS협정 제16조
제2항은 주지 상표의 등록 여부를 불문하고 보호하지만, 협정 제16조 제3항은
등록된 상표에 국한하여 보호한다. 둘째, 전자는 동일하거나 유사한 상품에
사용하는 상표에 적용되지만, 후자는 유사하지도 않은 상품에 적용된다. 이
점에서 파리협약 플러스 요소를 가지고 있는 것이다. 셋째, 전자는 주지 상표
에 관한 규정이지만, 후자는 유명(reputation) 상표에 관한 규정이다. 후자 규정
은 유명 상표 보호라고 직접 언급하지 않고 있지만 요건상 유명 상표 보호를
위한 내용(등록 상표 소유자의 이익이 손해를 입을 우려가 있는 경우)을 담고 있기
때문이다.

　유명 상표에 대한 보호를 강화하는 것인 만큼 두 가지 조건을 충족해야 한
다. 첫째는 제3자의 유명 상표 사용이 해당 상품이나 서비스가 유명 상표 소유
자 간의 관련성(connection)을 나타내야 한다. 관련성은 유명 상표의 소유자가
해당 상품 생산이나 유통에 간여하고 있다는 인상을 소비자에게 주는 것으로
충분하다.105) 관련성은 상표의 기능을 생각할 때 중요하다. 즉, 상표는 그 기
능의 하나로, 소비자가 표장과 해당 상품(서비스)의 품질이나 성격, 기업의 명
성 등과 연관된 것으로 믿고 상품(서비스)을 구매할 수 있도록 한다. 상표가 해
당 상품(서비스)과 그 상품(서비스)의 판매 주체와 일정한 관계를 맺어주는 역
할을 하는 것이다. 이렇게 볼 때, 제3자가 유명 상표의 명성에 기대어, 자신의

---

104) 일부 국가에서는 명성(refute, fame, reputation)의 정도에 따라 주지 상표와 유명 상표(fa-
　　mous mark)로 구분하기도 한다. 미국 상표법은 유명 상표와 주지 상표로 나눠 전자에 대해
　　서는 혼동 여부나 상품이나 서비스와 상표권자 간의 관련성 여부를 묻지 않고 금지명령의
　　대상으로 삼고 있다. 15 U.S.C. §1125 참조. 2015년 EU 상표법 지침도 제5조 제3항에 따르면
　　회원국 내에서(EU 상표의 경우 유럽연합 내에서) 종전 상표(earlier trademark)가 등록된 것
　　으로서 명성(reputation)을 가지고 있는 경우 해당 상품이나 서비스의 유사 여부를 불문하고
　　그 상표와 동일하거나 유사한 상표의 등록을 거절하거나 등록을 무효화할 수 있도록 하고
　　있다. Directive (EU) 2015/2436 of the European Parliament and of the Council of 16 De-
　　cember 2015 to approximate the laws of the Member States relating to trade marks 참조.
　　우리 상표법은 "타인의 상품을 표시하는 것이라고 수요자들에게 널리 인식되어 있는 상표
　　(지리적 표시는 제외한다)와 동일·유사한 상표로서 그 타인의 상품과 동일·유사한 상품에
　　사용하는 상표"(제34조 제1항 9호)를 주지 상표로, "수요자들에게 현저하게 인식되어 있는
　　타인의 상품이나 영업과 혼동을 일으키게 하거나 그 식별력 또는 명성을 손상시킬 염려가
　　있는 상표"(제34조 제1항 11호)를 저명 상표로 구분하는 태도를 보이고 있다.

105) Carvalho(TM), p.379.

상품과 유명 상표 소유자 간에 일정한 관계가 있는 것으로 표시하는 방법으로 상표를 사용해서는 안 될 것이다.

두 번째 요건으로는 그 사용이 유명 상표 소유자의 이익이 손해를 입을 우려(likely to be damaged)가 있어야 한다. 손해는 두 가지 방법으로 발생하거나 발생할 우려가 있다. 하나는 유명 상표 소유자가 제3자와 동일한 시장에 진입하여 경쟁함으로써 매출 등에 영향을 미치는 것이고, 다른 하나는 제3자가 동일하거나 유사한 상표를 사용함으로써 유명 상표의 명성을 해치는 것이다.[106] 명성은 소비자의 경험(상품 구매 등)에 의해 생길 수도 있고 광고나 홍보를 통해 생길 수도 있다.[107]

유명성 판단은 각 회원국이 할 것이다. 이때 주지 상표에 관한 제16조 제2항과는 달리, 관련 분야 공중의 인식으로는 충분하지 않을 수 있다. 회원국은 일반 공중이 널리 알아야 할 것을 요구할 수도 있는 것이다.[108]

협정 제16조 제3항은 혼동 가능성에 대해 언급하지 않고 있지만, 이 규정이 준용하고 있는 파리협약 제6조의2는 혼동 가능성(liable to create confusion)을 요건으로 하고 있으므로 유명 상표가 보호를 받으려면 여전히 혼동 가능성이 존재해야 함은 물론이다. 혼동 이론은 동일하거나 유사한 상품과 관련하여 적용되는 것으로, 상품이 다른 경우 혼동 가능성은 생각하기 어렵다. 따라서 비유사 상품의 경우에는 해당 상품과 상표 소유자 간의 관련성을 입증하는 것으로 혼동 가능성을 대체할 여지가 많다. 이런 점에서 파리협약상의 혼동 가능성은 엄격히 요구되기 어려운 측면이 있다.[109][110] 더욱이 유명 상표의 보호는

---

106) UNCTAD-ICTSD, p.241.

107) WIPO 공동 권고문 제4조는 어떤 표장이 다음의 어느 하나에 해당할 경우 유명 표장과 충돌하는 것으로 하고 있다. ① 표장의 사용이 상품(서비스)과 유명 표장 소유자 간의 관계를 나타냄으로써 그 소유자의 이익에 손해를 야기할 수 있는 경우, ② 표장의 사용이 유명 표장의 식별력을 부당하게 손상하거나 희석화하는 경우, 또는 ③ 표장의 사용이 유명 표장의 식별력을 부당하게 편승(unfair advantage)하는 경우. WIPO Publication No.845 (E), op. cit. 유명 상표 보호를 위하여 여러 국가의 관행을 널리 감안한 듯하다.

108) 이와는 다른 의견도 있다. 제16조 제2항과 제3항은 모두 주지 상표(well-known mark)에 관한 규정이고, 제3항은 단지 식별력을 훼손하거나 상표의 가치에 손상을 가져오는 경우 적용될 뿐이라는 것이다. Carvalho(TM), p.382.

109) UNCTAD-ICTSD, p.241.

110) 미국 상표법에서는 유명 상표 보호를 위해 혼동 여부를 묻지 않고 있는 점에 주목할 필요가 있다.

혼동 이론에 의한 상표 보호를 넘어, 유명 상표의 신용을 보호하기 위한 성격을 가지고 있는 만큼, 이 규정은 혼동 여부를 묻지 않고 적용될 가능성이 높다. 이런 점에서, TRIPS협정 규정과 같이, 오히려 혼동 이론의 엄격한 적용보다는 관련성 여부와 손해 가능성 여부를 물어 유명 상표를 보호할 여지가 높다 하겠다.111) 희석화 이론이 일부 선진국에서 인정되고 있다고 하지만, 이 이론이 TRIPS협정 해석에도 얼마든지 활용될 수 있다는 점에 주목할 필요가 있다.112)

---

111) Gervais, p.174: "아주 유명한 상표의 경우 소유자의 이익을 해칠 우려는 (혼동 가능성이 없다 하더라도) 대개 추정될 수 있다. 예를 들어, 'Coca-Cola'라는 이름으로 자동차를 판매하거나 중개업을 하더라도 여러 방법으로 코카콜라 회사의 이익을 해칠 수 있을 것이다."

112) 미국의 상표법상 희석화란 유명 상표의 비유사 상품이나 서비스와 동일하거나 유사한 상표를 사용하여 식별력을 약화시키거나(blurring) 명성을 훼손하는 것(tarnishment)을 말한다. 15 U.S.C. §1125 참조. 판례에서 나온 전자의 사례로는, 식당에서 티파니(Tiffany), 신발에 듀퐁(Dupont), 아스피린에 뷰익(Buick), 피아노에 코닥(Kodak), 가운에 불로바(Bulova)를 사용하는 것이 있고, 후자의 예로는 코카콜라와 유사한 병에 풍선껌을 넣어 판매하는 것, 고디바(Godiva)와 유사한 도기바(Dogiva)를 개 비스킷(dog biscuit) 상표에 사용한 것이 있다. Michael Blakeney, The Protection of Well-known Trademarks, WIPO Doc. WIPO/IP/CAI/1/03/8.A, February 2003, p.8.

제5장 지리적 표시

1. 의의

넓은 의미의 지리적 표시는 1883년 파리협약에도 존재한다. 파리협약은 출처표시(indication of source)와 원산지명칭(appellation of origin)이라는 용어를 사용하고 있다. 출처표시는 원산지명칭보다는 넓은 의미로 후자를 포함한다.[1] 대체로, 출처표시는 상품이나 서비스의 지리적 이름이나 기호를 의미하고, 원산지명칭은 이런 출처표시 중 상품이나 서비스의 품질이나 특징이 지리적 이름에 기인하는 경우 그 지리적 이름을 의미한다. 출처표시와 원산지명칭에 관해서는 각기 마드리드협정과 리스본협정이 별도로 존재하여 그 국제적 보호를 위하여 작용하고 있으나 조약 참여국이 적어 보편적인 규범으로서 자리 잡지 못하고 있다. 이 점에서 파리협약은 이들 두 가지를 모두 보호대상으로 하고 있고, 세계 대부분의 국가들이 참여하고 있는 보편 규범이기 때문에 그 의의가 크다 할 수 있다.

그러나 파리협약도 한계가 있다. 이들에 대한 보호가 제한적이기 때문이다. 예를 들어, 특허나 상표에 대해 인정되는 우선권의 이익을 누릴 수 없고, 압류 등의 제재 수단을 통해 우회적으로 보호를 받을 뿐이다. 그 결과 각국은 출처표시든 원산지명칭이든 크게 세 가지 방법으로 보호를 한다. 독자적인 보호, 상표법 등을 통한 보호,[2] 부정경쟁방지법에 의한 보호가 그것이다.[3]

지리적 표시는 전통적으로 주류(와인, 증류주 등), 음료(광천수 등), 식품(치즈 등) 등에 표시해오던 것이었다. 우루과이 라운드 협상 당시 유럽공동체는 프

---

1) 각각의 정의에 관해서는, 제1부 제1장 5. 1) 지리적 표시의 개념 참조.
2) 지리적 표시는 주로 지리적 이름으로 나타난다. 상표법상 지리적 표시의 등록은 특수한 상황을 반영하고 있다고 보아야 한다. 왜냐하면 지리적 이름은 기술적인 용어나 기호(descriptive term or sign)에 지나지 않아 내재적으로 식별력이 없어서 등록 대상이 될 수 없기 때문이다.
3) 이에 관해서는, 제1부 제1장 5. 2) 보호의 역사 및 보호 방법 참조.

○ 마드리드협정

상품의 허위 또는 기망 출처표시 방지를 위한 마드리드협정(Madrid Agreement for the Re-pression of False and Deceptive Indications of Source on Goods)은 1891년 4월 14일 체결되어 1892년 7월 15일 발효했으며, 1958년 리스본 회의까지 네 차례 개정되었다. 2016년 10월 14일 기준으로 36개 동맹국이 있다(http://www.wipo.int/export/sites/www/treaties/en/docu ments/pdf/madrid_source.pdf 참조).

출처표시란 어떤 상품이 어느 국가나 장소에서 기원하는 것을 직접적으로나 간접적으로 표시하는 것을 의미한다. 이 협정은 허위의 출처표시뿐만 아니라 기망적인(deceptive)—진정한 출처이지만 오인을 야기할 수 있는—출처표시도 협정의 적용 대상으로 하고 있다.

협정에 따르면, 허위나 기망 출처표시를 담고 있는 상품에 대해서는 당사국이 해당 상품을 수입할 때 압류할 수 있도록 하고 있다. 당사국이 압류를 허용하지 않을 경우에는 수입 금지 조치 및 기타 필요한 조치를 할 수도 있다.

각국 법원은 어떠한 표시가 보통 명칭으로 되었는지 결정할 수 있다. 다만, 와인에 대해서는 예외를 인정하여, 지역적인 명칭을 와인의 출처로 하는 경우 그런 법원의 권한을 제한하고 있다.

○ 리스본협정

원산지명칭의 보호 및 국제 등록을 위한 리스본협정(Lisbon Agreement for the Protection of Appellations of Origin and their International Registration)은 파리협약이나 베른협약상의 제도를 개선하기 위한 목적을 가지고 1958년 10월 31일 체결되어 1966년 9월 25일 발효했다. 이 협정은 1967년 개정되고 1979년 수정되어 오늘에 이르고 있다. 2016년 10월 14일 기준으로 28개 동맹국이 있다(http://www.wipo.int/export/sites/www/treaties/en/documents/pdf/lisbon.pdf 참조)

이 협정은 특수한 형태의 지리적 표시, 즉 원산지명칭을 보호하기 위한 조약이다. 원산지명칭이란 상품의 품질 및 특징이 전적으로 또는 본질적으로 자연적·인위적 요인 등 지리적 환경에 의하는 경우 그곳에서 기원하는 제품을 지칭하기 위한 국가나 지역 또는 지방의 지리적 이름이다. 원산지명칭은 이런 요건을 모두 갖추어야 한다. 첫째, 어느 국가나 지역 또는 특정 지방의 이름이어야 한다. 둘째, 어느 국가 등에서 기원한 제품을 지칭하기 위한 것이어야 한다. 셋째, 제품과 지리적 이름 간에 품질상의 연결 내지 연관(link or association) 관계가 존재해야 한다. 토양이나 기온과 같은 자연적인 환경뿐만 아니라 그 국가나 지역의 생산 전통과 같은 인위적인 환경이 제품과 지리적 이름 간의 관계를 결정한다.

이런 원산지명칭이 보호를 받기 위해서는 본국(특정 제품의 명성을 유지하고 있는 국가)에서 보호를 받아야 한다. 입법·행정상의 방법으로 명시적인 보호를 받지 않을 경우 원산지명칭으로 다른 당사국 내에서 보호를 받을 수 없다. 또한 관할청을 통하여 WIPO 국제사무국에 등록하여야 한다. 국제사무국은 형식 심사만을 한다. 국제사무국은 등록 사실을 당사국에 지체 없이 통지하여야 하며 공보(Les appellations d'origine)에 게재해야 한다. 2015년 1월 기준으로 1001개가 등록되었고, 896개가 유효하다(OMPI, Les appellations d'origine, No.43, Janvier 2015 참조).

등록은 1회로 유효하며 해당 명칭이 본국에서 보통 명칭으로 되지 않는 한, 또는 본국의 요청에 의하여 국제 등록이 취소되지 않는 한 한 번 등록으로 계속 보호를 받는다. 이 협정의 보호 범위는 파리협약이나 마드리드협정보다 넓다. 원산지명칭의 오인을 야기하는 사용도 금지된다(파리협약은 이 점에 대해 침묵하고 있다). 상품의 진정한 출처를 표시하더라도 마찬가지이다. 어떠한 모방이나 부정한 사용도 금지된다(마드리드협정은 이를 금지하지 않는다). 따라서 종류(kind), 유형(type), 모방(imitation) 등의 표현도 사용할 수 없다. 원산지명칭은 본국에서 보호를 향유하는 한 동맹국 내에서는 보통 명칭으로 되지 않는다.

이 협정은 제재의 방법을 당사국에 위임하고 있다. 민사·형사상의 구제뿐만 아니라 행정 제재도 가능하다.

마드리드협정이나 리스본협정은 모두 1차적으로 소비자 보호 기능에 초점을 맞추었다고 할 수 있다. 양 협정은 소비자의 오인을 방지하는 목적을 가지고 있기 때문이다. 리스본협정은 한 발 더 나아가, 상품의 품질과 지리적 환경과의 연관 관계를 강조함으로써 생산자의 보호도 염두에 두고 있다. 이 점은 이 협정에서 비록 진정한 원산지를 밝히거나 원산지에 대한 오인을 야기하지 않더라도 해당 명칭의 사용을 금지하고 있는 점에서도 확인된다.

랑스나 스페인, 이탈리아 등의 입장을 반영하여 지리적 표시의 보호에 적극적이었고, 반면 이민자가 주도하여 성립한 국가들(미국, 호주 등)을 중심으로 대부분의 국가들은 지리적 표시의 보호에 관하여 소극적이거나 유보적인 태도로 일관했다.[4] 남북 간의 대립 관계 속에서 파악할 수 없는 특이한 의제였던 것이다. 서로 다른 문화와 전통, 지리적 환경 등이 협상에서 주요한 요소로 작용했다.

한편, 지리적 표시 보호는 국가마다 제도적 편차가 심하고, 이해관계도 무척 달라서 협상을 한층 어렵게 했다. TRIPS협정 규정은 그 타협의 산물이다. 조문은 3개에 그치고 있으나 그 내용은 무척 복잡할 뿐만 아니라 다양한 해석을 가능하게도 한다. 협정에서 추가 협상을 예정하고 있는 것만으로도 협상이 얼마나 어려웠든지 말해주는 듯하다.

2. 정의

TRIPS협정에서 말하는 지리적 표시란 "회원국의 영토 또는 영토 내의 지역이나 지방에서 기원하는 상품을 식별하는 표시로서 그 상품의 특정 품질, 명성 또는 그 밖의 특징이 본질적으로 그 지리적 원산지에서 비롯되는 경우 그 표시를 말한다"(제22조 제1항).[5]

이 정의는 파리협약이나 리스본협정에서 말하는 원산지명칭에 가까운 개념이라 할 수 있으나 약간의 차이점이 발견된다. 리스본협정상 원산지명칭은 "어느 국가, 지역 또는 지방의 지리적 이름으로서 그곳에서 기원하는 제품의 품질이나 특징이 전적으로 또는 본질적으로 그곳의 자연적 및 인위적 요인을 포함하는 지리적 환경에 의하는 경우 그곳을 지칭하기 위한 것을 의미한다"(제2조 제1항). 리스본협정에서는 지리적 이름(geographical name)만 보호대상으로 한 반면, TRIPS협정에서는 '상품을 식별하는 표시(indications which identify a

---

4) 특허청(TRIPS), 124~125쪽.

5) Art. 22.1: "Geographical indications are, for the purposes of this Agreement, indications which identify a good as originating in the territory of a Member, or a region or locality in that territory, where a given quality, reputation or other characteristic of the good is essentially attributable to its geographical origin."

good)'라고 하여, 기호나 상징도 포함하여 보호하고 있다.[6] TRIPS협정상 지리적 표시는 파리협약에서 말하는 출처표시보다는 좁은 개념이지만 파리협약이나 리스본협정상 원산지명칭보다는 넓은 개념이라는 것을 알 수 있다.

정의는 크게 세 가지로 나눠볼 수 있다. 첫째는 어느 국가나 지역 또는 지방에서 기원하는 상품을 식별하는 표시이다. '기원(originating)'의 의미는 신축적이다. 국가마다 다른 기준으로 그 의미를 정할 수도 있다.[7] 상품 생산 과정이나 가공 과정 중 어느 하나라도 그 장소에서 나온 것이어야 한다.[8] 둘째는 동맹국이나 동맹국 내의 지역이나 지방이어야 한다. 정치적·행정적 단위와 관련이 있는 것이 보통이지만, 포도 산지와 같은 비정치적인 장소를 일컫는 경우도 있다. 이런 장소를 특징짓는 요소로는 주로 강과 같은 지형적 특징, 토양이나 기후, 고도 등 지리적 특징, 생산 방법 등 인위적인 특징, 역사적·전통적 요인 등이 있다.[9] 셋째, 상품의 품질, 명성 또는 기타 특징이 그 지리적 원산지에 주로 기인하여야 한다. 품질이란 상품의 물리적 특성 내지 속성으로서, 객관적으로 측정할 수 있는 것이다. 특징이란 상품의 색깔, 감촉, 향기와 같은 것이다. TRIPS협정은 '명성(reputation)'을 독자적인 요건으로 삼고 있는바, 품질과는 달리 객관적인 측정이 가능하지 않다. 오히려 상품과 장소 간의 관련성에 대한 소비자의 인식에 기반을 둔 것이다.[10] 명성 하나로도 그 원산지와의 연결 관계가 존재한다면 그것으로도 요건을 충족하는 것이다.[11]

---

6) Document SCT/6/3 Rev. on Geographical Indications: Historical Background, Nature of Rights, Existing Systems for Protection and Obtaining Protection in Other Countries, prepared by the Secretariat, WIPO Doc. SCT/8/4, April 2, 2002, p.4.

7) UNCTAD-ICTSD, p.290.

8) 지리적 표시를 보호하는 국가마다 보호 요건이 다르다. 모든 생산 단계가 특정 장소에서 이뤄질 것을 요구하는 경우도 있고, 원재료가 특정 장소에서 나올 것을 요구하기도 하고, 상품의 식별성을 보여주는 생산 단계만이라도 특정 장소에서 이뤄질 것을 요구하기도 한다. WIPO, pp.234~235; The Definition of Geographical Indications, Document prepared by the Secretariat, WIPO Doc. SCT/9/4, October 1, 2002, p.8.

9) SCT/9/4, op cit., pp.6~7. TRIPS협정은 리스본협정과는 달리, '자연적 및 인위적 요인을 포함하는 지리적 환경'에 대해 언급하지는 않고 있다.

10) UNCTAD-ICTSD, p.270, 290; David Vivas-Eugui and Christoph Spennemann, "The Evolving Regime for Geographical Indications in WTO and in Free Trade Agreements," in Correa & Yusuf, p.171.

11) SCT/9/4, op cit., pp.7~8.

협정상 보호대상은 상품의 지리적 표시이다. 협상 초기에는 서비스 지리적 표시도 제안된 적이 있었으나 최종적으로는 상품에 국한하는 것으로 마무리되었다. 제22조 제1항에서 '상품을 식별하는 표시'라고 이 점을 분명히 하고 있다. 리스본협정상 등록된 지리적 표시 상품은 와인과 증류주가 압도적인 비율을 차지하고 있다.[12]

3. 보호의 범위

1) 보호수준

(1) 일반 규정

협정상 지리적 표시는 모든 상품에 적용되는 일반적인 보호수준에 관한 제22조가 있고, 와인과 증류주에 관한 제23조가 있다. 제23조는 이른바 '추가 보호'로서 제22조의 특별 규정이라 할 수 있다.

먼저 제22조 제2항에 의하면,

회원국은 지리적 표시에 관하여 이해당사자가 다음을 금지할 법적 수단을 제공한다.

(a) 그 상품의 지리적 원산지에 관하여 공중에게 오인을 야기하는 방법으로, 상품의 명칭이나 소개에 있어서 해당 상품이 진정한 원산지 이외의 지리적 장소에서 기원하는 것으로 표시하거나 암시하는 수단의 사용;

(b) 파리협약(1967년) 제10조의2의 의미 내에서의 부정경쟁 행위가 되는 모든 사용.[13]

---

12) 2001년 리스본협정에 따라 국제 등록된 지리적 표시 766개를 분석한 자료가 있다. 이에 의하면, 와인 61%(470개), 증류주 10%(73개), 농산물 7%(51개), 치즈 7%(50개), 장식품 4%(33개), 담배 4%(33개), 광천수 2%(17개), 맥주 2%(14개) 등의 비율을 보이고 있다(일부 백분율은 정확하지 않다). Dwijen Rangnekar, *The Socio-Economics of Geographical Indications*, ICTSD and UNCTAD, 2004, p. 14.

13) Art. 22.2: "In respect of geographical indications, Members shall provide the legal means for interested parties to prevent:

(a) the use of any means in the designation or presentation of a good that indicates or suggests that the good in question originates in a geographical area other than the true place of origin in a manner which misleads the public as to the geographical origin of the good;

(b) any use which constitutes an act of unfair competition within the meaning of Article

협정은 두 가지 방법으로 지리적 표시를 보호한다. 하나는 오인 야기 표시나 암시하는 수단의 사용이고[제22조 제2항 (a)], 다른 하나는 부정경쟁 행위가 되는 사용이다[제22조 제2항 (b)]. 먼저, 공중의 오인을 야기하는 방법으로 상품의 명칭을 사용하거나 소개하는 것을 금지한다. 지리적 표시는 단지 지리적 이름에 국한하지 않는다. 지리적 이름을 상징하는 기호나 그림도 무방하다. '표시하거나 암시하는 수단'이라는 표현은 이 점을 재차 확인해주고 있다. 따라서, 직접적으로 지리적 이름을 적시하거나 간접적으로 지리적 상징을 제시하는 경우 모두 금지 대상이라 하겠다.[14] 공중의 범위나 오인의 정도, 상품과 생산지 간의 연관성에 대한 소비자의 인식 등에 대해서는 협정이 해답을 주지 못하고 있다. 회원국의 재량이 크게 작용하리라 본다.[15] 오인은 실제로 발생해야 한다(actual misleading). 단지 오인을 야기할 우려가 있는 것은 금지 대상이 아니다.

둘째, 파리협약 제10조의2의 의미상 부정경쟁 행위가 되는 방법으로 지리적 표시를 사용하는 것도 금지한다. 파리협약에서 말하는 부정경쟁 행위의 예로는 소비자의 혼동을 야기하는 행위, 경쟁업자의 상품의 신용을 해치는 허위의 주장, 그리고 상품의 성격 등과 관련하여 공중이 오인할 우려가 있는 표시나 주장이 있다.[16] 이런 행위들이 지리적 표시를 사용하는 방법으로 이뤄진다면 그것은 부정직한 상관행으로서 금지 대상이 되는 것이다.

회원국은 제22조 제2항 (a)이든 (b)이든 어느 하나를 이행하는 것으로 협정

10*bis* of the Paris Convention (1967)."

14) 제23조 제1항에서는 '지리적 표시의 사용'을 금지하는 반면, 제22조에서는 그보다 넓은 범위의 사용을 금지한다. 보호수준이 낮은 제22조가 금지 대상을 넓히고 있는 것이 흥미롭다. 그렇다면, 예를 들어 'champagne-style'과 같이 특정 지리적 표시를 상기하게 하거나 단순히 암시하는 것도 포함할 수 있다. Justin Malbon, Charles Lawson and Mark Davison, *The WTO Agreement on Trade-Related Aspects of Intellectual Property Rights: A Commentary* (Edward Elgar, 2014), p.339 참조. 이런 해석이 가능하다면, 제23조에서 '종류', '유형' 등의 사용조차 금지하고 있는 것과 같은 효과를 가져올 수 있다. '종류'나 '유형' 등을 금지하고자 한다면 굳이 제23조 제1항을 원용할 필요가 없는 셈이다.

15) UNCTAD-ICTSD, pp.292~293.

16) 파리협약 제10조의2 제3항에 의하면, "경쟁업자의 … 상품…과 혼동을 야기하는 모든 행위", "경쟁업자의 상품의 신용을 해치는 거래 과정에서의 허위 주장", 그리고 "표시나 주장을 통하여 상품의 성격, 제조 공정, 특징, 용도 적합성 또는 수량에 관하여 공중이 오인할 우려가 있는 경우 그 표시나 주장" 등을 부정경쟁의 예시로 들고 있다.

상의 의무는 다하는 것으로 본다.[17] 이들 두 조항은 중복 적용 영역도 적지 않을 듯하다. 예를 들어, 오인 야기 행위는 제22조 제2항 (a)에 해당할 뿐만 아니라, 제22조 제2항 (b)에서 언급한 파리협약상의 부정경쟁 행위의 한 유형에 해당한다. 전자의 경우 상품의 품질이나 '그 밖의 특징'과 관련하여 오인을 야기하는 경우 적용되고, 후자의 경우 상품의 성격이나 '특징'과 관련하여 오인을 야기할 수 있는 경우 적용되는 것이다.[18]

오인을 유발하는 경우로 두 가지를 상정할 수 있다. 진정하지 않음에도 진정한 것으로 지리적 이름이나 상징을 표시하는 것, 즉 허위 표시(false indication)가 있고, 그 이름 등은 진정하지만 공중의 오인을 유발하도록 표시하는 것, 즉 기망적 표시(deceptive indication)가 있다.[19][20]

허위 표시에 관해서는 제22조 제2항 (a)가 있고, 기망적 표시에 관해서는 별도로 제22조 제4항이 있다. 후자에 의하면, "제1항, 제2항 및 제3항에 따른 보호는 그 상품이 기원한 영토, 지역 또는 지방에 관하여 문자상 진정하다 하더라도 다른 영토 내에서 기원한 상품이라고 공중에게 허위로 나타내는 지리적 표시에 대하여 적용된다."[21] 비록 어떤 상품이 기원한 장소가 진정하다 하더

---

17) 협정 규정만을 보면 세미콜론으로 (a)와 (b)를 연결하고 있어서 두 가지 방법을 모두 국내법으로 이행해야 하는 것으로 볼 수도 있으나 문맥상 'or'의 의미라고 본다. 이런 취지의 견해로는, Gervais, p.192. 세미콜론을 'and'라고 해석할 경우에는 권리를 확장하는 효과가 있다. 권리자는 이들 2개 규정 중 어느 것이든 자신에게 유리한 것을 원용할 수 있기 때문이다.

18) 제22조 제2항 (a)는 실제 오인을 야기할 것을 조건으로 하지만, 파리협약 제10조의2에서는 오인을 야기할 우려가 있는(liable to mislead the public) 행위만으로 부정경쟁 행위의 요건을 충족한다.

19) '기망적'이란 용어는 GATT 제20조 (d)에서도 사용하고 있는데, 이 조항에서 말하는 '기망적 관행'이란 지리적 원산지의 허위 표시(false marking)의 경우를 포함하는 넓은 의미를 가지는 것으로 해석한다. GATT Index, p.583. GATT 제20조 (d)에 관해서는, 제5부 제1장 1. 2) (1) GATT 제20조 참조.

20) GATT 해석을 따르면, 넓은 의미의 기망적 표시에는 허위 표시와 좁은 의미의 기망적 표시가 있다. 파리협약 제6조의5에서 등록 거절 사유로 기망을 한 차례 언급하고 있고, TRIPS협정에서는 '기망'이라는 단어를 찾아볼 수 없다. 모두 오인(misled)이나 오인 유발(mislead, misleading)이라는 표현을 사용한다. GATT 해석상 좁은 의미의 '기망'은 TRIPS협정 해석상 '오인 유발'과 같은 의미로 이해해도 무방하다.

21) Art. 22.4: "The protection under paragraphs 1, 2 and 3 shall be applicable against a geographical indication which, although literally true as to the territory, region or locality in which the goods originate, falsely represents to the public that the goods originate in another territory."

라도 공중에게 다른 국가에서 기원한 것으로 허위의 정보를 준다면 이 경우에도 지리적 표시의 보호가 미치는 것이다. 제22조 제4항에서 '허위로 나타내는 지리적 표시(geographical indication which … falsely represent)'라고 하고 있으나, 그 표시는 진정한 것이므로 그 자체로 허위 표시라고는 할 수 없다. '기망적 지리적 표시(deceptive geographical indication)'라고 보아야 할 것이다.[22]

과거 식민지였던 국가들에는 유럽의 동일 지명이 적지 않게 발견된다. 이 경우 예를 들어, 2개의 국가에 동일한 지명이 존재하고 어느 한 국가의 제조자가 다른 국가의 지명을 원산지로 하는 상품이 쌓은 명성을 이용하고자 한다면 전자의 국가는 이 조항을 원용할 수 있다. 그러나 허위로 표시하지 않는다면— 후자 국가의 이름과 함께 해당 지명을 사용한다면— 협정 위반은 발생하지 않는다.[23]

(2) 특별 규정: 와인과 증류주에 대한 추가 보호

제23조는 일반 규정인 제22조보다 높은 수준의 보호를 예정하고 있다. 먼저, 제23조 제1항에 의하면, "각 회원국은 비록 상품의 진정한 원산지가 표시되거나 또는 지리적 표시가 번역되어 사용되거나 또는 '종류', '유형', '양식', '모방'이나 이와 유사한 표현이 수반되는 경우에도, 해당 지리적 표시가 표시하는 장소에서 기원하지 아니한 와인 또는 해당 지리적 표시가 표시하는 장소에서 기원하지 아니한 증류주에 대하여 그 지리적 표시의 사용을 금지할 법적 수단을 이해당사자에게 제공한다."[24]

제23조는 제목이 언급하고 있듯이 '추가 보호(additional protection)', 즉 제22조에 의한 보호를 상회하는 보호를 예정한 규정이다. 제23조 제1항은 다음과 같은 특이점을 추출할 수 있다. ① 추가 보호대상은 와인과 증류주이다. 와인은 일반적으로 포도 산출물을 의미하지만 다른 열매 산출물에도 와인이라는

---

22) SCT/8/4, op cit., p.15. 마드리드협정상 기망적 출처표시, 즉 진정한 출처이지만 오인을 야기할 수 있는 출처표시에 상응하는 것이다.

23) 예를 들어 "produce of Chile"라든가 "made of Chile" 등을 해당 지명에 같이 넣는 것이다.

24) Art. 23.1: "Each Member shall provide the legal means for interested parties to prevent use of a geographical indication identifying wines for wines not originating in the place indicated by the geographical indication in question or identifying spirits for spirits not originating in the place indicated by the geographical indication in question, even where the true origin of the goods is indicated or the geographical indication is used in translation or accompanied by expressions such as "kind", "type", "style", "imitation" or the like."

이름을 붙이고 있어서 보호대상을 둘러싸고 논란이 생길 수 있다.[25] 증류주는 일반적으로 알콜 도수가 높은 것을 의미하지만 획일적인 기준을 마련하기는 어렵다. 어느 정도 회원국의 재량이 인정된다.[26] ② 이 규정은 상품의 원산지가 진정한 것임에도,[27] 또한 공중의 오인을 야기하지 않더라도 해당 지리적 표시의 사용을 금지하고 있다. 이 점에서 제22조 제2항 (a)와는 크게 다르다. ③ '종류(kind)', '유형(type)', '양식(style)', '모방(imitation)' 등의 표현이나 그 번역도 사용할 수 없다. 이 또한 제22조 제2항 (a)와 다르다.[28]

한편, 와인(증류주는 제외된다)에 대해서는 동일한 이름을 가지고 있는 복수의 지리적 표시에 관해 별도의 규정을 두고 있다. 제23조 제3항에 의하면, "와인에 대한 동음의 지리적 표시의 경우, 제22조 제4항의 규정을 따를 것을 조건으로, 각 표시에 대하여 보호가 부여된다. 각 회원국은 관련 생산자에게 공평한 대우를 보장하고 소비자가 오인하지 아니하도록 보장하여야 할 필요성을 고려하여, 해당 동음의 지리적 표시를 서로 구분할 수 있는 실질적인 조건을 정한다."[29] 이 조항은 제22조 제4항과 묶어 봐야 한다. 이 조항도 제22조 제4항과 마찬가지로, 복수의 지리적 표시를 사용하는 경우를 상정하고 있다. 그러나 이 조항은 제22조 제4항과는 다른 취지의 규정이다. 후자 규정은 동일한 지명의 지리적 표시를 기망적으로 사용할 수 없도록 하는 취지를 가지고 있는 반면, 이 조항은 후자 규정에 따를 것을 조건으로 하고 있어서 결국 복수 사용자가 각기 선의로(bona fide, in good faith) 동일한 지명을 사용하는 경우를 염두에 두고 있는 것이다.[30]

이 조항은 동일한 복수의 지리적 표시를 어떻게 사용할 수 있는지 구체적인

---

25) 당시 협상 대표들은 와인을 넓게 정의하는 것으로 양해했다고 한다. UNCTAD-ICTSD, p. 296.

26) UNCTAD-ICTSD, p. 296.

27) 진정한 원산지가 복수로 존재하는 경우에는 제23조 제3항에 의한 예외가 인정된다.

28) 그러나 앞에서 지적했듯이, 제22조 제1항에서 정의한 지리적 표시 개념을 확대 해석한다면 중복 여지가 있다.

29) Art. 23.3: "In the case of homonymous geographical indications for wines, protection shall be accorded to each indication, subject to the provisions of paragraph 4 of Article 22. Each Member shall determine the practical conditions under which the homonymous indications in question will be differentiated from each other, taking into account the need to ensure equitable treatment of the producers concerned and that consumers are not misled."

30) UNCTAD-ICTSD, p. 298.

기준은 제시하지 않고 있다. 단지 각 회원국이 "관련 생산자에게 공평한 대우를 보장하고 소비자가 오인하지 아니하도록 보장하여야 할 필요성"에 입각하여 각기 동음의 지리적 표시를 구분할 수 있는 실질적인 조건을 정하도록 요구하고 있을 뿐이다.[31]

2) 법적 효과

(1) 지리적 표시 사용 금지

지리적 표시 보호는 두 가지 방법으로 이뤄진다. 하나는 특정 행위를 금지하는 것이고, 다른 하나는 지리적 표시의 상표 등록을 거절하거나 무효화하는 것이다. 먼저, 제22조 제2항에 의하면, 회원국은 지리적 표시의 사용이 공중의 오인을 야기하거나 파리협약 제10조의2의 의미상 부정경쟁 행위에 해당하는 경우 이해당사자에게 그 사용을 금지할 수 있는 법적 수단(legal means)을 제공해야 한다. 와인과 증류주에 적용되는 제23조 제1항에서도 해당 장소에서 기원하지 아니한 지리적 표시의 사용을 금지할 수 있는 법적 수단을 이해당사자에게 제공하도록 하고 있다. 협정상의 회원국 의무로 일견 민사상 금지청구권을 생각할 수 있으나 그 방법은 그런 행위를 금지하는 수단을 제공하는 것으로 충분하다. 생각할 수 있는 법적 수단은 다양하다. 지리적 표시에 관한 독자적인 제도를 만들 수도 있고, 상표법 등에 의해 단체표장이나 증명표장을 등록하도록 하고 이런 등록 표장에 법적 보호를 부여할 수도 있다. 부정경쟁방지법에 의한 보호도 가능하다.

그 어느 것이든 이해당사자에게 법적 수단을 제공하는 것이라면 협정상의 의무를 충족할 수 있다. 형사 제재나 행정상의 규제만으로는 충분하지 않은 것으로 보인다. 이해당사자에게 금지할 수 있는 법적 수단을 제공하는 것("Members shall provide the legal means for interested parties to prevent")이 협정상의 의무이기 때문이다.[32] 다만, 제23조 제1항의 경우 각주로, 협정상의 의무(법적 수

---

31) 신의로 복수의 지리적 표시를 사용하는 예로는 프랑스 보르도 와인 또는 스페인 보르도 와인이 있다. 특허청(TRIPS), 134쪽.

32) UNCTAD-ICTSD, p.291에서는 'administrative mechanism'도 가능한 것으로 보고 있으나 그것이 이해당사자(정부기관을 이해당사자의 하나로 볼 수 있다면 모르겠으나 그렇게 보기는 곤란할 듯하다)에게 어떻게 구제 수단을 제공할 수 있을 것인지 의문이다. 민사에 상응하는

단의 제공)는 행정 소송에 의한 집행으로 대신할 수 있다고 규정하고 있다: "제42조 제1문에도 불구하고 회원국은 이러한 의무와 관련하여 행정 소송에 의한 집행에 관하여 대신 규정할 수 있다"(제23조 제1항 각주).[33] 이 규정은 여러 해석을 가능하게 한다. 특히, 행정 소송이 이해관계자에게 구제 수단을 제공하는 경우를 염두에 둔 것인지, 아니면 단지 행정상의 제재가 해당 행위의 금지 수단에 지나지 않는 경우도 상정한 것인지 분명하지 않은 것이다. 행정 소송이 이해당사자에게 구제 수단을 제공하는 경우라면 구제의 효과라는 측면에서는 제22조 제2항과 차이가 없을 듯하지만,[34] 단지 행정상의 제재를 통해 금지 수단으로 작용한다면 제22조 제2항과는 크게 다를 것이다.

협정에서는 이해당사자(interested parties)를 특정하지 않고 있다. 출처표시에 관한 파리협약 제10조 규정에 '이해당사자'에 관하여 언급하고 있으므로 이를 준용할 수도 있으나, 협정 제22조 제2항과는 규율 대상이 달라서(전자는 상품 출처의 허위 표시 또는 생산자 등의 신분의 허위 표시에 관한 규정이다) 그대로 준용할 수 있다고 확언하기는 어렵다. 참고로, 파리협약 제10조 제2항에 의하면, "자연인이든 법인이든, 그러한 상품의 생산, 제조 또는 거래에 종사하는 생산자, 제조자 또는 상인이 출처가 허위로 표시된 지방이나 그 지방이 속한 지역 또는 허위로 표시된 국가에서 설립된 경우 또는 허위의 출처표시가 사용되는 국가에서 설립된 경우에는 어떠한 경우에도 이해당사자로 본다." 파리협약은 출처표시가 가지고 있는 특정을 감안하여, 권리 행사 주체에 관해 별도로 명시하고 있는 것이다. 협약은 더 나아가 생산자나 제조자가 단체나 조합에 속하는 경우 그 단체나 조합도 이해당사자로 볼 수 있도록 하고 있다.[35]

(2) 상표 등록 거절 또는 무효화

다음으로, 협정은 지리적 표시를 상표로 등록하고자 하는 경우 거절하거나

구제 수단을 제공하는 경우라면 가능할 수도 있겠다.

33) Footnote 4: "Notwithstanding the first sentence of Article 42, Members may, with respect to these obligations, instead provide for enforcement by administrative action."

34) 협정 제49조는 행정 절차에 의해 민사적 구제를 허용하는 한도 내에서는 민사 절차상의 원칙을 준수하도록 요구하고 있다.

35) 파리협약 제10조의3 제2항에서는 이해당사자를 대표하는 연맹(federation)과 단체(association)에 대하여 제10조상의 행위를 억제하기 위하여 소송 등을 수행할 수 있는 권한을 부여할 것을 동맹국의 의무로 하고 있다.

무효화할 수 있도록 하고 있다. 제22조 제3항에 의하면, "회원국은 직권으로 할 수 있도록 자국 법률이 허용하는 경우 직권으로 또는 이해당사자의 요청에 의하여, 그 회원국에서 진정한 원산지에 관하여 공중이 오인하도록 상품에 대한 상표상에 지리적 표시가 사용되는 경우, 표시된 영토 내에서 기원하지 아니하는 그 상품에 대하여 그 지리적 표시를 포함하거나 지리적 표시로 구성되는 상표의 등록을 거절하거나 무효화한다."[36] 지리적 표시로 된 상표나 지리적 표시를 포함하는 상표로서 오인을 유발하는 상표 등록을 거절하거나 등록된 상표를 무효화하도록 한 것이다.

와인과 증류주에 관한 제23조 제2항에도 유사한 조항이 있다. 이 경우 오인을 유발하는 여부를 묻지 않는다는 점에서 제22조 제3항과 차이가 있다. 와인과 증류주에 대한 '추가 보호(additional protection)'인 것이다. 이에 의하면, "지리적 표시를 포함하거나 지리적 표시로 구성되는 와인 또는 지리적 표시를 포함하거나 지리적 표시로 구성되는 증류주에 대한 상표의 등록은 이러한 원산지를 가지지 아니한 와인 또는 증류주에 관하여, 직권으로 할 수 있도록 자국 법률이 허용하는 경우 직권으로 또는 이해당사자의 요청에 의하여 거절되거나 무효화된다."[37]

제22조 제3항이든 제23조 제2항이든 회원국 등록 관청에 상당한 재량을 부여하고 있다. 등록 관청은 국내법에서 허용할 경우 직권으로 등록 수리 여부를 결정할 수 있을 뿐 아니라, 공중의 오인 야기 여부에 대해서, 더 나아가 제24조 제5항에 따른 선의(good faith) 여부에 대한 판단을 할 수 있기 때문이다.[38]

---

36) Art. 22.3: "A Member shall, ex officio if its legislation so permits or at the request of an interested party, refuse or invalidate the registration of a trademark which contains or consists of a geographical indication with respect to goods not originating in the territory indicated, if use of the indication in the trademark for such goods in that Member is of such a nature as to mislead the public as to the true place of origin."

37) Art. 23.2: "The registration of a trademark for wines which contains or consists of a geographical indication identifying wines or for spirits which contains or consists of a geographical indication identifying spirits shall be refused or invalidated, ex officio if a Member's legislation so permits or at the request of an interested party, with respect to such wines or spirits not having this origin."

38) UNCTAD-ICTSD, pp. 294~295.

4. 예외 및 경과 규정

협정은 지리적 표시 보호의 예외로 크게 세 가지를 들고 있다. 첫째는 협정 채택일 전부터 사용했던 와인과 증류주에 관한 지리적 표시를 계속 사용할 수 있도록 한 것이고, 둘째는 선의의 상표권 출원이나 등록 또는 사용을 허용한 것이고, 셋째는 보통 명칭으로 된 지리적 표시를 보호에서 배제하는 것이다.

첫째, 와인과 증류주의 경우 협정 채택일인 1994년 4월 15일 전부터 10년 이상 또는 선의로 1994년 4월 15일 전부터 계속 사용한 경우에는 그 지리적 표시를 계속 사용할 수 있다(제24조 제4항).[39] 와인과 증류주에 대한 상대적인 높은 수준의 보호를 부분적으로 상쇄하는 효과가 있다 할 수 있다. ① 동일하거나 유사한 상품이나 서비스에 계속적으로 사용해왔어야 한다. 상표뿐만 아니라 서비스에 사용할 수 있다는 점도 주목할 만하다. 이에 따라, 예를 들어 음식점 메뉴에 와인이나 증류주의 지리적 표시를 표기할 수 있다.[40] ② 다음 두 가지 중 어느 하나를 만족하더라도 지리적 표시를 사용할 수 있다. 협정 채택일 전부터 10년 이상(1984년 4월 15일부터) 계속하여 사용하든가 선의로 협정 채택일 전부터 계속하여 사용한다면 협정 적용일 이후에도 계속 사용할 수 있는 것이다. 전자의 경우에는 선의나 악의를 묻지 않는다. 지리적 표시의 명성을 알고 이를 이용하더라도 용인된다. 그러나 후자의 경우에는 '선의로' 사용해야 계속 사용할 수 있다. 선의나 악의의 개념을 둘러싸고 해석상 논란이 될 수 있다. 지리적 표시 보호를 주장하는 쪽에서는 악의를 넓게 해석하고자 할 것이고 그 주장을 반박하는 쪽에서는 반대로 해석하고자 할 것이다. 악의를 단지 국내법 위반 측면에서만 볼 것인지 아니면 주관적인 요소로서 '알거나 알 수 있었을 것'을 기준으로 볼 것인지에 따라 예외의 범위도 달라질 것이다.[41][42]

---

39) Art. 24.4: "Nothing in this Section shall require a Member to prevent continued and similar use of a particular geographical indication of another Member identifying wines or spirits in connection with goods or services by any of its nationals or domiciliaries who have used that geographical indication in a continuous manner with regard to the same or related goods or services in the territory of that Member either (a) for at least 10 years preceding 15 April 1994 or (b) in good faith preceding that date."

40) UNCTAD-ICTSD, p.304.

41) Ibid.

42) 선의와 악의 개념은 국가마다 다르고, 법에 따라서도 달리 해석한다. 유럽연합만 하더라도 2

③ 회원국 국민뿐만 아니라 회원국에 주소를 두고 있는 사람도 사용할 수 있다.[43]

둘째, 회원국에 대한 협정 적용일[44] 전에 또는 어느 지리적 표시가 본국에서 보호를 받기 전에 어떤 상표가 선의로 출원되거나 등록된 경우에 또는 상표권이 선의의 사용에 의하여 취득된 경우에는 그 상표가 그 지리적 표시와 동일하거나 유사하다는 이유로 그 상표의 등록 적격이나 등록의 효력 또는 상표 사용권이 영향을 받지 않는다(제24조 제5항).[45] 지리적 표시와 동일하거나 유사한 상표라 하더라도, 지리적 표시의 출원이나 등록에 관해서는 제22조 제3항 및 제23조 제2항의 적용을 배제하는 한편, 사용에 의해 상표권을 취득한 경우에도 그 사용권도 영향을 받지 않는 것이다.

개의 법계(대륙법계와 영미법계)와 20개 이상의 국가를 거느리고 있다. 이곳 학자들은 상표법상 악의의 개념을 주관적인 것으로 판단하면서도 그 개별 요소에 대해 달리 보고 있다. 핵심적인 요소로 '정당화될 수 없는 사유', '알았거나 알 수 있었을 것', '실제 알았을 것' 등의 다양한 견해를 내놓고 있다. Tsoutsanis, pp. 299~302. 한편, 유럽사법법원은 2009년 이른바 골드하제(Goldhase) 사건에서 상표 출원 관련하여 악의 여부에 대한 판단 기준을 제시했다. 법원은 악의는 출원 시에 판단하는 것으로, 모든 요소를 고려하여야 한다면서 특히 출원인이 선사용(제3자가 동일하거나 유사한 제품에 동일하거나 유사한 상표를 사용하고 있는지)을 알고 있는지 알 수 있는 것으로 추정할 수 있는지, 제3자의 상표 사용을 막고자 하는 의도를 가지고 있는지, 제3자가 향유하는 법적 보호의 정도는 어떠한지(명성의 정도) 등 세 가지를 들고 있다. Judgment of the Court (First Chamber) of 11 June 2009, *Chocoladefabriken Lindt & Sprüngli AG v Franz Hauswirth GmbH*, Case C-529/07. Tsoutsanis, pp. 302~332에서 재인용.

43) 미국 주류·담배·화기 단속국(Bureau of Alcohol, Tobacco and Firearms)은 보통 명칭에 준하는(semi-generic) 명칭으로서, 진정한 원산지가 그 명칭과 직접적으로 연관된 경우 그 명칭의 사용을 허용하는 규칙을 제정한 바 있다. 이에 해당하는 것으로 샴페인[Champagne(샹파뉴)], 버건디[Burgundy, Bourgogne(부르곤뉴)], 샤블리(Chablis)가 있다. Blakeney, p.73. 이런 예외는 제24조 제4항의 예외가 될 수도 있고, 제24조 제6항에 의한 예외도 될 수 있다. Ibid. 특허청(TRIPS), 146쪽에서는 제24조 제6항에 의한 예외로서, 미국에서 관용화된 예로 샴페인[Champagne(샹파뉴)], 버건디[Burgundy, Bourgogne(부르곤뉴)], 샤블리(Chablis) 등을 들고 있다. 우연인지, 위에서 인용한 문헌의 예와 같다.

44) 이에 관해서는, 제5부 제12장 1. 1) 협정 적용일 참조.

45) Art. 24.5: "Where a trademark has been applied for or registered in good faith, or where rights to a trademark have been acquired through use in good faith either:

(a) before the date of application of these provisions in that Member as defined in Part VI; or

(b) before the geographical indication is protected in its country of origin;

measures adopted to implement this Section shall not prejudice eligibility for or the validity of the registration of a trademark, or the right to use a trademark, on the basis that such a trademark is identical with, or similar to, a geographical indication."

셋째, 어떤 표시가 해당 상품이나 서비스에 관용적으로 사용되는 용어인 경우 다른 국가의 지리적 표시와 동일하다 하더라도 지리적 표시에 관한 TRIPS 협정의 규정은 적용되지 않는다(제24조 제6항 1문).[46] 협정에서는 '통상적인 명칭으로서 통용어로 관습화된 용어(term customary in common language as the common name)'라고 하고 있으나 보통 명칭(generic name)에 상당하는 것으로 볼 수 있다.[47] 예를 들어, 체다(cheddar) 치즈는 비록 영국에서 기원했다 하더라도, 특정한 종류의 치즈에 관습적으로 사용하는 것이므로 보호받지 못한다.

또한 와인에 관해서도 WTO협정 발효 당시(1995년 1월 1일) 포도 품종의 관용어와 동일한 표시를 해온 경우 그 표시가 다른 국가의 지리적 표시와 동일하다 하더라도 이 협정 규정은 적용되지 않는다(제24조 제6항 2문).[48]

한편, TRIPS협정은 경과 규정 성격의 조항도 가지고 있다. 첫째, 회원국은 WTO협정 발효일 전에 존재하는 지리적 표시에 대해서 그 보호를 약화시키는 조치는 취할 수 없다(제24조 제3항).

둘째, 보호받는 지리적 표시로 된 상표는 그 상표의 사용이 일반적으로 알려진 때로부터 5년 내에 또는 일반적으로 알려지기 전에 등록된 경우 그 등록일로부터 5년 내에 무효화 또는 등록 취소를 청구하여야 한다. 다만, 해당 지리적 표시가 사용되지 않거나 악의로 등록된 경우에는 이런 제척기간의 적용을 받지 않는다(제24조 제7항).

셋째, 비록 지리적 표시를 보호하더라도 개인이나 단체가 자신이나 전임자

---

46) Art. 24.6, 1st sentence: "Nothing in this Section shall require a Member to apply its provisions in respect of a geographical indication of any other Member with respect to goods or services for which the relevant indication is identical with the term customary in common language as the common name for such goods or services in the territory of that Member."

47) 협상 당시 '보통(generic)'이란 표현이 제안되기도 했으나 받아들여지지 않았다. 아마도 상표 법상의 용어에 대한 부정적인 인식이 있었던 것으로 보인다. UNCTAD-ICTSD, p.305. 파리협약상 '상용어로서 관습화된 것(customary in the current language)'과 흡사한 표현이다. 제6조의5 B절 2호 참조.

48) Art. 24.6, 2nd sentence: "Nothing in this Section shall require a Member to apply its provisions in respect of a geographical indication of any other Member with respect to products of the vine for which the relevant indication is identical with the customary name of a grape variety existing in the territory of that Member as of the date of entry into force of the WTO Agreement."

(predecessor)의 성명을 거래 과정에서 사용하는 것조차 막을 수는 없다. 다만, 이 경우 공중의 오인을 야기하는 방법으로 해당 성명을 사용하는 것은 금지된다(제24조 제8항).

넷째, 본국에서 보호를 받지 않거나 보호가 중단된 지리적 표시, 그리고 더 이상 사용되지 않는 지리적 표시는 보호하지 않는다(제24조 제9항). 이 점은 상표의 경우와 대비된다. 상표의 경우에는 상표 독립의 원칙에 따라 상표의 출원과 등록은 본국의 절차와는 독립적이고, 상표권의 효력도 본국과 독립하여 발생·변동한다. 이 규정은 지리적 표시가 특정 지역과의 연결(link)에 의존하는 속성을 반영한 것으로, 그 연결이 끊어지면 그 효력도 상실한다는 데에서 나온 것이다.[49]

5. 국제 협의

TRIPS협정은 지리적 표시와 관련하여 두 가지의 국제협상을 예정하고 있다. 첫째는 제23조 제4항에 의한 협상이다: "와인에 대한 지리적 표시의 보호를 용이하게 하기 위하여, 그 체제에 참여하는 회원국에서 보호를 받을 수 있는 와인에 대한 지리적 표시의 통보와 등록의 다자간 체제의 수립에 관한 협상이 무역 관련 지적재산권 이사회에서 추진된다."[50] 와인에 국한하여, 지리적 표시의 통보와 등록을 위한 다자간 체제를 수립하기 위해 TRIPS이사회에서 협상을 하도록 한 것이다.

통보 제도는 지리적 표시 보호를 위해 효과적인 수단을 제공한다. 상표 등록 당국이 제23조 제2항에 의해 직권으로 특정 지리적 표시의 등록을 거절하거나 무효화할 때 도움을 받을 수 있을 것이기 때문이다. 또한 등록 제도는 적어도 권리 추정의 효과가 있으므로 이를 통해 권리의 효율적인 집행을 가능하게 할 수 있다.[51] 더 나아가 등록 제도는 특허와 상표의 국제 등록 제도에서

---

49) UNCTAD-ICTSD, p.307.

50) Art. 23.4: "In order to facilitate the protection of geographical indications for wines, negotiations shall be undertaken in the Council for TRIPS concerning the establishment of a multilateral system of notification and registration of geographical indications for wines eligible for protection in those Members participating in the system."

보듯이, 하나의 국제 등록으로 해당 국가 모두에서 등록의 효력을 누림으로써 국제적 보호의 실효성을 높일 수 있고, 지리적 표시가 보통 명칭으로 되는 것을 방지하는 효과도 있다.[52]

둘째는 제24조 제1항에 의한 협상이다: "회원국은 제23조에 따른 개별적인 지리적 표시의 보호 증대를 목적으로 협상을 개시할 것에 합의한다. 아래 제4항 내지 제8항의 규정은 회원국이 협상의 진행을 거부하기 위하여 또는 양자 간이나 다자간 협정의 체결을 거부하기 위하여 사용되어서는 아니 된다. 그러한 협상과 관련하여, 회원국은 그러한 협상의 대상이 되는 개별적인 지리적 표시의 사용에 대하여 이들 규정을 계속적으로 적용할 것을 적극 고려한다."[53] 지리적 표시의 보호 증대를 위해 협상할 것을 천명하되, 협정상의 예외 규정이 협상에 장애가 되어서도 안 되고 예외 규정이 계속 적용된다는 점을 확인하고 있는 것이다.

제24조 제2항에서는 TRIPS이사회로 하여금 지리적 표시에 관한 협정 규정의 적용[54]을 검토하도록 하고 있다. 최초 검토회의는 WTO 설립협정 발효일로부터 2년 내(1996년 12월 31일)에 열리도록 했다. 또한 어느 회원국이든 양자 간이나 다자간의 협상을 통하여 만족할 만한 해결을 보지 못할 경우 언제든지 이사회에 주의를 환기시킬 수 있고 이 경우 이사회는 다른 회원국과 협의할 수 있다.[55]

---

51) UNCTAD-ICTSD, p.299.

52) 리스본협정의 보편화라 할 수도 있겠다.

53) Art. 24.1: "Members agree to enter into negotiations aimed at increasing the protection of individual geographical indications under Article 23. The provisions of paragraphs 4 through 8 below shall not be used by a Member to refuse to conduct negotiations or to conclude bilateral or multilateral agreements. In the context of such negotiations, Members shall be willing to consider the continued applicability of these provisions to individual geographical indications whose use was the subject of such negotiations."

54) '규정의 적용(application of the provisions)'을 검토한다는 것은 회원국의 이행 여부를 검토한다는 뜻이다. UNCTAD-ICTSD, p.302.

55) Art. 24.2: "The Council for TRIPS shall keep under review the application of the provisions of this Section; the first such review shall take place within two years of the entry into force of the WTO Agreement. Any matter affecting the compliance with the obligations under these provisions may be drawn to the attention of the Council, which, at the request of a Member, shall consult with any Member or Members in respect of such matter in respect of which it has not been possible to find a satisfactory solution through bilateral or

TRIPS이사회에서는 1997년 와인의 다자간 등록 체제 수립을 위한 협상을 시작했다. 나중에 증류주에까지 확대했다. 그러나 제24조에서 예정한 "제23조에 따른 개별적인 지리적 표시"의 해석을 둘러싸고 회원국들 간에 논쟁이 지속되고 있다. 협상 대상 지리적 표시는 제23조가 적용되는 와인과 증류주에 한정한다는 견해와 제24조 제1항은 모든 제품에 일반적으로 적용되는 조항으로 제23조는 제22조에 의한 보호 외에 '추가 보호(additional protection)'에 관한 규정이라는 견해가 대립하고 있다.

이런 견해 대립은 도하 라운드에서 이어지고 있다. 2001년 11월 14일 도하 각료선언에 의하면, 제23조 제4항의 이행과 관련하여 "우리는 각료회의 제5차 회기56)까지 와인과 증류주에 대한 지리적 표시의 통보와 등록의 다자간 체제를 수립하기 위하여 협상할 것에 합의한다. 우리는 제23조에서 규정한 지리적 표시의 보호를 와인과 증류주 외의 제품에 확대하는 것과 관련한 이슈를 이 선언 제12항에 따라 무역 관련 지적재산권 이사회에서 다룰 것을 염두에 두기로 한다."57)

와인과 증류주 외에 다른 제품에까지 확대하는 문제는 도하 라운드 작업 계획의 일부가 되기는 했으나 여전히 TRIPS협정 해석을 둘러싸고 논란이 끊이지 않고 있다. 일부 개발도상국은 자국의 제품도 높은 수준의 보호를 받기 위해 유럽연합에 합세하기도 했다.58) 반대론자의 주장은 기존 TRIPS협정 규정으로 충분하며 높은 수준의 보호는 기존의 합법 시장 관행에 부담을 주고 질서를 해칠 수 있다는 점을 강조했다. 2011년 WTO 사무총장은 보고서를 내고 회원국의 의견이 좁혀지지 않고 있다는 점, 각국의 지적재산권 제도에 대한 이해의 중요성을 강조할 뿐이었다.59)

---

plurilateral consultations between the Members concerned. The Council shall take such action as may be agreed to facilitate the operation and further the objectives of this Section."

56) 2003년 9월 10일부터 14일 사이 멕시코 칸쿤에서 열렸다.

57) Ministerial Declaration 2001, para. 18.

58) 불가리아, 유럽연합, 기니, 인도, 자메이카, 케냐, 마다가스카르, 모리셔스, 모로코, 파키스탄, 루마니아, 스리랑카, 스위스, 태국, 튀니지, 터키 등이다. 태국의 자스민티, 스리랑카의 실론티 등이 보호 확대의 혜택을 받을 것이다. David Vivas-Eugui and Christoph Spennemann, "The Evolving Regime for Geographical Indications in WTO and in Free Trade Agreements," in Correa & Yusuf, p.165.

지리적 표시의 국제 등록 제도에 관해서도 협상이 이뤄져 2011년에는 통합문(composite text)안까지 나왔으나 2015년 말까지 더 이상 진전되지는 않고 있다.60)

---

59) https://www.wto.org/english/tratop_e/trips_e/gi_background_e.htm#general 참조.

60) Ibid.

제6장 산업디자인

　TRIPS협정 제2조 제1항에서는 파리협약 실체 규정인 제1조 내지 제12조 및 특별협정 체결 권한을 부여한 제19조를 준수하도록 각 회원국에 요구하고 있기 때문에, 파리협약에서 산업디자인에 적용될 수 있는 조항은 모두 TRIPS협정 당사국에 적용된다.

　TRIPS협정은 추가적으로 2개 조문을 두어 파리 플러스 요소를 반영하고 있으나 다른 지적재산권 분야에 비해 소홀히 다루고 있는 것으로 평가를 받고 있다. 이것은 다음과 같이 설명할 수 있다. 첫째, 높은 수준의 지적재산권 보호를 주장하는 국가들은 협상 우선순위에서 다른 분야에 집중했다. 게다가 협상 대표들은 산업디자인을 어떻게 정의할 것인지, 어떻게 보호할 것인지 등에 대해 합의를 도출하기 어려웠다.[1] 둘째, 산업계도 디자인 보호에 소극적인 면을 보였다. 디자인 보호와 권리 집행을 위한 시간과 노력을 다른 분야에 비해 덜 투자하는 경향을 보였다. 산업디자인 등록 숫자도 다른 산업재산권 분야에 비해 적었다. 셋째, 기업은 디자인 보호에 의존하지 않더라도 특허나 상표 보호를 통해 자신의 이익을 지킬 수 있는 수단을 가지고 있었다. 게다가 디자인 보호에 관한 여러 법률이 산업디자인에 대해 중복적으로 적용될 수 있는 경우 산업디자인에 한정한 특별법적 보호에 집착하려 하지 않았다. 기업 입장에서 디자인 보호와 상표 보호 또는 특허 보호가 모두 부여될 때에는 강력한 보호 방법을 가진 후자의 방법을 선호하는 태도를 보였다.[2]

---

1) 협상 초기 미국 제안서는 특허, 상표, 저작권, 영업비밀, 반도체 배치설계 등 다섯 가지를 협상 대상으로 올려놓았고, EC는 주로 집행 분야에 관심을 보였다. 협상에서 다뤄야 할 분야로 여러 분야를 단지 열거하는 가운데 '디자인과 모형'을 언급했다. Suggestion by the United States for Achieving the Negotiating Objective, GATT Doc. MTN.GNG/NG11/W/14, 20 October 1987; Guidelines Proposed by the European Community for the Negotiations on Trade-Related Aspects of Intellectual Property Rights, GATT Doc. MTN.GNG/NG11/W/16, 20 November 1987.

2) Jeremy Phillips, "Industrial Designs and TRIPS," in Correa & Yusuf, pp.216~218.

1. 파리협약과 베른협약

파리협약은 산업디자인에 관해 여러 규정을 두고 있다. ① 특허나 상표와 마찬가지로, 산업디자인에 대해서도 내국민대우를 기본 원칙으로 하고 있다(제2조 및 제3조). 이에 따라 산업디자인을 보호하는 법률에 따라, 그 침해와 구제에 대하여 외국인의 산업디자인을 내국민의 그것과 차별해서는 안 된다. ② 출원인은 산업디자인에 대해 우선권의 이익을 향유한다(제4조). 어느 동맹국에서 최초 출원하고 6개월 이내에 다른 동맹국에서 추후 출원할 경우 후자 국가에서 최초 출원의 효과를 누릴 수 있는 것이다. ③ 동맹국에 대하여 산업디자인 보호 의무를 부과하고 있으나 그 보호는 거의 각국에 일임하고 있다. 산업디자인의 정의, 권리의 내용 및 제한, 보호기간 등에 대해 침묵하고 있다. 보호 방법도 각 동맹국에게 맡겨져 있다. 특별법(산업디자인법)에 의하든 저작권법에 의하든, 아니면 다른 법률에 의하든 묻지 않는다. ④ 디자인 물품의 불실시나 수입으로 인하여 디자인에 대한 권리를 종료시키는 몰수는 허용되지 아니한다(제5조 B절).[3]

베른협약도 응용미술저작물(work of applied art)과 산업디자인에 관한 규정을 가지고 있다. ① 응용미술저작물을 보호대상으로 예시하는 한편, 그 보호를 위한 법률의 적용 범위, 보호 조건 등은 동맹국이 정하도록 하고 있다(제2조 제7항 1문). 보호 방법도 파리협약과 마찬가지로 어떤 법률로든 협약상의 의무를 충족한다. ② 베른협약은 파리협약과 마찬가지로 내국민대우를 기본 원칙으로 하고 있다(제5조 제1항). 따라서 응용미술저작물도 내국민대우 원칙에 따른 보호를 받는다. 다만, 내국민대우 원칙에 대하여 상호주의에 의한 제한이 있다. 비록 각 동맹국은 보호 방법을 자유로이 선택할 수 있지만, 어느 동맹국이 산업디자인과 모형(industrial design and model)에 관한 특별법으로만 해당 디자인 등을 보호할 경우 다른 동맹국에서 그런 특별법이 있는 경우 그 특별법으로만 보호를 받는다. 다른 동맹국에 그런 특별법이 존재하지 않는 경우에는 저작권 보호를 받는다(제2조 제7항 2문). ③ 응용미술저작물은 문학·예술저작물의 일종이므로, 그 저작자는 문학·예술저작물 저작자로서 협약에서 부여

---

3) 이 외에도, 산업디자인에 관하여 제5조의2(수수료 납부 의무), 제11조(국제박람회 전시 상품에 대한 임시 보호) 및 제12조(산업재산권 관할청)가 있다.

산업디자인의 국제 등록에 관한 헤이그협정(Hague Agreement Concerning the International Registration of Industrial Designs)*은 1925년 11월 6일 체결되어 1928년 6월 1일 발효했고 그 후 여러 차례 개정되었다. 주요 개정으로는 1934년 런던 의정서, 1960년 헤이그 의정서, 1967년 스톡홀름 보충 의정서 및 1999년 제네바 의정서에 반영되어 있다. 2016년 10월 18일 기준으로 헤이그 의정서(Hague Act) 34개국, 스톡홀름 보충 의정서(Stockholm Complementary Act) 34개국, 제네바 의정서(Geneva Act) 51개 당사자** 등 65개 당사자가 헤이그 시스템에 참여하고 있다(http://www.wipo.int/export/sites/www/treaties/en/documents/pdf/hague.pdf 참조). 1934년 런던 의정서는 2016년 10월 18일 공식적으로 종료되어 현재 2개의 의정서(1960년 헤이그 의정서와 1999년 제네바 의정서)만이 발효하고 있다(http://www.wipo.int/treaties/en/notifications/hague/treaty_hague_130.html 참조).

이 협정은 파리협약 특별협정으로서, WIPO 국제사무국에 하나의 국제 등록(single international application)으로 다수의 지정 국가에서 보호를 받기 위한 목적으로 체결되었다.

자연인이든 법인이든, 협정 당사자의 국민, 협정 당사자의 영토에 주소를 가지고 있거나 진정하고 실효적인 산업상 또는 상업상의 영업소를 가지고 있는 경우 국제 출원을 할 수 있다. 1999년 제네바 의정서는 연결점으로 상시거소를 추가했다.

국제 출원은 WIPO 국제사무국에 직접 할 수도 있고, 본국 관할청을 통해서(본국이 이런 방법을 허용하거나 요구하는 경우) 할 수도 있다. 대다수의 국제 출원은 국제사무국에 직접 한다. 국제 출원을 하려면 출원서와 함께 로카르노협정 분류상 같은 류(class)에 속하는 디자인(최대 100개)을 첨부하는 등 필요한 자료(당사자마다 요구하는 형식이 다를 수 있다)를 제출하고 수수료를 납부해야 한다. 출원서에는 국제 등록의 효력이 미칠 국가를 지정해야 한다. 우선권을 주장하고자 할 때에는 정규의 국내 등록일로부터 6개월 내에 해야 한다.

WIPO 국제사무국은 출원서를 접수한 뒤 형식 요건을 충족하는 디자인을 국제 등록부에 기재하고 국제 디자인 공보(International Designs Bulletin)를 발행하여 공개한다. 개별 지정 국가는 자국의 법률에 따라 국제 등록 발행일로부터 6개월(1999년 제네바 의정서상 최대 12개월) 내에 보호를 거절할 수 있다.

보호기간은 최초 5년으로 하고, 5년을 연장할 수 있다. 국내법으로 이보다 긴 보호기간을 두는 경우 그 국가에서 정한 보호기간까지 5년씩 추가로 연장할 수 있다.

2014년 기준으로 헤이그 시스템에 의한 국제 등록은 모두 12만 2183건으로, 2014년에만 1만 4484건이 등록되었고, 1만 3371건이 갱신되었다(Hague Yearly Review, WIPO, 2016 참조).

* 1999년 제네바 의정서에서 종전 명칭(Arrangement de La Haye concernant le dépôt international des dessins et modèles industriels, Hague Agreement Concerning the International Deposit of Industrial Designs)을 새로운 명칭(Arrangement de La Haye concernant l'enregistrement international des dessins et modèles industriels, Hague Agreement Concerning the International Registration of Industrial Designs)으로 변경했다.

** 제네바 의정서에 의하면 유럽연합과 같은 국제기구도 조약 당사자가 될 수 있다.

한 모든 권리(복제권, 방송권, 공중전달권 등)를 가진다. ④ 저작권 보호를 받는 응용미술저작물의 보호기간은 창작 후 25년간이다.

2. 보호대상 및 보호 방법

1) 보호대상 및 요건

TRIPS협정은 제25조에서 산업디자인 보호를 회원국의 의무로 하면서 그 개념과 요건을 함께 정하고 있다. 이에 의하면, "회원국은 독자적으로 창작된, 새롭거나 독창적인 산업디자인의 보호를 위한 규정을 마련하여야 한다"(제25조 제1항 1문).[4] 이 규정은 산업디자인이 보호를 받기 위해서는 두 가지 요건을 갖출 것을 요구하고 있다. 하나는 독자적 창작(independent creation)이고 다른 하나는 신규성(novelty) 또는 독창성(originality)이다. 먼저, 후자에 대해 살펴보자. 산업디자인이 신규성이 있거나 독창성이 있다면 보호대상이 된다.[5] 신규성은 특허법이나 산업디자인법에서, 독창성은 저작권법에서 익숙한 표현이다. 신규성은 객관적인 요건으로, 상대적으로 기준을 마련하기 용이하다. 그럼에도 국내 신규성(national novelty)을 보호 요건으로 할 것인지 아니면 국제 신규성(international novelty)를 보호 요건으로 할 것인지에 따라 보호대상 디자인의 범위가 달라질 수 있다. 한편, 독창성은 주관적인 요건으로, 법률로 그 개념을 구체화하기 대단히 어렵다. 각국은 주로 판례를 통해서 독창성의 개념을 정립해오고 있는바, 높은 수준의 독창성을 요구하는 국가가 있는가 하면, 낮은 수준의 독창성을 보호 요건으로 하는 국가도 있다.[6] 협정 규정은 신규성이든 독창성이든 어느 하나를 선택적으로 요구하고 있으므로, 회원국은 디자인을 특허법적으로 접근할 수도 있고, 저작권법적으로 다룰 수도 있고, 양자 모두를 활용해 접근할 수도 있다.

둘째, 산업디자인이 보호를 받으려면 독자적으로 창작되어야 한다(independently created). 독자적 창작이란 글자 그대로 창작자 자신이 자신의 노력과 능력으로 만들었다는 의미이다. 다른 사람의 것을 베끼거나 모방한 것이라면 독

---

4) Art. 25.1, 1st sentence: "Members shall provide for the protection of independently created industrial designs that are new or original."

5) '새롭거나 독창적인(new or original)'이라는 표현은 타협의 산물이다. 협상 당시 신규성을 요건으로 하자거나(미국) 신규성과 독창성을 모두 필요하다고 하거나(일본, 개발도상국), 이 중 어느 하나만이라도 충족하면 족하다고 주장하기도 했던 것이다(EC).

6) Phillips, op. cit., in Correa & Yusuf, pp.223~224.

자적 창작이라 할 수 없다. 그런데, 이 요건은 많은 국가에서 독창성의 요소 중 하나로 보고 있다.[7] 독자적 창작이 신규성이나 독창성과 별개의 의미를 가진다고 한다면[8]—협정 규정이 같은 뜻의 표현을 의미 없이 사용하지 않았을 것이라는 전제하에서—독자적 창작 + 신규성의 조합이나 독자적 창작 + 독창성의 조합에 한해서 협정상의 보호대상이 될 수 있다. 후자의 경우는 독창성 요건으로 수렴할 수 있으므로 전자의 경우가 의미가 있다. 회원국은 독창성과 신규성은 동시 요구할 수 없으나 독자적 창작과 신규성은 요구할 수 있는 것이다.[9]

한편, 협정 제25조 제1항 2문은 회원국이 신규성이나 독창성을 배제 내지 완화할 수도 있도록 하고 있다. 이에 따르면, "회원국은 디자인이 알려진 디자인이나 알려진 디자인 형태의 결합과 상당히 다르지 아니한 경우 새롭지 아니하거나 독창적이지 아니하다고 규정할 수 있다."[10](고딕 강조) 어느 디자인이 공지의 디자인과 상당히 다르지 않으면 신규성이나 독창성을 배제할 수 있다는 것이다. '공지(known)'라는 개념은 특허법이나 산업디자인법에서 신규성 판단 시 빼놓을 수 없는 요건이다. 이들 법률에 따르면 공지 디자인은 신규성이 없고 등록을 통하여 보호를 받을 수도 없다. 그렇다면 협정 규정은 공지 디자인이 독창성이 없다는 점을 밝혀주고 있는 것으로 해석할 수 있다. 어느 회원국이 독창성을 요건으로 삼아 디자인을 보호한다면 공지 디자인은 독창성이 없는 것으로 법정 간주하거나 추정함으로써 입법 편의를 도모하기 위한 것으로 볼 수 있다.

협정에서는 보호대상 디자인의 범위에 대해 별도의 규정을 두고 있다. 제25조 제1항 3문에 의하면, "회원국은 그러한 보호가 기술적이거나 기능적인 고

---

7) 이른바 파이스트(Feist) 사건 판결에서 미국 대법원은 독창성의 요건으로 독자적 창작(independent creation)과 최소한의 창작성(minimum degree of creativity)을 제시한 바 있다. *Feist Publication, Inc. v. Rural Telephone Service Company*, Inc. 499 U.S. 340 (1991). 우리 법원도 이 판결 이론을 그대로 따르는 태도를 보이고 있다. 대법원 1999.11.23. 99다51371 판결; 대법원 2003.11.28. 2001다9359 판결 참조.

8) J. H. Reichman, "Universal Minimun Standards of Intellectual Property Protection under the TRIPS Component of the WTO Agreement," 29 *International Lawyer* (1995), p.376.

9) 이런 결론은 협상 당시 신규성과 독창성을 모두 요구했던 국가들의 요구를 부분적으로 수용한 셈이 된다. UNCTAD-ICTSD, pp.331~332.

10) Art. 25.1, 2nd sentence: "Members may provide that designs are not new or original if they do not significantly differ from known designs or combinations of known design features."

려에 따른 디자인에는 미치지 아니한다고 규정할 수 있다."[11] 기계 부품과 같이, 부품의 형태가 그 기계의 효율에 영향을 미치는 경우 그 형태에 관한 디자인은 보호 의무가 없다는 것이다.[12] 산업디자인의 특수성을 반영한 것이라 할 수 있다.[13]

2) 보호 방법

TRIPS협정은 회원국에게 산업디자인의 보호 의무를 부과하고 있을 뿐 그 방법에 대해서는 언급하지 않고 있다. 각 회원국에 일임된 것이라 할 수 있다. 회원국은 특별법(산업디자인법)이나 특허법이나 또는 저작권법에 따라 보호하는 것으로 협정상의 의무를 충족할 수 있다. 회원국은 이들 법률이 디자인 보호에 중복 적용되도록 할 수도 있고, 그중 어느 하나를 선택적으로 적용되도록 할 수도 있다. 모든 디자인에 대하여 또는 일부 디자인에 국한하여 선택적 보호를 할 수도 있다.[14]

보호 방법상의 회원국의 재량은 무제한적인 것은 아니다. 베른협약 제2조

---

11) Art. 25.1, 3rd sentence: "Members may provide that such protection shall not extend to designs dictated essentially by technical or functional considerations."

12) 산업디자인 관련, 미국과 EC의 협상 목표는 크게 달랐다. 미국은 '새롭고 독창적이고 장식적이고 비자명한(new, original, ornamental and non-obvious)' 산업디자인 보호를 주장했던 반면, EC는 '새롭거나 독창적인' 디자인 보호를 주장했다. EC는 미국이 다른 국가 입법례를 따라 국내법(특허법)을 개정하여 보호대상을 넓히기를 원했다. 특히, 자동차 부속품과 같은 기능적 디자인을 보호대상으로 넣고자 했다. Ross & Wasserman, pp. 2299~2300. 산업디자인의 정의라든가 보호 요건은 EC의 주장이 상당히 반영되었고, 제25조 제1항 3문은 미국의 주장이 받아들여진 것이다.

13) 우리 디자인보호법은 등록 요건으로 심미성을 요구하고 있기 때문에 기능성에 주안을 둔 디자인에 대해서는 실용신안이나 특허로 출원 변경하도록 유도하는 경향이다. 특허청, 「WTO 출범과 UR무역 관련지적재산권협정해설」, 1994, 112~113쪽.

14) 산업디자인법은 주로 제품의 장식적(심미적) 측면을 보호하기 위한 법률인 반면, 실용신안법은 제품의 기술적 측면을 보호하기 위한 법률이다. 양자가 중복 내지 경합할 부분이 많지 않다. 그러나 기능적 디자인의 경우 양자가 중복 적용될 가능성은 매우 높다. 많은 국가들이 기능적 디자인을 실용신안법에 의해 보호하려는 태도를 보이고 있다. TRIPS협정이 기능적 디자인은 보호대상에서 배제할 수 있도록 규정하고 있지만, 파리협약에서 실용신안을 통해 산업디자인의 우선권을 확보할 수 있도록 하고 있으므로 실용신안의 중요성에 주목하는 국가에서는 산업디자인 보호를 위한 장치로 실용신안법의 장점을 적극 활용할 수도 있을 듯하다. UNCTAD-ICTSD, pp. 340~341.

제7항은 어느 동맹국에서 산업디자인을 특별법으로만 보호할 경우 다른 동맹국에서도 그런 특별법이 있는 경우에는 그 특별법에 의한 보호만을 받도록 하고 있다. 다른 동맹국에 그런 특별법이 없다면 물론 저작권 보호를 받는다. 산업디자인 보호에 관한 베른협약 규정은 내국민대우 원칙과 최혜국대우 원칙의 예외가 되는 것이다. 이 규정은 따라서, 예를 들어 중복 보호를 하는 국가는 베른협약상의 예외를 원용할 수 없게 된다.[15]

3. 직물 디자인에 관한 특례

TRIPS협정은 직물 디자인에 관한 별도 규정을 두어 보호의 실효성을 높이고 있다. 즉, "각 회원국은 직물 디자인의 보호를 확보하기 위한 요건, 특히 비용, 심사 또는 공고와 관련한 요건이 그러한 보호를 추구하고 취득하는 기회를 부당하게 저해하지 아니하도록 보장하여야 한다"(제25조 제2항 1문).[16]

직물 디자인은 다른 디자인과 달리 독특한 특성을 가지고 있다. 직물 디자인은 상대적으로 유행에 민감하다. 계절에 따른 수요의 변화에도 대응하여야 한다. 산업디자인법상 등록 제도로는 시의적절한 직물 디자인 보호를 보장하기 어렵다. 비용과 심사 절차 등이 그 보호를 부당하게 저해할 수 있기 때문이다. 무방식주의를 채택하고 있는 저작권법이 직물 디자인 보호를 위해 적절한 수단이 될 수도 있다. 협정은 각국의 사정을 고려하여, 다음과 같은 규정을 두고 있다: "회원국은 산업디자인법이나 저작권법을 통하여 이러한 의무를 충족할 자유가 있다"(제25조 제2항 2문). 이 규정은 제1문과 충돌하는 듯하다. "회원

---

15) 미국 저작권법상 응용미술저작물은 분리 가능성 원칙에 따라 보호된다. 즉, '회화, 도면 및 조각 저작물(pictorial, graphic, and sculptural works)'은 물품의 실용적인 측면과 분리될 수 있는 경우에 한하여 보호대상이 된다. 미국 저작권법 제101조 참조. 그러나, 예를 들어 산업디자인을 중복 보호하는 프랑스는 내국민대우의 예외를 주장할 수 없기 때문에 미국 법상의 이론을 근거로, 미국을 본국으로 하는 산업디자인에 대해 분리 가능성이 없다는 이유로 보호를 제한할 수 없다. UNCTAD-ICTSD, p.337.

16) Art. 25.2: "Each Member shall ensure that requirements for securing protection for textile designs, in particular in regard to any cost, examination or publication, do not unreasonably impair the opportunity to seek and obtain such protection. Members shall be free to meet this obligation through industrial design law or through copyright law."

국은 ⋯ 자유가 있다(Members shall be free ⋯)"는 표현은 산업디자인법이나 저
작권법에서 직물 디자인에 관한 규정을 두는 것만으로 제1문상의 의무를 충족
하는 것으로 해석할 수도 있기 때문이다.[17] 표현은 다소 어색하지만 제1항상
의 의무는 여전히 존재한다고 본다. 즉, 제2문은 회원국에게 입법상의 재량을
부여하고 있는 것으로 해석하는 것이다.

4. 권리의 내용 및 제한

1) 권리의 내용

산업디자인의 권리자는 제3자가 보호 디자인의 복제물을 부착하거나 구현
한 물품을 제조, 이용하거나 또는 수입하는 경우 이를 금지할 권리를 가진다:
"보호되는 산업디자인의 소유자는 자신의 동의 없이 제3자가 보호 디자인을
복제하거나 실질적으로 복제한 디자인을 부착하거나 담은 제품을 상업적인 목
적으로 제조하거나 판매하거나 또는 수입하는 것을 금지할 권리를 가진다"(제
26조 제1항).[18]
권리의 성격이 어떠하든 상관이 없다. 저작권법에 의하든 산업디자인법에
의하든 또는 다른 법률에 의하든 모두 협정과 합치하는 것이다. 어느 디자인
이 보호 디자인의 복제물이거나 유사한 복제물이라면 금지 대상이 된다.
이용 형태는 제조와 판매, 그리고 수입이다. 수입에 대한 권리는 제6조상의
권리 소진의 원칙의 적용을 받는다.[19]

---

17) 협정문은 "회원국은 제1문상의 의무를 산업디자인법이나 저작권법을 통하여 이행할 수 있다"
고 표현하는 것과는 사뭇 다르다.

18) Art. 26.1: "The owner of a protected industrial design shall have the right to prevent third
parties not having the owner's consent from making, selling or importing articles bearing
or embodying a design which is a copy, or substantially a copy, of the protected design,
when such acts are undertaken for commercial purposes."

19) 이에 관해서는, 제5부 제2장 4. 권리 소진의 원칙 참조.

2) 예외 또는 제한

협정상 예외나 제한에는 세 가지가 있다. 앞에서 언급한 두 가지, 즉 공지 (known) 디자인과 같거나 유사한 디자인, 그리고 기능적 디자인은 보호대상에 서 제외되거나 보호 범위가 제한될 수 있다. 마지막으로 제26조 제2항에 의한 제한이 있다. 이에 따르면, 회원국은 이런 권리 보호에 대하여 한정적인 예외 를 정할 수 있다(제26조 제2항 본문).[20] 다만, "그러한 예외는 제3자의 합법적인 이익을 고려하여, 보호되는 산업디자인의 통상적인 이용과 부당하게 충돌하 지 아니하고 보호 디자인의 소유자의 합법적인 이익을 부당하게 해치지 아니 하여야 한다"(제26조 제2항 단서).[21] 이 단서 규정은 예외를 정할 경우 일반 조 항으로서 성격을 가진다. 따라서 산업디자인 보호에 관해서 특별법이나 저작 권법에 의하여 예외를 정한다 하더라도 이런 일반 조항에 따라야 한다.

이 일반 규정에 관해서 몇 가지 지적할 점이 있다. ① 이 규정은 제13조와 다르다. 제13조는 "회원국은 배타적 권리에 대한 제한 또는 예외를 저작물의 통상적인 이용과 충돌하지 아니하고 권리자의 합법적인 이익을 부당하게 해 치지 아니하는 어떤 **특별한 경우로 한정하여야 한다**"(고딕 강조)고 하고 있는 반 면, 제26조 제2항 단서는 "그러한 예외는 제3자의 합법적인 이익을 고려하여, 보 호되는 산업디자인의 통상적인 이용과 **부당하게** 충돌하지 아니하고 보호 디자 인의 소유자의 합법적인 이익을 부당하게 해치지 아니하여야 한다"(고딕 강조) 고 하고 있다. 후자 단서는 특허 예외 규정인 제30조 단서와 내용이 같다. 제 26조 제2항 단서상의 예외나 제한이 제13조상의 예외나 제한보다 포괄적이고 신축적이다. 예외의 범위를 넓힐 수 있는 근거가 될 수 있는 것이다. 예를 들 어, 여러 기업의 제품 사양을 표준화할 필요가 있을 경우 그 경제적·사회적 필 요성을 들어 이를 강제할 수도 있는 것이다.[22]

---

20) 제26조 제2항은 예외(exceptions)라고 하고 있지만, 예외와 제한에 관한 것이다. 그 의미에 관 해서는, 제5부 제3장 2. 5) 제한 또는 예외 참조.

21) Art. 26.2: "Members may provide limited exceptions to the protection of industrial designs, provided that such exceptions do not unreasonably conflict with the normal exploitation of protected industrial designs and do not unreasonably prejudice the legitimate interests of the owner of the protected design, taking account of the legitimate interests of third parties."

22) UNCTAD-ICTSD, p.339에서는 완곡하게 표현하고 있다: "디자인 보호가 예를 들어 다른 제조

② '한정적인 예외(limited exceptions)'란 좁은 예외로서, 권리의 부분적 감축을 가져오는 것을 말한다.23)

③ 한정적인 예외 속에는 강제실시권이 포함되는 것으로 해석하는 것이 옳은 듯하다. 파리협약은 직접 강제실시권에 대해 언급하지 않고 있지만 국가 관행으로나 파리협약 개정회의를 통해서 이를 긍정하고 있다. TRIPS협정은 특허의 경우(제31조)와 달리 강제실시권에 대해 침묵하고 있다. 일부에서는 특허의 경우 특허 발명의 중요성, 특허 발명 시장의 성격 등 일정한 조건하에서 특허에 대한 강제실시를 허용한다는 점에 비춰 산업디자인에 대한 강제실시권에 의문을 제기하기도 하지만,24) 협상 당시 대표들의 태도는 강제실시권의 필요성에 대부분 공감했고,25) 협정 제8조에서 지적재산권은 공공 이익을 위해서 필요한 조치를 할 수 있고 지적재산권의 남용이나 반경쟁 관행의 방지 목적으로 적절한 조치를 취할 수 있는 점, 많은 국가들이 특허와 마찬가지로 산업디자인에 대해서도 강제실시권을 허용하거나 지적재산권의 남용이나 반경쟁 관행을 이유로 강제실시권 제도를 가지고 있었다는 점에 비춰 볼 때 산업디자인에 대한 강제실시권은 긍정할 수 있는 것으로 봐야 한다.26)

산업디자인이 불실시되거나 또는 산업디자인 물품이 수입된다고 하여 산업디자인에 대한 권리는 몰수 대상이 될 수 없다. 이 점은 파리협약 제5조 B절에서 확인된다.

5. 보호기간

산업디자인의 보호기간은 최소 10년이다(제26조 제3항).27) 협정 규정은 저

업자의 기계 장치나 전자 장치의 인터페이스를 금지하는 데 이용된다면 이것은 개발도상국의 경제적·사회적 목표의 달성에 부당하게 장애로 작용할 수 있다. 따라서 개발도상국은 이런 경우 보호 디자인의 사용을 허용하기 위한 법적 장치를 마련하려 할 것을 예상할 수 있다."

23) 이에 관해서는, 제5부 제7장 3. 5) 예외 또는 제한 참조.

24) Phillips, op. cit., in Correa & Yusuf, p.225.

25) 개발도상국은 특허와 같이 산업디자인에 대해서도 강제실시권을 허용하는 제안을 했고, 미국은 경쟁법 위반의 경우 강제실시권을 허용하는 제안을 했다. 일부 국가(스위스, 오스트리아)는 강제실시권의 금지를 제안했으나 저항에 부딪혔다. Carvalho(TM), p.529.

26) Carvalho(TM), pp.529~531.

작권법 이외의 법률에 의한 보호를 예정한 것이다. 저작권법에 따를 경우에는 베른협약 규정(제7조 제4항)에 따라 창작일로부터 최소 25년을 보장해야 한다.

협정 제26조 제3항은 보호기간(duration of protection)을 10년으로 하고 있을 뿐 그것이 최초 보호기간을 의미하는 것인지(다시 말해서 갱신을 허용하는지), 계산 기준은 무엇인지 등에 대해서는 해답을 주지 않고 있다. 먼저, 협정 규정은 10년이라는 기간을 보장하라는 의미이다. 중단 없는 기간(uninterrupted period)으로서 10년이 아닌 것이다. 따라서 회원국은 최초 기간을 10년 내로 하고 갱신을 허용하여 10년을 인정한다면 그것으로 협정상의 의무는 충족하는 것이다.[28] 협상 기록을 보면 당시 상당수 국가들이 이 점에 동의했다.[29][30] 둘째, 회원국은 계산 기준도 임의로 정할 수 있다. 디자인의 창작일이나 공표일 또는 디자인 출원일이나 등록일 등을 기준시점으로 할 수 있는 것이다.

---

27) Art. 26.3: "The duration of protection available shall amount to at least 10 years."

28) EC의 협정안 제26조 제3항에서는 최초 5년으로 하고 추가 5년을 갱신할 수 있도록 하고 있다. Draft Agreement on Trade-Related Aspects of Intellectual Property Rights, GATT Doc. MTN.GNG/NG11/W/68, 29 March 1990 참조.

29) Carvalho(TM), pp.534~535.

30) 다만, 회원국은 갱신의 경우 수수료를 납부하지 않은 경우에도 갱신을 거절할 수 있고, 산업디자인의 실시 의무를 부과하고 있다면 이를 이행하지 않아도 갱신을 거절할 수 있다고 한다. 갱신 거절은 파리협약상 몰수에 해당하지 않는다는 것이다. Carvalho(TM), p.536.

제7장 특허

TRIPS협정은 특허 분야에서 파리협약에 비하여 괄목할 만한 내용을 담고 있다. 선진국의 이해관계를 상당히 수용한 결과라 할 수 있다. 파리협약 플러스 정신을 가장 잘 반영한 곳으로 TRIPS협정의 특허 장절이 꼽히는 것도 이를 우회적으로 말해준다. 파리협약 플러스라는 점은 두 가지 의미가 있다. 첫째, WTO 회원국은 파리협약 실체 규정(제1조 내지 12조 및 제19조)을 준수해야 한 다. 예를 들어, WTO 회원국은 파리협약 동맹국이 아니라 하더라도 파리협약 상의 우선권 제도를 도입해야 할 의무를 부담한다. 둘째, WTO 회원국은 TRIPS 협정에서 추가로 규정하고 있는 조약상의 의무를 이행해야 한다. 즉, 회원국은 국내법 등으로 협정에서 정한 대로 '특허 대상'과 '특허 배제 대상'을 반영하고, 협정에서 정한 권리의 내용과 그 예외나 제한을 협정상의 기준(standards)에 따르는 등 협정에서 예정한 보호수준에 맞춰야 하는 의무를 부담하는 것이다.

TRIPS협정상 특허에 관해서는 제27조부터 제34조에 걸쳐 규정하고 있다. 이들 규정은 모두 파리협약 플러스 요소를 담고 있다. 파리협약에 없는 새로운 규정이 있는가 하면, 기존 규정을 대체하거나 수정하는 규정도 있다. 우루과이 라운드 협상에서 특허는 가장 어려운 협상 주제의 하나로 그만큼 선진국 간에, 선진국과 개발도상국 간에 막판까지 치열하게 다투던 분야 중 하나였다. 결과적으로, 특허 보호를 위한 국제적 기준 마련을 위해 선진국의 노력은 집요했고, 그 노력은 규정 곳곳에 반영되어 결실을 보았다.

1. 파리협약

파리협약은 특허에 관해 상당수의 규정을 두고 있다. ① 상표 등 다른 보호 대상과 마찬가지로, 특허에 대해서도 내국민대우 원칙을 기본으로 하고 있다 (제2조 및 제3조). 특허 대상과 특허 요건을 정하고, 보호의 내용과 방법, 절차 특허협력조약(Patent Cooperation Treaty: PCT)은 1970년 6월 1일 워싱턴 외교회의에서 채택되어 1978년 1월 24일 발효했고 1979년 한 차례 개정되었다. 이 조약은 파리협약의 특별협정으로서, 파리협약 동맹국에만 개방된 폐쇄조약이다. 2016년 10월 14일 기준으로 151개 국가가 특허협력조약에 참여하고 있다(http://www.wipo.int/export/sites/www/treaties/en/documents/pdf/pct.pdf 참조).

파리협약에 따르면, 각 동맹국의 특허는 다른 동맹국의 특허와는 독립적이다. 각 동맹국에서 정한 등록 절차에 따라 특허를 취득하고 그 효력은 그 국가에만 미친다. 발명자가 1회의 출원으로 모든 국가에 효력이 있는 국제 특허(international patent)를 받을 수 있는 길은 없는 것이다. 특허 독립의 원칙은 발명자에게는 매우 불편한 것이다. 각국의 등록 제도의 차이로 인한 정보도 부족하고 특허 수수료, 번역 비용, 변리사 비용 등도 발명자에게 재정적인 부담을 주기 때문이다. 특허협력조약은 이런 문제점을 해결하기 위하여 탄생했다.

다음 몇 가지 점에서 주목할 만하다. 첫째, 하나의 국제 특허 출원(international patent application)은 출원인이 지정하는 여러 국가(지정국, designated States)에서 그 국가의 국내 출원과 같은 효력을 가진다. 국제 특허 출원은 대부분 자국의 특허청에 한다. 지역 특허 제도를 가지고 있는 곳에서는 지역 특허청에 하는 예도 적지 않다. 출원인의 선택에 따라 WIPO 국제사무국에 국제 특허 출원을 하기도 한다. 국제 출원 시 파리협약에 따른 우선권을 주장할 수도 있다.

둘째, 국제 출원은 그 형식과 내용이 표준화되어 있어서 각국 출원의 번잡성을 크게 덜어준다. 각국마다 요구하는 형식과 내용을 따르지 않아도 되는 것이다. 국제 출원은 출원서(request), 명세서, 청구범위, 도면 및 요약서를 포함한다. 국제 출원서는 소정의 언어로 작성되고, 형식상의 요건을 충족하고, 발명의 단일성에 대한 요건을 충족해야 한다. 출원서와 함께 소정의 수수료도 납부해야 한다.

출원서는 다음 사항을 기재한다. ① 국제 출원을 요망한다는 사실, ② 당사국의 지정, ③ 출원인과 대리인이 있는 경우 그 대리인의 성명 및 그 밖의 사항, ④ 발명의 명칭, ⑤ 어느 지정국에서 국내법으로 발명자의 성명과 기타 발명자에 관한 소정 사항을 갖출 것을 요구하는 경우 그런 사항 등이 그것이다. 요약서는 기술정보로만 사용하며 다른 목적으로, 특히 보호의 범위를 해석하는 데 참고할 수 없다. 명세서에는 해당 기술 분야의 전문가가 해당 발명을 실시할 수 있을 정도로 명확하고 완전하게 발명을 기술한다. 청구범위는 보호를 받고자 하는 사항을 명시하는 것으로, 명확하고 간결하게 기재되어야 한다. 청구범위는 명세서에 의하여 충분히 뒷받침되어야 한다. 도면은 발명의 이해에 필요한 경우에 요구된다. 발명의 이해를 위하여 필요하지 않더라도 발명의 성격상 도면에 의하여 설명할 수 있을 때에는 출원서에 포함시킬 수 있다. 지정관청이 도면의 제출을 요구할 수도 있다.

셋째, 국제 출원을 접수한 수리관청(receiving office)은 국제 출원을 형식적으로 심사한다. 수리관청은 출원서를 접수하여 형식 심사를 하고 국제출원일을 부여한 후 국제출원서 사본(기록용 사본, record copy)을 WIPO 국제사무국에 보내고 다른 1부(조사용 사본, search copy)는 국제조사기관(International Searching Authority)에 송부한다. 나머지 1부(수리관청용 사본, home copy)는 스스로 보관한다. 조사용 사본이 정본(true copy)이다.

넷째, 국제 출원은 국제조사(international search)로 이어지고 조사보고서는 선행 기술에 대하여 기술한다. 이 보고서는 먼저 출원인에게 전달되고 나중에 공개된다. 모든 국제 출원은 국제조사의 대상이다. 국제조사는 각국의 특허청이 임명한 심사관에 의하여 행해지기 때문에 일정한 수준을 보장받는다. 조사보고서는 선행 기술 조사보고서로서, 청구범위와 관련된 선행 기술을 인용함으로써 출원인으로 하여금 해당 발명의 신규성과 진보성을 판단할 수 있는 정보를 제공한다. 이 보고서는 4, 5개월 후에 출원인에게 통보된다. 출원인은 이 보고서에 따라 지정국에서 특허를 취득할 수 있는지, 그에 따라 국내 절차를 계속 진행할 것인지 판단할 수 있다. 이 보고서는 지정관청의 심사에도 조력한다. 특히 특허 문헌의 수집과 인력의 부족에 시달리고 있는 경우 더욱 그러하다. 2013년 1월 1일 기준으로 우리나라 특허청을 비롯하여 15개의 국제조사기관이 있다(http:// www.wipo.int/treaties/en/registration/pct/summary_pct.html 참조).

국제조사기관은 보고서를 국제사무국에도 통보하고, 국제사무국은 이를 국제공보에 싣고 또한 지정관청에 송부한다. 국제공보는 두 가지 기능을 한다. 하나는 발명을 공개하는 것이고 다른 하나는 보호의 범위를 정하는 것이다. 국제사무국은 PCT 팸플릿을 발행한다. 이에는 발명의 문헌자료, 명세서, 청구범위, 도면, 국제조사보고서, 그리고 국제특허분류(IPC) 기호가 첨부된다. 국제공보는 국제 출원의 우선일로부터 18개월이 지난 뒤 발행된다. 출원인이 원하는 경우 조기 공개할 수도 있다.

다섯째, 출원인은 국제 출원에 대한 국제예비심사(international preliminary examination)를 선택할 수 있다. 이것은 특허성(신규성, 진보성, 산업상 이용 가능성)을 심사하는 것으로, 그 보고서는 예비적이고 비구속적인 의견(preliminary and non-binding opinion)에 지나지 않지만 출원인에게는 국제적인 기준에 비춰 국내 절차를 계속 진행할 수 있는지 여부에 대한 판단을 돕는 한편, 각국 특허청에게는 특허 부여에 대한 결정을 쉽게 하는 역할을 한다. 국제예비심사는 출원인이 우선일로부터 19개월 이내에 청구서를 제출함으로써 개시된다. 출원인은 이 과정에 적극 참여하여 청구범위, 명세서, 도면 등을 쉽게 보정할 수 있는 기회를 가진다. 국제예비심사기관(International Preliminary Examination Authority)은 특허성 유무를 판단하여 우선일로부터 28개월 이내에 보고서를 작성하여 출원인과 WIPO 국제사무국에 송부한다. 2013년 1월 1일 기준으로 우리나라 특허청을 비롯하여 15개 국제예비심사기관이 있다.

출원인이 국내 특허를 얻고자 한다면 국내 절차(national phase)를 개시하여야 한다. 국내 절차는 국제조사와 국제예비심사까지의 국제 절차에 대응하는 개념이다. 국내 절차는 우선일로부터 20개월 이내에 개시한다. 출원인이 국제 출원을 할 경우 20개월(국제예비심사를 요청할 경우 30개월) 특허 출원을 유예받을 수 있기 때문에 결과적으로 국내 출원만을 하는 경우에 비하여 8개월 또는 18개월의 시간을 추가적으로 확보할 수 있는 것이다. 출원인은 이 기간 동안 국내 절차상 요구되는 번역문 작성, 대리인 선임 등에 효과적으로 대처할 수도 있다. 또한 국제조사와 국제예비심사를 통하여 특허 부여 가능성도 높일 수 있다. 지정관청은 국제조사보고서 및 국제예비심사보고서를 참고하여 특허 여부를 결정하게 된다.

1978년 특허협력조약 발효 이후 국제 출원 건수는 매년 증가하는 모습을 보이고 있다. 2007년에 약 15만 6100건이, 2014년에는 약 21만 5000건이 출원된 바 있다. 2006년의 경우 특허협력조약을 집중적으로 활용하는 18개국이 전체 PCT 출원의 94.8%를, 나머지 102개국이 5.2%를 차지했다(Report on the International Patent System, prepared by the Secretariat, WIPO Doc. SCP/12/3 Rev., June 20, 2008, p.19; WIPO IP Facts and Figures, WIPO, 2015, p.21 참조).

등을 정하면 그것을 외국인의 특허에 대해서도 동등하게 대우를 하여야 한다. ② 특허 출원인은 우선권을 향유한다(제4조). 어느 동맹국에서 최초 출원하고 1년 이내에 다른 동맹국에 추후 출원할 경우 후자 국가에서 최초 출원의 효과를 누릴 수 있다. ③ 특허 독립의 원칙을 천명하여, 어느 동맹국에서 출원된 특허는 다른 국가에서 동일한 발명에 대하여 취득된 특허와 독립적이라고 하고 있다(제4조의2). ④ 발명자에게 성명표시권을 부여하고 있다(제4조의3). ⑤ 국내법상의 판매 제한으로 인한 특허 거절을 금지하고 있다(제4조의4). ⑥ 특허 물품 수입으로 인한 몰수를 금지하고 있다(제5조 A절 제1항). ⑦ 특허 실시 의무 등 특허권의 남용에 대하여 강제실시권을 부여하거나 몰수를 할 수 있도록 하고 있다(제5조 A절 제2항 내지 제5항). ⑧ 운송수단의 특허 장치 사용에 대해 침해를 구성하지 않도록 하고 있다(제5조의3). ⑨ 특허권자가 수입 제품에 대해 특허권을 행사할 수 있도록 규정하고 있다(제5조의4).[1]

---

1) 이 외에도, 특허에 관하여 제5조의2(수수료 납부 의무), 제11조(국제박람회 전시 상품에 대한 임시 보호) 및 제12조(산업재산권 관할청)가 있다.

2. 보호대상

1) 특허 대상

파리협약은 어떤 종류의 발명을 특허 대상으로 할 것인지, 특허성(patent-ability) 판단의 기준을 무엇으로 할 것인지 언급하지 않고 있다. 다시 말해서, 각 동맹국은 이에 대해 광범위한 재량을 가지고 있는 것이다. TRIPS협정 제27조는 주로 선진국의 입장을 반영하여, 이런 상황을 일거에 정리하고 있다.[2] 먼저 제27조 제1항은 특허 대상 발명의 종류와 분야, 더 나아가 특허성 요건 등을 기술하고 있다.

제2항 및 제3항의 규정을 따를 것을 조건으로, 특허는 물건이든 또는 방법이든 모든 기술 분야의 발명에서 부여될 수 있어야 한다. 다만, 그 발명은 새롭고, 진보적 보폭을 수반하고, 그리고 산업상 이용 가능하여야 한다. 제65조 제4항, 제70조 제8항 및 이 조 제3항에 따를 것을 조건으로, 발명 장소와 기술 분야에 차별을 두지 아니하고 제품의 수입 또는 현지 생산 여부에 따른 차별 없이 특허는 부여될 수 있어야 하고 특허권은 향유될 수 있어야 한다.[3]

이 조항을 이해하기에 앞서 각국 간의 복잡한 상황을 짚어볼 필요가 있다. 우루과이 라운드 당시 국가에 따라서는 의약품 특허를 부정하거나 동물 품종이나 식물 품종을 특허 보호에서 배제했다. 의약품이나 식품에 대한 방법 특허를 부정하기도 했다.[4] 협상 과정에서 미국 등 일부 국가는 모든 기술 분야에

---

2) 특허 장절, 특히 제27조는 선진국에게 만족스러운 결과를 안겨준 것으로 평가받고 있다. Gervais, p.220; Carlos M. Correa, "Patent Rights," in Correa & Yusuf, p.229.

3) Art. 27.1: "Subject to the provisions of paragraphs 2 and 3, patents shall be available for any inventions, whether products or processes, in all fields of technology, provided that they are new, involve an inventive step and are capable of industrial application. Subject to paragraph 4 of Article 65, paragraph 8 of Article 70 and paragraph 3 of this Article, patents shall be available and patent rights enjoyable without discrimination as to the place of invention, the field of technology and whether products are imported or locally produced."

4) 협상 당시 WIPO 국제사무국은 특허 보호를 받지 못하는 대상을 조사하여 제공한 바 있다. 다음의 예시가 이에 해당한다(괄호 안의 숫자는 국가의 숫자를 의미한다): 의약품(pharmaceutical products, 49), 동물 품종(animal varieties, 45), 인간이나 동물의 처치 방법(methods for treat-

대한 특허 보호를 주장한 반면,5) EC는 그 이용이 공공질서나 도덕에 반하는 발명, 동물이나 식물 변종 또는 동물이나 식물 생산을 위한 본질적으로 생물학적인 방법에 대해서는 특허 대상에서 배제할 것을 요구했다.6) 개발도상국들은 EC가 요구한 것 이외에도, 자연에 이미 존재하는 물질의 발견, 인간이나 동물의 치료 방법, 원자핵 물질에 대해서, 그리고 공공 이익이나 공중 보건 등을 이유로 한 일부 물건 발명이나 방법 발명에 대해서 특허 배제를 내세웠다.7)

이들 제안은 협상 중 선진국과 개발도상국 간에, 그리고 선진국 간에 첨예한 다툼을 예고한 것이라 할 수 있다. 특히 개발도상국은 의약품 물질 특허에 강한 반대 입장을 가지고 있었다. 의약품 가격이 높아지고 의약품에 대한 접근의 어려움에 대한 우려가 컸다. 정도의 차이는 있겠으나 음식물, 농약, 식품 등에 대해서도 사정은 마찬가지였다.8)

제27조 제1항은 다음과 같은 점에서 의의가 있다. 첫째, 협정은 특허 대상(patentable subject matter)으로서 발명을 지목하고 이에 대해 각국이 특허를 부여하도록 하고 있다. 발명이 무엇인지 언급하지 않고 있다. 각국마다 특허 대상을 정하는 방법이 다르다. 일부 국가는 발명을 정의하고 그다음에 특허받을

---

ment of human or animal body, 44), 식물 품종(plant varieties, 44), 동물이나 식물 품종의 생물학적 방법(biological processes for producing animal or plant varieties, 42), 식품(food products, 35), 컴퓨터 프로그램(computer programs, 32), 화학물(chemical products, 22), 원자핵 발명(nuclear inventions, 14), 의약 방법(pharmaceutical processes, 10), 식품 방법(food processes, 9), 미생물(microorganism, 9), 미생물 방법에 의하여 취득한 물질(substance obtained by microbiological processes, 7), 화장품(cosmetics, 2), 비료(fertilizers, 2), 합금(mixture of metals and alloys, 2), 농기계(agricultural machines, 1), 오염방지물(anticontaminants, 1), 농업이나 원예업 방법(method of agriculture or horticulture, 1). Existence, Scope and Form of Generally Internationally Accepted and Applied Standards/Norms for the Protection of Intellectual Property, note prepared by the International Bureau of WIPO, GATT Doc. MTN.GNG/NG11/W/24/Rev.1, 15 September 1988, Annex II: Exclusions from Patent Protection.

5) Draft Agreement on the Trade-Related Aspects of Intellectual Property Rights, Communication from the United States, GATT Doc. MTN.GNG/NG11/W/70, 11 May 1990, Art. 23 참조.

6) MTN.GNG/NG11/W/68, op. cit., Art. 23 참조.

7) Communication from Argentina, Brazil, Chile. China, Colombia, Cuba, Egypt, India. Nigeria, Peru, Tanzania and Uruguay, GATT Doc. MTN.GNG/NG11/W/71, 14 May 1990, Art. 4 참조.

8) Correa, op. cit., in Correa & Yusuf, p.229; UNCTAD-ICTSD, p.364.

수 없는 발명의 범주를 정한다. 발명을 직접 정의하는 입법례가 있는가 하면, 발명으로 볼 수 없는 대상을 예시함으로써 간접적으로 발명을 정의하는 입법례도 있다. 다른 일부 국가는 발명을 정의하기보다는 특허 대상에서 배제되는 범주를 나열하기도 한다.9) 발명을 정의하는 방식을 취할지, 아니면 특허 대상에서 배제되는 범주를 예시 또는 열거할지 여부는 국내 입법 재량에 속한다.

둘째, 발명의 범주에 속하더라도 일정한 조건을 갖추지 못하면 특허 대상이 될 수 없다. 협정은 특허성(patentability)의 요건으로 세 가지, 즉 신규성(novelty), 진보성(inventive step) 및 산업상 이용 가능성(industrial applicability)을 천명하고 있다.10) 협정은 역시 이들 요건의 의미나 기준을 제시하지 않고 있다. 회원국에 따라 요건을 엄격하게 세울 경우 특허 대상이 좁아질 것이고, 완화할 경우 그 대상이 넓어질 것이다. 신규성은 일반적으로 출원일 전에 공중에게 알려지지 않은 기술 내지 정보에 대해 인정되는 것이다. 특허는 발명의 공개 대가로 출원인에게 부여되는 것으로, 그 공개 기술이나 정보가 이미 공중에 알려진, 선행 기술에 지나지 않는 것이라면 이에 대해 특허를 부여할 수 없는 것이다. 진보성은 단지 새로운 것이 아니라, 선행 기술을 개량하고 발전시킨 것에 대해 인정된다. 해당 기술 분야에서 통상의 지식(ordinary skill in the art)을 가지고 있는 사람이 선행 기술로 용이하게 실시할 수 있는 것이라면 특허 대상 발명이라 할 수 없다. 산업상 이용 가능성이란 어떤 물건이나 방법이 산업 분야에서 이용될 수 있다면 그것으로 충분하다.11)

셋째, 물건 발명이든 방법 발명이든 모두 특허 대상으로 하고 있다. 용도 발명 허용 여부는 국내법으로 정할 문제이다.12) 협정은 다만 치료 방법(thera-

---

9) Exclusions from Patentable Subject Matter and Exceptions and Limitations to the Rights, Document prepared by the Secretariat, WIPO Doc. SCP/13/3, February 4, 2009, p.7.

10) 여기서 '진보성' 내지 '진보적 보폭(inventive step)'은 '비자명성(non-obvious)'과 동의어이고 '산업상 이용 가능성(capable of industrial application)'은 '유용성(useful)'과 같은 의미이다. 협정 각주 참조. 각국의 국내법상 용어 차이를 반영한 것이다.

11) 미국은 유용성(산업상 이용 가능성)을 넓게 보아 영업 모델(methods of doing business)이나 EST(expression sequence tag)와 SNP(single nucleotide polymorphism)와 같은 분석 도구에 대한 특허도 인정하고 있다. UNCTAD-ICTSD, p.361.

12) 용도 발명을 일컫는 표현으로, 'use invention', 'method invention', 'method of use invention' 등이 있다. 각국마다 용도 발명의 특허성 여부에 대해 다른 태도를 보인다. UNCTAD-ICTSD, pp.356~357.

peutic methods for treatment)은 특허 대상이 아니라는 점을 분명히 하고 있다 [제27조 제3항 (a)]. 물건 발명의 보호는 방법을 달리하여 개발된 제품에도 미치는 것이다. 방법 발명의 보호는 물건 발명의 경우처럼 광범위한 보호를 받는 것은 아니지만, 그럼에도 동일한 방법을 사용하는 여러 다른 물건에 대해서도 미칠 수 있다는 점에서 의의가 크다.

넷째, 제27조 제1항은 특허는 차별 없이 부여될 수 있어야 하고(patents shall be available … without discrimination), 특허권은 차별 없이 향유될 수 있어야 한다(patent rights [shall] be enjoyable without discrimination)고 하고 있다. 차별의 의미는 캐나다—의약품 특허 사건 WTO 패널 보고서에서 부분적으로 밝혀주고 있다. 이에 의하면, 통상적인 의미의 차별(discrimination)은 달리 대우(different treatment)하는 것을 넘어, 불리한 대우를 부당하게 강요한 결과로 나타나는, 규범적인 개념이다.13) 차별은 법적 차별(de jure discrimination)과 사실상의 차별(de facto discrimination)이 있는바, 후자는 일견 동일한 대우를 하는 것으로 보이지만 상황에 따라서 불리한 효과를 가져오는 경우를 말한다. WTO 패널은 그 어느 것도 협정상 허용되지 않는다고 판단했다.14)

한편, 협정상 차별 금지의 내용은 특허 취득과 특허권의 향유로 특정하고 있다. 캐나다—의약품 특허 사건에서 WTO 패널은 제30조상의 특허권에 대한 예외는 '특허에 의하여 부여된 배타적인 권리에 대한 예외'이고, 제30조에서 이런 예외가 TRIPS협정상 차별 금지 원칙에서 제외된다고 표명하지 않고 있고, 차별적인 예외는 특허권의 향유를 앗아가는 것이므로 제27조 제1항상의 차별 금지 원칙은 제30조상의 예외에도 적용된다고 보았다.15) 같은 맥락에서 차별 금지 원칙은 제31조상의 강제허락에도 적용된다 할 수 있다.16)17) 일부

---

13) 패널은 GATT와 WTO 체제하에서 '차별'에 관한 다양한 사례가 있고, 각 사례마다 그 의미가 매우 달라 일반적인 의미로 차별을 정의할 수 없다면서, 제27조 제1항의 경우도 마찬가지라는 점을 지적하면서, 해당 사건에서 문제가 된 이슈를 가지고 필요한 범위 내에서 차별의 개념을 정의할 수밖에 없다고 했다. WT/DS114/R, op. cit., para. 7.98.

14) WT/DS114/R, op. cit., paras. 7.94~7.105.

15) WT/DS114/R, op. cit., paras. 7.91~7.93.

16) WT/DS114/R, op. cit., paras. 7.90~7.91.

17) 프랑스 특허법은 의약품 특허나 그 방법 특허가 공중 보건의 필요에 의해 강제실시권의 대상이 될 수 있다고 하여, 다른 제품과 차별적으로 다루고 있다. 의약품에 대한 차별이라는 측면에서 TRIPS협정 위반 가능성이 있다. UNCTAD-ICTSD, p.374.

에서는 보호기간에 대한 차별도 허용되지 않는다고 한다.[18] 권리의 향유라는 측면에서 보면, 배타적인 권리에 '차별적으로' 예외를 두고 제한을 설정하는 것, 그리고 '차별적으로' 보호기간을 달리 정하는 것은 허용되지 않는다고 볼 수 있다.

다섯째, 특허 대상 발명은 그 장소가 어디이든, 어떤 기술 분야이든, 그리고 해당 제품이 수입된 것이든 국내에서 생산된 것이든 권리의 취득(특허 부여)과 해당 권리의 향유와 관련하여 차별을 받아서는 안 된다. ① 발명 장소(place of invention)에 관한 차별은 금지된다. 이것은 선출원 제도(first-to-file system)와 선발명 제도(first-to-invent system) 간의 차이로 인한 차별을 허용하지 않는다는 것이다. 당시 미국은 선발명주의를 채택하면서 자국 내의 발명에 대해서는 발명 시점을 인정하는 데 반하여 외국의 특허 출원에 대해서는 출원 시점을 발명 시점으로 하여 외국인에 대하여 차별을 하고 있었다.[19] TRIPS협정은 이런 차별을 금지한 것이다.

② 기술 분야(field of technology)에 대한 차별은 금지된다. 앞에서 본 바와 같이, 협상 당시 많은 국가들이 의약품(pharmaceutical products)에 대한 특허를 물질 특허이든 방법 특허이든 부정한 바 있다. 기술 분야에 대한 차별을 허용하는 이런 법률은 이제 협정에 합치하지 않는 것이다. 캐나다—의약품 특허 사건에서 WTO 패널은 캐나다 특허법상 규제 검토 규정[20]이 TRIPS협정 제27조 제1항에 위반하지 않는다고 판정했다. EC는 캐나다 해당 규정의 입법연혁을 보면 그 규정이 의약품에 한정적으로 적용하기 위한 것이라는 점에서 법적 차별이 존재한다는 것, 해당 규정이 의약품 생산자에 국한하여 이들에게 사실상의 차별을 한다는 점을 주장했으나, 패널은 시판 허가 대상은 모든 제품에 대한 것으로 기술 분야에서 법적으로나 사실상 차별이 존재한다는 증거를 찾지 못했다면서 캐나다의 손을 들어주었다.[21] 여기서 확인할 수 있는 것은 TRIPS

---

18) UNCTAD-ICTSD, p.369.

19) 당시 미국 특허법 제104조는 외국에서 발명을 알고 있었거나 실시한 것을 근거로 발명일을 내세울 수 없도록 규정했다. 이 규정은 1994년 우루과이 라운드 협정법(Uruguay Round Agreements Act) 제531조에 의하여 개정되어, NAFTA와 WTO 회원국에 대해서는 적용할 수 없게 되었다. 특허청(TRIPS), 162쪽; Gervais, p.221.

20) 규제 검토 규정(regulatory review provisions)은 정부의 시판 허가를 받으려는 제약사에게 특허권자 허락 없이 특허 발명을 실시(특허 물질 견본 제작)하도록 허용하고 있다.

21) WT/DS114/R, op. cit., paras. 7.95~7.96, 7.98~7.105.

WIPO 특허법 상설위원회(Standing Committee on the Law of Patents: SCP)는 2000년 11월 제4차 회기에서 특허법 조화를 위한 작업을 시작하면서 선행 기술의 정의, 신규성, 진보성, 산업 상 이용 가능성, 청구범위의 작성과 해석, 발명의 충분한 공개 요건 등 여섯 가지를 집중적으로 다루기로 합의했다. 이들 6개 항목을 중심으로 작성한 특허 실체법조약(Substantive Patent Law Treaty) 초안이 2001년 5월 나왔다(Draft Substantive Patent Law Treaty, prepared by the International Bureau, WIPO Doc. SCP/5/2, April 4, 2001 참조). 이후 SCP는 특허권, 선행 기술, 공개의 충분성, 신규성과 진보성 등에는 원칙적인 합의를 보기도 했으나 논의 주제가 넓어 지면서 WIPO 회원국 간에 이견이 커지고 급기야 2006년에 협상이 중단되었다(http://www.wi po.int/patent-law/en/draft_splt.htm; SCP/12/3 Rev., op. cit., pp.48~50 참조). 양측의 입장 차 이는 다음과 같이 설명할 수 있다. "[선진국] 대표들은 특허의 질을 개선하고, 절차를 간편하게 하고, 이용자에 대한 비용을 줄이고 특허청의 작업 중복을 줄이기 위하여 WIPO 회원국 간의 특 허 심사를 조화할 필요성 있다고 주장했다. …… 이들은 이를 위해서 SCP의 제한된 작업 계획, 즉 SPLT에 대한 논의는 선행 기술, 유예기간, 신규성 및 진보성의 정의에 국한된 작업 계획의 승 인을 요구했다. …… 다른 대표들은 이런 접근법은 모든 회원국, 특히 개발도상국의 우려를 고려 하지 않은 것이라고 반대했다. 이들의 우려는 … 공공 이익의 신축성 보장, 기술 이전, 반경쟁 관 행의 억제 및 특허 출원상 유전자원의 출처 공개 등에 관한 것이다"("Patent Law Harmo-nization: What Happened?," WIPO Magazine, June 2006, http://www.wipo.int/wipo_maga-zine/en/2006/03/article_0007.html 참조).

상 기술 분야의 차별은 허용할 수 없다는 것이다.

③ 특허 제품이 수입된 것인지 아니면 국내에서 생산된 것인지 여부에 따른 차별은 허용되지 않는다. 이것은 파리협약 규정을 상기하게 한다. 파리협약은 특허 물품의 수입을 이유로 몰수할 수 없도록 규정하여(제5조 A절 제1항) 수입 여부에 따른 차별을 금지하고 있다.

2) 특허 배제 대상[22]

협정 제27조 제1항은 특허 대상에 관해서 규정하고 있다. 제27조 제2항과 제3항은 그에 대한 예외로서, 특허 배제 대상(exclusion from patentability, exclusion from patentable subject matter)에 관해 규정하고 있다.[23] 제2항과 제3항은 모두 특허 배제 대상을 정하고 있다는 점에서는 공통점이 있으나, 배경이며 내용상 차이가 많다.

(1) 제27조 제2항
먼저 제27조 제2항에 의하면,

회원국은 인간, 동물 또는 식물의 생명이나 건강을 보호하기 위한 것 또는 환경에 대한 중대한 피해를 회피하기 위한 것을 포함하는, 공공질서나 도덕을 보호하기 위하여 자국 영토 내에서 발명의 상업적 이용을 금지할 필요가 있는 경우 그 발명을 특허 대상에서 배제할 수 있다. 다만, 그 이용이 단지 자국 법률에 의하여 금지된다는 이유만

---

22) 특허 배제 대상은 기술 발전(특히 컴퓨터와 생명공학의 발전)과 더불어, 그리고 국제적인 흐름에 발맞춰 표준화·정형화 과정을 밟아왔다. 이에 대한 이유로 다음 네 가지를 들기도 한다. ① 파리협약은 특허 대상 발명을 국내법에 위임하고 있지만 국제적으로 특허를 보호받기 위한 장치(특히, 내국민대우의 원칙, 우선권 제도)를 만들면서 각 동맹국에 서로 영향을 미쳤다. ② 특허협력조약은 직접 특허법 조화를 요구하지는 않고 있지만 조약 규칙(regulation)으로 국제조사기관이 조사할 필요가 없는 대상들을 제시함으로써 간접적으로 국내법 조화를 가져다주었다. 규칙 39.1에서는 (i) 과학 및 수학의 이론, (ii) 식물 및 동물의 변종 또는 식물 및 동물의 생산을 위한 방법으로서 본질적으로 생물학적인 방법. 다만, 미생물학적 방법 및 미생물학적 방법에 의한 생산물에 대하여는 그러하지 아니하다. (iii) 계획, 사업 규칙 또는 방법, 순수한 정신적 작용의 수행 또는 게임, (iv) 수술 또는 치료에 의한 인체 또는 동물의 치료 및 진단 방법, (v) 정보의 단순한 제시, (vi) 국제조사기관이 선행기술을 조사할 준비가 되어 있지 아니한 컴퓨터 프로그램 등 여섯 가지를 들고 있다. ③ EPC의 발전과 확대는 특허협력조약에 상당한 영향을 미쳤다. ④ WIPO의 활동도 적지 않은 역할을 했다. 특히 WIPO가 제정한 1979년 개발도상국을 위한 모델법은 개발도상국 특허법에 상당한 영향을 미쳤다. Exclusions from Patentability and Exceptions and Limitations to Patentee's Rights, A Study Prepared by Lionel Bently, Brad Sherman, Denis Borges Barbosa, Shamnad Basheer, Coenraad Visser and Richard Gold, WIPO Doc. SCP/15/3, Annex I, pp.18~20. TRIPS협정은 특허 배제 대상을 더욱 축소하면서 국제적 표준화를 가속화했다.
23) 제27조 제1항에서 "제2항 및 제3항의 규정을 따를 것을 조건으로"라는 구절을 통해서도 제27조 제2항과 제3항이 예외 규정이라는 것을 확인할 수 있다.

으로 배제하여서는 아니 된다.[24]

이 조항은 어떤 발명이든 공서양속(ordre public or morality)을 근거로 특허 대상에서 배제할 수 있도록 규정하고 있다. 이 조항은 임의 규정(may provision)이므로, 회원국은 공서양속에 반하더라도—그런 입법례나 판례를 발견하기는 어렵지만—특허를 부여할 수도 있다.

세부적으로 검토하기로 한다. 첫째, 특허 배제는 공서양속 보호를 위해 인정된다. 공공질서(ordre public)는 프랑스 법에서 나온 것이긴[25] 하지만 국제 조약으로서 TRIPS협정에 들어온 이상 그 자체의 의미를 찾아야 한다. 그러나 이 또한 쉬운 일이 아니다. 협상 과정에서 확대 해석을 경계하는 견해도 나왔지만 받아들여지지 않았다.[26] 공공질서를 사회 제도를 위협할 수 없도록 하기 위한 토대로서 또는 사회 전체의 이익의 관점에서 이해하기도 하는가 하면,[27] 공공의 안전이나 사회 성원으로서 개인의 동질성을 보호하기 위한 것으로 보기도 한다.[28]

도덕 또는 양속(morality)은 국가나 사회의 특정 문화[29] 또는 사회 안에 지배하는 가치[30]와 관련지어 볼 수도 있다. 공서양속은 모두 시대와 사회에 따라 다르고 변화하는 개념으로 일률적인 정의는 불가능하다.

아울러, TRIPS협정은 "인간, 동물 또는 식물의 생명이나 건강을 보호하기 위한 것 또는 환경에 대한 중대한 피해를 회피하기 위한 것"을 공서양속의 예로 하고 있다. '건강' 내지 '보건(health)'은 단지 의료에 한정하지 않고 인간에

---

24) Art. 27.2: "Members may exclude from patentability inventions, the prevention within their territory of the commercial exploitation of which is necessary to protect ordre public or morality, including to protect human, animal or plant life or health or to avoid serious prejudice to the environment, provided that such exclusion is not made merely because the exploitation is prohibited by their law."

25) 공공질서이든 'public order'이든 정확한 의미는 아니다. 후자는 치안의 의미가 강하다. 영국의 1986년 공공질서법(Public Order Act 1986)은 폭동, 난동, 소란 등 치안 유지를 목적으로 하고 있다.

26) 특허청(TRIPS), 164~165쪽.

27) Gervais, pp.222~223.

28) UNCTAD-ICTSD, p.379.

29) Gervais, p.223.

30) Correa, op. cit., in Correa & Yusuf, p.230.

필요한 최소한의 의식주의 관점에서 이해할 수 있고, 환경이란 인간을 둘러싼 제반 조건이나 상황을 널리 염두에 둔 것으로 볼 수도 있다.[31] 이런 점에서 공서양속은 인간의 존엄, 사회적 가치를 보호하기 위한 포괄적이고 신축적인 개념으로 파악할 수 있다. 특허 배제 대상을 정하는 데 회원국의 재량이 작용할 여지가 크다 하겠다.

둘째, 발명 그 자체가 위험 요소를 가지고 있는 경우가 아니라 그 상업적 이용이 위험 요소로 작용하는 경우에 배제 대상이 된다. 비상업적 이용에 대해서는 적용되지 않는다. 상업적 이용의 금지 필요성만으로 요건을 충족한다.

셋째, 특허 배제 대상을 정하기 위해서는 공서양속을 보호할 필요성(necessary to protect)이 있어야 한다. 이른바 필요성 기준(necessity test)을 충족해야 한다. 이 기준은 GATT와 WTO 판례로 자리 잡은 것으로, "대안적 조치를 사용할 것으로 합리적으로 기대되고 그러한 조치가 다른 GATT 규정과 불합치하지 않는 경우 그 조치를 사용할 수 있다면"[32] 필요성 기준을 충족할 수 없다는 것이다. 다시 말해서, 어떤 조치에 대한 합리적인 대안이 없는 경우 그 조치는 필요성 기준을 충족하는 것이다.

넷째, 발명의 상업적 이용이 단지 자국 법률에 의하여 금지된다는 이유만으로는 특허 대상에서 배제되지 않는다. 발명의 실시가 국가 정책상의 이유로 제한될 수 있다. 특허 제품이 판매 금지되거나 제한될 수 있기 때문이다. 그렇다고 하여 그런 금지나 제한이 특허 부여나 그에 따른 권리 향유에 영향을 미쳐서는 안 되는 것이다. 파리협약 제4조의4에서도 "특허 제품 또는 특허 방법에 의하여 취득한 제품의 판매가 국내법에 의한 제약이나 제한에 따를 것을 조건으로 한다는 이유로 특허 부여가 거절될 수 없으며 특허가 무효화되지 아니한다"고 하고 있다. TRIPS협정 제27조 제2항 단서도 같은 맥락으로 이해할 수 있다.

---

31) UNCTAD-ICTSD, p.376.

32) 미국—관세법 제337조 패널 보고서, para. 5.26. 이 판례는 이후 다른 판례에서도 그대로 유지되고 있다. 태국의 담배 수입 제한이 "태국이 그 보건 정책 목표를 달성하기 위하여 사용할 것으로 합리적으로 기대되는, 일반협정과 합치하거나 덜 불합치하는 대안적 조치가 없는 경우" 제20조 (d)에서 말하는 '필요한' 것으로 간주될 수 있다. 태국—담배(Thailand—Restrictions on Importation of and Internal Taxes on Cigarettes), Report of the Panel adopted on 7 November 1990, DS10/R, 37S/200, para. 75. 그 밖에, 관련 GATT와 WTO 패널 보고서는 UNCTAD-ICTSD, pp.378~379, note 620 참조.

(2) 제27조 제3항

(가) 규정

제27조 제3항에서는 특허 대상에서 제외하는 범주를 열거하고 있다.

회원국은 또한 다음에 대하여 특허 대상에서 배제할 수 있다.

(a) 인간이나 동물의 치료를 위한 진단, 치료 및 외과적 방법;

(b) 미생물 이외의 식물과 동물 및 비생물학적 방법과 미생물학적 방법 이외에 식물이나 동물의 생산을 위한 본질적으로 생물학적인 방법. 다만, 회원국은 특허에 의하거나 효과적인 독자적 제도에 의하거나 또는 양자의 조합에 의하여 식물 변종의 보호를 위한 규정을 마련한다. 이 호의 규정은 세계무역기구협정 발효일로부터 4년 후 검토된다.[33]

이 규정은 특허 배제 대상을 열거하고 있으나, 임의 규정(may provision) 형식을 취하고 있기 때문에 특허 부여 여부는 전적으로 회원국에게 맡겨져 있다. 이 점은 제27조 제2항과 마찬가지이다. 이 규정상 특허 배제 대상은 발명에 국한하지 않는다. 발명일 수도 있고 아닐 수도 있다. 이 점에서 제27조 제2항과는 다르다. 각 회원국은 위에서 열거한 대상을 발명의 범주에서 제외할 수도 있을 것이고, 발명의 범주에 넣되 특허받을 수 없는 발명으로 분류할 수도 있다. 국내법의 문제로 귀착하는 것이다.

(나) 인간이나 동물의 치료를 위한 방법

제27조 제3항 (a)는 '인간이나 동물의 치료를 위한 진단, 치료 및 외과적 방법'을 들고 있다. 치료를 위한 방법(method)이란 인간이나 동물을 치료하기 위하여 사용할 수 있는 방법으로서, 특허 대상으로서 방법(process)과는 다르다. 또한 치료를 위해 사용하는 수단이나 장치를 포함하는 것은 아니다.[34]

---

33) Art. 27.3: "Members may also exclude from patentability:

(a) diagnostic, therapeutic and surgical methods for the treatment of humans or animals;

(b) plants and animals other than micro-organisms, and essentially biological processes for the production of plants or animals other than non-biological and microbiological processes. However, Members shall provide for the protection of plant varieties either by patents or by an effective sui generis system or by any combination thereof. The provisions of this subparagraph shall be reviewed four years after the date of entry into force of the WTO Agreement."

이런 진단 방법 등에 특허를 배제하는 근거로 인류이나 공중 보건, 도덕 등을 든다.[35] 진단 방법 등은 의학계에 널리 알려져야 하고 이 과정에서 의학계 종사자들은 특허 침해에 대한 우려를 해서는 안 된다는 것이다.[36] 이런 방법 등을 특허 대상에서 배제하는 이유로는 주로 산업상 이용 가능성이 없다는 것이다.[37] 이런 방법 등에 특허를 허용하는 국가에서도 특허를 부여하는 사례는 많지 않다. 집행상의 어려움도 존재한다. 특허권자가 해당 행위를 모니터링하기에는 진단이나 치료 방법 등이 사적인 영역에서 이뤄지고 있기 때문이다.[38][39]

(다) 식물과 동물 등

제27조 제3항 (b)는 다소 복잡하고 해석도 간단하지 않다. 협정에 등장하는 용어에 대한 개념 정의가 어려운 점도 한몫을 한다. 우루과이 라운드 협상 과정에서 이 규정을 둘러싸고 국가들 간의 이해관계가 크게 부딪히기도 했다. 당시는 생명공학 발명에 대한 특허가 일부 선진국에서 인정되는 사례가 나오기 시작하는 시점이었고,[40] 이들 국가 간에도 특허성의 범위에 관해 시각 차

---

34) SCP/13/3, op. cit., p.13; UNCTAD-ICTSD, pp.384~386.

35) SCP/13/3, op. cit., p.13: '인류과 공중 보건상의 고려(humanitarian and public health consi-derations)'; UNCTAD-ICTSD, p.384: 유럽 국가들의 경우 '윤리나 도덕상의 고려(ethical or moral considerations)', 개발도상국의 경우 '치료 방법의 국내 이용 가능성의 요구(need for local availability of treatment methods)'; 특허청(TRIPS), 165쪽: '인류의 건강'.

36) SCP/13/3, op. cit., p.13.

37) UNCTAD-ICTSD, p.384. 특허청(TRIPS), 165~166쪽에서 "발명은 반복 재현성이 있어야 하는데 진단, 치료, 수술 방법은 반복 재현성이 있다고 보기 어렵"다고 한 것도 같은 취지의 설명이다.

38) 이를 모든 진단, 치료 방법 등에 일률적으로 적용할 수는 없다. 예를 들어, 유전자 치료의 경우 그 방법이 널리 알려질 경우 집행 측면의 어려움은 크지 않을 것이다. UNCTAD-ICTSD, p.387.

39) 유럽특허협약은 치료 방법("use of a substance or composition for the treatment of the hu-man or animal body by therapy"와 같은 청구)에 대한 특허를 부정한다. 출원인은 이를 우회한 특허 출원, 이른바 스위스 방식 청구(Swiss-type claim)를 하기도 한다. 이것은 이미 알려진 물질의 제2, 제3의 용도에 대하여 특허를 청구하는 것이다("use of a substance or composi-tion for the manufacture of a medicament for a specified new and inventive therapeutic application")(이상 고딕 강조). 유럽특허청은 2010년 유럽특허협약 관련 조항 개정 전에, 스위스 방식 청구를 인정한 바 있다. Opinion G5/83 of the EPO Enlarged Board of Appeal, G 0005/83, 05 December 1984 참조.

40) 1980년 미국 대법원이 다이아몬드 대 차크라바티(*Diamond v. Chakrabarty*)사건에서 생명

이가 컸었다.[41] 미국과 일부 선진국은 특허 대상을 넓힐 것을 주장한 반면, EC는 동물 변종이나 식물 변종 또는 동물이나 식물 생산을 위한 본질적으로 생물학적인 방법에 대해서는 특허 대상에서 배제할 것을 요구했다.[42] 개발도상국은 더 나아가 자연에 이미 존재하는 물질의 발견도 인정할 수 없다는 태도를 보였다.

이른바 생명기술 내지 생명공학 규정(biotechnology clause)이라 일컫는 이 규정은 원칙적으로 특허 배제 대상을 정하고 그에 대한 예외를 설정하는 방식으로 되어 있다. 특허 배제 대상에는 식물과 동물이 있고, 식물과 동물을 생산하기 위한 생물학적 방법이 있다. 전자에 대한 예외에는 미생물이 있고, 후자에 대한 예외에는 비생물학적 방법과 미생물학적 방법이 있다.

첫째, 식물과 동물은 특허 대상에서 제외된다. 식물과 동물이라 할 때 하나의 개체를 말하는 것인지, 그 부분도 포함하는 의미인지 분명하지 않다. 국가에 따라 입법례가 다양하다.[43] 넓게 해석하면, 이런 식물에는 유전자 삽입 식물, 식물 변종, 식물 세포, 종자가 있고, 동물에는 유전자 삽입 동물, 동물 변종, 동물 세포가 있다고 할 수 있다.[44] EC는 제외 대상으로 식물 변종과 동물 변종만을 제외할 것을 요구했으나 예외 범위가 다소 넓어진 것이다.[45]

협정은 단지 식물과 동물을 특허 배제 대상으로 특정하고 있지만, 그뿐만 아니라 동물 변종(식물 변종은 협정상 보호대상이다)이나 식물과 동물의 일부를

체 그 자체에 대한 특허를 인정한 것이 최초 사례로 알려져 있다.

41) UNCTAD-ICTSD, pp.390.

42) MTN.GNG/NG11/W/68, op. cit., Art. 23 참조.

43) '미생물을 제외한 식물과 동물', '종자, 변종 및 종을 포함하여, 미생물을 제외한 식물과 동물의 전체 또는 일부', '자연에 존재하거나 복제에 의하여 파생된 생물학적 물질 및 유전학적 물질', '자연 생명 물질', '자연 생명체 전체 또는 일부 및 자연 생명체의 유전체나 배형질을 포함한 생명 물질' 등이 그것이다. SCP/13/3, op. cit., p.16.

44) UNCTAD-ICTSD, p.392.

45) 식물 변종(plant variety)이나 동물 변종(animal variety or animal race)은 종(species)일 수도 있고, 종의 하위단위일 수도 있다. 유럽특허협약은 특허받을 수 없는 대상으로, 공서양속에 반하는 발명[제53조 (a)]과 동물 변종과 식물 변종, 그리고 본질적으로 생물학적 방법을 열거하고 있다. 영어본, 프랑스어본 및 독일어본에서 모두 식물 변종에 대하여 같은 의미의 단어(plant varieties, variétés végétales, Pflanzensorten)를 사용하고 있으나, 동물 변종에 대해서는 각기 다른 의미로 해석할 수 있는 단어[animal varieties(EN), races animales(FR), Tierarten(DE)]를 사용하고 있다. 뒤에 두 단어는 영어로 각기 'animal race'와 'animal species'에 해당한다.

특허 대상에서 배제하더라도 협정 위반으로 보기는 어려울 듯하다. 이들을 특허 대상에서 배제하는 국가 관행은 협정 발효 이후 다른 회원국들로부터 도전을 받지 않아서, 회원국들 간에 이들이 배제 대상이라는 데 묵시적으로 동의한 것(acquiescence)이라고 보아야 하기 때문이다. 이런 태도를 취하는 경우에도 이들을 특허 대상에서 명시적으로 배제하기도 하지만, 명시적 규정을 두지 않은 채 자연에 존재하는 것으로 발견에 지나지 않는다든가 신규성이 없다든가 또는 윤리나 도덕에 반한다는 이유로 특허를 거절할 수도 있다.[46]

그럼에도, 국가에 따라서는 식물과 동물에 대해 특허를 부여하기도하고,[47] 식물이나 동물의 일부 또는 생명 물질(biological material)[48]에 대해 특허를 부여하기도 한다. 후자의 경우 대표적인 예로는 EC 생명공학 발명에 관한 지침이 있다. 이에 의하면, "이미 자연에 존재한다 하더라도, 자연환경에서 분리된 생물학적 물질 또는 기술적 방법에 의하여 처리된 생물학적 물질은 발명이 될 수 있다"(제3조 제2항). 미국에서도 자연 물질에서 분리되거나 정제된 형태는 특허를 받을 수 있다. 신규성이란 기존에 존재하지 않는다는 의미가 아니라 선행 기술의 관점에서 신규성을 의미한다. 따라서 알려지진 않았으나 자연에 존재하는 것은 특허 대상 범주에서 벗어나지 않는다고 한다.[49] 그 어떤 경우에도 신규성뿐만 아니라 다른 요건(진보성, 산업상 이용 가능성)을 갖춰야 함은 물론이다.[50]

---

46) SCP/13/3, op. cit., p.16.

47) 유럽특허협약은 동물 변종에 대해 특허를 부인할 뿐이다. 1990년 유럽특허청은 하버드 유전자 변형 쥐(harvard oncomouse)는 포유류로서 동물 변종이 아니라 '동물'이므로 특허를 받을 수 있다고 판단했다. Harvard/OncoMouse, T 19/90 [1990] EPOR 501 (TBA) and Harvard/Onco Mouse, [1991] EPOR 525 (Exam). Lionel Bently and Brad Sherman, *Intellectual Property Law*, 3rd ed. (Oxford University Press, 2009), p.442에서 재인용.

48) 생명 물질이란 생명체의 전부나 일부를 구성하는 생체적 합성이 있는 자연에 존재하는 물질이다. 이에는 항체, DNA, 효소, 펩타이드, 단백질, RNA, 인공 조직, 생물 고분자 물질, 세포계 등이 있다. http://www.globalspec.com/learnmore/specialized_industrial_products/pharmaceutical_biotechnology/biotechnology/biological_materials 참조. EC 생명공학 발명 지침(Directive 98/44/EC of the European Parliament and of the Council of 6 July 1998 on the legal protection of biotechnological inventions)에서는 생명 물질이란 "스스로 복제할 수 있거나 생명계에서 복제될 수 있는 유전자 정보를 가지고 있는 물질을 의미한다"[제2조 제1항 (a)]고 하고 있다.

49) UNCTAD-ICTSD, pp.392~393.

50) SCP/13/3, op. cit., p.16.

반면, 미생물은 배제 대상의 예외이다. 미생물에는 박테리아, 균류, 조류, 원생동물이 포함된다.51)52) 유전자 변형 미생물에 한정할 수도 있을 것이다.53) 이 경우 앞에서 지적한 이유들이 근거로 작용할 것이다. 자연에 존재하는 것은 단지 발견이므로 특허를 받을 수 없다거나, 신규성 등 특허 요건을 갖추지 않았다든가 하는 것이다.

둘째, 식물과 동물을 생산하기 위해 사용하는 '본질적으로 생물학적인 방법(essentially biological process)'도 특허 대상에서 배제된다. 이것은 유럽의 제안을 수용한 것이니만큼 유럽의 관행을 참조하는 것도 이해에 도움이 된다. 유럽특허청은 '기술적 개입(technical intervention)'의 정도에 따라 판단한다. 기술적 개입이 결과에 결정적인 역할을 한다면 그런 생물학적 방법은 특허를 받을 수 있다. 예를 들어 조직배양(tissue culture)이나 식물에 대한 유전자 삽입은 기술적 개입이 상당하기 때문에 특허를 받을 수 있다. 통상적인 번식(breeding)은 특허를 받을 수 없다.54) 비생물학적 방법(non-biological process)은 특허 배제 대상이 아니다. 이것은 '본질적으로 생물학적 방법'이 아니기 때문이다. 협정은 이를 확인하고 있다 할 수 있다. 또한 미생물학적 방법(microbiological process)도 특허를 받을 수 있다. 미생물을 이용하거나 변경하는 방법이라 할 수 있는데, 본질적인 단계로서 미생물학적 과정을 한 번이라도 거치면 이를 미생물학적 방법으로 보고 있다.55)

셋째, 각 회원국은 식물 변종(plant varieties) 보호를 위한 제도를 마련해야 한다. 그것이 특허이든, 효과적인 독자적 제도(effective sui generis system)이든,

---

51) UNCTAD-ICTSD, p.392.

52) TRIPS이사회에서 이 조항을 검토하면서, 미생물과 식물이나 동물 간의 차이를 설명할 수 있는 과학적인 근거가 없다는 의견, 그 어떤 것이든 자연에서 발견할 수 있다면 특허를 받을 수 없다는 의견 등이 나오기도 했다. 또한 세포계나 효소, 플라스미드, 코스미드 및 유전자가 미생물인지 의문을 제기하기도 했다. 이에 대해, 이 분야의 기술 발전이 급격히 진행되고 있으므로 미생물을 정의하기보다는 신축적인 개념으로 남겨주는 것이 좋겠다는 견해도 나왔다. Review of the Provision of Article 27.3(b), Summary of Issues Raised and Points Made, Note by the Secretariat, Revision, WTO Doc. IP/C/W/369/Rev.1, 9 March 2006, pp.8~10.

53) UNCTAD-ICTSD, p.393.

54) UNCTAD-ICTSD, p.393. EC 생명공학 지침 제2조 제2항: "식물이나 동물 생산을 위한 절차로서, 교배(crossing)나 선택(selection)처럼 전적으로 자연 현상으로 이루어지는 절차는 본질적으로 생물학적인 것이다."

55) UNCTAD-ICTSD, p.394.

식물 신품종 보호를 위한 국제협약(International Convention for the Protection of New Varie-
ties of Plants)은 1961년 체결되어 1972년, 1978년, 그리고 1991년 개정되었다. 식물 신품종
보호 국제 연맹(Union internationale pour la protection des obtentions végétales: UPOV, In-
ternational Union for the Protection of New Varieties of Plants)이 이 협약을 관장한다. 이 조직
의 프랑스어 약칭을 따라 이 협약도 UPOV협약이라 약칭한다. 2016년 5월 11일 기준으로 74개
회원국(회원기구)이 참여하고 있다(1961년 협약에는 1개국이, 1978년 의정서에는 17개국이,
1991년 의정서에는 54개국과 2개 국제기구가 구속을 받는다)[International Union for the Pro-
tection of New Varieties of Plants, April 11, 2016, UPOV Publication No.437(EN) 참조].
　이 협약은 식물 품종에 대한 독자적인 보호 제도(sui generis protection system)를 마련하고
있다. 기존의 다른 지적재산권, 특히 특허와는 다른 제도를 예정하고 있는 것이다. 이 협약상 보
호대상이 되기 위해서는 신규성(novelty), 구별성(distinctness), 균일성(uniformity) 및 안정성
(stability) 등 네 가지 요건을 갖춰야 한다. 품종 증식 물질이나 수확 물질이 출원 국가에서 판매
된 지 1년 이내에 출원하는 경우(다른 국가에서 판매되는 경우에는 4년, 포도나무의 경우 6년)
신규성이 있는 것으로 간주한다(제6조). 일반적으로 알려진 다른 품종과 구별할 수 있는 중요한
특성이 있는 경우 구별성이 있는 것으로 간주한다(제7조). 증식의 방법상 변이를 감안하여, 품종
의 본질적 특성이 충분히 균일한 경우 균일성이 있는 것으로 간주한다(제8조). 증식의 방법상 변
이를 감안하여, 품종의 본질적 특성이 반복 증식에도 불구하고 바뀌지 않는 경우 안정성이 있는
것으로 간주한다(제9조).
　이 협약은 파리협약상의 우선권 제도와 유사한 우선권을 규정하고 있다. 회원국 국민이나 거
주자는 회원국 어디에서도 식물 품종 보호를 위한 출원을 할 수 있고, 1년 이내에는 같은 품종에
대하여 그 출원을 근거로 다른 회원국에서도 출원(우선권 출원)을 할 수 있다(제11조).
　심사를 거쳐 육성자의 권리(breeders' right)가 발생한다. 이 권리는 증식 물질의 ① 생산 또는
복제, ② 증식 목적의 조제, ③ 판매를 위한 청약, ④ 판매 기타 판매 촉진, ⑤ 수출, ⑥ 수입, ⑦
이상의 목적을 위한 비축 등 일곱 가지에 미친다. 이 권리는 증식 물질(propagating material)과
관련해서뿐만 아니라 증식 물질이 무단으로 사용된 경우 해당 수확 물질에도 적용된다. 이 권리
는 어떤 품종이 본질적으로 보호 품종에서 나온 것으로, 보호 품종과 분명히 구별할 수 없고, 그
생산이 보호 품종의 반복 사용을 필요로 하는 경우 그 품종에도 미친다(제14조).
　육성자의 권리는 개인적이고 비상업적인 목적의 행위, 실험적인 목적의 행위 및 다른 품종을
육성하기 위한 행위[이른바 육성자 면책(breeders' exemption)에는 미치지 않는다. 또한 회원국
은 농부가 증식 목적으로, 자가 채종에 의해 취득한 수확물을 사용하기 위한 경우에는 육성자의
권리가 미치지 않도록 할 수 있다. 이른바 농부 특권(farmers' privilege)을 제한적으로 인정하고
있다. 농부가 보호 종자를 판매할 수는 없다. 전자는 의무적인 예외 규정(shall provision)이고, 후
자는 임의적인 예외 규정(may provision)이다(제15조). 후자 예외 규정은 수확물을 나중에 증식
하기 위한 목적으로 보관하는 관행(자가 채종에 의해 취득한 수확물을 사용하는 관행)을 염두에
둔 것이다. 다시 말해서, 수확물이 종자로서 증식 물질로 사용되는 경우를 염두에 둔 것으로, 과
일이나 야채와 같이 수확물이 증식 물질로서 사용되는 관행이 존재하지 않는 경우에는 이런 예
외 적용을 받을 수 없다[Recommendation Relating to Article 15(2), Records of the Diplomatic
Conference for the Revision of the International Convention for the Protection of New
Varieties of Plants, UPOV Publication No.346(e), p.63; Explanatory Notes on Exceptions to
the Breeder'S Right under the 1991 Act of the UPOV Convention, adopted by the Council
at its forty-third ordinary session on October 22, 2009, UPOV Doc. UPOV/EXN/EXC/1, Oc-
tober 22, 2009, pp.8~9 참조].

아니면 양 제도를 조합하든 관계가 없다. 우루과이 라운드 협상 당시 특허로
보호할 것을 주장하는 미국 등 일부 선진국과 독자적 제도에 의한 보호를 주
장하는 EC가 서로 대립했다. 당시만 하더라도 일부 국가에서만 독자적 제도로
식물 변종을 보호했다. 당시 독자적 제도를 염두에 둔 '식물 신품종 보호를 위

한 국제협약(UPOV협약)'은 국제적으로 보편적인 지지를 받지 못했다.[56] TRIPS 협정은 이런 사정을 감안한 듯, 독자적인 제도가 '효과적인' 것만으로도 협정 상의 의무를 충족할 수 있도록 하고 있다. 독자적인 제도는 UPOV협약에서와 같이, 육성자의 권리(breeders' rights)를 보호하는 것이다. 육성자는 다른 사람에게 보호 품종의 증식 물질(propagating material)의 생산과 복제, 증식 목적의 조제, 판매 청약, 판매, 수입, 수출 및 비축을 허락할 권리를 가진다.

WTO 회원국은 식물 변종을 어떠한 방법에 의해 보호할 것인지 선택할 수 있다. 특허법이든 독자적인 법률이든 각각의 특징에 따라 보호수준 등에 차이가 생긴다. 유전공학 기술의 발달로 인해 특허 요건을 구비하는 신품종이 점차 늘고 있다. 1991년 UPOV협약이 특허와 독자적인 제도 중 선택적인 보호만을 용인하던 종전 제도를 변경하여, 중복 보호를 허용하고 있는 것도 이런 추세를 반영한 것이라 할 수 있다.[57)58)]

제27조 제3항 (b)는 WTO협정 발효일(1995년 1월 1일)로부터 4년 후에 검토 대상이다. 우루과이 라운드 협상 중 특허 배제 대상을 둘러싸고 컨센서스를 찾지 못했다는 반증이라 하겠다.

---

56) 1989년 말까지 유럽 국가들 일부와 호주, 이스라엘, 일본, 뉴질랜드, 남아프리카공화국, 미국 등 20개국이 참여하고 있었다.

57) Act of 1991 International Convention for the Protection of New Varieties of Plants, Art. 2: "Each Contracting Party shall grant and protect breeders' rights"; Act of 1961/1972 International Convention for the Protection of New Varieties of Plants, Art. 2(1): "Each member State of the Union may recognise the right of the breeder provided for in this Convention by the grant either of a special title of protection or of a patent. Nevertheless, a member State of the Union whose national law admits of protection under both these forms may provide only one of them for one and the same botanical genus or species."

58) 우리나라는 식물 변종에 대해 식물신품종 보호법과 특허법에서 모두 보호하고 있다. 전자는 UPOV협약상의 의무를 이행하기 위하여 2013년 제정되었다. 이 법의 제정 이유에서 이 점을 확인할 수 있다: "2002년도에 국제식물신품종보호동맹(UPOV)의 회원국이 되면서 2012년부터 모든 식물의 신품종에 대하여 보호 의무가 발생함."

3. 특허 보호

1) 부여되는 권리

TRIPS협정은 물건 발명과 방법 발명 모두를 특허 대상으로 하고 있다. 협정 제28조 제1항은 이런 점을 염두에 두고 특허권자에게 배타적인 권리를 부여하고 있다.

특허는 특허권자에게 다음의 배타적인 권리를 부여한다.

(a) 특허 대상이 제품인 경우 그의 동의 없이 제3자가 그 제품을 생산하거나, 사용하거나, 판매를 위하여 청약하거나, 판매하거나 또는 이러한 목적으로 수입하는 행위를 금지하는 것;

(b) 특허 대상이 방법인 경우 그의 동의 없이 제3자가 그 방법을 사용하는 행위 및 적어도 그 방법에 의하여 직접적으로 얻은 제품을 사용하거나, 판매를 위하여 청약하거나, 판매 또는 이러한 목적으로 수입하는 행위를 금지하는 것.[59]

특허권자의 배타적인 권리는 다른 사람에 의한 특허 발명의 실시를 금지한다는 의미에서 소극적인 권리(negative rights)이다. 다시 말해서, 다른 사람에 의한 발명의 실시를 금지할 뿐, 자신이 직접 해당 발명을 실시할 권리를 부여하는 것은 아니다. 다른 사람의 특허권이 자신이 판매하고자 하는 제품에 미칠 경우 그의 허락을 받지 않고서는 자신의 특허 제품을 판매할 수 없다는 점,[60] 정부 규제 등으로 자신의 특허 제품을 판매할 수 없는 경우도 있다는 점

---

59) Art. 28.1: "A patent shall confer on its owner the following exclusive rights:

(a) where the subject matter of a patent is a product, to prevent third parties not having the owner's consent from the acts of: making, using, offering for sale, selling, or importing for these purposes that product;

(b) where the subject matter of a patent is a process, to prevent third parties not having the owner's consent from the act of using the process, and from the acts of: using, offering for sale, selling, or importing for these purposes at least the product obtained directly by that process."

60) 예를 들어, A는 X+Y+Z로 구성된 발명에 특허를 받고, B는 구성요소 Z를 개량한 Z'가 포함된 발명에 특허를 받는 경우 B뿐만 아니라 A도 B의 개량 발명을 허락 없이 판매할 수 없다. Chisum et al., p.151.

을 고려한 것이다.[61]

(1) 물건 발명

특허권자의 배타적인 권리는 두 가지로 나눌 수 있다. 하나는 물건 발명에 관한 것이고, 다른 하나는 방법 발명에 관한 것이다. 먼저, 물건 발명의 경우 특허권자는 제3자가 특허 제품을 생산, 사용, 판매 목적 청약, 판매 및 수입에 대해 배타적인 권리를 가진다. 각각의 의미를 살펴본다. ① 생산(making)이란 글자 그대로 만드는 것이다. 여기에는 그 방법이나 규모를 불문하고, 제조하는 것과 채취하는 것이 포함된다. 특허권자는 제3자가 어떤 제조 방법을 사용하든 해당 특허 제품을 생산한다면 그런 생산을 금지할 수 있다.[62] 제28조 제1항에서는 목적에 따라 구분하지 않고 있다. 즉, 생산이 어떤 목적이든 모두 특허권자의 권리가 미치는 것으로 하고 있다. 다만, 회원국은 제30조상의 '권리에 대한 예외'에 따라, 비상업적인 목적이나 학술 연구 목적 등을 위한 생산을 허용할 수 있다.

② 사용(using)이란 해당 발명을 구현하는 것이다. 미국 판례에 의하면, 단순한 전시는 사용이 아니지만, 전시 중 가격 정보를 제공하거나 판매행위를 수반하는 경우에는 판매나 판매 청약이라고 한다.[63][64] 파리협약 제5조의3에서 예정한 운송수단에 탑재하는 것도 사용이라 할 수 있다.[65]

③ 판매 청약(offering for sale)이란 제품의 판매를 목적으로 한 상대방의 승낙을 전제로 한 의사표시라 할 수 있다. 미국 판례상 청약은 가격 조건을 제시해야 성립한다.[66]

④ 판매란 유상 계약에 의한 소유 이전을 의미한다. 생산 이후의 특허 제품의 유통은 주로 판매를 통해 이뤄지므로 판매가 가장 전형적인 특허 실시에

---

61) Ibid.

62) UNCTAD-ICTSD, p.419.

63) Chisum et al., p.152.

64) 우리 특허법 제2조 정의 규정에서 실시란 물건 발명인 경우 "그 물건을 생산·사용·양도·대여 또는 수입하거나 그 물건의 양도 또는 대여의 청약(양도 또는 대여를 위한 전시를 포함한다. 이하 같다)을 하는 행위"(제2조 3호)(고딕 강조)라고 한 것도 같은 취지로 보인다.

65) UNCTAD-ICTSD, p.419.

66) Chisum et al., p.152.

해당한다.

⑤ 수입은 특허 제품이 국내에 도입되는 것을 말한다. 일부 국가에서는 유통 목적으로 또는 영리 목적으로 특허 물품을 수입하는 경우 침해로 본다.

특허권자는 이들 행위 각각에 대해 배타적인 권리를 가진다. 예를 들어, 제품을 판매하려는 목적 없이 생산하는 것, 제품을 생산하지 않고 단지 판매하는 것 각각에 대해 특허권자의 배타적인 권리가 미친다. 각 회원국은 이런 행위에 대해 자국의 정책에 따라 국제 소진이든 국내 소진이든 결정할 수 있다. 협정 각주에 의하면 "이 협정에 따라 부여되는 다른 모든 권리와 같이, 이 권리는 상품의 사용, 판매, 수입 또는 그 밖의 배포에 관하여 제6조의 규정에 따른다"고 하고 있는 것이다.[67][68]

(2) 방법 발명

다음으로 방법 발명에 관해서는 제28조 제1항 (b)에서 언급하고 있다. 특허권자의 배타적인 권리는 특허 방법을 사용하는 행위에 미치는 한편, 그 방법에 의하여 생산한 제품을 사용, 판매 청약, 판매 및 이런 목적으로 수입하는 행위에도 미친다. 다시 말해서 방법 발명의 실시란 방법 발명의 사용과 '방법에 의하여 직접적으로 얻은 제품'의 사용, 판매 청약, 판매 및 수입을 말한다.

방법 발명의 보호는 두 가지이다. 첫째는 방법 발명을 사용하는 것을 금지하는 것이다. 방법 발명을 사용하지 않는 경우, 예를 들어 특허 방법과 다른 방법으로 취득한 제품에 대해서는 그 제품에 대한 특허(물건 특허)를 가지지 않는 한 배타적인 권리를 행사할 수 없다.[69] 둘째는 '[특허] 방법에 의하여 직접적으로 얻은 제품'의 사용, 판매 청약, 판매 및 수입을 금지하는 것이다. 예를 들어, 어떤 국가에서 특허가 부여된 방법을 사용하여 만든 제품이 그 국가에 수입되는 것은 허용되지 않는다.[70]

---

67) Footnote 6: "This right, like all other rights conferred under this Agreement in respect of the use, sale, importation or other distribution of goods, is subject to the provisions of Article 6."

68) 이에 관해서는, 제5부 제2장 4. 권리 소진의 원칙 참조.

69) 다른 방법을 사용했는지 여부에 대한 입증책임은 피고에게 있다. 이에 관해서는, 제5부 제7장 3. 6) 방법 특허에 관한 입증책임의 전환 참조.

70) UNCTAD-ICTSD, p.421.

'[특허] 방법에 의하여 직접적으로 얻은 제품(product obtained directly by that process)'이란 단지 특허 방법으로 '얻을 수 있는' 제품을 의미하는 것이 아니다. '직접적으로 얻'어야 하는 것이다. 다시 말해서, 특허 방법과 제품 간의 직접적인 관련성이 있어야 한다. 서로 다른 방법을 사용하더라도 동일한 화학물질을 만들 수 있기 때문에 이 요건은 중요한 의미를 가진다. 영국 판례에 의하면, '직접적'이란 '다른 요소의 개입이 없이(without intermediary)'라고 한다. 또한 '직접적인 관련성(direct relationship)'이란 해당 제품을 얻는 데 실질적이고 중요한 단계(material and important steps)가 특허 청구범위 밖에 있지 않아야 한다고 이해한다.71)

2) 권리의 이전

"특허권자는 또한 특허를 양도하거나 승계에 의하여 이전할 권리를 가지며 라이선스 계약을 체결할 권리를 가진다"(제28조 제2항).72) 제1항이 소극적인 권리를 내용으로 한다면, 이 조항은 적극적인 권리를 전제로 해당 권리의 이전을 규정하고 있다.

특허권은 재산적인 권리로서 발생과 변경, 소멸이라는 권리 변동이 생길 수 있다. 특허권은 등록과 같은 행정처분으로 발생하고, 보호기간의 만료 등으로 소멸한다. 권리의 변경은 권리의 주체나 내용이 바뀌는 것으로, 양도나 상속은 권리의 주체가 바뀌는 것이고 특허권에 질권 등 담보물권을 설정할 경우에는 권리의 내용이 바뀌는 것이다. 협정은 양도와 승계와 같은 권리 변경을 인정하고 있다. 특허권의 성격상 당연한 것을 확인해주고 있다.

협정은 또한 전형적인 권리 행사의 모습인 라이선스에 대해서도 언급하고 있다. 계약 자유의 원칙에 비춰 볼 때 역시 당연한 규정임은 물론이다.

---

71) Bently and Sherman, op cit,, pp.548~549.

72) Art. 28.2: "Patent owners shall also have the right to assign, or transfer by succession, the patent and to conclude licensing contracts."

3) 권리의 소멸

특허권은 여러 가지 원인으로 소멸한다. 대표적으로 보호기간의 만료나 수수료의 미납이 있다. 취소나 무효 처분을 받아 소멸할 수도 있다. 파리협약 제5조 A절에서는 불실시 등과 같은 권리 남용에 대하여 강제실시권이나 몰수의 제재를 가할 수 있도록 하고 있다.[73]

TRIPS협정은 취소(revocation)나 몰수(forfeiture) 가능성을 염두에 둔 조항이 있다. 제32조가 그것으로, 이에 의하면, "특허를 취소하거나 몰수하는 결정에 대하여는 사법 심사의 기회가 부여될 수 있어야 한다."[74]

취소나 몰수는 넓은 의미로 이해된다.[75] 국가에 따라서는 양자를 서로 다른 의미로 쓸 수도 있지만,[76] 조약상으로 후자가 전자를 포함하는 경우도 있다.[77] 취소나 몰수의 근거는 각 회원국이 정할 사항이다. 그렇다고 어떠한 종류의 몰수도 허용되는 것은 아니다. WTO 회원국은 파리협약에 따라(WTO 회원국은 파리협약 실체 규정을 준수할 의무를 가진다) 특허 불실시와 같은 특허 남용에 대해 최종적인 제재로 특허를 몰수할 수 있지만 그 몰수는 제5조 A절에서 정한 요건에 합당한 경우에만 허용되는 것이다. 또한 수수료를 납부하지 않을 경우 특허가 몰수될 수도 있지만 파리협약상의 제한이 있다. 파리협약 제5조의2 제1항에서는 6개월의 유예기간을 경과할 경우에 한하여 몰수를 허용한다.[78]

특허에 관한 처분은 특허의 부여나 거절, 특허의 취소나 몰수 등을 생각할 수 있고 그 처분의 주체는 행정청이 될 수도 있고, 사법기관이 될 수도 있다.

---

73) 이에 관해서는, 제3부 제4장 3. 1) 특허 실시 의무 참조.

74) Art. 32: "An opportunity for judicial review of any decision to revoke or forfeit a patent shall be available."

75) 파리협약 제4조의2(특허 독립의 원칙)에서는 무효와 몰수(nullity or forfeiture), 제5조 A절 제3항(특허의 몰수)에서 몰수 또는 취소(forfeiture or revocation)라는 표현을 쓰고 있다.

76) 유럽특허협약 제138조는 유럽 특허의 취소(revocation) 사유로, 대상이 특허를 받을 수 없는 경우, 특허가 해당 기술 분야 종사자가 실시할 수 있도록 분명하고 완전하게 발명을 공개하지 않는 경우, 특허 대상이 출원 내용을 벗어난 경우, 특허를 받을 수 없는 자가 특허권자인 경우 등을 들고 있다.

77) 파리협약상 몰수란 무효(invalidation), 취소(revocation, annulment), 폐기(repeal) 등을 포함하는, 넓은 의미의 몰수이다. 이에 관해서는, 제3부 제4장 3. 1) 특허 실시 의무 참조.

78) 이에 관해서는, 제3부 제8장 1. 수수료 납부 의무 참조.

TRIPS협정은 행정청이 취소나 몰수에 관하여 결정할 경우 이때 사법 심사(judicial review)를 받도록 하고 있다. 취소나 몰수를 사법기관이 하는 경우도 생각할 수 있으나 그 결정은 이미 사법 절차 안에서 진행되는 것이므로 협정 적용의 여지가 없다 하겠다.

협정에서는 강제실시권의 사법 심사와는 달리, 단순히 사법 심사(judicial review)라고 하고 있으나,79) 행정기관과 같은 준사법기관에 의한 심사(재심)도 포함한다고 볼 것인지 해석상 어려운 문제가 생긴다.

4) 보호기간

보호기간은 출원일로부터 20년이다: "이용할 수 있는 보호기간은 출원일로부터 기산하여 20년이 경과하기 전에는 종료하지 아니한다"(제33조).80) 미국 등 일부 국가는 의약품과 같이 규제 승인 절차로 인한 지연 기간을 감안해 보호기간 연장을 희망했으나81) 받아들여지지 않았다.

제33조 표현은 다소 특이하고 복잡한 듯하지만82) 해석은 간명하다. 즉, 출원일은 특허 출원일이고, 보호기간은 그 날로부터 20년이 되기 전에는 종료하지 않는다. 제33조는 특허가 종료하는 가장 가까운 날짜를 정의하고 있는 것이다.83) '이용할 수 있는 보호기간(term of protection available)'이란 표현도 나름 의미가 있다. "제33조상의 '이용할 수 있는'이란 단어는 특허권자가 수시로

---

79) 강제실시권의 효력이나 보상금 결정은 사법 심사 또는 기타 독립 심사(other independent review)의 대상이 되고 있는 점과 대비된다.

80) Art. 33: "The term of protection available shall not end before the expiration of a period of twenty years counted from the filing date."

81) MTN.GNG/NG11/W/70, op. cit., Art. 25: "The term of protection shall be at least 20 years from the date of filing of the application. Contracting parties are encouraged to extend the term of patent protection, in appropriate cases, to compensate for delays caused by regulatory approval processes."

82) TRIPS협정은 '보호기간'을 여러 곳에서 규정하고 있다. "… [저작물의 보호기간]은 허락받은 발행의 역년의 말로부터 50년 이상…이다"(제12조), "상표의 최초 등록…은 7년 이상의 기간으로 한다"(제18조), "이용할 수 있는 보호기간은 적어도 10년이다"(제26조 제3항). 각기 규정 형식이 다르다.

83) 캐나다—특허 보호기간(Canada—Term of Patent Protection), Report of the Appellate Body, WT/DS170/AB/R, 18 September 2000, para. 85.

보호기간을 유지하기 위하여 수수료를 지급해야 한다는 사실, 그리고 특허 당국이 특허에 의하여 부여되는 배타적인 권리를 유지하는 권리를 행사하는 특허권자에게 그런 보호기간을 '이용할 수 있'도록 해야 한다는 사실을 반영한 것으로 보인다."[84][85]

5) 예외 또는 제한

(1) 의의와 국가 관행

특허권은 독점적이고 배타적인 권리이지만 무제한한 권리는 아니다. 특허권이 혁신을 장려하기 위한 유인책이 되는 반면, 독점적 지위에 따른 시장의 왜곡, 자원의 비효율적 배분을 낳기도 한다. 그런가 하면, 무제한한 권리는 혁신을 장려하지도 못하고 사회 후생을 높이지도 못한다. 각국 특허법은 배타적인 권리와 사회의 이익(제3자의 합법적 이익) 간의 균형을 찾기 위해 정책적으로 특허 배제 대상을 정하고, 특허권에 대한 각종의 예외와 제한 규정을 두고 있다.

이런 균형은 혁신을 장려하고, 기술적 지식을 알리고, 기술 이전을 북돋기 위한 것이다. 국가마다 사회적·경제적으로 처한 상황에 따라 정책상의 우선순위도 다를 수 있다. 특허권에 대한 예외 규정을 통해서도 각국의 시각을 볼 수 있다.[86]

파리협약에도 특허권에 대한 예외를 허용하는 규정을 두고 있다. 제5조의3이 그것으로, 이에 의하면 일시적이거나 우발적으로 입항하는 외국의 선박, 항공기, 육상 운송수단이나 그 부속물에 대해서는 특허권이 미치지 않도록 하고 있다.[87] 예외의 범위가 한정적이다. 각국은 파리협약 규정을 반영한 예외를

---

84) 캐나다—특허 보호기간(Canada—Term of Patent Protection), Report of the Panel, WT/DS170/R, 5 May 2000, para. 6.110. 산업디자인 보호기간에 관한 제26조 제3항에서도 '이용할 수 있는'이라는 표현이 있다. 같은 취지라 할 수 있다.
85) 이 사건에서 쟁점은 캐나다 특허법상 보호기간이었다. 캐나다 특허법은 특허 부여일로부터 17년간의 보호기간을 두었다. 캐나다는 출원일로부터 특허 부여일까지 기간이 평균 5년이므로 실제 캐나다 특허법상 보호기간은 TRIPS협정상의 보호기간에 상당하거나 그보다 길다고 주장했으나 받아들여지지 않았다.
86) SCP/13/3, op. cit., p.25.
87) 이에 관해서는, 제3부 제4장 3. 2) 운송수단에 대한 예외 참조.

포함하여 다음과 같이 다양한 종류와 내용의 예외를 특허법에 마련하고 있다. ① 비상업적 목적의 개인적인 행위, ② 수업 목적의 행위, ③ 실험 목적 또는 학문 연구 목적의 행위,[88] ④ 의사의 처방에 따른 의약의 조제, ⑤ 선사용자에 의한 계속적 사용, ⑥ 영토에 임시적으로나 우발적으로 진입하는 외국 선박, 항공기 또는 육상 운송수단 내에서의 사용, ⑦ 의약품에 대한 규제 승인을 획득하기 위한 사용, ⑧ 농부의 자가 사용을 위한 행위 및 신품종의 개발을 위한 행위 등이 그것이다.[89][90]

(2) 3단계 기준

TRIPS협정도 이런 사정에 크게 변화를 가져다주지는 못할 것이라고 생각할 수 있다. 협정에 특허권의 예외에 관한 규정이 존재하지만 그것은 예외의 종류와 조건을 정하는 것이 아니라 일반 조항의 성격을 띠고 있기 때문이다.

해당 규정은 제30조이다. 이에 의하면, "회원국은 특허에 의하여 부여되는 배타적인 권리에 대한 한정적인 예외를 규정할 수 있다. 다만, 그러한 예외는 제3자의 합법적인 이익을 고려하여, 특허의 통상적인 이용과 부당하게 충돌하지 아니하고 특허권자의 합법적인 이익을 부당하게 해치지 아니하여야 한다."[91] 이 규정은 베른협약 제9조 제2항(복제권에 대한 예외)에서 연유하는 것으로, TRIPS협정 다른 규정 두 곳에서도 유사한 표현이 사용되고 있다.[92]

이 규정은 다음과 같은 특징을 가진다. 첫째, 이 규정은 회원국이 특허권에 대한 예외를 설정할 수 있다는 것을 전제로 하고 있다. 그러나 예외가 어떠한

---

88) 이런 행위에는 여러 가지 목적이 있다. 특허 발명을 우회하는 발명을 하기 위하여, 특허 발명을 개량하기 위하여, 라이선스를 받기 위한 목적으로 발명을 평가하기 위하여, 또는 발명이 실시 가능한지 또는 발명이 유효한지 확인하기 위한 목적 등이 있다. UNCTAD-ICTSD, p.437. 이런 행위는 모두 특허권자에게 발명을 공개할 의무를 부과함으로써 가능한 것이다.

89) SCP/13/3, op. cit., p.25; SCP/12/3 Rev.2, op. cit., Annex II, pp.103~137.

90) 강제실시권도 특허권자의 자발적인 의사에 의존하지 않고 허용된다는 점에서 특허권에 대한 예외의 일종이다.

91) Art. 30: "Members may provide limited exceptions to the exclusive rights conferred by a patent, provided that such exceptions do not unreasonably conflict with a normal exploitation of the patent and do not unreasonably prejudice the legitimate interests of the patent owner, taking account of the legitimate interests of third parties."

92) 협정 제13조(예외와 제한) 및 제26조 제2항(산업디자인 보호에 대한 예외). 이에 관해서는, 각기 해당 규정 참조.

정책적 목적을 가지고 있는지 또는 예외의 근거가 무엇인지, 어떠한 종류의 예외를 둘 수 있는지에 대해서는 각 회원국에 재량을 주고 있다.

둘째, 이 규정은 일반 조항의 성격을 가진다. 협정은 개별 예외적인 상황을 염두에 두고 일정한 조건하에서 그에 맞는 예외를 마련하지 않고, 회원국이 국내법상의 예외 규정을 검증하는 기준을 제시하고 있다. 국내법 규정이 이런 기준에 어긋나면 협정 위반이 되는 것이다. 이것은 각 회원국의 예외 규정에 내용상 일정한 한계가 존재한다는 것, 각국의 재량의 범위가 제한적이라는 것을 의미한다.

협정은 이른바 3단계 기준(3-step test)을 제시하고 있다. 이들 기준은 각기 다른 것으로, 국내법 규정이 협정상 기준 어느 하나라도 충족하지 못하면 협정 위반이 된다.[93] 첫째 기준에 따르면, 국내법상의 예외는 한정적인 것(limited exceptions)이어야 한다. 캐나다—의약품 특허 사건[94]에서 WTO 패널 보고서는 이에 대해 부분적인 시사점을 주고 있다. 패널에 의하면, '한정적인 예외'란 좁은 예외(narrow exception)를 내포하는 것으로, 권리의 부분적인 감축(small diminution)을 가져오는 것을 의미한다. 그것은 그런 예외로 인한 경제적인 영향의 크기나 정도(이것은 다른 두 가지 기준에서 따져볼 문제이다)가 아니라, 법적 권리가 축소된 정도에 초점을 맞춰야 한다.[95] 실제 회원국이 특허권의 예외를 설정하는 방식은 다양할 수 있다. 예외 대상 행위나 예외 대상 주체를 한정하는 방식으로 설정할 수도 있고, 예외 규정의 목적을 한정하거나 기술 분야를 한정하여 설정할 수도 있다.[96]

둘째 기준은 국내법상의 예외가 특허의 통상적인 이용과 부당하게 충돌하

---

93) WT/DS114/R, op. cit., para. 7.21 참조.

94) 이 사건에서 문제된 캐나다 특허법은 두 가지이다. 하나는 규제 검토(regulatory review) 예외이고, 다른 하나는 비축 예외(stockpiling exception)이다. 전자는 제품의 생산, 판매 등에 관한 법적 규제에 따라 요구되는 정보를 제공하기 위해 특허 발명을 생산하거나 사용하는 것 등을 허용하는 것이고, 후자는 특허가 만료된 후 판매하기 위하여 특허 기간 중 6개월 동안 제품의 생산과 비축을 허용하는 것이다. 전자는 이른바 볼라 면책(Bolar exception)이라 하는바, 경쟁업자가 특허 기간이 만료하면 특허권자와 경쟁할 수 있도록 열어놓은 것이다.

95) WT/DS114/R, op. cit., paras. 7.30~7.32. 패널은 이런 근거에 따라, 캐나다의 규제 승인 예외는 한정적인 예외라고 한 반면, 비축 예외는 배타적인 권리의 상당한 감축을 가져오는 것으로, 협정 제30조를 위반한 것으로 판단했다. WT/DS114/R, op. cit., paras. 7.34~7.36.

96) UNCTAD-ICTSD, p.433.

지 아니하여야 한다는 것이다. 이용(exploitation)이란 특허에 의하여 경제적 가치를 얻는 상업적인 행위를 말한다. 그 이용은 특허 제품의 판매, 라이선스 또는 특허권의 판매 등의 방법으로 실현한다.[97] 패널에 의하면, '통상적'이란 공동체가 공통적으로 가지는 경험적인 판단, 그리고 규범적인 기준을 의미한다면서 '통상적인 이용(normal exploitation)'이란 특허가 부여하는 시장 독점으로부터 기대할 수 있는 경제적인 수입을 상당히 줄일 수 있는 모든 형태의 경쟁을 배제하는 데 목적이 있는 것이다. 비록 특허가 만료하더라도 일정 기간 시장 독점이 생긴다.[98]

셋째 기준에 따르면, 국내법상의 예외는 특허권자의 합법적인 이익을 부당하게 해치지 아니하여야 한다. '합법적인 이익(legitimate interests)'이란 법적인 이익(legal interests)보다는 좁은 의미로, "관련 공공정책이나 다른 사회 규범에 의하여 지지를 받는다는 의미에서 '정당화'될 수 있는 것"을 의미한다.[99][100]

6) 방법 특허에 관한 입증책임의 전환

민사소송에서 침해 사실에 대한 입증은 일반적으로 원고가 부담한다. 방법 특허에 대한 권리 침해 여부에 다툼이 있는 경우 일반 민사소송 절차를 적용한다면 피해 구제가 효과적이지 못하다고 할 수 있다. 왜냐하면 원고는 동일한 제법으로 동일한 제품이 생산되었다는 사실을 입증하여야 하지만 이런 사

---

97) WT/DS114/R, op. cit., para. 7.51, 7.54.

98) WT/DS114/R, op. cit., paras. 7.55~7.56. 그러나 규제적 승인을 받기 위한 정보 제공을 막으려는 목적으로 특허권을 행사하는 것은 통상적인 이용이라 할 수 없고, 따라서 규제 검토 예외는 특허의 통상적인 이용과 충돌하지 않는다. WT/DS114/R, op. cit., para. 7.57, 7.59.

99) WT/DS114/R, op. cit., para. 7.69, 7.71.

100) 여기서 문제되는 것은 두 번째의 경우처럼, 규제 검토 예외와 같은 국내법상의 예외가 특허권자가 특허 만료 후 추가 기간 동안 얻을 수 있는 시장 독점을 제거할 수 있다는 것이고, 특허권자에게는 이런 경제적 이익이 박탈된 데에 대해 합법적인 이익이 존재하는가 여부에 있다. WT/DS114/R, op. cit., para. 7.60. 이에 대해, ① 패널은 EC가 주장하는 경제적 이익은 제28조 제1항상의 법적 권리에 근거한 것으로 볼 수 없고, ② EC는 특허 기간 동안 정부 승인 지연으로 인한 경제적 이득을 볼 수 없었는바, 마찬가지로 경쟁 제품의 시장 진입도 지연되어야 하며 그래야만 특허권자가 특허 종료 후에도 사실상의 시장 독점을 유지할 수 있고 그래야만 한다고 주장한 데 대해, 패널은 이런 EC의 주장이 제30조상의 '합법적인 이익'에 해당한다고 하기에는 설득력이 없고 널리 인정되지도 않는다고 보았다. WT/DS114/R, op. cit., paras. 7.73~7.84.

실의 입증은 현장 조사 제약 등의 이유로 매우 곤란하기 때문이다. 그런가 하면 동일한 제품을 생산하기 위하여 항상 같은 제조방법을 사용하는 것은 아니다. 피고는 제조방법을 달리하여 동일한 제품을 생산했다는 사실을 입증함으로써 쉽사리 민사책임에서 벗어날 수 있다.

TRIPS협정도 방법 특허와 관련하여 입증책임의 전환을 규정하고 있다.101) 즉, 법원은 방법 특허에 대한 권리 침해의 경우, 피고로 하여금 동일한 제품을 획득하기 위한 방법이 특허 방법과는 다르다는 것을 증명하도록 명령할 권한을 가진다. 따라서 특허권자는 ① 특허 방법에 의하여 획득된 제품이 신규성이 있거나 또는 ② 동일한 제품이 특허 방법에 의하여 생산된 것이라는 가능성이 상당하고 실제 사용된 방법을 합리적인 노력을 통해서는 알 수 없는 경우, 달리 반대의 증거가 없는 한, 특허 방법에 의하여 획득된 것으로 간주한다 (제34조 제1항 및 제2항). 다만, 피고의 제조비밀이나 영업비밀 보호라는 합법적인 이익은 보호된다(제34조 제3항).102)

---

101) 1958년 리스본 회의 당시 방법 특허에 대한 입증책임 전환에 관한 제안이 나온 바 있었으나 채택되지 않았다. 이에 관해서는, 제3부 제4장 2. 4) 제법 특허의 보호 참조.

102) Art. 34: "1. For the purposes of civil proceedings in respect of the infringement of the rights of the owner referred to in paragraph 1(b) of Article 28, if the subject matter of a patent is a process for obtaining a product, the judicial authorities shall have the authority to order the defendant to prove that the process to obtain an identical product is different from the patented process. Therefore, Members shall provide, in at least one of the following circumstances, that any identical product when produced without the consent of the patent owner shall, in the absence of proof to the contrary, be deemed to have been obtained by the patented process:

(a) if the product obtained by the patented process is new;

(b) if there is a substantial likelihood that the identical product was made by the process and the owner of the patent has been unable through reasonable efforts to determine the process actually used.

2. Any Member shall be free to provide that the burden of proof indicated in paragraph 1 shall be on the alleged infringer only if the condition referred to in subparagraph (a) is fulfilled or only if the condition referred to in subparagraph (b) is fulfilled.

3. In the adduction of proof to the contrary, the legitimate interests of defendants in protecting their manufacturing and business secrets shall be taken into account."

4. 발명 공개 의무

특허 제도는 특허권자에게 자신의 발명에 대한 배타적인 권리를 부여하는 한편, 그 발명을 공개할 의무를 부과함으로써 발명자의 이익과 사회의 이익 간의 균형을 찾는 데 궁극적인 목적을 두고 있다. 발명 공개는 기술 정보와 지식을 널리 보급함으로써 과학과 기술의 발전에 이바지하는 한편, 중복 투자를 막는 부수적인 효과도 얻을 수 있다.

보호기간이 종료한 발명은 누구든지 자유롭게 이용할 수 있게 되고(public domain invention), 보호기간 중이라도 예외적으로 발명을 실시할 수도 있다. 이를 위해서는 발명이 해당 분야 종사자가 실시할 수 있을 정도로 구체적이고 상세하게 공개되어야 한다. 발명은 출원서와 함께 제출하는 명세서에 발명의 내용을 기재하는 것으로 공개하게 된다.

TRIPS협정 제29조 제1항은 특허 제도에 합당한 이런 공개 의무를 다음과 같이 특허 출원인에게 요구하고 있다.

> 회원국은 특허 출원인이 기술 분야 전문가가 발명을 충분히 실시할 수 있을 정도로 명확하고 완전하게 그 발명을 공개하도록 요구하여야 하며, 출원일 당시 또는 우선권이 주장되는 경우 출원 우선일에 발명자가 알고 있는 그 발명의 최적의 실행 방법을 제시할 것을 요구할 수 있다.[103)]

이 조항은 강제 규정과 임의 규정 두 가지가 있다. 먼저 강제 규정으로, 대부분의 국가에서 요구하는 실시 가능 요건(enablement requirement)이 있다. 이 요건은 특허 발명이 불필요한 실험이나 역분석을 거치지 않더라도 발명을 온전히 실시할 수 있도록 하기 위한 목적에서 나온 것으로, 이에 따라 발명은 해당 기술 분야 전문가(person skilled in the art)가 그 발명을 이해하고 실시할 수 있을 정도로 충분히 공개되어야 한다.[104)] 여기서 실시(carrying out)[105)]는 발명을

---

103) Art. 29.1: "Members shall require that an applicant for a patent shall disclose the invention in a manner sufficiently clear and complete for the invention to be carried out by a person skilled in the art and may require the applicant to indicate the best mode for carrying out the invention known to the inventor at the filing date or, where priority is claimed, at the priority date of the application."

실행하는 것을 말한다.

다음으로는 임의 규정으로, 미국과 같은 국가에서 요구하는 요건이 있다. 이른바 '최적의 방법' 요건(best mode requirement)이다.[106] 이것은 발명자가 더 나은 방법을 감추고 특허를 받는 것을 방지하기 위한 목적을 가지고 있다. 최적의 방법은 발명자[107]가 출원 당시 알고 있는 최선의 방법을 의미한다. 이런 점에서 주관적인 요건이다. 출원 당시에는 발명이 생산 단계에 이르지 않았기 때문에 명세서에는 실제 발명의 노하우를 포함하지는 않는 것이 보통이다.[108]

TRIPS협정 제29조 제2항에서는 회원국으로 하여금 외국 출원에 대한 정보도 요구할 수 있도록 하고 있다: "회원국은 특허 출원인이 해당 외국 출원 및 부여에 관한 정보를 제공할 것을 요구할 수 있다." 이 또한 임의 규정이다. 이 규정은 미국 등 일부 선진국에서 시행하고 있는 제도로서 선행 기술 조사에 대한 부담을 줄이고 심사 절차를 신속히 하기 위한 목적에서 나온 것이다.[109] 심사 당국이 외국 출원 정보를 가지고 있다 하더라도 이에 기속되는 것도 아니니만큼 특허 독립의 원칙에 변경을 주는 것은 아니다.[110]

파리협약 제4조 D절 제3항에서 유사한 규정이 있는바, 이에 의하면 동맹국이 우선권 주장 출원인에게 종전 출원서(발명의 설명, 도면 등) 사본을 제출할 것을 요구할 수 있다고 하고 있다. TRIPS협정 제29조 제2항은 단지 외국 출원과 외국 특허에 대한 '정보'를 언급하고 있다.[111] 모두 임의 규정이므로 국내법으로 정할 문제에 지나지 않는다.

---

104) UNCTAD-ICTSD, p.451; Carvalho(Patent), p.349.

105) 파리협약 제5조 A절 제2항에서 요구하는 의무로서 실시(working)와는 구별된다.

106) 미국 특허법은 실시 가능 요건(enablement requirement)과 서면 기재 요건(written description requirement), 그리고 최적 방법 요건(best mode requirement) 등 세 가지를 요구한다. 35 U.S.C. 112 참조.

107) 협정은 '발명자(inventor)'라고 특정하고 있다.

108) UNCTAD-ICTSD, p.452.

109) 특허청(TRIPS), 177쪽; UNCTAD-ICTSD, p.452.

110) UNCTAD-ICTSD, p.452.

111) WIPO(TRIPS), p.50.

5. 강제실시권

1) 규정

강제실시권(compulsory license)은 공공 목적에 의해 특허권을 제한하는, 특허권에 대한 예외의 일종이다. 특허권자의 의사를 묻지 아니하고 실시할 수 있다는 측면에서 비자발적(non-voluntary)인 것이고, 국가가 특허권자의 의사에 반하더라도 실시할 수 있다는 측면에서 강제적(compulsory)인 것이다.[112]

파리협약은 특허의 불실시와 같은 특허권의 남용이 있는 경우 출원일로부터 4년 또는 부여일로부터 3년 중 나중에 도래하는 날짜 이후 강제실시권을 부여할 수 있도록 하고 있다(제5조 A절 제2항 내지 제4항). 파리협약에 따라, 우루과이 라운드 협상 당시 거의 대부분의 국가들이 특허의 불실시에 대한 강제실시권을 가지고 있었다. 또한 국가마다 종속 특허에 대한 강제실시권, 공공이익을 위한 강제실시권, 독점 남용을 근거로 한 강제실시권, 공중 보건을 위한 강제실시권이나 식품이나 의약 관련 발명과 관련한 강제실시권, 국방을 위한 강제실시권, 핵물질이나 원자력의 생산이나 이용을 위한 강제실시권이나 오염원에 대한 기준 시행과 관련한 강제실시권 등 다양한 목적과 종류의 강제실시권 제도를 가지고 있었다.[113]

협상 당시 미국과 EC는 강제실시권을 제한하려 한 반면, 개발도상국은 자유 경쟁의 보장과 권리 남용 방지를 위해 공공 목적의 광범위한 강제실시권을 주장했다.[114] 미국은 경쟁법 위반에 해당하거나 국가 비상사태의 경우에 한정하여,[115] EC는 국가 비상사태의 경우, 불실시나 불충분한 실시에 대하여 강제실시권을 허용하고자 했다.[116] 주로 선진국의 의견을 반영한 협상 결과가

---

112) 강제실시권은 라이선스의 일종이다. 라이선시의 처지에서 보면 권리이지만 이 권리는 국가가 라이선시에게 일정한 행위(사용 또는 실시)를 허락(authorization)함으로써 발생하는 것이다. 영어 표현은 'compulsory license'로서 '강제허락'에 가깝다. 특허 분야에서는 강제실시권이라는 표현을 워낙 광범위하게 사용하기 때문에 여기서도 그 표현을 사용하기는 하지만, 필요한 경우 강제허락이라는 표현도 쓰기로 한다.

113) MTN.GNG/NG11/W/24/Rev.1, op. cit., pp.11~12.

114) MTN.GNG/NG11/W/71, op. cit., Art. 13 (ii) 참조.

115) MTN.GNG/NG11/W/70, op. cit., Art. 27 참조.

116) MTN.GNG/NG11/W/68, op. cit., Art. 26 참조.

TRIPS협정 제31조에 담겨 있다. 이에 의하면, "회원국의 법률이 정부에 의하여 또는 정부의 허락을 얻은 제3자에 의한 사용을 포함하여 권리자의 허락 없이 특허 대상의 그 밖의 사용을 허용하는 경우, 다음 규정이 준수되어야 한다. ……"117) TRIPS협정은 파리협약 플러스 요소(아래 요건 등에서 그런 점을 반영하고 있다)를 담아 회원국의 의무로 하고 있다.

이 규정은 '권리자의 허락 없는 그 밖의 사용(Other Use Without Authorization of the Right Holder)'이라는 제목을 달고 있다. '그 밖의 사용(other use)'이란 제30조에 따라 허용되는 이외의 사용을 말한다.118) 양자는 모두 권리자의 허락 없이 특허 발명을 사용할 수 있다는 점에서 특허권에 대한 예외라는 공통점이 있다. 그러나 제30조는 일반 예외 규정이고, 제31조는 강제실시권에 국한하는 (물론 정부 사용의 경우를 포함하기는 하지만) 특수한 예외 규정이다. 또한 전자는 예외의 조건(3단계 기준)만을 제시하고 있지만, 후자는 강제실시권의 성격, 요건, 효과, 절차 등에 대해 구체적으로 접근하고 있다.

2) 요건

강제실시권은 다음과 같은 요건을 충족해야 한다. 첫째, 개별적인 필요성에 입각하여 판단해야 한다[제31조(a)].119) 이 요건은 포괄실시권(blanket license), 즉 일정한 요건을 갖추면 자동적으로 또는 직권으로 부여되는 실시권을 허용하지 않는 것으로 해석할 수 있다. 특정 분야(공중 보건 분야 등)에 대한 강제허락을 금지하는 것은 아니지만 그것을 이유로 한 자동적인 실시권 부여는 협정 위반이 될 수 있다.120)

둘째, 특허 사용 예정자가 상당한 기간 동안 합리적인 조건으로 라이선스를 받으려고 했으나 받지 못하여야 한다[제31조 (b)].121) 이런 요건은 일정한 경우

---

117) Art. 31: "Where the law of a Member allows for other use of the subject matter of a patent without the authorization of the right holder, including use by the government or third parties authorized by the government, the following provisions shall be respected: ……"

118) Footnote 7: "'Other use' refers to use other than that allowed under Article 30."

119) Art. 31(a): "authorization of such use shall be considered on its individual merits;"

120) UNCTAD-ICTSD, p.468; Carvalho(Patent), p.438.

121) Art. 31(b): "such use may only be permitted if, prior to such use, the proposed user has made efforts to obtain authorization from the right holder on reasonable commercial

면제된다. ① 국가 비상사태(national emergency)나 극도의 비상상황(circumstances of extreme emergency)에 있는 경우이다. 각각의 의미는 회원국 국내법으로 정할 것이다. 협정상 개별 단어, 표현상의 제약을 따라야 함은 물론이다. 이 경우 '합리적으로 가능한 한 신속하게(as soon as reasonably practicable)' 권리자에게 통지하여야 한다. ② 공공의 비상업적 사용(public non-commercial use)을 위하여 필요한 경우이다. 이 표현은 신축적이다. 사용 주체의 상업성을 의미하는지 행위의 상업성을 의미하는지, 후자의 경우에도 그 상업성이 직접적인 영리성에 국한하는지 간접적인 경우도 포함하는지 등등 어려운 해석을 남기고 있기 때문이다. 이때에도 정부나 계약자는 비록 특허 검색을 하지 않더라도 유효한 특허를 실시하고 있다는 사실을 알거나 이를 알 만한 이유가 있는 경우에는 그 실시 사실을 권리자에게 즉시(promptly) 통지하여야 한다. 통지의 신속성은 비상사태의 경우보다 엄격하다.[122] ③ 반경쟁적 관행을 시정하기 위한 경우이다. 이 경우에는 뒤에서 보는 바와 같이, 국내 수요를 충족하기 위하여 필요한 한도 내에서 사용될 것을 요구하지도 않는다.

셋째, 강제실시권의 범위와 기간은 목적 범위 내에서 정당화되어야 한다[제31조 (c)].[123] 예를 들어, 군사용 비행기 부품에 대한 강제실시권은 이를 민간 비행기 부품용으로 판매하는 것을 허락하는 것으로 볼 수는 없다.[124] 다만, 반도체 기술의 경우 공공의 비상업적 실시를 위하여 또는 사법 혹은 행정 절차에 따라 반경쟁적이라고 판정되는 관행을 시정하기 위한 목적으로만 허용된다.[125]

---

terms and conditions and that such efforts have not been successful within a reasonable period of time. This requirement may be waived by a Member in the case of a national emergency or other circumstances of extreme urgency or in cases of public non-commercial use. In situations of national emergency or other circumstances of extreme urgency, the right holder shall, nevertheless, be notified as soon as reasonably practicable. In the case of public non-commercial use, where the government or contractor, without making a patent search, knows or has demonstrable grounds to know that a valid patent is or will be used by or for the government, the right holder shall be informed promptly;"

122) 국가 비상사태의 경우 '합리적으로 가능한 한 빠르게(as soon as reasonably practicable)' 통지하는 것으로 충분한 반면, 이 경우에는 '즉각적으로(promptly)' 통지하도록 규정하고 있다.

123) Art. 31(c): "the scope and duration of such use shall be limited to the purpose for which it was authorized, and in the case of semi-conductor technology shall only be for public non-commercial use or to remedy a practice determined after judicial or administrative process to be anti-competitive;"

124) UNCTAD-ICTSD, p.472.

셋째, 강제실시권은 주로(predominantly) 국내 시장에 공급하기 위한 목적으로 허용된다[제31조 (f)].126) 이 요건은 주로 국내 실시를 염두에 둔 것이지만, 국내 공급을 위하여 해당 특허 제품을 외국에서 수입하는 경우도 포함하는 것으로 본다.127) 반경쟁적 관행을 시정하기 위하여 강제실시권을 발동하는 경우 이 요건은 면제된다. 반경쟁적 행위는 권리 남용의 일종으로서, 각국은 오래전부터 국내법으로 이에 대하여 규제해왔다. 특허권 등 지적재산권의 배타적이고 독점적인 권리와 독점규제법 간의 긴장 관계는 각국의 국내법이 풀어야 할 난제 중의 하나이다. TRIPS협정에서는 각국의 독점규제법이 강제실시권을 통하여 권리자의 반경쟁적 행위를 규제할 수 있는 길을 열어놓고 있는데, 특히 반경쟁적 관행을 시정하기 위하여 강제실시권을 발동하는 경우 그 요건으로서 앞에서 적시한 바와 같은 권리자와의 협상 의무뿐만 아니라 추가적으로 수출 금지 의무도 부과하지 않고 있다[제33조 (k)].128)

넷째, 종속 발명 또는 이용 발명(dependent invention)에 대해서는 다음과 같은 추가적인 요건을 갖추어야 한다. ① 제2차 특허상의 발명이 제1차 특허상의 발명에 비하여 상당한 경제적 가치가 있는 중요한 기술적 진보가 있어야 하고, ② 제1차 특허권자는 합리적인 조건에 따라 제2차 특허를 실시할 수 있는 교차 라이선스를 받을 권리를 가져야 하며, ③ 제1차 특허의 강제실시권은 제2차 특허와 함께 양도하는 경우가 아니면 양도의 대상이 될 수 없다[제31조 (l)].129) 대부분의 발명은 이용 발명으로서 종전의 발명에 대한 조사연구를 통

---

125) 협상 당시 우리나라는 강제실시권 부여와 관련하여, 강제실시권은 권리자와 이용자 간의 이익 균형을 도모하기 위한 제도이고, 반도체 기술과 다른 기술 분야를 구별하여야 할 이유가 없다는 주장을 한 바 있다. 특허청(TRIPS), 192쪽.

126) Art. 31(f): "any such use shall be authorized predominantly for the supply of the domestic market of the Member authorizing such use;"

127) UNCTAD-ICTSD, p.474.

128) Art. 31(k): "Members are not obliged to apply the conditions set forth in subparagraphs (b) and (f) where such use is permitted to remedy a practice determined after judicial or administrative process to be anti-competitive. The need to correct anti-competitive practices may be taken into account in determining the amount of remuneration in such cases. Competent authorities shall have the authority to refuse termination of authorization if and when the conditions which led to such authorization are likely to recur;" 또한 반경쟁 관행에 의한 강제실시권을 발동할 경우 보상금도 이런 관행의 시정 필요성에 입각하여 판단할 수 있도록 하고 있다. 또한 추후에 그런 상황이 재현될 가능성이 있다고 판단하는 경우 그 종료일을 적시할 필요도 없다.

해서 개량하는 것이 보통이다. 제2차 특허 발명은 제1차 특허 발명을 포함하고 있기 때문에 후자의 특허권자로부터 라이선스를 받고자 할 것이고 이때 라이선스를 받아내지 못할 경우 강제실시권을 발동하여 제2차 특허 발명의 실시를 돕고자 하는 것이 이 조항의 목적이라 할 수 있다.

3) 강제실시권의 성격

강제실시권은 비배타적인 것이다[제31조 (d)].[130] 우리 특허법상 통상실시권(non-exclusive license)에 해당한다. 특허권자는 따라서 제3자에게 또 다른 라이선스를 줄 수 있다. 강제실시권은 또한 기업 또는 영업권의 일부와 함께 양도되는 경우에 한하여 양도할 수 있다[제31조 (e)].[131] 이것은 강제실시권이 목적 범위 내에 한정하여 허용된다는 점, 강제실시권 그 자체가 독립적인 경제적 가치를 가져서는 안 된다는 점을 고려한 것으로서,[132] 영업과 관계없이 강제실시권만을 양도하는 것은 이런 제도의 취지에 어긋난다고 할 수 있기 때문이다.

4) 강제실시권에 대한 보상

특허권자는 각 사안에 따라 강제허락의 경제적 가치를 고려하여 충분한 보상을 받아야 한다[제31조 (h)]. 보상금을 결정하는 요인은 각 분야마다, 개별 특

---

129) Art. 31(l): "where such use is authorized to permit the exploitation of a patent ("the second patent") which cannot be exploited without infringing another patent ("the first patent"), the following additional conditions shall apply:

(i) the invention claimed in the second patent shall involve an important technical advance of considerable economic significance in relation to the invention claimed in the first patent;

(ii) the owner of the first patent shall be entitled to a cross-licence on reasonable terms to use the invention claimed in the second patent; and

(iii) the use authorized in respect of the first patent shall be non-assignable except with the assignment of the second patent."

130) Art. 31(d): "such use shall be non-exclusive;"

131) Art. 31(e): "such use shall be non-assignable, except with that part of the enterprise or goodwill which enjoys such use;"

132) UNCTAD-ICTSD, p.473.

허마다 얼마든지 다른 사정이 존재할 수 있다. 협정에서 '각 사안의 사정에 따라(in the circumstances of each case)'라고 하고 있는 것은 이를 반영한 것이라 할 수 있다. 협정은 '충분한 보상(adequate compensation)'을 요구하고 있다. 충분한 보상이란 시장가치에 가까운 것이라 할 수 있지만,[133) 각 회원국의 재량이 폭넓게 인정된다 할 수 있다. '허락의 경제적 가치를 고려하여(taking into account the economic value of the authorization)'라는 표현도 회원국의 재량을 간접적으로 확인해주고 있다. 이때 강제실시권의 목적과 성격이 중요한 요인으로 작용할 것이다.

5) 강제실시권에 대한 사법 심사

강제실시권의 효력은 사법 심사의 대상이다. 또한 보상금에 관한 결정도 사법 심사의 대상이 된다[제31조 (i) 및 (j)]. 사법 심사(judicial review)는 사법부에 의한 것뿐만 아니라 독립 행정기관에 의한 심사(other independent review)도 포함된다.[134) 사법 심사든 다른 기관에 의한 심사든 모두 독립적으로 운영되어야 한다. 독립 심사라는 것은 강제실시권 부여 관청과는 다른, 그와는 독립한 기관에 의한 심사를 의미한다.

6) 강제실시권의 종료

강제실시권은 기득권 보호를 조건으로, 강제실시권의 사유가 더 이상 존재하지 않고 재발할 가능성이 없는 경우에는 종료되어야 한다. 권한 있는 당국

---

133) Art. 31(h): "the right holder shall be paid adequate remuneration in the circumstances of each case, taking into account the economic value of the authorization;" 국제법상 충분한 보상은 시장가치를 통하여 산출하되, 이것이 적절치 않은 경우, 기대이익을 포함하는 영업가치(going-concern value), 대체비용(replacement cost) 등이 주로 거론된다.

134) Art. 31(i) "the legal validity of any decision relating to the authorization of such use shall be subject to judicial review or other independent review by a distinct higher authority in that Member;"
Art. 31(j): "any decision relating to the remuneration provided in respect of such use shall be subject to judicial review or other independent review by a distinct higher authority in that Member;"

은 요청이 있는 경우 이런 상황의 계속적인 존재 여부를 심사할 권한을 가진
다[제31조 (g)].[135]

---

135) Art. 31(g): "authorization for such use shall be liable, subject to adequate protection of
the legitimate interests of the persons so authorized, to be terminated if and when the
circumstances which led to it cease to exist and are unlikely to recur. The competent
authority shall have the authority to review, upon motivated request, the continued exist-
ence of these circumstances;"

제8장 집적회로 배치설계

협정 제35조는 1989년 워싱턴조약 제2조에서 제7조까지(제6조 제3항은 제외), 제12조 및 제16조 제3항의 규정에 따라 집적회로의 배치설계에 대한 보호를 부여하기로 회원국 간에 약속하기로 한다고 규정하고 있다.[1] 따라서 비록 워싱턴조약이 발효하지는 않았으나 대부분의 실체 규정이 TRIPS협정으로 환생했다.

해당 워싱턴조약 규정은 집적회로 및 배치설계 등의 정의(제2조), 보호대상(제3조), 보호 방법(제4조), 내국민대우(제5조), 보호의 범위 내지 보호되는 권리(제6조 제3항의 강제실시권 규정 제외), 보호의 요건(제7조), 기존 파리협약 및 베른협약과의 관계(제12조), 소급보호 부정(제16조 제3항) 등이다.

1. 정의

먼저 TRIPS협정은 배치회로의 정의를 워싱턴조약에서 찾고 있다. 이에 의하면, 집적회로란 재료 표면이나 재료 내부에 1개 이상의 능동소자를 포함한 여러 소자들과 이들을 연결하는 도선의 전부나 일부가 상호 분리될 수 없을 정도로 연결되어 전자적인 기능을 수행하는 것을 말하며, 이런 회로의 배치설계란 이들 소자들과 도선들이 공간적으로 배치된 것을 말한다. 또한 배치설계는 이런 집적회로를 제조하는 데 필요한 공간적 배치도 포함한다[조약 제2조 (i) 및 (ii)].[2]

---

1) Art. 35: "Members agree to provide protection to the layout-designs (topographies) of integrated circuits referred to in this Agreement as "layout-designs") in accordance with Articles 2 through 7 (other than paragraph 3 of Article 6), Article 12 and paragraph 3 of Article 16 of the Treaty on Intellectual Property in Respect of Integrated Circuits and, in addition, to comply with the following provisions."

2. 보호대상

보호대상은 배치설계(layout-design, topography)이다(조약 제3조).[3] 보호를
받기 위해서는 독창성(originality)을 갖추어야 한다. 여기서 말하는 독창성은 "창
작자 자신의 노력의 결과이고 창작 당시 배치설계 창작자들 및 집적회로 제조
자들 간에 평범하지 아니"하다는 의미의 독창성이다. 또한 소자와 도선이 평
범한 것이라 하더라도 그 결합(combination)이 독창성을 가질 경우에는 보호
요건을 충족한다(조약 제3조 제2항).[4] 저작권법에서 요구하는 독창성과 상당히
흡사하다.[5] 특허에서 요구하는 신규성이나 진보성은 물론 요건이 아니다. 이
점은 배치설계의 보호가 본질적으로 저작권에 가까운 것임을 알 수 있다.

배치설계는 국내법상 저작권, 특허, 실용신안, 산업디자인, 부정경쟁 등의
방법으로 또는 독자적인 법률로 보호가 가능하다(조약 제4조). 다만, 협약상의
기준(보호대상, 내국민대우 등)을 충족하여야 함은 물론이다. 이것은 조약 체결
당시 각국의 입장을 고려한 규정이라 할 수 있다. 현재 대부분의 나라는 독자

---

2) Art. 2(i): "'integrated circuit' means a product, in its final form or an intermediate form, in
which the elements, at least one of which is an active element, and some or all of the
interconnections are integrally formed in and/or on a piece of material and which is in-
tended to perform an electronic function,"
Art. 2(ii): "'layout-design (topography)' means the three-dimensional disposition, however
expressed, of the elements, at least one of which is an active element, and of some or all of
the interconnections of an integrated circuit, or such a three-dimensional disposition pre-
pared for an integrated circuit intended for manufacture,"

3) 집적회로 개발 비용 중 배치설계에 드는 비용이 50%를 넘는다고 한다. 이 비율은 집적도가 높
아질수록 더욱 늘어날 것으로 예상하고 있다. 이기수·황종환·이덕록·김문환·윤선희·정상조·
권태복, 『지적재산권법』(한빛지적소유권센터, 1996), 1181쪽.

4) Art. 3(2): "(a) The obligation referred to in paragraph (1)(a) shall apply to layout-designs
(topographies) that are original in the sense that they are the result of their creators' own
intellectual effort and are not commonplace among creators of layout-designs (topogra-
phies) and manufacturers of integrated circuits at the time of their creation.
(b) A layout-design (topography) that consists of a combination of elements and intercon-
nections that are commonplace shall be protected only if the combination, taken as a
whole, fulfills the conditions referred to in subparagraph (a)."

5) 영미법계 저작권법상 독창성은 대륙법계의 기준에 비추어 보면 낮다고 할 수 있으나, 미국의
어느 연구자의 견해에 의하면, 미국 법상 반도체칩보호법상의 독창성은 저작권법에서 말하는
최소의 기준(de minimus standard)에 비하여 높은 수준을 요구하는 것이라고 한다. R. Stern,
Semiconductor Chip Protection, §5.3(A)(1) (1986). Chisum et. al., p.741에서 재인용.

적인 법률에 의한 보호 제도(sui generis approach)를 가지고 있다.

3. 연결점 및 내국민대우

워싱턴조약에서는 국적, 주소 및 진정하고 실효적인 영업소(real and effec-tive establishment)를 연결점으로 하고 있다(조약 제5조).[6] 각 회원국은 이런 연결점에 기초하여 내국민대우를 부여하여야 한다.

4. 보호의 범위

배치설계에 대한 권리자는 배치설계의 전체나 일부를 복제하는 것, 그리고 배치설계나 배치설계가 담긴 집적회로를 상업적인 목적으로 수입, 판매, 기타 배포하는 것을 허락하거나 금지하는 권리를 가진다(조약 제6조 제1항).[7] 다만, 사적인 목적으로 복제하거나 또는 평가, 분석, 연구 또는 교육의 목적으로 복제하는 것에 대해서는 권리가 미치지 않는다[조약 제6조 제2항 (a)]. 또한 배치설계(제1차 배치설계)의 평가나 분석을 통하여 창작된 다른 배치설계(제2차 배치설계)가 독창성을 만족하는 경우 이를 집적회로에 담거나 수입, 판매 등의 행위를 하더라도 이는 제1차 배치설계에 대한 권리 침해로 간주하지 않는다[조약 제6조 제2항 (b)]. 권리자는 제3자가 독자적으로 창작한 배치설계가 자신의 배치설계와 동일하다 하더라도 권리를 주장할 수 없다[조약 제6조 제2항 (c)]. 동일

---

6) 파리협약상의 연결점과 일맥상통한다. 이에 관해서는, 제3부 제2장 2. 1) 연결점 참조.

7) Art. 6(1): "(a) Any Contracting Party shall consider unlawful the following acts if performed without the authorization of the holder of the right:

(i) the act of reproducing, whether by incorporation in an integrated circuit or otherwise, a protected layout-design (topography) in its entirety or any part thereof, except the act of reproducing any part that does not comply with the requirement of originality referred to in Article 3(2),

(ii) the act of importing, selling or otherwise distributing for commercial purposes a pro-tected layout-design (topography) or an integrated circuit in which a protected layout-de-sign (topography) is incorporated. ……"

한 배치설계라 하더라도 각기 독자적으로 창작되는 한, 시간적으로 나중에 창작된 배치설계도 기존의 배치설계와는 별도로 보호받는다는 점을 밝혀주고 있는 것이다. 이것은 저작권법의 원리, 즉 기존 저작물과 아무런 관련 없이 창작된 저작물은 독립적으로 보호된다는 원리와 같은 것이다.

TRIPS협정은 이보다 한 발 더 나아가 배치설계가 담긴 집적회로를 사용하여 제조된 물품의 수입, 판매 등에도 권리가 미치는 것으로 했다(제36조).[8] 이는 워싱턴조약에 불만을 품고 참여하지 않았던 미국이나 일본의 입장을 반영한 것이라 할 수 있다.[9]

즉, 불법 복제 배치설계를 담은 집적회로나 그 집적회로를 담은 제품과 관련하여 수입, 판매 등의 행위를 한 사람이 그 사실을 모르거나 합리적인 노력을 다해도 알 수 없을 때에는 법적 책임을 물을 수 없다. 다만, 충분한 통지를 받은 후 그때까지 재고로 가지고 있거나 주문받은 것에 대해서는 자유로운 협상에 의한 라이선스 계약에 의거하여 지급할 것이라고 볼 수 있는 합리적인 사용료에 상당하는 금액을 지급하는 조건으로 수입, 판매 등을 할 수 있다(제37조 제1항).[10][11]

---

8) Art. 36: "Subject to the provisions of paragraph 1 of Article 37, Members shall consider unlawful the following acts if performed without the authorization of the right holder: importing, selling, or otherwise distributing for commercial purposes a protected layout-design, an integrated circuit in which a protected layout-design is incorporated, or an article incorporating such an integrated circuit only in so far as it continues to contain an unlawfully reproduced layout-design."

9) 우리 반도체 집적회로의 배치설계에 관한 법률 제2조 4호에서는 배치설계의 이용이란 "배치설계를 복제하는 행위", "배치설계에 의하여 반도체집적회로를 제조하는 행위", "배치설계, 그 배치설계에 따라 제조된 반도체집적회로 또는 반도체집적회로를 사용하여 제조된 물품(이하 '반도체집적회로등'이라 한다)을 양도·대여하거나 전시(양도·대여를 위한 경우로 한정한다) 또는 수입하는 행위" 등 세 가지로 표현하고 있다.

10) Art. 37(1): "Notwithstanding Article 36, no Member shall consider unlawful the performance of any of the acts referred to in that Article in respect of an integrated circuit incorporating an unlawfully reproduced layout-design or any article incorporating such an integrated circuit where the person performing or ordering such acts did not know and had no reasonable ground to know, when acquiring the integrated circuit or article incorporating such an integrated circuit, that it incorporated an unlawfully reproduced layout-design. Members shall provide that, after the time that such person has received sufficient notice that the layout-design was unlawfully reproduced, that person may perform any of the acts with respect to the stock on hand or ordered before such time, but shall be liable to pay to

수입과 판매 기타 배포에 대한 권리는 권리자의 허락을 받아 시장에 출하된 경우에는 권리가 소진된다(조약 제6조 제5항).

TRIPS협정은 강제실시권에 관하여 별도의 조항을 두고 있는바, 이용 발명에 관한 규정을 제외하고는, 특허에 대한 강제실시권 규정을 모두 배치설계에 대해서 준용하고 있다(제37조 제2항).[12]

5. 등록(방식) 등

각국은 보호의 조건으로서 상업적 이용이나 등록을 요구할 수 있다(조약 제7조). 등록의 경우 소정의 양식으로 관할청에 출원하여야 한다. 상업적 이용이 있는 경우에는 그 견본도 함께 제출하여야 한다. 출원 기간은 최초의 상업적 이용일로부터 2년이 경과하지 않는 범위 내에서 정할 수 있다.

6. 보호기간

등록을 요구하는 회원국에 대해서는 등록 출원일 또는 최초의 상업적 이용일로부터 10년이다. 등록을 요구하지 않는 회원국에 대해서는 최초의 상업적 이용일로부터 10년이다. 회원국은 배치설계 창작 후 15년이 경과하면 보호가 종료한다고 규정할 수도 있다. 따라서 회원국은 등록 출원일이나 최초의 상업적 이용일로부터 10년 또는 창작일로부터 15년 중에서 택일할 수 있다(제38조).

---

the right holder a sum equivalent to a reasonable royalty such as would be payable under a freely negotiated licence in respect of such a layout-design."

11) 워싱턴조약 제6조 제4항에서도 선의 구매자 보호에 관해서 규정하고 있다. 내용은 기본적으로 동일하다. 다만, 이 조약에서는 선의 구매자 보호가 배치설계를 담은 집적회로에 한하여 규정하고 있다는 점으로, 이는 조약상의 권리가 집적회로를 담은 물품에까지 미치지 않는다. 또한 통지 및 보상에 관한 별도의 규정도 존재하지 않는다.

12) 워싱턴조약 제6조 제3항은 상업적 관행에 따라 권리자로부터 허락을 받지 못한 경우 일정한 조건하에서 강제실시권을 부여할 수 있도록 하고 있다. 해당 국가가 "[행정 또는 사법] 당국이 국가의 목적을 유지하는 것이 필요하다고 간주하는 경우" 강제실시권을 부여할 수 있도록 하는 등 그 요건이 매우 완화되어 있다.

7. 기타 규정

위싱턴조약상 기타 중요한 규정으로는 제12조와 제16조 제3항이 있다. 제12조는 파리협약과 베른협약과의 관계를 규정한 것으로 이들 기존 협약 당사자의 의무는 이 조약으로 인해 영향을 받지 않는다는 것이고, 제16조 제3항은 기존의 배치설계에 대해서는 조약 규정이 미치지 않는다는, 소급보호를 부정한 규정이다.

제9장 미공개정보의 보호

1. 미공개정보의 의의

각국은 영업비밀(trade secret) 보호에 관하여 각기 다른 제도를 가지고 있다. 보호대상도, 보호 방법도 달리하고 있다. 특히, 다른 지적재산권과 비교할 때 보호대상이나 보호기간을 특정하는 것도 곤란한 점에서 입법 정책적으로 다루기 매우 어려운 분야이다. 그 국제적 통일은커녕 조화조차 지극히 어려운 대상이다.

파리협약은 부정경쟁에 대한 보호를 위한 규정(제10조의2)을 두고 있으나, 그 규정의 법적 효과는 접어두더라도 그 규정이 영업비밀에도 미친다고 말하기는 어렵다. 규정의 입법연혁을 보더라도 그렇다. 현행 제10조의2는 1958년 리스본 회의에서 최종 개정되었는바, 당시 영업비밀은 논의 대상이 아니었다.

우루과이 라운드 협상 당시 각국의 입장은 분명한 차이를 보였다. 먼저, 선진국과 개발도상국 간에는 보호 자체를 둘러싸고 논쟁이 존재했다. 미국과 EC 등 선진국은 영업비밀 보호를 협정 내에 반영하자고 주장한 반면, 개발도상국은 영업비밀은 지적재산권의 범주에 속하지 못하므로 협상 대상조차 될 수 없다고 반박했다. 스위스는 영업비밀이 다른 지적재산권과 다르다는 점을 인정하면서도, 시간과 인력, 재원을 들여 생산한 재산적 정보의 보호는 다른 지적재산권에 내재한 사상과 같다는 점에서, 그런 재산적 정보는 파리협약 제10조의2에서 규정한 대로, 그리고 각국의 "국내법과 관행에서 규정한 대로" 보호할 것을 제안했다.[1] 당시만 하더라도 미국은 연방법이 아닌 주법으로 영업비밀

---

[1] Ross & Wasserman, p.2306. 스위스 제안은 1990년 5월 14일 나온 것인데, 그보다 앞서 1990년 3월 20일 EC는 "파리협약 제10조의2에서 규정된 바와 같이 부정경쟁에 대한 효과적인 보호를 보장하는 과정에서", "[체약국의] 국내법과 관행으로(in their domestic law and practice)" 미공개정보의 보호를 위한 법적 구제 수단을 마련할 것을 제안한 바 있다. MTN.GNG/NG11/W/68, op. cit., Art. 28 참조.

을 보호하고 있었고, EC 국가들 간에는 보호 방법에 많은 차이가 존재했다.

한편, 의약품 등의 시판 승인을 위해 정부에 제출하는 영업비밀(미공개정보) 과 관련하여 미국과 EC 간의 입장 차이도 존재했다. 미국은 정부의 자료 공개를 위해서 권리자의 동의를 요구하는 등 까다로운 조건을 내건 반면, EC는 경쟁업자에 의한 불공정한 이용을 막는 데 만족할 정도로 완화된 입장을 보였다.[2] TRIPS협정은 형식적으로는 EC의 제안을 수용하면서, 내용적으로는 미국의 입장을 크게 반영하여 그 결과 제39조가 나온 것이다.

2000년대 들어 국가 간, 기업 간 경쟁이 격화하면서, 기술과 영업 분야에서 경쟁의 우위를 확보하기 위하여 혁신적인 노하우 확보가 절실한 과제로 떠올랐다. 미공개정보 내지 영업비밀 보호의 필요성도 더욱 커졌다. TRIPS협정은 이 점에서 미공개정보의 정의 부재, 규정상의 구체성 결여 등으로 비판을 받고 있다. 오늘날의 관점에서는 그러한 비판을 부분적으로 수긍할 수도 있다. 그러나 협상 당시의 상황에 비춰 보면 획기적인 것이었고, 게다가 WTO 회원국은 협정상의 기준에 따라 미공개정보 보호를 위한 제도를 마련하는 계기를 제공했다는 점에서 그 의의는 적지 않다.

2. 협정 규정

제39조는 3개항으로 되어 있는, 다소 긴 규정이다.

1. 파리협약(1967년) 제10조의 2에 규정된 바와 같이 부정경쟁에 대한 효과적 보호를 보장하는 과정에서, 회원국은 제2항에 따른 미공개정보와 제3항에 따른 정부 또는 정부기관에 제출된 자료를 보호한다.

2. 자연인과 법인은 적법하게 자신의 통제하에 있는 정보가 다음과 같은 정보인 경우, 자신의 동의 없이 정직한 상관행에 반하는 방법으로 타인에게 공개되거나, 타인에 의하여 획득되거나 사용되는 것을 금지할 수 있다.

　(a) 전체로서 또는 그 구성요소의 정밀한 구성과 조합의 형태로서 해당 종류의 정보를 통상적으로 다루고 있는 사람들에게 일반적으로 알려져 있지 아니하거나 쉽게 접

---

2) MTN.GNG/NG11/W/70, op. cit., Art. 33; MTN.GNG/NG11/W/68, op. cit., Art. 28(b) 참조.

근될 수 없다는 의미에서 비밀인 것;

(b) 비밀이기 때문에 상업적 가치를 가지는 것; 그리고

(c) 그 정보를 적법하게 통제하고 있는 사람에 의하여 비밀로 유지하기 위한 상황하에서 합리적인 조치의 대상이 되는 것.

3. 회원국은 신규 화학 물질을 이용한 의약품 또는 농약품의 시판을 승인하는 조건으로서, 그 작성에 상당한 노력이 수반된 미공개 실험 또는 그 밖의 자료 제출을 요구하는 경우, 불공정한 상업적 사용에 대하여 그러한 자료를 보호한다. 또한 회원국은 공중을 보호하기 위하여 필요하지 아니한 경우 또는 불공정한 상업적 사용에 대한 그 자료의 보호를 보장하기 위한 조치가 취하여지지 아니하는 경우에는 공개에 대하여 그러한 자료를 보호한다.[3]

협정은 미공개정보(undisclosed information)를 보호한다. 협정은 이와 유사한 다른 용어, 예를 들어 영업비밀(trade secret or confidential information)이나 재산적 정보(proprietary information), 노하우 등과 구별하기 위하여 미공개정보라는 표현을 택하고 있다. 특정 법체계상의 용어를 연상시키지 않도록 하려는 의도도 보인다.[4]

---

3) Art. 39: "1. In the course of ensuring effective protection against unfair competition as provided in Article 10bis of the Paris Convention (1967), Members shall protect undisclosed information in accordance with paragraph 2 and data submitted to governments or governmental agencies in accordance with paragraph 3.

2. Natural and legal persons shall have the possibility of preventing information lawfully within their control from being disclosed to, acquired by, or used by others without their consent in a manner contrary to honest commercial practices so long as such information:

(a) is secret in the sense that it is not, as a body or in the precise configuration and assembly of its components, generally known among or readily accessible to persons within the circles that normally deal with the kind of information in question;

(b) has commercial value because it is secret; and

(c) has been subject to reasonable steps under the circumstances, by the person lawfully in control of the information, to keep it secret.

3. Members, when requiring, as a condition of approving the marketing of pharmaceutical or of agricultural chemical products which utilize new chemical entities, the submission of undisclosed test or other data, the origination of which involves a considerable effort, shall protect such data against unfair commercial use. In addition, Members shall protect such data against disclosure, except where necessary to protect the public, or unless steps are taken to ensure that the data are protected against unfair commercial use."

협정은 파리협약과 연계하여, 즉 파리협약상 "부정경쟁에 대한 효과적 보호를 보장하는 과정에서(in the course of ensuring effective protection against unfair competition)" 미공개정보를 보호하는 규정 형식을 취하고 있다. 미공개정보 보호는 부정경쟁에 대한 보호의 한 종류라는 점을 시사한다. 미공개정보는 파리협약 제10조의2에서 말하는 산업상 또는 상업상의 '정직한 관행'에 반하는 부정경쟁 행위의 하나라고 할 수는 있었으나 각국의 관행은 이에 부정적이었다. 이제 제39조의 등장으로 파리협약상 부정경쟁의 범위가 확장된 것이라 할 수 있다.[5] 제39조는 크게 두 가지로 나뉜다. 하나는 좁은 의미의 미공개정보이고, 다른 하나는 정부에 제출한 미공개 자료이다.

3. 미공개정보의 보호

1) 좁은 의미의 미공개정보

제39조 제2항은 좁은 의미의 미공개정보 보호에 관해 규정하고 있다. 협정에서는 미공개정보의 의미를 적극적으로 정의하지 않고 있으나, 일부 국가(프랑스 등)에서 보듯이, 제조상 또는 산업상의 비밀과 상업상의 비밀로 나눌 수 있다. 전자에는 제조 방법, 화학 공식, 청사진, 모형 등 순전히 기술적인 분야에 관한 정보가 있고, 후자에는 판매 방법, 유통 방법, 계약서 형식, 소비자 정보, 광고 전략, 공급자 목록 등이 있다.[6] 그 어느 것이든 협정상의 요건을 충족할 경우 보호를 받을 수 있다.

협정은 "정직한 상관행에 반하는 방법으로(in a manner contrary to honest business practices)" 미공개정보의 공개를 방지할 수 있는 권한을 정보 소유자에게 부여하고 있다. 협정상 정직한 상관행에 반하는 것이란 "계약 위반, 신뢰 위반 및 위반의 유도와 같은 관행을 의미하며, 그러한 관행이 정보 취득에 간여되어 있음을 알았거나, 알지 못한 데 중대한 과실이 있는 제3자에 의한 미공개정보

---

4) Gervais, p.274.

5) 이에 따라 회원국은 파리협약상의 내국민대우의 원칙이나 일부 집행(압류 등) 규정상의 의무도―이것은 TRIPS협정상에서 규정한 의무와 중복될 가능성이 높긴 하지만―부담하게 된다.

6) WIPO(Unfair Competition), p.50.

의 취득을 포함한다.[7] 협정은 각국이 가지고 있는 여러 제도, 이론 등을 부분
적으로 받아들이면서, 협정상 미공개정보의 의미를 간접적으로 제시하고 있
는 것이다.

영업비밀 보호에 관한 이론은 크게 세 가지 측면에서 접근하고 있다. 첫째
는 계약 관계에 의한 보호이다. 고용 계약이나 라이선스 계약, 도급 계약, 합작
계약 등에서는 당사자들에게 영업비밀을 공개하지 않을 의무를 규정한다. 둘
째는 신뢰 관계(fiduciary relationship)에 의한 보호이다. 영국 법에서는 일정한
상황에서 묵시적으로 비밀 준수 의무가 존재하고, 그에 따라 영업비밀이 보호
된다. 예를 들어, 수의학 견습생은 자신에게 알려진 의약 처방을 비밀로 할 의
무를 부담한다. 셋째는 부정이용(misappropriation)에 대한 보호이다. 유럽의
부정경쟁 법리에 상당한 것으로, 미국에서는 영업비밀의 오용을 부정이용 측
면에서 파악한다.[8] 각각의 이론에 대해 장점과 단점이 있고, 고유한 배경이
존재한다. 협정 각주에서 계약 위반, 신뢰 위반 및 이런 위반의 유도(induce-
ment)를 언급하고 있는 것도 이런 제도들을 반영한 것이라 할 수 있다.

계약 위반이나 신뢰 위반이 근로자나 수탁자, 그 밖에 비밀 준수 의무가 있
는 사람들에 대한 의무 위반에서 나온 것이라면, 위반의 유도나 미공개정보의
취득은 제3자에 의한 미공개정보의 불공정한 취득에 해당하는 것이다. 위반의
유도에 관한 책임 이론은 국가에 따라 다르기 때문에 국내법상 재량이 크게
작용할 것으로 본다. 제3자에 의한 미공개정보의 취득의 경우에는 고의나 중
과실을 요건으로 하여 책임을 물을 수 있다.

미공개정보는 다음과 같은 요건을 충족하는 한 보호를 받는다. ① 정보 소
유자 자신이 통제하고 있는 정보라야 한다. 그 통제는 적법한 것이어야 한다.

② 해당 정보가 비밀로 존재해야 한다. 해당 종류의 정보를 통상적으로 다
루고 있는 사람들이 일반적으로 알지 못하거나 쉽게 접근할 수 없다는 의미의
비밀을 말한다.[9] 이런 의미에서 비밀(secrecy)이란 객관적인 것이다. 특허법상

---

7) Footnote 10: "For the purpose of this provision, 'a manner contrary to honest commercial
practices' shall mean at least practices such as breach of contract, breach of confidence and
inducement to breach, and includes the acquisition of undisclosed information by third
parties who knew, or were grossly negligent in failing to know, that such practices were
involved in the acquisition."

8) François Dessemontet, "Protection of Trade Secrets and Confidential Information," in Correa
& Yusuf, pp. 276~279.

신규성과 같이 객관적인 기준에 적합해야만 비밀로 존재한다 할 수 있다. 그러나 특허의 경우 해당 기술이 어디에서건 알려져 있다면 신규성을 잃게 되지만, 미공개정보의 경우 비록 다른 어느 국가에서 알려졌다 하여 언제든지 비밀성을 잃는 것은 아니다.10) 또한 비밀이란 상대적인 것이다. 해당 비밀을 통제하는 사람에게만 알려진 것일 필요는 없으며 다른 경쟁업자에게 알려진 것이라 하더라도 해당 정보를 다루는 사람들에게 '일반적으로' 알려지지 않은 것이라면 여전히 비밀성을 유지하고 있는 것이다.11) 역분석(reverse engineering)은 허용된다고 본다. 비밀성이란 해당 정보를 다루는 사람들이 쉽게 접근할 수 없다는 의미이므로, 이들이 역분석을 통해 '쉽게 접근할 수(readily accessible)' 있다면 보호대상이 될 수 없기 때문이다.12) 이 점에서 특허와는 크게 다르다.

③ 비밀이기 때문에 상업적 가치를 가져야 한다. 상업적 가치는 경쟁업자에 대한 경쟁력 측면에서 살펴볼 수도 있고, 그 희소성에서 찾아볼 수도 있는 것이지만, 실제적인(actual) 것에 국한한다.13)

④ 해당 정보를 통제하고 있는 사람이 비밀로 유지하기 위하여 합리적인 조치를 취해야 한다. 합리적인 조치란 암호화, 계약상의 조건 등을 통해 이뤄진다.14)15)

---

9) 비밀의 의미는 1988년 노하우 라이선스 계약에 관한 EC 규칙상의 의미와 흡사하다. Commission Regulation (EEC) No 556/89 of 30 November 1988 on the application of Article 85 (3) of the Treaty to certain categories of know-how licensing agreements, Art. 1(7): "2. the term 'secret' means that the know-how package as a body or in the precise configuration and assembly of its components is not generally known or easily accessible, so that part of its value consists in the lead-time the licensee gains when it is communicated to him; it is not limited to the narrow sense that each individual component of the know-how should be totally unknown or unobtainable outside the licensor's business; ……"

10) Dessemontet, op. cit., in Correa & Yusuf, pp. 282~283.

11) Dessemontet, op. cit., in Correa & Yusuf, pp. 283~284; UNCTAD-ICTSD, p. 529.

12) UNCTAD-ICTSD, p. 529.

13) UNCTAD-ICTSD, p. 529; Dessemontet, op. cit., in Correa & Yusuf, p. 280.

14) UNCTAD-ICTSD, p. 530.

15) 미공개정보의 판단 여부는 대체적으로, ① 해당 정보가 사업자 이외에 알려진 정도, ② 그 사업에 관계하는 근로자 등이 알고 있는 정도, ③ 사업자가 정보의 비밀 유지를 위하여 취하는 조치의 정도, ④ 해당 정보가 사업자와 경쟁자에게 주는 가치, ⑤ 해당 정보를 개발하기 위하여 들어간 노력과 비용, ⑥ 다른 사람이 해당 정보를 얻기 위하여 겪는 어려움 등을 기준으로 한다. WIPO(Unfair Competition), pp. 50~51; Blakeney, p. 104.

미공개정보에 대한 권리의 주체는 자연인이 될 수도 있고, 법인이 될 수도 있다. 자연인이든 법인이든 미공개정보의 공개를 금지할 수 있다(possibility of preventing information). 협정은 금지할 수 있는 권리만을 가지도록 하고 있을 뿐 다른 구제 수단에 대해서는 언급하지 않고 있다. 손해배상 청구권을 부정하더라도 협정을 위반한다고 할 수는 없을 것이다.

2) 정부 제출 자료

새로운 의약품이나 농약품은 시장 출하 전에 정부의 안정성이나 유효성 검사(심사)를 받는 경우가 많다. 의약품이나 농약품을 발명한 사람은 임상 실험 등을 위해서 막대한 재원과 노력을 투하했을 것이고 실험 자료 등은 검사 신청 전까지 공개되지 않았을 것이다. 신청인은 이런 자료의 외부 공개를 꺼릴 것이다. 1970년대 이후 이런 자료를 보호하는 제도가 등장하기 시작했다.[16]

TRIPS협정은 이런 의약품과 농약품에 관하여 별도로 규정을 두어, 불공정한 상업적 사용으로부터 보호받을 수 있도록 하고 있다. 이를 위해서는 몇 가지 조건을 충족해야 한다. ① 정부가 의약품과 농약품의 시판을 승인하기 위하여 자료 제출을 요구하는 경우에 한한다. 국내외의 등록 제도를 활용하여 시판 승인을 하는 경우와 같이, 정부가 그런 자료 제출을 요구하지 않는 경우에는 적용되지 않는다.[17]

② 의약품이나 농약품의 유효성과 안정성을 검사하기 위한 목적의 자료로서 미공개 실험 자료나 그 밖에 필요한 자료를 보호대상으로 한다. 발명되거나 창작된 것에 국한하지 않으며 시판을 위해 제공하는 모든 '미공개' 자료를 의미한다. 제조나 보관, 포장 방법 등을 포함한다.[18]

③ 신규의 화학 물질을 이용한 의약품과 농약품에 한정한다. 협정은 '신규의(new)' 의미에 대해서 밝히지 않고 있다. 국가에 따라서는 특허법에서 말하는 신규성을 기준으로 삼을 수도 있을 것이고, 동일한 의약품에 대해 동일한

---

16) 미국은 1972년 살충제에 대해서, 1984년에는 의약품에 대해서 자료 보호 제도를 도입했다. 후자의 경우 신규의 화학 물질에 대한 5년의 독점권을 부여했다. EU는 1987년 이후 의약품에 대한 자료 독점권을 인정했다. UNCTAD-ICTSD, p.522.

17) UNCTAD-ICTSD, p.530.

18) Ibid.

신청이 없는 경우 신규성을 인정할 수도 있을 것이다. 국제적 신규성인지 국내적 신규성인지에 대해서도 각 회원국이 결정할 수 있다. '신규의 화학 물질'이므로, 해당 의약품의 신규의 용도, 기존 의약품의 결정체나 이성질체(isomer)는 적용 대상이 아니다.[19]

④ 자료의 작성에 상당한 노력(considerable effort)이 수반되어야 한다. 시간, 비용, 인력 측면에서 상당한 것이어야 한다. 그 상당성(considerable)에 대한 판단은 각 회원국이 재량에 속한다.

회원국은 그런 자료를 '불공정한 상업적 사용(unfair commercial use)'으로부터 보호할 의무를 부담한다. 미국 등 일부 국가에서 인정하고 있는 일정 기간의 독점권을 부여할 수도 있지만, 부정경쟁에 대한 보호 방식으로 협정상의 의무를 충족할 수도 있을 것이다. '불공정한 상업적 사용'이라고 생각할 수 있는 예로는 경쟁업자가 다른 제약회사의 기존 연구와 실험 결과를 사용한다든가, 복제 의약품 제약회사가 기존에 시판 승인된 의약품과의 생물학적 동등성(bio-equivalence) 시험을 위해 기존 자료를 활용하는 것 등을 들 수 있다.[20] 그 어떤 경우에도 앞에서 적시한 요건을 충족해야 할 뿐만 아니라(특히 '신규의 화학 물질을 이용한 의약품과 농약품'에 한정), '불공정한 상업적 사용'에 해당해야 하는 등 협정 적용을 둘러싸고 해석상 논란의 여지가 적지 않다.[21]

협정은 또한 정부에 의한 공개도 금지하고 있으나, 두 가지 예외를 인정하고 있다. 즉, ① 정부는 공중 보건의 필요에 의해 미공개 자료를 공개할 수 있고, ② 불공정한 상업적 사용으로부터 보호할 수 있는 조치를 취한 경우 미공개 자료를 공개할 수 있다[제3항 2문("불공정한 상업적 사용에 대한 그 자료의 보호를 보장하기 위한 조치가 취하여지지 아니하는 경우에는") 반대 해석]. 전자의 경우는 공중 보건의 필요에 의한 특허의 강제실시권 부여와 같은 맥락에서 이해할 수 있다.

---

19) Ibid.

20) Gervais, p. 277; UNCTAD-ICTSD, p. 531.

21) Gervais, p. 277 참조.

제10장 권리의 집행

1. 파리협약과 베른협약

파리협약에 따르면 동맹국은 다음 몇 가지 의무를 부담한다. 첫째, 상표나 상호를 불법 부착한 상품을 수입 시 압류해야 한다(제9조). 둘째, 상품의 출처를 허위 표시하는 경우에도 마찬가지로 압류해야 한다(제10조). 셋째, 부정경쟁에 대하여 효과적인 보호(effective protection)를 해야 한다(제10조의2). 마지막으로, 동맹국은 이들 규정(제9조 내지 제10조의2)상의 행위를 효과적으로 억제하기 위하여 "충분한 법적 구제 조치를 보장할 것을 약속"하고 있다. 구제받을 수 있는 보호대상이 한정적일 뿐만 아니라 구제 방법도 전적으로 국내법에 맡겨진 형편으로, 집행 규정은 매우 미흡하다 할 수 있다.

한편, 베른협약도 부분적으로 집행 규정을 두고 있다. 첫째, 어느 동맹국이든 침해 복제물을 압류해야 한다(제16조). 음악저작물의 녹음물은 다른 동맹국에서 강제허락에 의해 제작되었다 하더라도 수입국에서 불법 녹음물로 간주되는 경우 압류할 수 있다(제13조 제3항). 둘째, 저작자는 통상적인 방법으로 자신의 이름이 표시되는 경우 협약상 보호되는 저작물의 저작자로 추정되고, 그런 저작자의 지위에서 침해 소송을 제기할 수 있는 권리를 가진다(제15조). 베른협약도 파리협약과 마찬가지로 압류를 동맹국의 의무로 하고 있다. 압류대상을 폭넓게 인정하고 있다는 특징도 있다. 그러나 집행 전반에 걸친 규정은 파리협약과 마찬가지로 여전히 미약하다.

2. TRIPS협정 집행 규정

1) 지적재산권 집행의 한계

지적재산권은 보호대상을 정하고, 권리의 종류와 내용을 확정하는 것만으로 충분하고 효과적인 보호를 받는 것은 아니다. 보호대상의 속성상 무임승차에서 자유로울 수 없다. 인격적인 권리이든 재산적인 권리이든 그 침해에 대하여 일정한 조건하에서 구제 절차와 제재 절차를 강구하지 않으면 그 보호는 사상누각이 될 수가 있다. 지적재산권 분야 보호대상과 권리의 특성을 고려하여, 기존의 사법 절차나 행정 절차를 부분적으로 수정하는 것만으로도 침해를 억제하기에 충분한 보호 체계를 마련할 수 있다. 민주적 사법 절차를 가지고 있는 국가라면, 국민에게 "헌법과 법률이 정한 법관에 의하여 법률에 의한 재판을 받을 권리"와 "신속한 공개재판을 받을 권리"를 부여해야 한다. 절차상으로도 적법절차(due process of law)의 원리에 의해 개인의 신체와 재산을 보호해야 한다.

그러나 많은 국가들은 의식주조차 해결하지 못하고 있는 것이 현실이고, 지적재산권 보호를 위해 특별히 행정 제도나 사법 제도를 정비할 것을 요구하는 것 또한 지적재산권 보호에 지나치게 치우친 일방적인 강요에 가깝다 할 수 있다. 그런가 하면, 법체계가 갖춰진 국가들 간에도 사법이나 행정 제도도 다르고 절차도 무척 다양해서 이들 제도나 절차를 조화하는 것조차 지극히 어려운 일이다. 국가마다 사법 제도는 국가 주권의 영역으로 엄존하고 있고,[1] 자국 고유의 역사와 전통이 깊이 뿌리를 내리고 있다. 사법 제도는 국제적으로 그 통일은 접어놓고라도 그 조화조차 무척 어려운 분야로 남아 있다.[2]

이런저런 사정으로 인하여, 이제까지 지적재산권 조약들은 보호수준을 정하고 이를 국가의 의무로 하는 데 중점을 두었다. 창작자는 조약상 수익자로

---

1) 국가 주권의 하나로 사법 관할권(judicial jurisdiction)이 있다.
2) 동류 의식이 강하고 역사와 전통도 상당히 공유하고 있는 EC 회원국들 간에도 집행 제도의 통일은 쉽지 않았다. EC는 '2004년 지적재산권의 집행에 관한 EC 지침(Directive 2004/48/EC of the European Parliament and of the Council of 29 April 2004 on the enforcement of intellectual property rights)'을 제정한 바 있다. 이어 2005년 이후 형사 분야에서도 지침을 만들고자 했으나, EU 내에서 합의점을 찾지 못하고 2010년 그 방침을 철회했다.

서 지위를 가지지만 자신의 권리는 각국이 정한 집행 기준과 절차에 따라 보호를 받을 뿐이었다. 침해에 대한 구제, 제재 등은 거의 전적으로 국내법에 의존하는 체제였던 것이다. 파리협약이나 베른협약에 일부 집행 규정이 존재하지만 그 내용이 미약하여 각국의 재량 범위에 크게 영향을 주지도 못했다.

2) TRIPS협정 집행 규정의 의미

TRIPS협정은 이런 기존 국가 관행에 커다란 변화를 가져다주었다. 집행 절차에 관한 국제 기준을 제시하면서 이를 각 회원국의 의무로 한 것이다. 선진국은 기존 파리협약이나 베른협약에 집행 규정이 매우 미흡하다는 인식을 가지고 있었고, 그에 따라 집행 규정은 우루과이 라운드 지적재산권 협상에서 핵심 의제 중 하나였다. TRIPS협정이 국가들 간의, 심지어 선진국들 간의 복잡다기한 제도나 절차에도 무릅쓰고 집행 절차에 관하여 일정한 기준을 제시하고 이를 WTO 회원국의 의무로 한 것은 가히 역사상 획기적인 '성과'로 평가받을 만하다.[3] 집행 분야는 다른 분야에 비해 선진국과 개발도상국 간에 상대적으로 논란이 적었다. 지적재산권의 집행을 위한 개발도상국의 인프라와 자원 부족에 비춰 볼 때 이례적인 일이었다 할 수 있다.[4]

TRIPS협정 제3부는 지적재산권의 집행(enforcement of intellectual property rights)이라는 이름으로 21개조에 걸쳐 있다. 집행이란 영어 표현에서 나온 것으로,[5] 일률적으로 설명하기 곤란하다.[6] TRIPS협정 제3부는 크게 세 가지 범

---

3) Gervais, p.287. 이에 대해 이견을 가지고 있는 학자들도 있다. J. H. Reichman and David Lange, "Bargaining Around the TRIPS Agreement: The Case for Ongoing Public-Private Initiative to Facilitate Worldwide Intellectual Property Transactions," 9 *Duke Journal of Comparative and International Law* (1998), pp.11~68; Peter K. Yu, "TRIPS and its Achilles' Heel," 18 *Journal of Intellectual Property Law* (2011), pp.479~531.

4) UNCTAD-ICTSD, p.579. 집행 규정 중 개발도상국의 입장을 반영한 조항으로는 제41조 제5항 정도에 지나지 않는다. 이에 관해서는, 제5부 제10장 2. 3) (2) 지적재산권 관련 규정 참조.

5) TRIPS협정 프랑스어본에서는 영어 'enforcement'에 해당하는 것으로 'moyens de faire respecter'라고 하고 있다. 영어 단어와 같은 의미의 프랑스어 단어는 없는 듯하다.

6) 실행에 옮기는 것, 법률을 시행하는 것, 영장이나 판결을 집행하는 것, 추심하는 것 등(To put into execution; to cause to take effect; to make effective; as, to enforce a particular law, a writ, a judgment, or the collection of a debt or fine; to compel obedience to.)을 의미한다. *Black's Law Dictionary*, 5th ed., 1979 참조.

주의 규정으로 되어 있다. 첫째는 민사 절차에 관한 규정(제42조 내지 제48조) 과 잠정 조치에 관한 규정(제50조 제1항 내지 제7항) 및 형사 절차에 관한 규정 (제61조)이다. 이들 규정은 사법 절차(judicial procedure)에 관한 것이라 할 수 있다. 둘째는 행정 절차(administrative procedure)에 관한 규정(제49조 및 제50조 제8항)이다. 이것은 행정 절차로 민사 절차나 잠정 조치를 수행하는 경우를 염 두에 둔 것이다. 셋째는 국경 조치에 관한 규정(제51조 내지 제60조)이다.

권력 분립의 원리에 따르면, 법률을 관장하는(administration of law) 행정부 의 기능과 법률을 해석하는(interpretation of law) 사법부의 기능은 서로 교차하 지 않는다. 국가마다, 법률 적용 분야마다 이런 원리가 엄격하게 지켜지는 것 은 아니다. 어떤 국가에서는 사법 절차에 상당하는 구제 절차나 제재 절차를 행정기관이 수행하기도 한다. 그런가 하면, 대부분의 국가들은 국경 조치와 같이 준사법적 절차를 행정기관(세관)이 수행한다. TRIPS협정은 이런 점들을 감안하여, 사법부의 절차(사법 절차)와 행정부의 준사법적 절차를 모두 포함하 는 의미에서 '집행'7)이라는 표현을 사용하고 있다.

TRIPS협정 제3부는 집행 분야의 최소한의 기준을 제시하고 있다. 협정에 따르면, 회원국은 지적재산권 침해에 대하여 효과적인 수단을 갖추어야 하며 이런 수단에는 침해 방지를 위한 신속한 구제와 침해 억지력 있는 구제가 포 함될 것을 요구하고 있다. 또한 절차는 공평해야 하며 과다한 비용이나 부당 한 지연을 가져와서는 안 될 것임을 천명하고 있다. 법원의 판단은 가능한 한 문서로서 하고 이유를 밝힐 것, 본안에 대한 판단은 증거에 입각할 것, 당사자 에게 변론의 기회를 줄 것, 사법 심사의 가능성을 열어놓을 것 등도 협정상의 의무 사항이다. 이런 집행 규정은 기존의 사법 제도와는 별개의 제도를 요구 하는 것은 아니며 기존 법률 시행을 위한 재정적·행정적 능력을 벗어날 정도 로 제도의 정비를 강제하는 것도 아니다. 또한 지적재산권 보호를 위하여 다 른 법률의 시행에 비하여 형평을 잃을 정도의 장치 마련을 강요하는 것도 아 니다.

이들 규정은 보호 기준에 관한 TRIPS협정상의 다른 규정들과는 한 가지 차 이가 있다. 후자는 "회원국은 … 하여야 한다"(예를 들면 제1조 제1항)거나 "컴퓨

---

7) 여기서 말하는 집행(enforcement)은 권리의 집행으로, 법률의 집행 내지 관장(administration of law)과는 구별된다.

터 프로그램은 … 보호된다"(제10조 제1항)와 같은 강제 규정(shall provisions or obligatory provision)과 "회원국은 … 할 수 있다"(예를 들면 제8조 제1항)와 같은 임의 규정(may provisions or optional provisions)으로 되어 있다. 반면 전자는 후자와 같은 강제 규정이나 임의 규정 외에 특이한 형식의 규정도 있다. 즉, 상당수의 집행 규정은 사법당국(judicial authorities)이나 권한 있는 당국(competent authorities)이 "… 할 수 있는 권한을 가진다(shall have the authority … to …)"는 형식을 취하고 있다. 이런 형식의 조항을 이른바 권한 부여 조항(empowerment clause)이라 한다. 사법 절차나 행정 절차의 국제적 조화가 그만큼 어렵다는 점을 반증하는 것으로, 그 나름 독특한 의미를 가진다. 이런 형식에 따른 회원국의 의무는 사법당국 등이 명령 등의 권한을 가지는 법률이나 제도를 마련하는 것이고, 그것으로 충분한 것이다. 사법당국 등은 재량으로 자신의 권한을 행사할 수도 있고, 그렇지 않을 수도 있다. 다만, 그런 권한을 지속적으로 행사하지 않는다면 그것은 협정 위반으로 이어질 가능성도 있다.[8]

3) TRIPS협정 집행 일반 규정

협정 제41조는 민사 절차, 행정 절차, 국경 조치 및 형사 절차 등 모든 집행 규정에 적용되는 일반 원칙을 밝히고 있다. 또한 모든 종류의 지적재산권에 적용된다. 민주적 사법 절차를 가지고 있는 국가들에서 공통적으로 볼 수 있는 제도상의 일반 원칙들과 지적재산권 분야에서 각별히 요구되는 원칙들을 천명하고 있다 할 수 있다. 전자에 관해서는 제41조 제2항 내지 제4항이 있고, 후자에 관해서는 제1항과 제5항이 있다. 각각 나눠서 살펴보기로 한다.

(1) 일반 원칙

먼저, 제41조 제2항에 의하면, "지적재산권의 집행에 관한 절차는 공정하고 공평하여야 한다. 이 절차는 불필요하게 복잡하거나 비용이 많이 들거나 또는 불합리한 시간 제한이나 부당한 지연을 수반하여서는 아니 된다."[9] 이 규정은

---

8) UNCTAD-ICTSD, p.576. Gervais, p.293에서 조직적인 부인(systematic refusal)은 비위반 제소의 대상이라고 보고 있다.

9) Art. 41.2: "Procedures concerning the enforcement of intellectual property rights shall be fair and equitable. They shall not be unnecessarily complicated or costly, or entail unrea-

다음과 같이 볼 수 있다. ① 공정과 공평의 원칙은 대립하는 당사자 모두에게 인정되어야 하는 원칙이다. 지적재산권 보호를 위한 절차도 다른 재산권 보호를 위한 절차와 다르지 않은 것이다. ② 이 원칙은 절차상의 공정(fair)과 공평(equitable)이다. 그런 예로는 제2문에서 밝히고 있듯이, 불필요하게 복잡하거나(unnecessarily complicated) 불필요하게 비용이 드는(unnecessarily costly) 경우, 그리고 불합리한 시간 제한(unreasonable time-limits)이나 부당한 지연(unwarranted delays) 등이 있다. 그 외에도 과도한 입증책임을 부담하도록 함으로써 협정 전문에서 천명하고 있는 '충분하고 효과적인' 보호를 하지 못하거나 그런 집행 수단을 제공하지 못한다면 공정과 공평의 원칙에 위반한다고 볼 수도 있다. ③ 협정에서 말하는 공정과 공평, 불필요한 복잡성 등은 매우 신축적인 개념으로 각 회원국의 재량이 크게 작용하겠지만, 여전히 각 단어가 가지고 있는 의미와 충돌할 수 있는 과도한 국내 절차적 요구는 협정에 저촉할 여지도 있다.10)

다음으로, 제41조 제3항은 본안 결정에서 요구되는 요건들을 적시하고 있다. 이에 의하면, "어떤 사건의 본안에 대한 결정은 가급적 서면으로 하며 그 결정의 이유를 기재한다. 이 결정은 부당한 지연 없이 적어도 소송 당사자들에게 제공된다. 사건의 본안에 관한 결정은 그에 관하여 당사자가 자신의 입장을 진술할 기회가 주어졌던 증거만을 기초로 한다."11) 이 조항은 본안에 대한 판결이나 결정에 관한 것이다. 잠정 조치에 관한 결정에는 적용되지 않는다. 회원국에게 요구하는 사항은 다음과 같다. ① 판결이나 결정을 서면으로, 이유를 적시해야 한다. 이 요건은 가급적(preferably) 그렇게 할 것을 요구할 뿐이다. 서면으로 하지 않거나 이유를 적시하지 않더라도 협정 위반은 아니다. ② 판결문이나 결정문 제공은 부당하게 지연해서는(undue delay) 안 된다. 또한 적어도(at least) 당사자들에게는 공개해야 한다. 판결문 등을 일반에 공개할

---

sonable time-limits or unwarranted delays."

10) UNCTAD-ICTSD, p.582에서는 소송 비용상의 문제가 협정상의 요건에 위반할 수도 있다는 점을 지적하면서도 그 판단은 지극히 곤란하다고 토론하고 있다.

11) Art. 41.3: "Decisions on the merits of a case shall preferably be in writing and reasoned. They shall be made available at least to the parties to the proceeding without undue delay. Decisions on the merits of a case shall be based only on evidence in respect of which parties were offered the opportunity to be heard."

의무를 부과하는 것은 아니다. ③ 증거 재판 주의와 같이, 판결이나 결정은 오로지 증거에 의할 것을 요구하고 있다. 증거에 의해 뒷받침되지 않는 판결이나 결정은 허용되지 않는다는 일반 원칙이라 할 수 있을 뿐, 그 구체적인 사항은 여전히 회원국의 재량에 맡겨져 있다.

마지막으로, 제41조 제4항은 사법 심사에 관해 규정하고 있다. 이에 따르면, "소송 당사자는 최종적인 행정적 결정에 대하여, 그리고 사건의 중요성과 관련한 회원국의 법률상의 관할 규정에 따를 것을 조건으로, 적어도 사건의 본안에 관한 최초의 사법적 결정의 법적 측면에 대하여 사법당국에 의한 심사 기회를 가진다. 그러나 형사 사건에서 석방에 대한 심사 기회를 부여할 의무는 없다."[12] 소송 당사자(parties to a proceeding)라고 하고 있으나 심판 절차와 같은 준소송 절차상의 당사자를 포함하는 의미로 봐야 할 것이다. 다음과 같이 나눠볼 수 있다. ① 사법 심사(judicial review) 대상은 두 가지이다. 하나는 행정 절차상의 결정이고, 다른 하나는 하급심의 판결이나 결정이다. 후자의 경우 적어도 법적 측면에 대해서는 항소 기회를 보장받도록 하고 있다. ② 사법 심사는 사법당국(judicial authority)에 의해야 한다. 독립적인 기관에 의한 독립적인 판단을 염두에 둔 것이라 할 수 있다. ③ 사법 심사는 사건의 경중에 따라 허용되지 않을 수도 있다. 예를 들어, 소액 사건에 대해 항소를 제한하는 회원국은 이런 협정상의 의무를 부담하지 않는 것이다.[13] ④ 형사 사건에서 석방 결정은 사법 심사 대상에서 제외된다. 일부 국가에서 배심원의 석방 평결은 항소 대상이 아니라고 한다.[14]

(2) 지적재산권 관련 규정

제41조 제1항은 지적재산권 측면에서 의미 있는, 일반 조항 성격의 의무를 담고 있다.

---

12) Art. 41.4: "Parties to a proceeding shall have an opportunity for review by a judicial authority of final administrative decisions and, subject to jurisdictional provisions in a Member's law concerning the importance of a case, of at least the legal aspects of initial judicial decisions on the merits of a case. However, there shall be no obligation to provide an opportunity for review of acquittals in criminal cases."

13) Gervais, p. 289.

14) Ibid.

회원국은 침해 방지를 위한 신속한 구제 및 추가 침해를 억지하는 구제를 포함하여, 이 협정이 포괄하는 지적재산권의 침해행위에 대한 효과적인 소송이 허용되도록 하기 위하여 이 부에서 명시된 집행 절차가 자국의 법률에 따라 부여될 수 있도록 보장한다. 이러한 절차는 합법적인 무역에 장애를 만들지 아니하도록 하고 지적재산권의 남용에 대한 보장수단이 되도록 하는 방법으로 적용된다.[15]

제41조 제1항은 지적재산권에 관한 일반 조항의 성격을 가지고 있다. '이 협정이 포괄하는 지적재산권(intellectual property rights covered by this Agreement)' 침해에 적용되는 규정일 뿐만 아니라 '이 부에서 명시된 집행 절차(enforcement procedures as specified in this Part)'를 보장하기 위한 규정인 것이다. '이 협정이 포괄하는 지적재산권'이란 제2부에서 열거하고 있는 저작권, 상표, 지리적 표시, 산업디자인, 특허, 집적회로 배치설계, 미공개정보의 보호 등을 말한다. '이 부'란 '지적재산권의 집행'이라는 제목을 가지고 있는 제3부를 가리키는 것으로, 이에는 민사 절차, 행정 절차, 국경 조치 및 형사 절차가 포함된다.

이 조항은 다음과 같이 나눠 설명할 수 있다. 첫째, 회원국은 '효과적인 소송(effective action)'을 보장해야 한다. 소송은 영어본 'action'을 번역한 것으로, 그 의미를 모두 담지 못하는 표현이다. 일반적 의미의 소송을 의미할 수도 있고 법원에 대한 기타 청구를 뜻할 수도 있다.[16] 협정 전문에서 말하는 '무역 관련 지적재산권의 집행을 위한 효과적이고 충분한 수단의 제공(provision of effective and appropriate means for the enforcement of trade-related intellectual property rights)'과 같은 의미로 이해할 수 있다. 즉, 권리자에게 '효과적인 소송'을 보장한다는 각 회원국이 '효과적인 집행 수단'을 마련해야 한다는 것이다.

---

15) Art. 41.1: "Members shall ensure that enforcement procedures as specified in this Part are available under their law so as to permit effective action against any act of infringement of intellectual property rights covered by this Agreement, including expeditious remedies to prevent infringements and remedies which constitute a deterrent to further infringements. These procedures shall be applied in such a manner as to avoid the creation of barriers to legitimate trade and to provide for safeguards against their abuse."

16) 'action'이란 법적으로는 법원에 제기하는 소송(suit) 또는 법원 관할 내에서 하는 공식 청구 (formal complaint)를 의미한다. 청구(complaint)는 형사상으로는 고소의 의미도 있고, 민사상 소제기(pleading)의 의미도 있다. *Black's Law Dictionary*, 5th ed., 1979 참조.

이 조항은 효과적인 집행 수단의 예시로, 권리자를 위한 신속한 구제(expeditious remedies)나 침해 억지력이 있는 구제를 들고 있다. 신속한 구제나 억지 효과가 있는 구제는 다른 집행 규정과도 관련이 있다. 신속한 구제 의무는 잠정 조치(제50조)와 국경 조치(제51조)상의 의무를 충족하는 것으로, 억지 효과는 금지명령(제44조), 손해배상(제45조) 및 압류(제46조)상의 의무를 충족하는 것으로 갈음할 수 있는 것이다.[17]

둘째, 집행 절차를 마련하더라도 그것은 합법적인 무역에 장애가 되지 않도록(in such a manner as to avoid the creation of barriers to legitimate trade) 또는 지적재산권이 남용되지 않도록(in such a manner as to … provide for safeguards against their abuse) 해야 한다.[18] 집행 절차는 권리자의 이익을 위한 절차이긴 하지만 제3자의 이익을 해쳐서는 안 된다는 것이다. 제3자의 이익으로는 합법적인 무역이 있고, 지적재산권 남용의 억제로 인한 반사이익이 있겠다. 집행 절차상 과도한 입증을 요구하거나 지나치게 오랜 기간이 소요되는 방법으로 집행 절차를 시행한다면 그것으로 합법적인 무역에 장애가 될 수 있을 것이다. 지적재산권의 남용의 예로는, 대기업이 고비용과 장기간에 취약한 중소기업을 상대로 한 전략적 소송(strategic litigation)을 들 수도 있다.[19]

한편, 제41조 제5항 또한 지적재산권에 관한 특별 규정이라 할 수 있는데, 제41조 제1항과는 대비된다. 제41조 제5항은 집행 규정 중 거의 유일하게 개발도상국의 우려를 반영한 것이다. 이 규정은 인도의 제안[20]에 바탕을 두고 있다: "이 부는 일반적인 법 시행을 위한 사법 제도와는 구별되는, 지적재산권의 집행을 위한 사법 제도를 마련할 의무를 창설하는 것이 아니며, 회원국의 일반적인 자국법 시행 능력에 영향을 미치지 아니하는 것으로 이해된다. 이

---

17) UNCTAD-ICTSD, p.581.

18) 이와 매우 유사한 규정으로 제8조 제2항 원칙 규정이 있다. 이에 관해서는, 제5부 제2장 5. 2) 협정 규정 참조.

19) UNCTAD-ICTSD, p.581.

20) Enforcement of Trade-Related Intellectual Property Rights, Communication from India, GATT Doc. MTN.GNG/NG11/W/40, 5 September 1989, No.4(e): "It is only through their normal administrative and judicial systems that governments, particularly of developing countries, are in a position to provide for enforcement of intellectual property rights. It shall not be expected of them to allocate additional resources establishing separate machinery for the enforcement of intellectual property rights."

부의 어느 규정도 지적재산권의 집행과 일반적인 법 시행 간의 예산 배분에 관한 의무를 창설하지 아니한다."[21]

　이 규정은 지적재산권 집행과 다른 법률에 의한 권리 집행 간에 차별이 존재하지 않는다는 점을 밝혀주고 있다. 회원국은 지적재산권 집행을 위해 별도의 특별 법원을 신설하거나 지적재산권 보호를 위해 추가적인 재정적 부담을 떠안을 의무는 없는 것이다. 그러나 이 규정은 다른 집행 규정과 부분적으로 충돌할 여지가 있다. 협정 제3부는 제도상으로나 절차상으로 효과적이고 충분한 집행 제도를 갖출 것을 요구하고 있고, 회원국은 이런 의무 충족을 위해 제도적 부담(입법과 행정상의 부담)을 안을 뿐만 아니라 이런 부담은 재정적 부담을 수반하지 않을 수 없기 때문이다. 분쟁이 발생할 경우 각 규정 간의 양립성 문제가 제기될 수 있다고 본다.

3. 민사 절차 및 행정 절차

1) 민사 절차

　TRIPS협정상 민사 절차는 일반 조항, 증거, 금지명령, 손해배상, 기타 구제, 정보청구권, 피고에 대한 보상 등으로 나눠진다.

(1) 일반 조항

　일반 조항으로는 '공정하고 공평한 절차(fair and equitable procedures)'를 구체화한 제42조가 있다. 이는 다음과 같다.

　회원국은 권리자에게 이 협정이 포괄하는 지적재산권의 집행에 관한 민사 사법 절차

---

21) Art. 41.5: "It is understood that this Part does not create any obligation to put in place a judicial system for the enforcement of intellectual property rights distinct from that for the enforcement of law in general, nor does it affect the capacity of Members to enforce their law in general. Nothing in this Part creates any obligation with respect to the distribution of resources as between enforcement of intellectual property rights and the enforcement of law in general."

를 부여한다. 피고는 청구의 근거를 포함하여 충분히 상세한 내용을 담은 서면 통보를 적시에 받을 권리를 갖는다. 당사자는 독립적인 변호인에 의하여 대리될 수 있도록 허용되고, 절차는 당사자의 의무적인 출석에 관하여 과중한 부담을 부과하지 아니한다. 이러한 절차의 모든 당사자는 자신의 주장을 적법하게 입증하고 관련되는 모든 증거를 제출할 정당한 권리를 가진다. 이 절차는 기존 헌법상의 요건에 반하지 아니하는 한 비밀 정보를 확인하고 보호하는 수단을 제공한다.22)

이 조항은 제41조 제2항상의 사법 절차에 관한 일반 원칙("지적재산권의 집행에 관한 절차는 공정하고 공평하여야 한다.")을 보충하는 한편, 민사 절차상의 일반 조항의 성격을 가지고 있다. 민사상 '공정하고 공평한 절차'는 당사자가 변호인의 조력을 받을 권리가 있다는 점, 대립하는 당사자들은 각기 자신의 주장을 펼치고 관련 증거를 제출할 수 있다는 점 등을 내용으로 하고 있다.

첫째, 민사 사법 절차를 부여하여야 한다. 이것은 권리자가 지적재산권의 효과적인 사법 절차에 접근할 수 있어야 한다는 의미이다.23) 여기서 권리자 (right holders)란 협정 각주에서 밝히고 있듯이, 지적재산권을 주장할 수 있는 법적 지위(legal standing)를 가지고 있는 연맹(federation)이나 협회(association)를 포함한다.24) 저작권 집중관리단체(collecting society)가 이런 예에 속한다.25) 협정은 연맹이나 협회도 권리자가 될 수 있다고 할 뿐, 그 권리자는 누구를 의미하는지 밝히지 않고 있다. 미국—세출예산법 사건에서 WTO 패널은 협정상의 권리자를 넓게 보았다. WTO 패널은 협정상 권리자란 지적재산권의 소유자

---

22) Art. 42: "Members shall make available to right holders civil judicial procedures concerning the enforcement of any intellectual property right covered by this Agreement. Defendants shall have the right to written notice which is timely and contains sufficient detail, including the basis of the claims. Parties shall be allowed to be represented by independent legal counsel, and procedures shall not impose overly burdensome requirements concerning mandatory personal appearances. All parties to such procedures shall be duly entitled to substantiate their claims and to present all relevant evidence. The procedure shall provide a means to identify and protect confidential information, unless this would be contrary to existing constitutional requirements."

23) WT/DS176/R, op. cit., para. 8.95.

24) Footnote 11: "For the purpose of this Part, the term 'right holder' includes federations and associations having legal standing to assert such rights."

25) UNCTAD-ICTSD, p.586.

(owner of intellectual property rights)뿐만 아니라 해당 권리를 주장할 수 있는 법적 지위(legal capacity)[26]를 가지고 있는 사람을 의미하는 것으로 해석했다.[27] 패널에 따르면, 협정 제16조 제1항상의 등록 상표 소유자(owner of a registered trademark)는 등록 상표에 대한 권리자로 추정되므로 상표권자가 아니라는 법원의 결정을 받기 전까지는 일견 권리자로서 법적 지위를 가지는 제42조상의 권리자이다.[28] 협정상의 의무는 아니지만 회원국은 민사 절차상의 권리자를 추가적으로 확대하여 정할 수도 있다. 배타적 라이선시나 미등록 상표 권리자들에게도 소권 등 법적 권한을 부여할 수 있는 것이다.[29] 물론 이 경우에, 내국민대우의 원칙에 따라 자국민과 내국민 간에 차별은 협정상 금지된다.

둘째, 법원에 소송이 제기된 경우 피고는 그 청구의 취지나 이유 등을 담은 서면 통보를 적시에 받을 수 있는 권리를 가진다. 피고(defendant)란 상대방의 주장을 방어하거나 부인하는 사람[30]으로 해석할 수 있고, 이런 점에서 좁은 의미의 피고나 피청구인을 모두 포함하는 것으로 볼 수 있다.

셋째, 사건 당사자는 변호인의 조력을 받을 수 있어야 한다. 조력의 범위에 대해서는 국내법상의 재량이 작용할 수 있을 것이다.

넷째, 사건 당사자에게 출석 의무와 관련한 '과중한 부담'을 주어서는(overly burdensome) 안 된다. 사건 당사자 일방이 법인인 경우 그 대표에게 출석을 과중하게 요구할 수 없도록 한 것으로 보인다.

다섯째, 사건 당사자는 자신의 주장을 입증하고 관련 증거를 제출할 정당한 권리를 가진다. 자신의 주장을 적법하게 입증한다(duly entitled to substantiate their claims)는 것은 증거에 의하여 증명하는 것을 말한다.[31]

여섯째, 민사 절차상 비밀 정보(confidential information)는 보호되어야 한다. 협정에서는 비밀 정보가 무엇인지 언급하지 않고 있어서 회원국의 재량이 널

---

26) 'legal standing'이나 'legal capacity'는 모두 '법적 지위'를 의미하지만, 전자는 '소송법적 지위'에 가깝다. 비슷한 의미로 'Standing to sue'가 있다. 이것은 분쟁의 사법적 해결을 구할 수 있는 자격을 의미한다. *Black's Law Dictionary*, 5th ed., 1979.

27) WT/DS176/R, op. cit., para. 8.98; WT/DS176/AB/R, op. cit., para. 217.

28) WT/DS176/R, op. cit., para. 8.99.

29) UNCTAD-ICTSD, p.586.

30) *Black's Law Dictionary*, 5th ed., 1979.

31) WT/DS176/R, op. cit., para. 8.96.

리 인정된다 할 수 있다. 협정상 비밀 정보 보호는 각 회원국의 헌법 규정과 합치하는 경우에 한하여 그 회원국에게 구속력이 있다.[32) 비밀 정보를 보호하는 방법은 개별 사안마다 다르기도 하고 각국마다 다르기도 하다. 해당 정보를 일부 제한된 사람들에게만 공개하도록 하면서 소송 이외의 목적으로는 사용할 수 없도록 하는 국가도 있고, 재판 절차를 비공개로 하는 국가도 있고, 해당 정보를 소송 당사자 외에 소송대리인 등에게만 공개하도록 하는 국가도 있다.[33)

(2) 증거

TRIPS협정 제43조 제1항은 증거 제출 명령에 관한 일반 규정을 다루고 있고, 그 제2항은 이른바 디스커버리 제도에 관해 언급하고 있다. 먼저, 제1항에 의하면, "사법당국은 일방 당사자가 자신의 청구를 뒷받침하기에 충분한 것으로서 합리적으로 얻을 수 있는 증거를 제시하고, 자신의 청구를 입증하기에 적절한 것으로서 상대방의 통제하에 있는 증거를 명시하는 경우 상대방으로 하여금 그 증거를 제출하도록 명령할 권한을 가진다. 다만, 적절한 경우 비밀 정보의 보호를 보장한다는 조건에 따라야 한다."[34)

이 규정의 목적은 상대방이 가지고 있는 정보에 접근함으로써 입증 부담을 덜기 위한 데 있다. 이 규정에 따른 협정상의 의무는 몇 가지 요건을 충족해야 한다. 첫째, 일방 당사자는 자신의 주장을 뒷받침하기에 충분한 증거를 제시해야 하고 그 증거는 자신의 주장을 입증하기에 적절한 것이어야 한다. 그런 증

---

32) '기존 헌법상의 요건'은 브라질의 주장을 받아들인 것이라는 의견도 있고(Gervais, p. 289), 일본의 주장을 수용한 것이라는 의견도 있다[특허청(TRIPS), 249쪽]. 후자 의견에 따르면 "일본 헌법 제82조에는 재판공개원칙이 규정되어 있고, 헌법 제82조 제2항에는 '공적 질서를 해하는 경우'에는 예외적으로 재판을 비공개로 하는 것을 허용하는 취지의 조항이 있었으나, 영업비밀 관련 재판이 이러한 경우에 해당하는지에 대해서는 일본 내부에서도 논란이 생겼다. 우리 헌법 제109조에도 재판공개원칙이 규정되어 있는데, 동 조에서는 국가의 안전보장 또는 안녕질서를 방해하거나 선량한 풍속을 해할 염려가 있을 경우 공개하지 않을 수 있다고 규정하고 있다. 결국, 일본의 주장에 우리나라 등이 동조하여 본 항의 마지막 문장이 반영되었다."

33) Alexander Harguth, Report Q185, Enforcement of Intellectual Property Rights, September 24 to 29, 2005, AIPPI, pp. 4~5.

34) Art. 43.1: "The judicial authorities shall have the authority, where a party has presented reasonably available evidence sufficient to support its claims and has specified evidence relevant to substantiation of its claims which lies in the control of the opposing party, to order that this evidence be produced by the opposing party, subject in appropriate cases to conditions which ensure the protection of confidential information."

거는 합리적으로 얻을 수 있는 것이어야 한다(reasonably available evidence).
이와 관련한 각국의 관행은 매우 다르다. 법원의 재량이 크게 작용하지만 통
상 높은 수준의 증명을 요구하지 않는다고 한다. 국가 관행을 보면 요청하는
자료(상대방이 가지고 있는 자료)로 자신이 입증하고자 하는 사실을 '가능한 한
명확하게' 밝힐 것을 요구하는 국가도 있고, 해당 자료가 왜 필요한 것인지 소
명할 것으로 요구하는 국가도 있다. 단지 해당 서류나 재료의 존재를 언급하
는 것으로 충분하다고 보는 국가도 있다.[35] 이들 관행을 보면 최소한의 입증
만으로 이 요건을 충족한다고 할 수 있다.

둘째, 해당 증거는 상대방이 가지고 있거나 상대방이 통제할 수 있는 것이
어야 한다. 협정은 증거의 내용에 대해 밝히지 않고 있다. 침해를 입증할 수
있는 서류나 재료일 수도 있고 침해물과 같은 물건이나 침해에 사용된 도구일
수도 있다. 법원이 서류 제출 명령 권한만을 가지고 있다 하더라도 협정 의무
를 충족하는 것으로 볼 수도 있다.

셋째, 비밀 정보(confidential information)는 보호를 받는다. 이것은 제42조에
서 말하는 비밀 정보와 같은 것이다.[36]

이런 요건을 충족할 경우 회원국 사법당국은 해당 명령을 내릴 수 있는 권
한을 가지고 있어야 한다(The judicial authorities shall have the authority … to or-
der). 이 규정은 이른바 권한 부여 조항(empowerment clause)인 것이다. 각국
관행을 보면, 명령 불이행의 경우 법정 모욕죄로 처벌하기도 하고, 입증책임을
전환하도록 하는 등 다양한 제도를 운영하고 있다.[37]

다음으로, 협정 제43조 제2항은 미국 등 일부 국가에서 채택하고 있는 디스
커버리 제도를 반영한 것이다. 이에 의하면, "소송의 일방 당사자가 임의로 그
리고 합리적인 이유 없이 필요한 정보에의 접근을 거절하거나 또는 달리 합리
적 기간 내에 필요한 정보를 제공하지 아니하거나, 또는 집행 소송에 관한 절
차를 심각하게 방해하는 경우, 회원국은 당사자들에게 주장 또는 증거에 대하
여 진술할 기회를 제공할 것을 조건으로, 사법당국으로 하여금 자신에게 제출
된, 정보 접근 거부에 의하여 부정적인 영향을 받는 당사자가 제출한 청구 또

---

35) Harguth, op. cit., pp.3~4.

36) 이에 관해서는, 제5부 제10장 3. 1) (1) 일반 조항 참조.

37) Harguth, op. cit., p.4.

는 주장을 포함한 정보에 기초하여 긍정적이거나 부정적인 예비 및 최종 판정을 내릴 수 있도록 권한을 부여할 수 있다."[38]

미국의 디스커버리 제도는 소송 당사자의 주도하에 증인심문(deposition), 질의서(interrogatories), 자료 제출 요구, 감정 등을 통해 사실을 발견하고자 하는, 변론기일 전에 이뤄지는 절차(pre-trial)를 말한다. 당사자들은 서로 상대방이 가지고 있는 증거 내지 정보를 서로 교환, 공개함으로써 사실 관계에 대한 쟁점을 명확하게 할 수 있다. 이 절차는 강제적인 것으로 그 위반에 대해서는 강력한 제재가 수반된다.

협정 제43조 제2항은 두 가지 상황을 예정하고 있다. 하나는 소송 상대방이 합리적인 이유 없이 정보 제공을 거절하거나 달리 제공하지 않는 경우이고, 다른 하나는 집행 소송 절차를 심각하게 방해하는 경우이다. 그 어느 것이든 사법당국의 재량이 크게 작용할 것이다. 이런 상황에서 사법당국은 정보 접근 거부에 따라 부정적인 영향을 받는 당사자의 청구나 주장에 입각하여 결정을 내릴 수 있다. 이때에도 소송 당사자 모두에게 진술 기회를 부여해야 한다.

이 규정은 임의 규정(may provision)이다. 회원국은 사법당국에게 이런 권한을 부여할 수도 있고, 그렇지 않을 수도 있는 것이다. 회원국이 일단 그런 권한을 부여하게 되면 이 규정에 따른 의무를 이행해야 한다.

(3) 금지명령

지적재산권 침해와 관련한 민사적 구제 수단은 크게 두 가지가 있다. 하나는 발생한 침해 행위를 금지하거나 발생할 우려가 있는 행위를 사전에 예방하는 것이다. 근대 사법 제도상 사적 구제는 허용되지 않으므로, 사법당국이 그 금지나 예방의 주체가 된다. 다른 하나는 이미 발생한 손해를 전보하도록 하는 것이다. 이 경우에도 사법당국이 주체가 되어 가해자로 하여금 피해자에게

---

38) Art. 43.2: "In cases in which a party to a proceeding voluntarily and without good reason refuses access to, or otherwise does not provide necessary information within a reasonable period, or significantly impedes a procedure relating to an enforcement action, a Member may accord judicial authorities the authority to make preliminary and final determinations, affirmative or negative, on the basis of the information presented to them, including the complaint or the allegation presented by the party adversely affected by the denial of access to information, subject to providing the parties an opportunity to be heard on the allegations or evidence."

침해에 대한 손해를 배상하도록 명령하거나 결정하게 된다. TRIPS협정은 전자의 경우 금지명령(injunction)이라는 이름으로 규정하고 있다.

제44조 제1항에 의하면, "사법당국은 일방 당사자로 하여금 침해를 중지하도록, 특히 지적재산권 침해를 수반하는 수입 상품이 통관 직후 자신의 관할 내에서 상거래에 유입되는 것을 금지하도록 명령할 권한을 가진다. 회원국은 어떤 사람이 보호대상의 취급이 지적재산권의 침해를 수반한다는 것을 알기 전에 또는 알 만한 합리적인 근거가 있기 전에는 그 보호대상과 관련하여서는 그러한 권한을 부여할 의무가 없다."[39]

이 규정은 다음 몇 가지 점에서 의의가 있다. 첫째, 사법당국의 권한은 침해 금지에 국한한다. 침해 우려가 있는 경우에는 제50조의 잠정 조치 대상이 될 수는 있어도 이 규정 또는 이 규정에 합치하는 국내법 규정에 따른 구제를 받을 수는 없다. 둘째, 금지명령은 통관 직후의 상황에 대처하기 위한 것이다. 셋째, 협정상의 의무는 선의로 침해물을 취득하거나 주문한 사람에게는 미치지 않는다. 여기서 선의란 침해물을 취득하거나 주문할 때까지만 해도 해당 지적재산권이 침해되었다는 사실을 알지 못하거나 알지 못한 데 상당한 이유가 있는 것을 말한다.

금지명령은 정부 사용 내지 정부 실시 등의 경우에는 제한될 수 있다. 이에 관해서는 제44조 제2항에서 언급하고 있다. 즉, "이 부의 다른 규정에도 불구하고, 그리고 권리자의 허락 없이 정부에 의한 사용이나 정부가 승인한 제3자에 의한 사용을 명시적으로 다루고 있는 제2부의 규정이 준수되는 것을 조건으로, 회원국은 그러한 사용에 대하여 부여될 수 있는 구제를 제31조 (h)에 따른 보상금의 지급으로 제한할 수 있다. 그 외의 경우, 이 부에 따른 구제가 적용되거나 또는 이러한 구제가 회원국의 법과 불일치하는 경우에는 선언적인 판결과 충분한 보상이 부여될 수 있어야 한다."[40]

---

39) Art. 44.1: "The judicial authorities shall have the authority to order a party to desist from an infringement, inter alia to prevent the entry into the channels of commerce in their jurisdiction of imported goods that involve the infringement of an intellectual property right, immediately after customs clearance of such goods. Members are not obliged to accord such authority in respect of protected subject matter acquired or ordered by a person prior to knowing or having reasonable grounds to know that dealing in such subject matter would entail the infringement of an intellectual property right."

40) Art. 44.2: "Notwithstanding the other provisions of this Part and provided that the pro-

이 조항은 미국의 제안에서 나온 것으로,[41] 강제실시권을 염두에 둔 것이다. 강제실시권은 특허에 관하여 제31조에서, 집적회로 배치설계에 관하여 제31조를 준용하는 제37조 제2항에서 규정하고 있다. 이들 규정이 이 조항에서 말하는 '이 부의 다른 규정'인 것이다. 이 경우 회원국은 국내법으로 권리자에게 금지명령을 청구할 수 없도록 할 수 있다. 권리자가 이용할 수 있는 구제 수단은 단지 보상청구권에 국한하는 것이다. 권리자는 제31조 (h)에 따라, 해당 지적재산권의 재산적 가치를 고려하여, 각각의 상황에 비추어 충분한 보상을 받을 수 있을 뿐이다. 물론 이 조항은 임의 규정이므로 회원국이 금지명령 제도를 유지할 수도 있다.

그 밖의 경우, 즉 특허와 집적회로 배치설계 이외의 정부 사용 등에 대해서는 '이 부에 따른 구제'가 적용된다(제44조 제2항 2문). 이 규정은 제1문과 달리 의무 규정으로서, 적용 대상은 저작권과 산업디자인 및 미공개정보 보호이다.[42] '이 부에 따른 구제'는 금지명령에 국한하지 않는다. 손해배상 규정이 적용될 수도 있는 것이다. 다만, 그런 구제가 회원국의 법률과 합치하지 않는 경우에는 '선언적인 판결'과 충분한 보상을 제공해야 한다. '선언적인 판결(declaratory judgment)'이란 권리의 존부를 확인하는 판결로 이해된다.[43]

제44조 제2항은 미국 제도(특허권자나 저작권자는 정부 사용의 경우 보상을 받을 권리만을 가진다)[44]를 협정에 반영한 것으로, 조항의 구성이며 내용이 복잡

---

visions of Part II specifically addressing use by governments, or by third parties authorized by a government, without the authorization of the right holder are complied with, Members may limit the remedies available against such use to payment of remuneration in accordance with subparagraph (h) of Article 31. In other cases, the remedies under this Part shall apply or, where these remedies are inconsistent with a Member's law, declaratory judgments and adequate compensation shall be available."

41) MTN.GNG/NG11/W/70, op. cit., Part 3, Article 10 (Remedies Against Governments): "Notwithstanding the other provisions of this Part, when a government is sued for infringement of an intellectual property right as a result of the use of that right by or for the government, contracting parties may limit remedies against the government to payment of full compensation to the right-holder."

42) UNCTAD-ICTSD, p.592. 상표권은 협정상 강제 라이선스가 인정되지 않으므로(제21조) 이 규정 적용 대상이 아니다.

43) *Black's Law Dictionary*, 5th ed., 1979 참조.

44) 미국 정부나 미국 정부의 승인을 받은 계약 수탁자가 특허권자의 허락을 받지 않고 발명을 실시하거나 저작권을 침해하는 경우 권리자는 미국 정부에 대하여 합리적인 전부 보상(reason-

할 뿐만 아니라 해석에도 어려움이 있다. 일견 미국 제도는 협정에 합치하는 것으로 보인다. 미국 제도상 특허든 저작권이든 금지명령이 적용되지 않는다. 협정은 특허의 경우 직접 금지명령을 배제할 수 있도록 규정하는 한편, 저작권의 경우에는 원칙적으로 금지명령을 허용하되 국내법과 충돌하는 경우에는 금지명령을 배제할 수 있도록 함으로써 미국은 국내법을 원용하여 금지명령을 배제할 수 있기 때문이다.

(4) 손해배상

손해배상은 민사소송에서 일반적인 구제 방법이다. 협정에서는 손해배상에 관한 일반 원칙을 받아들이고 있다. 즉, 제45조 제1항에 따르면, "사법당국은 침해자로 하여금 알면서 또는 알 만한 합리적인 근거가 있음에도 침해행위를 한 침해자에 의한 지적재산권의 침해로 인하여 권리자가 입은 손해를 보상할 수 있는 충분한 손해배상을 권리자에게 지급하도록 명령할 권한을 가진다."[45]

손해배상은 불법행위의 유형으로서 지적재산권 침해에 대한 배상이다. 협정은 지적재산권 침해가 무엇인지, 손해배상의 성립 요건이 무엇인지에 대해서는 침묵하면서, 단지 고의나 과실이라는 주관적인 요건만을 요구하고 있다. 각 회원국의 재량이 널리 인정된다 할 수 있다. 협정상 손해배상의 내용은 권리자가 입은 손해를 보전하기에 충분해야 한다.

또한 "사법당국은 침해자에게 적절한 변호사 수수료가 포함될 수 있는 비용을 권리자에게 지급할 것을 명령할 권한을 가진다. 적절한 경우, 회원국은 사법당국으로 하여금 침해자가 알지 못하거나 또는 알 만한 합리적 근거가 없음에도 이익의 회복 및/또는 법정 손해배상의 지급을 명령하도록 승인할 수 있다"(제45조 제2항).[46] 이 조항은 두 가지 내용을 담고 있다. 하나는 사법당국이

---

able and entire compensation)을 청구할 수 있을 뿐이다. 이런 보상에는 권리자의 비용, 증인
과 변호사 비용이 포함된다. 28 U.S.C. §1498 참조.

45) Art. 45.1: "The judicial authorities shall have the authority to order the infringer to pay the
right holder damages adequate to compensate for the injury the right holder has suffered
because of an infringement of that person's intellectual property right by an infringer who
knowingly, or with reasonable grounds to know, engaged in infringing activity."

46) Art. 45.2: "The judicial authorities shall also have the authority to order the infringer to pay
the right holder expenses, which may include appropriate attorney's fees. In appropriate
cases, Members may authorize the judicial authorities to order recovery of profits and/or

권리자가 부담한 비용을 침해자에게 지급하도록 명령할 수 있는 권한을 가지는 것이다. 이 비용에는 변호사 비용이 포함될 수도 있다. 권리자 비용은 의무 규정이되, 그중 변호사 수수료는 임의 규정이다(제45조 제2항 1문).

다른 하나는 사법당국이 침해자가 얻은 이익액 또는 법정 손해배상액을 손해액으로 갈음하여 지급하도록 명령할 수 있는 권한을 가지는 것이다(제45조 제2항 2문). 침해자가 얻은 이익액은 지적재산권 침해에 따른 손해액 산정의 곤란함으로 인하여 많은 국가에서 채택하고 있고, 법정 손해배상액은 미국과 같은 일부 국가에서 인정하고 있는 것이다. 규정상 '및/또는(and/or)'이라고 하고 있어서, 국내법상으로는 '이익액'이나 '법정 손해배상액' 또는 '이익액과 법정 손해배상액' 중 어느 하나를 선택적으로 인정하더라도 무방하다. 또한 선의·무과실의 경우에도 적용된다. 미국 법상 엄격 책임(strict liability) 제도가 스며든 것이라 할 수 있다. 이 규정은 역시 임의 규정이다. 그러나 국내법상의 제도로 수용할 경우 내국민대우 원칙이 적용되는 것은 물론이다.

(5) 침해물 등의 처분

민사상으로 금지명령 제도와 손해배상 제도 외에, 침해물 등의 처분 내지 압류 제도도 구제 수단으로 중요한 의미를 가진다. TRIPS협정 제46조는 이에 관해서 '그 밖의 구제(other remedies)'라는 이름으로 다음과 같이 구체적으로 언급하고 있다.

침해를 효과적으로 억지하기 위하여, 사법당국은 침해하고 있는 것으로 판명된 상품을, 권리자에게 손해를 야기하지 아니하도록, 아무런 보상 없이 상거래 밖으로 처분하거나, 또는 기존 헌법상의 요건에 반하지 아니하는 경우 폐기할 것을 명령할 수 있는 권한을 가진다. 또한 사법당국은 주로 침해 상품을 제작하기 위하여 사용된 재료나 기기를, 추가 침해의 위험을 최소화하도록, 아무런 보상 없이 상거래 밖으로 처분하도록 명령할 권한을 가진다. 그러한 요구를 고려할 때에는 침해의 심각성과 명령의 대상이 된 구제 및 제3자의 이익 사이의 비례의 필요성을 감안한다. 위조 상표 상품과 관련하여, 예외적인 경우 이외에 불법적으로 부착된 상표의 단순한 제거는 그 상품이 상거래

---

payment of pre-established damages even where the infringer did not knowingly, or with reasonable grounds to know, engage in infringing activity."

에 유입되는 것을 허용하는 것으로 충분하지 아니하다.[47]

이 규정은 협정상의 의무로 침해물의 처분과 폐기를 기본적인 내용으로 하면서, 침해의 심각성을 고려하여 침해물 제작에 사용된 재료나 기기의 처분도 포함하고 있다. 하나씩 살펴보자. 첫째, 지적재산권 침해 상품은 처분해야 한다. 상품의 처분은 일정한 요건을 구비해야 한다. ① 해당 상품이 지적재산권을 침해하고 있는 것으로 판명되어야 한다(found to be infringing). 법원 등의 판단을 얻지 못하면 처분할 수 없다. 현실적으로 침해가 발생하지 않고 그 발생 우려만을 가지고 침해 상품을 처분할 수 없으며, 침해 혐의만을 가지고 상품을 처분할 수 없는 것이다. ② 처분이란 권리자에게 손해를 야기하지 아니하도록 상거래에서 배제하는(disposed of outside the channels of commerce) 처분을 말한다. 협정상의 처분은 좁은 의미이다. 권리자에게 손해를 야기하지 않는 방법으로 또는 상거래에서 유통되지 않는 방법으로 '처분'한다 하더라도 협정상의 의무를 충족한다.[48]

둘째, 침해 상품은 헌법에 반하지 않는 한 폐기해야 한다. 헌법상의 요구가 없다면 폐기 또한 협정상 의무인 것이다.[49][50]

---

47) Art. 46: "In order to create an effective deterrent to infringement, the judicial authorities shall have the authority to order that goods that they have found to be infringing be, without compensation of any sort, disposed of outside the channels of commerce in such a manner as to avoid any harm caused to the right holder, or, unless this would be contrary to existing constitutional requirements, destroyed. The judicial authorities shall also have the authority to order that materials and implements the predominant use of which has been in the creation of the infringing goods be, without compensation of any sort, disposed of outside the channels of commerce in such a manner as to minimize the risks of further infringements. In considering such requests, the need for proportionality between the seriousness of the infringement and the remedies ordered as well as the interests of third parties shall be taken into account. In regard to counterfeit trademark goods, the simple removal of the trademark unlawfully affixed shall not be sufficient, other than in exceptional cases, to permit release of the goods into the channels of commerce."

48) UNCTAD-ICTSD, p.595에서는 권리자가 공급하지 않는 시장에서 유통되는 상품이 권리자가 이해관계가 있는 시장으로 흘러가지 않는다면 그것은 권리자에게 손해를 야기하지 않는다고 보고 있다.

49) 2000년 AIPPI가 25개국을 대상으로 조사한 자료에 의하면, 침해물의 폐기가 헌법에 반하는 사례가 없었다고 한다. Summary Report Q147, The effectiveness of border measures after

셋째, 침해물 제작에 사용되는 재료(material)나 기기(implement)도 상거래 밖으로 처분해야 한다. 이 경우 몇 가지 요건을 갖춰야 한다. ① 추가 침해의 위험을 최소화하기 위한 것이어야 한다. 추가 침해가 발생할 여지가 없거나 그런 위험이 없다면 처분할 수는 없다. ② 그 재료나 기기가 주로 침해 상품을 제작하기 위해 사용되어야 한다(materials and implements the predominant use of which has been in the creation of the infringing goods). '주로'의 의미는 신축적인 개념으로, 재료나 기기의 사용 목적이나 용도, 사용 빈도에 비춰 판단할 수밖에 없다.

넷째, 사법당국은 처분이나 폐기 여부를 결정할 때 비례성의 원칙에 따라야 한다. 침해의 정도와 폐기나 처분 간의 비례성, 침해의 정도와 제3자의 이익 간의 비례성을 모두 고려해야 하는 것이다. 침해의 정도가 미약함에도 기기를 폐기하는 명령을 한다거나 선의로 침해물을 유통하는 제3자의 이익을 거슬러 침해물을 처분하는 명령을 한다면 비례성의 원칙에 어긋날 수 있는 것이다.

다섯째, 침해자나 침해물의 소유자는 침해물의 처분이나 폐기로 인해 보상을 받을 수 없다.

여섯째, 위조 상표 상품은 단순히 불법 상표를 제거하더라도 상거래에 유입될 수 없다. 상거래 유입(release ⋯ into the channels of commerce)을 허용하지 않는 것이므로, 그 밖의 방법으로 처분한다면 허용된다고 봐야 할 것이다. 또한 예외적인 경우(in exceptional cases)에는 상거래 대상이 될 수도 있다. '예외적인 경우' 대한 판단은 각 회원국에 맡겨진 것이지만, 제한적인 의미로 볼 수밖에 없다.

마지막으로, 협정상의 처분이나 폐기 의무는 사법당국이 그런 권한을 가지는 것으로 충족한다. 해당 규정은 권한을 부여하는 형식의 규정(empowerment clause)을 취하고 있기 때문이다.

TRIPS, 2000, AIPPI, p.14. 이탈리아와 스위스의 경우 복지기관에 기증하는 것, 루마니아의 경우 인도적 단체에 제공하는 것 등이 폐기의 대안으로 존재한다고 한다. Ibid.

50) 폐기의 대안으로 자선단체나 정부에 제공하는 것도 허용되는 것으로 보기도 한다. Jay Dratler, *Intellectual property law, commercial, creative, and industrial property* (Law Journal Press, New York, 1999), pp.1A-109. UNCTAD-ICTSD, p.595에서 재인용. 폐기의 의미를 볼 때 이런 대안이 협정 규정을 충족하는지 의문이다. 폐기보다는 처분에 해당한다고 봐야 할 듯하다.

(6) 정보에 대한 권리

TRIPS협정은 제47조는 또한 정보에 대한 권리(right of information)라는 제목하에, 권리자가 침해자로부터 침해 상품의 생산과 유통에 참여하는 제3자에 대한 정보를 청구할 수 있도록 하고 있다. 즉, "회원국은 사법당국이 침해의 심각성과의 비례에 어긋나지 아니하는 한, 침해자에게 침해 상품 또는 서비스의 제작 및 배포에 관여한 제3자의 신원과 이들의 배포 경로에 관한 정보를 권리자에게 통보할 것을 명령하는 권한을 가진다고 규정할 수 있다."[51]

이 규정은 특히 저작권 무단침해 상품이나 위조 상품 거래에 간여하는, 상습 침해자를 염두에 둔 것이다. 이들은 다국적화·조직화함으로써 권리자에게 심대한 경제적 타격을 주고 있을 뿐만 아니라, 위조 의약품의 경우에는 공중 보건에도 치명적인 결과를 가져올 수 있다.[52] TRIPS협정은 이 규정의 필요성을 인정하면서도 이 규정이 미치는 효과를 감안하여 임의 규정 형식으로 각 회원국에게 의무를 부과하고 있다. 각 회원국이 입법 재량권을 가지고 있음은 물론이다. ① 이 규정은 비록 명시되지는 않았으나, 주로 제3자의 침해를 입증하기 위한 증거 수집을 목적으로 한 것이다. 이 점에서 제43조상의 절차, 즉 소송 상대방의 통제하에 있는 증거를 획득하기 위한 절차와는 구별된다. ② 정보청구의 대상은 침해자이다. 침해 혐의자(alleged infringer)[53] 또는 소송상 원고는 그 대상이 아니다. 침해자로 확정되지 않는 한(법원의 확정 판결 등으로) 해당 정보를 제공할 의무는 없다. ③ 정보 제공 수령자는 권리자이다. ④ 제공 대상 정보는 침해 상품이나 서비스 제작 및 배포에 간여한 제3자의 신원(identity)과 제3자의 배포 경로에 관한 정보이다.[54] ⑤ 비례성의 원칙에 따라야 한

---

51) Art. 47: "Members may provide that the judicial authorities shall have the authority, unless this would be out of proportion to the seriousness of the infringement, to order the infringer to inform the right holder of the identity of third persons involved in the production and distribution of the infringing goods or services and of their channels of distribution."

52) Gervais, p.301.

53) 'alleged infringer'란 민사상 피고의 지위를 가지는 사람으로 '침해 혐의자'가 정확한 표현은 아니다.

54) 2004년 지적재산권의 집행에 관한 EC 지침 제8조 제2항에서는 정보청구권 대상 정보를 매우 구체적으로 적시하고 있다. 생산자·배포자 등의 성명과 주소, 생산되거나 배포된 상품의 양, 해당 상품이나 서비스의 가격 등이 그것이다.

다. 침해의 정도에 비추어 현저하게 균형을 잃어서는 안 된다. ⑥ 이 규정에서는 특별히 언급하지 않고 있으나 비밀 정보 보호에 관해서는 제41조가 적용될 것이다. 제41조는 일반 조항 성격을 가지고 있기 때문이다.

(7) 피고에 대한 보상

권리자가 지적재산권 보호를 위한 구제 절차를 밟는다 하더라도, 정당한 권리 없이 상대방에게 손해를 입힌 경우에는 그것이 불법행위에 해당한다면 손해를 배상할 책임을 진다. 대개의 국가에서는 불법행위법 또는 손해배상의 법리에 따라 가해자가 피해자에게 배상할 책임을 지우고 있다. TRIPS협정 제48조도 이 점을 밝히고 있다. 확인 규정이라 할 수 있다. TRIPS협정 제48조에서는 어느 당사자의 집행 절차 남용으로 인해 다른 당사자에게 손해를 입힌 경우, 사법당국이 적절한 보상을 할 것을 명령할 권한을 가져야 한다고 하고 있다. 사법당국은 또한 피고가 부담한 비용을 보전하도록 명령하는 권한도 가져야 한다. 피고의 비용에는 변호사 수수료가 포함될 수 있다.[55] 적절한 보상(appropriate compensation)이란 충분한 보상(adequate compensation)과는 구별된다. 그 보상이 충분하지 않더라도 협정상의 의무는 충족한다. 사법 제도가 정비된 국가들은 협정상의 의무를 상회하는 제도를 가지고 있다.

지적재산권의 보호 또는 집행에 관한 법률을 관장하는 기관이나 공무원은 선의로(in good faith) 그런 구제 조치를 내릴 경우 법적 책임을 지지 않는다(제48조 제2항).[56] 이 또한 대부분의 국가에서 가지고 있는 제도로 특별한 의미를

---

55) Art. 48.1: "The judicial authorities shall have the authority to order a party at whose request measures were taken and who has abused enforcement procedures to provide to a party wrongfully enjoined or restrained adequate compensation for the injury suffered because of such abuse. The judicial authorities shall also have the authority to order the applicant to pay the defendant expenses, which may include appropriate attorney's fees."

56) Art. 48.2: "In respect of the administration of any law pertaining to the protection or enforcement of intellectual property rights, Members shall only exempt both public authorities and officials from liability to appropriate remedial measures where actions are taken or intended in good faith in the course of the administration of that law." 우리 국가배상법 (법률 제9803호, 2009.10.21., 일부 개정) 제2조 제1항에 의하면, "국가나 지방자치단체는 공무원⋯이 직무를 집행하면서 고의 또는 과실로 법령을 위반하여 타인에게 손해를 입"힐 경우 그 손해를 배상하도록 하고 있다. 다시 말해서, 공무원에게 고의나 과실을 물을 수 없을 때에는 손해배상 책임이 발생하지 않는 것이다.

가지고 있는 것은 아니다.

2) 행정 절차

　행정 절차를 통해서 본안에 관한 민사 구제 명령이 내려지는 경우, 그 절차
는 민사 구제에 관한 규정상의 원칙에 따라야 한다(제49조).[57] 이 규정은 민사
구제 제도의 전부나 일부를 행정 절차에 의존하는 국가에 적용되는 의무라 할
수 있는데,[58] ① 협정상 민사 구제 절차에 관한 규정 전부(제41조 내지 제48조)
가 행정 절차에 적용되어야 하고, ② 그 규정상의 원칙이 모두 행정 절차에 실
질적으로(equivalent in substance) 작용해야 한다. 행정 절차가 가지고 있는 특
수성을 감안하더라도 협정상 요구하는 적법 절차는 준수할 것을 조건으로 한
다 할 수 있다. 이런 행정 절차는 준사법 절차인 것이다.

4. 잠정 조치

　지적재산권 침해는 민사상의 통상적인 구제 방법으로는 신속하고 효과적인
구제를 할 수 없을 정도로 긴박한 상황에 놓이는 경우가 적지 않다. 본안 절차
가 아닌, 잠정 절차를 통해 현재 침해가 발생하고 있거나 발생할 우려가 있는
상황에 대응할 수 있어야 한다. TRIPS협정 제50조는 이런 잠정 조치 내지 임
시 조치에 관해 자세히 언급하고 있다. 잠정 절차의 중요성을 확인해주고 있
는 것이다.

1) 일반 규정

　먼저, 협정은 지적재산권 침해의 예방과 관련 증거의 보전이라는 두 가지

---

57) Art. 49: "To the extent that any civil remedy can be ordered as a result of administrative
　procedures on the merits of a case, such procedures shall conform to principles equivalent
　in substance to those set forth in this Section."
58) 중국에는 행정 절차와 사법 절차가 모두 존재한다. 특허 소송의 90%는 행정 절차에 의한다고
　한다. UNCTAD-ICTSD, p.600.

목적의 잠정 조치를 회원국의 의무로 하고 있다. 제50조 제1항에 의하면,

사법당국은 아래와 같은 목적으로 신속하고 효과적인 잠정 조치를 명령할 권한을 가진다.

(a) 지적재산권 침해 발생을 예방하는 것, 특히 통관 직후의 수입 상품을 포함한 상품이 자신의 관할 내에서 상거래에 유입되는 것을 금지하는 것;

(b) 침해의 혐의에 관한 관련 증거를 보전하는 것.[59]

협정상 잠정 조치(provisional measure)는 소송이 계속 중이거나 소송 전에 급박한 침해에 대처하기 위한 제도로서, 일반적으로 잠정 조치 내지 잠정 구제(interim relief)로도 불리며 국가에 따라서는 예비적 금지명령(preliminary injunction)이라고도 하고 중간적 금지명령(interlocutory injunction)이라고도 한다.

사법당국은 두 가지의 경우에 잠정 조치를 내릴 수 있는 권한을 가져야 한다. 하나는 침해를 예방하기 위한 경우이다(to prevent an infringement … from occurring). 예방을 위한 조치는 현재 침해가 발생하고 있는 경우뿐만 아니라 발생할 우려가 있는 경우에도 적용된다. 제50조 제3항에서 '침해가 급박한(that such infringement is imminent)'이라는 표현은 후자의 상황을 염두에 둔 것이다. 특히 수입 상품이 국내에 유통되는 상황에 대비하기 위한 것이다.[60]

다른 하나는 침해 혐의가 있는 경우 관련 증거를 보전하기 위한 경우이다.

---

59) Art. 50.1: "The judicial authorities shall have the authority to order prompt and effective provisional measures:

(a) to prevent an infringement of any intellectual property right from occurring, and in particular to prevent the entry into the channels of commerce in their jurisdiction of goods, including imported goods immediately after customs clearance;

(b) to preserve relevant evidence in regard to the alleged infringement."

60) 이 규정은 제44조 제1항 규정과 매우 흡사하다. 후자는 이른바 영구적 금지명령(permanent injunction)에 관한 것이다. 제50조 제1항에서 "특히 통관 직후 수입 상품을 포함하는 상품이 자신의 관할 내에서 상거래에 유입되는 것을 금지(in particular to prevent the entry into the channels of commerce in their jurisdiction of goods, including imported goods immediately after customs clearance)"한다는 표현은 제44조 제1항에서 "특히 지적재산권 침해를 수반하는 수입 상품이 통관 직후 자신의 관할 내에서 상거래에 유입되는 것을 금지(inter alia to prevent the entry into the channels of commerce in their jurisdiction of imported goods that involve the infringement of an intellectual property right, immediately after customs clearance of such goods)"한다는 표현과 거의 같다.

협정상으로는 '증거'라고 할 뿐이므로, 각 회원국이 재량으로 보전 대상 증거를 정할 수 있다. 서류에 국한할 수도 있고, 그 범위를 넓혀 재료나 상품, 도구 등으로 할 수도 있다.

잠정 조치에 관한 각국의 관행은 매우 다양하다. 일반적인 성격의 잠정 조치를 지적재산권 소송에도 적용하는가 하면, 지적재산권 소송에 특화한 잠정 조치를 인정하기도 한다. 잠정 조치의 요건에 관해서도 공통점을 찾기 어려울 정도로 제도상의 차이가 두드러진다.[61]

2) 일방적 잠정 조치

"사법당국은 적절한 경우, 특히 지연으로 인하여 권리자에게 회복할 수 없는 손해를 야기할 가능성이 있거나 또는 증거가 훼손될 입증할 만한 위험이 있는 경우에 일방적 절차에 의하여 잠정 조치를 취할 권한을 가진다"(제50조 제2항).[62]

규정상 '일방적(inaudita altera parte)'이라 함은 '상대방의 진술을 듣지 않고'라는 의미이다. 이런 점에서는 일방적(ex parte)인 것이다. 일방적 절차는 두 가지 요건 중 어느 하나에 해당하여야 한다. 하나는 절차의 지연이 권리자에게 회복할 수 없는 손해를 야기할 수 있는 경우이고, 다른 하나는 증거가 훼손될 위험이 있는 경우이다. 회원국은 어느 것이든 사법당국으로 하여금 일방적 잠정 조치를 취할 수 있는 권한을 부여하는 것으로 협정상의 의무는 이행한다는

---

61) 특허의 경우 일본에서는 특허 침해의 존재와 보전의 필요성을 들고 있다. 독일은 ① 절차적인 요건으로 사안이 급박할 것, ② 실질적인 요건으로 특허의 효력과 특허 침해에 대해 의심의 여지가 없을 것 등을 요구한다. 영국에서는 ① 본안에서 다툴 만한 심각한 쟁점이 존재하는지(serious issue to be tried), ② 손해배상으로 충분한 구제를 받을 수 있는지, ③ 잠정 조치가 원고에게 부당한 결과를 가져오는지(balance of convenience) 등을 고려 요소로 하고 있다. 미국에서는 ① 권리자가 본안에서 승소할 수 있는지, ② 잠정 조치가 내려지지 않을 경우 회복할 수 없는 손해가 발생하는지, ③ 잠정 조치가 부당하게 부여되는 경우 권리자에게 야기되는 손해가 침해 혐의자에게 야기되는 손해보다 큰 것인지, ④ 잠정 조치가 공공 이익에 부정적인 영향을 주지 않는지 등을 판단 요소로 하고 있다. "Interim relief, Worldwide survey," *Managing Intellectual Property* (November 1997), pp.35~44 참조.

62) Art. 50.2: "The judicial authorities shall have the authority to adopt provisional measures in audita altera parte where appropriate, in particular where any delay is likely to cause irreparable harm to the right holder, or where there is a demonstrable risk of evidence being destroyed."

점, 더욱이 사법당국은 '적절한 경우(where appropriate)'에 한하여 일방적 조치를 취할 수 있다는 점에서, 그런 조치의 활용 여지는 크지 않은 것으로 보인다.

이런 조치의 전형적인 사례로는 영국의 '수색·압류 명령(search and seizure order, Anton-Pillar order)'[63]과 프랑스의 침해 압류 조치(saisie-contrefaçon)[64]를 든다. 2004년 지적재산권의 집행에 관한 EC 지침 제7조(증거 보전을 위한 조치)[65]에서는 증거 보전을 위하여 사법당국이 신속하고 효과적인 잠정 조치를 명령할 수 있는 권한을 부여하고 있다. 이런 조치에는 침해 상품에 대한 상세한 설명 자료, 침해 상품이나 필요한 경우 상품 제작과 배포에 사용된 재료나 기기 및 관련 서류의 압류 조치를 포함한다. 일방적인 잠정 조치도 가능하다. 다른 국가에서는 매우 예외적인 것으로 거의 활용되지 않는다고 한다.[66]

일방적 잠정 조치는 매우 강력한 제도이긴 하지만 선진국에서도 매우 예외적으로 활용되고 있다. 그럼에도, 협정은 이런 제도를 회원국에게 강제하고 있다는 점에서 이례적이라 할 수 있다. 협정에서 예정하고 있는 '신속하고 효과적인' 절차 내지 구제(협정 전문 및 제41조 참조)에 대한 선진국의 희망이 담겨 있는 조항이라 할 수 있다.

3) 절차 및 요건

"사법당국은 신청인에게 자신이 권리자라는 것, 그리고 신청인의 권리가 침해되고 있거나 그러한 침해가 급박하다는 것을 사법당국이 충분한 정도로 납

---

63) 영국의 수색·압류 명령은 ① 강력한 일견 증거(prima facie evidence)가 존재하고, ② 신청인이 당면한 실제적 또는 잠재적 손해가 심각하고, ③ 피신청인이 자신의 위법행위를 입증할 서류나 물건을 가지고 있고 이런 서류 등을 훼손할 현실적인 가능성이 있을 것 등 세 가지 요건을 갖출 것을 요구한다. Answer of the UK Group, Q185 - Enforcement of IP Rights, April 2005, AIPPI, pp.9~11.

64) 프랑스의 압류 조치는 요건이 완화되어 있다. 유효한 재산권이 존재하는 것으로 충분하며 침해 가능성을 입증(소명)할 필요도 없다. 침해의 존재, 침해의 정도는 법원의 재량에 속한다. Harguth, op. cit., p.8.

65) 이 지침 제7조는 영국과 프랑스 제도의 영향을 받았다고 한다. Harguth, op. cit., p.6.

66) 캐나다의 경우 피고가 증거를 훼손하거나 사안이 긴급을 요하는 경우에 일방적 조치가 내려질 수 있으나 특허 분야는 그런 요건에 해당하기 어렵다고 한다. 미국에서도 특허 분야에서 일방적 잠정 조치(이른바 'temporary restraining order') 사례는 없다고 한다. "Interim relief, Worldwide survey," op. cit., p.37, 44 참조.

득할 수 있도록 합리적으로 이용할 수 있는 증거를 제공할 것을 요구하고, 신청인이 피고를 보호하고 남용을 방지하기에 충분한 담보나 보증을 제공할 것을 명령할 권한을 가진다"(제50조 제3항).[67]

신청인은 잠정 조치를 취할 당국으로부터 관련 상품의 확인을 위해 필요한 그 밖의 정보를 제공할 것을 요구받을 수도 있다(제50조 제5항).[68] 잠정 조치를 집행하는 기관이 사법당국이 아닐 수도 있으므로 협정에서는 '당국(authority)' 이라고 하고 있다. 경찰이나 세관이 임치 조치를 집행할 수도 있기 때문이다.[69]

일방적 잠정 조치가 내려지는 경우 피신청인은 늦어도 그 조치의 집행 직후 지체 없이 그 사실을 통지받아야 한다. 이런 조치는 재심 대상이 된다. 재심은 통지 후 합리적인 기간 내에 행해지며 이때 당사자에게 변론의 기회를 주어야 한다. 재심의 결과 해당 조치의 변경, 취소 또는 확정 여부를 결정한다(제50조 제4항).[70]

잠정 조치가 내려진 후 사법당국이 정한 일정 기간(기간을 정하지 않은 경우에는 근무일로 20일 또는 역일로 31일 중 긴 기간) 내에 본안 소송이 제기되지 않는 경우 해당 조치는 피고의 신청에 의하여 취소되거나 효력을 상실한다(제50조 제6항).[71]

---

67) Art. 50.3: "The judicial authorities shall have the authority to require the applicant to provide any reasonably available evidence in order to satisfy themselves with a sufficient degree of certainty that the applicant is the right holder and that the applicant's right is being infringed or that such infringement is imminent, and to order the applicant to provide a security or equivalent assurance sufficient to protect the defendant and to prevent abuse."

68) Art. 50.5: "The applicant may be required to supply other information necessary for the identification of the goods concerned by the authority that will execute the provisional measures."

69) UNCTAD-ICTSD, p.606.

70) Art. 50.4: "Where provisional measures have been adopted in audita altera parte, the parties affected shall be given notice, without delay after the execution of the measures at the latest. A review, including a right to be heard, shall take place upon request of the defendant with a view to deciding, within a reasonable period after the notification of the measures, whether these measures shall be modified, revoked or confirmed."

71) Art. 50.6: "Without prejudice to paragraph 4, provisional measures taken on the basis of paragraphs 1 and 2 shall, upon request by the defendant, be revoked or otherwise cease to have effect, if proceedings leading to a decision on the merits of the case are not initiated within a reasonable period, to be determined by the judicial authority ordering

잠정 조치가 취소되거나, 신청인의 작위나 부작위로 인해 잠정 조치가 종료되는 경우 또는 추후에 지적재산권의 침해나 침해의 우려가 없다는 사실이 확인되는 경우 사법당국은 피신청인의 요청에 따라 이런 조치로 인한 손해에 대하여 적절한 보상을 제공할 것을 신청인에게 명령할 권한을 가진다(제50조 제7항).72) 권리자가 구제 절차를 진행한다 하더라도 정당한 권리 없이 상대방에게 손해를 입힌 경우에는 불법행위법에 따라 손해를 배상할 책임이 있다. 금지명령에 관련 제48조 규정과 같은 취지의 것으로, 표현상의 차이는 존재하지만,73) 손해배상의 성격이며 내용이며 달리 볼 것은 아닌 듯하다. 적절한 보상(appropriate compensation)이란 제48조에서 보듯이, 충분한 보상(adequate compensation)과는 구별되는 것이다.

행정 절차에 의하여 잠정 조치의 결정을 내릴 수 있는 경우 그 범위 내에서 제50조 다른 규정상의 원칙을 따라야 한다(제50조 제8항).74) 제49조와 같은 취지의 규정이다. 이런 행정 절차는 사법 절차를 따르기 때문에 준사법 절차라 할 수 있다.

---

the measures where a Member's law so permits or, in the absence of such a determination, not to exceed 20 working days or 31 calendar days, whichever is the longer."

72) Art. 50.7: "Where the provisional measures are revoked or where they lapse due to any act or omission by the applicant, or where it is subsequently found that there has been no infringement or threat of infringement of an intellectual property right, the judicial authorities shall have the authority to order the applicant, upon request of the defendant, to provide the defendant appropriate compensation for any injury caused by these measures."

73) 제48조는 몇 가지 점에서 제50조 제7항과는 다르다. 첫째, 제48조는 '[집행 절차의] 남용'에 대한 손해배상을, 제50조 제7항은 잠정 조치가 취소되는 경우 등에 대한 손해배상을 다루고 있다. 둘째, 제48조는 사법당국에게 피고가 부담한 비용도 보전할 것을 명령할 수 있는 권한도 부여하고 있으나, 제50조 제7항은 그에 관해 명시하지 않고 있다. 셋째, 제48조에서는 집행 기관이나 공무원에 대한 법적 책임에 대해서 언급하고 있으나, 제50조 제7항에서는 침묵하고 있다.

74) Art. 50.8: "To the extent that any provisional measure can be ordered as a result of administrative procedures, such procedures shall conform to principles equivalent in substance to those set forth in this Section."

5. 국경 조치

1) 의의

TRIPS협정이라는 명칭이 부분적으로('무역 관련') 시사하는 바와 같이, 국경 조치는 우루과이 라운드 지적재산권 협상에서 주요 논의 대상 중 하나였다. 1970년대 위조 상품 교역이 국제적인 문제로 비화하면서 선진국을 중심으로 이를 억제하기 위한 방안을 내놓기 시작했고 1984년 우루과이 라운드 의제를 협의하는 과정에서 위조 상품 교역이 중점 의제라는 점이 확인되었다.

위조 상품을 억제하는 방안은 두 가지이다. 하나는 '국경 내에서', 다른 하나는 '국경에서' 필요한 조치를 하는 것이다. 전자는 이른바 좁은 의미의 권리의 집행이라는 측면에서 접근하는 것이고, 후자는 세관에서 이른바 '국경 조치(border measure)'라는 이름으로 접근하는 것이다. 국경 조치는 침해 상품의 국제적 유통을 근원적으로 막을 수도 있는, 강력한 효과를 가지고 있다. 침해 상품이 시장에 유통되는 것을 막기보다는 컨테이너 하나를 유치하는 것이 효과적인 예방 수단이 될 수 있기 때문이다.

파리협약이나 베른협약에 압류에 관한 규정이 존재한다. 파리협약 동맹국은 상표나 상호를 불법 부착한 상품이나 상품의 출처를 허위 표시할 경우 해당 상품을 압류할 의무가 있고, 베른협약 동맹국은 침해 복제물을 압류할 의무가 있다. 압류의 방법과 압류 절차 등에 대해서는 각 동맹국의 재량이 널리 인정된다. 이들 협약은 그 위반에 대한 제재도 매우 미흡하여 법적 구속력도 미약하다. 이에 반해 TRIPS협정은 국경 조치에 대한 일반 의무, 절차적 규정 등을 신설하고 통관 보류와 같은 실효적인 조치를 수반함과 아울러 그 이행을 WTO 체제 내에서 강제할 수 있다. 기존 협약상의 미비점을 크게 개선하고 있는 것이다. 더구나 침해 상품이 수입된다고 의심하고(suspecting), 그 의심에 정당한 근거가 있는 경우 그것을 근거로 국경 조치를 취할 수 있다는 점에서 권리자에게 매우 강력한 수단을 제공하고 있다 하겠다.

2) 일반 규정

제51조는 '세관당국에 의한 반출 정지(suspension of release by customs authorities)'에 관한 회원국의 의무를 다루고 있다. 이에 의하면,

> 회원국은 아래 규정에 따라 위조 상표 상품 또는 저작권 무단침해 상품의 수입이 행하여질 수 있다고 의심할 정당한 근거를 가지고 있는 권리자가 권한 있는 행정 또는 사법 당국에 세관당국에 의한 그러한 상품의 반출 정지를 서면으로 신청할 수 있도록 하는 절차를 채택한다. 회원국은 이 절의 요건이 충족되는 한, 다른 지적재산권 침해를 수반하는 상품에 대하여 그러한 신청이 가능하도록 할 수 있다. 회원국은 또한 자국 영토에서 수출하려는 목적의 침해 상품의 세관당국에 의한 반출 정지에 관한 상응하는 절차도 규정할 수 있다.[75]

(1) 원칙

회원국의 의무는 세관당국에 의한 수입 상품의 반출 정지 내지 통관 보류(suspension from release into free circulation)에 관한 절차를 마련하는 것이다. 반출 정지 대상은 '위조 상표 상품(counterfeit trademark goods)'과 '저작권 무단침해 상품(pirated copyright goods)'이다. 협정상 다른 지적재산권 침해 상품에 대해서도 반출 정지 절차를 시행할 수 있으나 그것은 협정상 의무 사항이 아니다. 협정에서는 임의 규정(may provision)으로 하고 있기 때문이다. 회원국은 또한 수출 목적 침해 상품에 대한 반출 정지 절차도 채택할 수 있다. 이 절차도 회원국의 재량에 속한다.

협정상 "'위조 상표 상품'이란 상품과 관련하여 유효하게 등록된 상표와 동일하거나 본질적 측면에서 그러한 상표와 구별될 수 없고, 그에 따라 수입국의 법에 따라 해당 상표의 소유자의 권리를 침해하는 상표를 허락 없이 부착한,

---

75) Art. 51: "Members shall, in conformity with the provisions set out below, adopt procedures to enable a right holder, who has valid grounds for suspecting that the importation of counterfeit trademark or pirated copyright goods may take place, to lodge an application in writing with competent authorities, administrative or judicial, for the suspension by the customs authorities of the release into free circulation of such goods. Members may enable such an application to be made in respect of goods which involve other infringements of intellectual property rights, provided that the requirements of this Section are met. Members may also provide for corresponding procedures concerning the suspension by the customs authorities of the release of infringing goods destined for exportation from their territories."

포장을 포함하는 모든 상품을 의미한다."[76] 위조 상표 상품이란 한정적인 의미를 가지고 있다. ① 유효하게 등록된 상표와 관련되어야 한다. 회원국은 저명 상표라 하더라도 등록되지 않으면 국경 조치의 대상에서 배제할 수 있다. 회원국에 따라서는 미등록 상표에 대해서도 국경 조치를 재량으로 할 수 있음은 물론이다. ② 위조 상표는 등록 상표와 동일하거나 그 상표와 본질적으로 구별될 수 없는 상표를 말한다. 다시 말해서 국경 조치는 등록 상표의 복제 또는 그에 상당한 것에 대해서만 적용될 뿐, 등록 상표의 모방에는 적용되지 않는다.[77] 물론 회원국은 재량으로, 상표권 침해 이론(특히 혼동 이론)을 동원하여 상표권 침해 상품을 국경 조치의 대상으로 삼을 수도 있을 것이다. ③ 수입국의 법률로 상표 소유자의 권리를 침해하는 상표에 국한한다. 수입국에서 상표가 등록되고 그 국가에서 그 등록 상표에 대한 권리를 침해한 상표에 국한하는 것이다. 회원국은 앞에서와 마찬가지로 상표에 대한 권리 침해를 넓게 설정하고 해당 상표 상품에 대해 국경 조치를 할 수도 있을 것이다.

협정에서는 또한 '저작권 무단침해 상품'에 대해서도 정의하고 있다. 이에 의하면, "'저작권 무단침해 상품'이란 권리자나 제작 국가에서 권리자로부터 정당하게 허락받은 사람의 동의를 받지 아니하고 만들어진 복제물로서, 그 복제물의 제작이 수입국의 법에 따라 저작권 또는 관련 권리의 침해가 되는 물건으로부터 직접적으로나 간접적으로 만들어진 모든 상품을 의미한다."[78] '불

---

76) Footnote 14: "For the purposes of this Agreement:
   (a) 'counterfeit trademark goods' shall mean any goods, including packaging, bearing without authorization a trademark which is identical to the trademark validly registered in respect of such goods, or which cannot be distinguished in its essential aspects from such a trademark, and which thereby infringes the rights of the owner of the trademark in question under the law of the country of importation; ……"

77) Carvalho, p.349. 협정 제16조 제1항은 등록 상표 소유자에게 "상품이나 서비스와 동일하거나 유사한 상품이나 서비스에 대하여 동일하거나 유사한 기호를 사용함으로써 혼동 가능성을 가져올 때에는 그 사용을 금지할 수 있는 배타적인 권리"(고딕 강조)를 부여하고 있다. 즉, 제16조 제1항은 등록 상표의 복제(등록 상표와 동일한 상표를 지정 상품과 동일한 상품이나 서비스에 사용하는 것)와 모방(등록 상표와 유사하거나 다른 상표를 지정 상품과 다른 상품이나 서비스에 사용하는 것)을 모두 금지할 수 있도록 하고 있다. 반면, 제51조는 위조 상표를 등록 상표와 동일한 상표 및 "본질적 측면에서 [등록 상표]와 구별될 수 없는(which cannot be distinguished in its essential aspects from such a trademark)" 상표로 정의하고 있다.

78) Footnote 14: "For the purposes of this Agreement: ……
   (b) 'pirated copyright goods' shall mean any goods which are copies made without the

법복제 저작권 상품도 한정적인 의미를 띠고 있다. ① 모든 저작권 침해 상품이 아니라, 제작 국가에서 허락을 받지 않고 만들어진 복제물(copies)에 한정한다. 여기서 복제물이란 CD나 테이프 등과 같은 유형물이다. 세관당국은 상품을 시각적으로 검색하는 곳이고, 이런 검색 대상은 유형물일 수밖에 없기 때문이다. ② 복제물이 제작 국가에서 무단으로 제작된 것이고, 그리고 그런 제작 행위가 수입국 법률에 따라 침해가 되는 경우에 한정한다.

협정에서 위조 상표 상품과 저작권 무단침해 상품을 특정한 것은, 세관이 이런 상품은 상대적으로 쉽게 판별할 수 있는 반면, 다른 지적재산권 침해 상품은 그 일견 침해(prima facie infringement)를 판단하기 어렵기 때문이다.

세관당국에 의한 반출 정지는 권리자의 요청으로도 개시되는 것으로, 세관당국에―세관당국은 화물의 일부를 통상적으로 검색하기는 하지만―화물 검색 의무를 부과하는 것은 아니다.[79]

반출 정지는 '국경 내 조치'로서 잠정 조치(provisional measure)와 마찬가지로 잠정적인 성격의 조치이다. 그렇지만 잠정 조치보다 훨씬 완화된 요건으로, 매우 신속하게[80] 내려질 수 있다는 점에서 차이를 보인다. 권리자에게는 매우 유용한 수단임이 분명하다. 그러나 디지털 기술의 발달로 국경 조치를 우회할 수 있는 침해 수단이 등장하면서, 적어도 저작권 침해와 관련해서는 그 예방 효과가 줄어들고 있다.

(2) 예외

국경 조치는 국경에서 취하는 반출 정지를 말한다. 상품 이동에 관한 국경이 없다면 이런 조치는 무의미하다. 협정에서는 관세동맹을 형성하는 국가들 간에, 상품 이동에 관한 통제를 실질적으로 철폐한 경우 적용되지 않는다고 하고 있다.[81] 당연한 규정이다. 모든 관세동맹 국가들 간에 적용되지 않는 것은

---

consent of the right holder or person duly authorized by the right holder in the country of production and which are made directly or indirectly from an article where the making of that copy would have constituted an infringement of a copyright or a related right under the law of the country of importation."

79) UNCTAD-ICTSD, p.610.

80) 이에 관해서는, 제5부 제10장 4. 잠정 조치 참조.

81) Footnote 12: "It is understood that there shall be no obligation to apply such procedures to imports of goods put on the market in another country by or with the consent of the right

아니고, 관세동맹 국가들 중에서 상품 이동을 통제하지 않는 국가들 간에만 적용되지 않는다. 이런 관세동맹으로는 유럽경제지역(European Economic Area)[82] 이 있다.[83]

국경 조치 절차는 또한 권리자에 의하여 또는 권리자의 동의를 받아 다른 국가 시장에 나온 상품의 수입이나 통과 중 상품에 적용할 의무가 없다.[84] 이른바 병행수입 상품에 대해서, 그리고 통과 중 상품에 대해서는 국경 조치가 미치지 않는 것이다. 여기서 한 가지 지적할 점은, 권리자의 동의를 받지 않고, 예를 들어 외국에서 특허에 대한 강제실시권 행사를 통해 상품을 제조하여 수입국에 반입되는 경우, 그 수입국에서 특허에 대한 국경 조치를 채택할 경우 협정상 내국민대우의 원칙에 따라 해당 상품의 반출을 정지할 수도 있다는 것이다.[85]

회원국은 또한 "여행자의 개인 휴대품에 담긴 소량 물품이나 작은 탁송품으로서 비상업적 성격의 상품에 대하여는" 국경 조치 관련 규정을 적용할 의무를 지지 않는다(제60조).[86] 제60조에는 '최소량의 수입(de minimus imports)'이라는 제목이 붙어 있다. 세관에서 개인 휴대품에 대한 집행의 곤란 등에서 비롯된 것이다. 법률은 사소한 것에는 간여하지 않는다(de minimis non curat lex)는 법언을 떠올리게 한다.

---

holder, or to goods in transit."

82) 유럽경제지역(European Economic Area: EEA)은 EEA 협정에 의하여 1994년 1월 1일 성립되었다. EEA 협정은 유럽연합과 유럽자유무역연합(European Free Trade Association: EFTA)에게 개방된 조약이다.

83) Summary Report Q147, op. cit., p.2. 아르헨티나, 우루과이, 브라질, 파라과이 등이 참여하고 있는 메르코수르(MERCOSUR)는 모든 통제를 해제하지 않아 TRIPS협정상의 예외에 해당하지 않는다고 한다. Ibid.

84) Footnote 13: "It is understood that there shall be no obligation to apply such procedures to imports of goods put on the market in another country by or with the consent of the right holder, or to goods in transit."

85) UNCTAD-ICTSD, p.611.

86) Art. 60: "Members may exclude from the application of the above provisions small quantities of goods of a non-commercial nature contained in travellers' personal luggage or sent in small consignments."

3) 절차

(1) 반출 정지 신청

협정에서는 권리자가 반출 정지를 신청하도록 하고 있다. 권리자는 위조 상표 상품이나 저작권 무단침해 상품의 수입이 행해질 수 있다고 의심할 정당한 근거를 가지고 있어야 하고, 그 신청은 서면으로 한다(제51조 1문). 협정에서는 신청인이 권리자라는 사실을 입증하거나 소명할 것을 요구하지는 않고 있으나(협정 제52조는 권리자에게 일견 침해에 대한 증거 제공과 상품에 대한 설명 자료를 제공하여 반출 정지를 신청할 것을 요구하고 있을 뿐이다), 절차상 당연히 요구될 것이다. 권리자라는 사실의 입증과 소명은 지적재산권의 범주에 따라 달리 볼 수 있다. 위조 상표 상품의 경우에는 등록 상표 소유자라는 사실을 입증하기 용이하지만, 저작권 무단침해 상품의 경우에는 그렇지 않다. 저작권은 무방식주의에 따라 등록이 효력발생 요건이 될 수 없기 때문이다. 그럼에도 일부 국가에서는 상표 등록이나 저작권 등록을 요구하기도 한다.[87] 국가에 따라서는 신청인의 자격을 반출 정지에 이해관계가 있는 사람으로 넓히기도 한다. 배타적 라이선시에게 자격을 부여하기도 하는가 하면,[88] 저작권 집중관리단체(collecting society), 라이선시 등에게 자격을 부여하기도 한다.[89]

반출 정지는 권한 있는 당국(competent authorities)에 신청해야 한다. 권한 있는 당국은 행정당국일 수도 있고 사법당국(competent authorities, administrative or judicial)일 수도 있다. 전자는 세관을, 후자는 법원이나 준사법기관[90]을

---

87) 우리 관세법 제235조 제2항에 따른 신고나 미국 관세법(19 CFR 133.1 et seq and 19 CFR 133.31 et seq.)에 따른 'recordation'을 하기 위해서는 상표 등록이나 저작권 등록을 해야 한다.

88) 캐나다, 한국, 스위스, 미국 등의 예가 있다. Summary Report Q208, Border Measures and other Measures of Customs Intervention against Infringers, AIPPI, 2009, p.5.

89) Regulation (EU) No 608/2013 of the European Parliament and of the Council of 12 June 2013 concerning customs enforcement of intellectual property rights and repealing Council Regulation (EC) No 1383/2003(이하 '2013년 지적재산권의 세관 집행에 관한 EU 규칙'), Art. 3 참조.

90) 제53조 제2항에서는 '그 밖의 독립적인 당국'에 대해 언급하고 있다. 이것은 미국 국제무역위원회(International Trade Commission: ITC)와 같은 곳이다. 미국에서는 세관뿐만 아니라 ITC도 국경 조치를 할 수 있다. ITC는 외국의 불공정 무역관행(보조금, 덤핑 및 특허, 상표, 저작권 등 지적재산권 침해)을 시정하기 위한 목적으로 설립된 준사법적인 연방기관이다. ITC의 기능 중 하나는 미국 무역법 제337조(19 U.S.C.§1337)에 의거하여 지적재산권 침해 물품의

지칭한다 하겠다. 세관이 하는 국경 조치는 신속한 절차로 진행되어 권리자에게는 효과적인 수단을 제공하지만, 수입자 등을 보호하는 데에는 소홀할 수 있다. 법원에 의한 국경 조치는 그 반대의 경우를 생각할 수 있다. 각 회원국이 정할 문제라 할 수 있다.

제52조에서는 신청 절차를 구체적으로 밝히고 있다. 즉, "제51조에 따른 절차를 개시하는 권리자는 수입국의 법률에 따라 자신의 지적재산권에 대한 침해가 일견 있다는 것을 권한 있는 당국이 납득할 수 있도록 충분한 증거를 제공하고, 세관당국이 손쉽게 인지할 수 있도록 상품에 대한 충분히 상세한 설명을 제공하여야 한다. 권한 있는 당국은 합리적인 기간 내에 신청인에게 신청의 수락 여부와 권한 있는 당국이 세관당국이 조치를 취하는 기간을 결정하는 경우 그 기간을 통보한다."[91]

신청인은 절차상 권한 있는 당국에 침해가 일견(prima facie) 존재한다는 증거를 제공해야 한다.[92] 이 점은 제50조상의 잠정 조치에 비해 요건이 완화된 것이라 할 수 있다. 제50조 제3항에 의하면 권리자는 "신청인의 권리가 침해되고 있거나 그러한 침해가 급박하다는 것을 사법당국이 충분한 정도로 납득할 수 있도록 합리적으로 이용할 수 있는 증거를 제공"해야 하지만, 제52조에서는 "자신의 지적재산권에 대한 침해가 일견 있다는 것을 권한 있는 당국이 납득할 수 있도록 충분한 증거를 제공"해야 한다.[93] 침해의 일견 증거(prima facie

---

수입을 금지하는 배제명령(exclusion order)을 미국 세관에 내리는 것이다. 배제명령은 법원에서 발부하는 예비적 금지명령(preliminary injunction)과 유사한 것이다.

91) Art. 52: "Any right holder initiating the procedures under Article 51 shall be required to provide adequate evidence to satisfy the competent authorities that, under the laws of the country of importation, there is prima facie an infringement of the right holder's intellectual property right and to supply a sufficiently detailed description of the goods to make them readily recognizable by the customs authorities. The competent authorities shall inform the applicant within a reasonable period whether they have accepted the application and, where determined by the competent authorities, the period for which the customs authorities will take action."

92) 제51조에서는 "위조 상표 상품 또는 저작권 무단침해 상품의 수입이 행하여질 수 있다고 의심할 정당한 근거를 가지고 있는 권리자"(고딕 강조)가 신청하도록 하고 있다. 제52조 절차상 요건과 같은 맥락으로 이해할 수 있다.

93) 참고로 영어본 표현을 대비해보면, 제50조 제3항은 "any reasonably available evidence in order to satisfy themselves with a sufficient degree of certainty that ⋯ the applicant's right is being infringed or that such infringement is imminent"라고 하고 있는 반면, 제52조는 "ade-

evidence)94)만으로 반출 정지 신청을 할 수 있는 것이다.95) 많은 국가에서 '권한 있는 당국'은 세관이다. 이 경우 신청인은 일견 침해 증거를 세관에 제공하고, 세관은 그 증거에 의해 판단하는 것으로 절차상 충분한 것이므로, 엄격한 입증 절차는 생각하기 어렵다.96) 또한 제50조 제2항에서 언급하고 있는 일방적 구제 조치의 경우 "권리자에게 회복할 수 없는 손해를 야기할 가능성"을 요건으로 하는 반면, 제52조(국경 조치도 일방적인 조치이다)에서는 그런 요건을 묻지 않는다.

신청인은 또한 상품에 대해 상세한 설명 자료를 제공해야 한다. 세관당국이 침해가 의심되는 상품을 인식할 수 있도록 하기 위한 것으로, 진정 상품과 위조 상품 견본이나 관련 사진, 팸플릿 등이 포함될 것이다.

권한 있는 당국은 신청서를 접수하면 신청의 수락 여부와 반출 정지 기간을 신청인에게 통보해야 한다. 합리적인 기간(reasonable period) 내에 수락 여부를 통보해야 하고, 권한 있는 당국(세관이든 법원이든)이 반출 정지 기간을 정할 경우 그 기간을 통보해야 한다.

(2) 담보 제공

제53조 제1항에 의하면, "권한 있는 당국은 피고와 권한 있는 당국을 보호하고 남용을 방지하기 위한 충분한 담보 또는 그에 상당하는 보증을 신청인이 제공하도록 요구하는 권한을 가진다. 그러한 담보 또는 그에 상당한 보증은 이러한 절차의 이용을 불합리하게 억지하여서는 아니 된다."97)

---

quate evidence to satisfy the competent authorities that, … there is prima facie an infringement of the right holder's intellectual property right"라고 하고 있다.

94) 일견 증거(prima facie evidence)란 법적 판단 시 당사자의 청구한 항변을 구성하는 어떤 사실이나 일련의 사실을 확인하기에 충분한 증거로서, 달리 반대 사실에 의하여 번복되지 않는 한 그것으로 충분한, 표지상의(on its face) 증거를 말한다. *Black's Law Dictionary*, 5th ed., 1979 참조.

95) 국가에 따라서는 침해 사실의 입증을 요구하는가 하면(우리 관세법 제238조), 침해 의심(suspicion)만으로 반출 정지 결정을 내릴 수 있다. 2013년 지적재산권의 세관 집행에 관한 EU 규칙 제17조 및 제18조 참조.

96) 물론 뒤에서 보는 바와 같이, 권리자는 담보 제공이나 손해배상을 무릅쓰고 반출 정지 신청을 하기 때문에 신청에 따른 위험 부담을 안고 있다.

97) Art. 53.1: "The competent authorities shall have the authority to require an applicant to provide a security or equivalent assurance sufficient to protect the defendant and the com-

신청인의 담보 제공 의무는 반출 정지로 인한 피신청인[98])과 권한 있는 당국의 손해를 보전하고 신청의 남용을 방지하기 위한 것이다. 신청인에게 반출 정지 신청을 곤란하게 할 정도로 과중한 담보를 요구할 수 없다.

제53조 제2항은 이른바 역담보에 관한 규정이다. 이 규정은 미국의 우려를 반영한 것으로,[99]) 1990년 미국 제안서[100])에도 없었던 것이다. 협상 당시 미국은 개발도상국의 국경 조치가 미국 상품의 수입을 통제하는 수단으로 남용될 것을 우려했다고 한다. 해당 규정은 다소 복잡하다: "이 절에 따른 신청에 의하여 산업디자인, 특허, 배치설계 또는 미공개정보를 수반하는 상품의 반출이 사법당국 또는 그 밖의 독립적인 당국 외의 결정에 기초하여 세관당국에 의하여 정지되고, 정당하게 권한을 부여받은 당국에 의한 잠정 구제가 부여되지 아니하고 제55조에 규정된 기간이 경과하고, 수입에 관한 다른 모든 조건이 충족된 경우에는 그러한 상품의 소유자, 수입자, 혹은 수탁인은 어떠한 침해로부터 권리자를 보호할 수 있는 충분한 액수의 담보를 예치하고 상품을 반출할 수 있는 권리가 있다. 그러한 담보의 지급은 권리자에게 부여될 수 있는 다른 구제를 저해하지 아니하고, 담보는 권리자가 합리적인 기간 내에 제소권을 행사하지 아니하는 경우에 반환되는 것으로 이해된다."[101])

---

petent authorities and to prevent abuse. Such security or equivalent assurance shall not unreasonably deter recourse to these procedures."

98) 협정상으로는 피고(defendant)라고 하고 있으나 넓게 보아 무리가 없다.

99) Dreier, "TRIPs and the enforcement of intellectual property rights," in F. Beier and G. Schricker, *From GATT to TRIPS* (Max Planck Institute/VCH, 1996), p.266. UNCTAD-ICTSD, p.614에서 재인용.

100) MTN.GNG/NG11/W/70, op. cit.

101) Art. 53.2: "Where pursuant to an application under this Section the release of goods involving industrial designs, patents, layout-designs or undisclosed information into free circulation has been suspended by customs authorities on the basis of a decision other than by a judicial or other independent authority, and the period provided for in Article 55 has expired without the granting of provisional relief by the duly empowered authority, and provided that all other conditions for importation have been complied with, the owner, importer, or consignee of such goods shall be entitled to their release on the posting of a security in an amount sufficient to protect the right holder for any infringement. Payment of such security shall not prejudice any other remedy available to the right holder, it being understood that the security shall be released if the right holder fails to pursue the right of action within a reasonable period of time."

다음과 같이 나눠볼 수 있다. ① 신청인은 반출 정지로 인해 영향을 받는 상품 소유자, 수입자 또는 수탁인이다. ② 위조 상표 상품이나 저작권 무단침해 상품 이외의 지적재산권 침해가 의심되는 상품에 반출 정지 조치가 내려져야 한다. 이런 상품에는 산업디자인, 특허, 배치설계 또는 미공개정보 침해 상품이 있다. ③ 세관당국의 결정에 기초하여 해당 조치가 내려져야 한다. 사법당국이나 기타 독립적인 당국(예를 들어, 미국 ITC)에 의한 결정에는 적용되지 않는다. ④ 근무일(working days) 기준으로 10일(필요한 경우 10일 연장 가능)이 경과해야 한다. 이 경우 사법당국 등에 의한 잠정 조치(제50조)가 부여되지 않아야 한다. ⑤ 수입을 위한 다른 조건(통상적인 통관 절차에서 요구되는 조건)이 충족되어야 한다. ⑥ 침해로부터 권리자를 보호할 수 있는 담보를 제공해야 한다. 이런 담보 제공은 권리자가 행사할 수 있는 다른 구제 방법을 저해하지 않는다. 권리자가 '합리적인 기간' 내에 제소권을 행사하지 않으면 해당 담보는 해제된다.

(3) 반출 정지

(가) 반출 정지

세관당국은 권리자가 반출 정지 신청을 하면 그 수락 여부를 판단한다.[102] 수락 결정을 할 경우 일정 기간을 정하여 수입 상품의 반출을 정지하게 된다. 그 기간은 신청인이 반출 정지 사실을 통보받은 날로부터 10 근무일 이내이다. 다만, 그 기간 이내에 ① 세관당국이 피고 이외의 사람이 본안 소송을 제기했다는 사실을 통보받지 않은 경우 또는 ② 세관당국이 권한 있는 당국이 반출 정지 기간을 연장하는 잠정 조치(사법 절차에 따른 잠정 조치)를 취했다는 사실을 통보받지 않은 경우에는 반출 정지를 해제하여야 한다. 그 밖에 필요한 경우 10 근무일을 추가적으로 연장할 수 있다(제55조 1문). '필요한 경우(in appropriate cases)'에 대한 판단은 세관당국의 재량 범위에 속한다.

본안 소송이 제기된 경우 피고는 반출 정지 조치에 대한 재심을 청구할 수 있다. 재심 절차는 사법 절차에 따른 잠정 조치(제50조 제4항)의 경우와 마찬가

---

102) 국경 조치의 속성상 수락 여부에 대한 신속한 결정이 필요하다. 협정에서는 이에 대해 언급하지 않고 있다. 참고로, 2013년 지적재산권의 세관 집행에 관한 EU 규칙 제9조에서는 30 근무일 내에 신청인에게 결정을 통보하도록 하고 있다.

지로 해당 조치의 변경, 철회 또는 확정을 위한 것이다.[103] 반출 정지 조치가 사법상의 잠정 조치에 따라 내려지거나 연장되는 경우 제50조 제6항에서 정한 잠정 조치 기간을 준용한다(제55조 2문 및 3문).[104] 즉, 20 근무일(working days) 또는 31 역일(calendar days) 중 긴 기간이 적용된다. 물론 잠정 조치에 의해 그 기간을 연장할 수도 있다.

반출 정지 결정이 내려질 경우 이 사실은 수입자와 신청인 모두에게 신속히 통지되어야 한다(제54조).[105]

관계 당국은 상품의 불법적인 유치 등으로 피해를 입은 상품 수입자, 수탁인 및 소유자에게 적절한 배상을 명령할 권한을 가진다(제56조).[106] 당연한 규정으로, 제48조 및 제50조 제7항과 표현상 차이는 있으나 그 원칙과 내용은 같은 것이다.

(나) 직권에 의한 반출 정지

반출 정지 조치는 앞에서 보았듯이 신청에 의해서도 가능하고(제51조 및 제

---

103) 제50조 제4항의 재심 절차는 일방적 잠정 조치에 대한 것인 반면, 제55조의 재심 절차는 본안 소송을 전제로 일방적 반출 정지에 대한 것이라는 점에 차이가 있다.

104) Art. 55: "If, within a period not exceeding 10 working days after the applicant has been served notice of the suspension, the customs authorities have not been informed that proceedings leading to a decision on the merits of the case have been initiated by a party other than the defendant, or that the duly empowered authority has taken provisional measures prolonging the suspension of the release of the goods, the goods shall be released, provided that all other conditions for importation or exportation have been complied with; in appropriate cases, this time-limit may be extended by another 10 working days. If proceedings leading to a decision on the merits of the case have been initiated, a review, including a right to be heard, shall take place upon request of the defendant with a view to deciding, within a reasonable period, whether these measures shall be modified, revoked or confirmed. Notwithstanding the above, where the suspension of the release of goods is carried out or continued in accordance with a provisional judicial measure, the provisions of paragraph 6 of Article 50 shall apply."

105) Art. 54: "The importer and the applicant shall be promptly notified of the suspension of the release of goods according to Article 51."

106) Art. 56: "Relevant authorities shall have the authority to order the applicant to pay the importer, the consignee and the owner of the goods appropriate compensation for any injury caused to them through the wrongful detention of goods or through the detention of goods released pursuant to Article 55."

52조), 그리고 권한 있는 당국이 직권으로도 가능하다. 후자에 대해서는 제58조에서 다루고 있다.

회원국이 권한 있는 당국으로 하여금 직권으로 조치를 취하도록 하고, 상품과 관련하여 지적재산권이 침해되고 있다는 일견 증거를 확보한 경우 그 상품의 반출 정지를 하도록 의무화하는 때에는,

(a) 권한 있는 당국은 이러한 권한 행사에 도움이 될 수 있는 모든 정보를 권리자에게 언제든지 요구할 수 있고,

(b) 수입자와 권리자는 그 정지를 신속하게 통보받아야 한다. 수입자가 그 정지에 대하여 권한 있는 당국에 이의를 제기하는 경우 그 정지에는 제55조에 규정되어 있는 조건이 준용되고,

(c) 회원국은 조치가 선의로 취해지거나 의도된 경우에 한하여, 공공 당국과 공무원에게 적절한 구제 조치에 대한 책임을 면제시킨다.[107]

이 규정은 회원국이 "권한 있는 당국으로 하여금 직권으로 조치를 취하도록 하고, 상품과 관련하여 지적재산권이 침해되고 있다는 일견 증거를 확보한 경우 그 상품의 반출 정치를 하도록" 법률 등을 제정, 시행하는 경우에 적용된다. 다시 말해서, 직권에 의한 반출 정지에 관한 국내법이 존재하지 않는 경우에는 협정상의 의무를 지지 않지만, 그런 국내법 규정이 존재한다면 협정상의 절차와 요건을 받아들여야 한다. 하나씩 검토해보기로 한다. ① 당국은 지적재산권 침해에 대한 일견 증거[108]를 확보해야 한다. 위조 상표 상품이나 저작권 무단침해 상품에 국한하지 않는다. 해당 상품이 지적재산권을 침해하고 있다는

---

107) Art. 58: "Where Members require competent authorities to act upon their own initiative and to suspend the release of goods in respect of which they have acquired prima facie evidence that an intellectual property rightis being infringed:

(a) the competent authorities may at any time seek from the right holder any information that may assist them to exercise these powers;

(b) the importer and the right holder shall be promptly notified of the suspension. Where the importer has lodged an appeal against the suspension with the competent authorities, the suspension shall be subject to the conditions, mutatis mutandis, set out at Article 55;

(c) Members shall only exempt both public authorities and officials from liability to appropriate remedial measures where actions are taken or intended in good faith."

108) 이에 관해서는, 제5부 제10장 5. 3) (1) 반출 정지 신청 참조.

일견 증거만으로 직권 조치를 취할 수 있는 것이다. ② 당국은 직권에 의한 권한 행사에 도움이 될 수 있는 모든 정보를 권리자에게 언제든지 요구할 수 있다. ③ 당국은 수입자와 권리자에게 직권에 의한 반출 정지 조치 사실을 통보해야 한다. 수입자가 반출 정지에 불복하는 경우 제55조 규정, 특히 재심 절차에 관한 규정을 준용한다. ④ 당국과 해당 공무원은 이런 조치가 선의에 의하여 내려진 경우 법적 책임을 지지 않는다. 제48조 제2항과 같은 성격과 내용의 규정이다.

4) 검색 및 정보에 대한 권리

TRIPS협정은 민사 절차의 하나로 제47조에서 정보청구권에 관해 규정하고 있다. 이와 유사한 것으로, 국경 조치에 관한 규정의 하나로서 제57조가 있다. 검색 및 정보에 대한 권리(right of inspection and information)라는 제목으로 다음과 같이 규정하고 있다: "비밀 정보의 보호에 영향을 주지 아니하고, 회원국은 권한 있는 당국으로 하여금 권리자에게 그의 주장을 입증하기 위하여 세관 당국이 유치 중인 상품을 검색하게 할 충분한 기회를 제공할 수 있도록 권한을 부여한다. 권한 있는 당국은 또한 수입자에게도 이런 상품을 검색하게 할 수 있는 동등한 기회를 부여할 수 있는 권한을 가진다. 사건의 본안에 관하여 긍정적인 판정이 내려지는 경우, 회원국은 권한 있는 당국으로 하여금 권리자에게 탁송인, 수입자 및 수탁인의 성명, 주소 및 해당 상품의 수량을 통보할 권한을 부여하도록 규정할 수 있다."[109]

제57조의 규정 형식은 제47조와는 다르다. 후자는 명령할 수 있는 권한을 사법당국에 부여하는 것인 반면, 전자는 당사자에게 기회를 제공하는 권한을

---

109) Art. 57: "Without prejudice to the protection of confidential information, Members shall provide the competent authorities the authority to give the right holder sufficient opportunity to have any goods detained by the customs authorities inspected in order to substantiate the right holder's claims. The competent authorities shall also have authority to give the importer an equivalent opportunity to have any such goods inspected. Where a positive determination has been made on the merits of a case, Members may provide the competent authorities the authority to inform the right holder of the names and addresses of the consignor, the importer and the consignee and of the quantity of the goods in question."

권한 있는 당국에 부여하는 것이다. 제57조는 크게 두 가지를 다루고 있다. 첫째, 검색에 대한 권리이다. 이 권리는 의무 규정(shall provision) 형식으로 되어 있다. 권리자와 수입자 모두에게 인정된다. 이들은 각기 자신의 주장을 입증하기 위하여 세관당국이 유치 중인 상품을 검색할 수 있도록 충분한 기회를 보장받는다.

둘째, 정보에 대한 권리이다. 이 권리는 임의 규정(may provision) 형식으로 부여되고 있다. 회원국은 권리자가 본안에서 승소한 경우 권한 있는 당국이 권리자에게 상품의 수입자, 탁송인 및 수탁인의 성명과 주소 및 상품의 수량을 통보할 권한을 부여하도록 규정할 수 있는 것이다.

어떤 경우에도 비밀 정보는 보호된다. 제42조와 제43조에서 언급하고 있는 비밀 정보와 같은 것으로 볼 수 있다.110)

5) 침해물의 폐기 또는 처분

권리자는 여러 구제 수단을 사용하여 자신의 권리를 지키고자 한다. 침해물의 폐기나 처분이 구제 수단의 하나이다. 제59조는 이런 수단의 존재를 확인하는 한편, 추가적으로 회원국의 의무 규정을 담고 있다. 이에 의하면, "권리자에게 허용되는 다른 제소권에 영향을 주지 아니하고, 피고가 사법당국에 의한 심사를 청구할 수 있는 권리에 따를 것을 조건으로, 권한 있는 당국은 제46조에 규정된 원칙에 따라 침해 상품의 폐기 또는 처분을 명령할 권한을 가진다. 위조 상표 상품에 관하여, 당국은 예외적인 상황 외에는, 변경되지 아니한 상태로 침해 상품을 재수출하거나 또는 다른 통관절차에 따르도록 하는 것을 허용하지 아니한다."111)

이 규정은 제46조의 원칙을 언급하고 있다. 제46조는 민사 절차의 하나로

---

110) 이에 대해서는, 제5부 제10장 3. 1) (1) 일반 조항 참조.

111) Art. 59: "Without prejudice to other rights of action open to the right holder and subject to the right of the defendant to seek review by a judicial authority, competent authorities shall have the authority to order the destruction or disposal of infringing goods in accordance with the principles set out in Article 46. In regard to counterfeit trademark goods, the authorities shall not allow the re-exportation of the infringing goods in an unaltered state or subject them to a different customs procedure, other than in exceptional circumstances."

침해물의 처분 등에 관한 일반 규정이라 할 수 있다. 국경 조치의 대상이 되는 침해물이라 하여 이런 원칙 적용에 지장이 있는 것은 아니다. 그럼에도 제59조에서 별도로 규정하고 있는 것은 나름 독자적인 의미가 있는 듯 보인다. 제59조는 2개의 문장으로 되어 있다. 제1문은 제46조와는 여러 가지 측면에서 다르긴 하지만, 특별한 의미가 있는 조항으로 보이지 않는다. 한편 제2문은 회원국에 대한 새로운 의무를 부과하고 있다. 이 규정의 의의는 제2문에서 찾을 수 있다 하겠다.

제59조 1문에서는 국경 조치가 다른 구제 조치와는 별개이므로, 다른 구제 조치는 국경 조치로 인해 영향을 받지 않는다는 점을 확인해주고 있다. 제59조 1문은 다음과 같은 점에서 제46조와 다르다는 것을 알 수 있다. ① 제59조 1문은 침해물의 폐기와 처분에 대해서만 언급하고 있다. 침해물뿐만 아니라 침해에 사용된 재료와 기기에 대해서도 언급하고 있는 제46조와는 다르다. 재료와 기기에 대해서는 제59조 제1항이 적용 여지가 없는 것이다. ② 제59조 1문에서는 침해 상품(infringing goods)이라고 하고 있고, 제46조에서는 침해하고 있는 것으로 판정된 상품(goods … found to be infringing)이라고 하고 있다. 제59조 1문에 의한 처분은 사법당국이 할 수도 있지만 세관당국이 할 수도 있다. 따라서 제59조 1문상의 '침해 상품'은 사법당국의 판단에 근거하지 않은 것일 수도 있다. 반면 제46조상의 상품은 사법당국이 '침해' 상품이라고 판정한 것을 말한다. ③ 전자는 권한 있는 당국(competent authority)이라고 하고 있는 반면, 후자는 사법당국(judicial authority)라고 하고 있다. 사법당국 이외에 다른 당국이 관련 조치를 취할 수 있도록 열어놓은 것이다.

이런 전제하에, 제59조 1문에 따른 조치는 침해물의 폐기와 처분이라 할 수 있는바, 이에 대해서는 제46조의 원칙이 적용된다. 즉, 권한 있는 당국은 ① 침해에 대한 효과적인 억지를 목적으로, ② 침해가 판정된 경우, ③ 아무런 보상도 없이, ④ 침해 상품의, ⑤ 폐기나 처분을 할 수 있다. 그 폐기는 헌법에 반하지 않아야 허용된다.

다음으로, 제59조 2문은 제46조 등과는 구별되는, 별도의 추가 의무 조항이다. 즉, 위조 상표 상품의 경우 변경되지 아니한 상태로 침해 상품의 재수출 등은 허용되지 않는다. '변경되지 아니한 상태(in an unaltered state)'의 상품이란, 예를 들어 위조 상표가 부착된 상품을 말한다. 반대로 해석 시 위조 상표를 제거한다면 재수출 등이 허용된다고 하겠다. 이 점은 제46조(단순히 불법 상표를 제거했다고 하여 반출이 허용되지 않는다)와는 크게 다르다.[112] 예외적인 상황(in exceptional circumstances)에서도 재수출 등이 가능하다. 이런 상황에 대한 판단은—'예외적'이라는 제한은 있지만—각 회원국에 맡겨진 문제라 할 수 있다.[113]

6. 형사 절차

TRIPS협정은 형사 절차에 대해서는 1개조만을 두고 있다. 형벌의 민감성, 민사 구제와 형사 처벌과의 관계, 국가 간 형사 절차의 복잡성·다양성 등이 모두 영향을 준 것으로 보인다. 무엇보다도 지적재산권 분야에 따라서는 형사적 접근을 허용하지 않는 입법례도 적지 않고, 처벌 규정을 두더라도 처벌 대상 침해의 종류, 침해의 요건 등에 관해 국제적 조화는 거의 불가능하다는 점이 반영되었다고 할 수 있다. 미국[114]과 EC[115]의 제안도 미온적이었다.

어쨌든 형사 절차를 마련하고, 처벌 규정을 두도록 한 것은 매우 이례적이

---

112) Gervais, p 325.

113) 2000년 AIPPI 자료에서는 많은 국가들이 그런 예외적인 상황의 경우를 접하지 못했다고 한다. 헝가리에서는 해당 상표가 제거되는 경우나 당사자들 간의 합의로 해당 상품을 처리하기로 한 경우를 상정하는 것으로 보기도 했다. Summary Report Q147, op. cit., p.15.

114) MTN.GNG/NGll/W/68, op. cit., Article 23: "Contracting parties shall provide for criminal procedures and penalties to be applied in cases of wilful infringements of trademarks and copyright on a commercial scale. Such remedies shall include imprisonment and monetary fines sufficient to provide an effective deterrent and in appropriate cases the seizure, forfeiture and destruction of the infringing goods and of devices used in the commission of the offence. Contracting parties may provide for criminal procedures and penalties to be applied in cases of infringement of any other intellectual property right, in particular where it is committed wilfully and on a commercial scale."

115) MTN.GNG/NGl1/W/70, op. cit., Article 24: "Contracting parties shall provide for criminal procedures and penalties to be applied in cases of willful infringements of trademarks and copyright on a commercial scale. Such remedies shall include imprisonment and monetary fines sufficient to provide an effective deterrent and the possibility of seizure, forfeiture, and destruction of the infringing goods and of any device used in the commission of the offence. Contracting parties may provide for criminal procedures and penalties to be applied in cases of infringement of any other intellectual property right, in particular where it is committed willfully and on a commercial scale."(고딕 강조) EC와 미국의 제안이 단어 몇 개를 빼고는 거의 흡사하다는 점도 흥미롭다.

면서 획기적이라는 점을 부인할 수는 없다. 해당 규정은 제61조이다.

회원국은 적어도, 고의로 상표 위조 또는 저작권 무단침해를 상업적 규모로 침해한 경우에 적용될 수 있는 형사 절차와 처벌을 규정한다. 이용할 수 있는 구제는 그에 상응하는 정도의 범죄에 적용되는 처벌 수준과 합치하도록, 억지력이 되기에 충분한 금고 및/또는 벌금을 포함한다. 적절한 경우에, 이용할 수 있는 구제는 침해 상품과 범죄 행위에 주로 사용된 재료와 기기의 압수, 몰수 및 폐기를 포함한다. 회원국은 그 밖의 다른 지적재산권 침해의 경우, 특히 그 침해행위가 고의로 그리고 상업적 규모로 행하여지는 경우에 적용될 형사 절차 및 처벌을 규정할 수 있다.[116]

형사 절차와 처벌에 관해서 다음과 같이 나눠 설명할 수 있다. 첫째, 고의(willfulness)가 있어야 한다. 고의범을 처벌하는 형사정책적 고려에서 나온 것이라 할 수 있다. 각국마다 고의의 종류며 내용에 차이가 있을 것이다.

둘째, 협정상 상표 위조(trademark counterfeiting)와 저작권 무단침해(copyright piracy)에 대해서만 회원국의 의무로 하고 있다. 상표 위조와 저작권 무단침해는 제51조 각주에서 언급하고 있는 것과 같은 내용으로 이해해야 할 것이다.[117] 즉, '상표 위조'란 등록 상표와 동일하거나 본질적으로 구별될 수 없는 상표를 제작하는 것이고, '저작권 무단침해'는 저작권 침해 복제물을 제작하는

---

116) Art. 61: "Members shall provide for criminal procedures and penalties to be applied at least in cases of wilful trademark counterfeiting or copyright piracy on a commercial scale. Remedies available shall include imprisonment and/or monetary fines sufficient to provide a deterrent, consistently with the level of penalties applied for crimes of a corresponding gravity. In appropriate cases, remedies available shall also include the seizure, forfeiture and destruction of the infringing goods and of any materials and implements the predominant use of which has been in the commission of the offence. Members may provide for criminal procedures and penalties to be applied in other cases of infringement of intellectual property rights, in particular where they are committed wilfully and on a commercial scale."

117) 제51조 각주 14에서는 '이 협정의 적용상(For the purpose of this Agreement)'(고딕 강조)이라는 표현을 사용하여, 해당 정의 규정이 다른 규정들에도 미친다는 점을 확인해주고 있다. 또한 위 각주에서는 '위조 상표 상품(counterfeit trademark goods)'과 '저작권 무단침해 상품(pirated copyright goods)'이라고 하고 있고, 제61조에서는 그 동사형 표현인 '상표 위조(trademark counterfeiting)'와 '저작권 무단침해(copyright piracy)'라고 하고 있는바, 양 규정 간에는 의미상의 차이가 없다 하겠다.

것을 말한다. 그 어느 것이든 유형물 제작에 국한한다.[118] 다른 지적재산권 침해에 대해서는 회원국이 임의로 규정할 수 있다.

셋째, 상표 위조와 저작권 무단침해는 상업적 규모로(on a commercial scale) 행해진 경우에 한하여 처벌할 수 있다. 상업적 규모에 대한 판단은 각 회원국의 재량에 속한다.

넷째, 처벌은 금고(imprisonment)와 벌금(fine) 또는 양자를 포함한다. 처벌은 범죄의 심각성을 고려하여 같은 정도의 다른 범죄에 적용되는 처벌 수준에 상응해야 한다. 또한 처벌은 침해를 억지하기에 충분한 수준이어야 한다.

다섯째, 적절한 경우 침해 상품을 압수(seizure), 몰수(forfeiture) 또는 폐기해야 한다. 적절한 경우의 판단은 국내법에 맡겨져 있다. 주로 사용된(predominant use) 재료나 기기의 압수 등도 가능하다.

---

118) 이에 관해서는, 제5부 제10장 5. 2) 일반 규정 참조.

제11장 분쟁의 예방 및 해결

1. WTO 체제상 분쟁 해결

TRIPS협정 체결의 배경 중 하나로 기존 조약의 분쟁 예방과 해결 장치의 미흡을 들 수 있다. 파리협약이나 베른협약은 분쟁의 예방과 해결을 위해서 매우 불완전한 규정을 담고 있다. 파리협약 제28조 제1항과 베른협약 제33조 제1항에 의하면, 협약의 해석이나 적용에 관한 분쟁은 "협상에 의하여 해결되지 아니하는 경우에, 관계 동맹국이 다른 해결 방법에 합의하지 아니하는 한, 어느 한 관계 동맹국에 의하여 국제사법법원 규정에 따라 국제사법법원에 회부될 수 있다." 이 경우 분쟁을 회부한 국가는 국제사무국에 이를 통보하고, 국제사무국은 이를 다른 동맹국에 알리도록 되어 있다. 아직까지 국제사법법원(International Court of Justice: ICJ)을 통한 분쟁 해결 사례는 존재하지 않는다.

물론 협상에 의한 해결이 1차적인 분쟁 해결 방법으로 국제법이나 국내법이냐를 막론하고 유효한 것이나, 최후의 수단에 대한 장치를 가지고 있지 않을 경우 관련 규범의 실효성이 떨어진다. 선진국은 지적재산권이 무역과 일정한 관계를 맺고 있음을 빌미로 이 문제를 우루과이 라운드로 끌어들였고, 협상 과정에서 기존 GATT의 분쟁 해결 절차를 개선하면서 TRIPS협정상의 분쟁도 이 절차를 따르도록 주장하여 이를 관철시켰다.

지적재산권 분쟁이 WTO 체제로 편입되었다는 것은 많은 점을 시사해준다. 특히, 지적재산권 분쟁이 무역 분쟁의 하나로 다뤄지면서 분쟁 사례가 증가하고 있다는 사실이다.[1]

---

[1] WTO 발족 이래 2014년 말까지 488건의 분쟁이 WTO에 회부되었다. 이 중 절반은 당사자들 간의 협의로, 나머지 절반은 패널 절차로 해결되었다. TRIPS협정의 해석과 적용에 관한 분쟁은 모두 34건이다. https://www.wto.org/english/thewto_e/20y_e/dispute_brochure20y_e.pdf 참조.

2. 투명성

많은 분쟁이 정보의 부재, 상대방에 대한 몰이해 등에서 빚어지는 것을 볼 때 정보의 획득과 축적은 분쟁 예방에 적지 않은 기여를 한다. 이른바 투명성 (transparency)은 서로에 대한 이해를 높이는 역할을 하는 것이다. TRIPS협정은 이 점에 주목하고 있다.

먼저 협정 제63조 제1항과 제2항에서는 지적재산권 관련 법령, 최종 판결 및 행정 결정을 발행하고 이것이 여의치 않을 경우 적어도 각국 정부와 권리자가 알 수 있는 방법으로 공지할 것을 요구하고 있다. 정부 간 협정도 발행의 대상으로 명기하고 있다. 또한 법령은 TRIPS이사회에 검토를 위하여 통보할 것을 의무화하고 있다.

통보 의무를 최소화하기 위하여 WIPO와 공동으로 등록처를 일원화할 수 있는 길도 열어놓고 있다(제63조 제2항 2문). 파리협약과 베른협약은 모든 법령을 각 WIPO 국제사무국에 통지할 것을 의무화하고 있는바,[2] 어느 국가가 파리동맹국이나 베른동맹국인 동시에 WTO 회원국일 경우 이중의 부담을 안을 수 있다. 이것은 1995년 체결한 WIPO와 WTO 간의 협정(Agreement Between the World Intellectual Property Organization and the World Trade Organization) 제2조에 의하여 해결했다. 즉, WIPO 국제사무국이나 WTO 사무국은 WTO 회원국이나 WIPO 회원국이 요청하는 경우 각기 해당 법령을 제공하도록 했다. 또한 TRIPS협정에서는 파리협약 제6조의3에 의한 국가 표장 통보 의무에 대해서도 관심을 표명하고 있는바(제63조 제2항 3문), WIPO와 WTO 간의 협정 제3조에 의거하여 통보 관련 절차를 WIPO로 일원화했다.

다른 회원국이 서면으로 요청하는 경우에도 법령, 최종 판결 및 행정 결정을 제공하여야 한다. 비록 최종 판결이나 결정이 아닌 특정 판결이나 결정 또는 양자협정이 이 협정상의 권리에 영향을 미친다고 판단하는 경우 서면으로 그에 대한 정보를 요청할 수도 있다. 비밀 정보는 그 공개가 공익에 반하거나 합법적인 상업적 이해와 충돌하는 경우에는 공개하지 않을 수 있다(제63조 제3항 및 제4항).

---

2) 파리협약 제15조 제2항 및 베른협약 제24조 제2항.

3. 분쟁 해결 절차

1) 관련 GATT 규정

GATT 체제 내에서 분쟁 해결 절차는 매우 독특한 의미를 지니고 있다. 국제 분쟁을, 그것도 경제적 분쟁을 국제규범 내에서 국제기구를 통하여 해결하려 했다는 점, 분쟁 해결 절차가 오랜 기간 관행화되거나 관습법으로 정착되면서 이를 성문화하기 위한 작업을 꾸준히 계속해왔다는 점, 그리고 협정상의 의무 위반이 아니라 하더라도 그로 인해 회원국의 이익이 침해되는 경우 분쟁 해결 절차를 원용할 수 있었다는 점 등은 GATT의 분쟁 해결 절차를 특징짓는 요소들이었다.

우루과이 라운드 협상 결과 채택된 분쟁 해결 규칙 및 절차에 관한 양해 (Understanding on Rules and Procedures Governing the Settlement of Disputes: DSU)는 이런 절차를 제도적으로 완성했다고 할 수 있다. WTO 분쟁 해결 절차는 "다자간 무역체제의 안정성과 예측 가능성을 제공하는 데 중심적인 요소"라 할 수 있다.[3]

TRIPS협정이 WTO 설립협정의 부속서 중 하나이므로 TRIPS협정 적용과 해석에 관한 분쟁도 WTO상의 분쟁 해결 절차를 따르고 있다. TRIPS협정을 WTO 체제하에 편입시키려는 선진국의 의도를 그대로 반영한 것이라 할 수 있다. TRIPS협정상의 분쟁도 DSU에서 구체화되고 있는 1994년 GATT[4] 제22조와 제23조에 전적으로 의존하고 있는 점도 특기할 만하다. TRIPS협정 제64조 제1항에 의하면, "분쟁 해결 양해에 의하여 구체화되고 적용되는 1994년 GATT 제22조와 제23조의 규정은 특별히 달리 규정하지 아니하는 한 이 협정에 따른 협의와 분쟁 해결에 적용한다."[5] GATT 제22조와 제23조는 DSU의 핵

---

3) DSU 제3조 제2항 참조.

4) 1994년 GATT(General Agreement on Tariffs and Trade 1994)란 마라케시협정 부속서 1A에 수록된 것으로, 1947년 임시 발효한 GATT(1947년 GATT, GATT 1947)와 1947년 GATT 조항에 대한 6개의 양해 등을 포함하고 있다. 1947년 GATT는 WTO협정에 의해 종료했지만 해당 규정들은 약간의 수정을 거쳐 1994년 GATT에 담겨서 실질적으로는 여전히 효력이 있다.

5) Art. 64.1: "The provisions of Articles XXII and XXIII of GATT 1994 as elaborated and applied by the Dispute Settlement Understanding shall apply to consultations and the settlement of disputes under this Agreement except as otherwise specifically provided herein."

심 조항에 속한다.

GATT 제22조는 체약당사자들 간에 협정 운용상의 모든 문제에 대하여 상호 협의해야 한다고 하면서, 이런 상호 협의가 만족할 만한 결과를 가져오지 못할 경우 체약국단(Contracting Parties)의 협의에 붙일 수 있도록 하고 있다.[6] 협상은 강제적인 수단보다 효과적인 경우가 많다. 상대방에 대한 이해와 협력은 분쟁 해결의 기본 전제이기 때문이다. 이 점에서 제22조의 의의를 가볍게 보아서는 안 된다.

제23조는 조금 복잡하다. 이 규정은 먼저 다음 세 가지 경우를 상정하여 체약국단에 의한 무역 제재를 담보할 수 있는 길을 열어놓고 있다. ① 다른 체약국에 의한 협정상의 의무 위반(the failure of another contracting party to carry out its obligations under this Agreement). ② 협정 규정과 양립하지 않는 다른 체약국의 조치(the application by another contracting party of any measure, whether or not it conflicts with the provisions of this Agreement). ③ 그 밖의 사정의 존재(the existence of any other situations).[7] 제23조는 이른바 무효(nullification) 또는 침해(impairment)에 관한 규정이다. 협정상 어느 체약국에 부여된 이익이 다른 체약국의 입법·행정·사법상의 조치로 인해 무효 내지 침해되거나 협정의 목

---

6) Art. XXII (Consultation): "1. Each contracting party shall accord sympathetic consideration to, and shall afford adequate opportunity for consultation regarding, such representations as may be made by another contracting party with respect to any matter affecting the operation of this Agreement.

2. The CONTRACTING PARTIES may, at the request of a contracting party, consult with any contracting party or parties in respect of any matter for which it has not been possible to find a satisfactory solution through consultation under paragraph 1."

7) Art. XXIII (Nullification or Impairment): "1. If any contracting party should consider that any benefit accruing to it directly or indirectly under this Agreement is being nullified or impaired or that the attainment of any objective of the Agreement is being impeded as the result of

(a) the failure of another contracting party to carry out its obligations under this Agreement, or

(b) the application by another contracting party of any measure, whether or not it conflicts with the provisions of this Agreement, or

(c) the existence of any other situation,

the contracting party may, with a view to the satisfactory adjustment of the matter, make written representations or proposals to the other contracting party or parties which it considers to be concerned. Any contracting party thus approached shall give sympathetic consideration to the representations or proposals made to it. ......"

적을 달성하기 곤란한 경우에 인정되는 분쟁 해결 절차인 것이다.

첫 번째의 경우는 이른바 '위반 제소(violation complaint)'로서, 협정상의 의무 위반을 협정 규정에 따라 해결하고자 하는 것이다. 국제법이나 조약상 당연한 원칙이다. 두 번째의 경우는 이른바 비위반 제소(non-violation complaint)이다. 비위반 제소는 어느 체약국의 작위나 부작위 또는 일정한 상황의 존재로 인해 다른 체약국이 기대한 이익을 얻지 못하는 경우에 후자 체약국이 분쟁해결기구(Dispute Settlement Body: DSB)에 분쟁 해결을 요청하는 것을 말한다. GATT 체제하에서 상품에 적용하던 비위반 제소 가능성이 WTO 체제하에서 서비스에까지 확대되었다. 세 번째 경우는 이른바 '상황 제소(situation complaint)'로서, 어떠한 상황이든 그런 상황의 존재로 인해 무효나 침해를 가져온다면 협정상 다툴 수 있는 것이다.

1994년 GATT 제23조상의 요건은 두 가지이다. 하나는 협정상의 의무 위반이나 협정 규정과 양립하지 않는 조치 또는 기타 사정의 존재가 있고, 다른 하나는 그로써 무효 또는 침해가 발생해야 한다. 전자의 요건은 위반 제소의 경우 결정적인 역할을 한다. 왜냐하면 후자의 요건은 DSU 제3조 제8항에서 협정상 의무 위반 시 무효(nullification)나 침해(impairment)를 구성하는 것으로 추정하기 때문이다. 여기서 추정은 상대방이 뒤집을 수 있는 추정(rebuttable presumption)이다. GATT와 WTO 판례상 추정이 뒤집힌 사례는 존재하지 않았다.[8]

WTO의 분쟁 해결 절차는 협의 요청(request for consultation)으로 시작한다. 협의 기간 중 양 당사자가 합의할 경우 WTO 사무총장에게 알선(good offices), 조정(conciliation) 및 중개(mediation)를 요청할 수 있다. 제23조는 협의가 성립되지 않는 경우 원용할 수 있는 조항이다. 제소국은 60일 이내에 양자 협의로 문제를 해결하지 못할 경우에 패널 설치를 요청할 수 있고 컨센서스에 의하여 부결되지 않는 한 자동적으로 패널이 설치된다. 패널은 통상 6개월 내에 최종 보고서를 작성하는데, 이 보고서는 해당 조치가 WTO 설립협정과 양립하지 않는다고 판단하면 당사자에게 양립시킬 것을 권고할 수 있다. DSB는 당사자 일방에 의한 상소 의사를 통보받거나 컨센서스에 의하여 거부하지 않는 한 판정이나 권고의 방식으로 패널 보고서를 채택한다.

어느 당사자가 판단 결과에 불복할 때에는 상소할 수 있다. 상소는 패널 보

---

8) https://www.wto.org/english/tratop_e/dispu_e/disp_settlement_cbt_e/c4s2p1_e.htm 참조.

표 7 · 분쟁 해결 절차 단계별 기한

60일	협의, 조정 등
45일	패널 설치, 패널리스트 선임
6개월	최종 패널 보고서 당사자 통보
3주	최종 패널 보고서 WTO 회원국 통보
60일	DSB 보고서 채택(항소하지 않는 경우)
총 1년	(항소하지 않는 경우)
60~90일	항소보고서
30일	DSB 항소보고서 채택
총 1년 3개월	(항소하는 경우)

주: https://www.wto.org/english/thewto_e/whatis_e/tif_e/disp1_e.htm 참조.

고서상의 법적 해석에 국한하여 허용되며 보통 60일 이내에 절차를 진행한다. DSB가 보고서 채택을 거부하지 않는 한 최종적인 상소 보고서를 채택한다.

패널 보고서나 상소 보고서 채택 후 30일 이내에 개최되는 DSB 회의에서 관련 당사자는 해당 판정이나 권고의 이행에 대하여 입장을 표명할 수 있고, 즉시 이행할 수 없는 경우 상당한 기간을 유예받을 수 있다. 그 기간 내에 이행하지 않는 경우 상호 만족할 만한 보상을 결정하기 위하여 DSB 협상을 진행한다. 이에 합의하지 못할 경우 다른 당사자는 DSB에 상대방에 대한 양허 및 의무의 일시정지를 요청할 수 있으며 DSB는 컨센서스에 의하여 거부하지 않는 한 보복 조치를 승인한다. 양허와 의무의 정지는 동일 협정하의 다른 분야에 적용되고 이것이 효과적이지 못하다면 다른 협정에 대해서도 적용된다.

2) 비위반 제소

비위반 제소는 다자간 무역협상에서 꾀한 이익의 균형을 유지하기 위한 제도이다. 예를 들어, 어느 국가가 시장 접근 차원에서 어떤 상품에 대한 관세를 인하하기로 합의한 뒤 나중에 국내 상품에 대해 보조금을 지급한다면 이것은 합의 전에 부과했던 관세처럼 경쟁 조건에 영향을 줄 수 있다. 비위반 제소는 그 국가가 합의한 대로 경쟁 조건을 회복하기 위하여 인정된다. 상품과 서비스 분야에서 활용될 수 있는 제도이다.[9]

GATT 역사상 이제까지 세 가지 경우(의무 위반, 보조금, 수량 제한)에 한정하

---

9) https://www.wto.org/english/tratop_e/trips_e/nonviolation_background_e.htm 참조.

여10) 일견의 무효 또는 침해(prima facie nullification or impairment)가 인정되었다. 즉, 의무 위반 등에 한정하여 상대방이 무효나 침해가 발생하지 않았다는 입증을 하지 못하는 한 일견 무효나 침해가 있는 것으로 보고 그 상대방으로 하여금 GATT상의 의무를 준수할 것을 요구했던 것이다.11)

TRIPS협정 제64조 제2항에서는 협정 규정이 WTO 설립협정 발효일 이후 5년간(1999년 말까지) 비위반 제소 및 상황 제소 관련 분쟁에 대해서는 적용하지 않는다고 하면서, 그 제3항에서는 TRIPS이사회로 하여금 제소의 범위와 방식(scope and modalities)을 검토하도록 하며 각료회의에서 이런 검토 결과 제출받은 권고를 승인하거나 기간을 연장하는 결정을 내릴 수 있도록 했다.12)

2000년 이후 비위반 제소와 관련하여 TRIPS이사회에서 논의를 계속하고 있지만 아직까지 아무런 결론을 내리지 못하고 있다. 미국 등 일부 국가는 유예기간이 이미 경과했기 때문에 더 이상 논의가 필요 없으며 즉각 TRIPS협정상 비위반 제소를 허용해야 한다는 입장인 반면, 대다수의 국가들은 아직 이 문제는 해결되지 않은 것으로 보고 있고, 유럽연합은 '범위와 방식'에 대하여 논의를 계속하는 것이 좋겠다는 입장을 표명한 바 있다.13) 미국과 스위스를 제외하고는 비위반 제소에 대한 유예를 원하고 있다. 2001년 11월 14일 도하 각료회의 결정으로 '범위와 방식'에 대한 논의를 TRIPS이사회에서 계속하기로 지침을 주면서 당분간 비위반 제소는 하지 않기로 했다. 유예기간은 계속 연장되었다. TRIPS이사회는 2015년 12월 23일 'TRIPS 비위반 및 상황 제소(TRIPS non-violation and situation complaints)' 결정초안을 채택하여, 그 범위와 방식을 계속 검토하고 다음 회기(2017년)에 각료회의에 권고함과 동시에 당분간 TRIPS협정에 따른 제소를 하지 않을 것을 약속한다고 합의했다.14)

---

10) 한 예로, 수량 제한(quantitative restrictions)은 국제수지상의 이유로 허용되는 것으로 반드시 GATT 위반은 아니다.

11) Jackson(1969), pp.178~187 and John H. Jackson, *The World Trading System* (The MIT Press, 1990), pp.94~95.

12) Implementation-Related Issues and Concerns, Decision of 14 November 2001, WTO Doc. WT/MIN(01)/17, 20 November 2001, para. 11.1 참조. WT/MIN(01)/17.

13) Council for Trade-Related Aspects of Intellectual Property Rights, Minutes of Meeting, 21 March 2000, WTO Doc. IP/C/M/26, 25 May 2000 참조.

14) TRIPS Non-violation and Situation Complaints, Ministerial Decision of 19 December 2015, WTO Doc. WT/L/976, 21 December 2015.

제12장 효력발생 및 경과조치

1. 효력발생

1) 협정 적용일

TRIPS협정은 WTO 설립협정 발효일로부터 1년의 유예기간을 두고 협정 준수 의무를 각 회원국에 부과했다(제65조 제1항).[1] WTO 설립협정은 1995년 1월 1일 발효했으므로 그 1년 후, 즉 1996년 1월 1일이 TRIPS협정 적용일이다.[2] 지적재산권 규범이 국제무역 규범에 편입되면서 협정상의 제도를 국내적으로 수용할 수 있는 시간을 준 것이다. 이 1년은 일반적인 유예기간으로 선진국에 대하여 적용된다. 개발도상국은 추가적으로 4년간 그 적용을 유예할 수 있다(제65조 제2항).[3] 이들 국가에 대한 협정 적용일은 2000년 1월 1일인 것이다. 협정 적용일이 복수로 존재하는 것이다. 동유럽 국가 등 일부 사회주의 경제 체제에서 시장경제체제로 전환하는 국가들[체제전환국가(countries in transition)]도 같은 기간 유예를 받았다(제65조 제3항).[4]

---

1) Art. 65.1: "Subject to the provisions of paragraphs 2, 3 and 4, no Member shall be obliged to apply the provisions of this Agreement before the expiry of a general period of one year following the date of entry into force of the WTO Agreement."

2) TRIPS협정 적용일(date of application)은 효력발생일(date of entry into force)과는 다르다. TRIPS의 독자적인, 독특한 방식을 택하고 있는 것이다.

3) Art. 65.2: "A developing country Member is entitled to delay for a further period of four years the date of application, as defined in paragraph 1, of the provisions of this Agreement other than Articles 3, 4 and 5."

4) Art. 65.3: "Any other Member which is in the process of transformation from a central-ly-planned into a market, free-enterprise economy and which is undertaking structural reform of its intellectual property system and facing special problems in the preparation and implementation of intellectual property laws and regulations, may also benefit from a period of delay as foreseen in paragraph 2."

유예기간의 혜택을 누리는 개발도상국이라 하더라도 협정 적용일 이후에는 내국민대우의 원칙(제3조)과 최혜국대우의 원칙(제4조), 그리고 권리 취득을 위한 다자간 협정(특허협력조약 등)상의 의무(제5조)도 지켜야 한다(제65조 제2항). 유예기간 동안 TRIPS협정에 미치지 못하는 보호수준을 가지고 있다 하더라도 내국민과 외국인을 차별해서는 안 된다는 것이다. 권리 취득을 위한 다자조약 상의 의무는 TRIPS협정과 관련이 없는 것으로, 해당 조약 당사국이라면 당연히 준수해야 하는 것이다. 이 점은 확인 규정이라 할 수 있다. 체제전환국가에 대해서도 협정 제3조 내지 제5조 준수 의무가 존재하는 것으로 해석하기도 한다.[5] 협정 제65조 제3항에 의하면, "[체제전환국가 회원국]은 제2항에 규정된 유예기간의 혜택을 받을 수 있다"고 할 뿐이어서, '조약의 대상과 목적(object and purpose)'에 비춰 보면 이들 국가에 대해서도 내국민대우와 최혜국대우의 원칙을 지키도록 한 것은 분명해 보이지만, 이런 해석은 다소 무리가 있다.

또한 유예기간 중에는 국내법령과 관행을 변경하여 협정 규정과 양립하지 않도록 해서는 안 된다(제65조 제5항).

2) 최빈국

TRIPS협정은 개발도상국, 그중 최빈국(least-developed country)[6]에게 각별한 관심을 가지고 있다. 최빈국은 국민의 기본적인 생활 수요를 만족시킬 수 없을 만큼 정치적·경제적 상황이 열악하다. 최빈국에게 지적재산권 보호를 요구하기에는 무리가 따른다. 우루과이 라운드 협상 국가들은 협정 여러 규정에 걸쳐 최빈국의 사정을 배려했다. 첫째, 최빈국은 협정 적용일로부터 10년간 (협정 발효 후 11년간) 협정상의 의무를 지지 않는다. 최빈국에 대한 협정 적용일은 2006년 1월 1일이다(제66조 제1항). 협정은 그 사정을 다음과 같이 설명하고 있다: "최빈 회원국의 특별한 필요 및 조건, 경제적·재정적 및 행정적 제약

---

5) UNCTAD-ICTSD, p 714.

6) 유엔의 정의에 의하면, 최빈국이란 지속 성장에 심각한 구조적 장애가 있는 국가를 말한다. 2015년 기준으로 48개국이 이 범주에 들어 있다. UN Department of Economic & Social Affairs, *The Least Developed Country Category: 2015 Country Snapshots*, UN, 2015 참조. 이 중 WTO 회원국은 36개국이다. https://www.wto.org/english/thewto_e/whatis_e/tif_e/org7_e.htm 참조.

및 자생력 있는 기술적 기반을 조성하기 위한 신축성의 필요를 고려하여, …"7)
내국민대우와 최혜국대우의 원칙, 그리고 권리 취득을 위한 다자간 협정 준수
의무는 개발도상국의 경우와 같다. 최빈국은 정당한 이유를 들어 TRIPS이사회
에 유예기간의 연장을 요청할 수 있고 이사회는 이를 받아들이도록 하고 있다.

TRIPS이사회는 최빈국에 대해서 협정 적용 유예기간을 두 차례 연장했다.
2005년 11월 29일 결정으로 2013년 7월 1일까지, 2013년 6월 11일에는 2021
년 7월 1일까지 연장한 것이다.8)

둘째, 협정은 선진국으로 하여금 최빈국에게 기술 이전을 증진하고 장려할
목적으로 기업이나 단체에게 유인책을 마련하도록 요구하고 있다(제66조 제2
항). 선진국은 제67조에 따른 기술협력 의무도 부담한다.9)

셋째, 의약품과 관련하여 TRIPS이사회를 중심으로 여러 차례 결정이 나왔
다. 2001년 'TRIPS협정과 공중 보건에 관한 선언'에서 최빈국에 대하여 2016
년 1월 1일까지 제2장 제5절(특허) 및 제7절(미공개정보의 보호)을 적용하지 않는
다고 하면서 TRIPS이사회에 이에 필요한 조치를 취할 것을 지시했다.10) TRIPS
이사회는 2002년 이를 공식 결정했고, 2015년 11월에는 이를 2033년 1월 1일
까지 연장하기로 결정했다.11)

3) 물질 특허

TRIPS협정은 물질 특허(product patent)에 관해서는 별도의 규정을 두고 있

---

7) Art. 66.1: "In view of the special needs and requirements of least-developed country Members, their
economic, financial and administrative constraints, and their need for flexibility to create a viable
technological base, such Members shall not be required to apply the provisions of this
Agreement, other than Articles 3, 4 and 5, for a period of 10 years from the date of
application as defined under paragraph 1 of Article 65. The Council for TRIPS shall, upon
duly motivated request by a least-developed country Member, accord extensions of this
period."(고딕 강조)

8) https://www.wto.org/english/tratop_e/trips_e/ldc_e.htm 참조.

9) 이에 관해서는, 제5부 제13장 2. 국제협력 참조.

10) Declaration on the TRIPS Agreement and Public Health, adopted on 14 November 2001,
WTO Doc. WT/MIN(01)/DEC/2, 20 November 2001(이하 Declaration on Public Health),
para. 7.

11) https://www.wto.org/english/tratop_e/trips_e/ldc_e.htm 참조.

다. 우루과이 라운드 협상 당시 대부분의 개발도상국은 물질 특허 제도를 가지고 있지 않았다. 일부 개발도상국은 물질 특허를 특허 대상에서 제외하고자 했으나 성공하지 못했다. 그 대신 물질 특허 제도의 도입을 일정 기간 유예하자는 의견이 받아들여져 제65조 제4항이 생겼다. 이에 의하면, 개발도상국에 대한 협정 적용일인 2000년 1월 1일 현재 물질 특허 제도를 가지고 있지 않은 개발도상국은 그 제도의 도입을 5년간 추가하여 유예를 받도록 했다.[12]

다만, 이 유예기간(1995년 1월 1일부터 총 10년) 중에도 개발도상국은 특허 출원을 받아야 하며(제70조 제8항), 독점판매권을 부여하여야 한다(제70조 제9항). WTO 일반이사회는 최빈국에 대하여, 2002년 7월 8일과 2015년 12월 2일 결정으로 이에 대한 의무도 계속 면제시켜주고 있다. 최빈국은 후자 결정으로 2033년 1월 1일까지 해당 협정상의 의무를 부담하지 않는다.[13]

2. 경과조치

경과조치에 관하여 규정한 협정 제70조는 이제 많이 퇴색한 조항이다. 협정 발효 후 오랜 기간이 흘렀고, 이제 세계 대부분의 나라들이 TRIPS협정의 구속을 받고 있기 때문이다. 그러나 아직도, 일부 국가는 WTO 체제 밖에 있고, 최빈국은 협정 적용을 받지 않고 있기 때문에, 제70조는 적어도 이 국가들에게는 언젠가 현실적인 문제로 대두될 수 있는 내용을 담고 있다. 저작물과 같이 장기간 보호되는 대상에 대해서는 더욱 그러하다. 협정 규정을 간단히 검토하기로 한다.

---

12) 이런 규정은 개발도상국의 입장을 반영한 것으로 선진국에게 그대로 받아들여질 수는 없었다. 선진국의 주장은 제70조 제8항과 제9항을 얻음으로써 일괄 타결될 수 있었다. 이들 조항에 따르면, WTO 설립협정 발효일 당시 물질 특허의 대부분을 차지하는 의약과 농약에 대한 특허를 인정하지 않는 회원국 내에서는 그 당시부터 출원을 할 수 있도록 하고 해당 물질에 대한 시판 허가를 받을 때에는 5년간 독점 판매권을 부여하도록 하고 있다. 이에 관해서는, 제5부 제12장 2. 3) 기타 규정 참조.

13) Least Developed Country Members - Obligations under Article 70.8 and Article 70.9 of the TRIPS Agreement with Respect to Pharmaceutical Products, Decision of 30 November 20, WTO Doc. WT/L/971 참조.

1) 법률불소급의 원칙

법률은 소급하여 적용되지 않는다. 민법이나 형법의 기본 원칙으로, 법률 시행 전의 행위로 인하여 법적 책임을 받지 않는 것이다. TRIPS협정은 이런 법률불소급의 원칙을 그대로 받아들이고 있다. 제70조 제1항에 의하면, "이 협정은 해당 회원국에 대한 협정 적용일 이전에 발생한 행위에 대하여 의무를 발생시키지 아니한다."[14] 이미 발생한 행위(acts which occurred)에 대해서는 협정이 적용되지 않는 것이지만, 그 행위가 협정 적용일 이후에도 계속된다면 이에 대해서는 협정이 적용된다. 이 경우 WTO 설립협정 발효일 이전에 상당한 투자를 한 때에는 그 행위에 대한 구제 방법에 제한을 가할 수 있다. 구제 방법을 제한하더라도 정당한 보상은 하여야 한다(제70조 제4항).[15]

2) 기존 보호대상의 보호

협정은 종전 조약들과 달리, 보호대상을 특정하고 보호기간은 정하고 있다. 회원국마다 사정이 다를 터인데, 어느 회원국은 협정 적용일 전까지 어떤 대상을 보호하지 않았을 수도 있고, 어떤 대상에 대해서는 협정에서 규정한 기간보다 짧은 보호기간을 부여했을 수도 있다. 협정 제70조 제2항은 이를 기존 보호대상(existing subject matter)이라는 이름으로, 어디선가 보호되고 있는 대상에 대한 회원국의 의무를 규정하고 있다.

이에 의하면, "이 협정에 달리 규정된 경우를 제외하고, 이 협정은 해당 회원국에 대한 협정 적용일에 이미 존재하는 것으로 그 회원국 내에서 그 날짜

---

14) Art. 70.1: "This Agreement does not give rise to obligations in respect of acts which occurred before the date of application of the Agreement for the Member in question."

15) Art. 70.4: "In respect of any acts in respect of specific objects embodying protected subject matter which become infringing under the terms of legislation in conformity with this Agreement, and which were commenced, or in respect of which a significant investment was made, before the date of acceptance of the WTO Agreement by that Member, any Member may provide for a limitation of the remedies available to the right holder as to the continued performance of such acts after the date of application of this Agreement for that Member. In such cases the Member shall, however, at least provide for the payment of equitable remuneration."

에 보호되고 있거나 또는 이 협정상의 조건에 따라 보호 기준을 충족하거나 충족하게 되는 모든 보호대상에 대하여 의무를 발생시킨다. 이 항과 제3항 및 제4항과 관련하여 기존의 저작물에 관한 저작권 의무는 베른협약(1971년) 제18조에 의하여만 결정되며, 기존 음반에 대한 음반제작자 및 실연자의 권리에 관한 의무는 이 협정 제14조 제6항이 적용될 경우 베른협약(1971년) 제18조에 의하여만 결정된다."16) 이 규정은 두 가지로 나눠진다. 제1문은 모든 보호대상에 관한 것이고, 제2문은 저작물과 음반에 대한 것이다.

제1문상의 보호대상은 다시 두 가지가 있다. 하나는 어느 회원국 내에서 이미 보호되고 있는 것이고, 다른 하나는 국내법에는 없으나 협정에 의하여 새로이 보호 의무를 지는 것이다. ① 회원국은 자국에서 이미 보호되고 있는 대상에 대해서는 협정에서 부여한 모든 권리와 보호기간을 부여해야 한다. 협정상의 권리가 국내법상의 권리보다 광범위하다면 이를 국내법에 반영해야 한다. 또한 예를 들어, 어느 회원국이든 특허에 대해 20년보다 짧은 보호기간을 인정했다면 이에 대해 20년의 기간을 보장해줘야 한다.17) ② 회원국은 협정상의 조건에 따라 보호 기준을 충족한 대상을 보호해야 한다. 예를 들어, 종전에는 보호하지 않던 물질특허를 보호해야 하고(개발도상국의 경우 유예기간을 조건으로), 보호하지 않던 색채 상표(색채의 결합은 협약상 보호대상이다)를 보호해야 한다. 그러나 예를 들어, 신규성을 상실한 발명(우선기간이 있는 경우에는 우선기간을 넘은 발명)은 출원을 통해 보호를 받을 수는 없다. 그것은 '이 협정상의 조건에 [따

---

16) Art. 70.2: "Except as otherwise provided for in this Agreement, this Agreement gives rise to obligations in respect of all subject matter existing at the date of application of this Agreement for the Member in question, and which is protected in that Member on the said date, or which meets or comes subsequently to meet the criteria for protection under the terms of this Agreement. In respect of this paragraph and paragraphs 3 and 4, copyright obligations with respect to existing works shall be solely determined under Article 18 of the Berne Convention (1971), and obligations with respect to the rights of producers of phonograms and performers in existing phonograms shall be determined solely under Article 18 of the Berne Convention (1971) as made applicable under paragraph 6 of Article 14 of this Agreement."

17) 캐나다—특허 보호기간 사건에서 WTO 상소기구는 캐나다의 특허 보호기간(이 사건 특허법상 특허 부여일로부터 17년간)은 TRIPS협정과 합치하지 않는다고 판단했다. 캐나다는 특허 부여가 협정 제70조 제1항에서 말하는 행위(acts)이고 이 규정에 따라 캐나다는 협정상의 의무를 이행하고 있다고 주장했으나 받아들여지지 않았다. WT/DS170/AB/R, op. cit., paras. 50~79.

른] 보호 기준을 충족'하지 못하기 때문이다.

제2문은 저작권과 저작인접권에 관한 이른바 '소급보호'에 관한 규정이다. 이에 관해서는 첫째, 소급보호는 베른협약 제18조만이 적용된다는 것이고, 둘째, 베른협약 규정은 저작권의 소급보호에 관한 것이지만 이를 음반에 수록된 실연과 음반에 대한 저작인접권에도 확대 적용하겠다는 것이다. 베른협약상 소급보호의 의미에 관해서는 이미 앞에서 기술한 바와 같다.[18] 다만, 회원국은 대여권에 관해서 소급보호를 부정할 수 있다(제70조 제5항).

그러나, "해당 회원국에 대한 이 협정 적용일 당시 공유에 놓인 대상에 대하여 보호를 회복할 의무는 없다"(제70조 제3항).[19] 이미 공유에 속한 대상(subject matter in the public domain)에 대해서는 새롭게 보호하지 않겠다는 것이다. 규정 내용을 보면 단지 '공유에 놓인 대상(subject matter which … has fallen into the publc domain)'이라고 하여 어느 국가에서든, 특히 보호국가에서 공유에 속하면 새롭게 보호는 받을 수 없는 것으로 해석할 여지가 있다. 이런 해석은 제2항과 충돌하는, 부당한 결과를 가져온다. 제2항상의 기존 저작물(existig works)은 베른협약 제18조에 따라 '본국에서 보호기간의 만료'에 의하여 공유 저작물이 되지 않는 한 보호를 회복해줘야 하기 때문이다. 저작권은 보호기간 외에 다른 소멸 원인(우리 법상 상속인 없이 사망하는 경우)이 존재한다. 베른협약은 기존 저작물은 단지 본국에서 보호기간이 만료하지 않는 한 다른 국가에서 저작권이 소멸했든 보호를 하지 않았든 모두 '회복'시켜주도록 강제하고 있는 것이다.

3) 기타 규정

등록이 보호 요건으로 되어 있는 지적재산권에 대해서는 협정 적용일 현재 출원이 계류 중인 경우 청구범위를 보정할 수 있다(제70조 제7항). 물질 특허 제도가 없는 국가에서 기왕에 방법 특허로 출원한 경우, 물질 특허 출원으로 보정하고자 할 경우 이를 인정하기 위한 것이다.

---

18) 이에 관해서는, 제4부 제6장 소급보호 참조.

19) Art. 70.3: "There shall be no obligation to restore protection to subject matter which on the date of application of this Agreement for the Member in question has fallen into the public domain."

의약과 농약에 대해서는 별도의 경과 규정을 두고 있다. 앞에서 본 바와 같이, TRIPS협정은 개발도상국에 대해서 5년의 추가적인 유예기간을 인정하여 2005년 이후 물질 특허 제도를 도입하도록 했다. 물질 특허의 혜택을 주로 받게 되는 의약과 농약 분야는 임상 실험에 7~8년의 기간을 소요하는 것이 보통이므로 선진국 발명자가 개발도상국에 물질 특허 출원을 할 수 있는 시기는 2010년 이후이다. 이 점은 제도 도입 자체를 연기하는 데 동의한 선진국의 입장에서는 받아들이기 곤란했다. 다른 분야의 특허에 비하여 형평에도 어긋나는 것이었다.[20]

이 점을 감안하여, TRIPS협정 제70조 제8항은 WTO 설립협정 발효일(1995년 1월 1일) 당시 의약과 농약 분야의 특허를 인정하지 않는 국가에 대하여, WTO 설립협정 발효일 이후 특허 출원을 허용하여야 하고 출원을 위한 요건은 협정에서 정한 특허 요건을 적용하고 우선권이 인정되는 경우 우선일도 적용하도록 하고, 더 나아가 특허권의 존속기간을 협정에서 정한 20년으로 하도록 의무화했다.

이런 조건을 충족하는 물질 특허는 다른 회원국에서 특허 출원을 하고 특허를 받아야 하며 판매 허가를 받은 경우에 한하여 독점 판매권이 인정된다. 독점판매권은 판매 허가를 받은 날로부터 5년간 또는 물질 특허가 부여되거나 거절된 날까지의 기간 중 짧은 기간 동안 인정된다(제70조 제9항).

---

20) 특허청(TRIPS), 366~367쪽 참조.

제13장 TRIPS 체제의 운영

TRIPS협정은 그 원활한 이행과 지속적인 발전을 꾀하기 위하여 몇 가지 제도적 장치를 두고 있다. 해당 규정은 제7부 제68조 내지 제73조(제70조 제외)에 걸쳐 있다. 협정의 이행 보장을 위하여 TRIPS이사회를 두고, 국제협력 방안을 강구하고, 협정을 유지하고 변화하는 환경에 맞춰 필요한 개정을 할 수 있도록 하는 등을 내용으로 하고 있다.

1. 무역 관련 지적재산권 이사회

TRIPS협정의 이행을 보장하기 위한 방법으로 무역 관련 지적재산권 이사회(TRIPS이사회, Council on Trade-Related Aspects of Intellectual Property Rights: TRIPS Council)가 설립되었다. 이 이사회는 회원국 간의 협상 창구로 활용되며 분쟁 해결을 지원한다. 회원국이 합의하는 경우 기타 다른 권한을 부여할 수도 있다. 제68조는 이사회의 기본 목적과 기능을 설명하고 있다: "무역 관련 지적재산권 이사회는 이 협정의 운영 및 특히 이 협정상 회원국의 의무 준수를 감시하고 지적재산권의 무역 관련 측면에 관한 문제에 대하여 회원국에게 협의의 기회를 제공한다. 이사회는 회원국이 부여한 다른 책무를 수행하고, 특히 분쟁 해결 절차와 관련하여 회원국이 요청하는 지원을 제공한다. 이사회는 그 기능을 수행하면서 적절하다고 보는 어느 곳과도 협의하고 그곳에 정보를 요청할 수 있다. 이사회는 WIPO와 협의하면서 최초 회기 후 1년 내에 그 기구의 기관과의 협력을 위한 적절한 약정을 체결하도록 노력한다."[1] WTO는 이에 따라

---

1) Art. 68: "The Council for TRIPS shall monitor the operation of this Agreement and, in particular, Members' compliance with their obligations hereunder, and shall afford Members the opportunity of consulting on matters relating to the trade-related aspects of intellectual property rights. It shall carry out such other responsibilities as assigned to it by the Mem-

1995년 WIPO와 상호협조에 관한 협정을 체결한 바 있다.[2] 관련 자료를 회원국에도 요청할 수 있음은 물론이다.

협정의 이행을 확보하기 위한 방안으로 여러 가지를 생각할 수 있는데, 그 중 협정에서 TRIPS이사회에 위임한 사항만을 보면 다음과 같다. ① 협정은 로마협약상 인정되는 연결점의 제한을 그대로 받아들이고 있다. 이런 유보를 하고자 하는 회원국은 그 사실을 이사회에 통보해야 한다(제1조 제3항).

② 협정은 또한 내국민대우와 최혜국대우의 원칙에 대한 예외를 인정하고 있다. 각 회원국이 그 예외를 원용하기 위해서는 이사회에 통보해야 한다(제3조 제1항 및 제4조).

③ 협정에서는 지리적 표시의 통보와 등록을 위한 다자간 체제를 마련하도록 하고 있는바, 그 협상은 이사회에서 한다(제23조 제4항). 이사회는 또한 지리적 표시에 관한 협정 규정을 정기적으로 검토할 수도 있고, 회원국들 간의 협상을 통해서 만족할 만한 결과를 얻지 못할 경우 언제든지 협정상의 의무와 관련한 모든 문제에 대하여 검토할 수 있다(제24조 제2항).

④ 협정에서는 식물과 동물 및 본질적으로 생물학적 방법에 대한 특허를 배제하고, 변종 식물은 특허 제도나 독자적인 제도로 보호하도록 했다. 당시 협상국들은 이 규정의 문제점을 인식하고, WTO 설립협정 발효일로부터 4년 뒤에 협정 규정을 검토하기로 했다[제27조 제3항 (b)]. TRIPS협정은 검토 주체에 대해서는 언급하지 않고 있으나, 실제로는 TRIPS이사회가 그 역할을 맡고 있다.

⑤ 각 회원국은 법령 등을 이사회에 통보해야 한다. WTO와 WIPO 간에 맺은 협정에 의거하여 통보 의무는 면할 수도 있다(제63조).

⑥ 협정 위반 등과 관련한 분쟁은 WTO 산하의 분쟁해결기구에 의하여 해결한다. 이사회는 비위반 제소와 관련하여 그 '범위와 방식'에 관하여 검토하고 이를 WTO 각료회의에 회부해야 한다(제64조 제3항).

---

bers, and it shall, in particular, provide any assistance requested by them in the context of dispute settlement procedures. In carrying out its functions, the Council for TRIPS may consult with and seek information from any source it deems appropriate. In consultation with WIPO, the Council shall seek to establish, within one year of its first meeting, appropriate arrangements for cooperation with bodies of that Organization."

2) 이에 관해서는, 제5부 제11장 2. 투명성 참조. 이 협정은 전체 5개조로 되어 있으며, 그중 3개조에 걸쳐 TRIPS협정상의 투명성 확보를 위한 규정과 개발도상국에 대한 기술협력 관련 규정 등을 담고 있는 아주 간단한 조약이다.

⑦ 최빈국은 자국의 경제·재정·행정상의 곤란으로 인해 협정의 적용을 10년간 유예받을 수 있으나 이를 위해서는 이사회의 승인을 받아야 한다(제66조 제1항).

⑧ 협정의 검토와 개정을 위하여 이사회는 정기적으로 협정의 이행 상황과 협정 규정을 검토해야 하며 필요한 경우 개정안을 만들어 WTO 각료회의에 제출할 수도 있다(제71조).

2. 국제협력

국제협력은 지적재산권의 국제적 보호를 위하여 반드시 필요한 과제이다. 보호수준을 국제적으로 통일하고 절차적으로 조화를 이루어야만 권리자와 이용자 모두에게 안정적인 제도를 마련해주기 때문이다. '국제협력(international cooperation)'이라는 표현은 원조 또는 지원이라는 뜻으로 쓰이기도 한다. TRIPS 협정에서는 국제협력을 전자의 의미로 쓰는가 하면, 기술협력(technical cooperation)이라 하여 후자의 의미에 가깝게 쓰고 있다.

TRIPS협정에서는 "회원국은 지적재산권 침해 상품의 국제무역을 제거하기 위하여 상호 협력하기로 합의한다. 이 목적을 위하여 회원국은 자국 정부 내에 연락처를 설립하고 통보하며, 침해 상품의 무역에 대한 정보를 교환할 수 있도록 준비하여야 한다. 회원국은 특히 위조 상표 상품 및 저작권 무단침해 상품의 무역에 관하여 세관당국 간의 정보 교환과 협력을 증진하여야 한다"고 규정하고 있다(제69조).[3]

아울러 선진국은 기술협력에 대한 의무를 부담한다. 선진국은 협정 이행을 용이하게 하기 위하여, 개발도상국이나 최빈국의 요청이 있는 경우 기술적·재정적 협력(원조)을 하여야 한다. 지적재산권의 보호와 집행 및 권리 남용 방지

---

3) Art. 69: "Members agree to cooperate with each other with a view to eliminating international trade in goods infringing intellectual property rights. For this purpose, they shall establish and notify contact points in their administrations and be ready to exchange information on trade in infringing goods. They shall, in particular, promote the exchange of information and cooperation between customs authorities with regard to trade in counterfeit trademark goods and pirated copyright goods."

에 관한 법령 제정을 지원하고, 국내 지적재산권 기관 설립이나 인력 양성을 지원하는 것 등이 이런 협력의 내용이다(제67조).

한편, 선진국은 최빈국의 건전한 기술적 기반을 마련하기 위하여 자국 내의 기업 등이 최빈국에 기술 이전을 용이하게 할 수 있도록 유인책을 제공하여야 한다(제66조 제2항).

3. 검토와 개정

지적재산권 분야는 변화가 많다. 각국은 기술 발전과 국제화의 진전에 발맞추어 이 분야의 법률을 끊임없이 개정하고 있다. TRIPS협정도 지적재산권 분야의 특수성을 감안하여 협정의 실제적 효과를 높이기 위한 방안을 내놓았다. 즉, 2000년 1월 1일 이후 협정의 이행 상황을 검토하고 이를 바탕으로 매 2년마다 협정 그 자체를 검토할 수 있는 길을 열어놓은 것이다. 검토는 TRIPS이사회가 한다(제71조 제1항).

협정의 보호수준을 높이기 위한 개정도 가능하다. 이를 위해서는 TRIPS이사회의 컨센서스가 요구된다. 이와 같이 개정된 협정안은 WTO 각료회의에 상정한다(제71조 제2항). 2005년 한 차례 개정 의정서가 채택된 바 있다.[4]

4. 유보

유보란 어느 조약 당사국이 그 조약에 구속을 받겠다는 동의 표시(비준이나 가입)를 할 때 조약의 특정 조항의 법률적 효과를 배제하거나 제한하기 위한 일방적 의사표시를 말한다. 즉, 조약의 일부에 구속을 받지 않겠다는 의사표시인 것이다. 국가는 주권을 가지고 있고 그런 주권 행사의 일환으로 조약의 일부를 유보할 수 있다. 그러나 조약에 그런 규정을 담고 있지 않다면 유보를 할 수는 없다. 어느 당사국이 유보를 할 때에는 자신이 유보한 조항에 관한 한,

---

4) 이 개정 의정서는 보호수준을 높이기 위한 것은 아니었다. 이에 관해서는, 제5부 제14장 2. 1) TRIPS협정과 공중 보건 참조.

조약 체제에 참여하지 않는 제3자로서 남는 것이다. 유보는 국가 주권 사상이 철저히 준수되던 과거에는 국가 권능으로서 매우 중요한 것이었고, 대부분의 다자조약은 그런 국가의 요구를 받아들여 유보 조항을 가지고 있었다. 그러나 최근 들어 그런 조약은 점차 줄고 있다.

　TRIPS협정은 유보를 인정하지 않고 있다(제72조). 이 협정은 협상 당사자의 일괄 타결 방식으로 채택되었기 때문에 유보를 허용할 수도 없었다. 다만, 협정상 원용하고 있는 일부 조약에서 인정되는 유보는 그대로 받아들이고 있다. 기존 조약 체제를 존중했기 때문이다.[5]

5. 국가안보

　국가의 존립은 주권 국가의 기본적인 권리이다. 주권의 독립이니 자결권이니 하는 것도 국가의 존립을 전제로 한다. 국제무역은 이런 국가의 존재 이유에 배치해서는 안 된다. GATT 제21조는 국가안보에 대한 예외를 인정하고 있는바, TRIPS협정 제73조는 이 조항을 그대로 받아들이고 있다. 즉, 협정상 어떤 규정도 회원국으로 하여금, ① 해당 정보의 공개가 본질적으로 안보상의 이익에 반하는 경우 그 공개를 요구할 수 없고, ② 핵분열 물질 혹은 이에서 추출되는 물질에 관련된 조치, 무기 거래에 관련된 조치 및 전시나 기타 국제관계상의 비상사태에 따른 조치를 취하는 경우 이를 금지할 수 없으며, ③ 국제 평화와 안전의 목적으로 유엔 헌장에 따른 의무 이행을 위한 조치를 취하는 경우 이를 금지할 수 없다.

---

5) 이런 유보는 연결점과 관련한 제1조 제3항, 내국민대우 및 최혜국대우의 원칙의 예외와 관련한 제3조 및 제4조 등을 생각할 수 있다.

제14장 TRIPS협정 이후

TRIPS협정은 지적재산권 분야의 다른 조약에 비해 법규범으로서 훨씬 정돈된 조약이다. 그렇다고 완비된 것은 아니었다. 협상 당시 해결할 수 없어서 추후로 논의를 미룬 과제들이 존재했던 것이다. 그런가 하면, 협정 발효 이후 시간이 지나면서 새롭게 논의 대상으로 떠오른 주제도 생겼다. 각 회원국이 협정을 이행하면서 그 과정에서 협정상의 문제를 국제적으로 지적하면서 부각된 것들이다. 대부분이 특허 분야에 집중되어 있다.

1. TRIPS협정 규정

TRIPS협정은 발효 이후 바로 협정을 회원국이 적용하도록 의무화하지 않았다. 각 회원국이 협정을 이행할 준비기간(유예기간)을 준 것이다. 선진국은 협정 발효 후 1년간, 개발도상국은 추가 4년간(발효 후 5년간), 최빈국은 발효 후 11년간 협정 적용을 유예받았다. 또한 개발도상국은 협정 발효 후 10년간 물질 특허 보호 의무도 부담하지 않았다. 다만, 의약과 농약 분야의 특허 출원은 허용해야 했다.[1]

협정에서 명시적으로 추후 논의 대상으로 삼은 것은 네 가지이다. ① 지리적 표시의 통보와 등록을 위한 다자간 체제에 관한 협상(제23조 제4항) 및 지리적 표시에 관한 협정 규정의 검토(제24조 제2항), ② 식물과 동물 및 본질적으로 생물학적 방법에 대한 특허 배제와 관련한 검토[제27조 제3항 (b)], ③ 비위반 제소 등의 범위와 방식에 관한 검토(제64조 제3항), ④ 협정의 이행에 관한 검토(제71조 제1항) 등이 그것이다. 이들은 2001년 도하 라운드 개시 전부터 TRIPS 이사회에서 논의를 계속하기도 하고 도하 라운드 개시와 더불어 시작하기도

---

1) 이에 관해서는, 제5부 제12장 효력발생 및 경과조치 참조.

했다. 도하 라운드는 이들 주제 외에도, 새롭게 등장한 주제들도 다루고 있다. 논의 대상이 확대된 것이다.

2. 도하 라운드 지적재산권

WTO 최초의 다자간 무역 협상인 도하 라운드는 2001년 11월 14일 각료선 언으로 출범했다. 협상 의제(작업 계획)는 19개이다. 지적재산권 분야는 도하 라운드에서 다루고 있는 의제 중 하나일 뿐만 아니라 중점 의제인 무역협정 (들)의 이행 문제와 개발도상국 문제와도 연결되어 있다. 각료선언에서 명시 한 지적재산권 의제는 크게 세 가지이다. 첫째는 TRIPS협정과 공중 보건과의 관계에 관한 것이고,2) 둘째는 와인과 증류주에 대한 다자간 등록 제도 설립에 관한 것이고,3) 셋째는 동식물에 대한 특허 예외[제27조 제3항 (b)]와 개발도상 국의 협정 이행(제71조 제1항)을 검토하고 TRIPS협정과 생물다양성 협약 간의 관계, 전통지식과 민간전승물의 보호, 기타 새로운 동향을 검토하는 것이다.4)

---

2) Ministerial Declaration 2001, para. 17: "We stress the importance we attach to implement-ation and interpretation of the Agreement on Trade-Related Aspects of Intellectual Property Rights (TRIPS Agreement) in a manner supportive of public health, by promoting both access to existing medicines and research and development into new medicines and, in this connection, are adopting a separate Declaration." 여기서는 의약품에 대한 접근을 장려할 수 있도록 공중 보건을 북돋는 방법으로 TRIPS협정을 해석하고 이행하는 것이 중요하다는 점을 지적하고 있다. 이 의제는 같은 날 채택된 'TRIPS협정과 공중 보건에 관한 선언'에서 구체화하고 있다.

3) Ministerial Declaration 2001, para. 18: "With a view to completing the work started in the Council for Trade-Related Aspects of Intellectual Property Rights (Council for TRIPS) on the implementation of Article 23.4, we agree to negotiate the establishment of a multilateral system of notification and registration of geographical indications for wines and spirits by the Fifth Session of the Ministerial Conference. We note that issues related to the extension of the protection of geographical indications provided for in Article 23 to products other than wines and spirits will be addressed in the Council for TRIPS pursuant to paragraph 12 of this Declaration."

4) Ministerial Declaration 2001, para. 19: "We instruct the Council for TRIPS, in pursuing its work programme including under the review of Article 27.3(b), the review of the imple-mentation of the TRIPS Agreement under Article 71.1 and the work foreseen pursuant to paragraph 12 of this Declaration, to examine, inter alia, the relationship between the TRIPS

1) TRIPS협정과 공중 보건

TRIPS협정 제31조는 엄격한 요건하에서 강제실시권을 허용하고 있다. 특히, 강제실시권은 주로 국내 시장 공급을 위해(predominantly for the supply of the domestic market) 허용되고[제31조 (f)], 라이선시가 강제실시권에 따라 특허 발명을 실시한다 하더라도 충분한 보상금을 지급해야 한다[제31조 (h)]. TRIPS협정은 의약품에 대한 특허 보호를 확대, 강화했을 뿐만 아니라 예외적인 상황하에서만 강제실시권 발동을 용인할 뿐이다. 강제실시권을 둘러싼 선진국과 개발도상국 간의 갈등은 1980년대 이후 격화되었으나 TRIPS협정은 이런 갈등을 해소하지 못했다. 오히려 선진국의 입장을 반영할 뿐이었다.

개발도상국과 최빈국에서 오랫동안 만연해온 말라리아와 결핵, 1980년대 이후 등장한 AIDS에 대한 공포는 2001년 'TRIPS협정과 공중 보건에 관한 선언(Declaration on the TRIPS Agreement and Public Health)'을 이끌어냈다. "우리는 TRIPS협정으로 인하여 공중 보건을 보호하기 위한 회원국의 조치가 금지되지도 아니하며 금지될 수도 없다는 데 합의한다. 따라서, 우리는 TRIPS협정상의 약속을 되뇌면서 이 협정이 공중 보건을 보호하기 위한, 특히 의약품에 대한 접근을 증진시키기 위한 WTO 회원국의 권리를 북돋는 방법으로 협정이 해석되고 해석되어야 하며 이행되고 이행되어야 한다는 데 합의한다"(제4항).[5]

이 선언은 먼저 각 회원국이 강제실시권을 부여할 권리를 가지며 그 근거를 결정할 권리를 가진다고 확인하면서[제5항 (b)], 각 회원국이 국가 비상사태나 극도의 비상상황(HIV/AIDS, 결핵, 말라리아 등 전염병과 관련한 공중 보건의 위기가 그런 사태나 상황의 대표적인 예라는 점을 지적하고 있다)이 무엇인지 결정할 권리

Agreement and the Convention on Biological Diversity, the protection of traditional knowledge and folklore, and other relevant new developments raised by Members pursuant to Article 71.1. In undertaking this work, the TRIPS Council shall be guided by the objectives and principles set out in Articles 7 and 8 of the TRIPS Agreement and shall take fully into account the development dimension."

5) Declaration on Public Health, Para. 4: "We agree that the TRIPS Agreement does not and should not prevent Members from taking measures to protect public health. Accordingly, while reiterating our commitment to the TRIPS Agreement, we affirm that the Agreement can and should be interpreted and implemented in a manner supportive of WTO Members' right to protect public health and, in particular, to promote access to medicines for all."

를 가진다고 하고 있다[제5항 (c)].

"지적재산권의 소진과 관련이 있는 TRIPS협정상의 규정의 효과는 제3조와 제4호의 최혜국대우 및 내국민대우 규정에 따를 것을 조건으로, 각 회원국이 이의 없이 그러한 소진에 관하여 자신의 제도를 설정할 자유를 가지도록 하는 데 있다"[제5항 (d)].

"우리는 의약 분야에서 제조 역량이 불충분하거나 없는 WTO 회원국이 TRIPS협정에 따른 강제실시권의 효과적인 사용에 어려움을 겪고 있다는 점을 인식한다. 우리는 TRIPS이사회에 2002년 말까지 이 문제에 대한 신속한 해결을 찾아 일반이사회에 보고할 것을 지시한다"(제6항).[6]

2003년 WTO 일반이사회는 'TRIPS협정과 공중 보건에 관한 선언 제6항의 이행에 관한 결정(Decision on Implementation of Paragraph 6 of the Doha Declaration on the TRIPS Agreement and Public Health)'[7]을 채택했다.

이에 따라, 수출국은 의약품 생산 목적상 필요한 범위 내에서, 수입국에 수출하기 위하여, 일정한 조건을 충족하는 경우 제31조 (f)에 따른 의무가 면제된다(결정 제2항). 또한 수출국에서 강제실시권이 부여되는 경우 제31조 (h)에 따라, 해당 특허 사용이 수입국에 주는 경제적 가치를 고려한 '충분한 보상금'이 지급되어야 하며, 이 경우 수입국은 보상금 지급 의무를 면제받는다(결정 제3항). 다시 말해서, 수출국은 수입국이 요구하면 수출 목적으로('주로 국내 시장에 공급하기 위한' 것이 아니더라도) 강제실시권을 부여할 수 있고, 수입국에서 강제실시권이 부여된다면 보상금은 수출국에서 지급된 보상금으로 갈음할 수 있고 이 경우 수입국은 보상금 지급 의무를 부담하지 않는다.

2005년 12월 6일 일반이사회는 TRIPS협정 개정 의정서(Protocol Amending the TRIPS Agreement)를 채택했다. 이 개정 의정서는 TRIPS협정 제31조의2를 신설하여 2003년 일반이사회 결정 내용을 그대로 협정 내에 반영하고 있다.[8]

---

6) Declaration on Public Health, Para. 6: "We recognize that WTO Members with insufficient or no manufacturing capacities in the pharmaceutical sector could face difficulties in making effective use of compulsory licensing under the TRIPS Agreement. We instruct the Council for TRIPS to find an expeditious solution to this problem and to report to the General Council before the end of 2002."

7) Decision on Implementation of Paragraph 6 of the Doha Declaration on the TRIPS Agreement and Public Health, Decision of 30 August 2003, WTO Doc. WT/L/540, 2 September 2003.

이 의정서는 의결정족수(회원국 2/3)를 채우면 발효하도록 하고 있다.[9]

2) 지리적 표시에 관한 다자간 등록 제도

이에 관해서는 다른 곳에서 다룬 바 있다.[10]

3) 특허 배제 대상

제27조 제3항 (b)는 WTO협정 효력발생일로부터 4년 후에 검토 대상이다. TRIPS이사회는 1999년부터 이에 대해 검토를 시작했다. 초기 논의 과정에서 는 '검토(review)'에 대해 달리 해석하기도 했다. 선진국은 이행의 검토(review of implementation)로 해석한 반면, 개발도상국은 '검토'란 이 조항 개정 가능성 까지 열어놓은 것으로 보았다.[11] 협정 이행에 대한 검토는 제71조에서 이미 예정하고 있는 것으로, 제27조 제3항 (b)에서 말하는 검토를 이행에 대한 검토 로 보기에는 무리가 있다. TRIPS이사회에서는 제27조 제3항 (b) 이행의 문제 뿐만 아니라 조항 전반에 걸쳐 논의를 진행했다.

먼저, 회원국들은 식물과 동물 발명에 대한 특허 보호 여부를 두고 이견을 드러냈다. 특허 보호를 찬성하는 국가들은 ① 식물과 동물, 기타 생물공학 발 명은 다른 분야와 같은 보호를 받아야 하며 이를 통해 혁신적 분야에 투자를 장려할 수 있고, ② 국가마다 다른 기준을 가지고 있기보다는 국제적인 기준에 따라 식물과 동물 발명을 보호해야 하고, ③ 이런 발명의 보호는 기술 이전을 용이하게 한다는 점 등을 들고 있다. 반대하는 국가들은 생명체에 대한 특허 는 개발, 식품 안전, 환경, 문화와 도덕 등과 관련하여 여러 우려를 낳고 있다 면서, ① 종자에 대한 접근, 비용 등의 부담을 안겨주고 또한 생물 다양성을 해

---

8) Amendment of the TRIPS Agreement, Decision of 6 December 2005, WTO Doc. WT/L/641, 8 December 2005.

9) 이 의정서는 2007년 12월 1일까지 수락을 위해 개방했다. 2015년 11월 30일 WTO 일반이사회 는 그 기간을 2017년 12월 31일까지 연장했다. Amendment of the TRIPS Agreement - Fifth Extension of the Period for the Acceptance by Members of the Protocol Amending the TRIPS Agreement, Decision of 30 November 2015, WTO Doc. WT/L/965, 2 December 2015.

10) 제5부 제5장 5. 국제 협의 참조.

11) UNCTAD-ICTSD, p.495.

칠 수 있고, ② 광범위한 특허 보호는 특허성을 충족하지 못하는 대상에 대해 광범위한 특허를 부여할 수도 있고, 유전자원이나 전통지식 분야에서 생물자원 침해(bio-piracy)의 문제를 야기하며, ③ 현재의 제도는 유전자원이나 전통지식을 가지고 있는 국가의 이익을 대변하지 못하고 있어서 새로운 균형이 필요하다는 점을 지적하고 있다.12)

이에 따라, 제27조 제3항 (b)는 삭제되어야 한다는 주장, 현재의 조항을 유지하자는 주장, 이 조항을 개정하여 어떠한 형태의 생명체나 그 일부도 특허 대상에서 배제되어야 한다는 주장에 이르기까지 다양한 스펙트럼이 존재하고 있다. 또한 생물다양성 협약(Convention on Biological Diversity: CBD)에 반하는 특허를 금지하자고 주장하는 국가들도 있다.13)14) 2002년 이후에는 핵심 논의가 2001년 도하 각료선언에 따라 제27조 제3항 (b)와 개발 간의 관계로 전이되었다.15) 논의는 자연스럽게 TRIPS협정과 CBD 간의 관계에 집중되게 되었다.

선진국은 이들 조약은 양립이 가능하다는 입장인 반면, 일부 개발도상국은 이들 조약이 조화롭다고 인정하지 않는다. 개발도상국은 신규성이 없거나 진보성이 없는 발명에 대해 특허를 부여하는, 부적절한 특허가 부여되고 있다는 것(inappropriate patenting), 그리고 유전자원이나 전통지식을 무단으로 이용하는 생물자원 침해가 심각하다는 점에 우려를 나타냈다. 선진국 내에서, 선진국과 개발도상국 간에, 그리고 개발도상국 내에서 다양한 의견이 표출되고 있으나 아직 해결의 실마리는 찾지 못하고 있다.16)

---

12) IP/C/W/369/Rev.1, op. cit., pp.2~3

13) CBD는 1992년 5월 22일 채택되어, 1993년 12월 29일 발효했다. 2015년 5월 현재 196개 당사자가 참여하고 있다. https://www.cbd.int/information/parties.shtml 참조. 미국은 서명은 했으나 비준하지는 않았다. CBD는 두 가지 목적을 가지고 있다. 하나는 생물 다양성의 보존이고 유전자원의 지속가능한 사용이다. 다른 하나는 유전자원의 이용에서 나오는 이익을 '공정하고 공평하게 공유하는 것(fair and equitable sharing of the benefits arising out of the utilization of genetic resources)'이다. CBD는 상호 합의하는 조건하에서 유전자원에 접근해야 한다는 것, 그런 접근은 달리 정하지 않는 한 사전 통보 승인(prior informed consent)을 조건으로 한다는 것을 체약국의 의무로 했다.

14) IP/C/W/369/Rev.1, op. cit., p.4.

15) IP/C/W/369/Rev.1, op. cit., p.5. 도하 각료선언은 제27조 제3항 (b)의 검토, TRIPS협정과 CBD 간의 관계, 전통지식과 민간전승물의 보호를 도하 라운드 논의 대상으로 하고 있다. 두 번째 주제가 중점 논의 대상이긴 하지만 다른 주제를 다루지 않는 것은 아니다. 첫 번째 주제, 즉 '제27조 제3항 (b)의 검토'는 계속되고 있으나 그 개정을 둘러싸고는 국가들 간의 입장 차이를 좁히지 못하고 있다.

4) 비위반 제소

이에 관해서는 다른 곳에서 다룬 바 있다.[17]

5) 최빈국

이에 관해서는 다른 곳에서 다룬 바 있다.[18]

---

16) The Relationship between the TRIPS Agreement and the Convention on Biological Diversity, Summary of Issues Raised and Points Made, Note by the Secretariat, Revision, WTO Doc. IP/C/W/368/Rev.1, 8 February 2006 참조.

17) 제5부 제11장 3. 2) 비위반 제소 참조.

18) 제5부 제12장 1. 2) 최빈국 참조.

특허청(TRIPS)	특허청, WTO TRIPS 협정 조문별 해설, 2004.
특허청(특허)	특허·실용신안 심사기준, 2014.12.31. 개정, 특허청 예규 제81호.
後藤	後藤晴男, パリ条約講話, 改訂版, 發明協会, 1981.
Blakeney	Michael Blakeney, *Trade Related Aspects of Intellectual Property Rights: A Concise Guide to the TRIPS Agreement,* Sweet & Maxwell, 1996.
Bodenhausen	*Guide to the Application of the Paris Convention for the Protection of Industrial Property as Revised at Stockholm in 1967,* United International Bureaux for the Protection of Intellectual Property (BIRPI), 1968.
Carvalho(Patent)	Nuno Pires de Carvalho, *The TRIPS Regime of Patent Right,* 3rd ed., Wolters Kluwer, 2010.
Carvalho(TM)	Nuno Pires de Carvalho, T*he TRIPS Regime of Trademarks and Designs,* 2nd ed., Wolters Kluwer, 2011.
Chisum et al.	Donald S. Chisum, Tyler T. Ochoa, Shubha Ghosh and Mary LaFrance, *Understanding Intellectual Property Law,* 3rd ed., LexisNexis, 2015.
Correa & Yusuf	Carlos M. Correa and Abdulqawi A. Yusuf (eds.), *Intellectual Property and International Trade: The TRIPS Agreement,* 2nd ed., Wolters Kluwer, 2008.
Dinwoodie et al.	Graeme B. Dinwoodie, William O. Hennessey & Shira Perlmutter, *International Intellectual Property Law and Policy,* 2nd ed., Lexis-Nexis, 2008.
Gervais	Daniel Gervais, *The TRIPS Agreement: Drafting History and Analysis,* 2nd Ed., Sweet & Maxwell, 2003.
Ficsor	Mihály Ficsor, *Guide to the Copyright and Related Rights Treaties administered by WIPO and Glossary of Copyright and Related Rights Terms,* WIPO, 2003.
UNCTAD-ICTSD	UNCTAD-ICTSD, *Resource Book on TRIPS and Development,* Cambridge University Press, 2005.
GATT Index	GATT Secretariat, *Guide to GATT Law and Practice: Analytical Index.* 1994.
Jackson(1969)	John H. Jackson, *World Trade and the Law of GATT,* The Michie Company, 1969.
Jackson(2000)	John H. Jackson, *The Jurisprudence of GATT & the WTO,* Cambridge University Press, 2000.
Ladas	Stephen P. Ladas, *Patents, Trademarks, and Related Rights. National and International Protection,* Harvard University Press, 1975.

Masouyé	Claude Masouyé, *Guide to the Berne Convention for the Protection of Literary and Artistic Works* (Paris Act, 1971), WIPO, 1978.
Nordemann et al.	Wilhelm Nordemann, Kai Vinck and Paul W. Hertin, *International Copyright and Neighboring Rights Law*, English Version, VCH, 1990.
Nimmer & Geller	Melville B. Nimmer and Paul Edward Geller, *International Copyright: Law and Practice*, Matthew Bender, 1989.
Ricketson & Ginsburg	Sam Ricketson and Jane C. Ginsburg, *International Copyright and Neighboring Rights, The Berne Convention and Beyond*, 2nd ed., Oxford, 2006.
Ross & Wasserman	Juli Chasen Ross and Jessica A. Wasserman, T*rade-Related Aspects of Intellectual Property Rights, in The GATT Uruguay Round: A Negotiating History (1986-1992)*, Vol. II: Commentary (ed. by Terence P. Stewart), Kluwer Law and Taxation Publishers, 1993.
Tsoutsanis	Alexander Tsoutsanis, *Trademark Registrations in Bad Faith*, Oxford University Press, 2010.
Ulmer	Eugen Ulmer, *Intellectual Property Rights and the Conflict of Laws*, Kluwer, 1978.
WIPO	WIPO(ed.), *Introduction to Intellectual Property: Theory and Practice*, Kluwer Law International, 1997.
WIPO(Handbook)	*WIPO Intellectual Property Handbook: Policy, Law and Use*, 2nd ed., WIPO, 2004.
WIPO(TM)	WIPO, I*ntroduction to trademark law and practice. The basic concepts*, 2nd ed., 1993.
WIPO(TRIPS)	WIPO, *Implications of the TRIPS Agreement on Treaties Administered by WIPO*, 1996.

니스협정	상표 등록상 상품과 서비스의 국제 분류에 관한 니스협정 Nice Agreement Concerning the International Classification of Goods and Services for the Purposes of the Registration of Marks
로마협약	실연자, 음반제작자 및 방송사업자의 보호를 위한 국제협약 International Convention for the Protection of Performers, Producers of Phonograms and Broadcasting Organisations
로카르노협정	산업디자인의 국제 분류 확립 로카르노협정 Locarno Agreement Establishing an International Classification for Industrial Designs
리스본협정	원산지명칭의 보호와 국제 등록에 관한 리스본협정 Lisbon Agreement for the Protection of Appellations of Origin and Their International Registration
마드리드의정서	표장의 국제 등록에 관한 마드리드협정 의정서 Protocol Relating to the Madrid Agreement Concerning the International Registration of Marks
마드리드협정 (출처표시)	상품의 허위 또는 기망 출처표시 방지를 위한 마드리드협정 Madrid Agreement for the Repression of False or Deceptive Indications of Source on Goods
마드리드협정 (표장)	표장의 국제 등록에 관한 마드리드협정 Madrid Agreement Concerning the International Registration of Marks
베른협약	문학·예술저작물의 보호를 위한 베른협약 Berne Convention for the Protection of Literary and Artistic Works
부다페스트조약	특허 절차상 미생물 기탁의 국제적 승인에 관한 부다페스트조약 Budapest Treaty on the International Recognition of the Deposit of Microorganisms for the Purposes of Patent Procedure
비엔나협정	표장의 도형요소의 국제 분류를 확립 비엔나협정 Vienna Agreement Establishing an International Classification of the Figurative Elements of Marks
상표법조약	상표법조약 Trademark Law Treaty(TLT)
세계저작권협약	세계저작권협약 Universal Copyright Convention(UCC)
스트라스부르그협정	국제 특허 분류에 관한 스트라스부르그협정 Strasbourg Agreement Concerning the International Patent Classification
싱가포르조약	상표법에 관한 싱가포르조약 Singapore Treaty on the Law of Trademarks

워싱턴조약	집적회로에 관한 지적재산권 조약 Treaty on International Property in Respect of Integrated Circuits
위성협약	위성에 의하여 송신되는 프로그램전송신호의 배포에 관한 협약 Convention Relating to the Distribution of Programme-Carrying Signals Transmitted by Satellite
음반협약	음반의 무단 복제로부터 음반제작자를 보호하기 위한 협약 Convention for the Protection of Producers of Phonograms Against Unauthorized Duplication of Their Phonograms
지적재산권기구 설립협정	지적재산권기구 설립협정 Convention Establishing the World Intellectual Property Organization
특허법조약	특허법조약 Patent Law Treaty(PLT)
특허협력조약	특허협력조약 Patent Cooperation Treaty(PCT)
파리협약	산업재산권의 보호를 위한 파리협약 Paris Convention for the Protection of Industrial Property
헤이그협정	산업디자인의 국제 등록에 관한 헤이그협정 Hague Agreement Concerning the International Registration of Industrial Designs
TRIPS협정	무역 관련 지적재산권 협정 Agreement on Trade-Related Aspects of Intellectual Property Rights
UPOV협약	식물 신품종 보호를 위한 국제협약 International Convention for the Protection of New Varieties of Plants
WIPO 실연·음반조약	WIPO 실연·음반조약 WIPO Performances and Phonograms Treaty(WPPT)
WIPO 저작권조약	WIPO 저작권조약 WIPO Copyright Treaty(WCT)

관세법, 법률 제13856호, 2016.1.27., 타법개정

농수산물 품질관리법, 법률 제12510호, 2014.3.24., 일부개정

농수산물의 원산지 표시에 관한 법률, 법률 제13355호, 2015.6.22., 일부개정

독점규제 및 공정거래에 관한 법률, 법률 제14137호, 2016.3.29., 일부개정

디자인보호법, 법률 제13840호, 2016.1.27., 일부개정

민사소송법, 법률 제13952호, 2016.2.3., 일부개정

반도체집적회로의 배치설계에 관한 법률, 법률 제13150호, 2015.2.3., 일부개정

부정경쟁방지 및 영업비밀보호에 관한 법률, 법률 제13844호, 2016.1.27., 일부개정

상표법, 법률 제13848호, 2016.1.27., 일부개정

식물신품종 보호법, 법률 제13407호, 2015.7.20., 일부개정

실용신안법, 법률 제13088호, 2015.1.28., 일부개정

저작권법, 법률 제14083호, 2016.3.22., 일부개정

특허법, 법률 제13096호, 2015.1.28., 일부개정

Paris Convention for the Protection of Industrial Property

Article 1 [Establishment of the Union; Scope of Industrial Property]

(1) The countries to which this Convention applies constitute a Union for the protection of industrial property.

(2) The protection of industrial property has as its object patents, utility models, industrial designs, trademarks, service marks, trade names, indications of source or appellations of origin, and the repression of unfair competition.

(3) Industrial property shall be understood in the broadest sense and shall apply not only to industry and commerce proper, but likewise to agricultural and extractive industries and to all manufactured or natural products, for example, wines, grain, tobacco leaf, fruit, cattle, minerals, mineral waters, beer, flowers, and flour.

(4) Patents shall include the various kinds of industrial patents recognized by the laws of the countries of the Union, such as patents of importation, patents of improvement, patents and certificates of addition, etc.

Article 2 [National Treatment for Nationals of Countries of the Union]

(1) Nationals of any country of the Union shall, as regards the protection of industrial property, enjoy in all the other countries of the Union the advantages that their respective laws now grant, or may hereafter grant, to nationals; all without prejudice to the rights specially provided for by this Convention. Consequently, they shall have the same protection as the latter, and the same legal remedy against any infringement of their rights, provided that the conditions and formalities imposed upon nationals are complied with.

(2) However, no requirement as to domicile or establishment in the country where protection is claimed may be imposed upon nationals of countries of the Union for the enjoyment of any industrial property rights.

(3) The provisions of the laws of each of the countries of the Union relating to judicial and administrative procedure and to jurisdiction, and to the designation of an address for service or the appointment of an agent, which may be required by the laws on industrial property are expressly reserved.

Article 3 [Same Treatment for Certain Categories of Persons as for Nationals of Countries of the Union]

Nationals of countries outside the Union who are domiciled or who have real and effective industrial or commercial establishments in the territory of one of the countries of the Union shall be treated in the same manner as nationals of the countries of the Union.

Article 4 [A to I. Patents, Utility Models, Industrial Designs, Marks, Inventors' Certificates: Right of Priority G. Patents: Division of the Application]

A. (1) Any person who has duly filed an application for a patent, or for the registration of a utility model, or of an industrial design, or of a trademark, in one of the countries of the Union, or his successor in title, shall enjoy, for the purpose of filing in the other countries, a right of priority during the periods hereinafter fixed.

· (2) Any filing that is equivalent to a regular national filing under the domestic legislation of any country of the Union or under bilateral or multilateral treaties concluded between countries of the Union shall be recognized as giving rise to the right of priority.

(3) By a regular national filing is meant any filing that is adequate to establish the date on which the application was filed in the country concerned, whatever may be the subsequent fate of the application.

B. Consequently, any subsequent filing in any of the other countries of the Union before the expiration of the periods referred to above shall not be invalidated by reason of any acts accomplished in the interval, in particular, another filing, the publication or exploitation of the invention, the putting on sale of copies of the design, or the use of the mark, and such acts cannot give rise to any third-party right or any right of personal possession. Rights acquired by third parties before the date of the first application that serves as the basis for the right of priority are reserved in accordance with the domestic legislation of each country of the Union

C. (1) The periods of priority referred to above shall be twelve months for patents and utility models, and six months for industrial designs and trademarks.

(2) These periods shall start from the date of filing of the first application; the day of filing shall not be included in the period.

(3) If the last day of the period is an official holiday, or a day when the Office is not open for the filing of applications in the country where protection is claimed, the period shall be extended until the first following working day.

(4) A subsequent application concerning the same subject as a previous first application within the meaning of paragraph (2), above, filed in the same country of the Union shall be considered as the first application, of which the filing date shall be the starting point of the period of priority, if, at the time of filing the subsequent application, the said previous application has been withdrawn, abandoned, or refused, without having been laid open to public inspection and without leaving any rights outstanding, and if it has not yet served as a basis for claiming a right of priority. The previous application may not thereafter serve as a basis for claiming a right of priority.

D. (1) Any person desiring to take advantage of the priority of a previous filing shall be required to make a declaration indicating the date of such filing and the country in which it was made. Each country shall determine the latest date on which such declaration must be made.

(2) These particulars shall be mentioned in the publications issued by the competent authority, and in particular in the patents and the specifications relating thereto.

(3) The countries of the Union may require any person making a declaration of priority to produce a copy of the application (description, drawings, etc.) previously filed. The copy, certified as correct by the authority which received such application, shall not require any authentication, and may in any case be filed, without fee, at any time within three months of the filing of the subsequent application. They may require it to be accompanied by a certificate from the same authority showing the date of filing, and by a translation.

(4) No other formalities may be required for the declaration of priority at the time of filing the application. Each country of the Union shall determine the consequences of failure to comply with the formalities prescribed by this Article, but such consequences shall in no case go beyond the loss of the right of priority.

(5) Subsequently, further proof may be required.

Any person who avails himself of the priority of a previous application shall be required to specify the number of that application; this number shall be published as provided for by paragraph (2), above.

E. (1) Where an industrial design is filed in a country by virtue of a right of priority based on the filing of a utility model, the period of priority shall be the same as that fixed for industrial designs.

(2) Furthermore, it is permissible to file a utility model in a country by virtue of a right of priority based on the filing of a patent application, and vice versa.

F. No country of the Union may refuse a priority or a patent application on the ground that the applicant claims multiple priorities, even if they originate in different countries, or on the ground that an application claiming one or more priorities contains one or more elements that were not included in the application or applications whose priority is claimed, provided that, in both cases, there is unity of invention within the meaning of the law of the country.

With respect to the elements not included in the application or applications whose priority is claimed, the filing of the subsequent application shall give rise to a right of priority under ordinary conditions.

G. (1) If the examination reveals that an application for a patent contains more than one invention, the applicant may divide the application into a certain number of divisional applications and preserve as the date of each the date of the initial application and the benefit of the right of priority, if any.

(2) The applicant may also, on his own initiative, divide a patent application and preserve as the date of each divisional application the date of the initial application and the benefit of the right of priority, if any. Each country of the Union shall have the right to determine the conditions under which such division shall be authorized.

H. Priority may not be refused on the ground that certain elements of the invention for which priority is claimed do not appear among the claims formulated in the application in the country of origin, provided that the application documents as a whole specifically disclose such elements.

I. (1) Applications for inventors' certificates filed in a country in which applicants have the right to apply at their own option either for a patent or for an inventor's certificate shall give rise to the right of priority provided for by this Article, under the same conditions and with the same effects as applications for patents.

(2) In a country in which applicants have the right to apply at their own option either for a patent or for an inventor's certificate, an applicant for an inventor's certificate shall, in accordance with the provisions of this Article relating to patent applications, enjoy a right of

priority based on an application for a patent, a utility model, or an inventor's certificate.

Article 4bis [Patents: Independence of Patents Obtained
for the Same Invention in Different Countries]

(1) Patents applied for in the various countries of the Union by nationals of countries of the Union shall be independent of patents obtained for the same invention in other countries, whether members of the Union or not.

(2) The foregoing provision is to be understood in an unrestricted sense, in particular, in the sense that patents applied for during the period of priority are independent, both as regards the grounds for nullity and forfeiture, and as regards their normal duration.

(3) The provision shall apply to all patents existing at the time when it comes into effect.

(4) Similarly, it shall apply, in the case of the accession of new countries, to patents in existence on either side at the time of accession.

(5) Patents obtained with the benefit of priority shall, in the various countries of the Union, have a duration equal to that which they would have, had they been applied for or granted without the benefit of priority.

Article 4ter [Patents: Mention of the Inventor in the Patent]

The inventor shall have the right to be mentioned as such in the patent.

Article 4quater [Patents: Patentability in Case of Restrictions of Sale by Law]

The grant of a patent shall not be refused and a patent shall not be invalidated on the ground that the sale of the patented product or of a product obtained by means of a patented process is subject to restrictions or limitations resulting from the domestic law.

Article 5 [A. Patents: Importation of Articles; Failure to Work or Insufficient Working;
Compulsory Licenses B. Industrial Designs: Failure to Work; Importation of Articles
C. Marks: Failure to Use; Different Forms; Use by Co-proprietors D. Patents, Utility
Models, Marks, Industrial Designs: Marking]

A. (1) Importation by the patentee into the country where the patent has been granted of articles manufactured in any of the countries of the Union shall not entail forfeiture of the patent.

(2) Each country of the Union shall have the right to take legislative measures providing for the grant of compulsory licenses to prevent the abuses which might result from the exercise of the exclusive rights conferred by the patent, for example, failure to work.

(3) Forfeiture of the patent shall not be provided for except in cases where the grant of compulsory licenses would not have been sufficient to prevent the said abuses. No proceedings for the forfeiture or revocation of a patent may be instituted before the expiration of two years from the grant of the first compulsory license.

(4) A compulsory license may not be applied for on the ground of failure to work or insufficient working before the expiration of a period of four years from the date of filing of the patent application or three years from the date of the grant of the patent, whichever period expires last; it shall be refused if the patentee justifies his inaction by legitimate reasons. Such a compulsory license shall be non-exclusive and shall not be transferable, even in the form of the grant of a sub-license, except with that part of the enterprise or goodwill which exploits such license.

(5) The foregoing provisions shall be applicable, mutatis mutandis, to utility models.

B. The protection of industrial designs shall not, under any circumstance, be subject to any forfeiture, either by reason of failure to work or by reason of the importation of articles corresponding to those which are protected.

C. (1) If, in any country, use of the registered mark is compulsory, the registration may be cancelled only after a reasonable period, and then only if the person concerned does not justify his inaction.

(2) Use of a trademark by the proprietor in a form differing in elements which do not alter the distinctive character of the mark in the form in which it was registered in one of the countries of the Union shall not entail invalidation of the registration and shall not diminish the protection granted to the mark.

(3) Concurrent use of the same mark on identical or similar goods by industrial or commercial establishments considered as co-proprietors of the mark according to the provisions of the domestic law of the country where protection is claimed shall not prevent registration or diminish in any way the protection granted to the said mark in any country of the Union, provided that such use does not result in misleading the public and is not contrary to the public interest.

D. No indication or mention of the patent, of the utility model, of the registration of the trademark, or of the deposit of the industrial design, shall be required upon the goods as a condition of recognition of the right to protection.

Article 5bis [All Industrial Property Rights: Period of Grace for the Payment of Fees for the Maintenance of Rights; Patents: Restoration]

(1) A period of grace of not less than six months shall be allowed for the payment of the fees prescribed for the maintenance of industrial property rights, subject, if the domestic legislation so provides, to the payment of a surcharge.

(2) The countries of the Union shall have the right to provide for the restoration of patents which have lapsed by reason of non-payment of fees.

Article 5ter [Patents: Patented Devices Forming Part of Vessels, Aircraft, or Land Vehicles]

In any country of the Union the following shall not be considered as infringements of the rights of a patentee:

1. the use on board vessels of other countries of the Union of devices forming the subject of his patent in the body of the vessel, in the machinery, tackle, gear and other accessories, when such vessels temporarily or accidentally enter the waters of the said country, provided that such devices are used there exclusively for the needs of the vessel;

2. the use of devices forming the subject of the patent in the construction or operation of aircraft or land vehicles of other countries of the Union, or of accessories of such aircraft or land vehicles, when those aircraft or land vehicles temporarily or accidentally enter the said country.

Article 5quater [Patents: Importation of Products Manufactured by a Process Patented in the Importing Country]

When a product is imported into a country of the Union where there exists a patent protecting a process of manufacture of the said product, the patentee shall have all the rights, with regard to the imported product, that are accorded to him by the legislation of the country of importation, on the basis of the process patent, with respect to products manufactured in that country.

Article 5quinquies [Industrial Designs]

Industrial designs shall be protected in all the countries of the Union.

Article 6 [Marks: Conditions of Registration; Independence of Protection of Same Mark in Different Countries]

(1) The conditions for the filing and registration of trademarks shall be determined in each country of the Union by its domestic legislation.

(2) However, an application for the registration of a mark filed by a national of a country of the Union in any country of the Union may not be refused, nor may a registration be invalidated, on the ground that filing, registration, or renewal, has not been effected in the country of origin.

(3) A mark duly registered in a country of the Union shall be regarded as independent of marks registered in the other countries of the Union, including the country of origin.

Article 6bis [Marks: Well-Known Marks]

(1) The countries of the Union undertake, ex officio if their legislation so permits, or at the request of an interested party, to refuse or to cancel the registration, and to prohibit the use, of a trademark which constitutes a reproduction, an imitation, or a translation, liable to create confusion, of a mark considered by the competent authority of the country of registration or use to be well known in that country as being already the mark of a person entitled to the benefits of this Convention and used for identical or similar goods. These provisions shall also apply when the essential part of the mark constitutes a reproduction of any such well-known mark or an imitation liable to create confusion therewith.

(2) A period of at least five years from the date of registration shall be allowed for requesting the cancellation of such a mark. The countries of the Union may provide for a period within which the prohibition of use must be requested.

(3) No time limit shall be fixed for requesting the cancellation or the prohibition of the use of marks registered or used in bad faith.

Article 6ter [Marks: Prohibitions concerning State Emblems, Official Hallmarks, and Emblems of Intergovernmental Organizations]

(1) (a) The countries of the Union agree to refuse or to invalidate the registration, and to prohibit by appropriate measures the use, without authorization by the competent authorities, either as trademarks or as elements of trademarks, of armorial bearings, flags, and other State emblems, of the countries of the Union, official signs and hallmarks indicating control and warranty adopted by them, and any imitation from a heraldic point of view.

(b) The provisions of subparagraph (a), above, shall apply equally to armorial bearings, flags, other emblems, abbreviations, and names, of international intergovernmental organizations of which one or more countries of the Union are members, with the exception of armorial bearings, flags, other emblems, abbreviations, and names, that are already the subject of international agreements in force, intended to ensure their protection.

(c) No country of the Union shall be required to apply the provisions of subparagraph (b), above, to the prejudice of the owners of rights acquired in good faith before the entry into force, in that country, of this Convention. The countries of the Union shall not be required to apply the said provisions when the use or registration referred to in subparagraph (a), above, is not of such a nature as to suggest to the public that a connection exists between the organization concerned and the armorial bearings, flags, emblems, abbreviations, and names, or if such use or registration is probably not of such a nature as to mislead the public as to the existence of a connection between the user and the organization.

(2) Prohibition of the use of official signs and hallmarks indicating control and warranty shall apply solely in cases where the marks in which they are incorporated are intended to be used on goods of the same or a similar kind.

(3) (a) For the application of these provisions, the countries of the Union agree to communicate reciprocally, through the intermediary of the International Bureau, the list of State emblems, and official signs and hallmarks indicating control and warranty, which they desire, or may hereafter desire, to place wholly or within certain limits under the protection of this Article, and all subsequent modifications of such list. Each country of the Union shall in due course make available to the public the lists so communicated. Nevertheless such communication is not obligatory in respect of flags of States.

(b) The provisions of subparagraph (b) of paragraph (1) of this Article shall apply only to such armorial bearings, flags, other emblems, abbreviations, and names, of international intergovernmental organizations as the latter have communicated to the countries of the Union through the intermediary of the International Bureau.

(4) Any country of the Union may, within a period of twelve months from the receipt of the notification, transmit its objections, if any, through the intermediary of the International Bureau, to the country or international intergovernmental organization concerned.

(5) In the case of State flags, the measures prescribed by paragraph (1), above, shall apply solely to marks registered after November 6, 1925.

(6) In the case of State emblems other than flags, and of official signs and hallmarks of the countries of the Union, and in the case of armorial bearings, flags, other emblems, abbreviations, and names, of international intergovernmental organizations, these provisions shall apply only to marks registered more than two months after receipt of the communication provided for in paragraph (3), above.

(7) In cases of bad faith, the countries shall have the right to cancel even those marks incorporating State emblems, signs, and hallmarks, which were registered before November 6, 1925.

(8) Nationals of any country who are authorized to make use of the State emblems, signs, and hallmarks, of their country may use them even if they are similar to those of another country.

(9) The countries of the Union undertake to prohibit the unauthorized use in trade of the State armorial bearings of the other countries of the Union, when the use is of such a nature as to be misleading as to the origin of the goods.

(10) The above provisions shall not prevent the countries from exercising the right given in paragraph (3) of Article 6quinquies, Section B, to refuse or to invalidate the registration of marks incorporating, without authorization, armorial bearings, flags, other State emblems, or official signs and hallmarks adopted by a country of the Union, as well as the distinctive signs of international intergovernmental organizations referred to in paragraph (1), above.

Article 6quater [Marks: Assignment of Marks]

(1) When, in accordance with the law of a country of the Union, the assignment of a mark is valid only if it takes place at the same time as the transfer of the business or goodwill to which the mark belongs, it shall suffice for the recognition of such validity that the portion of the business or goodwill located in that country be transferred to the assignee, together with the exclusive right to manufacture in the said country, or to sell therein, the goods bearing the mark assigned.

(2) The foregoing provision does not impose upon the countries of the Union any obligation to regard as valid the assignment of any mark the use of which by the assignee would, in fact, be of such a nature as to mislead the public, particularly as regards the origin, nature, or essential qualities, of the goods to which the mark is applied.

Article 6quinquies [Marks: Protection of Marks Registered in One Country of the Union in the Other Countries of the Union]

A. (1) Every trademark duly registered in the country of origin shall be accepted for filing and protected as is in the other countries of the Union, subject to the reservations indicated in this Article. Such countries may, before proceeding to final registration, require the production of a certificate of registration in the country of origin, issued by the competent authority. No authentication shall be required for this certificate.

(2) Shall be considered the country of origin the country of the Union where the applicant has a real and effective industrial or commercial establishment, or, if he has no such establishment within the Union, the country of the Union where he has his domicile, or, if he has no domicile within the Union but is a national of a country of the Union, the country of which he is a national.

B. Trademarks covered by this Article may be neither denied registration nor invalidated except in the following cases:

1. when they are of such a nature as to infringe rights acquired by third parties in the country where protection is claimed;

2. when they are devoid of any distinctive character, or consist exclusively of signs or indications which may serve, in trade, to designate the kind, quality, quantity, intended purpose, value, place of origin, of the goods, or the time of production, or have become customary in the current language or in the bona fide and established practices of the trade of the country where protection is claimed;

3. when they are contrary to morality or public order and, in particular, of such a nature as to deceive the public. It is understood that a mark may not be considered contrary to public order for the sole reason that it does not conform to a provision of the legislation on marks, except if such provision itself relates to public order.

This provision is subject, however, to the application of Article 10bis.

C. (1) In determining whether a mark is eligible for protection, all the factual circumstances must be taken into consideration, particularly the length of time the mark has been in use.

(2) No trademark shall be refused in the other countries of the Union for the sole reason that it differs from the mark protected in the country of origin only in respect of elements that do not alter its distinctive character and do not affect its identity in the form in which it has been registered in the said country of origin.

D. No person may benefit from the provisions of this Article if the mark for which he claims protection is not registered in the country of origin.

E. However, in no case shall the renewal of the registration of the mark in the country of origin involve an obligation to renew the registration in the other countries of the Union in which the mark has been registered.

F. The benefit of priority shall remain unaffected for applications for the registration of marks filed within the period fixed by Article 4, even if registration in the country of origin is effected after the expiration of such period.

Article 6sexies [Marks: Service Marks]

The countries of the Union undertake to protect service marks. They shall not be required to provide for the registration of such marks.

Article 6septies [Marks: Registration in the Name of the Agent or Representative of the Proprietor Without the Latter's Authorization]

(1) If the agent or representative of the person who is the proprietor of a mark in one of the countries of the Union applies, without such proprietor's authorization, for the registration of the mark in his own name, in one or more countries of the Union, the proprietor shall be entitled to oppose the registration applied for or demand its cancellation or, if the law of the country so allows, the assignment in his favor of the said registration, unless such agent or representative justifies his action.

(2) The proprietor of the mark shall, subject to the provisions of paragraph (1), above, be entitled to oppose the use of his mark by his agent or representative if he has not authorized such use.

(3) Domestic legislation may provide an equitable time limit within which the proprietor of a mark must exercise the rights provided for in this Article.

Article 7 [Marks: Nature of the Goods to which the Mark is Applied]

The nature of the goods to which a trademark is to be applied shall in no case form an obstacle to the registration of the mark.

Article 7bis [Marks: Collective Marks]

(1) The countries of the Union undertake to accept for filing and to protect collective marks belonging to associations the existence of which is not contrary to the law of the country of origin, even if such associations do not possess an industrial or commercial establishment.

(2) Each country shall be the judge of the particular conditions under which a collective mark shall be protected and may refuse protection if the mark is contrary to the public interest.

(3) Nevertheless, the protection of these marks shall not be refused to any association the existence of which is not contrary to the law of the country of origin, on the ground that such association is not established in the country where protection is sought or is not constituted according to the law of the latter country.

Article 8 [Trade Names]

A trade name shall be protected in all the countries of the Union without the obligation of filing or registration, whether or not it forms part of a trademark.

Article 9 [Marks, Trade Names: Seizure, on Importation, etc., of Goods Unlawfully Bearing a Mark or Trade Name]

(1) All goods unlawfully bearing a trademark or trade name shall be seized on importation into those countries of the Union where such mark or trade name is entitled to legal protection.

(2) Seizure shall likewise be effected in the country where the unlawful affixation occurred or in the country into which the goods were imported.

(3) Seizure shall take place at the request of the public prosecutor, or any other competent authority, or any interested party, whether a natural person or a legal entity, in conformity with the domestic legislation of each country.

(4) The authorities shall not be bound to effect seizure of goods in transit.

(5) If the legislation of a country does not permit seizure on importation, seizure shall be replaced by prohibition of importation or by seizure inside the country.

(6) If the legislation of a country permits neither seizure on importation nor prohibition of importation nor seizure inside the country, then, until such time as the legislation is modified accordingly, these measures shall be replaced by the actions and remedies available in such cases to nationals under the law of such country.

Article 10 [False Indications: Seizure, on Importation, etc., of Goods Bearing False Indications as to their Source or the Identity of the Producer]

(1) The provisions of the preceding Article shall apply in cases of direct or indirect use of a false indication of the source of the goods or the identity of the producer, manufacturer, or merchant.

(2) Any producer, manufacturer, or merchant, whether a natural person or a legal entity, engaged in the production or manufacture of or trade in such goods and established either in the locality falsely indicated as the source, or in the region where such locality is situated, or in the country falsely indicated, or in the country where the false indication of source is used, shall in any case be deemed an interested party.

Article 10bis [Unfair Competition]

(1) The countries of the Union are bound to assure to nationals of such countries effective protection against unfair competition.

(2) Any act of competition contrary to honest practices in industrial or commercial matters constitutes an act of unfair competition.

(3) The following in particular shall be prohibited:

1. all acts of such a nature as to create confusion by any means whatever with the establishment, the goods, or the industrial or commercial activities, of a competitor;

2. false allegations in the course of trade of such a nature as to discredit the establishment, the goods, or the industrial or commercial activities, of a competitor;

3. indications or allegations the use of which in the course of trade is liable to mislead the public as to the nature, the manufacturing process, the characteristics, the suitability for their purpose, or the quantity, of the goods.

Article 10ter [Marks, Trade Names, False Indications,
Unfair Competition: Remedies, Right to Sue]

(1) The countries of the Union undertake to assure to nationals of the other countries of the Union appropriate legal remedies effectively to repress all the acts referred to in Articles 9, 10, and 10bis.

(2) They undertake, further, to provide measures to permit federations and associations representing interested industrialists, producers, or merchants, provided that the existence of such federations and associations is not contrary to the laws of their countries, to take action in the courts or before the administrative authorities, with a view to the repression of the acts referred to in Articles 9, 10, and 10bis, in so far as the law of the country in which protection is claimed allows such action by federations and associations of that country.

Article 11 [Inventions, Utility Models, Industrial Designs, Marks:
Temporary Protection at Certain International Exhibitions]

(1) The countries of the Union shall, in conformity with their domestic legislation, grant temporary protection to patentable inventions, utility models, industrial designs, and trademarks, in respect of goods exhibited at official or officially recognized international exhibitions held in the territory of any of them.

(2) Such temporary protection shall not extend the periods provided by Article 4. If, later, the right of priority is invoked, the authorities of any country may provide that the period shall start from the date of introduction of the goods into the exhibition.

(3) Each country may require, as proof of the identity of the article exhibited and of the date of its introduction, such documentary evidence as it considers necessary.

Article 12 [Special National Industrial Property Services]

(1) Each country of the Union undertakes to establish a special industrial property service and a central office for the communication to the public of patents, utility models, industrial designs, and trademarks.

(2) This service shall publish an official periodical journal. It shall publish regularly:

(a) the names of the proprietors of patents granted, with a brief designation of the inventions patented;

(b) the reproductions of registered trademarks.

Article 19 [Special Agreements]

It is understood that the countries of the Union reserve the right to make separately between themselves special agreements for the protection of industrial property, in so far as these agreements do not contravene the provisions of this Convention.

Berne Convention for the Protection of Literary and Artistic Works

The countries of the Union, being equally animated by the desire to protect, in as effective and uniform a manner as possible, the rights of authors in their literary and artistic works,

Recognizing the importance of the work of the Revision Conference held at Stockholm in 1967,

Have resolved to revise the Act adopted by the Stockholm Conference, while maintaining without change Articles 1 to 20 and 22 to 26 of that Act.

Consequently, the undersigned Plenipotentiaries, having presented their full powers, recognized as in good and due form, have agreed as follows:

Article 1 [Establishment of a Union]

The countries to which this Convention applies constitute a Union for the protection of the rights of authors in their literary and artistic works.

Article 2 [Protected Works: 1. "Literary and artistic works"; 2. Possible requirement of fixation; 3. Derivative works; 4. Official texts; 5. Collections; 6. Obligation to protect; beneficiaries of protection; 7. Works of applied art and industrial designs; 8. News]

(1) The expression "literary and artistic works" shall include every production in the

literary, scientific and artistic domain, whatever may be the mode or form of its expression, such as books, pamphlets and other writings; lectures, addresses, sermons and other works of the same nature; dramatic or dramatico-musical works; choreographic works and entertainments in dumb show; musical compositions with or without words; cinematographic works to which are assimilated works expressed by a process analogous to cinematography; works of drawing, painting, architecture, sculpture, engraving and lithography; photographic works to which are assimilated works expressed by a process analogous to photography; works of applied art; illustrations, maps, plans, sketches and three-dimensional works relative to geography, topography, architecture or science.

(2) It shall, however, be a matter for legislation in the countries of the Union to prescribe that works in general or any specified categories of works shall not be protected unless they have been fixed in some material form.

(3) Translations, adaptations, arrangements of music and other alterations of a literary or artistic work shall be protected as original works without prejudice to the copyright in the original work.

(4) It shall be a matter for legislation in the countries of the Union to determine the protection to be granted to official texts of a legislative, administrative and legal nature, and to official translations of such texts.

(5) Collections of literary or artistic works such as encyclopaedias and anthologies which, by reason of the selection and arrangement of their contents, constitute intellectual creations shall be protected as such, without prejudice to the copyright in each of the works forming part of such collections.

(6) The works mentioned in this Article shall enjoy protection in all countries of the Union. This protection shall operate for the benefit of the author and his successors in title.

(7) Subject to the provisions of Article 7(4) of this Convention, it shall be a matter for legislation in the countries of the Union to determine the extent of the application of their laws to works of applied art and industrial designs and models, as well as the conditions under which such works, designs and models shall be protected. Works protected in the country of origin solely as designs and models shall be entitled in another country of the Union only to such special protection as is granted in that country to designs and models; however, if no such special protection is granted in that country, such works shall be protected as artistic works.

(8) The protection of this Convention shall not apply to news of the day or to miscellaneous facts having the character of mere items of press information.

Article 2bis [Possible Limitation of Protection of Certain Works: 1. Certain speeches; 2. Certain uses of lectures and addresses; 3. Right to make collections of such works]

(1) It shall be a matter for legislation in the countries of the Union to exclude, wholly or in part, from the protection provided by the preceding Article political speeches and speeches delivered in the course of legal proceedings.

(2) It shall also be a matter for legislation in the countries of the Union to determine the conditions under which lectures, addresses and other works of the same nature which are delivered in public may be reproduced by the press, broadcast, communicated to the public by wire and made the subject of public communication as envisaged in Article 11bis(1) of this Convention, when such use is justified by the informatory purpose.

(3) Nevertheless, the author shall enjoy the exclusive right of making a collection of his works mentioned in the preceding paragraphs.

Article 3 [Criteria of Eligibility for Protection: 1. Nationality of author; place of publication of work; 2. Residence of author; 3: "Published" works; 4. "Simultaneously published" works]

(1) The protection of this Convention shall apply to:

(a) authors who are nationals of one of the countries of the Union, for their works, whether published or not;

(b) authors who are not nationals of one of the countries of the Union, for their works first published in one of those countries, or simultaneously in a country outside the Union and in a country of the Union.

(2) Authors who are not nationals of one of the countries of the Union but who have their habitual residence in one of them shall, for the purposes of this Convention, be assimilated to nationals of that country.

(3) The expression "published works" means works published with the consent of their authors, whatever may be the means of manufacture of the copies, provided that the availability of such copies has been such as to satisfy the reasonable requirements of the public, having regard to the nature of the work. The performance of a dramatic, dramatico-musical, cinematographic or musical work, the public recitation of a literary work, the communication by wire or the broadcasting of literary or artistic works, the exhibition of a work of art and the construction of a work of architecture shall not constitute publication.

(4) A work shall be considered as having been published simultaneously in several

countries if it has been published in two or more countries within thirty days of its first publication.

Article 4 [Criteria of Eligibility for Protection of Cinematographic Works, Works of Architecture and Certain Artistic Works]

The protection of this Convention shall apply, even if the conditions of Article 3 are not fulfilled, to:

(a) authors of cinematographic works the maker of which has his headquarters or habitual residence in one of the countries of the Union;

(b) authors of works of architecture erected in a country of the Union or of other artistic works incorporated in a building or other structure located in a country of the Union.

Article 5 [Rights Guaranteed: 1. and 2. Outside the country of origin; 3. In the country of origin; 4. "Country of origin"]

(1) Authors shall enjoy, in respect of works for which they are protected under this Convention, in countries of the Union other than the country of origin, the rights which their respective laws do now or may hereafter grant to their nationals, as well as the rights specially granted by this Convention.

(2) The enjoyment and the exercise of these rights shall not be subject to any formality; such enjoyment and such exercise shall be independent of the existence of protection in the country of origin of the work. Consequently, apart from the provisions of this Convention, the extent of protection, as well as the means of redress afforded to the author to protect his rights, shall be governed exclusively by the laws of the country where protection is claimed.

(3) Protection in the country of origin is governed by domestic law. However, when the author is not a national of the country of origin of the work for which he is protected under this Convention, he shall enjoy in that country the same rights as national authors.

(4) The country of origin shall be considered to be:

(a) in the case of works first published in a country of the Union, that country; in the case of works published simultaneously in several countries of the Union which grant different terms of protection, the country whose legislation grants the shortest term of protection;

(b) in the case of works published simultaneously in a country outside the Union and in a country of the Union, the latter country;

(c) in the case of unpublished works or of works first published in a country outside the Union, without simultaneous publication in a country of the Union, the country of the Union of which the author is a national, provided that:

(i) when these are cinematographic works the maker of which has his headquarters or his habitual residence in a country of the Union, the country of origin shall be that country, and

(ii) when these are works of architecture erected in a country of the Union or other artistic works incorporated in a building or other structure located in a country of the Union, the country of origin shall be that country.

Article 6 [Possible Restriction of Protection in Respect of Certain Works of Nationals of Certain Countries Outside the Union: 1. In the country of the first publication and in other countries; 2. No retroactivity; 3. Notice]

(1) Where any country outside the Union fails to protect in an adequate manner the works of authors who are nationals of one of the countries of the Union, the latter country may restrict the protection given to the works of authors who are, at the date of the first publication thereof, nationals of the other country and are not habitually resident in one of the countries of the Union. If the country of first publication avails itself of this right, the other countries of the Union shall not be required to grant to works thus subjected to special treatment a wider protection than that granted to them in the country of first publication.

(2) No restrictions introduced by virtue of the preceding paragraph shall affect the rights which an author may have acquired in respect of a work published in a country of the Union before such restrictions were put into force.

(3) The countries of the Union which restrict the grant of copyright in accordance with this Article shall give notice thereof to the Director General of the World Intellectual Property Organization (hereinafter designated as "the Director General") by a written declaration specifying the countries in regard to which protection is restricted, and the restrictions to which rights of authors who are nationals of those countries are subjected. The Director General shall immediately communicate this declaration to all the countries of the Union.

Article 6bis [Moral Rights: 1. To claim authorship; to object to certain modifications and other derogatory actions; 2. After the author's death; 3. Means of redress]

(1) Independently of the author's economic rights, and even after the transfer of the said

rights, the author shall have the right to claim authorship of the work and to object to any distortion, mutilation or other modification of, or other derogatory action in relation to, the said work, which would be prejudicial to his honor or reputation.

(2) The rights granted to the author in accordance with the preceding paragraph shall, after his death, be maintained, at least until the expiry of the economic rights, and shall be exercisable by the persons or institutions authorized by the legislation of the country where protection is claimed. However, those countries whose legislation, at the moment of their ratification of or accession to this Act, does not provide for the protection after the death of the author of all the rights set out in the preceding paragraph may provide that some of these rights may, after his death, cease to be maintained.

(3) The means of redress for safeguarding the rights granted by this Article shall be governed by the legislation of the country where protection is claimed.

Article 7 [Term of Protection: 1. Generally; 2. For cinematographic works;
3. For anonymous and pseudonymous works; 4. For photographic works and
works of applied art; 5. Starting date of computation; 6. Longer terms;
7. Shorter terms; 8. Applicable law; "comparison" of terms]

(1) The term of protection granted by this Convention shall be the life of the author and fifty years after his death.

(2) However, in the case of cinematographic works, the countries of the Union may provide that the term of protection shall expire fifty years after the work has been made available to the public with the consent of the author, or, failing such an event within fifty years from the making of such a work, fifty years after the making.

(3) In the case of anonymous or pseudonymous works, the term of protection granted by this Convention shall expire fifty years after the work has been lawfully made available to the public. However, when the pseudonym adopted by the author leaves no doubt as to his identity, the term of protection shall be that provided in paragraph (1). If the author of an anonymous or pseudonymous work discloses his identity during the above-mentioned period, the term of protection applicable shall be that provided in paragraph (1). The countries of the Union shall not be required to protect anonymous or pseudonymous works in respect of which it is reasonable to presume that their author has been dead for fifty years.

(4) It shall be a matter for legislation in the countries of the Union to determine the term of protection of photographic works and that of works of applied art in so far as they are

protected as artistic works; however, this term shall last at least until the end of a period of twenty-five years from the making of such a work.

(5) The term of protection subsequent to the death of the author and the terms provided by paragraphs (2), (3) and (4) shall run from the date of death or of the event referred to in those paragraphs, but such terms shall always be deemed to begin on the first of January of the year following the death or such event.

(6) The countries of the Union may grant a term of protection in excess of those provided by the preceding paragraphs.

(7) Those countries of the Union bound by the Rome Act of this Convention which grant, in their national legislation in force at the time of signature of the present Act, shorter terms of protection than those provided for in the preceding paragraphs shall have the right to maintain such terms when ratifying or acceding to the present Act.

(8) In any case, the term shall be governed by the legislation of the country where protection is claimed; however, unless the legislation of that country otherwise provides, the term shall not exceed the term fixed in the country of origin of the work.

Article 7bis [Term of Protection for Works of Joint Authorship]

The provisions of the preceding Article shall also apply in the case of a work of joint authorship, provided that the terms measured from the death of the author shall be calculated from the death of the last surviving author.

Article 8 [Right of Translation]

Authors of literary and artistic works protected by this Convention shall enjoy the exclusive right of making and of authorizing the translation of their works throughout the term of protection of their rights in the original works.

Article 9 [Right of Reproduction: 1. Generally; 2. Possible exceptions; 3. Sound and visual recordings]

(1) Authors of literary and artistic works protected by this Convention shall have the exclusive right of authorizing the reproduction of these works, in any manner or form.

(2) It shall be a matter for legislation in the countries of the Union to permit the

reproduction of such works in certain special cases, provided that such reproduction does not conflict with a normal exploitation of the work and does not unreasonably prejudice the legitimate interests of the author.

(3) Any sound or visual recording shall be considered as a reproduction for the purposes of this Convention.

Article 10 [Certain Free Uses of Works: 1. Quotations; 2. Illustrations for teaching; 3. Indication of source and author]

(1) It shall be permissible to make quotations from a work which has already been lawfully made available to the public, provided that their making is compatible with fair practice, and their extent does not exceed that justified by the purpose, including quotations from newspaper articles and periodicals in the form of press summaries.

(2) It shall be a matter for legislation in the countries of the Union, and for special agreements existing or to be concluded between them, to permit the utilization, to the extent justified by the purpose, of literary or artistic works by way of illustration in publications, broadcasts or sound or visual recordings for teaching, provided such utilization is compatible with fair practice.

(3) Where use is made of works in accordance with the preceding paragraphs of this Article, mention shall be made of the source, and of the name of the author if it appears thereon.

Article 10bis [Further Possible Free Uses of Works: 1. Of certain articles and broadcast works; 2. Of works seen or heard in connection with current events]

(1) It shall be a matter for legislation in the countries of the Union to permit the reproduction by the press, the broadcasting or the communication to the public by wire of articles published in newspapers or periodicals on current economic, political or religious topics, and of broadcast works of the same character, in cases in which the reproduction, broadcasting or such communication thereof is not expressly reserved. Nevertheless, the source must always be clearly indicated; the legal consequences of a breach of this obligation shall be determined by the legislation of the country where protection is claimed.

(2) It shall also be a matter for legislation in the countries of the Union to determine the conditions under which, for the purpose of reporting current events by means of photography,

676

cinematography, broadcasting or communication to the public by wire, literary or artistic works seen or heard in the course of the event may, to the extent justified by the informatory purpose, be reproduced and made available to the public.

Article 11 [Certain Rights in Dramatic and Musical Works: 1. Right of public performance and of communication to the public of a performance; 2. In respect of translations]

(1) Authors of dramatic, dramatico-musical and musical works shall enjoy the exclusive right of authorizing:

(i) the public performance of their works, including such public performance by any means or process;

(ii) any communication to the public of the performance of their works.

(2) Authors of dramatic or dramatico-musical works shall enjoy, during the full term of their rights in the original works, the same rights with respect to translations thereof.

Article 11bis [Broadcasting and Related Rights: 1. Broadcasting and other wireless communications, public communication of broadcast by wire or rebroadcast, public communication of broadcast by loudspeaker or analogous instruments; 2. Compulsory licenses; 3. Recording; ephemeral recordings]

(1) Authors of literary and artistic works shall enjoy the exclusive right of authorizing:

(i) the broadcasting of their works or the communication thereof to the public by any other means of wireless diffusion of signs, sounds or images;

(ii) any communication to the public by wire or by rebroadcasting of the broadcast of the work, when this communication is made by an organization other than the original one;

(iii) the public communication by loudspeaker or any other analogous instrument transmitting, by signs, sounds or images, the broadcast of the work.

(2) It shall be a matter for legislation in the countries of the Union to determine the conditions under which the rights mentioned in the preceding paragraph may be exercised, but these conditions shall apply only in the countries where they have been prescribed. They shall not in any circumstances be prejudicial to the moral rights of the author, nor to his right to obtain equitable remuneration which, in the absence of agreement, shall be fixed by competent authority.

(3) In the absence of any contrary stipulation, permission granted in accordance with

paragraph (1) of this Article shall not imply permission to record, by means of instruments recording sounds or images, the work broadcast. It shall, however, be a matter for legislation in the countries of the Union to determine the regulations for ephemeral recordings made by a broadcasting organization by means of its own facilities and used for its own broadcasts. The preservation of these recordings in official archives may, on the ground of their exceptional documentary character, be authorized by such legislation.

Article 11ter [Certain Rights in Literary Works: 1. Right of public recitation and of communication to the public of a recitation; 2. In respect of translations]

(1) Authors of literary works shall enjoy the exclusive right of authorizing:

(i) the public recitation of their works, including such public recitation by any means or process;

(ii) any communication to the public of the recitation of their works.

(2) Authors of literary works shall enjoy, during the full term of their rights in the original works, the same rights with respect to translations thereof.

Article 12 [Right of Adaptation, Arrangement and Other Alteration]

Authors of literary or artistic works shall enjoy the exclusive right of authorizing adaptations, arrangements and other alterations of their works.

Article 13 [Possible Limitation of the Right of Recording of Musical Works and Any Words Pertaining Thereto: 1. Compulsory licenses; 2. Transitory measures; 3. Seizure on importation of copies made without the author's permission]

(1) Each country of the Union may impose for itself reservations and conditions on the exclusive right granted to the author of a musical work and to the author of any words, the recording of which together with the musical work has already been authorized by the latter, to authorize the sound recording of that musical work, together with such words, if any; but all such reservations and conditions shall apply only in the countries which have imposed them and shall not, in any circumstances, be prejudicial to the rights of these authors to obtain equitable remuneration which, in the absence of agreement, shall be fixed by competent authority.

678

(2) Recordings of musical works made in a country of the Union in accordance with Article 13(3) of the Conventions signed at Rome on June 2, 1928, and at Brussels on June 26, 1948, may be reproduced in that country without the permission of the author of the musical work until a date two years after that country becomes bound by this Act.

(3) Recordings made in accordance with paragraphs (1) and (2) of this Article and imported without permission from the parties concerned into a country where they are treated as infringing recordings shall be liable to seizure.

Article 14 [Cinematographic and Related Rights: 1. Cinematographic adaptation and reproduction; distribution; public performance and public communication by wire of works thus adapted or reproduced; 2. Adaptation of cinematographic productions; 3. No compulsory licenses]

(1) Authors of literary or artistic works shall have the exclusive right of authorizing:

(i) the cinematographic adaptation and reproduction of these works, and the distribution of the works thus adapted or reproduced;

(ii) the public performance and communication to the public by wire of the works thus adapted or reproduced.

(2) The adaptation into any other artistic form of a cinematographic production derived from literary or artistic works shall, without prejudice to the authorization of the author of the cinematographic production, remain subject to the authorization of the authors of the original works.

(3) The provisions of Article 13(1) shall not apply.

Article 14bis [Special Provisions Concerning Cinematographic Works: 1. Assimilation to "original" works; 2. Ownership; limitation of certain rights of certain contributors; 3. Certain other contributors]

(1) Without prejudice to the copyright in any work which may have been adapted or reproduced, a cinematographic work shall be protected as an original work. The owner of copyright in a cinematographic work shall enjoy the same rights as the author of an original work, including the rights referred to in the preceding Article.

(2)(a) Ownership of copyright in a cinematographic work shall be a matter for legislation in the country where protection is claimed.

(b) However, in the countries of the Union which, by legislation, include among the owners of copyright in a cinematographic work authors who have brought contributions to the making of the work, such authors, if they have undertaken to bring such contributions, may not, in the absence of any contrary or special stipulation, object to the reproduction, distribution, public performance, communication to the public by wire, broadcasting or any other communication to the public, or to the subtitling or dubbing of texts, of the work.

(c) The question whether or not the form of the undertaking referred to above should, for the application of the preceding subparagraph (b), be in a written agreement or a written act of the same effect shall be a matter for the legislation of the country where the maker of the cinematographic work has his headquarters or habitual residence. However, it shall be a matter for the legislation of the country of the Union where protection is claimed to provide that the said undertaking shall be in a written agreement or a written act of the same effect. The countries whose legislation so provides shall notify the Director General by means of a written declaration, which will be immediately communicated by him to all the other countries of the Union.

(d) By "contrary or special stipulation" is meant any restrictive condition which is relevant to the aforesaid undertaking.

(3) Unless the national legislation provides to the contrary, the provisions of paragraph (2)(b) above shall not be applicable to authors of scenarios, dialogues and musical works created for the making of the cinematographic work, or to the principal director thereof. However, those countries of the Union whose legislation does not contain rules providing for the application of the said paragraph (2)(b) to such director shall notify the Director General by means of a written declaration, which will be immediately communicated by him to all the other countries of the Union.

Article 14ter ["Droit de suite" in Works of Art and Manuscripts:
1. Right to an interest in resales; 2. Applicable law; 3. Procedure]

(1) The author, or after his death the persons or institutions authorized by national legislation, shall, with respect to original works of art and original manuscripts of writers and composers, enjoy the inalienable right to an interest in any sale of the work subsequent to the first transfer by the author of the work.

(2) The protection provided by the preceding paragraph may be claimed in a country of the Union only if legislation in the country to which the author belongs so permits, and to the

extent permitted by the country where this protection is claimed.

(3) The procedure for collection and the amounts shall be matters for determination by national legislation.

Article 15 [Right to Enforce Protected Rights: 1. Where author's name is indicated or where pseudonym leaves no doubt as to author's identity; 2. In the case of cinematographic works; 3. In the case of anonymous and pseudonymous works; 4. In the case of certain unpublished works of unknown authorship]

(1) In order that the author of a literary or artistic work protected by this Convention shall, in the absence of proof to the contrary, be regarded as such, and consequently be entitled to institute infringement proceedings in the countries of the Union, it shall be sufficient for his name to appear on the work in the usual manner. This paragraph shall be applicable even if this name is a pseudonym, where the pseudonym adopted by the author leaves no doubt as to his identity.

(2) The person or body corporate whose name appears on a cinematographic work in the usual manner shall, in the absence of proof to the contrary, be presumed to be the maker of the said work.

(3) In the case of anonymous and pseudonymous works, other than those referred to in paragraph (1) above, the publisher whose name appears on the work shall, in the absence of proof to the contrary, be deemed to represent the author, and in this capacity he shall be entitled to protect and enforce the author's rights. The provisions of this paragraph shall cease to apply when the author reveals his identity and establishes his claim to authorship of the work.

(4)(a) In the case of unpublished works where the identity of the author is unknown, but where there is every ground to presume that he is a national of a country of the Union, it shall be a matter for legislation in that country to designate the competent authority which shall represent the author and shall be entitled to protect and enforce his rights in the countries of the Union.

(b) Countries of the Union which make such designation under the terms of this provision shall notify the Director General by means of a written declaration giving full information concerning the authority thus designated. The Director General shall at once communicate this declaration to all other countries of the Union.

Article 16 [Infringing Copies: 1. Seizure; 2. Seizure on importation; 3. Applicable law]

(1) Infringing copies of a work shall be liable to seizure in any country of the Union where the work enjoys legal protection.

(2) The provisions of the preceding paragraph shall also apply to reproductions coming from a country where the work is not protected, or has ceased to be protected.

(3) The seizure shall take place in accordance with the legislation of each country.

Article 17 [Possibility of Control of Circulation, Presentation and Exhibition of Works]

The provisions of this Convention cannot in any way affect the right of the Government of each country of the Union to permit, to control, or to prohibit, by legislation or regulation, the circulation, presentation, or exhibition of any work or production in regard to which the competent authority may find it necessary to exercise that right.

Article 18 [Works Existing on Convention's Entry Into Force: 1. Protectable where protection not yet expired in country of origin; 2. Non-protectable where protection already expired in country where it is claimed; 3. Application of these principles; 4. Special cases]

(1) This Convention shall apply to all works which, at the moment of its coming into force, have not yet fallen into the public domain in the country of origin through the expiry of the term of protection.

(2) If, however, through the expiry of the term of protection which was previously granted, a work has fallen into the public domain of the country where protection is claimed, that work shall not be protected anew.

(3) The application of this principle shall be subject to any provisions contained in special conventions to that effect existing or to be concluded between countries of the Union. In the absence of such provisions, the respective countries shall determine, each in so far as it is concerned, the conditions of application of this principle.

(4) The preceding provisions shall also apply in the case of new accessions to the Union and to cases in which protection is extended by the application of Article 7 or by the abandonment of reservations.

Article 19 [Protection Greater than Resulting from Convention]

The provisions of this Convention shall not preclude the making of a claim to the benefit of any greater protection which may be granted by legislation in a country of the Union.

Article 20 [Special Agreements Among Countries of the Union]

The Governments of the countries of the Union reserve the right to enter into special agreements among themselves, in so far as such agreements grant to authors more extensive rights than those granted by the Convention, or contain other provisions not contrary to this Convention. The provisions of existing agreements which satisfy these conditions shall remain applicable.

Article 21 [Special Provisions Regarding Developing Countries:
1. Reference to Appendix; 2. Appendix part of Act]

(1) Special provisions regarding developing countries are included in the Appendix.

(2) Subject to the provisions of Article 28(1)(b), the Appendix forms an integral part of this Act.

APPENDIX [SPECIAL PROVISIONS REGARDING DEVELOPING COUNTRIES] ⟨omitted⟩

AGREEMENT ON TRADE-RELATED ASPECTS OF INTELLECTUAL PROPERTY RIGHTS

PART VI TRANSITIONAL ARRANGEMENTS

PART VII INSTITUTIONAL ARRANGEMENTS; FINAL PROVISIONS

Members,

Desiring to reduce distortions and impediments to international trade, and taking into account the need to promote effective and adequate protection of intellectual property rights, and to ensure that measures and procedures to enforce intellectual property rights do not themselves become barriers to legitimate trade;

Recognizing, to this end, the need for new rules and disciplines concerning:

(a) the applicability of the basic principles of GATT 1994 and of relevant international intellectual property agreements or conventions;

(b) the provision of adequate standards and principles concerning the availability, scope and use of trade-related intellectual property rights;

(c) the provision of effective and appropriate means for the enforcement of trade-related intellectual property rights, taking into account differences in national legal systems;

(d) the provision of effective and expeditious procedures for the multilateral prevention and settlement of disputes between governments; and

(e) transitional arrangements aiming at the fullest participation in the results of the negotiations;

Recognizing the need for a multilateral framework of principles, rules and disciplines dealing with international trade in counterfeit goods;

Recognizing that intellectual property rights are private rights;

Recognizing the underlying public policy objectives of national systems for the protection of intellectual property, including developmental and technological objectives;

Recognizing also the special needs of the least-developed country Members in respect of maximum flexibility in the domestic implementation of laws and regulations in order to enable them to create a sound and viable technological base;

Emphasizing the importance of reducing tensions by reaching strengthened commitments to resolve disputes on trade-related intellectual property issues through multilateral procedures;

Desiring to establish a mutually supportive relationship between the WTO and the World Intellectual Property Organization (referred to in this Agreement as "WIPO") as well as other relevant international organizations;

Hereby agree as follows:

PART I GENERAL PROVISIONS AND BASIC PRINCIPLES

Article 1 Nature and Scope of Obligations

1. Members shall give effect to the provisions of this Agreement. Members may, but shall not be obliged to, implement in their law more extensive protection than is required by this Agreement, provided that such protection does not contravene the provisions of this Agreement. Members shall be free to determine the appropriate method of implementing the provisions of this Agreement within their own legal system and practice.

2. For the purposes of this Agreement, the term "intellectual property" refers to all categories of intellectual property that are the subject of Sections 1 through 7 of Part II.

3. Members shall accord the treatment provided for in this Agreement to the nationals of other Members.[1] In respect of the relevant intellectual property right, the nationals of other Members shall be understood as those natural or legal persons that would meet the criteria for eligibility for protection provided for in the Paris Convention (1967), the Berne Convention (1971), the Rome Convention and the Treaty on Intellectual Property in Respect of Integrated Circuits, were all Members of the WTO members of those conventions.[2] Any Member availing

---

1) When "nationals" are referred to in this Agreement, they shall be deemed, in the case of a separate customs territory Member of the WTO, to mean persons, natural or legal, who are domiciled or who have a real and effective industrial or commercial establishment in that customs territory.

2) In this Agreement, "Paris Convention" refers to the Paris Convention for the Protection of Industrial Property; "Paris Convention (1967)" refers to the Stockholm Act of this Convention of 14 July 1967. "Berne Convention" refers to the Berne Convention for the Protection of Literary and Artistic Works; "Berne Convention (1971)" refers to the Paris Act of this Convention of 24 July 1971. "Rome Convention" refers to the International Convention for the Protection of Performers, Producers of Phonograms and Broadcasting Organizations, adopted at Rome on 26 October 1961. "Treaty on Intellectual Property in Respect of Integrated Circuits" (IPIC Treaty) refers to the

itself of the possibilities provided in paragraph 3 of Article 5 or paragraph 2 of Article 6 of the Rome Convention shall make a notification as foreseen in those provisions to the Council for Trade-Related Aspects of Intellectual Property Rights (the "Council for TRIPS").

Article 2 Intellectual Property Conventions

1. In respect of Parts II, III and IV of this Agreement, Members shall comply with Articles 1 through 12, and Article 19, of the Paris Convention (1967).

2. Nothing in Parts I to IV of this Agreement shall derogate from existing obligations that Members may have to each other under the Paris Convention, the Berne Convention, the Rome Convention and the Treaty on Intellectual Property in Respect of Integrated Circuits.

Article 3 National Treatment

1. Each Member shall accord to the nationals of other Members treatment no less favourable than that it accords to its own nationals with regard to the protection[3] of intellectual property, subject to the exceptions already provided in, respectively, the Paris Convention (1967), the Berne Convention (1971), the Rome Convention or the Treaty on Intellectual Property in Respect of Integrated Circuits. In respect of performers, producers of phonograms and broadcasting organizations, this obligation only applies in respect of the rights provided under this Agreement. Any Member availing itself of the possibilities provided in Article 6 of the Berne Convention (1971) or paragraph 1(b) of Article 16 of the Rome Convention shall make a notification as foreseen in those provisions to the Council for TRIPS.

2. Members may avail themselves of the exceptions permitted under paragraph 1 in relation to judicial and administrative procedures, including the designation of an address for service or the appointment of an agent within the jurisdiction of a Member, only where such exceptions are necessary to secure compliance with laws and regulations which are not inconsistent with the provisions of this Agreement and where such practices are not applied in a manner which would constitute a disguised restriction on trade.

Treaty on Intellectual Property in Respect of Integrated Circuits, adopted at Washington on 26 May 1989. "WTO Agreement" refers to the Agreement Establishing the WTO.

3) For the purposes of Articles 3 and 4, "protection" shall include matters affecting the availability, acquisition, scope, maintenance and enforcement of intellectual property rights as well as those matters affecting the use of intellectual property rights specifically addressed in this Agreement.

Article 4 Most-Favoured-Nation Treatment

With regard to the protection of intellectual property, any advantage, favour, privilege or immunity granted by a Member to the nationals of any other country shall be accorded immediately and unconditionally to the nationals of all other Members. Exempted from this obligation are any advantage, favour, privilege or immunity accorded by a Member:

(a) deriving from international agreements on judicial assistance or law enforcement of a general nature and not particularly confined to the protection of intellectual property;

(b) granted in accordance with the provisions of the Berne Convention (1971) or the Rome Convention authorizing that the treatment accorded be a function not of national treatment but of the treatment accorded in another country;

(c) in respect of the rights of performers, producers of phonograms and broadcasting organizations not provided under this Agreement;

(d) deriving from international agreements related to the protection of intellectual property which entered into force prior to the entry into force of the WTO Agreement, provided that such agreements are notified to the Council for TRIPS and do not constitute an arbitrary or unjustifiable discrimination against nationals of other Members.

Article 5 Multilateral Agreements on Acquisition or Maintenance of Protection

The obligations under Articles 3 and 4 do not apply to procedures provided in multilateral agreements concluded under the auspices of WIPO relating to the acquisition or maintenance of intellectual property rights.

Article 6 Exhaustion

For the purposes of dispute settlement under this Agreement, subject to the provisions of Articles 3 and 4 nothing in this Agreement shall be used to address the issue of the exhaustion of intellectual property rights.

Article 7 Objectives

The protection and enforcement of intellectual property rights should contribute to the promotion of technological innovation and to the transfer and dissemination of technology, to the mutual advantage of producers and users of technological knowledge and in a manner conducive to social and economic welfare, and to a balance of rights and obligations.

Article 8 Principles

1. Members may, in formulating or amending their laws and regulations, adopt measures necessary to protect public health and nutrition, and to promote the public interest in sectors of vital importance to their socio-economic and technological development, provided that such measures are consistent with the provisions of this Agreement.

2. Appropriate measures, provided that they are consistent with the provisions of this Agreement, may be needed to prevent the abuse of intellectual property rights by right holders or the resort to practices which unreasonably restrain trade or adversely affect the international transfer of technology.

PART II STANDARDS CONCERNING THE AVAILABILITY, SCOPE AND USE OF INTELLECTUAL PROPERTY RIGHTS

SECTION 1: COPYRIGHT AND RELATED RIGHTS

Article 9 Relation to the Berne Convention

1. Members shall comply with Articles 1 through 21 of the Berne Convention (1971) and the Appendix thereto. However, Members shall not have rights or obligations under this Agreement in respect of the rights conferred under Article 6*bis* of that Convention or of the rights derived therefrom.

2. Copyright protection shall extend to expressions and not to ideas, procedures, methods of operation or mathematical concepts as such.

Article 10 Computer Programs and Compilations of Data

1. Computer programs, whether in source or object code, shall be protected as literary

works under the Berne Convention (1971).

2. Compilations of data or other material, whether in machine readable or other form, which by reason of the selection or arrangement of their contents constitute intellectual creations shall be protected as such. Such protection, which shall not extend to the data or material itself, shall be without prejudice to any copyright subsisting in the data or material itself.

Article 11 Rental Rights

In respect of at least computer programs and cinematographic works, a Member shall provide authors and their successors in title the right to authorize or to prohibit the commercial rental to the public of originals or copies of their copyright works. A Member shall be excepted from this obligation in respect of cinematographic works unless such rental has led to widespread copying of such works which is materially impairing the exclusive right of reproduction conferred in that Member on authors and their successors in title. In respect of computer programs, this obligation does not apply to rentals where the program itself is not the essential object of the rental.

Article 12 Term of Protection

Whenever the term of protection of a work, other than a photographic work or a work of applied art, is calculated on a basis other than the life of a natural person, such term shall be no less than 50 years from the end of the calendar year of authorized publication, or, failing such authorized publication within 50 years from the making of the work, 50 years from the end of the calendar year of making.

Article 13 Limitations and Exceptions

Members shall confine limitations or exceptions to exclusive rights to certain special cases which do not conflict with a normal exploitation of the work and do not unreasonably prejudice the legitimate interests of the right holder.

Article 14 Protection of Performers, Producers of Phonograms (Sound Recordings) and Broadcasting Organizations

1. In respect of a fixation of their performance on a phonogram, performers shall have the possibility of preventing the following acts when undertaken without their authorization: the fixation of their unfixed performance and the reproduction of such fixation. Performers shall also have the possibility of preventing the following acts when undertaken without their authorization: the broadcasting by wireless means and the communication to the public of their live performance.

2. Producers of phonograms shall enjoy the right to authorize or prohibit the direct or indirect reproduction of their phonograms.

3. Broadcasting organizations shall have the right to prohibit the following acts when undertaken without their authorization: the fixation, the reproduction of fixations, and the rebroadcasting by wireless means of broadcasts, as well as the communication to the public of television broadcasts of the same. Where Members do not grant such rights to broadcasting organizations, they shall provide owners of copyright in the subject matter of broadcasts with the possibility of preventing the above acts, subject to the provisions of the Berne Convention (1971).

4. The provisions of Article 11 in respect of computer programs shall apply *mutatis mutandis* to producers of phonograms and any other right holders in phonograms as determined in a Member's law. If on 15 April 1994 a Member has in force a system of equitable remuneration of right holders in respect of the rental of phonograms, it may maintain such system provided that the commercial rental of phonograms is not giving rise to the material impairment of the exclusive rights of reproduction of right holders.

5. The term of the protection available under this Agreement to performers and producers of phonograms shall last at least until the end of a period of 50 years computed from the end of the calendar year in which the fixation was made or the performance took place. The term of protection granted pursuant to paragraph 3 shall last for at least 20 years from the end of the calendar year in which the broadcast took place.

6. Any Member may, in relation to the rights conferred under paragraphs 1, 2 and 3, provide for conditions, limitations, exceptions and reservations to the extent permitted by the Rome Convention. However, the provisions of Article 18 of the Berne Convention (1971) shall also apply, *mutatis mutandis*, to the rights of performers and producers of phonograms in phonograms.

SECTION 2: TRADEMARKS

Article 15 Protectable Subject Matter

1. Any sign, or any combination of signs, capable of distinguishing the goods or services of one undertaking from those of other undertakings, shall be capable of constituting a trademark. Such signs, in particular words including personal names, letters, numerals, figurative elements and combinations of colours as well as any combination of such signs, shall be eligible for registration as trademarks. Where signs are not inherently capable of distinguishing the relevant goods or services, Members may make registrability depend on distinctiveness acquired through use. Members may require, as a condition of registration, that signs be visually perceptible.

2. Paragraph 1 shall not be understood to prevent a Member from denying registration of a trademark on other grounds, provided that they do not derogate from the provisions of the Paris Convention (1967).

3. Members may make registrability depend on use. However, actual use of a trademark shall not be a condition for filing an application for registration. An application shall not be refused solely on the ground that intended use has not taken place before the expiry of a period of three years from the date of application.

4. The nature of the goods or services to which a trademark is to be applied shall in no case form an obstacle to registration of the trademark.

5. Members shall publish each trademark either before it is registered or promptly after it is registered and shall afford a reasonable opportunity for petitions to cancel the registration. In addition, Members may afford an opportunity for the registration of a trademark to be opposed.

Article 16 Rights Conferred

1. The owner of a registered trademark shall have the exclusive right to prevent all third parties not having the owner's consent from using in the course of trade identical or similar signs for goods or services which are identical or similar to those in respect of which the trademark is registered where such use would result in a likelihood of confusion. In case of the use of an identical sign for identical goods or services, a likelihood of confusion shall be presumed. The rights described above shall not prejudice any existing prior rights, nor shall

they affect the possibility of Members making rights available on the basis of use.

2. Article 6*bis* of the Paris Convention (1967) shall apply, *mutatis mutandis*, to services. In determining whether a trademark is well-known, Members shall take account of the knowledge of the trademark in the relevant sector of the public, including knowledge in the Member concerned which has been obtained as a result of the promotion of the trademark.

3. Article 6*bis* of the Paris Convention (1967) shall apply, *mutatis mutandis*, to goods or services which are not similar to those in respect of which a trademark is registered, provided that use of that trademark in relation to those goods or services would indicate a connection between those goods or services and the owner of the registered trademark and provided that the interests of the owner of the registered trademark are likely to be damaged by such use.

Article 17 Exceptions

Members may provide limited exceptions to the rights conferred by a trademark, such as fair use of descriptive terms, provided that such exceptions take account of the legitimate interests of the owner of the trademark and of third parties.

Article 18 Term of Protection

Initial registration, and each renewal of registration, of a trademark shall be for a term of no less than seven years. The registration of a trademark shall be renewable indefinitely.

Article 19 Requirement of Use

1. If use is required to maintain a registration, the registration may be cancelled only after an uninterrupted period of at least three years of non-use, unless valid reasons based on the existence of obstacles to such use are shown by the trademark owner. Circumstances arising independently of the will of the owner of the trademark which constitute an obstacle to the use of the trademark, such as import restrictions on or other government requirements for goods or services protected by the trademark, shall be recognized as valid reasons for non-use.

2. When subject to the control of its owner, use of a trademark by another person shall be recognized as use of the trademark for the purpose of maintaining the registration.

Article 20 Other Requirements

The use of a trademark in the course of trade shall not be unjustifiably encumbered by special requirements, such as use with another trademark, use in a special form or use in a manner detrimental to its capability to distinguish the goods or services of one undertaking from those of other undertakings. This will not preclude a requirement prescribing the use of the trademark identifying the undertaking producing the goods or services along with, but without linking it to, the trademark distinguishing the specific goods or services in question of that undertaking.

Article 21 Licensing and Assignment

Members may determine conditions on the licensing and assignment of trademarks, it being understood that the compulsory licensing of trademarks shall not be permitted and that the owner of a registered trademark shall have the right to assign the trademark with or without the transfer of the business to which the trademark belongs.

SECTION 3: GEOGRAPHICAL INDICATIONS

Article 22 Protection of Geographical Indications

1. Geographical indications are, for the purposes of this Agreement, indications which identify a good as originating in the territory of a Member, or a region or locality in that territory, where a given quality, reputation or other characteristic of the good is essentially attributable to its geographical origin.

2. In respect of geographical indications, Members shall provide the legal means for interested parties to prevent:

(a) the use of any means in the designation or presentation of a good that indicates or suggests that the good in question originates in a geographical area other than the true place of origin in a manner which misleads the public as to the geographical origin of the good;

(b) any use which constitutes an act of unfair competition within the meaning of Article 10*bis* of the Paris Convention (1967).

3. A Member shall, *ex officio* if its legislation so permits or at the request of an interested party, refuse or invalidate the registration of a trademark which contains or consists of a geographical indication with respect to goods not originating in the territory indicated, if use of the indication in the trademark for such goods in that Member is of such a nature as to mislead the public as to the true place of origin.

4. The protection under paragraphs 1, 2 and 3 shall be applicable against a geographical indication which, although literally true as to the territory, region or locality in which the goods originate, falsely represents to the public that the goods originate in another territory.

Article 23 Additional Protection for Geographical Indications for Wines and Spirits

1. Each Member shall provide the legal means for interested parties to prevent use of a geographical indication identifying wines for wines not originating in the place indicated by the geographical indication in question or identifying spirits for spirits not originating in the place indicated by the geographical indication in question, even where the true origin of the goods is indicated or the geographical indication is used in translation or accompanied by expressions such as "kind", "type", "style", "imitation" or the like. [4]

2. The registration of a trademark for wines which contains or consists of a geographical indication identifying wines or for spirits which contains or consists of a geographical indication identifying spirits shall be refused or invalidated, *ex officio* if a Member's legislation so permits or at the request of an interested party, with respect to such wines or spirits not having this origin.

3. In the case of homonymous geographical indications for wines, protection shall be accorded to each indication, subject to the provisions of paragraph 4 of Article 22. Each Member shall determine the practical conditions under which the homonymous indications in question will be differentiated from each other, taking into account the need to ensure equitable treatment of the producers concerned and that consumers are not misled.

4. In order to facilitate the protection of geographical indications for wines, negotiations shall be undertaken in the Council for TRIPS concerning the establishment of a multilateral system of notification and registration of geographical indications for wines eligible for protection in those Members participating in the system.

---

[4] Notwithstanding the first sentence of Article 42, Members may, with respect to these obligations, instead provide for enforcement by administrative action.

Article 24 International Negotiations; Exceptions

1. Members agree to enter into negotiations aimed at increasing the protection of individual geographical indications under Article 23. The provisions of paragraphs 4 through 8 below shall not be used by a Member to refuse to conduct negotiations or to conclude bilateral or multilateral agreements. In the context of such negotiations, Members shall be willing to consider the continued applicability of these provisions to individual geographical indications whose use was the subject of such negotiations.

2. The Council for TRIPS shall keep under review the application of the provisions of this Section; the first such review shall take place within two years of the entry into force of the WTO Agreement. Any matter affecting the compliance with the obligations under these provisions may be drawn to the attention of the Council, which, at the request of a Member, shall consult with any Member or Members in respect of such matter in respect of which it has not been possible to find a satisfactory solution through bilateral or plurilateral consultations between the Members concerned. The Council shall take such action as may be agreed to facilitate the operation and further the objectives of this Section.

3. In implementing this Section, a Member shall not diminish the protection of geographical indications that existed in that Member immediately prior to the date of entry into force of the WTO Agreement.

4. Nothing in this Section shall require a Member to prevent continued and similar use of a particular geographical indication of another Member identifying wines or spirits in connection with goods or services by any of its nationals or domiciliaries who have used that geographical indication in a continuous manner with regard to the same or related goods or services in the territory of that Member either *(a)* for at least 10 years preceding 15 April 1994 or *(b)* in good faith preceding that date.

5. Where a trademark has been applied for or registered in good faith, or where rights to a trademark have been acquired through use in good faith either:

(a) before the date of application of these provisions in that Member as defined in Part VI; or

(b) before the geographical indication is protected in its country of origin;

measures adopted to implement this Section shall not prejudice eligibility for or the validity of the registration of a trademark, or the right to use a trademark, on the basis that such a

696

trademark is identical with, or similar to, a geographical indication.

6. Nothing in this Section shall require a Member to apply its provisions in respect of a geographical indication of any other Member with respect to goods or services for which the relevant indication is identical with the term customary in common language as the common name for such goods or services in the territory of that Member. Nothing in this Section shall require a Member to apply its provisions in respect of a geographical indication of any other Member with respect to products of the vine for which the relevant indication is identical with the customary name of a grape variety existing in the territory of that Member as of the date of entry into force of the WTO Agreement.

7. A Member may provide that any request made under this Section in connection with the use or registration of a trademark must be presented within five years after the adverse use of the protected indication has become generally known in that Member or after the date of registration of the trademark in that Member provided that the trademark has been published by that date, if such date is earlier than the date on which the adverse use became generally known in that Member, provided that the geographical indication is not used or registered in bad faith.

8. The provisions of this Section shall in no way prejudice the right of any person to use, in the course of trade, that person's name or the name of that person's predecessor in business, except where such name is used in such a manner as to mislead the public.

9. There shall be no obligation under this Agreement to protect geographical indications which are not or cease to be protected in their country of origin, or which have fallen into disuse in that country.

SECTION 4: INDUSTRIAL DESIGNS

Article 25 Requirements for Protection

1. Members shall provide for the protection of independently created industrial designs that are new or original. Members may provide that designs are not new or original if they do not significantly differ from known designs or combinations of known design features. Members may provide that such protection shall not extend to designs dictated essentially by technical or functional considerations.

2. Each Member shall ensure that requirements for securing protection for textile designs,

in particular in regard to any cost, examination or publication, do not unreasonably impair the opportunity to seek and obtain such protection. Members shall be free to meet this obligation through industrial design law or through copyright law.

Article 26 Protection

1. The owner of a protected industrial design shall have the right to prevent third parties not having the owner's consent from making, selling or importing articles bearing or embodying a design which is a copy, or substantially a copy, of the protected design, when such acts are undertaken for commercial purposes.

2. Members may provide limited exceptions to the protection of industrial designs, provided that such exceptions do not unreasonably conflict with the normal exploitation of protected industrial designs and do not unreasonably prejudice the legitimate interests of the owner of the protected design, taking account of the legitimate interests of third parties.

3. The duration of protection available shall amount to at least 10 years.

SECTION 5: PATENTS

Article 27 Patentable Subject Matter

1. Subject to the provisions of paragraphs 2 and 3, patents shall be available for any inventions, whether products or processes, in all fields of technology, provided that they are new, involve an inventive step and are capable of industrial application.[5] Subject to paragraph 4 of Article 65, paragraph 8 of Article 70 and paragraph 3 of this Article, patents shall be available and patent rights enjoyable without discrimination as to the place of invention, the field of technology and whether products are imported or locally produced.

2. Members may exclude from patentability inventions, the prevention within their territory of the commercial exploitation of which is necessary to protect *ordre public* or morality, including to protect human, animal or plant life or health or to avoid serious prejudice to the environment, provided that such exclusion is not made merely because the exploitation is prohibited by their law.

---

5) For the purposes of this Article, the terms "inventive step" and "capable of industrial application" may be deemed by a Member to be synonymous with the terms "non-obvious" and "useful" respectively.

3. Members may also exclude from patentability:

(a) diagnostic, therapeutic and surgical methods for the treatment of humans or animals;

(b) plants and animals other than micro-organisms, and essentially biological processes for the production of plants or animals other than non-biological and microbiological processes. However, Members shall provide for the protection of plant varieties either by patents or by an effective *sui generis* system or by any combination thereof. The provisions of this subparagraph shall be reviewed four years after the date of entry into force of the WTO Agreement.

Article 28 Rights Conferred

1. A patent shall confer on its owner the following exclusive rights:

(a) where the subject matter of a patent is a product, to prevent third parties not having the owner's consent from the acts of: making, using, offering for sale, selling, or importing[6] for these purposes that product;

(b) where the subject matter of a patent is a process, to prevent third parties not having the owner's consent from the act of using the process, and from the acts of: using, offering for sale, selling, or importing for these purposes at least the product obtained directly by that process.

2. Patent owners shall also have the right to assign, or transfer by succession, the patent and to conclude licensing contracts.

Article 29 Conditions on Patent Applicants

1. Members shall require that an applicant for a patent shall disclose the invention in a manner sufficiently clear and complete for the invention to be carried out by a person skilled in the art and may require the applicant to indicate the best mode for carrying out the invention known to the inventor at the filing date or, where priority is claimed, at the priority

---

6) This right, like all other rights conferred under this Agreement in respect of the use, sale, importation or other distribution of goods, is subject to the provisions of Article 6.

date of the application.

2. Members may require an applicant for a patent to provide information concerning the applicant's corresponding foreign applications and grants.

Article 30 Exceptions to Rights Conferred

Members may provide limited exceptions to the exclusive rights conferred by a patent, provided that such exceptions do not unreasonably conflict with a normal exploitation of the patent and do not unreasonably prejudice the legitimate interests of the patent owner, taking account of the legitimate interests of third parties.

Article 31 Other Use Without Authorization of the Right Holder

Where the law of a Member allows for other use[7] of the subject matter of a patent without the authorization of the right holder, including use by the government or third parties authorized by the government, the following provisions shall be respected:

(a) authorization of such use shall be considered on its individual merits;

(b) such use may only be permitted if, prior to such use, the proposed user has made efforts to obtain authorization from the right holder on reasonable commercial terms and conditions and that such efforts have not been successful within a reasonable period of time. This requirement may be waived by a Member in the case of a national emergency or other circumstances of extreme urgency or in cases of public non-commercial use. In situations of national emergency or other circumstances of extreme urgency, the right holder shall, nevertheless, be notified as soon as reasonably practicable. In the case of public non-commercial use, where the government or contractor, without making a patent search, knows or has demonstrable grounds to know that a valid patent is or will be used by or for the government, the right holder shall be informed promptly;

(c) the scope and duration of such use shall be limited to the purpose for which it was authorized, and in the case of semi-conductor technology shall only be for public non-commercial use or to remedy a practice determined after judicial or administrative

---

7) "Other use" refers to use other than that allowed under Article 30.

process to be anti-competitive;

(d) such use shall be non-exclusive;

(e) such use shall be non-assignable, except with that part of the enterprise or goodwill which enjoys such use;

(f) any such use shall be authorized predominantly for the supply of the domestic market of the Member authorizing such use;

(g) authorization for such use shall be liable, subject to adequate protection of the legitimate interests of the persons so authorized, to be terminated if and when the circumstances which led to it cease to exist and are unlikely to recur. The competent authority shall have the authority to review, upon motivated request, the continued existence of these circumstances;

(h) the right holder shall be paid adequate remuneration in the circumstances of each case, taking into account the economic value of the authorization;

(i) the legal validity of any decision relating to the authorization of such use shall be subject to judicial review or other independent review by a distinct higher authority in that Member;

(j) any decision relating to the remuneration provided in respect of such use shall be subject to judicial review or other independent review by a distinct higher authority in that Member;

(k) Members are not obliged to apply the conditions set forth in subparagraphs (b) and (f) where such use is permitted to remedy a practice determined after judicial or administrative process to be anti-competitive. The need to correct anti-competitive practices may be taken into account in determining the amount of remuneration in such cases. Competent authorities shall have the authority to refuse termination of authorization if and when the conditions which led to such authorization are likely to recur;

(l) where such use is authorized to permit the exploitation of a patent ("the second patent") which cannot be exploited without infringing another patent ("the first patent"), the following additional conditions shall apply:

(i) the invention claimed in the second patent shall involve an important technical advance of considerable economic significance in relation to the invention claimed in the first patent;

(ii) the owner of the first patent shall be entitled to a cross-licence on reasonable terms to use the invention claimed in the second patent; and

(iii) the use authorized in respect of the first patent shall be non-assignable except with the assignment of the second patent.

Article 32 Revocation/Forfeiture

An opportunity for judicial review of any decision to revoke or forfeit a patent shall be available.

Article 33 Term of Protection

The term of protection available shall not end before the expiration of a period of twenty years counted from the filing date.[8]

Article 34 Process Patents: Burden of Proof

1. For the purposes of civil proceedings in respect of the infringement of the rights of the owner referred to in paragraph 1(b) of Article 28, if the subject matter of a patent is a process for obtaining a product, the judicial authorities shall have the authority to order the defendant to prove that the process to obtain an identical product is different from the patented process. Therefore, Members shall provide, in at least one of the following circumstances, that any identical product when produced without the consent of the patent owner shall, in the absence of proof to the contrary, be deemed to have been obtained by the patented process:

(a) if the product obtained by the patented process is new;

(b) if there is a substantial likelihood that the identical product was made by the process and the owner of the patent has been unable through reasonable efforts to determine the process actually used.

2. Any Member shall be free to provide that the burden of proof indicated in paragraph 1 shall be on the alleged infringer only if the condition referred to in subparagraph (a) is fulfilled or only if the condition referred to in subparagraph (b) is fulfilled.

---

8) It is understood that those Members which do not have a system of original grant may provide that the term of protection shall be computed from the filing date in the system of original grant.

3. In the adduction of proof to the contrary, the legitimate interests of defendants in protecting their manufacturing and business secrets shall be taken into account.

SECTION 6: LAYOUT-DESIGNS (TOPOGRAPHIES) OF INTEGRATED CIRCUITS

Article 35 Relation to the IPIC Treaty

Members agree to provide protection to the layout-designs (topographies) of integrated circuits (referred to in this Agreement as "layout-designs") in accordance with Articles 2 through 7 (other than paragraph 3 of Article 6), Article 12 and paragraph 3 of Article 16 of the Treaty on Intellectual Property in Respect of Integrated Circuits and, in addition, to comply with the following provisions.

Article 36 Scope of the Protection

Subject to the provisions of paragraph 1 of Article 37, Members shall consider unlawful the following acts if performed without the authorization of the right holder:[9] importing, selling, or otherwise distributing for commercial purposes a protected layout-design, an integrated circuit in which a protected layout-design is incorporated, or an article incorporating such an integrated circuit only in so far as it continues to contain an unlawfully reproduced layout-design.

Article 37 Acts Not Requiring the Authorization of the Right Holder

1. Notwithstanding Article 36, no Member shall consider unlawful the performance of any of the acts referred to in that Article in respect of an integrated circuit incorporating an unlawfully reproduced layout-design or any article incorporating such an integrated circuit where the person performing or ordering such acts did not know and had no reasonable ground to know, when acquiring the integrated circuit or article incorporating such an integrated circuit, that it incorporated an unlawfully reproduced layout-design. Members shall

---

9) The term "right holder" in this Section shall be understood as having the same meaning as the term "holder of the right" in the IPIC Treaty.

provide that, after the time that such person has received sufficient notice that the layout-design was unlawfully reproduced, that person may perform any of the acts with respect to the stock on hand or ordered before such time, but shall be liable to pay to the right holder a sum equivalent to a reasonable royalty such as would be payable under a freely negotiated licence in respect of such a layout-design.

2. The conditions set out in subparagraphs (a) through (k) of Article 31 shall apply *mutatis mutandis* in the event of any non-voluntary licensing of a layout-design or of its use by or for the government without the authorization of the right holder.

Article 38 Term of Protection

1. In Members requiring registration as a condition of protection, the term of protection of layout-designs shall not end before the expiration of a period of 10 years counted from the date of filing an application for registration or from the first commercial exploitation wherever in the world it occurs.

2. In Members not requiring registration as a condition for protection, layout-designs shall be protected for a term of no less than 10 years from the date of the first commercial exploitation wherever in the world it occurs.

3. Notwithstanding paragraphs 1 and 2, a Member may provide that protection shall lapse 15 years after the creation of the layout-design.

SECTION 7: PROTECTION OF UNDISCLOSED INFORMATION

Article 39

1. In the course of ensuring effective protection against unfair competition as provided in Article 10*bis* of the Paris Convention (1967), Members shall protect undisclosed information in accordance with paragraph 2 and data submitted to governments or governmental agencies in accordance with paragraph 3.

2. Natural and legal persons shall have the possibility of preventing information lawfully within their control from being disclosed to, acquired by, or used by others without their consent in a manner contrary to honest commercial practices[10] so long as such information:

(a) is secret in the sense that it is not, as a body or in the precise configuration and assembly of its components, generally known among or readily accessible to persons within the circles that normally deal with the kind of information in question;

(b) has commercial value because it is secret; and

(c) has been subject to reasonable steps under the circumstances, by the person lawfully in control of the information, to keep it secret.

3. Members, when requiring, as a condition of approving the marketing of pharmaceutical or of agricultural chemical products which utilize new chemical entities, the submission of undisclosed test or other data, the origination of which involves a considerable effort, shall protect such data against unfair commercial use. In addition, Members shall protect such data against disclosure, except where necessary to protect the public, or unless steps are taken to ensure that the data are protected against unfair commercial use.

SECTION 8: CONTROL OF ANTI-COMPETITIVE PRACTICES IN CONTRACTUAL LICENCES

Article 40

1. Members agree that some licensing practices or conditions pertaining to intellectual property rights which restrain competition may have adverse effects on trade and may impede the transfer and dissemination of technology.

2. Nothing in this Agreement shall prevent Members from specifying in their legislation licensing practices or conditions that may in particular cases constitute an abuse of intellectual property rights having an adverse effect on competition in the relevant market. As provided above, a Member may adopt, consistently with the other provisions of this Agreement, appropriate measures to prevent or control such practices, which may include for example exclusive grantback conditions, conditions preventing challenges to validity and coercive package licensing, in the light of the relevant laws and regulations of that Member.

3. Each Member shall enter, upon request, into consultations with any other Member which

---

10) For the purpose of this provision, "a manner contrary to honest commercial practices" shall mean at least practices such as breach of contract, breach of confidence and inducement to breach, and includes the acquisition of undisclosed information by third parties who knew, or were grossly negligent in failing to know, that such practices were involved in the acquisition.

has cause to believe that an intellectual property right owner that is a national or domiciliary of the Member to which the request for consultations has been addressed is undertaking practices in violation of the requesting Member's laws and regulations on the subject matter of this Section, and which wishes to secure compliance with such legislation, without prejudice to any action under the law and to the full freedom of an ultimate decision of either Member. The Member addressed shall accord full and sympathetic consideration to, and shall afford adequate opportunity for, consultations with the requesting Member, and shall cooperate through supply of publicly available non-confidential information of relevance to the matter in question and of other information available to the Member, subject to domestic law and to the conclusion of mutually satisfactory agreements concerning the safeguarding of its confidentiality by the requesting Member.

4. A Member whose nationals or domiciliaries are subject to proceedings in another Member concerning alleged violation of that other Member's laws and regulations on the subject matter of this Section shall, upon request, be granted an opportunity for consultations by the other Member under the same conditions as those foreseen in paragraph 3.

PART III ENFORCEMENT OF INTELLECTUAL PROPERTY RIGHTS

SECTION 1: GENERAL OBLIGATIONS

Article 41

1. Members shall ensure that enforcement procedures as specified in this Part are available under their law so as to permit effective action against any act of infringement of intellectual property rights covered by this Agreement, including expeditious remedies to prevent infringements and remedies which constitute a deterrent to further infringements. These procedures shall be applied in such a manner as to avoid the creation of barriers to legitimate trade and to provide for safeguards against their abuse.

2. Procedures concerning the enforcement of intellectual property rights shall be fair and equitable. They shall not be unnecessarily complicated or costly, or entail unreasonable time-limits or unwarranted delays.

3. Decisions on the merits of a case shall preferably be in writing and reasoned. They shall

be made available at least to the parties to the proceeding without undue delay. Decisions on the merits of a case shall be based only on evidence in respect of which parties were offered the opportunity to be heard.

4. Parties to a proceeding shall have an opportunity for review by a judicial authority of final administrative decisions and, subject to jurisdictional provisions in a Member's law concerning the importance of a case, of at least the legal aspects of initial judicial decisions on the merits of a case. However, there shall be no obligation to provide an opportunity for review of acquittals in criminal cases.

5. It is understood that this Part does not create any obligation to put in place a judicial system for the enforcement of intellectual property rights distinct from that for the enforcement of law in general, nor does it affect the capacity of Members to enforce their law in general. Nothing in this Part creates any obligation with respect to the distribution of resources as between enforcement of intellectual property rights and the enforcement of law in general.

SECTION 2: CIVIL AND ADMINISTRATIVE PROCEDURES AND REMEDIES

Article 42 Fair and Equitable Procedures

Members shall make available to right holders[11] civil judicial procedures concerning the enforcement of any intellectual property right covered by this Agreement. Defendants shall have the right to written notice which is timely and contains sufficient detail, including the basis of the claims. Parties shall be allowed to be represented by independent legal counsel, and procedures shall not impose overly burdensome requirements concerning mandatory personal appearances. All parties to such procedures shall be duly entitled to substantiate their claims and to present all relevant evidence. The procedure shall provide a means to identify and protect confidential information, unless this would be contrary to existing constitutional requirements.

---

11) For the purpose of this Part, the term "right holder" includes federations and associations having legal standing to assert such rights.

Article 43 Evidence

1. The judicial authorities shall have the authority, where a party has presented reasonably available evidence sufficient to support its claims and has specified evidence relevant to substantiation of its claims which lies in the control of the opposing party, to order that this evidence be produced by the opposing party, subject in appropriate cases to conditions which ensure the protection of confidential information.

2. In cases in which a party to a proceeding voluntarily and without good reason refuses access to, or otherwise does not provide necessary information within a reasonable period, or significantly impedes a procedure relating to an enforcement action, a Member may accord judicial authorities the authority to make preliminary and final determinations, affirmative or negative, on the basis of the information presented to them, including the complaint or the allegation presented by the party adversely affected by the denial of access to information, subject to providing the parties an opportunity to be heard on the allegations or evidence.

Article 44 Injunctions

1. The judicial authorities shall have the authority to order a party to desist from an infringement, *inter alia* to prevent the entry into the channels of commerce in their jurisdiction of imported goods that involve the infringement of an intellectual property right, immediately after customs clearance of such goods. Members are not obliged to accord such authority in respect of protected subject matter acquired or ordered by a person prior to knowing or having reasonable grounds to know that dealing in such subject matter would entail the infringement of an intellectual property right.

2. Notwithstanding the other provisions of this Part and provided that the provisions of Part II specifically addressing use by governments, or by third parties authorized by a government, without the authorization of the right holder are complied with, Members may limit the remedies available against such use to payment of remuneration in accordance with subparagraph (h) of Article 31. In other cases, the remedies under this Part shall apply or, where these remedies are inconsistent with a Member's law, declaratory judgments and adequate compensation shall be available.

708

Article 45 Damages

1. The judicial authorities shall have the authority to order the infringer to pay the right holder damages adequate to compensate for the injury the right holder has suffered because of an infringement of that person's intellectual property right by an infringer who knowingly, or with reasonable grounds to know, engaged in infringing activity.

2. The judicial authorities shall also have the authority to order the infringer to pay the right holder expenses, which may include appropriate attorney's fees. In appropriate cases, Members may authorize the judicial authorities to order recovery of profits and/or payment of pre-established damages even where the infringer did not knowingly, or with reasonable grounds to know, engage in infringing activity.

Article 46 Other Remedies

In order to create an effective deterrent to infringement, the judicial authorities shall have the authority to order that goods that they have found to be infringing be, without compensation of any sort, disposed of outside the channels of commerce in such a manner as to avoid any harm caused to the right holder, or, unless this would be contrary to existing constitutional requirements, destroyed. The judicial authorities shall also have the authority to order that materials and implements the predominant use of which has been in the creation of the infringing goods be, without compensation of any sort, disposed of outside the channels of commerce in such a manner as to minimize the risks of further infringements. In considering such requests, the need for proportionality between the seriousness of the infringement and the remedies ordered as well as the interests of third parties shall be taken into account. In regard to counterfeit trademark goods, the simple removal of the trademark unlawfully affixed shall not be sufficient, other than in exceptional cases, to permit release of the goods into the channels of commerce.

Article 47 Right of Information

Members may provide that the judicial authorities shall have the authority, unless this would be out of proportion to the seriousness of the infringement, to order the infringer to inform the right holder of the identity of third persons involved in the production and distribution of the infringing goods or services and of their channels of distribution.

Article 48 Indemnification of the Defendant

1. The judicial authorities shall have the authority to order a party at whose request measures were taken and who has abused enforcement procedures to provide to a party wrongfully enjoined or restrained adequate compensation for the injury suffered because of such abuse. The judicial authorities shall also have the authority to order the applicant to pay the defendant expenses, which may include appropriate attorney's fees.

2. In respect of the administration of any law pertaining to the protection or enforcement of intellectual property rights, Members shall only exempt both public authorities and officials from liability to appropriate remedial measures where actions are taken or intended in good faith in the course of the administration of that law.

Article 49 Administrative Procedures

To the extent that any civil remedy can be ordered as a result of administrative procedures on the merits of a case, such procedures shall conform to principles equivalent in substance to those set forth in this Section.

SECTION 3: PROVISIONAL MEASURES

Article 50

1. The judicial authorities shall have the authority to order prompt and effective provisional measures:

(a) to prevent an infringement of any intellectual property right from occurring, and in particular to prevent the entry into the channels of commerce in their jurisdiction of goods, including imported goods immediately after customs clearance;
(b) to preserve relevant evidence in regard to the alleged infringement.

2. The judicial authorities shall have the authority to adopt provisional measures *inaudita altera* parte where appropriate, in particular where any delay is likely to cause irreparable harm to the right holder, or where there is a demonstrable risk of evidence being destroyed.

3. The judicial authorities shall have the authority to require the applicant to provide any

reasonably available evidence in order to satisfy themselves with a sufficient degree of certainty that the applicant is the right holder and that the applicant's right is being infringed or that such infringement is imminent, and to order the applicant to provide a security or equivalent assurance sufficient to protect the defendant and to prevent abuse.

4. Where provisional measures have been adopted *inaudita altera parte*, the parties affected shall be given notice, without delay after the execution of the measures at the latest. A review, including a right to be heard, shall take place upon request of the defendant with a view to deciding, within a reasonable period after the notification of the measures, whether these measures shall be modified, revoked or confirmed.

5. The applicant may be required to supply other information necessary for the identification of the goods concerned by the authority that will execute the provisional measures.

6. Without prejudice to paragraph 4, provisional measures taken on the basis of paragraphs 1 and 2 shall, upon request by the defendant, be revoked or otherwise cease to have effect, if proceedings leading to a decision on the merits of the case are not initiated within a reasonable period, to be determined by the judicial authority ordering the measures where a Member's law so permits or, in the absence of such a determination, not to exceed 20 working days or 31 calendar days, whichever is the longer.

7. Where the provisional measures are revoked or where they lapse due to any act or omission by the applicant, or where it is subsequently found that there has been no infringement or threat of infringement of an intellectual property right, the judicial authorities shall have the authority to order the applicant, upon request of the defendant, to provide the defendant appropriate compensation for any injury caused by these measures.

8. To the extent that any provisional measure can be ordered as a result of administrative procedures, such procedures shall conform to principles equivalent in substance to those set forth in this Section.

SECTION 4: SPECIAL REQUIREMENTS RELATED TO BORDER MEASURES[12)

Article 51 Suspension of Release by Customs Authorities

Members shall, in conformity with the provisions set out below, adopt procedures[13)] to enable a right holder, who has valid grounds for suspecting that the importation of counterfeit trademark or pirated copyright goods[14)] may take place, to lodge an application in writing with competent authorities, administrative or judicial, for the suspension by the customs authorities of the release into free circulation of such goods. Members may enable such an application to be made in respect of goods which involve other infringements of intellectual property rights, provided that the requirements of this Section are met. Members may also provide for corresponding procedures concerning the suspension by the customs authorities of the release of infringing goods destined for exportation from their territories.

Article 52 Application

Any right holder initiating the procedures under Article 51 shall be required to provide adequate evidence to satisfy the competent authorities that, under the laws of the country of importation, there is *prima facie* an infringement of the right holder's intellectual property right and to supply a sufficiently detailed description of the goods to make them readily recognizable by the customs authorities. The competent authorities shall inform the applicant

---

12) Where a Member has dismantled substantially all controls over movement of goods across its border with another Member with which it forms part of a customs union, it shall not be required to apply the provisions of this Section at that border.

13) It is understood that there shall be no obligation to apply such procedures to imports of goods put on the market in another country by or with the consent of the right holder, or to goods in transit.

14) For the purposes of this Agreement:

(a) "counterfeit trademark goods" shall mean any goods, including packaging, bearing without authorization a trademark which is identical to the trademark validly registered in respect of such goods, or which cannot be distinguished in its essential aspects from such a trademark, and which thereby infringes the rights of the owner of the trademark in question under the law of the country of importation;

(b) "pirated copyright goods" shall mean any goods which are copies made without the consent of the right holder or person duly authorized by the right holder in the country of production and which are made directly or indirectly from an article where the making of that copy would have constituted an infringement of a copyright or a related right under the law of the country of importation.

within a reasonable period whether they have accepted the application and, where determined by the competent authorities, the period for which the customs authorities will take action.

Article 53 Security or Equivalent Assurance

1. The competent authorities shall have the authority to require an applicant to provide a security or equivalent assurance sufficient to protect the defendant and the competent authorities and to prevent abuse. Such security or equivalent assurance shall not unreasonably deter recourse to these procedures.

2. Where pursuant to an application under this Section the release of goods involving industrial designs, patents, layout-designs or undisclosed information into free circulation has been suspended by customs authorities on the basis of a decision other than by a judicial or other independent authority, and the period provided for in Article 55 has expired without the granting of provisional relief by the duly empowered authority, and provided that all other conditions for importation have been complied with, the owner, importer, or consignee of such goods shall be entitled to their release on the posting of a security in an amount sufficient to protect the right holder for any infringement. Payment of such security shall not prejudice any other remedy available to the right holder, it being understood that the security shall be released if the right holder fails to pursue the right of action within a reasonable period of time.

Article 54 Notice of Suspension

The importer and the applicant shall be promptly notified of the suspension of the release of goods according to Article 51.

Article 55 Duration of Suspension

If, within a period not exceeding 10 working days after the applicant has been served notice of the suspension, the customs authorities have not been informed that proceedings leading to a decision on the merits of the case have been initiated by a party other than the defendant, or that the duly empowered authority has taken provisional measures prolonging the suspension of the release of the goods, the goods shall be released, provided that all other conditions for importation or exportation have been complied with; in appropriate cases, this time-limit may be extended by another 10 working days. If proceedings leading to a decision on the merits of the case have been initiated, a review, including a right to be heard, shall take place upon request of the defendant with a view to deciding, within a reasonable period, whether these measures shall be modified, revoked or confirmed. Notwithstanding the above, where the suspension of the release of goods is carried out or continued in accordance with a provisional judicial measure, the provisions of paragraph 6 of Article 50 shall apply.

Article 56 Indemnification of the Importer and of the Owner of the Goods

Relevant authorities shall have the authority to order the applicant to pay the importer, the consignee and the owner of the goods appropriate compensation for any injury caused to them through the wrongful detention of goods or through the detention of goods released pursuant to Article 55.

Article 57 Right of Inspection and Information

Without prejudice to the protection of confidential information, Members shall provide the competent authorities the authority to give the right holder sufficient opportunity to have any goods detained by the customs authorities inspected in order to substantiate the right holder's claims. The competent authorities shall also have authority to give the importer an equivalent opportunity to have any such goods inspected. Where a positive determination has been made on the merits of a case, Members may provide the competent authorities the authority to inform the right holder of the names and addresses of the consignor, the importer and the consignee and of the quantity of the goods in question.

Article 58 Ex Officio Action

Where Members require competent authorities to act upon their own initiative and to suspend the release of goods in respect of which they have acquired *prima facie* evidence that an intellectual property right is being infringed:

(a) the competent authorities may at any time seek from the right holder any information that may assist them to exercise these powers;

(b) the importer and the right holder shall be promptly notified of the suspension. Where the importer has lodged an appeal against the suspension with the competent authorities, the suspension shall be subject to the conditions, *mutatis mutandis*, set out at Article 55;

(c) Members shall only exempt both public authorities and officials from liability to appropriate remedial measures where actions are taken or intended in good faith.

Article 59 Remedies

Without prejudice to other rights of action open to the right holder and subject to the right of the defendant to seek review by a judicial authority, competent authorities shall have the authority to order the destruction or disposal of infringing goods in accordance with the principles set out in Article 46. In regard to counterfeit trademark goods, the authorities shall not allow the re-exportation of the infringing goods in an unaltered state or subject them to a different customs procedure, other than in exceptional circumstances.

Article 60 De Minimis Imports

Members may exclude from the application of the above provisions small quantities of goods of a non-commercial nature contained in travellers' personal luggage or sent in small consignments.

SECTION 5: CRIMINAL PROCEDURES

Article 61

Members shall provide for criminal procedures and penalties to be applied at least in cases of wilful trademark counterfeiting or copyright piracy on a commercial scale. Remedies available shall include imprisonment and/or monetary fines sufficient to provide a deterrent, consistently with the level of penalties applied for crimes of a corresponding gravity. In appropriate cases, remedies available shall also include the seizure, forfeiture and destruction of the infringing goods and of any materials and implements the predominant use of which has been in the commission of the offence. Members may provide for criminal procedures and penalties to be applied in other cases of infringement of intellectual property rights, in particular where they are committed wilfully and on a commercial scale.

PART IV ACQUISITION AND MAINTENANCE OF INTELLECTUAL PROPERTY RIGHTS AND RELATED *INTER-PARTES* PROCEDURES

Article 62

1. Members may require, as a condition of the acquisition or maintenance of the intellectual property rights provided for under Sections 2 through 6 of Part II, compliance with reasonable procedures and formalities. Such procedures and formalities shall be consistent with the provisions of this Agreement.

2. Where the acquisition of an intellectual property right is subject to the right being granted or registered, Members shall ensure that the procedures for grant or registration, subject to compliance with the substantive conditions for acquisition of the right, permit the granting or registration of the right within a reasonable period of time so as to avoid unwarranted curtailment of the period of protection.

3. Article 4 of the Paris Convention (1967) shall apply *mutatis mutandis* to service marks.

4. Procedures concerning the acquisition or maintenance of intellectual property rights and, where a Member's law provides for such procedures, administrative revocation and *inter partes* procedures such as opposition, revocation and cancellation, shall be governed by the general principles set out in paragraphs 2 and 3 of Article 41.

5. Final administrative decisions in any of the procedures referred to under paragraph 4 shall be subject to review by a judicial or quasi-judicial authority. However, there shall be no obligation to provide an opportunity for such review of decisions in cases of unsuccessful opposition or administrative revocation, provided that the grounds for such procedures can be the subject of invalidation procedures.

PART V DISPUTE PREVENTION AND SETTLEMENT

Article 63 Transparency

1. Laws and regulations, and final judicial decisions and administrative rulings of general application, made effective by a Member pertaining to the subject matter of this Agreement (the availability, scope, acquisition, enforcement and prevention of the abuse of intellectual property rights) shall be published, or where such publication is not practicable made publicly available, in a national language, in such a manner as to enable governments and right holders to become acquainted with them. Agreements concerning the subject matter of this Agreement which are in force between the government or a governmental agency of a Member and the government or a governmental agency of another Member shall also be published.

2. Members shall notify the laws and regulations referred to in paragraph 1 to the Council for TRIPS in order to assist that Council in its review of the operation of this Agreement. The Council shall attempt to minimize the burden on Members in carrying out this obligation and may decide to waive the obligation to notify such laws and regulations directly to the Council if consultations with WIPO on the establishment of a common register containing these laws and regulations are successful. The Council shall also consider in this connection any action required regarding notifications pursuant to the obligations under this Agreement stemming from the provisions of Article 6ter of the Paris Convention (1967).

3. Each Member shall be prepared to supply, in response to a written request from another Member, information of the sort referred to in paragraph 1. A Member, having reason to believe that a specific judicial decision or administrative ruling or bilateral agreement in the area of intellectual property rights affects its rights under this Agreement, may also request in writing to be given access to or be informed in sufficient detail of such specific judicial decisions or administrative rulings or bilateral agreements.

4. Nothing in paragraphs 1, 2 and 3 shall require Members to disclose confidential information which would impede law enforcement or otherwise be contrary to the public interest or would prejudice the legitimate commercial interests of particular enterprises, public or private.

Article 64 Dispute Settlement

1. The provisions of Articles XXII and XXIII of GATT 1994 as elaborated and applied by the

Dispute Settlement Understanding shall apply to consultations and the settlement of disputes under this Agreement except as otherwise specifically provided herein.

2. Subparagraphs 1(b) and 1(c) of Article XXIII of GATT 1994 shall not apply to the settlement of disputes under this Agreement for a period of five years from the date of entry into force of the WTO Agreement.

3. During the time period referred to in paragraph 2, the Council for TRIPS shall examine the scope and modalities for complaints of the type provided for under subparagraphs 1(b) and 1(c) of Article XXIII of GATT 1994 made pursuant to this Agreement, and submit its recommendations to the Ministerial Conference for approval. Any decision of the Ministerial Conference to approve such recommendations or to extend the period in paragraph 2 shall be made only by consensus, and approved recommendations shall be effective for all Members without further formal acceptance process.

PART VI TRANSITIONAL ARRANGEMENTS

Article 65 Transitional Arrangements

1. Subject to the provisions of paragraphs 2, 3 and 4, no Member shall be obliged to apply the provisions of this Agreement before the expiry of a general period of one year following the date of entry into force of the WTO Agreement.

2. A developing country Member is entitled to delay for a further period of four years the date of application, as defined in paragraph 1, of the provisions of this Agreement other than Articles 3, 4 and 5.

3. Any other Member which is in the process of transformation from a centrally-planned into a market, free-enterprise economy and which is undertaking structural reform of its intellectual property system and facing special problems in the preparation and implementation of intellectual property laws and regulations, may also benefit from a period of delay as foreseen in paragraph 2.

4. To the extent that a developing country Member is obliged by this Agreement to extend product patent protection to areas of technology not so protectable in its territory on the general date of application of this Agreement for that Member, as defined in paragraph 2, it may delay the application of the provisions on product patents of Section 5 of Part II to such areas of technology for an additional period of five years.

5. A Member availing itself of a transitional period under paragraphs 1, 2, 3 or 4 shall ensure that any changes in its laws, regulations and practice made during that period do not result in a lesser degree of consistency with the provisions of this Agreement.

Article 66 Least-Developed Country Members

1. In view of the special needs and requirements of least-developed country Members, their economic, financial and administrative constraints, and their need for flexibility to create a viable technological base, such Members shall not be required to apply the provisions of this Agreement, other than Articles 3, 4 and 5, for a period of 10 years from the date of application as defined under paragraph 1 of Article 65. The Council for TRIPS shall, upon duly motivated request by a least-developed country Member, accord extensions of this period.

2. Developed country Members shall provide incentives to enterprises and institutions in their territories for the purpose of promoting and encouraging technology transfer to least-developed country Members in order to enable them to create a sound and viable technological base.

Article 67 Technical Cooperation

In order to facilitate the implementation of this Agreement, developed country Members shall provide, on request and on mutually agreed terms and conditions, technical and financial cooperation in favour of developing and least-developed country Members. Such cooperation shall include assistance in the preparation of laws and regulations on the protection and enforcement of intellectual property rights as well as on the prevention of their abuse, and shall include support regarding the establishment or reinforcement of domestic offices and agencies relevant to these matters, including the training of personnel.

PART VII INSTITUTIONAL ARRANGEMENTS; FINAL PROVISIONS

Article 68 Council for Trade-Related Aspects of Intellectual Property Rights

The Council for TRIPS shall monitor the operation of this Agreement and, in particular,

Members' compliance with their obligations hereunder, and shall afford Members the opportunity of consulting on matters relating to the trade-related aspects of intellectual property rights. It shall carry out such other responsibilities as assigned to it by the Members, and it shall, in particular, provide any assistance requested by them in the context of dispute settlement procedures. In carrying out its functions, the Council for TRIPS may consult with and seek information from any source it deems appropriate. In consultation with WIPO, the Council shall seek to establish, within one year of its first meeting, appropriate arrangements for cooperation with bodies of that Organization.

Article 69 International Cooperation

Members agree to cooperate with each other with a view to eliminating international trade in goods infringing intellectual property rights. For this purpose, they shall establish and notify contact points in their administrations and be ready to exchange information on trade in infringing goods. They shall, in particular, promote the exchange of information and cooperation between customs authorities with regard to trade in counterfeit trademark goods and pirated copyright goods.

Article 70 Protection of Existing Subject Matter

1. This Agreement does not give rise to obligations in respect of acts which occurred before the date of application of the Agreement for the Member in question.

2. Except as otherwise provided for in this Agreement, this Agreement gives rise to obligations in respect of all subject matter existing at the date of application of this Agreement for the Member in question, and which is protected in that Member on the said date, or which meets or comes subsequently to meet the criteria for protection under the terms of this Agreement. In respect of this paragraph and paragraphs 3 and 4, copyright obligations with respect to existing works shall be solely determined under Article 18 of the Berne Convention (1971), and obligations with respect to the rights of producers of phonograms and performers in existing phonograms shall be determined solely under Article 18 of the Berne Convention (1971) as made applicable under paragraph 6 of Article 14 of this Agreement.

3. There shall be no obligation to restore protection to subject matter which on the date of application of this Agreement for the Member in question has fallen into the public domain.

4. In respect of any acts in respect of specific objects embodying protected subject matter

which become infringing under the terms of legislation in conformity with this Agreement, and which were commenced, or in respect of which a significant investment was made, before the date of acceptance of the WTO Agreement by that Member, any Member may provide for a limitation of the remedies available to the right holder as to the continued performance of such acts after the date of application of this Agreement for that Member. In such cases the Member shall, however, at least provide for the payment of equitable remuneration.

5. A Member is not obliged to apply the provisions of Article 11 and of paragraph 4 of Article 14 with respect to originals or copies purchased prior to the date of application of this Agreement for that Member.

6. Members shall not be required to apply Article 31, or the requirement in paragraph 1 of Article 27 that patent rights shall be enjoyable without discrimination as to the field of technology, to use without the authorization of the right holder where authorization for such use was granted by the government before the date this Agreement became known.

7. In the case of intellectual property rights for which protection is conditional upon registration, applications for protection which are pending on the date of application of this Agreement for the Member in question shall be permitted to be amended to claim any enhanced protection provided under the provisions of this Agreement. Such amendments shall not include new matter.

8. Where a Member does not make available as of the date of entry into force of the WTO Agreement patent protection for pharmaceutical and agricultural chemical products commensurate with its obligations under Article 27, that Member shall:

> (a) notwithstanding the provisions of Part VI, provide as from the date of entry into force of the WTO Agreement a means by which applications for patents for such inventions can be filed;
>
> (b) apply to these applications, as of the date of application of this Agreement, the criteria for patentability as laid down in this Agreement as if those criteria were being applied on the date of filing in that Member or, where priority is available and claimed, the priority date of the application; and
>
> (c) provide patent protection in accordance with this Agreement as from the grant of the patent and for the remainder of the patent term, counted from the filing date in accordance with Article 33 of this Agreement, for those of these applications that meet the criteria for protection referred to in subparagraph (b).

9. Where a product is the subject of a patent application in a Member in accordance with paragraph 8(a), exclusive marketing rights shall be granted, notwithstanding the provisions of Part VI, for a period of five years after obtaining marketing approval in that Member or until a product patent is granted or rejected in that Member, whichever period is shorter, provided that, subsequent to the entry into force of the WTO Agreement, a patent application has been filed and a patent granted for that product in another Member and marketing approval obtained in such other Member.

Article 71 Review and Amendment

1. The Council for TRIPS shall review the implementation of this Agreement after the expiration of the transitional period referred to in paragraph 2 of Article 65. The Council shall, having regard to the experience gained in its implementation, review it two years after that date, and at identical intervals thereafter. The Council may also undertake reviews in the light of any relevant new developments which might warrant modification or amendment of this Agreement.

2. Amendments merely serving the purpose of adjusting to higher levels of protection of intellectual property rights achieved, and in force, in other multilateral agreements and accepted under those agreements by all Members of the WTO may be referred to the Ministerial Conference for action in accordance with paragraph 6 of Article X of the WTO Agreement on the basis of a consensus proposal from the Council for TRIPS.

Article 72 Reservations

Reservations may not be entered in respect of any of the provisions of this Agreement without the consent of the other Members.

Article 73 Security Exceptions

Nothing in this Agreement shall be construed:

(a) to require a Member to furnish any information the disclosure of which it considers contrary to its essential security interests; or

(b) to prevent a Member from taking any action which it considers necessary for the protection of its essential security interests;

    (i) relating to fissionable materials or the materials from which they are derived;

    (ii) relating to the traffic in arms, ammunition and implements of war and to such traffic in other goods and materials as is carried on directly or indirectly for the purpose of supplying a military establishment;

    (iii) taken in time of war or other emergency in international relations; or

(c) to prevent a Member from taking any action in pursuance of its obligations under the United Nations Charter for the maintenance of international peace and security.

지은이 **최경수**

고려대학교 법과대학 졸업
고려대학교 대학원 졸업(법학석사, 법학박사)
영국 던디대학교 대학원 졸업(법학석사)

미국 하버드대학교 방문연구원
한국저작권위원회 연구위원, 연구실장
미국 포드햄대학교 방문학자 역임

우루과이 라운드 지적재산권 협상 대표
WIPO 외교회의(1996, 2000) 협상 대표
한·미, 한·EU, 한·중 FTA 협상 대표 역임

이메일: dochocha@gmail.com

한울아카데미 1982

국제지적재산권법 (개정판)
ⓒ 최경수, 2017

지은이 | 최경수
펴낸이 | 김종수
펴낸곳 | 한울엠플러스(주)
편 집 | 배유진

초판 1쇄 발행 | 2001년 6월 20일
개정판 1쇄 인쇄 | 2017년 4월 24일
개정판 1쇄 발행 | 2017년 5월 8일

주소 | 10881 경기도 파주시 광인사길 153 한울시소빌딩 3층
전화 | 031-955-0655
팩스 | 031-955-0656
홈페이지 | www.hanulmplus.kr
등록번호 | 제406-2015-000143호

Printed in Korea
ISBN 978-89-460-5982-5 93360 (양장)
ISBN 978-89-460-6334-1 93360 (학생판)

* 책값은 겉표지에 표시되어 있습니다.
* 이 도서는 강의를 위한 학생판 교재를 따로 준비했습니다.
  강의 교재로 사용하실 때는 본사로 연락해주십시오.